严昌洪/主编

武昌辛亥革命研究中心/组编

辛亥革命史事长编

本书为2008年度湖北省社科基金重大委托项目（立项号[2008]013）成果

XINHAI GEMING SHISHI CHANGBIAN

武汉出版社
WUHAN PUBLISHING HOUSE

（1911.10-1911.12）

第八册

王兴科 何 广/编

(鄂)新登字 08 号

图书在版编目(CIP)数据

辛亥革命史事长编.第八册/武昌辛亥革命研究中心组编;严昌洪主编;王兴科,何广编.
—武汉:武汉出版社,2011.8
ISBN 978-7-5430-5280-2
Ⅰ.①辛… Ⅱ.①武…②严…③王…④何… Ⅲ.①辛亥革命—史料
Ⅳ.①K257.06

中国版本图书馆 CIP 数据核字(2010)第 172470 号

组　　编:武昌辛亥革命研究中心
主　　编:严昌洪
编　　者:王兴科　何　广
责任编辑:方　雷
装帧设计:刘福珊
出　　版:武汉出版社
社　　址:武汉市江汉区新华下路 103 号　　邮　编:430015
电　　话:(027)85606403　85600625
http://www.whcbs.com　　E-mail:zbs@whcbs.com
印　　刷:武汉精一印刷有限公司　　经　销:新华书店
开　　本:787mm×1092mm　1/16
印　　张:24.75　　字　数:616 千字　　插　页:5
版　　次:2011 年 8 月第 1 版　　2011 年 8 月第 1 次印刷
定　　价:1800.00 元(全十册)

1911 年(宣统三年·辛亥)

10 月 3 日(八月十二日)　黄兴自香港复书同盟会中部总会,赞成在武汉发动起义。

黄兴《复同盟会中部总会书》:

中部总会列公大鉴:奉读手札,欣悉列公热心毅力,竟能于横流之日,组织干部,力图进取,钦佩何极!迩者蜀中风云激发,人心益愤,得公等规画一切,长江上下自可联贯一气,更能力争武汉。老谋深算,虽诸葛复生,不能易也。光复之基,即肇于此,何庆如之!弟自三月广州败后,自维才德薄弱,不足以激励众人,以致临事多畏惧退缩,徒伤英锐之同志,负国负友,弟百死不赎。自念惟有躬自狙击此次最为敌之虏贼,以酬死事诸君,庶于心始安。故自四月初二出港,即专意于复仇之计画。虽石公等极力阻止,弟未稍动。即至七月终,未尝与一友通只字。其所以断绝交通如是之孤行者,冀有以解脱一切纠缠,以促其进行之速。弟虽明知背驰,负罪公等,亦所不计。想匹夫之谅,君子当能见原也。自蜀事起,回念蜀同志死事之烈,已灰之心复燃,是以有电公等求商响应之举。初念云南方面较他处稍有把握,且能速发,于川蜀亦有犄角之势。及天民、芷芬两兄来,始悉鄂中情势更好,且事在必行,弟敢不从公等后以谋进取耶?惟念鄂中款虽有着,恐亦不敷,宁、皖、湘各处需用亦巨,非先向海外筹集多款,势难联络办去。今日与朱君执信等商议电告中山先生(汉民现赴西贡亦电知)及南洋各埠,请先筹款救济。但各埠皆在元气大伤之后,不知能否协助多寡。惟闻人心尚在奋发,益以公等之血诚,想不至空无所得。弟之行止尚不能预定,以南洋之款或须弟一行亦未可知。数日后接其复电,方能决策也。鄂事请觉生兄取急进的办去,如可分身,能先来港一商尤盼(如能来,请先电《中国报》)。他处事公等已有布置,照公等计画办去。余俟续述。手复,敬请筹安。弟黄兴顿首。八月十二晚。

吕、刘两兄来,因弟处初未与他人交通,闻其至,请何克夫兄招待,渠亦以不得日本旅馆,故迟至昨日始晤,今日方能决议。又及。

湖南省社会科学院编《黄兴集》,中华书局 1981 年版,第 63 ~ 64 页

△ 清湖广总督瑞澂召开文武官员会议,加强戒备,防范革命党人起义。

张难先《湖北革命知之录》:

时风声已外播,瑞澂乃于八月十二日召集文武官自首县、管带以上会议,决定调水师统领陈得龙所部巡防队入守督署及各要道,并令张彪、黎元洪严督所部日夜巡城;督署加派特别巡警队守卫;复令楚威、楚同等兵舰升火待发;并以电船游弋江面,戒备极严。

严昌洪等编《张难先文集》,华中师范大学出版社 2005 年版,第 274 页

胡祖舜《六十谈往》:

当瑞澂、张彪侦知革命党八月十五日起事消息,曾于十二日召集文官首县以上武官管带以上,举行防范会议。佥谓武昌楚望台为军械库藏之所至关重要,宜慎密防卫。而平日司守卫之责者即为工程八营,以其地相接也。是日代理管带阮荣发与会,忽以该营革命党名单提出报告(相传系该营左队吴兆麟所部司书生周定原得兆麟同意而秘报者。定原固为共进会会员,且任熊秉坤大队部秘密时代文书,固存有此项名册也)。张彪大怒,受而毁之,并责其治军无方,以掌批其颊,乃欲以守卫之责易以三十标旗兵。混成协统领黎元洪坚主不可骤易,恐其因疑激变也,并云督练公所工兵课员李克果,曾任该营管带有年,兵心素洽,委为监守,可保无虞。张彪然其言,乃加派工兵课员陈(成)炳荣、马祖全、刘绳武、张策平等计五人,会

同军械所总办纪某，负监守之责。克果等奉委后，乃于四周构造防御工程，仍由八营工兵守之。

武汉大学历史系中国近代史教研室编《辛亥革命在湖北史料选辑》，湖北人民出版社1981年版，第72～73页

10月5日(八月十四日)　黄兴自香港致书在加拿大的冯自由，认为湖北地区富有革命潜力，应“以武昌为中枢”，激励各地响应，请转电孙中山，筹款援助，并告“不日将赴长江上游”。

黄兴《致冯自由书》：

又启者：鄂代表居正由沪派人来云，新军自广州之役预备起事，其运动之进步甚速(广州之役，本请居君在鄂部总理其事，以备响应者)。办法以二十人为一排，以五排为一队，中设有排长、队长以管领之。平时以感情团结，互相救助，使其爱若兄弟，非他人所得间隔，成一最有集合力之机体。现人数已得二千左右。此种人数多系官长下士，而兵卒审其程度高者始收之。以官长下士能发起，兵卒未有不从者，不必于平时使其习知。况其中又有最好之兵卒为之操纵，似较粤为善。近以蜀路风潮激烈，各主动人主张急进办法，现殆有弦满欲发之势。又胡经武君亦派有人来。胡虽在狱，以军界关系未断，其部下亦约千余人。去岁弟曾通函胡君，请其组织预备，以备响应。胡已扩张其范围，闻进步亦速。胡君之人，在居君之部下者亦有之。拟于最近发动，期两部合而为一。据此则人数已多，乘此路潮鼓涌之时，尤易推广。盖鄂省军界久受压制，以表面上观之，似无主动之资格，然其中实蓄有反抗之潜力；而各同志尤愤外界之讥评，必欲一申素志，以洗其久不名誉之耻。似此人心愤发，倚为主动，实确有把握，诚为不可得之机会。若强为遏抑，或听其内部自发，吾人不为之指挥，恐有鱼烂之势，事诚可惜。即以武汉之形势论，虽为四战之地，不足言守，然亦视其治兵之人何如。贼吏胡林翼于破败之秋，收合余烬，犹能卓然自立者，亦有道以处之。今汉阳之兵器厂既归我有，则弹药不忧缺乏，武力自足与北部之兵力敌，长江下游亦驰檄可定。沿京汉铁路以北伐，势极利便。以言地利，亦足优为。前吾人之纯然注重于两粤而不注意于此者，以长江一带，吾人不易飞入，后来输运亦不便，且无确有可靠之军队，故不欲令为主动耳。今既有如此之实力，则以武昌为中枢，湘、粤为后劲，宁、皖、陕(前本有陕西人井勿幕君在此运动，今已得有多数，势亦足自动，熊克武君已驰赴该处为之协助)，蜀亦同时响应以牵制之，大事不难一举而定也。急宜趁此机会，猛勇精进，较之徒在粤谋发起者，事半功倍。且于经济问题尤易解决。兹约计各处，大略有二十万左右，即足为完全之预备。至少四五万，亦可发起鄂事。总之，此次据居君所云，事在必行，即无外款接济，鄂部同志不论如何竭绌，亦必担任筹措。是势成骑虎，欲罢不得。吾人当体验内地同志经营之艰苦，急为设法筹集巨款以助之，使得有以宽裕筹备，不致艰困从事，归于失败，徒伤元气，不胜切祷之至。弟本以欲躬行荆、聂之事，不愿再为多死同志之举，其结果等于自杀而已。今以鄂部又为破釜之计，是同一死也，故许与效驰驱，不日将赴长江上游，期与会合。故特由尊处转电中山，想我兄接阅，必为竭力援助。前加属于广州之役最为出力，此纯系我兄血诚所感，故能有此，今更望有以救我。拟得兄等复电后即行。或南洋之款，须弟一亲往，亦未可知。余俟续告。手此，即颂文安。弟兴再顿首。八月十四日。

湖南省社会科学院编《黄兴集》，中华书局1981年版，第66～67页

10月6日(八月十五日)　革命党人原定是日发难，因消息走露，八镇统制张彪等率部日夜巡查，起义未能发动。

李廉方《辛亥武昌首义纪》：

起义日期，最先预定八月十五日，次定八月十八日，皆未果。先是六月间三十一标三十

二标奉调入川，同志颇有密谋军队开至荆宜时杀端方起事。居正等以武汉准备未充，如荆宜先发，反受影响，力持不可，遂寝。及八月三日炮队事变，又有主张即晚发动者。尧澂以居正赴沪，黄宋谭来汉无期，诸待筹画，宜缓发，于是有中秋起义之决议，但俟临时命令而定，以塘角辎重营举火为号，白布绾臂为记。旋焦达峰专函称十五日不及赶办，请改二十五日起事（见邓玉麟起义经过），实则达峰固言武昌不先举义，长沙难以发动也（据杨时杰所述达峰谈话）。又驻沪同志称黄兴电约九月间十一省同时举事（实见记——黄兴来函约九月十三日五省同时并举）。而炮队事变后，瑞澂令张彪、黎元洪各率所部日夜巡视城内外，以电船游弋江面，楚同楚威兵舰升火架炮，戒备甚严。加以中秋杀鞑子，本胡元灭亡一种史话，当时武汉街谈巷议，互询中秋举事如何，不知是否消息外泄，抑心理不约而同（是月九日清外部电鄂督，称黄兴联络党人，约期十五、十六两日聚鄂起事，并联合军队应援；汉口报纸亦披露十五日起事之风闻）。所以总指挥部深为踌躇，决定中秋前后数日，力持镇定，俟防范稍弛，猝举大事。然武汉既为起义主动，期虽展延，不过在二十日左右，随时决定，并非应焦达峰黄兴之预约有所期待也（胡石庵革命实见记序——余于十七日访孙尧卿于宝善里，询起义期限，孙谓明日（十八）召集代表会议决定。实见记告示一张下注明即二十日所布告者，证以蒋翊武十八日回省，是指挥部或有如是预期。但邓玉麟起义经过则称，通知一律二十五日出动，然湖南终未于二十五日起事耳）。故武昌总机关早派李擎甫赴岳州，商请翊武先赴宜昌，与唐羲支商策应事，派谢远达往襄阳，晤黄维汉、章裕昆，谋届时响应，果也湖北当局将中秋提前一日举行，届节则不准士兵外出，特别戒严。当局见中秋节平静如常，方以为党人不足虑，密告不尽可凭，相率安然无事矣。

李廉方《辛亥武昌首义纪》卷上，湖北通志馆 1947 年版，第 74 ~ 75 页

10 月 7 日（八月十六日）　革命党人以汉口歆生路荣昌写真馆为共进会机关部，“密刷军民通用钞票”，“采办炸弹药料”，刻铸“中华民国军政府鄂省都督印”，筹备起义；因恐清吏密探侦悉，是日迁机关部于汉口俄租界宝善里十四号。

李伯桢《李伯桢事略》（1913 年 5 月 7 日到）：

己酉春，即在汉镇歆生路设立荣昌写真馆。适有湘人潘鼎新由东来汉访桢，并赠一联，曰“共和难，难统一；革命苦，苦无边”。盘桓月余，互嘱珍重而别。迄至辛亥五月，孙武访丁笏堂于本馆，见联惊曰：“潘君到此乎？”桢以情告，并叙平生。孙甚嘉许，引为知己。随即介绍刘复基、彭楚藩、杨洪胜、邓炳三、刘仲文、李春萱、杨玉如等，陆续往来，以本馆为秘密机关，令桢填具入共进会愿书。桢母查悉，责曰：“汝少孤子，并无兄弟，李氏嗣续，赖汝一人。一旦谋事不臧，吾恐后悔无及。设不听训，吾即与汝断绝关系！”桢即禀曰：“方今清廷专制于内，列强迫胁于外，国困民贫，人心思乱，大局危亡，种族莫保。若不纠合同志，推倒恶劣政府，重建共和民国，瓜分之惨，良可惧也。”母始恍然，嘱桢郑重行事。

六月间，日本、上海各部机关电催桢处，速筹进行。七月初，川路风潮日紧，孙武暨同志等拟乘是时举义。正筹划间，桢旋接得上海密电，曰：“刘母病，毋急躁，医即到。”盖谓湖北都督已举刘公，时期未至，不可急躁，黄兴即日来鄂之意也。八月初，省城军队跃跃欲动，炮队同志已露头角。孙武、邓炳三、刘公等因接前电，未敢轻举，异常焦灼。桢请以大势利害安慰军心，始免功败垂成。惟时前清鄂督瑞澂下令戒严，防范最密，刘公即将家小迁居桢处，会商同志，筹办军饷。孙、丁二君，委桢密刷军民通用钞票，以裕军需。桢又转嘱内弟陈叔琴采办炸弹药料，预备应用。复得武汉、湘、皖、赣、粤等处确实消息，各省均已运动成熟，布置完善，专俟湖北发难，群起响应。时同志等以武昌起义，发布文告，需用都督印信，不敢倩人刊刻，

桢乃仿效西人电气刻铜法，铸成中华民国军政府鄂省都督印一颗。众惊喜曰：“印信即得，大事济矣。此次功成，尔之力也！”

未几，武汉三镇物议沸腾，上海某报载有汉口某照相馆，系为革命秘密机关。满吏闻风，潜派侦探，分途伺隙桢馆。幸赖家小不时掩饰，获免。八月十四夜，飓风大作。同人连日运动，精力尽疲，均各早卧。桢于朦胧之际，闻有步履声，惊觉时，瞥见人影遥立窗畔。疑为窃贼，急起追击，同志等亦皆惊醒。燃灯遍视，但见箱翻箧倒，衣物狼籍，惟文册、印信、旗帜，另贮密室，未被抄乱。诸人仓惶惊异，疑系满吏密探来侦消息，遂于十六日将机关部迁至宝善里内。部署毕，众同志谓桢曰：“前夕之事，实赖伯桢兄早觉之功，尤为大汉将兴之兆。今晚大汉舞台演《中秋赏月》一出，可同往观，以志庆幸。”桢辞曰：“大事未举，经济匪难，何忍为此！”众鼓掌叹服，各归。

中国人民政治协商会议湖北省暨武汉市委员会等编《武昌起义档案资料选编》中卷，湖北人民出版社1982年版，第453～454页

10月8日至9日（八月十七日至十八日）　武昌风声鹤唳，革命党人随时有起义可能，清吏加紧戒备。

《鄂垣之风声鹤唳》：

鄂垣自十一日起，相传有大股革党谋为不轨，官府异常戒严，略志前报。近日风声愈急，通湘门一带居民有纷纷迁避乡里者。兹将各界防范情形调查列左：

政界戒严　督署卫队名曰特别警察，向不过守卫东西辕门，近则署内二门、大堂、二堂、三堂、五福堂、上房、签押房等处均派警兵护卫，午后六句钟无论何项文案委员，一概不准出入。由陆军派工程八营左队驻扎署内，由巡道派消防队大排逡巡署外，周围澈夜不息，署内巡捕戈什均佩剑带刀，俨如革党发现景况。

军界戒严　军界自炮队兵变后人心摇动，近日谣传有疑军士多入党籍者。更有骇人听闻之说，八月十五革党将由军界起事。故近日军界防范愈严，中上级官长出入均佩手枪，目兵不得在营会客，无特别事件不准挂号。前此剪发者，一律勒带假辫，并由兵备处将楚望台军械所火药，用辎重车运至司令处及兵备处分储云。

警界戒严　自革党起事谣传风起，巡道王履康奉瑞督面谕，当即飞饬各警区分段整马巡逻，昼夜不停。夜则亲穿制服，乘人力车巡查，以视各区之勤怠。并饬各城守卫队稽查出入，启闭以时，不准留城擅开。密派探警四出，以探声息。学社、客栈稽查尤严。

学界戒严　鄂垣学界多热心时局之士，向来官府取缔甚严。因风声可骇，故各学堂学生往来信函，均由各该堂堂长阅后盖戳，方准收递。无论何人，不得入堂拜会，虽至亲密友有特别事故相商，必先在号房书明原由，由管理员核阅方可会晤。无特别事故，亦不准请假外出云。

《民立报》，1911年10月8日，第4页

《时报》消息：

鄂督瑞制军日昨据江汉关道、巡警道密禀：迭接探报，长江一带革党潜来甚多，闻有勾结匪党在鄂谋为不轨等情。当饬巡警、军队日夜严防，所有轮车抵汉均须搜查，武汉客栈极为注意。现各署局均派军队驻守，督署警卫尤严。武昌各城门自改派巡警守卫后，夜间出入均验对牌放行，连日关闭较早，夜间不许出入。即各署往来传递文牍，虽有对牌亦不放行。近日人心颇为惶恐，并闻有中秋节起事之谣。

鄂垣近日风声鹤唳，官场戒严，督署内外均驻军队守卫。军警巡缉络绎于途，民间迁徙者

为数不少,以致愈形扰乱。如以前数日出有炮兵交斗一案,地方官对于此种谣言,禁不胜禁。

督辕守卫之兵,除特别警队、右路巡防队、地方巡警、第八镇工程营而外,昨复调第八镇马队一队,全挂武装,驻扎大堂前防守。闻瑞督初意本不欲用陆军,经张彪力请,以各标营自缴械以后,已大疑异,若不用其守卫,是明明目之为匪,窃恐因疑惧生变,张某岂能担此重咎!于是在工程营首先挑选性情诚实,有家眷在省之兵(因工程营名誉较别标好,从未酿事,故敢用之)一队有余到辕,嗣挑马队亦如是。现各守卫军警,按日均有赏赉。中秋日每名且赏钱二千,以期买其欢心。

瑞督因闻陆军与党人联合之说,传军事参议官铁忠到辕筹划防务。当计算省中现有巡警、防营、宪兵、卫队四项不过千六七百人,设新军果变,此千余人曷足抵敌?爰问铁参议有何良策?铁嗫嚅不能对。瑞督斥之曰,绿营虽不能战,防守地面甚为可恃,汝力主持照院全裁,如今弄得陆军尽是反叛,只好坐以待毙。铁不得已,自请赴各标营演说,晓以大义,诰以忠爱,几于舌敝唇焦云。

督署各委员、缮写、仆役、杂夫人等,出入均以腰牌为凭。各员役房中,每夜由特别警察队官带兵清查二次,以防闲杂人等混入。除司道以下各官,均须在辕门外降舆,每员只准带跟丁一名入署。辕门以内禁止人行。至夜间,即辕门外,亦不准经过。

张统制密饬各该管带,凡营中喜阅新书报、言大气昂及剪辫之兵,均著开除,派员遣送回籍,不准在省逗留。所遗缺额暂不招补,以防党人混入营中。并严禁聚谈戒严事,此营此队不准与彼营彼队往来。如有五人以上聚而私谈,查出以违令治罪。中秋之日照常操课,有家室者准其请假,限定下午五句钟以前回营。各营于节期间有酒肴,此次有肴无酒。如私饮酒,查出严办。

党魁来鄂之谣传　鄂省近日戒备之严,为历来所未有。如火车、轮船、码头,皆满布军警侦探,翻箱打笼,无所不至。民舟货船则堵于襄河口,由水面巡警稽查。若行旅入城起坡者则由巡警检查箱箧。如行旅主人未同来或锁钥未携在身畔,即将其箱箧暂行扣留,必俟清检方准放行。闻其如此严紧,原因实缘鄂督准粤宁二督密电,探悉革命党魁黄兴率领大批党人潜至长江,希图在武昌起事,并勾结川省会党、宜昌路工,同时响应。

八月十四过中秋　军营中旧例,中秋节放假停操。兵士有家室者,可请假外出,俾资团圞,共庆佳节。兹因风声吃紧如踵例而行,诚恐在外生事。二十一混成协黎元洪传令所部各标营队一律于十四日置备酒肴,庆贺中秋。故十五日仍照常操课,禁止请假,以防趁人众闲散之际,酿生巨变。

教练所学生巡逻　鄂垣警章每夜必派消防队排队巡逻,以补岗警力所不逮。此次戒严,督署不敢多用陆军守卫,故调消防队、巡防营会同特别巡警队轮番梭巡守卫。而巡警入夜均全班分配站岗,碍难抽调排队巡逻。刻值防务吃紧,当道倚警甚重,巡逻队万不可废。警道王履康特亲至巡警教练所与诸未卒业警生婉商,暂行停课,派往各区巡逻,每夜自十二点钟起至四点钟止。派公所各科员前往分班领率,以示优异。

《时报》,1911年10月9日。武汉大学历史系中国近代史教研室编《辛亥革命在湖北史料选辑》,湖北人民出版社1981年版,第562～564页

10月9日(八月十八日)　清内阁电商湖广总督瑞澂,拟由鄂省再行抽拨数营鄂军,协剿川乱。

《内阁致瑞澂电》(宣统三年八月十八日北京):

鄂督:申。川省匪乱蔓延,附近省城数百里之间,几于无地无匪。顷得端大臣来电,知嘉定又复失守,乱事日殷,而川中兵单,不敷调遣。昨得来电,以川乱应援者,不出鄂、湘、云、贵、陕、甘六省,荩筹至佩。除粤军已饬回粤外,查甘军较远,陕省兵少,不能赴援,滇军须在边界办防,无可分拨,现经端大臣电商李(经羲)制军,将其驻边之苏、杨[李]二军进扎于筠连、屏山之间,其力似亦止此。入川客军,仅黔军二营与鄂、湘两军。端大臣之意,拟俟湘军到川,滇[填]驻渝防,则进剿之军仍形单薄。审度情势,拨调军队及转饷较便者,实惟鄂省。此次事起之初,诸赖硕画,川中后援,非楚莫济。兹特电商,拟仍由鄂省再行抽拨数营,迅速前往,以资协剿。执事夙顾大局,不分畛域,应如何调拨办理之处,务希卓裁电覆,即当请旨遵行。阁。十八日。

陈旭麓等主编《辛亥革命前后·盛宣怀档案资料选辑之一》,上海人民出版社1979年版,第167页

△ 同日下午,孙武在汉口俄租界宝善里十四号配制炸药失慎爆炸。革命秘密机关暴露。湖北当局根据沙俄驻汉领事馆所抄获之革命党名册,在武汉三镇大肆进行搜捕。

孙武《武昌革命真相》:

彼时武汉官厅风声大紧,故孙武等在汉口宝善里十四号,俄国租界,召集各代表大会,均冒险进行,以及文件财产各军事组织,实一日千里之势。故由孙武亲制炸弹,到十四、五日,武汉谣风甚大,官厅与党人两方均在急急,不料于十八日下午三时,孙武在总机关调药过急,幸(疑为尚)未装制之药轰燃,一时声闻全里,除孙武一人头部受伤外,余无伤者。当时在机关者有:李春轩[萱]、丁佛堂(即丁笏堂)、谢石钦、梅宝机、刘公、刘燮卿、王天保、汪锡九、陈占魁、刘同等在内办事。当时孙武急跳下楼,用长衫照[罩]着面部,自跑到同仁医院,该院系日本何(一般应为河)野所开,内中有同志徐朝桐,在内为医士,孙入门时只叫一声凤吾[梧],徐之外号。倒下不能言语,徐亦知系炸弹所伤,以实告何野,下告何野,何野亦热忱救治,当时已官厅侦探到医院一次,何不许检查,至半夜何嘱其速出院,在外诊治,勉[免]官厅查觉,当夜十二时,由同志招拂送德国租界共和里十一号安居。

宝善里自孙武走后,当由丁立中将火救息,李、谢等抢紧要文件,岂料该机关各房皆[该]要件不及抢出而捕房已至。丁立中由洒[晒]台果[裹]被跳下,石、李等亦由后门跑出,所有机关内告示、对外宣言、军旗、抄[钞]票数百万张,概为俄捕房取去,俄人见内中对外宣言并有洋文,知是政治革命,不与深究,不过机关内有刘燮卿、刘同两人走不及被捕房引渡官厅去了,此未宣言以前时候也。

《华中师院学报》,1982年第5期,第136页

胡石庵《湖北革命实见记》:

八月十八日,予方居汉口歆生路余庆里大成印刷公司,患齿痛颇剧,镇日未出外。日将晡,有同志徐、汪二子忿息至,仓皇告予,谓十二句钟时,宝善里机关部破坏,孙尧卿(名武)受伤,刘仲文(名公)被擒。予惊问故,二子谓孙尧卿因配合炸药,误以星火引燃药线,致被轰起。尧卿面部俱炸坏,匆匆以长衫蒙面,由同志自后门运往日本同仁医院救治;机关部则已被俄国巡捕侦见,破门而入,将部中所有预备之件,如印信、告示、旗帜、手枪、炸弹并照会外人之译件,同志诸人之名册,中华银行之钞票,统行搜去,且临时捕去二人,闻总理刘公即在其内云(按:此盖误传。刘公彼时并未被捕,惟药燃时刘公在内,一面招呼救尧卿往医院,一面偕人扑灭火线。见巡捕至,始逃往他处机关。又按:当日火发甚炽,其旁即炸弹无数,苟延燃将令宝善里成齑粉。赖同志丁笏堂舍身卧入火内滚灭之,诚难得也)。予惊问:"确耶?是

将奈何!"二子曰:"今无他计,但速逃以求生耳。"

武汉大学历史系中国近代史教研室编《辛亥革命在湖北史料选辑》,湖北人民出版社1981年版,第5~6页

《宣统三年八月十九日湖广总督瑞澂致内阁军谘府陆军部请代奏电》:

昨夜七点钟,据侦探报称,本夜十二钟,该匪准定在武昌为变。并探知该匪潜匿各地。正饬防拿。复据江汉关道齐耀珊电称,于汉口俄租界宝兴里查获匪巢,并拿获要匪刘耀璋一名,起获伪印、伪示、伪照会等件,及银行支簿伪用钞票,并查有制造炸药形迹。当派荆襄水师巡防队往提来署审讯。

中国史学会主编《中国近代史资料丛刊·辛亥革命》(5),上海人民出版社1957年版,第289页

〔日〕内田顾一《湖北革命战见闻日记》:

十月九日　俄租界宝善里弄堂里,突然冒出滚滚黑烟,发出一片爆炸声,邻家一看是三个中国人正在点火燃烧一些箱子,比即飞报警察局,移时警察到来捕去两男一女并收检房子里的一切物件,那就是革命党员的窝窠。主要人物已经逃跑,只捕了剩下来的青年人。箱子里都是一些爆炸物品,其他有国玺、国旗、宣言书和入党手续书等。警察立刻将人犯引渡清国官府。

一看那些党则,实是很文明的。他们观察中外形势订立的赏罚规程,如:凡危害外人财产、附贼和妨害商业者,处以斩杀罪等。又订制下图式样的旗印。政府定名叫中华国民军政府,属于孙逸仙系统的。

以上是这次兵变的开端。

《辛亥革命史丛刊》编辑组编《辛亥革命史丛刊》第3辑,中华书局1981年版,第163~164页

英文《汉口日报》:

《俄租界大事件革命机关之暴露炸弹与革命宣传品已被查获》:由于昨日下午俄租界一枚炸弹的爆发,破获了前此未曾察觉的一个革命机关。下午4时,俄国租界当局附近的巡捕为强烈的爆炸声所惊恐,响声显然来自德国屠宰场后面的土著民房。于是向邻近地区猛冲过去,并且在一个弄堂的14号发现两个华人向周围泼煤油,显然是准备放火烧掉房屋。立即戒严并搜查了房间,革命党机关因而全部暴露。已经制成的炸弹,作为原料的酸类,革命小册子和一个名单,很象是党员名册,这些都说明了弄堂和房间的作用。估计是炸弹突然爆发,当事人害怕巡捕查问因而企图放火。他们的企谋由于巡捕的行动敏捷而失败,他和另外两个已经说到过的巡捕,试图逮捕四个在爆炸之后马上走近此地的可疑男子,但结果还是让他们跑了。

昨天深夜,《汉口日报》记者前往俄国巡捕房采访,两个中国人,一男一女,由于想进入一个可疑的房子而受到讯问。被捕的两个人移交给夏口厅,它的代表早已应邀迅速前来此地。总督业已从武昌派来一位海军官作为代表,同行者还有其他地方官员,他急于弄清与这个革命机关相关连的秘密。在巡捕查获的物品中有革命旗帜、武昌地图和安排各路革命党人进攻武昌城的计划。

昨晚周围地区异常寂静,除了俄国巡捕以外别无人影,由于他们的破获和有效控制局势而受到热烈的祝贺。

《汉口日报》,1911年10月10日。《辛亥革命史丛刊》编辑组编《辛亥革命史丛刊》第3辑,中华书局1981年版,第191~192页

编者按:宝善里爆炸案时间,有八月十七日、十八日两种说法。贺觉非、冯天瑜对此考证甚详。结论是宝善里机关失事当在10月9日(八月十八日)下午1~4时之间。(贺觉非、冯天瑜《辛亥武昌首义史》,湖北人民出版社1985年版,第169~170页)

△ 宝善里爆炸案发生后，邓玉麟急渡江至武昌小朝街报告变故。恰蒋翊武由岳州返汉，定于当晚十二时发动起义，以南湖炮队鸣炮为号，一齐行动。派邓玉麟送起义命令至南湖炮队，因城门戒严，绕道前往，至南湖时营门已闭，兵士就寝，以致炮队未能发出信号炮，起义未遂。

邓玉麟《邓玉麟革命小史》(1912 年 10 月 16 日到)：

十八日下午四时，孙武因制炸弹硫酸过分爆发，伤面部甚剧。震动邻居，机关败露，俄捕将炸弹、旗帜、种种文件、党中名册并刘协卿及刘公之夫人与其弟捕送江汉关。君因购表外出，得免脱。念事机破裂，危机俄倾，亟渡江。晤谢石钦、梅宝玑、邢伯谦等于舟中，遂相将赴小朝街八十五号张廷辅所。适蒋君翊武自湘来，刘君复基、陈君树三、彭君楚藩、杨君洪胜等均在坐，遂备述宝善里机关败露，同志遭擒，党籍脱落于诸吏手，苟不今晚举事，明旦按名捕拿，恐无一人获保首领者。死不足惜，惟以数年计画一旦失败，革命事业归于泡影，四万万同胞永沦于奴籍，我辈地下，何面目对诸先烈士！【情】词俱壮，众赞成，遂决议是晚二句钟起事，各出分布于各协标营代表(此处原有君先至工程营，递消息于熊秉坤、徐兆宾，复偕杨洪胜一句，后被圈去)。遂派陈树三分赴二十九标晤蔡济民、高尚志、王宪章、张廷辅、陈人杰、黄瑟轩，测会[绘]学堂方兴及三十、三十一、四十一等标，均授以计画。君偕杨洪胜通知工程营同志，复至山后胭脂巷胡祖舜、潘善伯所搬运炸弹。途遇蔡鹏来，迫君举事。君告以崖略亦别。至潘、胡处，则炸弹制成者仅三十六个。君乃偕杨洪胜运至十五协附近杨洪胜家中，嘱其伺隙运至营内，分授诸同志。

午后十时，城内各军同志均已通告完毕，君因偕徐万年、艾良臣，各手炸弹一个，拟出文昌门至炮队八标。不料城门戒严，搜缉甚苛，君将炸弹弃置道傍沟内，乃得出。十二时抵南湖，则营门紧闭，不得入。与徐、艾分路逾营墙而入，君几为卫兵枪毙，幸其人为同志，得无恙。乃引至马房，招集代表蔡汉卿、孟华臣、王鹤年、杜鼎、王广聚、张抚国，告以汉口总机关败露，今晚务为破釜沉舟，并力一举。城内军队业已约定今晚二句钟起事，但须炮队协力进攻，方能得手。并恫以党籍脱落吏手，稍游移即无一幸免等语。众允响应。其时营中官长预闻风扬，故聚众秘议得无恙。君留营内，拟城内炮响，即督队轰保安、中和二门，进攻督署。不幸时候仓猝，消息不灵，城外各营，则俟工程营举事，然后响应；城内各营，又俟炮队举事，然后响应。两方面误会，遗[贻]误事机，天已大明，不克动矣。君审事败，亟偕艾、徐、□(此字不识)、王、孟等返城探信。至则城门紧闭，严拿诸同志，不许出入。

中国人民政治协商会议湖北省暨武汉市委员会等编《武昌起义档案资料选编》中卷，湖北人民出版社1982年版，第224～225页

咏簪《武昌两日记》：

这时候，邓玉麟适从汉口过来，听见尧澂发这议论，也就从旁赞成道："好得很，就是这样办。翊武！我们先前已举了你做总司令的，就请你即时下道命令，准于今夜起事。只是时候已不早了，若是早一会去，也好使他们各营里预备。"翊武见廷辅等众，都是异口同声，就连忙下道命令如下：

命令(八月十八日下午五句时发于小朝街八十五号机关部)：

一、本军于今夜十二时举义，兴复汉族，驱除满虏。

二、本军无论战守，均宜恪守纪律，不准扰害同胞及外人。

三、凡步、马、工、辎等军，闻中和门外炮声，即由各原驻地拔队，依左之命令进攻；

甲、工程八营，以占领楚望台军械库为目的。

乙、二十九标二营,由保安门向伪督署分前后进攻。

一营前队,出中和门迎接。炮队防守中和门。右队防守通湘门。后队助工程营占领楚望台。(三营因出防郧阳故不列)。

丙、三十标扑灭旗兵后,即向重要地分兵驻守。

丁、三十一标留守兵,分驻各地防守。

戊、四十一标留守兵,进攻伪藩署及保守官钱、善后、电报各局。

己、三十二标留守兵,由保安门进城后,助二十九标二营,攻击伪督署。

庚、马队八标一营进城后,即分配各处搜索,二营向各城门外搜索,以四十里为止(三营及混成协马队十一标出防襄阳故略)。

辛、塘角辎重十一营,于十一时在原驻地,放火助威,藉寒贼胆。

壬、塘角工程十一营,掩护炮队。十二营,由武胜门进城,占领凤凰山。

癸、卫生队于天明时,往各处检收阵亡尸首。气球队于十二句钟时,在谘议局前听遣。(辎重八营,现在伪督署守卫,谅不可靠)。

四、炮队八标,于十一句半钟,即拔队由中和门进城。以一营占领楚望台,向伪督署及八镇司令处猛烈射击。以二营左右队占领蛇山,向伪藩署猛烈射击。中队留守原驻地,三营占领黄鹤楼及青山一带,防守江中兵舰(我军占领时,均即停射)。

五、四十二标一营左队,进攻汉阳城,前后右三队,占领大别山及兵工厂,以后队为援队。

六、四十二标二营,占领汉口及大智门乔口一带。

七、四十二标二营右后两队,堵塞武胜关。前左两队,防守花园、祁家湾一带。

八、武昌弹药枪枝,暂由楚望台军械库接济。阳夏暂由兵工厂接济。

九、凡各军于上午七句钟均至谘议局前集合。但须留少数军队,防守已占领地点(阳夏驻军不在此例)。

十、予于十二时前,在机关部。十二时后,在谘议局。(注意)本军均已[以]白布系于左膀为标识。

总司令蒋翊武。

命令下完,各个便照样誊了二十余张。翊武遂对众人说道:“今日这个命令,乃是一时权变。我先前叫各代表多迟几天,于今忽然叫他们今夜举事,岂不是自相矛盾吗?似此朝令夕改,还有那个肯信服呢?你们这回往各处送命令去,预先说明缘故,才可以使他们不得误会。”说完,就命各个将命令分途送去。

中国史学会主编《中国近代史资料丛刊·辛亥革命》(5),上海人民出版社1957年版,第46~48页

编者按:《武昌两日记》所谓命令,曾被李廉方《辛亥武昌首义纪》、张难先《湖北革命知之录》等著作交相引用。当事人的回忆中,文学社员认为有起义命令,共进会员则否认有书面命令。从起义部队实际的行动反证,书面的命令应该还是有的,但会较简略,且不会以正式的军事命令的形式发布。《武昌两日记》虽说成书于1912年,但所刊之命令恐系作者事后演绎。

△ **是日傍晚,杨洪胜运炸弹至工程营,受军警盘问被捕。**

咏簪《武昌两日记》:

……只见那个姓张的跑来慌慌张张的对众人说道:“坏了,坏了!”翊武、尧澂等众都惊道:“又是怎么的?”那个姓张的道:“适才杨鸿盛的那几个炸弹,用篮子提着,皮面盖些白菜,刚刚走到工程营的门口,那个守卫的排长,就将他拦住,不许他进去,接着又来翻他的菜篮。鸿盛见势不好,只得从篮里拿出一个炸弹,向他丢去。那个排长的眼快,见他手里忽然拿着

一个东西,知道不是好事,当时就往里面一跑,所以鸿盛丢了一个空,反把自己脸上炸坏了。鸿盛受痛不过,回头就跑。这时里面不但没有接应,反见几个守卫兵出来赶他,我看他那宗样子,所以忙跑回来报告。及至走到工程营背后,忽又遇着一排人,如飞的向十五协那里去了。"楚藩听到这里,接连指着鸣钟说道:"不要紧,不要紧,这钟已到十一点多钟了,还怕什么?不久就可以听到炮响了呢。翊武!你快将你攻守的地图,调查的册子,早些看熟,以便临时指挥。"

中国史学会主编《中国近代史资料丛刊·辛亥革命》(5),上海人民出版社1957年版,第53页

编者按:杨洪胜之被捕,文献记载有几种说法。运炸弹至工程营而被捕还见于居正《辛亥札记》:"杨宏胜退伍后,赁屋于二十九标营门前,作小商,藉避耳目,专任交通及输送子弹炸药于各标营。十八日,宏胜购得子弹百颗,偕邓玉麟送入工程营,分给熊秉坤、徐兆宾、金兆龙等二十颗。事毕,即赴胭脂山胡祖舜寓。邓玉麟、蔡蓬来等欲将所有炸弹概交宏胜负责分送,宏胜诺之,遂以人力车悉数运至家。以筠篮盛炸弹,外饰青菜,送入各标营。及至工程营时,守卫者非同志,呵宏胜止,严查诘。宏胜急奔走,卫兵追蹑,宏胜掷弹抵御,弹片反射,宏胜负伤,驰归寓,卫兵迹至,搜出炸弹甚多,遂被执。"(武汉大学历史系中国近代史教研室编《辛亥革命在湖北史料选辑》,湖北人民出版社1981年版,第140页)另胡祖舜《六十谈往》谓:"杨洪胜在其右旗后门外之杂货小店装制炸弹药管,失慎爆炸,声彻四邻,面部且受重伤,亦为附近军警捕去并解总督署讯办。"(武汉大学历史系中国近代史教研室编《辛亥革命在湖北史料选辑》,湖北人民出版社1981年版,第66页)张难先《湖北革命知之录》谓:"其移置武昌分机关之弹药,由潘公复等赶造,胡祖舜派李济臣、胡祖寅输送各处。李饰为赠人礼品,潜移向启桂家,晚复运至杨宏胜寓。甫出门,而杨竟以疏忽爆发,被军警捕走。济臣闯入整容店,伪为薙发以免。(或谓宏胜以筠蓝[篮]盛炸弹,外饰青菜,送入工程营。守卫查诘,胜奔走,卫兵追之,胜掷弹抵御,弹片反射负伤,归寓,卫兵迹至,搜出炸弹甚夥,遂被执。杨寓在工程营附近。或因此讹传。前说系济臣密友张鹏程告我者,故吾主之。)"(严昌洪等编《张难先文集》,华中师范大学出版社2005年版,第275页)此外还有其他说法。杨洪胜名字也写作杨宏胜、杨鸿盛。

△ **是日午夜,军警搜查小朝街八十五号,刘复基、彭楚藩被捕,蒋翊武逃出。**

咏簪《武昌两日记》:

那晓得他们几人,正在高兴的时候,忽听得门首"嘮嘮噼噼"的声音,比那打雷还要急些。翊武遂在楼上,向外面问道:"你们是做什么事的?"外边答道:"是来会你们老爷的。"翊武听了,知事不好,就对众人道:"我们事已至此,不要慌。"说时便拿一个炸弹,只望一人当先,尧澂道:"等我来!你们只替我打接应。"说着就拿了两个炸弹跑下楼。刚刚等他们进来,同将两个炸弹向他们猛烈丢去。只听得"哎哟"一声,那些来的人,就退了几步。楼上的人见他没有炸死着,接连又丢了几个,然而总是炸不倒他们。

列位!分明是个炸弹,何以炸不倒人呢?缘来他们几个做炸弹的人,因为十五那一天,爆炸了一次,所以平时就把这个炸弹里面的闩钉,没有安上,恐怕一旦失慎,贻误大事,这也是谨慎的意思。此时戈什警兵,破门进来,又因一时过于仓猝,不能安那闩钉,所以爆发力一小,才炸不倒人。

但是那些戈什同警兵,看见炸弹没有效力,也就大着狗胆,蜂拥前来,将尧澂一把捆着。楼上的几个人,见尧澂已经被拘,手里又无寸铁,炸弹又经用完,就只得从瓦上求逃。一到屋上,见旁边有条巷子,几个人就傍墙跳下去。不料刚一下去,就有几个警察过来,一见他们几个人就大喊道:"这里有人。"楚藩道:"我们不是,我们也是来拿人的,你不看我们的制服吗?我是宪兵。"那个警察听了,接着将探照灯在他们脸上一照,见他们果然是个宪兵打扮,也就不作声了。

那个时节,他们几个人,正要从巷子里出来,不料又来了几个警兵,把他们围住。那个姓张的乘警察们去捉翊武、楚藩去了,他就从旁边脱虎口。这时候,街上的岗警,听见人声大

轰,就把刀儿枪儿系在手中,好像临了大敌一般。此时宏诰看见警察中间,有几个是相识,就向他们说道:"你们不识得我了吗?"一个警察道:"认得你,在这里干什么的?"另一个道:"恐怕他的老人家要他来捉革命党的。"宏诰听了这话,便顺口答道:"不错,是我父亲要我来的。"那几个警察一听,以为是真。加以他的父亲,又是警务公所的总务科长,所以就让他一溜烟的跑回家里去了。但是,这时鸿勋已经被戈什拿住。不一会儿,霞初、楚藩、翊武也先后被他们拿住。当翊武刚刚被他们拿住的时候,一些戈什兵丁,也就闹成一堆,一时街上大呼小叫,好像天崩地裂一般。把已经睡了的老百姓,都闹了起来,把门儿打开半边,张着眼儿偷看着外面。

那警察看见已把翊武拿住,于是拖起就走。翊武道:"我是来看的,拿我做什么?"那些如狼似虎的警察,只当没有听见,还是拖起乱跑,好像得了几万块洋钱,几十个红顶儿的样子。刚刚到了警察门口,喧喧嚷嚷的哄得耳朵欲聋。警官一见翊武穿着长袍短褂,像个乡先生的模样,以为真是满清的奴隶百姓,于是毫不在意的把他关在花园里,自己却跑到前面来打电话。翊武见他已经离身,就赶紧从短墙上逃脱。

中国史学会主编《中国近代史资料丛刊·辛亥革命》(5),上海人民出版社1957年版,第54~55页

10月10日(八月十九日)　前日晚至是日凌晨,瑞澂等在督署会审彭楚藩、刘复基、杨洪胜。三人视死如归,黎明时被杀于督署东辕门。

咏簪《武昌两日记》:

交交黄鸟,三贤难赎,萧萧易水,壮士不还。那时刘尧澂彭楚藩龚霞初牟鸿勋,四个被拿的人,知道十二点钟已过,所约的一些事,谅已没得望了,只得伸着头儿待时就戮。此时约莫有了四点钟,上面就喊人提审。但是伪督瑞澂还在上房,坐在椅子上发颤,心里想到,我自己去审,又恐怕他们的暗杀,就只得命铁忠(满人)双寿(满人)陈树屏(汉人)在会议厅代审。且对他们说道:"这种无父无君的东西,只要有点供词,你们尽可办去,也不必前来问我。"他们三个问官,得了这命令,接着就到了前面来。刚刚坐下,只听得外面有人报道:"又捉住了几个,说是什么杨鸿盛。除在汉口捉的两个以外,男女整整有了十个。"铁忠等听他报完之后,略将头点了几点,接着就命令戈什将楚藩带了上来。

楚藩此时正这样想着:"今日既已被他们捉来,料无生理,倒不如骂他们几句,也使我的心里快活下。"所以一到厅上,便昂然不屈。铁忠等见他一派豪气,几乎椅子都坐不稳。过了一会,才勉强开口问道:"你为什么不跪?"楚藩骂道:"你好大的狗脸,我岂肯跪你!你不怕折福么?"双寿在旁插嘴道:"可恶,打断他的狗腿……"话不说完,那几个不要脸的戈什,就狠命的将他一推,楚藩这才顺势坐下。

铁忠接着问道:"你叫什么?"楚藩道:"我叫彭楚藩。"铁忠道:"你是革命党吗?"楚藩道:"不错,我是革命党。"铁忠作势道:"你为什么要革命?"楚藩道:"我且问你,我们汉族的江山,被你们这些满鬼蹂躏这些年代,怎么不要革你们的命?"铁忠听了,呆了好半天,又慢慢的问道:"我看你这个样子,本是一个宪兵,你只怕不是革命党吧?"楚藩道:"你说我不是革命党,我就不是革命党吗?我只晓得以排满流血为宗旨,我也不知道我是不是革命党。"

列位!铁忠因楚藩是个宪兵,恐怕瑞澂知道了,于他们的管带果清阿(满人)的前程有点碍,所以才说这句话,也是他们官官相卫的意思。谁知楚藩偏偏不如他的私心,铁忠也就无法。只得又问道:"你们有多少同党?"楚藩道:"同胞四万万,你还不知道吗?"铁忠道:"你们约的几时起事?"楚藩大声道:"就是今天。唉!可惜我没有杀着你们……"铁忠狠恨的

道:“你这种东西,只有杀的好。”楚藩道:“要杀便杀,何必多讲。只是你们这些满奴呵!”这几句话刚刚讲完,铁忠就气得了不得,把一个狗脸,气得像猪样。登时大怒道:“你道我不杀人吗?”一面口里咕咕咕咕讲,一面手里便拿了笔,写了一个标旗。上写的是“谋反叛逆罪犯一名彭楚藩枭首示众”等字,几个戈什就将他的衣服脱了绑了起来。此时已有四句半钟。楚藩也就闭着眼睛毫不做声。绑完之后,拖出头门。呜呼!彭烈士于是乎就义!

英雄遭戮,今古同慨,文山可法,我心实痛。楚藩就义之后,第二审的就是廷辅的夫人。一到厅上,铁忠便问道:“你家里是开栈房吗?”廷辅夫人道:“不是的。我的丈夫在三十标当排长,我的家里是闲住。”铁忠道:“既不是栈房,何以这些革命党都在你家里呢?想必你的丈夫也在其内。”廷辅夫人道:“他们是同我分租住的房子,我的丈夫日日在营里,即或回来,多则两点钟,少则一点钟就走了,他又怎么同一起咧?况且他回来,也不会与他们通过往来,虽说在一个房里,你不干我,我不干你,这也是武昌城里住房子的风俗。”

铁忠道:“你的丈夫既不常在家,他们做的一些事,你必可以清白,究竟他们所做的是些什么事?你可照直说来。”廷辅夫人说道:“他们去来的人很多,只是我都不认得。若问他们做的什么事,但他们住楼上,我们住楼下,我又从来不往上去,叫我怎么晓得呢?”

铁忠骂道:“你这刁妇,还是口强。”又向旁边的戈什道:“暂且将他拖下去!”说了接着又提审尧澂。此时尧澂的心里,觉得昨夜的同志负了定约,致一生所抱的宗旨,不能达到,难免无憾。及至到了会议厅,铁忠便问道:“你叫什么名字?”尧澂道:“刘尧澂。”铁忠道:“你从那里来的?”尧澂道:“我不是从别处来的,先前在四十一标三营当兵,因为我的哥哥日前从湖南来,我就请了假,想同他往东三省去,加以又没得多日,所以就在张廷辅的家里暂住几天。”陈树屏也问道:“你既在别人的家里就好好的住几天,为什么为非作歹,要革起命来呢?”尧澂道:“我出营没多日子,那些事,实在不晓得。”双寿道:“你既在一起,为何还说不晓得?你那手炸得这个样子,不是放了炸弹的吗?你还有什么抵赖?”尧澂道:“这是他们拿我的时候炸破的。”

铁忠听至此,就吩咐将廷辅的夫人提上来问道:“他,你认得吗?”廷辅夫人道:“不晓得。”此时尧澂把眉一竖,便接口说道:“你们何必东问西问,但是我既入了你们的虎口,难道还能脱出吗?自古道:好汉做事好汉当,今日的炸弹,就是我放的。”双寿刁声说道:“你放得好!”铁忠当即对树屏道:“这也不是好东西,索性结果了他。”尧澂见他讲了这句话,知道没有想头了,遂对他们说道:“满鬼呀!你们杀我,我倒爽快,不得再受你们的压制。只是你们以后,须要略略体贴我们汉人一下,不要学而今这样残酷。那时你们还可以苟延时日……”

话未说完,只见铁忠已将那标旗写好,上面也是定的那“谋反叛逆”的名字。尧澂便笑了一声,随那戈什拖了出来。一到大厅,见那外面看的人,堆山塞海,他便大声喊道:“同胞呀!大家努力!只可怜我这遭孽的同胞啊!”说时那眼泪就不住盈盈而下。列位!这就是刘烈士最末又最末的几句话了。到今日,只能使我梦里想像,怎不叫人肠回九转也呵!

刀斧临前,一毫不惮,馨香一瓣,愿拜常山。此时刘烈士遇害,那钟正是六点半。厅上所审的尚有廷辅夫人,那时只见铁忠问廷辅夫人道:“你的丈夫到底与他们有来往没有?”廷辅夫人道:“实在没得来往。”铁忠拍案怒道:“你这泼妇,我倒想救你,你反不对我说实话。先前他们说你的丈夫是一气的,这屋里,是你的丈夫请他去的,你还在这里说谎吗?现在已经派人拿你的丈夫去了。若是你早些说了实话,不但你可以轻罪,就是连你的丈夫也可以轻罪。你若不说实话,不但你的丈夫要杀,就是你也要杀。到那个时候,你们切不要怪我。”廷辅夫人听了这些话,说也不好,不说也不好。然而上面的铁忠又不住的乱催。停了一会,只见她慢慢哭道:“只要大人实实在在替我的丈夫轻罪,我就可以直讲。”

铁忠连说道:"我一定替你们轻罪,我一定替你们轻罪。"廷辅夫人供道:"他们的人很多,来来往往,日夜不绝,大半都是营盘里的。先前有几个穿便衣的,在我屋里做炸弹,因为十五的那一天轰了一次,他们就在别处佃了房子。但是我们的屋里,还有几个人居住,这几个人就是刘尧澂一起的。我的丈夫一回来,便与他们在一堆,你讲我说,只是半句都听不见。我前日问他,问他们讲的是些什么话,他说你们妇人家不知道的。我听了这一句。我以后便没有问了。"双寿道:"那些人你晓得他们的名字吗?"廷辅夫人道:"他们的相貌我到认得,只是我从没有同他们谈过话,所以不知道他们叫什么名字。"铁忠道:"你又说谎吗?"廷辅夫人接着说道:"既是大人欲救我,我晓得的我还有不说的吗?"铁忠见他说的一些话,句句都像实在,接着就命戈什带了下去,然后又提审杨鸿盛。

鸿盛将一提到,他们几个审的人,见他脸上被炸弹炸得像什么似的,便恨得了不得。当时问了姓名,几个人又私的问了几句,声音极小,也不知所说的是些什么话。停了一会,铁忠又问道:"你这个样子,也想革命吗?哼哼!我今日只怕要革你的命哩!但你们的炸弹还有没有?"鸿盛道:"用了又做,那有没得的道理。"双寿道:"你们的党羽,是营里的多些,是学堂里的多些?"鸿盛道:"你说军队里多,就是军队里多,你说学堂里多,就是学堂里多,我一刻也难查清楚。"

讲到这里,那标旗也已写就。然上面写的,则是"施放炸弹革命党一名杨鸿盛"等字样。鸿盛见了,知道快要害他,遂骂道:"好!只管杀,我只怕你们也有一日呢!"此时鸿盛想讲话,而戈什已经将他拖出。呜呼!杨烈士遇害时,钟声已七下矣。

中国史学会主编《中国近代史资料丛刊·辛亥革命》(5),上海人民出版社1957年版,第59~63页

《湖北革命实录长编》:

附录:武昌起义三烈士供词(问官:铁忠、陈树屏)

铁忠拍案厉声曰:"胆大彭泽藩,何为不跪?"

彭曰:"我皇皇汉族,岂跪汝犬羊贱种!"

铁曰:"你为什么要造反?快快讲来!"

彭扬声曰:"你是什么,配问我?你是什么,配问我?我那里有你问的道理?我那里有你问的道理?叫你不必问罢!我是决不同你讲的。"

铁又连问数声,彭均不答,惟在案前左踱右踱而已。

稍顷,陈树屏接问曰:"彭泽藩,你是读书最聪明的人,深知道理,为何做出这种大逆不道的事来了。"

彭曰:"我为深知大道,才不致被尔等一般满奴汉奸牢笼住了,再坐以待毙,方知雪我祖宗数百年莫大之耻。今日是你胡运尚未告尽,我们事机未密,致被尔搜获。恭喜各位,今日又有升官发财之路了。"

陈曰:"汝何苦一定要造反而不惜头颅乎?"

彭曰:"你真糊涂已极!你不想,何所谓革命乎?就是先将此头颅作为代价,且掷我一人头颅而获四万万同胞之幸福,予复何惜也。"

铁曰:"你自知为何许人乎?"

彭又不答。又连问三次,始答曰:"我是宪兵也。"

铁曰:"你既知是宪兵,法律必晓。况既得国家一份饷,即应尽一份饷之任务,谁教你反,自犯法律。其该何罪乎?"

彭曰:"我之当宪兵者,不过借以作运动之机关耳。所谓饷者,皆我四万万同胞之脂膏

也,何得据尔称为彼国家之偷?你说我应该何罪,就处何罪,任你所为!”

铁曰:“你公馆(指小朝街九十五号而言)内,有你的些怎[什]么人?”

彭曰:“那公馆并没有我的家人,我的父母俱住在武昌县乡里。”

铁曰:“你的父母虽在乡里,你的妻子总在那公馆内住着。”

彭曰:“我的妻子于十六【日】病死矣。”

铁曰:“病了几天才死呢?”

彭曰:“病了三日。”

铁曰:“你们党羽有若干?在何处?军火炸弹有若干?你详细讲罢。若供得好,我等再替你设法成全就是了;不然,你就要吃苦的,休怪我等言之不早。”

彭曰:“你问我的同人,举凡军、学、政、警、绅、商各界,无界无之,其数则莫可考察。至于炸弹,所有同人,无人无之,斯亦难计其数。咳,你还要问什么,快快将我办了罢。”

问至此时,瑞澂即令戈什将彭带下。

旅[旋]由陈树屏令将吴公馆内所捉张姓男女,逐一提讯,均称我们老爷张□□,在营充当队官,并力辩其非歹人。惟末一男(系张之火夫)称“彭与张老爷同居。有妻一人,于十六日死。是日,我并不在屋,但是晚回时,而棺木已经封钉,惟闻系一时狂症,次日天明时,即抬往安埋矣。至若他故,予不得而知也。”陈将数人问毕后,仍提彭上厅。

陈盖以彭先称三天才死者,火夫称一天狂症者,其中定有别故,是以又提彭。

陈问曰:“你先说你的妻是三天病死的,我才问火夫,又说是一天狂病,到底是一天还是三天,其中必有别故,快快讲来。”

彭曰:“前两天不过微有腹痛,并未介意延医诊治,迨至第三日,狂症陡发,不及赶救也。”

陈曰:“究竟那棺材抬到何处埋了呢?”

彭曰:“你问这做什么?然则我一人虽有罪,还要连累已死的妻吗?你真问的,还不是抬出城去埋了。”

陈又问数次,“果在何山何岭,若一说出,我也好代你春秋上坟。”

彭曰:“在保安门内厝之矣。”(并不答在何所)

陈曰:“那棺材内只怕不是装的你的妻子,是装的炸弹火药吗?嗳呀,你的命总是革了的,还如此支支吾吾做什么呢。依我劝你,到不若早把那棺材装的炸弹火药运往何处,清清楚楚的讲出来,我们给你的快性命,就一来免得我们劳,二来免得你吃了亏,请你想想看。”

彭曰:“那棺材内明明是装的我的妻子尸身,你何苦赖为炸弹火药,只晓得棺材抬出城去埋的,就不晓得埋在何处。”

至此,陈、铁连问十数次,均一言不答。时已三句半钟矣。

瑞澂即喝曰:“拖下去,绑了他,还有什么问他头,他是决不再讲的。”遂亲督至大堂,捆绑后,即给大令,在辕门栅口就义矣。

旋逐一问襄阳学社所提之牟鸿勋、陈鸿诰、陶德明(陶德琨之弟)等,均各言系【在】学学生(闻临问明时,琨并在堂上听审。琨系督署会议〉[厅]审察官),并不知革命为何物。惟龚侠初(后为名侠愁)言“系报馆访事,我不是革命党。”

陈曰:“你既不是革命党,为何在那里做什么?”

龚曰:“是跟某某相好,前往谈天的,实是冤在[枉]。”

陈曰:“你系与某某相好,不是与之同谋,然你既在他学社内去了的,必知其如何举动,就应该即时来报告我们。”

龚曰:“予一进学社去了,社中人即不许我出来,恐我走露消息。”

瑞澂曰:“不要脸,不要脸,乱扯谎,拖下去。”

又提刘复基,问曰:“你的党羽有几多,快快讲来我听。”

刘曰:“除去了彼一般满奴汉奸,即皆是我的同志。事到如今,皆因你们的气运未尽绝,我倒遭殃,还有什么问头,将我快快杀了罢。”

言毕,大呼“天!天!天!天!”十数〈十〉声。绑出署,跪在辕门外时,即口呼“皇天!皇天!皇天!万岁!万岁!万万岁!”始就义。闻者均为流涕。

中国人民政治协商会议湖北省暨武汉市委员会等编《武昌起义档案资料选编》下卷,湖北人民出版社1983年版,第623～626页

△ 军警继续搜捕革命党人,武昌各革命机关几全被破获。

李廉方《辛亥武昌首义纪》:

天已黎明,先后提龚霞初牟鸿勋略问数语,未有结果。陈树屏提议午后再审,遂退庭。会审官陈树屏、双寿见名册多军人,主张烧毁其册,胁从罔治,铁忠坚持不可,并严令陆续拿获革命党讯办(参照龚霞初起义日记)。复在三十标操场捕去张廷辅;又在同兴学社捕去熊楚斌等二十余人(革命实见记——襄阳学社与小朝街总部同时围捕),皆收押候审。又在同兴学社去捕赵诗梅、赵幻生兄弟及余氏夫妇,押入警所;陈子龙之妻亦被捕,胭脂巷胡寓亦于午前为军警围搜。各处先后被捕姓名多无可稽,其见记载者,有朱孔阳、许炳炎、陶德德、张伯举、赵高朗、任明陔、朱至刚、顾庆云、朱明廉、陈赓飏、张国藩、周祖濂、陈沛霖等。一日之间,武昌各机关全被破获,虽革命运动成熟之功,未因而隳;然倡首诸人,以机关破获之故,或伤,或杀,余于势亦不得不逃避。以致发难时未得领率同志举义;开始规划,又不及有所表树;其所贻光复之损失,为何如耶。而尧澂之死,较宋谭事前未来,孙伤,刘蒋逃,关系更大,良可慨已。

李廉方《辛亥武昌首义纪》卷上,湖北通志馆1947年版,第84页

△ 瑞澂电奏清廷,谓“不动声色”,拿获革党“三十二名”,“弭患于初萌”,以此邀功。清廷电谕嘉许。

《宣统三年八月十九日湖广总督瑞澂致内阁军谘府陆军部请代奏电》:

窃瑞澂于本月初旬即探闻有革命党匪多人潜匿武昌汉口地方,意图乘隙起事。当即严饬军警密为防缉。虽时传有扑攻督署之谣,瑞澂不动声色,一意以镇定处之。所辖地方则密派侦探,不敢一刻稍懈。昨夜七点钟,据侦探报称,本夜十二钟,该匪准定在武昌为变。并探知该匪潜匿各地。正饬防拿。复据江汉关道齐耀珊电称,于汉口俄租界宝兴里查获匪巢,并拿获要匪刘耀璋一名,起获伪印、伪示、伪照会等件,及银行支簿伪用钞票,并查有制造炸药形迹。当派荆襄水师巡防队往提来署审讯。遂与统制张彪、军事参谋官铁忠、巡警道王履康督派弁勇警兵,前往城内大朝街、小朝街、保安门等处,查明该匪潜匿之地,先后拿获匪目匪党计共三十二名,并起获军火炸弹多件。内有刘汝夔开枪拒捕,抛掷炸弹。杨宏胜私藏军械并有演试炸弹面部受伤确据。当即派员提讯,内有彭楚藩一名,语尤狂悖,直供不讳。查彭楚藩系已革宪兵,杨宏胜曾充炮队及三十标兵目,甘心从逆,与刘汝夔之狂悍,均属法无可贷,如不即加显诛,无以彰国宪而昭炯戒。当将该三犯讯供确凿,恭请王命,即行正法。其余已获在讯之匪,一俟研鞫得实,当分别重轻定罪。果情节重大,应请即行立正典刑。在逃各

匪,仍饬军警及各属地方文武一体严密查拿,务获究办。一面剀切出示晓谕,如有被胁勉从者,准其首悔,予以自新。此次革匪在鄂创乱,意图大举,将以鄂为根据,沿江各省皆将伺隙而动,湘省尤为注意。且党羽纷布,私藏军械炸药甚夥。所幸发觉在先,得以即时扑灭。当逮捕之时,悍匪抛掷炸弹,亦幸未经触裂。张彪、铁忠、王履康、齐耀珊各员,以及员弁警兵,无不忠诚奋发,迅赴事机,俾得弭患于初萌,定乱于俄顷。驻汉俄总事于租界拿匪极为协助,用得先破匪策,以寒匪胆。此皆仰赖朝廷威德所致。瑞澂藉免陨越,惭幸交并。现在武昌汉口地方一律安谧,商民并无惊忧,租界教堂均已严饬保护,堪以上慰宸廑。此案破获尚早,地方并未受害。所有失察之巡警及地方文武均经随同协拿出力,应请宽免置议。在事异常出力员弁,容照例择尤请奖,以示鼓励。俄总事处已由瑞澂先行致函申谢。除善后情形随时续奏外,谨摘要电陈。乞代奏。瑞澂叩。

中国史学会主编《中国近代史资料丛刊·辛亥革命》(5),上海人民出版社1957年版,第289~290页

《宣统三年八月二十日上谕》:

奉旨:瑞澂电奏:"探知革党潜匿武昌,定期十九日夜间起事。正饬防拿。旋据齐耀珊电称,于汉口拿获要匪刘耀璋一名,起获伪印伪示伪照会等多件。遂与统制张彪等督派弁兵,在省城内先后拿获匪目匪党三十二名,并起获军火炸弹多件。内有刘汝夔开枪拒捕,杨宏胜私藏军械,彭楚藩语尤狂悖。当将该三犯讯明正法。"等语。该革匪在鄂创乱,意图大举,实属目无法纪。该督弭患初萌,定乱俄顷,办理尚属迅速。在事文武亦皆奋勇可嘉。除刘汝夔三犯业经正法外,其余已获各匪,即著严行研鞫,尽法惩治。一面督饬地方文武,严密查拿在逃各匪,务获究办。一面出示晓谕,如有被胁勉从者,准其首悔自新。失察之巡警及地方文武,既经随同协拿出力,均从宽免其置议。在事出力各员并准择尤酌保,毋许冒滥。余著照所议办理。钦此。

中国史学会主编《中国近代史资料丛刊·辛亥革命》(5),上海人民出版社1957年版,第290~291页

△ 彭、刘、杨遇害后,工程八营共进会总代表熊秉坤集合各代表约定,"下午出操,听号音齐同举义"。午后各营一律停操,"因改至日暮听坤枪声为号"。晚上八时许,排长陶启胜查哨发现士兵金兆龙行动异常,与之发生冲突,程定国(正瀛)开枪击毙陶启胜,熊秉坤及时"吹哨笛集合队伍",出发占领楚望台军械库。此前七时左右,驻城外塘角第二十一混成协辎重队李鹏升等纵火起义,起义队伍向城内进发。武昌起义发动。

熊秉坤《前清工兵八营革命实录》:

其时,采办者自市归,语刘、彭、杨同时遇害。旋闻各城紧闭,搜捕益力。至上午十时,汉阳、武胜两门始开,守城兵士已换辎重及三十标军士也。坤乃派代表李泽乾侦探各机关情形,现拟作何计划?回报"自昨总机关破,刘、彭、杨就擒之后,机关杳无一人,同志已相继避匿"云云。

坤见事急,忙传各正副大队、支队代表集合,言曰:"昨约已失,诸烈被害。不知又出如何变故?今日势诚岌岌不可稍待者。若再仰望,大事去矣!幸军械所为我工兵看守,不如首先占领,夺其命脉。此扼要之策,固我军心之计也。全省军队有不随声附和而相继并起者也?!"代表等闻之默然相对,迄无一语。惟徐兆宾一人,颇具胆识,声色俱不为动。坤起激之,并诈称曰:"吾辈名册已被索去,反亦死,不反亦死。与其坐而待死,何若反而死,死得其所也。不闻近日安徽徐锡麟、熊成基虽死犹生。若报馆之述其小史,都市之传其小照,非渠等一死而能然乎?顾此犹一二人事也。至于广州黄花岗一战,官兵死者,报馆何述其总数登

之？吾党之死者，且一一为载明姓字，述其氏系，以备后世历史上之采择。可知革命之价置［值］如何高尚，而为革命以死者何一不为上等人物？君等果能协力齐心，立图进取，事当有济；即使不能【成功】，尚有待后之铁血健儿，鉴此危心，已相继成功而已，于民国前途获利匪浅，亦奚不乐此一死，让诸贤之专美于前哉?！揆时度势，况必不致于死耶?！”众始气为之一振。遂建议于下午出操，听号音齐同举义。

于是命李泽乾往约三十标准备，不得入，而时已正午。排长方定国命坤带兵一排至营门接班守卫，会天阴雨，遂与李泽乾虑曰：“三十标通信不得，仅工兵一方面，恐难收效。”因相将再去，各将所着之雨衣帽覆于内面，将诈为该标挂号兵士混入。比至其门，卫兵问为谁？坤走应之曰：“回营消号者。”即未细诘。遂得径至三营，晤及方维、王光国、谢涌泉等，共相告曰：“敝处标代表为王宪章，营代表王文景。”并云：该营昨晚已准备就绪，管带杜锡钧正谓“尔等不能轻纵，炮队不动，总难为济。须俟别营举动，方可随时附和。”话甫毕，维即导与景见，坤曰：“吾等事已至此，特来相告：敝营已准备午后晚操号音出发。”时闻方君言：“拟求贵营为原动力，届时敝营当为补［辅］助。”景不承认，谓曰：“现军械所系贵营保守，设敝处一动，贵营不及接应军装，所反对【者】来禁，敝处不堪危险。仍希贵营为原动力，怎办怎好，敝等无不响应。”坤曰：“惟以贵营官兵既已一气，且各有子弹，较敝处官兵隔阂不同，最易从事，故作是请。”彼即曰：“尚待就商宪章。”再欲有言，乃从走曰：“此处左右皆旗人，耳目众多，未便久延。”坤起退曰：“望速复音。”即同李回。

徐，有同志吕功超来，谓“子弹不多，顷忆大家兄前在恺军拿回几盒，现置于家，可速将来济用”。遂命郑得清同往取之，得两盒，分发各会员毕。

时至午后两句钟，未见三十标回信。甚疑，已无法设，机关亦被汉奸泄漏，各营一律停操，事又不谐，因改至日暮听坤枪声为号。即复命任正亮并便使马世忠回军械所通知（时守所换为本营左队）。后再命泽乾至三十标，正遇该标三营代表谢涌泉来，随之到营，不认其为原动力，云“昨晚机密，你工程营所破（此中情形另有人知），军械所又为工程【营】所守。若工程营首难，疑团可解，自不必待连络而自响应”。坤闻说即无能再推，仍自承为原动力，因即以改时信示之去。

将至日暮，卫兵长方定国悄向坤言：“尔等办事休嫉我，我惟求【免】一枪，饶一命而已！”应之曰：“但无自残理。”俄顷，后队队官罗子清自内出语坤曰：“今日外面风声不好，尔知否?”比即婉言对曰：“知风闻三十标今晚起事。”问：“是孙党否?”曰：“今各会党皆崇逸仙，崇之者即其党。”问：“人有几何?”答曰：“鄂军、商、学各界皆是也。”曰：“排满杀官有之乎?”曰：“排满固其宗旨，杀官亦其用神。不杀官无以夺其权，且不先杀之，气必为其所挫；气挫，则事无济。恐管带以上皆不免，余与反对者亦然。”复问曰：“其果能济否?”曰：“能。近来民志［智］日开，俱有种族思想，并知专制共和之利害。闻各省均运动齐备，惟湖北程度较浅。现各省党人惟鄂军第八镇是惧，所以然者，安徽、湖南各处事起，咸为所平。八镇一起，各省断无不应者，故曰能。”罗于是且走且嘱曰“今晚恐有事，须好维持”云。

坤见时已不早，便命本棚副目陶启元同志，待举动时，带定全排卫兵把持前营门，遇满官来，尽纳诸禁闭室，勿任逸出。盖意以杀之过于残，释之则隐患难测，计不如置之，于事成后再放。又命之于起义后，带所属看守营房，督率夫役造饭。启元援命去布置已全。但不知各队兵士气势如何？乃亲至各队省视，各兵士整装欲动，势汹汹有不暇待者，似意曰：“斯可矣。”急忙至棚内携取枪械，即闻枪声四起，子弹齐飞，二排兵士已暴动矣。

缘该三棚内之支队长金兆龙，得坤改定时限信后，方将准备一切，被本排排长陶启胜窥破，带护兵二名从之。金见事败，疾呼曰："众同志再不动手更待何时！"中一会员程定国（即正瀛）持枪开击，陶带伤逃，死于家。于是人声沸腾，枪弹如雨，一、三排亦继起。仓猝间，二、三排人于下楼时，误伤一排三棚会员二名，其一程风林不三日毙命，其一章胜恺后就医痊。坤时见之亦不暇顾，率同李泽乾望[往]楼下。营主阮荣发、右队官黄坤荣、司务长张文涛各持手枪向上射击，口称："不用吵嗓！"声未几，程定国一枪中右队官及司务长。营主见枪毙两人，正跑走时，忽又一枪毙之。于是全营振动。坤于【是】下楼吹哨笛集合队伍，众纷索子弹。坤许往军械所取给。有谓大军械房有者，派人取之不得，谓置军需铁柜中者，启视亦无所储，仅洋元若干。同志韩似信恐众为利动，顺手将洋灯推入烧燃，众方退散。坤随带各代表领众径[经]过营房侧面，进行[到]炮台上，前队官李占魁一人向队暗击，幸未伤人。坤等亦不与较，直至十五协西门外对营房连击数枪，内即响应。遂不过问，往夺军械所。未至，即闻我工兵左队代表罗炳顺、马世忠（即马荣）时已占据。其时监督李克果以外面人声嗓杂枪响时闻，出谓卫兵曰："尔等须听我命令，兵至则退，民则击之。"罗曰："我等子弹一粒也无，奈何？"果即令护兵抬来子弹两箱，分发各兵。罗、马命向天快放数枪。果见卫兵立变，挟所奉张彪命令守是所之工兵课员马祖荃、陈炳荣及左队下级官等穿窬遁出，军械所遂为我有。后坤及马世忠、徐兆宾等派兵盘据该所前后左右一带，又分兵占领楚望台上，后派兵四出侦探，即遣金兆龙派兵一排出中和门，迎接八标炮队。去后，坤时在所命诸代表分兵各受责任，乃据定军械所及楚望台。

中国人民政治协商会议湖北省暨武汉市委员会等编《武昌起义档案资料选编》上卷，湖北人民出版社1981年版，第26～30页

佚名《辎重十一营革命略史》：

于是代表李鹏升特同通信员杜昌廉，进城探听，方知各门紧闭，大索革命，不觉方寸思乱，中止返营，与仆等备悉一切，深恐又蹈皖、粤覆辙。全体同志，更加仓皇，不可言状。至十时，武胜门略开三小时，故王允中乘机出城（王允中因昨日领炸弹不果，复往他处酒厚[店]，未及出城），回营与仆等言曰："昨夜城内各处机关破坏，三烈士尽节，被拘者不下三十余人，此刻正在索拿。不久仆等皆被拘之列、尽节之数矣。"呜呼惨矣！先之为革命悲，暨为三烈士惨，复转而悲，悲烈士者悲仆等矣。呜呼！是日黯兮惨悴，风悲日薰，更生一番凄凉矣。于是仆与代表李鹏升、蔡蓬莱[鹏来]、黄恢亚等，再三会议，决而判曰："斯时起义亡，不起义亦亡。与其亡于不起义，不若乘机发难，以尽汉类分责，而表仆等雄气。纵事不成，亦了满腹之恨，恐有九死一生之机矣。"午后四时，与诸同志计划：本晚十时，首先举义，纵火为号，发难后以炮队占黄鹤楼、高观山、凤凰山等处，工程队分班掩护炮队，辎重队（即本营）分三支队由察院坡攻藩署前门，分两支队由司湖攻藩署后，所有武装，一律整齐，惟正队长与支队长，腰着马刀，身穿青服，以便识别。并派同志往各处通信，为塘角一有火起，即行响应为要（各处营门戒严皆不得入）。至六时，各同志准备完全，皆在棚内持枪以待。斯时塘角炮、工、辎队官以上，在炮队营署密开会议。仆等恐已失机，刻不可缓，于是通知炮、工、辎各代表，准备发难，听辎重指挥。

斯时三排接班查街，又恐兵力分薄，六时五分，代表只得派罗全玉发一号枪（以备打死郭排长为两便），全营同志蜂涌集合（幸是枪一发，而民国从是声一响而专制倒矣），入军装房抢子弹一箱，烧燃马草马房，以为发难火号。斯时满天烟霞，鬼神皆惊，人心猛勇，整顿难齐。正闻炮队集合号发，于是正队长李鹏升，带无序之散兵，入工程打玻璃以助威，放野弹而张雄。工程响应者，仅十余人，幸未反对。随时将炮队后门彻[拆]开，攻入炮队，围击营署，张

正基以势不可敌,潜伏而避。又在炮队讲堂之侧整顿队伍。正队长复带诸同志,先身冲锋,即近兵房,猛打玻璃,围击空响(因子甚少,故击空响而减消耗)。斯时炮队同志手无枪械(因十七已缴),虽未附合,亦无反对。惟该营下级官杜瑞瑢等,各执手枪,与仆等反对,伤我同志都全福(击断腿骨现尚未愈),幸未激斗。即至该队兵房头面,约有同志三十余人,在此堆集。正队长李鹏升,命彼等速急拉炮,以便攻城。不料彼等应命而去,□然不出。故转攻大营门,该门司令王季鹏,又以手枪反对。仆等猛扑之,王贼越墙而逃,后将该营马草烧燃,炮队目兵,仍在穿堂(即兵房内)之内,畏不敢出,营门仍然锁闭。故仆等由门侧越墙而过,在营门外集合调查,除查本营同志百余外,工程仅七八人,炮队仅二三人。正队长见事机危迫,非复转袭击一次,炮队目兵万难附合。故正队长带敢死同志六人,将炮队大营门用枪撞开,炮队营署射击甚烈,冒弹冲入中队排长室内,将棉被堆集,转取号字(即兵房巷)挂灯,淋洋油于被上,烧燃床房,火焰更甚。炮队目兵仍列局外,迫不得已,正队长只得将同志六人带出,与全体集合,向武胜门出发。(本日午后四时之计划已作废矣。)各支队长带队于前,正队长同参谋督队于后,将出曾家巷,迎面所来救火者颇重。诸同志恐系城内出兵来围,故此乘间逃避者甚多。后至二马路口,城内寂然,无有响应,故在队目兵,逃去大半。又彭杨公祠警察局,率巡警数十人前来抵抗。仆等放枪始退,再经集合,全体仅存四十余人。沿途民人不知何故,开门见奇,仆等阻之慰之。暨至武胜门,放枪十余声,城内各标营亦无影响。吁!我黄帝子孙,其不能跃出黑暗地狱者明矣。

此时势出两难,正队长据妄云,若再攻大东门,左旗同志当即接应。是以钟继武、罗全玉带队于前,李鹏升、李树芬督队于后,即沿铁路向大东门进攻(按斯时炮队管带张正基,一面电请统领火速派兵来围仆等;一面将该营兵士内外布置抵御)。待抵东门,向城内左旗放枪十余声,更无应者。同志均与正队长李鹏升为难,仆等不久即死于满奴之手矣(此时已达九点钟),不然何城内绝无响应。仆等反复踌躇,非赶速联合南湖八标炮队,此事万难成立(因塘角距南湖甚远恐难周知)。仆等据[俱]向南湖进发。行不半里,始闻城内枪响数声,仆等犹惊疑不定。行至通湘门时,该门大开,仆等恐系埋伏(因三十标旗人甚多距门亦近),故不敢入。转至相国寺前,整顿队伍,将全队分为二支队,再向南湖进发。又闻城内叠有枪声,即至长虹桥,闻八标炮队炮响数声,故此停止。正队长派罗全玉、李树芬前往侦探,炮队已经拉炮出营,仆等始知各标营早已举义,不胜鼓舞之至。盖此数点之间,仅数十人环城而攻,内无救援,外鲜襄助,其凄凉景况,何异古之少康、楚之三户者也。

中国人民政治协商会议湖北省暨武汉市委员会等编《武昌起义档案资料选编》上卷,湖北人民出版社1981年版,第54～57页

胡祖舜《六十谈往》:

其他散在各处之同志,亦多方谋得与各营队通。由是而首义之机运已至,塘角混成协辎重队之火,遂于军中查点头次名后——约七时左右,熊熊燃起于武昌城外下游之一角矣。

塘角辎重队之纵火也,由其总代表李鹏升率领同志李树芬等,携洋油灯一盏,往其马号,燃马草而着。火起,各同志一齐发动,执马枪列队于操场。同营之混成协工程队同志张斌、黄士杰等立即附和,但仅数人耳。同营之混成协炮队则无动静,李鹏升乃率队向其进攻。讵其总代表蔡鹏来适被阻于城内,领导无人,其管带张正基立即弹压,并喝令抵抗。该营同志亦不听命,乃三五接踵离营。闻有二三同志与鹏升素识者,归附之。张正基乃率其残部急走青山以避。鹏升乃整队约百余人,径向草湖门进发,以城闭不得入,遂绕道城北紫金山,而至城东大东门、通湘门而趋南湖。……是夕纵火,以其地僻处城外一角,部伍人数亦少,未为一

般人所注目，故淹没而无彰也。

迨至军中查点二次名后（约八时左右），城内工程第八营枪声以起，李鹏升率所部已到达大东门矣。

武汉大学历史系中国近代史教研室编《辛亥革命在湖北史料选辑》，湖北人民出版社1981年版，第70～71页

编者按：武昌首义谁先发难（或曰打响第一枪），颇有争议。历来有两个问题：一是城内的工程营与城外的辎重队谁先发难，二是工程营是熊秉坤还是程定国打响第一枪。这两个问题贺觉非、冯天瑜考辨甚详，可参见贺觉非、冯天瑜《辛亥武昌首义史》。（湖北人民出版社1985年版，第187～189页；第181～184页）

△ 在辎重队纵火与工程营发难后，革命党人运动并掌控的驻武昌城内的新军第八镇第十五协所属第二十九标、三十标等部，旋即响应起义，汇聚楚望台；驻城外南湖的炮队第八标、马队第八标等部，相继起义入城。

李廉方《辛亥武昌首义纪》：

二十九标与三十标同驻右旗，二十九标三营调往襄郧，留守者为一营二营，尚有三营留守队若干人。三十标一营三营驻城内，三营士兵满汉渗合。二十九标张鹏程奉队官吴长怀命，于是晚守通湘门（见张鹏程起义事略）。先是本日午后十时许，二营厕所内突有炸弹一枚爆炸，将厕前厂地陷成釜形，似由墙外掷入者，已震动右旗各营矣。及同志接到是晚发动消息，以塘角放火为号（枪声为号系各营发难之号，塘角放火为城内外公同之号），向晚，纷纷在操场北外望，未久果见天空微现火光，正在相约准备，而工程营枪声已起。蔡济民率同志起，三营学兵杜武库陈人杰等亦呼集同伍而起（据谢楚衍纪录）。济民声称出巡，率本排士兵出（见居正起义经过），张喆夫李达武谢超武亦起（见文学社运动纪实）。济民率队行至营门前，见有枪弹从营外射入，当系工程营促右旗发动者。即大呼曰："打旗人！"营内各同志皆应声呼："打旗人，打旗人！"即三十标亦有呼者。呼声动天，旗兵无不人人慑伏，莫敢较（据当时起义人口述，已忘其名；或即济民在沪时所谈）。济民遂出，径向楚望台而去，钟仲衡卢雅卿方维谢涌泉陈伟冯中骥罗良骥萧国宝陈复元等皆出（参照知之录及其他纪载）。第一营管带何锡藩知为党人起义，未加阻难，但当时尚无参加勇气，暂避马房，观察动静而已。其本营同志则与二、三营合，领取子弹，其随管带暂避马房者，尚未出也。后炮队入城，闻一营未出，即在中和门城楼发一炮，适中右旗一营营房屋脊，避马房者遂一律出动（据楚衍纪录）。

时旗籍官长守三十标营房，声言管带不准外出，各不相犯。吴醒汉趋前言曰："管带命令，固应服从，但不可不整队以防不虞。"言时声色俱厉，而四面枪声渐紧渐密，旗籍官长怏怏退。马明熙徐达明皆为排长，吹笛站队，遣同志闯入本标营军械库取子弹，气势汹汹，旗兵无与争者（节取王嗣昌函、醒汉起义二日记）。管带郜翔宸见力不能敌，遂率旗兵百余人，亦有非旗兵者，开西营门窜走（参照文学社运动纪实；又据成致和函，述其兄炳荣事略；十八日午后张彪令闭西营门，独开南营门）。于是三十标马明熙徐达明各率本排往楚望台，吴醒汉方维谢涌泉亦率一部去。二十九标杜武库高尚志杨选青夏一鸣姚金镛彭纪麟及留守胡效骞等各率一部往楚望台（见谈往），马云卿亦率一部与张鹏程会合（见居正起义经过、文学社运动纪实），标统张景良杨开甲皆走避（革命实见记称，开甲被胁反正；又居正起义经过——督署下后，杜武库高尚志张达筏徐友藩李达等挟何锡藩反正。案杜武库等皆于督署未下前至楚望台会师，杜武库夏一鸣且加入敢死队，见谈往。至革命真史称，是晚二十九标除蔡济民一排外，与三十标皆未响应，又云何锡藩将士兵带至宾阳门一菜园内，既不响应，又不敢与革命军为敌，二十日始由目兵带至楚望台听候编制。案官长如姚金镛胡效骞杜武库蔡济民杨选

青、以及张鹏程马云卿高尚志等是晚参加,他书多有纪载。革命逸史亦称工程营攻督署,三十标吴醒汉继之,胡效骞蔡济民复率二十九标会攻)。

四十一标与三十一标同住左旗,协统黎元洪亦在是处办公。三十一标已开四川,四十一标有三营之前后右三队,及一、二营留守若干人,又有本标与四十二标之讲武堂受训士兵百余人,寄宿标内(参照王缵承纪录及口述)。当塘角火起其管带张正基电话报告,元洪即命谢国超严防本营士兵行动。适见有人从外来递信,元洪手刃之(革命真史作周荣发,知之录作周荣棠)。又士兵邹玉溪闻变,夺门出,亦为元洪所手刃(知之录皆有传,谈往称手刃王姓氏二人)。及闻工程营已占楚望台,下令谓革命军来不开枪,以好言相劝。后闻南湖炮队变,又下令谓革命军来即避入营房。自此元洪亦离去办公室(革命真史——黎元洪闻蛇山炮声潜逃),于是阙龙胡培才李文灿邹栋王世龙顾鸿梁栋柳涤凡李必胜郑继周等齐集操场,阙大呼站队,右队队官胡廷佐应声出,吹笛集合。二营留守士兵廖湘芸姚钧与队官李铭鼎同出集合,阙龙廖湘芸姚钧胡廷佐李铭鼎率队出长街,协攻督署(见文学社运动纪实,闻据阙龙口述),邓飞鹏胡春阳杨震亚亦同去。胡春阳攻督署时受伤,民初足尚颠跛(革命实见记——蔡济民吴醒汉杨震亚等冒险率队进攻;谈往——四十一标留守部队受炮队轰击,由阙龙岳少武李宗义等率领各营参战;革命真史——四十一标天明响应,又云黎元洪走,胡廷佐集合士兵带至楚望台,吴兆麟命其搜索出街道旗人。案上所云云与当时事实不符)。管带谢国超走,队官殷人骥走。三十一标留守无多,留守督队官某同情革命,惟排长何少雄多方阻难,目兵胡某(忘其名,京山人)欲杀之,为同伍所阻。遂与江光国赵士龙等出而参加,排长胡廷翼同往。次日何仍顽抗,乃被杀(革命真史——黎元洪三十一标已变,甚焦虑。革命实见记——未到时,三十一标卫兵某已于体操台上举火为号)。

测绘学堂在通湘门内,距楚望台甚近,有学生八十名。当自习时,工程营枪声爆炸并起,继以群众欢呼声,学生颇惊惧。李翊东即起抗声言曰,今晚革命党起事,推倒满清,我即革命党之一,愿从者同赴楚望台领取枪弹。众曰:"诺!"遂同往操场排队。适方兴自工程营携军刀二柄来,以一柄授翊东曰:"学堂中有满人者请以此斩之。"翊东曰:"仅一松俊耳,不必杀。"方以为然,遂与翊东及朱次璋向讦谟喻义(育之)等及全体员生驰赴楚望台(革命实见记——向讦谟甘绩熙李翊东朱铸冯贞汪震亚李华模朱作藩方绳修王仲烈等率全班学生至楚望台;革命真史——李翊东偕方兴甘绩熙率全体学生往楚望台;谈往——陆军测绘学堂李翊东方兴向讦谟王经武率百余人,甘绩熙朱次璋李华模李南星范义侠闵夔卿胡联香宋珍珊等已先至楚望台,取枪械回校,亦与会合)。

南湖炮队第八标是日下午接城内同志起事预约,邓玉麟李作栋复在营守候,已有准备(郑[邓]起义经过称,李暂住营外候讯)。其晚八时,工程营发难,二十九标、三十标相继而起,有若干部分集合楚望台,公推马明熙率队出中和门往南湖迎炮队入城(革命实见记——马明熙蔡汉卿陈瑞兰等出中和门迎炮队。案蔡时在炮队,不在城内。居正起义经过——吴醒汉胡效骞到台,挟马明熙钟仲衡卢雅卿等出迎南湖炮队,明熙至炮队请其入城助战,孟发臣乃指挥炮队入城。革命真史——熊秉坤徐兆斌汪长林等率队出中和门,促炮队进城。邓玉麟起义经过——八时闻知城内发动,即放枪集合炮队。张鹏程起义事略——鹏程率百余人夺中和门,出迎炮队。谈往——金兆龙率一支队出中和门迎炮队,又加派旷[邝]杰率队往促之)。复派金兆龙马荣率队在中和门内外,沿途掩护。而炮队同志自又见塘角火光,群起准备(辛亥首义史绩蔡汉卿炮队起义——晚九点多钟,遥见塘角火起,炮队发难)。蔡汉卿乃赤膊呼啸而出,其队官柳柏顺出而阻止,汉卿飞腿蹴之,柏顺倒退数步,其他官佐皆退缩莫敢言，立与同志多人，往据标本部，继开子弹库，拖炮实弹威胁各营队，集合者三百余人（见谈往）。遂偕程（一作陈）国桢孟发臣徐万年李慕尧黄驾白范鸿江王鹤年陈天寅刘天元谢荻南闵少斌邹国勋丁敬敏金明山史定邦等（人名分见谈往、文学社运动纪实），率炮十二尊（蔡汉卿记事——共有山炮八门，本人与徐万年率四门，孟发臣陈国桢率四门）向中和门进，邓玉麟李作栋亦易装同行（见谈往）。

三十二标驻城外武建营，其一营、三营及二营之前后两队分调四川施南，留守者仅二营之左右两队及各学兵新兵共四百余人，十九日午后标统孙国安由城内回，召集督队官许兆龙（十八日由宜昌回）、队官楚英赵怀仁等指示注意事项，向晚，镇司令部电传警讯，标统命楚英率队警戒标营周围，时孙长福单道康戴鸿炳张树棠王时杰等以是晚发难事密告许督队官，因协议届时一致行动，及城内已发动，马荣金兆龙等率队迎炮队入城，进抵武泰闸，楚英探悉大惧（革命真史——楚英带兵一队至武泰闸，不敢进，马荣击溃之。谈往——楚英率队守长虹桥，金兆龙击溃之），而炮队复派金明山来催其出动，于是夏斗寅段海山梅明祥黄义祥等在左队吆喝，戴鸿炳等在一营之操场放枪击伤标本部卫兵，孙国安出走，楚英亦遁，单道康孙长福夏斗寅乃集合队伍入城，当入城时，保安门城上敌人防线方撤退也（居正起义经过——三十二标单道康孙长福率队来助，大破督署卫兵。文学社运动纪实略同。但谈往——炮队金明山前往通报炮队已出动，统带孙国安不理，率队走五里牌。革命真史竟曰三十二标未响应），其随标统行之官兵，亦于次晚齐回，同受编制（以上参照许督队官口述）。马队第八营距炮队不远，炮队出动向马队营放炮威胁，促其速动（见谈往），马夔云徐国钧黄冠群即起而率队梭巡各城门（见文学社运动纪实。又居正起义经过——孟发臣蔡汉卿等向马队压迫，马夔云徐国钧黄冠群等起应。革命实见记——炮队八标入城，马队八标亦随至。但谈往——马队统带喻化龙率所部走李家桥。又革命真史——马队八标未响应；又云未响应之三十二标统带孙国安、马队统带喻化龙，将队带至李家桥，至二十日之夜始听各人自便，于次日天明响应。案二说似非完全事实）。

李廉方《辛亥武昌首义纪》卷上，湖北通志馆 1947 年版，第 90 ~ 94 页

△ **集合在楚望台的起义军，推吴兆麟为总指挥，展开进攻湖广总督署的战斗。经一夜激战，湖广总督署被攻克。次日黎明，武昌全城宣告光复。**

熊秉坤《前清工兵八营革命实录》：

未几，三十标二、三营兵出，会二十九标蔡济民（即国桢）亦率数百人领取子弹。前途匿之马祖荃、陈炳荣至是同出，声称投效，众不知[之]信，欲杀之。坤曰："民军起义之时，正收罗人材之际。妄加屠戮，恐失民望。"力阻之，乃免。移时，汪长林奉坤派往侦察，至城边，伏有数人，便问为谁？答一吴字。汪知为左队队官吴兆麟声音，呼曰："既是吴队官，何不出助效？"曰："恐君等见杀耳。"汪慨然任曰："勿恐，只须同为吾等效命，有余当一护卫。"始敢偕周定原、曹飞龙、黄楚楠等仓惶出与俱来。坤见之，集各代表曰："今兵心惶惑，漫无纪律，难遵约束，非一最有声望者出而指挥不可。现吴队官来，盍公推之为总司令，以资筹划何如？"众谓为然。于是吴兆麟即授任为总指挥官矣。

时金尚未回，炮队未到，总指挥复命后队副下士肖尚志带队一排出与金会。旋闻炮已开射。当金之出也，抵城下杀守城兵，开门走至阅兵亭处，见有马标徒步兵，疑之，连放数排枪，马兵即退。炮队亦炮声响应，对其毗连之马队兵房射击，以马队犹未动故。后蔡汉卿带炮五尊，同于昨日机关破后送信至该标之邓玉麟、李春萱等来，适与肖遇，相随入城，以炮三尊置

楚望台，配二尊于蛇山。时城门已有人守卫。先是，金走后，三十标二营后队正目、革军代表彭纪麟，于接应工兵去军械所时，在十五协西门外击枪后，即领兵集合于军械所，领弹讫，整队由中和门往攻督署，闻与敌会于保安门内津水闸，不能进而止。继马明熙引队来，见城空无人，督队守之。总指挥见兵士散漫，饬令在原阵地集合已，于高地顺次问曰："尔等认我为指挥乎?"众诺之。遂令曰："既认我为总指挥，须听我命令，违令者斩！"众鼓掌而诺。

时楚望台、蛇山炮已尽向督署射击，而无大效力。指挥乃命坤与邝世杰（即明功）率兵二百余名，自右翼往王府口攻击督署。蔡济民亦自率兵二百余名在前，将至王府口。济民欲派兵出而侦探，无敢应者。世杰乃谓众曰："我工兵中有敢冒险为侦探者乎?"言未毕，有十余名踊跃争先而去，黑暗匆忙中未及记其姓名。正进发间，忽一排枪击来，众受伤暂退。坤等集合工兵营外操场后，回守楚望台，拟再计划进攻。蔡济民时以所属往护官钱、电报两局，亦败退还。故皆由护卫、消防各队及巡防营兵约千余人，更有马队百余人，将机关枪暗置街巷，昏夜侦察不明。

坤走后，伍正林闻之马荣云：时黎统领差人来信，期于明晨四时来所。众以其意存观望，不为信，并派有兵数十围其住室。及坤等回，众议攻督署不下，不惟士气不振，省城亦恐难得[保]。伍正林因商请总指挥令兵士十余名（姓名待查）出王府口至督署附近放火，火起炮队即易见目标，射击能准，步炮夹击之可破。又林见军械所储有格林炮二尊，收拾散兵以一尊助攻督署。将出发时，计及未有子弹，返身在所擎出，而人已复散，不果行。即将其炮拖至楚望台，命素通炮学之工兵李志清置城外，预防八标马队反对。时方兴带测绘及军医一班学生出（去后情形不详）云，现聚陆军特别小学堂旗兵向该测绘学生猛烈射击，其意将攻出是校学生，已可据之，以击他处，盖测绘学堂基址较高也。

旋工兵辎重十一营炮队带炮多尊，俱由通湘门进占蛇山。工程八营金兆龙、郑国胜等亦数十人附于其间。时炮队并分送炮多尊来所。伍正林因闻该入城尚有某标中开枪射击。坤等见四十一标及三十标一营尚无影响，疑之。三十标一营旗兵尤多，更恐其冲锋而出。伍又命李志清将存储之一尊格林炮置向十五协南营门，准备即以过山炮击之，并【向】陆军特别学堂等处急射。始各拥出四十一标代表张明胜、阙龙等率兵至津水闸，往攻督署不克，停于保安门。时三十标三营遇敌难进，转迎十一标炮队入城后，亦止于斯。既协助岳绳武与工程八营前队队官李占魁分配其自军拖来多炮，先于中和门城楼上向督藩二署、望山门等处射击，由是攻取保安门、望山门。

杜锡钧出，时天已渐明。伍正林于中和门城上见一步兵官正整队。问何去？答往劫狱。伍曰："不可。狱中多无赖，放出难免扰害居民，反失治安本旨。"邓玉麟曰："然亦不可不劫，前十八日机关破坏，诸同志多在拘禁中。"即饬去。伍曰："若是，仅放同志出，余仍置之，即以劫之者守卫焉。"该步兵官曰："余受有杜锡钧令在。"伍乃商于杜而改之如其请，该员遂将其队去（以后情形不详）。

天明，总指挥令伍正林率兵百余由中和门沿城赴望山门进攻。及抵望山门，枪林弹雨齐【来】，不敢下。林带死士杨正权、汪长林、张得发、冯仁寿并分炮于保安门之岳绳武，即率步兵十余名（不知姓氏），下城冒险，进至东辕门遇敌接战。时，同岳绳武分炮之李占魁亦在焉。先，魁自分炮后，即有报告至总指挥，云督署不时可破，但兵力甚薄，请约火起为号，即须拨队由保安门来援。俄督署附近火起，即伍之求援也。指挥时已事繁，未忆及工程【营】志士，张沛霖见之，恐误其机，自请往援。得命捧旗督队出，奈兵不听调，会刘绳武在旁，乃使之拔刀督队，霖自捧旗导前，带领百余人至保安门城楼，准备进攻。刘绳武见城上炮兵射击，不能命中，亲瞄准速放数炮，击倒督署高亭，霖乃率三十余人下攻。适伍以兵力单弱将率队往援，路遇一簇人略一小排去，盖即霖也。伍至望山门，诈称敌兵已退，其队始敢进行。未及督署，内一兵士不知如何枪支走火，在前对战之杨正权等疑敌从后来，倒枪【相】还，致彼此猜疑，纷纷解散。霖兵至督署门首，内面有步兵十余搬运洋油放火。盖伍退时，即有三十标三营彭纪麟与岳、李等分炮后，复转由津水闸来见李，同步兵鲁祖轸等十余名守望山门，即在前，接攻入东辕门。见练军一队持枪立西辕门，对击。彭等晓以大义，敌官乃挥其兵却立辕外。我军至是携取洋油数箱，浸以雨衣，焚着头门。正与官兵力战之间，忽一弹轰毙八人（未详姓氏），并有张彪带领消防各队，在望山门猛击。盖李占魁等以兵力太弱不能支，败退。霖引队至保安门，会刘绳武同返楚望台，与指挥商作［议］进行【方】法〈去〉。纪麟等接闻望山门失守，炮被占据，见火既起，且不复顾，转由保安门苦战。有一童子（系卖油果者）伏地启张彪所树白帜去（帜上所书，略谓"本统制带兵不严，尔等且有天良，各回原营，设若不听，顷刻援至，玉石俱焚"云云）。众不顾，一心前进。张沛霖时亦有兵多人，包围夹击。盖霖去后，即复引兵自保安门攻开督署一带敌兵，夺回已失之炮击之，彪知不敌始遁。纪麟遂派兵置炮于城，向西辕门防堵，已下，复由东辕门纵火烧之，敌已四散，督署即于是而破，此正二十日上午九时也。

伍自散后，于保安门招集多士，晓以督署不克，害多，方鼓励重整百余人，携取燃火物料，经望山门来，将至，经春芝药店门首，不意该地伏有敌兵数名，开枪击死余明道，伤及蔡品山、郭先幼左臂，众兵败退。时督署尚未破，望山门亦将失守，伍焦灼万状，引刀自刎，兵士冯仁寿急夺之，乃止。……

时于督署破后，四十一标、三十标各营队会合攻开藩库。凡学堂学生并局所差弁自朝至午来所领取子弹者，络绎不绝。及安民示出，陆军第三中学堂学生亦整队来所取给枪械，各公所重地，咸得护卫无恙。所未及反正者，惟马队八标而已。蛇山炮队极力向之射击，乃反正进城。众心始定，军民交欢，武昌省城于兹光复矣！

中国人民政治协商会议湖北省暨武汉市委员会等编《武昌起义档案资料选编》上卷，湖北人民出版社1981年版，第30～35页

伍正林《工程营伍正林起义事略》：

八月十九午后七时四十分，由本营首先起义。经各代表率诸同志，占领楚望台，并派员分途通信于炮队暨四十一标，并十五协。斯时混成协工兵、辎重各队，已同时并举。约九时已到楚【望】台矣。约九时余，八标炮兵驾炮数乘，进起义门，随时占领该门城楼，对伪督署轰击，又分数尊炮赴蛇山占领。同时十五协步队约二百余名陆续到楚望台。遂分八营工兵约七八十名，由津水闸经保安门进攻督署。又步队约百余八［人］暨工兵六七十名，由紫阳桥经王府口进攻督署。至十时，八标炮队因炮未全到，并内有二尊无镄，遂分炮兵若干名，复出城回营取炮。斯时保获［护］军械局者，仅工兵八营约二百余名，混成工兵、辎重各数十人，及步兵数十人而已。此后步队陆续到者约数百人。迨至二十日午前约一时余，二次取之炮已全数入城，即占领起义门。一半对督署射击，援助步队进攻，一半对三十标及四十一标营房射击，因三十标强半旗人，恐防出击，四十一标尚未摇动故耳。至二时余，得攻击督署者通报云：有教练巡防等营与我反抗，难以进攻。斯时因攻击督署未下，人心惶惶，志气颓丧，秩序紊乱，遂有不可收拾之状。林遂与吴君兆麟、邓君玉麟及诸同志商议曰："今晚不收全效，所有恒观望者见我久而不成，亦以与我反对，则大事去矣。不若放火焚烧督署附近敌兵占领之处，一则烧退敌兵，二则亦可振起志气。"诸同志皆赞成此举。遂由吴君兆麟率数十人至八镇

司令部后放火。火炽时则我军士气大振矣。遂一面派人分途接应，一面令楚望台及蛇山之炮队对督署猛烈射击，援助步队进攻。又派炮二尊、步兵数十人，至保安门城楼助攻。此时闻瑞督虽已出城，而反抗之兵仍未全退。迨至天明，林与现充工兵管带李占魁率同志数十人，欲焚督署，由望山门下进攻督署，二次未克。后又率工兵八营同志二十余人，由保安门一直进攻督署，始克烧毁，而敌兵已经稍减矣。迨转至起义门，而都督黎公已由诸同志迎至该处，任总指挥矣。

中国人民政治协商会议湖北省暨武汉市委员会等编《武昌起义档案资料选编》中卷，湖北人民出版社1982年版，第294～295页

△ 是晚，湖广总督瑞澂逃登"楚豫"兵轮；瑞澂密电内阁总、协理大臣等，报告武昌失守等情。

《瑞澂致内阁总、协理大臣等密电》（宣统三年八月十九日（1911，10，10）汉口"楚豫"兵轮上）：

万急。内阁总、协理大臣，军谘府，海军大臣，陆军大臣，度支大臣钧鉴：申。鄂省十八夜，革匪创乱及瑞澂当夜防范、惩办情形，已于今辰电请代奏在案。所有拿获各匪，本日派员提讯。正核办间，不意革匪余党勾结现驻城内三十一标、工程营及武胜门外混成协辎重营，突于本夜八点钟内外响应。工程营则猛扑楚望台军械局，并声言进攻督署。辎重营则就营纵火，斩关而入。其时，瑞澂即督同张彪、铁忠、王履康分派军警，随地布置，并由张彪及协统黎元洪率带马步共三队往保军械局。乃迭据探报，我军大半意存观望，均不得手，统制、协统命令亦多不行。嗣闻枪声愈逼愈近，枪子均从屋瓦飞过。瑞澂目睹此种情形，知军队已怀二心，即未尽变，亦似全信邪说，不肯相抗。瑞澂署中仅有特别警察队一百余人，亲率出外抵御。无如匪分数路来攻，其党极众，其势极猛。瑞澂责任疆圻，本应死殉。惟念牺牲此身，与城存亡，坐视鄂省蹂躏，虽死不瞑。不得已，忍耻蒙诟，退登"楚豫"兵轮，移往汉口江上，以期征调兵集，规复省城。伏查此次革匪虽经先事破获，不为勾结太广，兵与匪应，致构此变。瑞澂办理不善，万死莫辞，应请圣明严加治罪，以为辜恩溺职者戒。武昌为长江锁钥，居天下上游，若不厚集兵力迅平匪乱，大局岌岌可危。现虽由瑞澂电调湘、豫巡防队来鄂会剿，终恐难以集事。惟有仰恳天恩，饬派知兵大员率带北洋第一镇劲旅，多带枪炮，配足子药，刻日乘坐专车来鄂剿办，俾得迅速扑灭。大局幸甚，瑞澂幸甚。

再，匪首系何姓名，事出仓卒，无从办[辨]悉。瑞澂因带队出外抵御，退登兵轮，省中文武员弁及仓库、监狱一切详细情形，容俟密探得实，再行电陈。所有鄂省兵匪构变，请派北洋劲旅迅速来鄂剿办缘由，谨乞代奏。瑞澂叩。十九日。印。

陈旭麓等主编《辛亥革命前后·盛宣怀档案资料选辑之一》，上海人民出版社1979年版，第182～183页

△ 是晚，新军第二十一混成协协统黎元洪驻四十一标三营，恐该营有变，遂逃至黄土坡，避匿于参谋刘文吉家。

张难先《湖北革命知之录》：

至混成协协统黎元洪，闻其协辎、工两队齐变，恐惶异常。彼协之兵多驻城外，城内仅有四十一标第三营，当嘱管带谢国超严为防备。黎氏亲在营内镇压，紧闭营门，同志邹玉溪欲夺门出，黎手刃之。倏三十标留守兵枪声大作，势将及四十一标，黎指挥标兵乘墙防之，口演命令曰："如人来攻我，则发枪击之。"旋见革命军势盛，叹曰："不还枪，好言劝之。"嗣乃云：

"如来攻我,退守营房。"此时亦知革命军无可抗也。蛇山炮声复震动如雷,黎焦灼万分,左右见势急,请黎走避。黎偕其参谋刘文吉赴黄土坡渠寓,并托刘以后事。时执事官王安澜亦在侧,同声安慰,黎并派护兵更换便衣,出外侦刺各情……

严昌洪等编《张难先文集》,华中师范大学出版社2005年版,第284页

张国淦《辛亥革命史料》:

据居正辛亥札记:"黎元洪出任都督,有谓刘赓藻引导蔡济民率兵至黎寓,自其室中挟出者,有谓自其床下挟出者,又有谓自其参谋家挟出者,仓卒间传说不一。云云。"辛亥武昌革命,言人人殊。民国二年,黎到京,曾亲告余云:"是年八月十八日,在工兵营附近捕杨宏胜,又在小朝街张廷辅家捕彭楚藩、刘尧澂多人,并党人名册。总督瑞澂在督署亲讯,武昌府知府陈树屏主张止办三人,焚烧名册,督练公所总办铁忠反对,并拿办第二十九标排长张廷辅,于是军心动摇。是日督署开军事会议,第八镇统制张彪言:'最可靠者工兵,最不可靠者辎重。'结果适得其反。十九日下午七时,工程第八营目兵程正瀛、金兆龙、熊秉坤、方兴等杀排长陶启胜、督队官阮荣发、队官黄坤荣、司务长张文涛发难,炮兵响应进城,咸集中楚望台军械局工程第八营左队队官吴兆麟处,举兆麟为革命军临时总指挥。其时张彪第八镇之工程第八营,步兵第二十九标、第三十标、第三十一标驻城里,炮队第八标,马队第八标驻中和门外南湖,辎重第八营驻平湖门外江岸,余(黎自谓)第二十一混成协之步兵第四十一标驻城里,第四十二标驻京汉铁路沿线(汉口至黄河南岸),马队驻南湖,炮队驻武胜门外塘角,工程、辎重两队驻武胜门外凯字营。十九日夜九时,余在黄土坡司令部,得督署电话,第二十一混成协之工程第二十一队、辎重第二十一队兵变,即派炮营往打。不十分钟,言炮营亦变。又不到半时,听说第八镇炮标进城,在楚望台架炮攻督署,城中大乱。约十时,瑞澂逃至'楚豫'兵舰。十一时,督署电话不通。又十一时半,有一人攀营墙高呼:'革命成功,同胞速出,去攻督署。'护兵将此人擒至司令部手刃之,刃折而人未死,仍高呼革命,护兵乱刃齐下,移尸沟中。事后各方面查询,始知为革命军临时总指挥所派联络各营周荣棠也。此时已十二时后矣,革命军遍布司令部对面之蛇山,向司令部射击,参谋副官等见大势已去,力劝暂避,乃往黄土坡参谋刘文吉家,易便衣,再由刘家至黄土坡四十一标第三营管带谢国超家。天明,工程营目兵马荣、程正瀛,偕同各军代表,率兵一排,寻得余在谢家,群趋而前,为彼等拥至谘议局,推余为都督,余初不允,此时谘议局汤化龙、刘赓藻、胡瑞霖等亦游说,继以不杀旗人、不抢掳为条件,始允就职。次日以中华民国鄂军都督名义,出示安民,用黄帝纪元四千六百零九年号"云云。此为黎本人所自言,自是当时事实。

张国淦《辛亥革命史料》,龙门联合书局1958年版,第85~86页

黎元洪《致萨镇冰书》:

洪当武昌变起之时,所部各军,均已出防,空营独守,束手无策。党军驱逐瑞督出城后,即率队来洪营合围搜索。洪换便衣,避匿室后,当被索执,责以大义。其时枪炮环列,万一不从,立即身首异处,洪只得权为应允。

曹亚伯《武昌革命真史》中卷,中华书局1930年版,第133页

10月11日(八月二十日)　上午,革命党人以武昌全城光复,乃集阅马场谘议局商组军政府及推举都督。黎元洪被拥至谘议局并被举为都督,随即以都督名义布告安民。

张难先《湖北革命知之录》:

八月二十日上午党人以全城光复,乃集阅马场谘议局,商组军政府及推举都督。时预定

之都督刘公隔绝在汉(汉口尚未收复),孙武炸伤,总司令蒋翊武出亡,副都督刘英远在京山,詹大悲、胡瑛在狱,居正、黄兴、谭人凤、宋教仁俱在港、沪,杨时杰在京,各军领袖,佥以资望浅,谦让未遑,仓卒不得人选。省议员刘赓藻(字孝臣,保康人)曰:“统领黎元洪现在城内,若合选,当导觅之。”众赞成,蔡济民率少数同志偕刘往。先是马荣、汤启发巡街至黎宅,见夫役担三皮箱出,疑为匪,诘之,称奉黎统领命来取。问统领何在,不敢答,迫询,始允导至黄土坡刘宅,指黎所在。黎闻嘈杂声,避入房中,马、汤力恳出见,黎叱而出曰:“余带兵十余年,自问待汝等不薄,何与余为难也?”众曰:“吾等无恶意,请统领出,主持大计。”黎曰:“汝革命党人人材济济,要余何用?”马荣曰:“时急矣,模棱恐不便,请统领思之。”黎曰:“汝等欲余何为?”众曰:“楚望台乃吾辈集合处,请统领往商之。”黎曰:“楚望台有何人主持?”众以暂推吴兆麟对。黎曰:“渠一人足矣,无需乎吾。”众不听,阙龙亦至,拥之至楚望台。兆麟闻黎统领至,命士兵站队,举枪致敬。黎衣灰呢夹袍,愁容满面,兆麟趋竭[谒],黎曰:“汝等事情太闹大了!如何得了?”当时一炮兵高呼曰:“请统领下令作战。”旁一人请黎勿允,炮兵拔刀斫之,黎以身翼蔽曰:“此吾执事官王安澜也。”李翊东为之解曰:“此地下命令不便,请统领到谘议局。”众韪之。适蔡济民、刘赓藻觅黎者至,于是同拥黎至谘议局,众高呼举为都督,时午后一时四十分也。当拥黎登楼。谘议局议长汤化龙亦由赵师梅、陈磊觅得,即召集谘议局议长汤化龙、副议长张国溶、夏寿康、议员阮毓崧、刘赓藻、胡瑞霖等及同志开会,推举都督,众一致举黎。黎坚不承认,胡瑞霖、李国镛、吴兆麟等劝之,张振武、李翊东、蔡济民等迫之,朱树烈并举刀自杀,血溅满座以感之,黎屹不为动。翊东乃持一预写之安民布告,进黎曰:“请于都督衔下,署一黎字。”黎拒之,翊东援笔目黎曰:“余代为书,岂能否认乎?”众鼓掌称善,翊东即书一黎字,余由书记缮写,遍贴全城,黎亦无可如何也。

严昌洪等编《张难先文集》,华中师范大学出版社2005年版,第294~295页

熊秉坤《前清工兵八营革命实录》:

伍(正林)自散后,于保安门招集多士,晓以督署不克,害多,方鼓励重整百余人,携取燃火物料,经望山门来,将至,经春芝药店门首,不意该地伏有敌兵数名,开枪击死余明道,伤及蔡品山、郭先幼左臂,众兵败退。时督署尚未破,望山门亦将失守,伍焦灼万状,引刀自刎,兵士冯仁寿急夺之,乃止。而还,瞥见黎公元洪在焉,心异之,询其所来,乃知伍去之时,此间马荣、汤其发、李松山、熊贵良四人于千家街巡查,值一人肩担皮箱二口,松等追问此物何来?云黎统领者。问统领安在?即畏不敢隐,随引至长湖堤民家。马等入其房,寻之出。统领黎公谓曰:“予自带兵来,从未刻待尔官兵,何来与我为难?”荣、松齐应曰:“非敢为难,特请公出指挥耳。”公曰:“视能事者举之可也。”荣等要不已,乃曰:“我出与谁会。”曰:“会吴兆麟。”公有难色。荣等同谓:“有某等护卫,请勿疑。”遂拥以出。众见之,号鼓欢迎,士气益振。王安澜亦随而至焉。稍顷,公正集合各营官长并革命代表时,及见督署火起,问曰:“待将何为?”佥应曰:“公命是从。”乃曰:“以余之见,且各整队回营。我与彪言,不予尔等罪,于斯已矣。”众不可。传闻督署已破,瑞澂、张彪、铁忠等俱逃。公急,谓曰:“彪等既逃,若征兵来讨,将何以御?”邓玉麟曰:“无以御之,则退据湖南或四川。”曰:“今粮饷缺乏,人马众多,非细故也。宜三思之,不得轻纵乃事,仍不如归去为是。”突一炮兵正目何某曰:“事已至此,吾等肝脑涂地无怨。公声孚众望,指挥甚善,尚望我公作主,队伍万不能回!于[如]今意存观望者人多,吾辈所恃,仅一军械所。一旦退归,转被伏处此间一带不少之旗兵占去我等命脉。及为所夺,众心一懈,大事休矣!”公曰:“今既要我指挥,各处兵不归营,清数不得,我便如何指挥?”众议曰:“兵不令其回营,仰各阵地集合清数可也。”王安澜侍其旁,极力反对,众欲杀

之,乃不敢言。会一人来曰:"十二时各代表到谘议局会议。"马世忠即备乘马数骑,荷十八星国旗二面导【前】,众奉黎公,从有队伍一排,随之护送。公命下旗,不听。至谘议局,届期会议,举黎公宋卿为鄂军大都督。坤以守卫军械所,关系莫大,责任甚重,不敢擅离,故会议一切独未往参。时闻黎公尚未认承,王安澜哭谏于侧而阻之,公益不可。众胁之,乃矫其名而示诸民曰:"都督黎某示",盖以孚多士之望,而释局外之惑也。

中国人民政治协商会议湖北省暨武汉市委员会等编《武昌起义档案资料选编》上卷,湖北人民出版社1981年版,第33～34页

李翊东《书吴醒汉〈武昌起义三日记〉后》:

翌晨约六七时许,翊东见黎元洪同王安澜在楚望台之坡下,围观者有十余人。一炮兵呼曰:"请统领下令作战。"王安澜劝黎勿应,该炮兵欲砍王,黎以身蔽之,乃免。翊东即向众曰:"统领在此间怎好下令?请到谘议局商议一切。"于是众蜂拥黎至谘议局楼上。是时,黎面色惨白,张皇失措。众即言举黎任都督,用都督黎名衔出示安民,要黎承认。黎畏缩舌颤,含糊曰:"莫害我,莫害我。"翊东见黎坚不肯认,手柄长枪示之曰:"你做满清这大的官,应该杀的。我们今天不杀你,反举你做都督,你还不干。你这生成的奴性,还想戴满清的红顶子,我把你杀了,再来举人。"黎益瑟缩不语。在场者均色变,群起阻止,哄声言曰:"不要放枪。"翊东乃又曰:"不管他承认不承认,把告示用都督黎的名衔张贴出去就是了。"于是将告示贴出。置黎于楼上一室内,以执戈者守之。此乃当年之真相,回忆及之,犹如昨日。今吴同志日记内乃载为"……吴醒汉即赶至谘议局,适黎元洪到,会晤。时蔡幼香正与黎筹商布告安民,稿既脱,请黎盖章签字……"按当时黎为众胁至谘议局,即迫以出任都督,布告安民,群情汹汹,并未有与之筹商等情,亦不暇与之筹商也。至布告之文于起义前已秘密制就,更非临时脱稿,且当时仅强迫其承认用都督黎名衔出示,并未请其签字盖章,黎亦无徇众铃[钤]印之举。因布告之文,向无盖章签字前例。

湖北省图书馆《辛亥革命武昌首义史料辑录》,书目文献出版社1981年版,第81～82页

《中华民国军政府鄂军都督黎布告》:

今奉军政府命,告我国民知之:凡我义军到处,尔等勿用猜疑。我为救民而起,并非贪功自私。拔尔等于水火,补尔等之疮痍。尔等前此受虐,甚于苦海沉迷。只因异族专制,故此弃尔如遗。须知今日满奴,并非我汉家儿。纵有冲天义愤,报复竟无所施。我今为此不忍,赫然首举义旗。第一为民除害,与众戮力驱驰。所有汉奸民贼,不许残息久支。贼昔食我之肉,我今寝贼之皮。有人急于大义,宜速执鞭来归。共图光复事业,汉家中兴立期。建立中华民国,同胞无所差池。士农工商尔众,必定同逐蛮夷。军行素有纪律,一体相待不欺。愿我亲爱同胞,人人敬听我词。

《中华民国公报》,1911年10月16日。辛亥革命武昌起义纪念馆等编《湖北军政府文献资料汇编》,武汉大学出版社1986年版,第3页

张国淦《辛亥革命史料》:

在宣统三年三月间,党人推举黎元洪为都督,据熊子贞与丁实存书云"万迪庥书论推举黎元洪为都督,自系实录,黎公被推,说者皆谓偶然,此乃大误,试思如是大事,可以偶然为之否?黎之被推,亦自有故"云云。兹录万迪庥与曾省三书如下:

辛亥年春三月,洪山宝通寺召开各标营队代表大会,蒋翊武嘱刘九穗约迪庥一同赴会,走至长春观门时,蒋翊武细语曰:"今日之首脑会,为推举黎元洪为临时都督。"我当答:"黎非同志。"刘笑曰:"早知老弟反对,开会时必有争辩,所以先为告知,可寻一空坪休息,详为解释。"在休息间,刘告迪庥云:"革命党人,均系士兵或正副目,下级官不多,中级无人,前蓝天

蔚任三十二标时,曾推渠为都督,现蓝远隔奉天,党人知识,不是不如黎元洪,但不够号召天下,诚恐清廷加以叛兵或土匪罪名,各省不明真相,响应困难,且黎平日待兵较厚,爱惜当兵文人,又属鄂籍将领,只要推翻满清、革命成功,似无不可。再湖北举义期间,决定派人往说吴禄贞,届时吴必设法领兵南下,与之合作,推举吴为都督,最为适当。将来推你为大东门司令,必多注意黎之行动。"言毕,行至洪山庙内,见士兵数人(约六人,佚名),一时均上宝塔,我三人亦步后尘(蒋翊武、蔡国桢即济民及迪庥),塔内先有著便衣者三人(张振武、孙武、一人佚名),知为联席会议。蒋翊武推黎元洪为都督,间或有代表反对,或询问黎元洪是否同志?刘九穗一如前说,各代表轻轻拍手,点头赞成,开会毫无仪式,亦不签名,并无会议记录。迪庥回营后,仍抱不安,以为推一不革命之人为革命领袖,将来作事,必难得心应手。越日,各同志在操场集合,迪庥将刘九穗、蒋翊武扯至一旁,提出疑问:"蒋为文学社首领,本社人数又多,何以不推为都督?"蒋先答云:"湖北举义,以湖北人为领袖,最为适宜。"然则如此说法,蔡国桢亦可为之,蒋郑重告迪庥曰:"革命团体,前有日知会、共进会以及群治学社等,孙武、刘公、季雨霖均可推为都督,革命党人之不争权夺利,以免将来发生裂痕也。"我始恍然大悟。迪庥在陪都晤许静庵先生,据云:"辛亥年荫昌率兵南下,路过项城,语袁世凯曰:'武昌系乌合之众,无人主持,不难扑灭。'袁世凯答曰:'湖北以黎元洪为将,何谓无人。'"足征我党人当年预定计划之不谬云云。

张国淦《辛亥革命史料》,龙门联合书局1958年版,第86~87页

△ **是日下午、晚上,革命党人以黎元洪不肯视事,恐误事机,乃由蔡济民等十余人组织谋略处,谋划都督府组织等事宜。**

查光佛《武汉阳秋》:

二十日晨,清鄂藩联甲率消防警察扼南楼(古楼),由蔡、吴等分途夹击数小时,联不支逃走。时三十标满人军队尚有二营许,分布蛇山等处,经吴醒汉率义军击走,并聚合各标营义军,重新编制六营。肃清残敌,分守各城门及各机关,维持秩序。胁清二十一混成协协统黎元洪为都督。首先由蔡济民、吴醒汉、邓玉麟、高尚志、张廷辅、王宪章、王文锦、徐达明、陈宏诰、谢石钦等十五人,组织谋略处,规划一切。随即组织都督府及军务、军令、内务、理财、外交各部。布告安民,事乃大定。

武汉大学历史系中国近代史教研室编《辛亥革命在湖北史料选辑》,湖北人民出版社1981年版,第544页

吴醒汉《武昌起义三日记》:

至下午一时,正与黎午餐,忽外面突放一排枪,守卫学生即退走。余与幼香亦即邀黎暂避蛇山(山上有很多队伍)。一面派人调查是何处队伍放枪,一面与黎商量都督府组织法,并协筹防守事宜。黎在山指刘家庙而言曰:"海军一到,刘家庙敌人即站不住。"(此时张彪带四十二标及辎重营在刘家庙故云。)未几,据报攻谘议局者,系三十标一营旗兵,已由蛇山驻队追去。于是仍邀黎氏同返谘议局,并加派卫兵,严为戒备。至晚,即召集合议,共有十五人。同志中有蔡幼香、邓玉麟、高尚志、李春萱、张廷辅、王宪章、徐达明、王文锦、陈宏诰、谢石钦、黄元吉、吴醒汉、胡瑛,临时加入者,吴兆麟、杨开甲、王安澜、马祖全等。翌日即由谋略处商议都督府,及军务、内务、财政、外交各部之组织。

中国史学会主编《中国近代史资料丛刊·辛亥革命》(5),上海人民出版社1957年版,第82~83页

曹亚伯《武昌革命真史》:

于是大众在谘议局商议进行各事宜。兹将是日进行之事揭示如下:

一、以谘议局为军政府。

二、称中国为中华民国。

三、改政体为五族共和。

四、规定国旗为五色,以红黄蓝白黑代表汉满蒙回藏为一家。

五、称中华年号为黄帝纪元四千六百零九年。

六、当以黎元洪为都督,布告地方。

七、移檄各省,并照会各国领事,宣布满清罪状。

八、布告全国国民并军民长官。

九、布告湖北各府州县。

十、军政府紧要谕令。

十一、致书满清政府。

十二、布告汉族同胞之为满州[洲]将士者促其觉悟。

十三、军政府暂设机关四部。

(甲)参谋部。

(乙)军务部。

(丙)政务部。

(丁)外交部。

十四、设立招贤馆。

曹亚伯《武昌革命真史》中卷,中华书局1930年版,第37~39页

何锡蕃《武昌起义战守实录》:

遂请黎公出,推为总司令,以谘议局为事务所……至所中办事则有锡蕃、汤化龙、饶汉祥、蔡济民、吴醒汉、徐达明、黄元吉、吴兆麟、邓玉麟、张振武、朱次璋等十数人。黎公曰:"兵无粮草则乱,民无主宰则慌,事无专任则歧。"汤化龙任筹饷,饶汉祥任安民,锡蕃、蔡济民等任组织各机关……

惟时所中办事者则有刘公、胡瑛、李作栋、蔡济民、邓玉麟、吴醒汉、吴兆麟、徐达明、陈纬、张济安、张振武、肖鸿升、马祖全、朱次章[璋]、朱树烈、王安澜、张羽、齐聘侯、杜学赟诸君。

中国人民政治协商会议湖北省暨武汉市委员会等编《武昌起义档案资料选编》上卷,湖北人民出版社1981年版,第37~38页

向讦谟《治国日记》:

二十日……十时,谟向学生等宣言,同学等长于文事而短于武艺,拟带全队同学至谘议局襄赞帷幄谋略缮写檄告文件矣,马(祖全)队长均认可,我同学以为何如云云。诸同学闻之咸喜跃称善。十二时督全堂学生队约百余人自宾阳门开行,跃经左旗门首,有丁福卿旁立呼谟名而隐然作笑,不知何意(此时我军口号为同心协力四字,服章左臂系白布巾)。午后偕同学等在谘议局院内齐集休息。谟同傅李二人至局内,与汤议长绳武、胡议员子笏、李君玉山、蔡同学国桢等会议我军进行策略。讦谟当案提议计策录于纸上者约共九条于左:一、速行公举总司令长;二、速筹饷需;三、速传贴起义檄告,速刊刻总司令印玺;四、当札委各营将佐并提升各营有功兵士,以便勤心督队而免涣怠;五、分派各营分守省城各地,以专责成;六、谋联络外省及进攻敌人之方略;七、急筹防守汉阳汉口法;八、禁止妨害外人及扰乱民商;九、议改谘议局为总司令部官常驻地。当时众人解决以上各条情形于左:谟拟举汤化龙议长为总司

令官,汤推不明军旅之学,众遂要挟黎协戎元洪为总司令官,汤与议员均为协司令,胡君子笏允诺筹饷事,谓已向高君松如借款五万,乃偕众人及黎协戎等同推举谟为军需总理官,习收支饷需事,陈君捷三出拟黎协戎起义韵文,黎君不允,众人强之。四、五以下各条皆认可竭力施行。午后四五句钟,谟手订总司令部附设之官制,大概如下:一书记部,一军需部,一参谋部,一庶务处,一护卫队,一稽查官弁,一交通部,一传递司役。

向讦谟《治国日记》手稿本,现存中国社会科学院近代史研究所

胡鄂公《武昌首义三十五日记》:

予与高炳章至都督府前时,即并骑入辕门。高炳章当立马举刀向楼上致礼作报告曰:"报告,胡同志有事见都督,骑兵高炳章由黄鹤楼护送来此,完了。"但所谓都督府者,即昨日之谘议局;所谓辕门者,即昨日谘议局前之院门。谘议局为一大栋楼房所构成,楼房前半栋楼上楼下十余间为会客厅、办公室、卧房等,楼房后半为会议厅,会议厅之东西南三面为旁听室,邻接会议厅之东与会议厅之后为一排厢房。楼房之前,绕以短垣,短垣之内为草坪。高炳章即立马草坪之上而向楼上报告也。高炳章报告毕,楼上人高声传语请胡同志上楼来。予弃马与高别,当上楼时,楼上数人下楼相迓,盖吴兆麟、张振武、李作栋也。予与吴、张、李诸人彼此不相识,然吴、张、李等于予至为殷勤,延予于都督黎公处。黎公所居之楼为东南隅之一室,室殊广阔,中陈书案一,书架一,圆台一,椅凳之外,又有卧榻,零乱错置,毫无条理。黎公服以淡灰色呢夹袍,面若有不豫者。时已下午六时有半,予以彼身为革命都督,必系革命同志。与之谈国内革命形势,应于武汉三镇防守略事布置后,即派兵直捣北京。彼不语,与之谈武汉战守之策,应即日派兵将武胜关、田家镇占领,彼亦不言。时张振武及诸同志等围而观者如堵墙。盖在张振武等一般同志之意,原知黎公初被拥戴,非所心愿,特欲假外来之予与之见面,俾其不得不以都督身分接待之。此中经过,予实一无所知。于与黎公谈话间,适厨役送饭至,予视之,四菜一汤一饭,盖为黎公一人备也。黎公见饭菜前陈,因问予曰:"食晚饭未?"予答曰:"否,某今日尚未得食,就此伴食于都督如何?"予作此言时,围观诸同志,咸目取而心笑之,因黎公今日亦未得食,众以为予言有所讽也。厨役当为予取来碗箸,予即与黎公共棹[桌]而食。食罢,军务部副部长张振武遽请予至军务部,为予言曰:"同志所谈者乃军务部事,黎公原非革命同志,对于革命军政之进行,固非彼所素习,即彼今日到谘议局被举为都督时,亦曾再三坚辞不就。同志到此之前一小时,彼尚欲回其家中,经大家劝说始止。故同志所言,均非彼所乐闻也。"予闻振武言,始知黎公之任都督,系被革命同志所强迫拥戴者,予于是与张道寒温,问里居,并以予一名刺示彼,彼亦以一名刺报予。军务部在楼之西头,适与黎公所居之办公室遥相对,所有办事人员,均相处一室,见予与振武言,咸环而听之。

熊守晖《辛亥武昌首义史编》下,台湾中华书局 1971 年版,第 958 ~ 959 页

编者按:都督府最初几天的官制与人事,当其时也,军事初兴,众议纷纭。一制度也,时兴时废;一职任也,或甲或乙(胡祖舜《六十谈往》)。要厘清甚难。据查光佛、吴醒汉等当事人回忆与民国年间著述,都督府最初有一个以革命党人蔡济民为首的十余人组成的谋略处,实际负责都督府最初几天的领导工作。而据研究者吴剑杰、张海鹏考证,谋略处事实上是不存在的,人们所称道的谋略处是参谋部的误记。(参见吴剑杰《谋略处考》,《近代史研究》,1987 年第 2 期;张海鹏《湖北军政府"谋略处"考异》,《历史研究》,1987 年第 4 期)另有研究者指出,考察都督府最初几天的官制与人事,必须注意到这样一个实际,即任职者不一定主事,主事者不一定任职。最初的办事员即是最初的领导人。自 10 月 11 日黎明起,刚从硝烟里冲杀出来的一大批革命党人,作为主体,担当了最初的办事员的角色。出于幼稚,更出于需要,他们又拉了一些旧军人和谘议局的绅士帮忙,这些人加在一起,做了最初的办事员,也就成了最初的领导人,尽管他们大多数人始料未及。(参见王兴科《辛亥湖北军政府官制与人事三题》,《辛亥革命研究》,武汉大学出版社 1991 年版,第 200 ~ 201 页)

△ 汤化龙商同胡瑞霖、李作栋，假湖广总督瑞澂名义用辰密电奏清廷，报告省城失守，以张大革命军威力。

李廉方《辛亥武昌首义纪》：

都督举定后，布告及通电颇多，兹择录其较重要者于后。其中最要一电，于宣传起义消息有关。其事甚密，原文亦不存，知之录略记其事，未详也。当是时，各省交通尚为清吏控制，革命军文电不能径达外省。李作栋访问【谘】议局议长汤化龙时，谈及通电各省事，胡瑞霖在座，力言都督议长通电，势不能达，惟有用反宣传法，假瑞澂名义用辰密（军机处及各省督抚大臣密码电本，谘议局有机密时临时向督抚借用），张大武汉革命军势力，末言退驻兵舰，死守待援，如此，各省必大震动，其谘议局将起而推波助澜，较之接都督议长正式之电，或更有效，汤李以为然。辰密本时惟柯逢时处有之，因推作栋往索。逢时时为膏捐大臣，其办事处设于都府堤本宅，仓卒未及逃，正在惶恐中。作栋以起义代表往见，索取辰密本，一面理喻，一面威胁，以得辰密本为保护条件（其后赤十字会开成立会逢时被邀到会），遂取出此本而返，由化龙起草电文，大意如瑞霖主张，即密交夏维松冒充瑞澂委托，商洽俄领事署，电达各省督抚谘议局及驻在各省领事，因此武汉起义消息，得以迅速传遍各省，且称其声势甚大，各省闻之，莫不蠢蠢欲动，清廷更为震动。此反宣传之力，极有影响（起义期间曾闻之汤胡，今询春萱（作栋），语亦云然。《谈往》称在北碚晤柯之幕友林某，有云汤化龙与柯逢时密电请兵剿革命军，即缘不知当时真相而误传云）。

李廉方《辛亥武昌首义纪》卷上，湖北通志馆 1947 年版，第 106 页

胡祖舜《六十谈往》：

武汉三镇遂为革命军所占领，所有清廷文武官吏，皆潜逃无踪。……布政使司连甲（旗人），乃走避于都府堤畔柯逢时家。逢时号巽庵，湖北鄂城人，前清翰林，官至江西、广西巡抚。一行作吏，得力于"精核"二字。性刻薄，善聚敛，为清廷所倚重。忆其任江西巡抚时，曾有以籍字格为联以嘲之者。联曰："逢君之恶，罪不容于死；时日曷丧，予及汝偕亡"；横幅曰："执柯伐柯"。一时传诵殆遍，即此可见其居官矣。时任八省（陕、甘、川、滇、黔、湘、鄂、豫）土膏捐局督办大臣，驻局武昌，乃密藏连甲于其家。据其文案之同乡人林某于民国二十八年在四川北碚东阳镇语余及李翊东曰，当日逢时、连甲曾密集谘议局议长汤化龙、武昌谦记土庄经理李国镛（号玉珊，沔阳人，人咸呼为李老板者），并自称黎元洪代表之蔡登高（自称南洋某中学毕业投效者）、张振标（张彪弁目）等（时此数人已附革命军出入于军政府）开会数次，意图剿灭革命军，曾联电清廷出兵，谓黎元洪系胁迫而出，其电文即由化龙起草。此其密谋，世人鲜有知者。当日革命军仅知连甲走逢时家，一度往抄未获，固不知匿在逢时之邻室过街楼上也。惟所谓蔡登高、张振标者，常侍于元洪之左右，与临时守卫官方定国（原工程第八营后队排长）相勾结。定国奉令派兵肃清城内残余旗兵，辄不如命，人固疑之。二十三日傍晚，有大汉者，持提灯匆以纸条付定国，定国阅即碎咽，被李翊东等察觉，严诘之。定国知事败，无以对，遂禁之。喝令大汉者而语"六"字。旗人读"六"若"溜"，因发觉其为旗籍，谋为内应者，黄元吉立毙之。质之方定国，则供认蔡登高、张振标等为同谋，并诬攀多人。翊东等令并此三人而枪决之，余未究。连甲因事败，乃央林某于二十五日察知汉阳门城墙疏防处，缒城而逃。此亦林某之自述也。即此一公案，可知当日阳附革命而阴结清吏者，固大有人在也。汤化龙为革命军以礼延者，身为政治家，且尝通电各省谋响应，功在革命，度不至有此首鼠两端之事。而林某固言之凿凿，是可异已。若李国镛者，殊不足道也。

武汉大学历史系中国近代史教研室编《辛亥革命在湖北史料选辑》，湖北人民出版社 1981 年版，第 78 ~ 79 页

章裕昆《文学社武昌首义纪实》:

湖北省谘议局议长汤化龙,当起义之夕,匿不敢出;至二十日知瑞澂、张彪已逃,革命军占领武昌并拥出黎元洪,遂乘机而与革命党周旋。又虑其不稳,乃于军事未定之际潜往六省烟膏督办署,向督办柯逢时借用密电码,电告清廷,谓湖北全军兵变,化龙决不从逆云云。首鼠两端,可耻孰甚!

章裕昆《文学社武昌首义纪实》,文海出版社有限公司 1981 年版,第 45 页

编者按:汤化龙密电事,密电确有其事,记述所不同者,有谓以密电张大革命军威力,有谓以密电向清廷效忠。已有著述辨之甚详。如杨天石、王学庄《汤化龙密电辨讹》,即对汤化龙密电清廷效忠予以否认(详见《纪念辛亥革命七十周年学术讨论会论文集》,中华书局 1983 年版,中册,第 1258 ~ 1269 页)。另据《中华民国史事纪要》,其电文《民立报》辛亥年八月二十六日第四页新闻有报道(详见中华民国史事纪要编辑委员会《中华民国史事纪要》,台北正中书局 1971 年版,第 651 页)。查《民立报》,其报道题为《瑞澂第二次电奏》,其文曰:"瑞澂十九日夜四时许,又有急电致内阁军谘府,度其时盖已逃出督署匿至兵轮时矣。其原文大略列下:武昌城内外同时兵变,省城业已失守,乱党遍布。现在即未叛之营亦多观望,不应调遣(可怜)。澂随身只有巡警兵一百余名(可怜),现一面拟招募民团,一面请政府速派北洋劲旅赴鄂,现闻政府拟派豫省兵队前往进剿。并自称已乘兵轮逃匿汉口,省城文武各员不知下落。电中并有瑞澂本应与城俱亡,但牺牲一身无益于国,故暂行逃出,再行调兵剿灭以赎罪,非至克复城池不止等语。"(《民立报》1911 年 11 月 17 日,第 4 页)

△ 革命党人拟电请上海黄兴、宋教仁等从速来鄂,并请转电孙中山早回中国,主持大计。

曹亚伯《武昌革命真史》:

二十日晚,各同志在谘议局计划各事宜,及拟各种通电,异常忙碌。直至天明,即派人将电线恢复。所有各部办事人员,均未规定,且亦寥寥无几。幸皆齐心协力,各尽所能。诚恐重要事务太繁,进行困难,遂拟电请上海黄兴、宋教仁等从速来鄂。并请转电孙文,早回中国主持大计。

曹亚伯《武昌革命真史》中卷,中华书局 1930 年版,第 45 页

胡鄂公《武昌首义三十五日记》:

是时电报局人员已将该局破坏部分修复,除照会各国领事文件径送汉口各国领事馆外,其余概由电报局发出。同时又致电上海民立报宋教仁,请其偕同黄兴即时来鄂,并请转电孙先生文,回国主持大计,电文亦由黎公具名。

熊守晖《辛亥武昌首义史编》下,台湾中华书局 1971 年版,第 973 ~ 974 页

△ 总指挥吴兆麟发布命令,固守武昌,以防瑞澂进袭。

曹亚伯《武昌革命真史》:

一面仍以革命军总指挥名义,命令各军队防御武昌城。并先传谕各城门,晚间一律关闭,无论何人不得准其出入。兹将是晚所下命令列左:

革命军总指挥命令(八月二十日午后六时于谘议局发):

一、据报闻瑞澂欲派兵袭武昌城。

二、本军今晚以战斗队形澈夜固守武昌城。

三、步队二十九标第一、第二两营附炮六门,归姚金镛指挥,防御宾阳门、通湘门、小东门一带。

四、步队四十一标第三营及第一、第二两营留守兵并步队三十标留守兵附炮六门,归胡廷佐指挥,防御汉阳门、平湖门、文昌门一带。

五、混成二十一协工程、辎重二队附炮二门,归李鹏升指挥,防御武胜门一带。

六、工程第八营附炮四门，归李占魁指挥，防御望山门、中和门一带，及楚王台军械局。

七、炮队第八标归程国贞指挥，除派附属各部队外，其余在蛇山、黄鹤楼、楚王台布置放列。

八、马荣带兵一队防御谘议局。

九、总指挥在谘议局。

总指挥吴兆麟。

注意本晚口号：义军独立。

曹亚伯《武昌革命真史》中卷，中华书局1930年版，第39～40页

△ **瑞澂致电内阁总、协理大臣，检讨湖北新军构变等情。**

《瑞澂致内阁总、协理大臣等电》（宣统三年八月二十日（1911，10，11）汉口楚豫兵轮上）：

火急。内阁总、协理大臣钧鉴：申。窃照鄂省兵匪构变一案，业经电奏，自请严加治罪，并请饬派知【兵】大员率带第一镇劲旅来鄂剿办在案。此次匪党作乱，本已破获，讵有新军应匪，构此奇变。请将始末原由缕晰陈之。查新军先自升任总督张之洞，初仅护军四营，继乃添募八营，均由张彪招练。庚子变乱之后，不惜财力，练成一镇一混协，遂派张彪为第八镇统制，黎元洪为混成协统领，连年饷械所费不资［赀］，鄂省巨亏半由于此。嗣张之洞升任大学士，赵尔巽、陈夔龙接任，一切虽仍其旧，而营纪渐弛，兵气渐骄，然安庆兵变、湘省民变，鄂军派往协助，尚称得力。去年，瑞澂到任，适值广东兵变之后，瑞澂即欲将鄂中新军严加清查，以别良莠。嗣经张彪力保，瑞澂亦以此军为张之洞所练，张彪又系原练之人，乃妨［仿］萧规曹守，殊不料其竟与匪通也。然去冬资政院奏请全撤巡防队，曾经具奏力争。本年陆军部奏设参议官，又于用舍之权断断争辩，实寓隐相钤制之意。昨日革命党匪起事，自称为国民军，以排满为宗旨，逆谋甚狡，勾结甚广，本有新军通匪之谣，获匪讯供，亦有涉及军队之谣。当即切属张彪，切实查办，盖以陆军为统制专责，张彪治兵有年，自必确有把握。不料十九夜间，省城内外新军数营突起应匪，张彪命令不行，铁忠亦束手无策，仓卒布置，竭蹶万分。张彪、黎元洪亲率营队往剿，而新军或意存观望，或立即散去，且且［有］倒戈相向者。张彪率亲军马队，死伤甚多，旋即败退。匪党分路猛扑督署，枪炮并施，其锋极锐。督署仅剩特别警察一百余人，众寡悬殊，何足抵御，不得已，登“楚豫”兵轮，当即电奏在案。是夜，张彪复飞调在外驻扎之第八镇辎重营两队并亲军马队复往竭力攻剿。至六时久，我军死数十人，伤者甚众，匪亦死伤相当。无如新军变者共有三营一队，益以匪党，何止四五千人。我兵仅数百人，寡不敌众，万难支持。张彪遂亦出城。幸辎重营管带萧国安持军严，不敢逼。适瑞澂探得匪党已占据楚望台军械所，并据谘议局房屋为司令部，在城内蛇山、凤凰山安设炮座，遂调集“建威”、“楚豫”、“江元”三兵轮，“湖鹰”、“湖隼”两雷艇及水师炮船，督同择要开炮进击，虽无陆队进攻，然以之堵截江面，不准匪党渡江，上可以保护汉阳兵工、钢【药】两厂，下以保护汉口各国租界。此兵匪构变彼此攻击之实在情形也。伏查朝廷岁糜数千巨帑，练此新军，原为保守疆围计，不期兵与匪通，突发此变，言之痛心。从前光绪三十四年安庆兵变，宣统元年广东兵变，均赖巡防旧队立时扑灭。今湖北巡防队迭次裁撤，水陆仅十数营，且巡防各府州县。武、汉三处共仅步队一百余人，炮船数只，即征调齐集，亦不足以供一战。瑞澂以孤身处于兵【轮】上，措手无从，惟有引领援师，拯民水火。此皆瑞澂平日无智无勇，办事不能敏决所致，虽膺圣明斧钺，夫复何辞。惟各省新军迭次构乱，几于数见不鲜。若不奏请派员查办，并速筹善后之法，后患何堪设想。合无仰恳天恩，俯准领派大臣来

鄂查办,一面饬下军谘府、陆军部,迅将各省陆军应如何稽查防范,妥定章程,通饬切实遵办,以为[维]大局。

再,该匪现据省城,津兵到汉,须由水路进规武昌,现已电商海军部饬派兵轮数艘来鄂应用。又汉口租界已饬江汉关道与各国领事按约密商办法,互相保护。合并陈明,谨乞代奏。瑞澂叩。二十日。

陈旭麓等主编《辛亥革命前后·盛宣怀档案资料选辑之一》,上海人民出版社1979年版,第185~186页

△ 瑞澂乘"楚豫"舰泊于汉口江面英国炮舰后面,请求英舰阻止革命军渡江,英国驻华公使朱尔典应允帮助。

《关于中国事件的函电:中国第一号(1912)》第2件:《朱尔典爵士致格雷爵士电》(1911年10月11日发自北京,同日收到):

关于我10月10日的电报。英国驻汉口代总领事报告说:武昌完全处于革命状态,衙门已被焚毁。总督(清朝湖广总督瑞澂)驻在中国巡洋舰上,泊于英国炮舰的后面。他已通知总领事说,他不能保护英租界,并已请求英王陛下船舰阻止起义军渡江前往汉口。

我正请求总司令官提供他所能提供的一切帮助。

胡滨译《英国蓝皮书有关辛亥革命资料选译》(上),中华书局1984年版,第1页

△ 汉川响应武昌起义。次日成立汉川军政分府,革命党人梁钟汉任总司令。

梁钟汉《我参加革命的经过》:

延至八月初,李筱香在武昌对我妻张荫兰,及内侄张殿臣云:武汉各同志决定于八月十五起义,你们赶快到襄河谋响应。张荫兰等于八月十一(十月二日)将岑伟生交存的炸弹炸药,密运回汉川。我得着报告,兴奋已极。适狱中进早餐,不觉随口吟道:"努力加餐饭,恢复旧山河。"

我妻张荫兰,性沉毅,既运炸弹炸药到县,暗中告我,谓宜慎密布置,不可稍露声色。我即着七弟辉汉分告各同志准备,并请素与联系成熟的城防队长余治平到狱会商。余队长系本县小余家湾人,且属我之晚亲,一向表示听我号召,此次会商之下,即对天盟誓:"余某决计拥护姻长举义,只候姻长命令,我即欢迎姻长出狱,成立司令部。"我见其表示坚决,极为欣慰。因之八月十五起义的消息,传遍汉川城乡。但武汉方面,届期并无动静,我在狱中自不能冒昧先发,打草惊蛇。正在猜疑间,八月十八(十月九日)有萧志和者由省来狱,谓湖南焦达峰来信,说湖南八月十五举义,筹备不及,这是停顿的原因之一。恰又武昌军界同志,事机不密,机关破露,这是停顿原因之二。我听了萧志和的陈述,更是猜疑。到了十九日(十月十日)张难先来狱,开口就说武汉的情形,究竟怎样,实属不明;拟明天晋省打探,俟打探详确,当即函告。二十日(十月十一)上午十时,张难先由我狱中出城,走到东门河边,复又返身来狱,说河下与码头上,由汉口逃难来的人很多,都称武昌已经起义。其起义之发动,是军界同志的名册被官吏抄获,各同志认为与其束手被擒,引颈就戮,不如奋力一击,死里求生。因之一处开枪,四处响应。伪官伪吏俱已在逃。张难先说话时,表示要即刻赴省,尽协助义军之责。自张氏去后,来狱报武汉消息者踵相接。下午三时,有族弟远荣、远华、全福三人,由系马口赶来狱中,说我妻张荫兰,七弟梁辉汉,内侄张殿臣,以及同志黄警亚、童文轩等已在集合群众,今晚来城接我出狱。当晚全城绅耆周植三、晏立夫、熊荫芳、段惠六与商会会长毛玉成偕典狱官洪士纲前来请我出狱。我走到狱门口,城防队长余治平已整队举枪欢迎,全体拥

我至县署大堂上。县官贺祖蔚出来,参加欢迎,并求我保全其性命。此时城内外参加欢迎的群众,挤得头门至大堂水泄不通,我即宣布:(一)请群众分段维持安宁秩序,不准坏人乘机抢劫;(二)请绅耆负责宣传革命,只是推倒满清皇帝之统治,恢复旧有山河,士农工商,可各安其业;(三)旧有官吏,愿走者走,愿留者留,不加杀害。宣布毕,周耀村、梁全福等,大声呼喊:"我们都遵从指示;有不遵指示者,杀无赦。"此时我七弟辉汉,已结合四乡群众,整队在南门外,接我回系马口家乡。因系马口为财富之区,举大事,不能无钱,若赤手空拳,又有何济。全城绅耆即送我到南门外,只见无数群众手擎灯龙[笼]火把,照耀天空,欢呼雷动。我与群众连夜向系马口进发,因相距只十二华里,顷刻即达。系马口商会,备办酒席,黄警亚、梁辉汉二人高举十八星旗帜,于酒席前大呼曰:"这就是我们排满兴汉的十八星国旗,请各位站立敬礼。"于是有行拜跪礼者,有行鞠躬礼者。我就对众宣布,以行鞠躬礼为宜。并劝告他们:"既皆热心排满,应各剪去发辫,表示排满决心。"我妻张荫兰同黄南山、张殿臣、梁云山、梁金轩等已借来一百余把剪刀,分陈于席上。当时大家都欣欣然你代我剪,我替你剪,刹那间,都尽剪成了光头。张殿臣对众言道:"梁钟汉先生在此接受义旗,商谈军国大事,不能多有停留,须即刻返县城成立司令部,大家可到白口堡和梁公祠两处安宿一夜,我们已备有铺盖,明早由梁辉汉带到县城,正式编队,听候调遣。"我就连夜回县。

我回县城后即召集接我出狱的黄金门、童文轩、梁全福、梁诗经、张殿臣、黄南山、萧志和、张殿清、梁云山、周耀村、周华堂、卢瑞松、熊仰斋、萧尚志、李圣言、黄警亚等,到城内高等小学堂举行会议,并邀请城内绅商出席。当公决成立军政分府,推我任总司令,黄警亚为参谋长,黄干臣为参谋主任,梁辉汉、张荫兰、陈君谦为参谋,张殿臣为副官长,李圣言为秘书长,邹幼云、周耀村、陈少武为秘书,谭质臣为军需主任,袁筱三、梁诗经为军需,卢瑞松、周华堂为事务员,梁远达为稽查主任,梁远道、梁远德、梁诗智、梁诗慧、梁诗敏为稽查;并议定余治平担任城防司令。

中国人民政治协商会议湖北省委员会《辛亥首义回忆录》第2辑,湖北人民出版社1980年版,第19~21页

△ 是日晚至次日黎明,驻汉阳、汉口的新军第四十二标一营、二营在革命党人发动下起义,光复汉阳、汉口。

前四十二标革命实录处《前四十二标占领兵工、钢药两厂节略》:

二十日晨[辰]刻,密查员袁金声渡江侦探武昌情形。下午二句时,有肖国安率辎重营一营索取枪支,莫知用意。四句时,袁金声回营报告,悉武昌同人起义,已举黎公为都督,民军以白布扼左腕为记号。辎重营系与民军战败之众,胡玉珍即与在营各职员及诸同志筹划响应事宜,并派人送命令于黑山前队张大鹏、梁炎昌、邱坤墉等及通知兵工厂左队邱文彬、张步瀛、戈承元等,约定十时举义,并派张德怀送命令于铁路三营及汉口二营。八句时,邱文彬、张步瀛、戈承元等,派王家麟来营报告,张彪、瑞澂已来铁舰一支,在兵工厂下子弹枪枝等,请速举义,不然器械子弹,敌人运走,同人何所凭借。胡玉珍即请邱文彬、张步瀛、戈承元等,相机而行,总须将子弹枪枝扭住。不时,即率队来厂,胡玉珍即与在营之右队王缵臣、祝梦黑、朱壁珍、孙业章、黄振中、黄全斌、黄家麟,后队陈建章、郑兆兰、袁金声、宋自新、罗广顺、彭星垣等,决于定时发难。届时胡玉珍发令占[站]队,开取营库子弹,匀分同人,集合宣布起义,当举宋君锡全为指挥官,以右后两队分为四大排,区别任务,极力进行。派王缵臣准备明早伙食,清理各队军装,以为招兵之用,并派朱壁珍、韩洪华渡江报告都督。第一排胡玉珍率带至兵工厂佯击,联合左队以资占据该厂〈之力〉。宋自新率第二排到回子墈,充独立弁哨,以

防辎重营袭击陈建章所部之队，并以袁金声、彭星垣同赴汉口二营佯击，使同时发难。其郑兆兰、宋锡全、王子滨接续侦【察】，维[唯]余一排归黄振中带领，在营防守。及派李春山联合前队，并设步哨于钢药厂下码头至针钉厂一带，注意襄河沿岸。张大鹏得命，即与梁炎昌、邱坤墉等抢取本队子弹，即派一大排严密防守钢药厂，以一小排在黑山本队附近设立步哨，余向五里墩小教场袭击与民军战败之辎重营。邱文彬得王家麟回报后，即与戈承元、张步瀛、朱承堃、王家麟等布置一切，派戈承元之一排自武圣庙至板子桥防守襄河沿岸，又派张步瀛之一排自板子桥至铁门关，以防张彪、瑞澂之败兵上岸。戈承元即将素日实弹射击所存留之子弹，派江安桂、罗春山、谢开三在厂外佯击，邱文彬即与张步瀛抢取队内子弹。邱义彬与王家麟、朱承堃首带二十余人，攻入厂内，拆开子弹库，令张步瀛所部之人，速运子弹上山。邱文彬复将所带之人拆开炮厂，运炮上山。无不先〈事〉派戈承元〈即〉将张彪铁舰子弹夺取并充厂内守护司令官。二十一日上午三时，即有肖国安之侦探来龟山侦查，邱文彬即派石文仲、史大章、鲁国荣等二十余人，将辎重营击散。胡玉珍与陈建章来龟山与邱文彬、张步瀛、戈承元悬旗于山顶，招募兵士。适朱壁珍、韩洪华报告都督回营，并蒙复函一纸，胡玉珍即赴〈向〉大生典取钱一百串文，为暂济需用之急，时已上午八句钟矣。邱文彬、王敦武领兵一队到汉口查街，又派张步瀛等函商汉阳县知事张振声，令其赦狱，并布置一切。一句时，汉口二营林翼支率队至龟山筹划善后手续。时来鱼雷一艘，射击龟山炮位，邱文彬即派炮手王子卿、左福斋等，将山上所有之炮齐发，敌受伤退往青山。于是同人等公举宋君锡全为统领，王金山(系湖南人，充兵工厂监工多年)为总理，郑兆兰任军械官兼理厂内一切事务，即招集炮厂匠目曾得胜、炮弹厂匠目董绍荣、枪弹【厂】匠目张嘉生、机械厂头目张德芳、枪弹厂头目余庆鳌等，郑兆兰洞[开]诚演说，极力开导，随招多数工人赶造军火，每昼夜可出枪枝六十杆、枪弹三万枚、炮弹一二千枚。斯时张大鹏奉邱文彬之命，率兵一营，克复汉阳城，占领府署。即有府内之旗人童英在署内放火，被张大鹏捉获解报邱文彬处，当经讯明，斩决悬首示众，宣布罪状。商民悉知我军之用意，莫不欣慰。郑兆兰检查兵工厂内原存数目，其枪有七千余杆，枪弹四五百万枚，炮一百四五十尊，惟五生七山炮最多，尚属完全，该炮炮弹已成者六千枚，未成者有三十一万枚，铜、钢、铅未计，当报都督府。在此二十三日以前之事，同人等占领兵工、钢药等厂，光复阳夏之大概也。

中国人民政治协商会议湖北省暨武汉市委员会等编《武昌起义档案资料选编》上卷，湖北人民出版社1981年版，第88～90页

胡光瑞等《汉口光复始末记及十四标阳夏战守事略》：

午后一时，于是同志决议，主张是夕响应。代表赵承武、黄炳坤、鄢树藩、石占奎、刘立山等联络汉阳同时起义，公举林翼枝、胡光瑞、丁振凯、曹广生、蒲同义、曹星源为特别干事员。午后四时，林翼枝下命令如下：

一、民贼瑞澂于昨日下午潜逃，汉军业已占据武昌城。

二、本营拟今夜与汉阳同时起义，有扼守武胜关之宗旨。

三、左队为前卫，经过大智门向刘家庙前进。

四、余为本队，按后、前、右之次序随行。

五、各兵更换新枪，随带子弹五十排，大接济已派石占奎先行。

六、余在右队。

代表林翼枝。

午后五时，林翼枝下口号：今夜“直剑”二字，指示各种记号。午后六时，本队密发子弹

前，管带陈钟麟传云："今夜宜派步哨，以防敌之袭击。河南巡防营已来两营，各队准备茶水等情。"同人闻之，仓皇失措，群相集议良久。赵承武以空枪向天轰击曰："敌至矣！敌至矣。"于是左队首先出营，后队亦渐次集合。赵承武临时约法三章：一、挟私报告者斩；二、争权夺利者斩；三、扰害商民者斩。石占奎报告，张永汉、陈钟麟逃矣。赵承武率同志多人，遍觅张、陈不得，直向大智门追赶。林翼枝乃督率本营，照前命令出发，拟与出防之前、右队一部分【会合】。时汉防营尚未反正，翼枝手中不足一队，曰："汉阳现时火光高举，殆已反正。吾与汉阳宋君商榷事宜。"于是丁振凯率队速行至大智门。而出防之官兵已鸟兽散，留守者寥寥无几。黄炳坤曰："该队官长皆心无成见之人，大半已随张永汉北上矣。我等速追之。"时胡光瑞收并江汉关卫队及汉防营巡警营约百人至，遂一同拔队向刘家庙前进。距刘家庙半里许，见车站灯火纷纷，赵承武飞报曰："河南巡防两营已至刘家庙，我队不能前进。"是时已达二十一日上午一时矣。

胡光瑞以敌众我寡，不可尝试，暂退大智门，以观动静。中途奉林翼枝命令，调队至汉阳，掩护大别山炮兵。乃班师至大别山，编成两队。汉阳兵工厂已被我军占据，胡光瑞率同人至厂，搬出五生七过山炮六七尊，子弹数百颗，挑选曾任炮科军士多人，组织炮队。上午十时方组织将成，忽见江心有南下之大兵舰，悬挂龙旗。于是胡光瑞命开始射击，首由肖楚材施放一炮，落于舰之前丈许。该舰少停，向我射击，其弹已超过大别山，落于汉阳小教场。于是刘立山、黄云龙等，乘其瞄准未确，将大别山各炮表尺加高，连放数弹，恰中敌舰甲板，敌舰匆匆退。而青山方向忽来兵舰二艘，猛勇直前，大别山乃炮声丁丁，又中敌舰烟筒。于是该船悉挂白旗投降。林翼枝一面派员至该舰交涉，一面报告都督。午后四时，汉阳军队组织就绪，林翼枝命胡光瑞仍率队回居仁门。午后六时奉都督命令，以汉阳为第一标，以汉口为第二标，林翼枝为统带，巡查市面。是时，汉口匪徒乘机放火抢劫。胡光瑞、丁振凯、吴胜元率队通夜梭巡，市面稍安。

中国人民政治协商会议湖北省暨武汉市委员会等编《武昌起义档案资料选编》上卷，湖北人民出版社1981年版，第91～93页

章裕昆《文学社武昌首义纪实》：

光复汉阳及汉口　十九日（十日）文学社副社长王宪章渡汉口，匿居四十二标文学社交通处郑兆兰宅，正思探听消息，适驻汉阳之四十二标代表兼阳夏支部长胡玉珍采办事毕，至汉口，王即告以武昌情况，曰："复基等既就捕，恐不能幸免，事大急，如武昌同志不即发动，大局危矣。"胡令郑辟一室馆宪章，并为购便服，云俟武昌消息，再定方针。胡归，已逾时限，罚禁足一星期。至晚，与王瓒承商筹对策。

二十日（十一日）午后二时许，八镇辎重营管带萧安国率残卒随瑞澂、张彪窜出武昌文昌门，即渡汉阳，驻西门外小校场，状至狼狈。汉阳四十二标一营管带忽令送帐棚往该部，王瓒承怂恿班长派文学社同志任其事，然苦于萧逆监视，终不得其究竟。迨五时许，袁金声同志奉命送公文赴汉口，王瓒承嘱其绕道武昌察看情形，及归，报称城门已闭，军士臂系白布，城外有大都督黎元洪布告云云。

胡玉珍闻袁金声报告，即转知本营同志密约于是晚九时举事，各人裂白帐以为符号。计划定，玉珍乔装出营渡汉口与王宪章商议，当秘密通知汉口四十二标二营代表赵承武准备于晚九时由一营派队至居仁门发枪为号，胡亦回营准备。届时，王宪章由汉口赶到，胡发枪，全体响应，排长瞿焕明持异议，袁金声枪杀之，余逆逃遁。邱文彬、张步瀛、朱澄宇、黄家麟诸同志同时占领兵工厂；梁炎昌、戈承元诸同志占领钢铁厂及黑山；邱文彬、朱澄宇派队运大炮占

领龟山；胡玉珍派李金山率队渡汉水至汉口居仁门发枪，四十二标二营代表赵承武率同志响应，统带张永汉逃。又派赵承武率队赴汉阳西门外小校场纠合第一营同志击溃萧安国残部，时天已明。

李亚东等之出狱　文学社既占汉阳，当派仇国华率队往汉阳府署迎李亚东出狱。时知府已逃，即举李亚东领府篆。亚东自丙午十月（一九〇六年十一、十二月）入狱，业经五载，饱尝囹圄之苦矣。詹大悲被押于夏口礼智司，何海鸣押于新卡，赵承武等占领汉口后，温楚珩前往夏口迎之出狱。至此，武汉在系之同志，悉得恢复自由。

宋锡全被推为协司令　二十一日（十二日）晨，文学社同志集兵工厂议戴主将，咸举四十二标一营左队队官宋锡全。盖宋为日知会老同志，平时对文学社多方拥护，且暗中策划，故四十二标进行极顺利，同志悦服，遂推为协司令，成立司令部。以梁炎昌为参谋长，邱文彬副之，黄家麟、王谠承、张步瀛为参谋兼敢死队队长；胡玉珍为武汉三镇联络参谋，往来其间，与各同志规划一切；郑兆兰为军械长兼理汉阳兵工厂事宜；王宪章、黄振中、戈承元为团长；张文斌、仇国华等为营长。组织既定，即分途招募新兵，加紧训练。一面集合队伍于大别山（即龟山）从事编制，分配防守。适张彪率残卒乘楚豫鱼雷艇直趋汉阳，图夺大别山，被炮兵左福斋、王子青瞥见，即发三炮轰击，一中艇尾，张彪惧，开快轮逃回刘家庙。

章裕昆《文学社武昌首义纪实》，文海出版社有限公司 1981 年版，第 46～48 页

10 月 12 日（八月二十一日）　革命党人以黎都督或军政府名义通电全国，宣告武昌光复，号召各省响应，“推倒专制政府，建立民国”。并照会驻汉口各国领事，宣布对外政策。

《黎都督致政事部照会》（1911 年 10 月 12 日前，照会中胪列的告谕各厅州县自治公所文于 12 日发出，故确定为 12 日前）：

（一）撰拟通告各国文

应请政事部选择优于文学之人主笔，译成各国文字，由各领事转寄。

（一）安谕在外侨民告谕

中文一分，英文一分。

（一）告谕各厅州县自治公所废旧治官吏并办警政民团

告谕应载述起义原因，及劝其早自改革，以免大兵一临，同遭损害。

（一）分檄各省

应将攻胜情形铺载，并宣告以共和政体建设民国为宗旨，劝告各省独立，以期联合公举大统领。能就各省情形各撰一檄尤佳。

《民立报》，1911 年 10 月 29 日。辛亥革命武昌起义纪念馆等编
《湖北军政府文献资料汇编》，武汉大学出版社1986年版，第4页

《黎都督颁发檄文通饬》（1911 年 10 月 12 日前，军政府檄文、宣言大多于 12 日发出，故确定为 12 日前）：

中华民国军政府鄂军都督黎为通饬事：照得本政府恢复汉室，驻节武昌，惟是勋甫集，特恐偏僻固陋乡愚，无知误会。此次义军之举动，实以满奴枭张，皆为我亿万同胞所共愤，用特刊布檄文，悉数宣言。为此，合行札饬，札到该即便遵照，迅将颁发檄文遍贴晓谕，并一面开诚布公，广为开导，俾众周知，以镇人心，而维大局。切切此札。

黄帝纪元四千六百零九年　月　日札。

中国人民政治协商会议湖北省暨武汉市委员会等编《武昌起义档案资料选编》下卷，湖北人民出版社1983年版，第628页

曹亚伯《武昌革命真史》:

廿一早六时,吴兆麟等即派人至电报局将所拟檄文布告,皆借黎元洪名义拍出如下:

《布告全国电》:

粤维我祖轩辕,肇开疆土,奄有中夏,经历代圣哲贤豪之缔造,成兹文明古国。凡吾族今日所依止之河山,所被服之礼教,所享受之文物,何一非我先人心血颈血之所留遗。故睹城邑宫室,则思古人开土殖民之惠;睹干戈戎马,则思古人保种敌忾之勤;睹典章法制,则思古人贻谋教诫之殷。骏誉华声,世世相承,如一家然,父传之子,祖衍之孙,断不容他族干其职姓。何物胡清,敢乱天纪,挽弓介马,竟履神皋。夫胡清者非他,黑水之旧部,女真之鞑种,犬羊成性,罔通人理。始则寇边抄掳,盗我财物;继则羡我膏腴,耽我文绣,利我国土,遂窥神器。惟野蛮之不能统文明,戎狄之不能统华夏,少数之不能统多数,故入关之初,极肆凶威,以为恐吓之计。我十八行省之父老兄弟诸姑姊妹,莫不遭逢淫杀,靡有孑遗。若扬州,若江阴,若嘉定,屠戮之惨,纪载可稽。又复变法易服,使神明衣冠,沦于禽兽,而历代相传之文教礼俗,扫地尽矣。乃又焚毁书籍,改窜典册,兴文字狱,罗致无辜。秽词妖言,尊曰圣谕,戴仇养贼,谬曰正经,务使人人数典而忘其祖,是其害乃中于人心风俗,不但诛杀已也。呜呼同胞,谁无心肝?即不忆父老之遗闻,且请观夫各省驻防之谁属,重要职权之谁掌,其用意可揣知矣。二百六十年好淫苛忍之术,言之已不胜言,至今日,则发之愈迟,而出之愈刻也。今日者,海陆交通,外侮日急,我有家室,无不图存。彼以利害相反,不惜倒行逆施。故开智识,则为[谓]破其法律;尚武技,则谓扰其治安。于是百术欺愚,一意压制。假立宪之美名,行中央集权之势;借举行新政之虚说,以为搜刮聚敛之端。而乃日修园陵,治宫寝,赉嬖佞,赏民贼,何一非吾民之膏血?饥民遍野,呼吁不灵,哀鸿嗷嗷,是谁夺其生产而置之死地?且矜其宁送友邦弗与汉族之谬见,今日献一地,明日割一城,今日卖矿,明日卖路。吾民或争持,则曰干预政权,曰格杀勿论。甚且将吾民自办之路,自集之款,一网而归之官。呜呼!谁无生命,谁无财产,而日托诸危疑之地,其谁堪之?夫政府本以保民,而反得其害,则奚用此政府为?况乃淫德丑类,有玷声华者耶?本军政府用是首举义旗,万众一心,天人同愤,白麾所指,瓦裂山颓。故一二日间,湘、鄂、赣、粤,同时并举;皖、宁、豫、陕,亦一律响应。而西则巴蜀,已先克复;东南半壁,指顾告成。是所深望于十八行省父老兄弟,戮力共进,相与同仇,还我邦基,雪我国耻,永久建立共和政体,与世界列强并峙于太平洋之上,而共享万国和平之福。又非但宏我汉京而已,将推此赤心,振扶同病。凡文明之族,降在水火,皆为我同胞之所必怜而救之者。呜呼!机不可失,时不再来。想我神明贵族[胄],不乏英杰挺生之士,曷勿执竿起义,共建鸿勋。期于直抵黄龙,叙勋痛饮,则我汉族万万世世之荣光矣。我十八行省父老兄弟其共勉之。

《布告海内人士电》:

今日是我汉人脱离地狱更生之秋,满奴恶孽贯盈之日矣。今元洪用十八年之心力,为十八省亲爱父老兄弟诸姑姊妹报二百六十年之仇,雪二百六十年之耻。想我同胞忆昔我祖宗被其淫杀,遭其苛虐,盗我财物,啜我心血,种种被害之情形,能勿切齿。想我汉人,在汉唐时代,若何荣誉,奈何为奴二百六十年。奇哉!奇哉!岂吾汉人都不复有羞耻之天良耶?虽然,元洪起事之日,观民心之乐从,兵心之附合,可见当时之甘心为牛马者,亦出于不得已耳。英雄!英雄!此时不挺身而起,尚待何日?念元洪一片之苦心,我汉人四万万之生命,死活在此一举,成则与十八省亲爱父老兄弟诸姑姊妹再享万万世世之福,否则堕于地狱中永无超生之日矣。英雄!英雄!迅速奋兴,万不可失此机会也。虽然,还有吾半反对之当道的英雄,谅为富贵利禄所牵累,有骑虎难下之势,黎元洪画虎不成反类狗耳,此则大谬之见也。盖元洪今日之举,是合十八行省诸英雄倡此义举,与同胞复仇。天下先得我心之同者,非止鄂省一处也。十余年卧薪尝胆,今日始举,岂可等于草莽寇盗辈徒逞一己之私同日而语哉?呜呼!吾海内诸英雄,其速起哉,何尚恋恋不舍,或且殉满人之节乎?元洪今日所痛告者,念诸英雄皆怀经世之才,此时正可同扶汉族以救同胞,何尚观望如此。若虑元洪之无成,财命之难保,此则非识时务者耳。吾海内诸英雄,其勿以吾言为河汉!

《谕湖北各府州县政务及自治公所电》:

谕饬遵办事:照得军政府愤满清政府占据中华,政治昏乱,丧失主权,暴敛横征,朘削脂膏,强夺吾民已成之公共财产,钳吾民之热心义举,斥志士为乱党,目公论为嚣张,逮捕株连,杀人无算。本军奉军政府命,特于八月十九日倡义,征讨民贼,驱逐满清贪污残酷官吏瑞澂、连甲等,克复武昌、汉阳等处地方。元洪不德,谬膺推举,为中华民国军政府鄂军都督,勉图报称,光复旧物。查旧日满清流毒之由,在于政体专制太甚,民气不扬,以致利无由兴,弊无自除。亟应将全鄂地方改为共和政体,所有各府州县政务及自治公所,妥筹办法,移请各该地方官施行。各该地方旧治官吏,应一律呈缴伪印,听候支配录用。不愿者,缴印后听其所之。如官吏有人地相宜、民间倚重者,准该自治公所具禀详叙情由,连同伪印赍送来辕,经本都督核夺,颁给民国新印,即留原任,以从民望。各该公所应办事务,以警政民团为第一要着。应即日兴办警察,以维持秩序、清查奸宄、惩治痞匪、保卫闾里为主。团练以驱逐乱民、抵御外侮为主。均不准藉端讹诈,扰累无辜;并于外人生命财产切实保护,以酬其严守中立之谊。为此谕仰该自治公所各员知悉:迅将警察、团练二项开办方法,及旧日官吏伪印,并愿否投效情形,刻日禀复,勿得迟延贻误。有敢与旧吏结党,勾通满清政府,反抗义师,违误新政,或乘机扰害良民,擅作威福,或官吏有志投诚,而该公所各员阻挠挟持者,大兵一到,必以军法惩办。该员等为桑梓造福造祸,皆在今日,幸勿观望徘徊,坐失机会也。切切,此谕。

《通告城镇乡自治职员电》:

为通告事:鄂军告捷,中原响应,人心如此,天意可知。本军政府负光复之重任,为祖宗雪大仇,且为吾同胞子孙立万年永固之基,理当传檄海内,克期大举。唯念东南各省,迭遭水旱之灾,吾同胞流离颠沛,犹未能自复其生机。若义旗一举,则饥寒无告之民,必有乘机窃发,一施其抢劫之技者。而本军政府当军事旁午之际,势不能并谋兼顾,为吾乡僻同胞尽完全保护之责。若因其势所必至,而付之无可如何,坐视吾同胞受掳掠之害,则又负本军政府吊民伐罪之初心。因未得万全之策,致暂缓挞伐之师。而兵心抱愤,跃跃欲试,势又不能复缓时日。再四思之,惟有通告各城镇乡自治团体,速筹自保之计,赶办团练,守卫乡里。贫者效力,富者输财,既使游手无事之民,有谋食用武之地,而富足之家,得因此保全,计之至善,无逾于此。若虑发起之资无所自出,现今满政府之颠覆,计日可待,不妨将应纳钱粮,即日停解,即以此款为开办团练之需。唯满清官吏,徒知贼民,断不能复假枪械以助吾同胞,只得暂用别种器械,先行操练,待义师收复各县城时,即当按照各县城所附属城镇乡之已经办有团练者,给予相当之枪枝。本军政府为不忍吾同胞受累起见,舍此别无良策。唯各城镇乡区域名称调查难周,恐未能遍行通告,只得请贵城自治公所代为递发,俾咸闻知。各城镇乡不乏热心公益之士,必能纳此忠告,克日兴办。本军政府亦当慰抚士卒,暂展起事之期数日,为各城镇乡预备之地。唯大势所迫,万难久延,此当为吾亲爱同胞所能共谅者也。特此通告,即维施行。

《檄各府州县电》:

昊天不吊,汉祚中衰,山鬼潜号,中华让渡。从此胡清窃据,逾二百六十余年,统系相传,几十余世，窥窃我神器，诛锄我人民，奸掳我妇女，揽摄我政权，变乱我礼俗，侵夺我膏腴，直使神圣冠裳，沦于牛马；馨香俎豆，污于腥膻。满汉之界限于以分，狼毒之行为遂日炽。狱成文字，累及无辜；锄绝根株，不留余种。故扬州之杀，江阴之屠，嘉定之伤，嘉兴之惨，金华之变，广州之危，此皆天地所不容，人神所共愤！现今时局艰难，而彼则深宫晏乐；强邻逼迫，而彼则高处嬉娱。名藉改良，假称变法，政虽立宪，实欲集权。不急新政之振兴，惟事寝园之修补；不问民间之疾苦，惟思财政之搜寻；不畏外侮之频陵，惟恐内乱之畚起。所以各处驻防也，以清贼守之；内外重权也，以清贼握之。男不耕而食，女不织而衣，直以国家为其私产，以人民为其奴隶。铁路经营，统归国有。河山锦绣，认作家私。四万万罹于强迫手段之中，数百年伏于专制政体之下。呜呼同胞，能不抚心跄地，疾首呼天哉？本军政府痛彼酋之无状，哀汉胄之式微，特举义旗，振此困厄。白麾指去，群丑倒戈；黄钺挥来，罪魁远窜。一鸣惊人，四方响应。湘鄂皖豫，不约而同；粤赣陕黔，不谋而合；其余诸省，均有同心。此诚天亡清贼之关头，使汉族吐气之机会也。尔府厅州县，各尽其职，无事仓皇。士农工商，各守其常，无容惊畏。其余军学农工各界，应知敌忾，雪耻复仇，共播神威，洗冤雪恨。已克者竭力守成，未克者竭力进取。告宗敬祖，为我汉族增辉；建业立功，为我河山生色。时不可失，一刻千金。愿我族协力同心，复黄帝衣冠之旧；执戈起义，启中华礼教之源。我同胞其勉旃。

《檄各督抚电》：

黄汉与清贼不两立，吾不杀彼，彼必杀吾。本军政府爰举义旗，剿除胡贼。军兴以来，义声所播，万姓欢迎。贵大臣亦黄帝子孙，虽暂任封疆，未必不见疑于鞑靼。观岑袁已[之]事，可以明矣。而岑之此次赴川，主和平办理，已不容于清贼。故今日派袁，无非使吾自戕同类，而清贼坐享其成耳。贵大臣深明大义，洞烛奸谋，此中利害，当已尽知。即不为一身计，何独不为子孙一计之乎？汉族兴亡，在此一举。幸贵大臣勿拘君臣小节，而贻万世殷忧。盍归乎来！共襄民国，拯同胞于水火，复大汉之山河。为此檄告。

《通告各省城镇乡地方巡警电》：

为通告事：武昌起义，各省响应，雪仇之心，不约而同，人心如此，天意可知。本军政府担光复之重任，指日即率师大举。深恐饥寒无告之民，乘间窃发，施其抢劫之手段，而本军政府军事旁午之际，势难兼谋并顾。所有保护人民之生命财产，维持地方之安宁秩序，皆惟我同胞巡警是赖。理应通告各省巡警父老兄弟，共谋同胞之幸福，方不负本军政府吊民伐罪之本意。凡我义师所到之处，为地方巡警者，上至长官，下至巡警，左手均缠以白布，局中高悬白旗，晓谕安民，以示诚意。其守巡逻之规则，官弁长警之薪饷，概照向章办理。至义旗将到，切勿自相惊恐，畏缩不前，是为切要。倘临事之时，官警弃局先逃，置人民于不顾，致使同胞受掳掠之害，本军政府惟有派探拿获，从重治罪。深望亲爱同胞巡警所鉴谅者也。特此通告，即维施行。

右通告各省城镇乡地方巡警公鉴。

黄帝四千六百零九年八月二十一日。

《电告汉族同胞之为满洲将士者》：

天运辛亥年，中华国民军南军都督奉军政府命，布告于我国民之为满清政府逼迫、以为其军之将校及兵士者：我辈皆中国人也，今则一为中华国民军之将士，一为满洲政府之将士。论情谊则为兄弟，论地位则为仇雠，论心事则同是受满洲政府之压制。特是一则奋激而起，一则隐忍未发；是我辈虽立于反对地位，然情谊俱在，心事又未尝不合也。然则今日以后，或断兄弟之情谊，而变为仇雠，或离仇雠之地位，而复为兄弟，亦惟我国民之为满洲将士者已自择之。而自国民军起,移檄天下,国民主义,炳如日月,凡为国民,无不激昂慷慨,敌忾同仇。诚以国民军者,以国民组织而成,发表国民之心理,肩荷国民之责任,以主义集合,非以私人号召。故民归之,如水就下。我国民之为满洲将士者,非其本欲,特为满洲所迫,不得已而为之。此时满洲政府,方又出其以汉人杀汉人之手段,驱之与国民军为敌,愿我国民深思之。本中国人而当满清兵,以杀同胞为职,抚心自问,宁能不愧乎?我国民勿谓为满洲尽力,乃所以报国也。中国亡于满洲已二百六十余年,我国民而有爱国心者,必当扑灭满清,以恢复祖国;倘反为满洲尽力,是甘为仇雠而与祖国为敌也。其身分为奴隶,其用心为枭獍,岂有人心者所忍为乎?我国民又勿谓既食满清之禄,当忠于所事也。须知中国者,中国人之中国,及为满洲所夺,收中国人之财赋,以买中国人之死力。中国效力满洲而食其禄者,譬如家财既为强盗所夺,复为强盗服役以求得佣值,境遇既惨,行为又贱矣。是故我国民为清政府将士者,须以大义自持,知托身满洲政府之下,乃由一时之束缚,当常怀脱离独立之志。际此国民军大起之日,正宜倒戈以向满洲,而与我国民军合为一体,方不失国民之本分也。彼满洲以五百万民族,陵制我四万万汉人,而能安坐至二百六十余年者,岂彼之能力足以致之?徒以中国人不知大义为之效力,自残同种,彼满人得以肆志耳。试观满洲入关以来,每遇汉人起义,辄用汉人剿平,杀人盈野,流血成河,皆汉人自相屠戮,而于满人无所损。举其大者,如嘉庆年间,汉人王三槐等举义四川,湖南、湖北、陕西诸省相继响应,满清政府势垂危矣。八旗之兵,望风奔溃,禁旅驻防,皆不可用,乃重用绿营,招募兵勇。于是汉人杨遇春、杨芳等为之效力,屠戮同胞,死者亿万。川湖陕诸省,遂复归于满洲主权之下。又如咸丰年间,太平天国起义广西,东南诸省,指日而定,西北则张乐行等,风驰云卷,天下已非满清所有。其督师大臣赛尚阿和春,一败涂地,事无可为。及汉人曾国藩、左宗棠、胡林翼、李鸿章等练湘军淮军,以与太平天国相杀,前后十二年,汉人相屠殆尽,满人复安坐以有中国。凡此皆百年来事,我父老兄弟想皆熟知者也。汉人不起义则已,苟其起义,必非满人所能敌,亦至明矣。所最可恨者,同是汉人,同处鞑虏政府之下,同为亡国之民,乃不念国耻,为人爪牙,自残骨肉。彼杨曾胡李左诸人,是何心肝?必欲使其祖国既将存而复亡,使其同胞以将自由而复奴隶乎?自经诸役以后,满人习知以汉人杀汉人为上策,故近来怵于革命之祸,日谋收天下之兵权,以满人任统御,以汉人供驱役,一旦有事,则披坚执锐,冒矢石,当前敌,断头流血者皆汉人,而策殊勋,受上赏者,则满人也。我国人之为满人将士者,苟一念及身为中国之人,当知助满洲杀同胞为天下所不容,可无待踌躇而断然决心者。且我国民,苟助满洲,岂止为国家之罪人而已,即为一身计,亦无所利。盖满洲之待汉人,不过视同奴隶,即为尽力,亦毫不爱惜。嘉庆年间川湖之役,绿营乡勇,立功最多,事后八旗受上赏,绿营诸将,仅沾余唾。至于乡勇解散之后,困穷无聊,半世当兵,战功尽为八旗所冒,口粮复为上官克扣。出营之后,工商诸业,久已荒疏,无以谋衣食,穷而为盗,则被杀戮。于是蒲大芳等怨望作乱,杨芳、杨遇春念其战功,诱以甘言,使之降伏。而满洲政府震怒,黜杨芳,使率蒲大芳等远戍伊犁,其后密使人尽杀蒲大芳等数百人,无一留者。咸丰、同治间,湘军遍于十八行省,所至努力破敌,敌军既尽,湘军解散,克扣粮饷,饥寒不免。其至丰者不过给三月口粮,不敷归家盘费。因此流离者,父母妻子终身不得相见。而他省之人,以其当兵杀人,畏之如蛇蝎,视之若寇仇,见其落魄,反斥为流氓。穷无所归,则相聚结会以相依赖。而满清政府,恶其结党,捕拿杀戮,不可数计。是故川湖陕之氛告尽,而乡勇失所;太平天国既覆,而湘军无归。乃知满洲政府之用汉人也,犹农夫之用牛也,既尽其力,则杀而烹之,无一毫人心相待。此其故何也,盖以同胞杀同胞,实为天下至贱之事,不惟为万国所鄙弃,同胞所切齿,即满人亦未尝不轻贱之。以为汉人相杀,乃其种性如此，宜其甘为奴隶，万劫不复，既存轻贱之心，故对待之手段刻薄如此。即使身居重镇，屡立战功，而偶迕廷旨，缇骑立至。其他将校，受文官呵叱驱使，甚于仆隶。至于兵士所发口粮，尤朝不保夕。而一有战事，即责其死敌，直视之如虫蚁耳。世人见清廷刻薄寡恩，不重军人，皆知叹恨痛息。岂知欧美日本各国，所以尊重军人者，以其为国努力，倚若长城。故军人之名誉，军人之身分，皆为社会所矜式。至于满人使汉人当兵，非以为国家之干城，不过专防家贼。故其军人以拥护国仇为天职，以诛戮同种为立功。禽兽之行，宜为世界所不齿。我国民之为满洲将士者，若犹有人心，当不待劝告，而决然反戈归顺，惟恐不速也，何用迟徊审顾为？意者或误会国民军之旨，以为国民军既与满洲政府为仇，则凡为满洲政府之将士者，皆所不容，虽欲反正而无路可投乎？然同是汉人，地位虽殊，情谊固在。且国民军当未起义以前，处于满洲政府之下，与我国民之为满洲将士者，固无所差别也。嗟乎！宗国之亡久矣，举我同胞悉隶于满洲之下，不能互相庇翼，而使寄食于仇雠，又不能速拯之出于水火，斯已大负国民矣，何忍复较量前眚，自相携贰乎？为此布告天下，凡我国民之为满洲将士者，若能顾念大义，翻然来归，军政府必推诚相与，视为一体。其以城镇乡村或军旅反正者，及剪除敌军心腹将校来归者，暨以器械粮食来归者，皆为国立功之人，当受上赏。其军至即降者，亦予优待。此皆偿[赏]典、恤典、略地规则等所一一规定者。其各激发忠义，以涤旧污，以建新猷。若犹有包藏祸心，怙恶不悛，甘为国民军之蟊贼者，则是自绝于中国，其罪不赦。方今民族主义、国民主义磅礴人心，举国之人，皆知明理仗义，固非若昔日人心否塞之时。军政府提携义师，肃将天讨，期与四百兆人平等以尽国民之责，亦与昔之英雄割据有别，固将使禹域之内，无复汉奸之迹。其满洲将士有敢奋其螳臂以相抵抗者，必尽剪除，毋俾漏网。特虑其中容有心怀反正而迟疑未决者，亦有身拥兵权、心怀助顺而观望取巧、思徐觇国民军之强弱以为进退者。凡此皆不胜其祸福之见，故就义不勇。今开诚布公，明示是非，顺逆之辨，其各自择，毋得徘徊。如律令布。

《宣布满清罪状檄》：

为吊民伐罪，誓众出师，昭告于天下曰：呜呼！皇天不造，降乱中邦，满清以塞外胡种，溷据神皋，越二百六十有七年。覆我宗社，乱我陵寝，杀戮我父母，臣妾我兄妹。丧昧人道，罔有天日。九万里宗邦，久沦伤心惨目之境；五百兆臣庶，不共戴天履地之仇。阅及近兹，益逞凶悍，毒屠诛杀，不遗余力。举天下之膏血，尽贶四邻；割神州之要区，归之万国。淫凶酷虐，炽于其前；刀锯鼎镬，随于其后。立足无地，偷生何从。罪恶滔天，奇仇不赦。普天同愤，草木皆兴问罪之师；动地兴悲，鱼龙亦感风云之会。况复黄炎神胄，忍堕狱城，爰举国民义兵，歼除大盗。择日出师，当天誓众。铙歌初唱，汉帜齐张。河南既克，两粤旋恢。义师已据武昌，南军直来湖上。戈矛十万，同挥贱虏之头；子弟八千，共啖胡王之血。山河依旧，先人之庐墓可亲；冠带奚存，九世之仇雠宜复。凡我同志，努力前驱。挥日扬鞭，一荡中原之腥秽；擒王克敌，重瞻上国之衣冠。驱胡群于关外，定霸图于亚洲。内洗三百年灭国之辱，外当六十国逐鹿之冲。义戈所指，天地廓清，民命堪怜，秋毫无犯。须知为国复仇，并非许民作乱。守万国公同之约，勿害邦交，值六雄并峙之秋，各尽天职。呜呼！黄冠草履之民，谁无尊亲之血气；四海九州之内，何非故国之山河。秉尔白矛，报尔先德；重新九鼎，再奠神京。灭此朝食，与诸君同为黄龙之饮；建兹民国，俾万邦共睹赤日之光。一念血诚，千秋伟业。传檄天下，用布皇言。

昔拓跋氏窃号于洛，代北群胡，犹不敢陵轹汉族。满清入关以来，恐吾汉人心存光复也，凡属要害，悉置驻防，监视我汉人之耳目，使汉人永远降为满清之奴隶而后快。心如蛇蝎，行同虎狼。其罪一。

清廷昔创一条鞭之法,谓以后永不加赋,乃未几而厘金之制起,杂税之制兴。近更变本加厉,割吾民之膏,吮吾民之血,使吾民死于囹圄,葬于沟壑者,盖不知几千万。外窃仁声,内存饕餮。其罪二。

流寇肆虐,遗黎凋丧,东南一隅,犹自完具。清廷谓"汉人死不尽,满人不得安",于是下江南,所过城邑,肆意屠杀。读《扬州十日记》、《嘉定三屠录》,凡属汉人,当无不沉沉泪下也。汉人无罪,尽膏清兵之刃。其罪三。

前世史书之毁,多由直笔书其虐政,苦在旧朝一无所闻。清廷恐人心思汉,焚毁书籍八千余通,自明季诸臣奏议外,上及宋末之遗书,靡不焚烧。令汉人忘祖,永习为奴。其罪四。

世奴之制,普天所无,胡清窃据中国,视汉人如猪羊。汉人小有过失,即发八旗,永与满人为奴,有潜逃者,罪及九族。雍乾时,东南名士,如庄廷铣、戴名世、吕留良、查嗣庭、陆生楠、汪景祺之家族,发往胡域者几千万家。背逆人道,苛暴齐民。其罪五。

满清为灭绝汉人计,严其刑罚,苛其条例,吾民一触其网罗,有死无生。历观数年来寻常私罪,多不覆按,府电朝下,囚人夕诛,好恶因于郡县,生杀成于墨吏,私刑毒杀,暗无天日,刑部不知,按察不问。遂令刑章罔挠,呼天无所。其罪六。

犬羊之性,父子无别,胡酋以盗嫂为美谈,以淫妹为法制,其他淫烝,史不绝书。使华夏清严之地,一变而为狐狸之乡。遗臭中原,传笑万国。其罪七。

垂狗尾以为饰,穿马蹄以为服,衣冠禽兽,其满清之谓。入关之初,强汉族蓄尾,不从死者遍天下,至今受其束缚,贻九洲万国羞,使吾衣冠礼乐,夷为牛马。其罪八。

《致满清政府电》:

满政府诸执事公鉴:迩来军务倥偬,未遑肃启候祉。临风怀想,惶愧莫名。特诸执事视明听聪,谅必洞悉本都督起义之苦衷,不我峻责也。夫兵凶战危,古训昭昭,本都督才虽不敏,曷尝罔知?然所以如此披甲厉兵,枕戈饮血者,非好为首先发难,徒负光复汉家之虚誉,实以祖仇所在,人心所趋,事势有不得不然耳。夫中原之土地,皆我汉族祖若宗暴霜露,斩荆棘,以有此神州大陆也;中原之人民,皆我黄帝之苗裔,万世一系之血统也;中原之政教礼俗、衣冠文物制度,皆我圣哲贤豪之脑力之心血所组织之而庄严之者也。历代相承,未之或易。虽中间蒙古以夷猾夏,不百年而朱明即起而攘复之。降及末叶,闯贼篡窃,伪朝假应援之美名,标讨贼之大义,破走闯贼,遂据燕都。于是衣冠文物之邦,沦于胡虏,华夏神明之胄,陷于腥膻矣。本都督每读史至此,未尝不掩卷太息椎心泣血也。及观多尔衮与史可法一书,犹云我朝抚有燕京,得之于闯贼,非取之于明朝。噫!斯言也,将谁欺?欺天乎!譬之一室之内,有家贼盗窃,主人不能钳制之,同里之人起而援助,未始非为义举。及入其室,家贼甫除,旋乘其隙而驱逐其主人,盘据其家室,攘夺其财产,其为害也较家贼有什百千万者,而犹曰我得之于盗贼,非取之于汝家,有是说乎?伪朝之盗窃中原,得毋类是也耶?呜呼!杀父之仇,不共戴天;春秋之义,有死无二。我汉族痛念祖国沦亡,欲光复旧物,无奈天不祚汉,卒致许多忠臣烈士,流涕顿足,一死以报国。若文天祥、史可法、黄道周辈,不亦大可哀乎!他若顾亭林、黄梨洲、王夫之三先生,皆以明末大儒,怀复仇之大义,转徙流离,一不得遂,卒窜于穷山荒谷间,著书立说,以终其生,盖亦足悲矣。夫春秋一书,内中国而外夷狄,所以严夷夏之防也。伪朝以夷乱华,盗窃神器,纵能一视同仁,勿分畛域,而我炎黄帝胄,尚欲复仇雪耻,殄彼胡虏,况乃假袭其政教,更易其衣冠,变乱其礼俗文物制度,各省要隘,遍设驻防,文字兴狱,株连无罪。其任官也,内而阁部,满奴十居八九,外而督抚,汉族十仅二三。其收赋也,汉族抽捐纳粮，取尽锱铢，满奴坐食公饷，用如泥沙。其定制也，满汉显分畛域，无通婚之典。其颁律也，满杀汉族，罚金二十四两，汉伤满奴，赔抵殃及妻孥。诸如此类之不平等，屈指而计，不可胜数。此仁人志士所以益愤惋而不平者也。犹幸洪杨起义，志在恢复，东南半壁，无复贼有，汉家山河，将复我旧。讵料曾左李骆诸巨奸，不辨救民爱国之义，误解食毛践土之言，群为伪朝效走狗竞先驱，出死力以战胜疆场，自残种族。大江南北，蹂躏何堪设想；湘楚军弁，死亡不胜枚计。血流漂杵，肝脑涂地，戕同胞以媚异族，久为天下讥讪。此凡有血气之伦，每一念及，莫不发指眦裂，引为深恨者也。厥后胡后垂帘，秽乱宫禁；奕劻专权，鬻卖爵位。英明贤哲之士，党锢海外；卑污恶劣之徒，弹冠朝中。犹复标榜维新，大肆搜刮。敛民膏而侈修宫苑，借外债而抵卖路矿。虐政密如蛛网，生民坠于涂炭。人神同嫉，天地不容。以致水旱迭臻，彗星示警，祸乱无已，盗贼纵横。天人之向背，不待智者而后辨也。是故慷慨激昂之士，仰观天象，俯察人事，咸欲殄灭满族，以雪乃祖乃宗之耻辱，诛戮汉奸，以登亿万生灵于衽席。吴樾、徐锡麟、史坚如、温生才、汪兆铭之暗杀尚已，广州今年三月二十九日，我同胞志士，爰举义旗，轰击奴署。事虽未成，其精忠义气，震烁乎天地，昭耀乎日月。未几川人反对路归国有，乃爱国之愚衷，诸执事茫焉不察，一则曰格杀勿论，再则曰民气嚣张。其尤奇者，昏庸贪狠之瑞澂，竟声言鄂军悉不足恃，勒缴枪弹，转给旗兵，昼夜防禁，如临大敌。本无事也，而彼故为惊张以震骇耳目，人心为之大愤。加以网罗无辜，立予极刑。我同胞素怀光复之志，值此残恶不仁之秋，振臂一呼，弹如雨注，义旗以立，而满奴以窜，而汉奸渠魁以潜逃，时八月十九日事也。此固我汉族之义勇奋发有以致之，要亦见伪朝命运之已尽也。当此之时，天地为之开颜，山河为之含笑，野叟老妪，庸人孺子，为之踊跃欢呼，声闻数十里。天心与人事相倚伏，人事与天心相感召，天与人归，千载一时，我祖若宗含垢忍辱，屡欲报复之而不遂者，今乃始得见之矣。本都督既承同胞推举，不能不和衷体国，以坚同仇之志，伸讨贼之义，颠覆恶劣政府，建立共和国家，上为祖宗雪耻，下为生民请命。各省檄文未传，而群率响应；列强通告甫至，即默认战团。我军士气愤风云，勇撼山岳，天堑不难飞渡，投鞭足以断流。驱逐小丑，人自为战，逐北军前，所向无敌。现在军气愤勇，竭力备战，迭请北渡黄河，直捣燕京。本都督默念伪朝，亦属人类，岂忍大加诛戮。无奈众军士深恨胡虏，非我族类，势必殄灭无遗。且其窃据中原几三百年，坐享福禄已十一世，诸执事倘笃念种族，厚爱逆竖，宜劝令削号归藩，称臣纳币，则满洲之老巢犹存，附庸之保护仍旧，诸执事庶可免灭族之惨，本都督亦不居屠杀之名。若其眷恋穷城，徘徊栈豆，汽笛一声，大军瞬息云集，天戈所指，丑族必无噍类，胜负之数，无待蓍龟，惟诸执事实利图之。诸执事服政有年，主持至计，必能深维利害，宁忍随俗浮沉。去就从违，应早审定，种族存亡，在此一举。本都督誓师宣志，有进无退，众军士破釜沉舟，前仆后继。愿诸执事急以保种为心，毋贪个人富贵之利，而重种族绝灭之祸。本都督实有厚望焉！云天寥阔，延企为劳，书不宣意。

《照会各国领事》：

中华民国军政府鄂省都督为照会事：我军政府自广东之役团体溃后，乃转而向西，遂得志于四川。在昔各友邦未遽认我为与国者，以惟有人民、主权而无土地故耳。今既取得四川属之土地，国家之三要于是乎备矣。军政府复祖国之情切，愤满清之无状，复命本都督起兵武昌，共图讨贼，推倒专制政府，建立民国；同时对于各友邦益敦睦谊，以期维持世界之和平，增进人类之幸福。所有国民军对外之行动，特先知照，免致误会。

一、所有清国前此与各国缔结之条约，皆继续有效。

一、赔款外债照旧担任，仍由各省按期如数摊还。

一、居留军政府占领地域内之各国人民财产,均一律保护。

一、所有各国之既得权利,亦一体保护。

一、清政府与各国所立条约、所许之权利、所供[借]之国债,其事件成立于此次知照后者,军政府概不承认。

一、各国如有助清政府以妨害军政府者,概以敌人视之。

一、各国如有接济清政府以可战事用之物品者,搜获一概没收。

以上七条,特行通告各友邦,俾知师以义动,并无丝毫排外之性质参杂其间也。相应照会贵领事,转呈贵国政府查照。须知[至]照会者。

黄帝四千六百零九年八月二十一日即一千九百一十一年十月十二日。

曹亚伯《武昌革命真史》中卷,中华书局1930年版,第45~68页

〔日〕内田顾一《湖北革命战见闻日记》:

十月十四日……革命军以下列文意的公函,于前日递交各国领事。

一、历来清国政府与各国间所缔结之条约,继续有效。

一、各国人民之财产,凡在军政府占领地域内者,概予承认并保护之。

一、各国之既得权利,也概予承认并保护之。

一、历来之赔款、借款,命令各省照旧偿还。

一、各国若援助清政府与省政为敌者,仇视之。

一、各国若援助清政府,供给敌方物资,搜查没收之。

一、各国若与清政府缔结各种条约,凡在此照会以后者,概不承认。

《辛亥革命史丛刊》编辑组编《辛亥革命史丛刊》第3辑,中华书局1981年版,第165~166页

编者按:以上文告,除部分为湖北革命党人新拟稿外,主要文告是中国同盟会预拟的文件。如《布告全国电》、《布告海内人士电》、《电告汉族同胞之为满洲将士者》、《照会各国领事》等,系采自同盟会1906年所编订之《革命方略》。

△ 湖北谘议局议长汤化龙暨同人通电各省谘议局。

张国淦《辛亥革命史料》:

当武昌首义之日,谘议局议长汤化龙等,致各省谘议局通电云:"清廷无道,自召灭亡。化龙知祸至之无日,曾连合诸公奔赴京都,代表全国民意,吁清'立宪',乃伪为九年之约,实无改革之诚。溥仪竖子黄口,摄政愚谬昏庸,兵财大权,存亡所系,而竟摒弃汉人,悉授亲贵。溥伦载涛,童骇儿戏,分掌海陆军部;载泽贪很,管领度支,意在钳制汉人。强持专制,维新绝望,大陆将沉。吾皇神明之裔,岂能与之偕亡。楚虽三户,誓必亡秦。非曰复仇,实求自救。武汉义旗一举,军民振臂一呼,满酋瑞澂,仓皇宵遁,长江重镇,日月重光。立乾坤缔造之丕基,待举国同心之响应。特此通电告慰,望即不俟剑履,奋起挥戈,还我神州,可不血刃。诸公久立悬崖之下,同怀伐罪之忱,必当见义勇为,当仁不让,立举义旗,争先恐后。友邦领馆,来问宗旨,告以政治革命,极表同情。中外腾欢,大势已定。一发千钧,时机不再。伫候佳音,无任激切。湖北谘议局议长汤化龙暨全体同人叩。"

张国淦《辛亥革命史料》,龙门联合书局1958年版,第101页

△ 孙中山在美国欣悉武昌起义,决定放弃筹款计划,转赴欧洲从事外交活动,然后返国。

孙中山《建国方略》:

武昌起义之次夕,予适行抵美国哥罗拉多省之典华城(哥罗拉多省,今译科罗拉多(Colorado)州的丹佛(Denver)市)。十余日前,在途中已接到黄克强在香港发来一电,因行李先运送至此地,而密电码则置于其中,故途上无由译之。是夕抵埠,乃由行李检出密码,而译克强之电。其文曰"居正从武昌到港,报告新军必动,请速汇款应急"等语。时予在典华,思无法可得款,随欲拟电覆之,令勿动。惟时已入夜,予终日在车中体倦神疲,思虑纷乱,乃止。欲于明朝睡醒精神清爽时,再详思审度而后覆之。乃一睡至翌日午前十一时,起后觉饥,先至饭堂用膳,道经回廊报馆,便购一报携入饭堂阅看。坐下一展报纸,则见电报一段曰:"武昌为革命党占领。"如是我心中踌躇未决之覆电,已为之冰释矣。乃拟电致克强,申说覆电延迟之由,及予以后之行踪。遂起程赴美东。

时予本可由太平洋潜回,则二十余日可到上海,亲与革命之战,以快生平。乃以此时吾当尽力于革命事业者,不在疆场之上,而在樽俎之间,所得效力为更大也。故决意先从外交方面致力,俟此问题解决而后回国。按当时各国情形,美国政府对于中国则取门户开放、机会均等、领土保全,而对于革命则尚无成见,而美国舆论则大表同情于我。法国则政府、民间之对于革命皆有好意。英国则民间多表同情,而政府之对中国政策,则惟日本之马首是瞻。德、俄两国当时之趋势,则多倾向于清政府,而吾党之与彼政府民间皆向少交际,故其政策无法转移。惟日本则与中国最密切,而其民间志士不独表同情于我,且尚有舍身出力以助革命者。惟其政府之方针实在不可测,按之往事,彼曾一次逐予出境,一次拒我之登陆,则其对于中国之革命事业可知;但以庚子条约之后,彼一国不能在中国单独自由行动。要而言之,列强之与中国最有关系者有六焉:美、法二国,则当表同情革命者也;德、俄二国,则当反对革命者也;日本则民间表同情,而其政府反对者也;英国则民间同情,而其政府未定者也。是故吾之外交关键,可以举足轻重为我成败存亡所系者,厥为英国;倘英国右我,则日本不能为患矣。

予于是乃起程赴纽约,觅船渡英。

中山大学历史系孙中山研究室等编《孙中山全集》第6卷,中华书局1985年版,第244~245页

△ 是日下午二时,以都督黎元洪名义发布命令,拟防御武昌省城、汉口及汉阳兵工厂,并作好北进占领武胜关准备。吴兆麟自行解除总指挥之职。

曹亚伯《武昌革命真史》:

是日所有在武汉之新军,除步队四十二标第二营及辎重第八营外,均已为军政府所有,声势更为浩大。于是吴兆麟于午后二时即用黎元洪为湖北军政府都督名义,先通知武汉各军队,自行解除总指挥之职。以后命令各军队,俱用都督名义,直接命令之。兹将所发命令列左:

湖北军政府都督命令(八月二十一日午后二时于谘议局发):

一、据各方面侦探报告,瑞澂在楚豫兵轮,率楚材、江清二兵轮,在日本租界下面停泊;张彪率辎重第八营在刘家庙,似欲图袭武昌之势。

二、本军政府自本日起,拟防御武昌省城、汉口及汉阳兵工厂,一俟军队组织就绪,即向京汉铁路前进,占领武胜关。

三、胡效骞率步队二十九标第二营,即赴汉口防御大智门一带。

四、吴胜元率步队四十二标第一营,防御汉口各街市,但派一队沿街游击。

五、宋锡全率步队四十二标第三营,固守汉阳兵工厂。

六、姚金镛率步队二十九标第一营、炮六门,仍防御通湘门、宾阳门、小东门一带。

七、胡廷佐率步队四十一标第二营、炮六门,防御汉阳门、平湖门、文昌门一带。

八、李鹏升率混成协工辎二队、炮二门,防御武胜门一带。

九、谢元恺率步队三十标第三营、炮四门,防御望山门、中和门一带。

十、程国贞率炮队续行前任务。

十一、段天一率混成协炮队一营,防御凤凰山。

十二、李占魁率工程第八营,防御楚王台军械局。

十三、张福麟率马队第八标,在混成协营房内待命。

十四、王祥发率混成协马队一营,在谘议局待命。

十五、本都督在谘议局。

都督黎元洪。

注意本晚口号:四方响应。

曹亚伯《武昌革命真史》中卷,中华书局1930年版,第70~71页

△ **清廷接瑞澂武昌失守电奏,谕令湖广总督瑞澂即行革职,带罪图功;并著军谘府、陆军部迅派陆军两镇,赴鄂剿办;另饬萨镇冰督率兵轮,程允和率长江水师赴援;所有赴鄂军由陆军大臣荫昌节制调遣。**

《宣统三年八月二十一日上谕》:

宣统三年八月二十一日内阁奉上谕:瑞澂电奏,十八夜革匪创乱,拿获各匪正在提讯核办。革匪余党勾结工程营、辎重营,突于十九夜八钟响应,工程营则猛扑楚望台军械局,辎重营则就营纵火,斩关而入。瑞澂督同张彪、铁忠、王履康,分派军警,随时布置,并亲率警察队抵御。无如匪分数路来攻,其党极众,其势极猛。瑞澂退登楚豫兵轮,移住汉口。已电调湘豫巡防队来鄂会剿。并请派大员,多带劲旅赴鄂剿办,等语。览奏殊深骇异。此次兵匪勾通,蓄谋已久,乃瑞澂毫无防范,预为布置,竟至祸机猝发,省城失陷,实属辜恩溺职,罪无可逭。湖广总督瑞澂著即行革职,带罪图功。仍著暂署湖广总督,以观后效。即责成该署督迅即将省城克期克复,毋稍延缓。倘日久无功,定将该署督从重治罪。并著军谘府、陆军部迅派陆军两镇,陆续开拔,赴鄂剿办。一面由海军部加派兵轮,饬萨镇冰督率前进,并饬程允和率长江水师即日赴援。陆军大臣荫昌著督兵迅速前往,所有湖北各军及赴援军队,均归节制调遣,并著瑞澂会同妥速筹办,务须及早扑灭,毋令匪势蔓延。钦此。

中国史学会主编《中国近代史资料丛刊·辛亥革命》(5),上海人民出版社1957年版,第291页

△ **清廷电谕张人骏等各省督抚严密防范革党;电谕陈夔龙等加派军队保护京汉铁路及黄河铁桥。**

《宣统政纪》:

又谕:电寄张人骏等。顷据瑞澂电奏,兵匪勾结为乱,武昌失守。长江一带,最关重要。现在人心浮动,伏莽甚多,又值连年荐饥,灾民遍野,殊属可虑,亟宜严防勾结响应。著张人骏、程德全、朱家宝、冯汝骙加意防范,毋稍疏虞。海外革党,密布内地,到处煽惑,潜谋不轨。并著各省督抚随时严密侦防,免生事端,以顾大局,而弭隐患。将此电谕各该督抚知之。

沈云龙主编《近代中国史料丛刊·宣统政纪》第61卷,文海出版社有限公司1989年版,第25~26页

《宣统政纪》:

又谕:电寄陈夔龙等。湖北兵匪勾结为乱,省城失守。京汉铁路为转运机关,至为重要。著陈夔龙、宝棻、瑞澂加派军队,认真保护。所有桥梁山洞,尤须加意防守,毋稍疏虞。其黄河铁桥,除已饬陆军部派兵一营保护外,著宝棻再专派得力兵队分驻两岸,昼夜梭巡。如该

省兵队不敷分布，准其酌量添募。所需军械，或由北洋借拨，或向陆军部请领。该抚迅即妥筹办理。

沈云龙主编《近代中国史料丛刊·宣统政纪》第61卷，文海出版社有限公司1989年版，第26页

△ 瑞澂致电内阁、军谘府等，报告汉阳、汉口新军复变等情。

《瑞澂致内阁、军谘府等电》（宣统三年八月二十一日汉口“楚豫”兵轮上）：

内阁、军谘府、海军【部】、陆军部、度支部、邮传部钧鉴：辰。窃照鄂省兵匪构乱一案，业经两次电陈，计已上达圣鉴。二十日三点钟，瑞澂亲率兵轮、雷艇进攻省城，因无陆队，迄未得手。夜间派该兵轮等上下梭巡，以防省匪偷渡，不料是夜驻防兵工厂之新军一营乘夜复变，围踞该厂，复有派往沔阳州弹压饥民之新军一营无故潜回，与之相应，竟将龟山占据，安设炮座，以为久守之计。又，驻扎汉镇桥口之新军一营，内有两队亦叛，分窜滋扰。探闻省中另有新军二营当时并未同叛，嗣被兵匪围逼始从，该营旗兵全遭惨杀，实行排满主义。刻由匪党与湖北谘议局公推原派混成协统领黎元洪为首，并由议员为之主谋，安民告示即用鄂省大都督称，并悬白旗，上书“兴汉灭满，悬赏拿官”字样。叛兵约有四五千人，益以党匪，当以万计。现在兵工厂，军械库，藩、盐各库，官钱局悉被占据。综计全省新军，除去调赴川省暨列防宜昌、郧阳、施南各处外，其未叛者仅此辎重营一营、步队一队、马队一队而已。此皆升任总督张之洞费十数载之经营，糜数十万之库帑，辛苦选练，而不料其均为匪用也。今日湘、豫两军均赶来，分派豫军其统带张永汉率带两队严防车站，张彪率带辎重队会合湘军，相机进攻汉阳龟山，期复大江北岸。瑞澂亲率兵轮由水路进攻，兼顾江面及汉口车站。匪众我寡，利钝难料，惟有竭尽血诚，继之以死，以待援军之至。

近接部电，已蒙钦派荫昌率带一镇来剿，该匪闻之，自当气慑。第叛兵系久练之卒，为数甚众，兼有乱匪为之四应，若非厚集兵力，似难迅速扑灭。合无仰恳天恩，加派劲旅，多带山野炮营及机关枪队，随同荫昌来鄂剿办，并饬海军部转饬萨镇冰多带得力兵轮、雷艇会剿，庶可一举荡平。一面请饬度支部筹拨银二三百万，以备饷械、悬赏等项之用。

再，第八镇统制张彪于所部标兵作乱，事前既毫无防范，临时又种种畏葸，应如何严加惩处，伏乞圣裁。

又，湖北布政使连甲、提学司王寿彭、交涉使施炳燮、巡警道王履康均已微服出城；提法司马吉樟、劝业道高松如、盐道黄祖徽尚无的耗。合并陈明，谨乞代奏。瑞澂叩。二十一日。

陈旭麓等主编《辛亥革命前后·盛宣怀档案资料选辑之一》，上海人民出版社1979年版，第192～193页

△ 英美德日等国军舰调动，开赴汉口。

英文《汉口日报》：

《军舰的调动舰船迅赴汉口》：为了应付革命，调动了所有能够使用的外国舰船。日本巡洋舰对马号（Tsushima），一艘三千六百吨颇有战斗力的舰船，随时可以到达这里。德国军舰老虎号（Tiger）昨天离开镇江，英国军舰伯列通麻特号（Britonmart）昨天离开大通，美国军舰海伦娜号（Helena）昨天早上八点钟离开九江，后一艘船于今天凌晨一点到达这里。

此外，英国军舰卡德玛斯号（Cadmus）、伯兰伯尔号（Bramble）、金沙号（Kinsha）和伍德道克号（Wooddock）也奉命立即前来汉口。

《汉口日报》，1911年10月12日。《辛亥革命史丛刊》编辑组编《辛亥革命史丛刊》第3辑，中华书局1981年版，第197～198页

△ **是日,革命党人蒋翊武回武昌。**

杨载雄《陆军上将蒋公翊武事略》:

是年八月二十一日,蒋公回武昌。遂组织军队,委民政各官吏。

中国人民政治协商会议湖北省暨武汉市委员会等编《武昌起义档案资料选编》中卷,湖北人民出版社1982年版,第646页

章裕昆《文学社武昌首义纪实》:

蒋翊武自十九日(十日)出城,雇小舟渡汉水北上,拟暂避风声,俟机再举。因精神疲惫,登舟酣卧,囊中仅有彭楚藩所分予之银币七元并铜元数十枚,银币被船客窃去,仅余铜元。醒时饥甚,将购食,探囊乃知失赀,但勉强果腹而已。二十日(十一日)将抵新沟(汉川属),道途喧传武昌革命党起事,瑞澂、张彪皆逃,有云武昌激战者,有云武昌杀革命党甚多者,纷纷议论,莫衷一是。翊武至此乃舍舟登陆,沿汉水南疾行返汉。抵岸,天已晓,始悉武汉三镇为我占领,又知三同志被害,泫然者久之。渡江入都督府,遇詹大悲、何海鸣,略述经过情形,并商防御之策及组织军政分府事。旋复往各军察看,计划一切。

章裕昆《文学社武昌首义纪实》,文海出版社有限公司1981年版,第48~49页

△ **革命党人刘英以中华民国军政府副都督名义宣布起义于湖北京山永隆河。**

张难先《湖北革命知之录》:

《刘英传略》:迨八月十八日,武汉各机关同时破坏,杨玉如至永隆河转告武汉情况。君遂召集同志,开紧急会议,即于八月二十一日夜间,袭击驻防永隆河之襄阳巡防营,获得枪械数十枝,并擒其队官而歼焉。翌日,依照本部所定计画,以中华民国军政府湖北副都督名义,举兵于永隆河,初不知武汉已于十九日光复矣。京山知县陈中孚(号古愚,江西人)首先附义。君由永隆河径攻天门,其知县荣浚,满人也,君叱而斩之。抽选精锐数千人,令弟杰带往武汉增援。君则督率大军,次第收复潜江、监利、江陵、公安各县。驻兵潜江时,闻襄阳巡防统领刘楹玉由钟祥东下,君躬率艾良臣、钟仲衡、朱春山等要击于张截港,大败之。刘楹玉恨君刺骨,越金花滩窜至君之故里刘家榨,滥肆焚杀。君之庐舍财产,化为灰烬,凡亲族故旧,均遭牵累,牺牲性命,损失财产者不可数计。时汉口、汉阳不幸相继陷落。君击溃刘楹玉后,武汉得纾西顾之忧。

严昌洪等编《张难先文集》,华中师范大学出版社2005年版,第222~223页

10月11日至12日(八月二十日至二十一日) 鄂军都督府创设参谋部、军令部、民政部。

佚名《都督府参谋部沿革及事实》:

鄂军自辛亥八月十九日晚起义(即黄帝纪元四千六百〇九年),二十日拂晓攻破清督署。午后二时,都督黎元洪集合于前清十五协大操场部署队伍。旋入谘议局组织军政府,创设参谋部。其组织如下:

部长一人杨开甲,副长一人张景良,兵谋科长一人吴兆麟,参谋官二十余人,秘书、书记、收发各若干人。

中国人民政治协商会议湖北省暨武汉市委员会等编《武昌起义档案资料选编》上卷,湖北人民出版社1981年版,第269页

内务司《内务司实录》:

……八月十九日,革命军起,攻破督署,占领武昌。以黄帝纪元组织鄂军政府,成立军令部与参谋部两机关。于时规模草创,条理纷然,军民大政,参谋部主持最多。以故始事同人,

枕戈待旦，日不暇给。越日，参谋部员苏成章提议组设民政一部，管辖民政最急事务，由同志费矩、高振霄、袁国纪、邱前模、黄协丞、聂守经、刘汝璘等数人专任其事。延致人才，编定简章分科办事，渐有秩序可言。

中国人民政治协商会议湖北省暨武汉市委员会等编《武昌起义档案资料选编》上卷，湖北人民出版社1981年版，第274页

10月13日(八月二十二日)　法国驻汉领事谒黎元洪；继而美国领事亦至，汤化龙随同黎都督接见美国领事。

逸民(黄中垲)《辛壬闻见录》：

自二十日以来，汉口各国领事均纷纷渡江入城请谒都督，名义上乃非正式酬酢往还，实际上皆着外交大礼服以表郑重。都督以事属草创，且自己主意亦未决定，故托言地方湫隘，秩序未整，婉言辞拒弗见。二十二日，法国领事来谒，循例辞谢。法领谓："地方狭隘，秩序未整，胥未足为革命病。各国革命谁非起自仓卒，如吾法国革命，旗帜不备，至有以女人衣裙代之者，至今且传为美谈。吾辈此来，盖钦都督之为人，欲瞻丰采耳！立谈数语，于愿已达，他非所望也。"都督不得已，始延见之，寒暄数语，欣然辞去。继而美国领事亦至，适政事部汤部长在府，随同都督接见美领。问曰："贵军此次起义革命，吾辈极所钦佩，惟满清政府所负各国外债，贵军政府对之将如何？"汤代答曰："自本年八月十九日以前一切外债民军政府皆继承之，此后设有新发生债务，概不负责。"美领曰："革命乃改进政治之手腕，民生疾苦不可不兼顾。今岁贵省水灾浩大，灾民遍野。设一旦饥民乘势为乱，扰害地方，亦足妨碍革命之进行。贵军政府对此将如何？"汤曰："敝军政府对此问题正在熟筹审虑之中，现拟推举柯大臣(柯逢时，武昌人，江西巡抚，解任后，清廷派其办理鄂省烟膏捐税，谓之膏捐大臣，故云)专办赈务，俾与革命事业同时并进。"美领又曰："贵国此次革命，关系种族问题自不待言，于政体上有无影响？"黎、汤同答："此次革命当然连带政治问题。"又问："拟采何种政体？"曰："共和。"美领随问随以小册书之。问答毕，极表满意。遂于怀间出英文日报一纸，乃汉口发行之英文《楚报》(该报当时为美人机关报)，谓上有论文一首，题为《满洲政府之不平，中国人民应革命论》，此文鄙人所作，欢迎贵军之意，具载论中。言罢，兴辞而去。

湖北省图书馆《辛亥革命武昌首义史料辑录》，书目文献出版社1981年版，第14～15页

《蕲水汤先生遗念录》：

武汉地处全国之中，异邦人士所辐辏。自义军有武昌，其领事官访谒军政府者踵相接，数日不得要领。至二十二日，美领事又来，黄陂乃与先生亲接谈。其所问三事：一、清政府国际条约及债务；二、鄂省荒政；三、革命后国体政体。先生一一为之具答，谓清政府条约债务若在八月十九日前者，军政府当继之，非是则不承；鄂境水荒，当特举富绅筹振济；革命后当废帝国，建民国，用共和政体。美领事欢然悉笔记其言去。次日，即以上其公使；复为文称美，载英文日刊遍布之，列国翕然，用国际先例，承认鄂军政府为交战团体。革命军被承认之速，无如吾国辛亥之役者。

武汉大学历史系中国近代史教研室编《辛亥革命在湖北史料选辑》，湖北人民出版社1981年版，第388页

△ 是日黎元洪开始转变态度，答应与革命党人"帮忙"，并允诺剪辫。

曹亚伯《武昌革命真史》：

是日王安澜秘向同志等报称，谓黎元洪自到谘议局，两日不进饮食，亦不与何人说话，好

似作新姑娘态度。若竟饿死,又将如何?于是大众协议,谓黎元洪如此反对革命,终日忧闷,饮食不进,若真饿死,岂不麻烦。陈磊在座曰,我想黎元洪是故意作模做样,彼以为革命难以成功,一旦失败,彼则求清政府原谅,或者再谋官做;如革命成功,彼则享受元勋。此时假装愁闷,其心正在计算。不然,彼果忠于满清,何以十九晚间不死?时座中甘绩熙,亦以陈磊之言为然。遂云,黎元洪这个态度,甚是可恼,我们真看不来。依我愚见,不如用手枪扣了完事。于是陈、甘二君持手枪向黎元洪之房间而去,而大众劝阻,请其不可如此激烈,致外间有所藉口。甘绩熙云,我纵不扣死他,亦要他决心。仍跑到黎处曰,黎宋卿先生,我们汉人同志,流血不少,以无数头颅,换得今日成绩,抬举你为都督。你数日以来,太对我们同志不起。我对你说,事不成,你可做个拿破仑;事若成,你可做个华盛顿。你很讨便宜的。你再不决心,我们就以手枪对待云云。黎元洪答曰,你年轻人不要说激烈话。我已在此两日,并未有什么事对你们不起。陈磊云,黎都督很对得我们起的。但是你辫子尚未去,你既为都督,该做一个模范,先去辫子,以表示决心。听说你自到了谘议局,茶饭不进,你未免太着急了。但你今已进了火坑,不干也要你干。连日以来,我辈同志劝你很多好言,均不蒙你采纳,我们真愧极了。我今有一言奉问,现在是民国了,你若尽忠民国,你就是开国元勋;你若尽忠满清,你就该早天尽节。二者必居其一。何以如此装模做样,我们实在不解。进而言之,你不过在满清做个协统,现在得此机会,你非才智胜人。即你不干,以中国之大,汉人之多,岂无做都督之人耶?望你三思。不然,恐同志等不汝容也云云。黎元洪又答曰,你们再不要如此激烈,我决心与你们帮忙就是。你们说要去辫子,我早就赞成。我前在营内并下过传知,谓愿剪发者,则听其便。你们明日叫个理发匠来将我的辫子剃去就是。于是大众豁然一笑,都拍掌称好。黎元洪遂不得已勉强承认都督。

曹亚伯《武昌革命真史》中卷,中华书局 1930 年版,第 80 ~ 82 页

逸民(黄中垲)《辛壬闻见录》:

连日部署略定,秩序渐复,予等入谒都督,见其意志稍定,因乘间劝其剃去发辫,俾新耳目。都督亦因日来各方逐渐响应,湖南、江西、九江均相继来电反正,请求鄂省以实力援助。南洋荷属三宝珑侨商亦有韵语长电来祝革命成功,志气更为之一振,遂欣然许于明日剃发。

湖北省图书馆《辛亥革命武昌首义史料辑录》,书目文献出版社 1981 年版,第 15 页

△ 鄂军都督府派齐宝堂携黎元洪函渡江,招降清军第八镇统制张彪,遭张彪拒绝。

曹亚伯《武昌革命真史》:

军政府既因瑞澂兵轮被我炮队击败,急欲招降京汉铁路之湖北军队,以期早竟北伐之功。然而张彪顽抗数日,均未得手。又时接报告,谓张彪急图反攻。于是大众计议派齐宝堂渡江劝诱,因齐宝堂曾作张彪亲信,前系辎重八营管带。并代黎元洪写一公函再三致意如下:

虎臣仁兄如握:同寅有年,相知以心。相知既久,而忽相仇,余心甚为歉然。惟是种族之界,严于君臣,大义之行,可灭亲友。弟秉大义,别种界,万众一心,军民同愤,满奴气尽,昭然入目,近日之战,可概见矣。仁兄素明事体,顺逆之理,胜败之数,谅计之已熟。何事以虎口余生,东逃西窜,辅不足以有为之满奴,以残我同胞?仁兄犹是黄帝之子孙,独不欲雪祖宗二百六十余年亡国之耻乎?清夜以思,当亦废然自返矣。用敢遣贵亲信齐君宝堂,邀迎仁兄,助我同胞,救出水火。大业告成,虚位以待,铭勋于册,铸像于铜。将见地球各国,呼仁兄为黄帝之肖子,复汉之伟人,与法拿破仑、美华盛顿争烈矣。如欲以逃窜小丑,乌合流氓,与大

汉百战百胜之雄师相见以戎衣,是以卵投石也。生为鼠子,死作妖魔,不亦悲乎?弟赤心待人,决不妄言。谨率同胞欢迎江上,仁兄当有以教我也。军事匆匆,不尽欲言。草此敬请公安。黎元洪顿首。

黄帝四千六百零九年八月二十二日。

齐宝堂携函渡江,面陈张彪。张彪见之大怒,遂面令齐宝堂转达黎元洪云,我辈为高级长官,食皇上俸禄,理应尽忠朝廷,万不可造反。不日北京有大兵南下,将武昌革命扑灭,叫黎元洪小心小心。我提拔他到这个地步,他还不知恩,反致造反,真不是一个东西。望你渡江说与黎元洪一听。你可再来汉口替我帮忙云云。

曹亚伯《武昌革命真史》中卷,中华书局1930年版,第76~77页

△ 革命军在汉口驻军维持秩序,并出保商保民告示。

胡石庵《湖北革命实见记》:

二十二日晨起,闻武昌已派兵一标来汉,其标统即林翼支,前四十二标二营之队官也。

时歆生路所驻防兵,已高竖"兴汉灭满"旗帜,与来兵一队相合并,称为第二标第一营,仍驻余庆里。由武昌派有管带一人,名朱振汉,来理其事。第二营管带名祝雄武,仍驻居仁门旧营,标署亦设其内。第三营管带名赵承武,文学社之营代表也,驻于旧时之汉防营内(按此三营多系练兵,后战争颇得力)。

是日下午,四官殿获有二十一日放火抢劫之犯二名,当即斩首。歆生路亦获满兵一人,亦即正法。随出保商保民告示,照录如下:

告谕各地商民,切勿徒自虚惊。本军此番举动,专出久虐生民。同胞各自努力,共灭满清仇人。各商照常贸易,纸币官票通行。保商第一宗旨,是夜派队逻巡。倘有无知匪类,藉端滋扰街邻;一经本军查获,就地格杀勿论。

是夜,林翼支派有胡光瑞、丁振凯等在四官殿邀请汉口商务总、协理,商议一切保商手续,计有五条列下:

(一)各商家一律开市。(二)所有台票、洋钱票仍照常通行。(三)各段保安会派员巡街,遇有放火劫抢流氓,送往居仁门营中处决,以保商务。(四)各团体操员,任其领枪械巡街,不愿者听。(五)所有驻汉歆生路余庆里该军一百六十人;驻四官殿六十人;驻居仁门连新招之三百人,共六百余人;驻沈家庙二百余人,其伙食俱归商会供给云云。

武汉大学历史系中国近代史教研室编《辛亥革命在湖北史料选辑》,湖北人民出版社1981年版,第20~21页

△ 清廷谕令革统制官提督张彪职。

《宣统三年八月二十二日上谕》:

宣统三年八月二十二日内阁奉上谕:瑞澂两次电奏兵匪构变始末情形,各等语。张彪督练鄂军已历多年,竟至兵匪勾结,省城不守,可见其平日训练无方,而事前既毫无防范,临时复漫无节制,不能固结军心,竟敢仓皇弃营逃出,实属大干军纪,罪无可逭。统制官提督张彪,著即行革职,并著瑞澂责令迅速痛剿逆匪,克复省城。所有被胁兵士,如非甘心从逆,即行设法收抚。倘再畏葸观望,定当加等治罪。现在荫昌所带兵队已于今日专车陆续进发,到鄂后即著瑞澂会同筹划,迅赴事机。所请饬部筹拨饷项一节,著度支部迅速筹拨。钦此。臣奕、臣那、臣徐。

中国史学会主编《中国近代史资料丛刊·辛亥革命》(5),上海人民出版社1957年版,第292页

△ **清廷谕令停办秋操,以便抽调军队赴鄂。**

《宣统政纪》:

又谕:据贝勒载涛奏称,本年秋操,所调各项军队之军镇协自行演习,业经办竣。现在抽调军队赴鄂,所有大操,可否停办等语。本年大操,著即停办。

沈云龙主编《近代中国史料丛刊·宣统政纪》第61卷,文海出版社有限公司1989年版,第28~29页

△ **清陆军大臣荫昌率全体幕僚由北京西车站南下。**

丁士源《梅楞章京笔记》:

二十二日陆军大臣荫昌、易乃谦、丁士源、何守仁诣阙请训。即率全部幕僚于下午一时由北京西车站南下,有禁卫军一标到站欢送。方开车间,站长忽报告邮传大臣盛宣怀即时莅站恭送,并有要事与荫大臣面商,因之欢送军号吹而复止。盛旋至站登车,持汉阳地图一纸,请荫大臣下令,全军攻汉阳时,如汉阳铁厂少受损失,即赏银十万元。荫大臣笑领之。盛即退至站台,向车窗高声曰:适所言,诸君勿忘。荫大臣答曰:君备款可耳。是时,台中中外记者咸闻之,认为荫虽南下,而军饷不足,通电世界,以致翌日上海、天津、北京、广东均发生大清银行挤兑之事。下午五时车抵保定,混成第一协统领官王占元,至站入车请发战斗命令。陆军大臣荫昌旋发第一号命令:

(一)党人有第八镇、第二十一混成协全部或一部。

(二)该协南下之任务,以搜索革命党并掩护本军集中。

(三)武胜关以南刘家庙以北,有陆军第五十二标及第二十二标分站掩护。

(四)本大臣在列车办公。

王占元接受命令后,询副官长丁士源,党人服装为何色?丁答曰:湖北军队向来均系蓝色服装。惟援汉之五十二标亦系蓝色,切须注意。王随即开车南下,陆军大臣专车后一时亦开。

丁士源《梅楞章京笔记》,文海出版社有限公司1981年版,第42~43页

《1911年10月26日朱尔典爵士第411号报告附件一》(武官陆军中校韦乐沛1911年10月22日于北京):

北军的铁路运送以令人赞赏的速度井井有条地进行。值得注意的是原来集中准备秋操的军队缺乏弹药就被匆匆派往南方,备用弹药随后由火车运去。由于紧急的军事运输,10月14日星期六停止到黄河以南的普通客运,除非持有特别许可证。

10月15日星期天,荫昌以及参谋总部乘坐下午5点35分的军用专列离开北京。亲王载涛和政府高级官员到东站送行。

国家清史编纂委员会文献丛刊《辛亥革命史资料新编》第8卷,湖北人民出版社2006年版,第93页

编者按:荫昌率幕僚南下时间及启程之车站,英国外交部档案文件武官陆军中校韦乐沛10月22日电文记为10月15日,车站为北京东站,显然与丁士源所记10月13日、北京西车站不同。鉴于丁士源为当事人,且所记日程甚详,故以丁文为准,韦文录以备考。

10月12日至13日(八月二十一日至二十二日)　鄂军都督府编军队四协,并划防御四区。

何锡蕃《武昌起义战守实录》:

编军队为四协:第一协统领宋锡全,第二协统领杜锡钧,第三协统领杨开甲,第四协统领张廷辅。自此,军队始稍有就绪矣。

中国人民政治协商会议湖北省暨武汉市委员会等编《武昌起义档案资料选编》上卷,湖北人民出版社1981年版,第38页

曹亚伯《武昌革命真史》：

是日军政府所扩充之四协军队，其干部均已组织就绪。一面在武汉就近招募兵士，从军者极形踊跃。军政府即划定四区，各任防御责任。兹将四区列左：

一、步队第一协为第一区，防御汉阳。

二、步队第二协为第二区，防御汉口。

三、步队第三协为第三区，防御武胜门外两望至青山附近。

四、步队第四协为第四区，防御武昌省城。

以上四区划定外，又扩充炮队为两标，以蔡德懋、尚安邦为标统。更扩充马队为两标，以刘国佐、周福堂为标统。

曹亚伯《武昌革命真史》中卷，中华书局1930年版，第82~83页

居正《辛亥札记》：

八月念一日至念二日，刘仲文等依次渡江，蒋翊武等归自岳州，胡瑛亦自出狱，同志散匿者渐复出。都督府组织因而扩大，但感于革命草创为事择人之困难，有不得不用降将之苦。如杨开甲任参谋长，张景良任总指挥，皆原第八镇之标统也。故同志多自任中下级工作，刘仲文、张振武等在参谋处主持，蔡济民、蒋翊武等在各军中联络。佥以兵不建制，何从应战？乃请都督下令，成立八协（先成立五协），任协统者，必同盟会出身而又在第八镇充官长，故姜明经、杜锡钧等，皆以营长而擢为协统矣。八协既成，而中坚部队，要推吴兆麟一协，以吴兆麟原为工程营队官（即连长），当夜任指挥，即以工程营系统组织而成一协，请任吴兆麟为协统，同志如熊秉坤、杜武库等各任标统、营长，故战斗力较强。然以严格论之，当时八协之普通情形，则只有革命之元气旺盛而已。何以言之，（此段"乃请都督下令"至"何以言之"，《日记》改为：乃请都督下令，预成八协，先成立五协，以夏振奎任第一协统领，张廷辅任第二协统领，窦秉钧任第三协统领，杨载雄任第四协统领，熊秉坤任第五协统领；胡廷佐、杨选青、耿丹、单道康、王华国、杜武库等各任标统。然严格论之，当时五协之普通情形，只有革命之元气旺盛而已，兵数与训练皆不足言。）原八镇及混成协之留驻武昌者，合计官佐士兵不及万人（《日记》改为：不及五千）；十九、二十两日之役，杀者杀，逃者逃，所存老兵，不过三数千人（《日记》改为：不过二三千人），尽充下级干部，尚感缺乏，士兵则几无一人。故除临时召募外，别无他法。而以武汉素不愿当兵的市民，一旦强其入伍，其能力可知也。故自念一日起，迄念六日止，武昌尚未出一兵渡江。

武汉大学历史系中国近代史教研室编《辛亥革命在湖北史料选辑》，湖北人民出版社1981年版，第150页

10月14日（八月二十三日） 鄂军都督府以黎都督名义发布募军告示。

胡祖舜《武昌开国实录》：

我军占领武昌之后，一面组织政府，一面编练军队，八月二十三日，由都督出示招募，文曰：

本都督议定暂编步兵四协、马队一标、炮队二标、工辎各一营、军乐队宪兵队各一队，为与满政府对敌施行之准备。将来节次扩充，本都督自应随时规划进行。凡我同胞，皆宜本尚武精神，抱汉人立国思想，踊跃应募。凡往日具有军事阅历、军人资格或留学东西各国者，均可即时亲来编练处报名，听候依次查验，以便编列入伍，按给军饷，一切优待，自与满政府刻待汉族军民大异。为此剀切晓谕，俾我同胞阖众周知。切切特示。

胡祖舜《武昌开国实录》上册，武昌久华印书馆1948年版，第58页

△ **鄂军都督府采纳蒋翊武建议,扩充一协兵力,以熊秉坤任协统。同时组织敢死队四大队。**

曹亚伯《武昌革命真史》:

蒋翊武又与大众商量,谓湖北军队,此时愈多愈好,以便北伐。第一协统吴兆麟曰,军队愈多固好,但是未有时间训练,以未训练之兵,使之北伐,所谓不教民战,是谓弃之。古人谓兵在精,不在多。湖北现扩充四协,及马炮工辎并输送等标营,军官约需三千员。其原有四千兵士,均使充军官,所有军队,概系新兵,焉知战斗?若再扩充,则兵士招募容易,而军官训练实难。况目下军官,都系目兵充数。指挥力薄,不言而知。兵士初次入营,名为军队,无异乌合。既不明军队秩序,又不知射击方法。一旦在战地紊乱,一发全身,其危害何堪设想?连日以来,武汉秩序,全仗数千有训练之军人,热心维持。自扩充军队之令下,改头换面,反不及从前顺利。可见军队之精,全在有训练及军纪也。目下扩充四协,以实在情形观察,似乎逾量。各协标营,极感困苦。兄弟近日编组军队,所遴选之军官,热心有余,而能力不足。前之活泼精神,转成迟钝之象,盖因其逾量之故也。再查武汉地形崎岖,不便运用大兵。即以四协之众,同心合力,足资防御。且明瞭简单,指挥亦可如意。又若军队加多,则需用军饷浩大。设战事延长,无饷接济,则危害更大。总之,军队非不想加多,但情形有所不许耳。蒋翊武云,不然,天下事,做得那里,算得那里,不能过于拘谨。我意总以扩充为是。众知其意,又不好拂逆。于是大众协议,再增加一协兵力。当荐熊炳坤为协统,伍正林、杜武库为标统。

又吴兆麟、蔡济民二人,将工程第八营及步队二十九标老兵,组织敢死队四大队,令方兴、马荣、金兆龙、徐少斌四人为队长。每兵月给军饷洋二十元,以为必需时之用。

曹亚伯《武昌革命真史》中卷,中华书局1930年版,第86~87页;89页

胡鄂公《武昌首义三十五日记》:

下午一时许,蒋翊武到都督府谒见黎公。盖蒋自十八日在小朝街八十五号张廷辅家被捕脱逃后,即潜往京山刘英处暂避。及闻武昌为革命军占领,遂又重返武昌。蒋在四十一标当兵吃粮,系日知会会员而发起组织文学社者。蒋见黎公时,谓起义前,同志中曾有举刘公为湖北正都督,刘英为副都督之事。刘英在京山有打手万人,集合完毕时,即由刘带来武汉应援。又谓现在应赶紧扩充军队,以便北伐。黎公云:刘公、刘英,起义前,既已推举他们二人为正副都督,就请他们来干。蒋云:我是说明革命的原委,不是要都督让位他们,像这种人,都督应该给他们很高位置才是。府中同志,多赞同蒋之主张,于是议设总监察部,推举刘公任部长,又于四协之外增加一协,推举熊秉坤为协统,伍正林、杜武库为标统。

熊守晖《辛亥武昌首义史编》下,台湾中华书局1971年版,第979页

熊秉坤《前清工兵八营革命实录》:

二十三日,都督黎札委熊秉坤为第五混成协统领,徐兆宾为协参军,马荣为九标三营管带。

中国人民政治协商会议湖北省暨武汉市委员会等编《武昌起义档案资料选编》上卷,湖北人民出版社1981年版,第35页

△ **鄂军都督府委任高元藩开办临时警察。**

徐陶生、王声淇《高元藩事略》(1912年10月17日):

洎去秋八月中旬,革命风潮大炽,伪督瑞澂严捕党人。藩曰:"事急矣!可若何!"于是密结同志,阴布心腹。族弟元仕,时充黎副总统旧部排官,藩力加勉励,嘱无观望。十九夜,革

军起，协部被焚，仕果率队响应，此藩训勉之所致也。翌晨二十，与诸同志会于谘议局，议立都督，藩组织民政部。佥以武昌为根据地点，市面不可任其破坏，欲镇抚之，非筹办警察不可。藩被公推，都督当即委任总理湖北全省警务。藩乃纠合同学二十余人，至旧警察公所，部署一切。二十三日，警政成立，内科外署，各任其责；防盗缉奸，不遗余力。虏气正甚，大敌当前，而兵力得以专注，人民得以安堵，是其效也。

及汉口失守，奸细充斥，或乘间放火，或遇井投毒，巡查捉获，日恒数起。甚者多逢雨夕，巡士以无雨衣、雨靴，故责以任职，俱有难色。不得已，乃亲冒风雨，逐署开导，以此感动奋兴，而众巡遂无分昼夜晴雨，供职不怠。藩至此已积劳成疾矣。当黄兴来鄂之日，藩正咯血，奈传汉口危急，力疾以起，饬各署选能战警兵数百名，渡江助战。亲与黄君约为该军预备队，警察也而兵士矣。

所最难者，汉阳失守，危险万状。是时，兵士半属疮痍，散漫无纪，人民率老幼泣行，而警署又正当火线，连中数炮，谈笑饮食间，枪弹辄落前，均见惯不为怪。移时，都督府被炮击焚，城中大哗。群倡弃城之谣，全体鼎沸，势难收拾。惟都督关系在全国，原不以区区城池为轻重，而藩则以一身系三城之安危，当即传集各署职员巡士，晓以个人私走之害，并详言武昌不守，各省必至解体，汉族再无图兴之望之大义。令分署列队，全班出巡，誓与城共存亡。即一面遍封空屋，严搜火贼，一面照会商会及保安总社，分饬各善堂检点水龙，以备不虞。是时，武昌城中除学生军如常供职外，余为警察兵。竟夜警[巡]逻，一夕数惊，诸赖保卫，连日出示鸣锣，多方安抚。奈市面俱歇，无米为炊，时有倡义[议]欲撬开各米店，派人代售者。藩力排众议，乃商之军务部，转运后路粮台军米，分办平粜，人民得以粒食，各商店仍以保存。枪林弹雨之中，办理仍井井有条。迄今共和告成，而武昌市廛仍巍然鳞次栉比者，皆藩尔时奋不顾身，呕心绞血之所遗也。

中国人民政治协商会议湖北省暨武汉市委员会等编《武昌起义档案资料选编》中卷，湖北人民出版社1982年版，第594～595页

胡祖舜《武昌开国实录》：

开办临时警察　当各军起义之顷，原有城内外巡察，除中和门附近有少数岗警及巡查队不明真象，偶有抵抗，当被击散外，其他各局署及各岗警，俱闻警先逃。翌晨，巡警制服散见街巷，局署亦空无一人，所有秩序，全由军队维持。军政府成立，备战甚急，因议设临时警察，以维持地方公安，藉省兵力。以高元藩为总理，汪秉乾为帮办，当拨给开办经费一千元，假前湖北全省警察公所为官署。二十二日，拟定暂行章程凡四章二十九条，原文如下：

第一章　总则

第一条　中华民国鄂省恢复伊始，军士疲于搜索，因筹办临时警察，藉以息兵安民，是其宗旨。

第二条　本处暂就旧有警务公所内设置。

第三条　本处关防，暂以军政府所颁中华民国湖北巡警道关防借用。

第四条　本处系由军政府都督批准，饬令开立，所有一切经费，应暂由军政府支给。

第五条　本处人员除巡警总理一人由军政府都督札任外，余均得由本总理拨给札派委用。

第六条　本处组织分内外两部，内以总务、行政、司法等科为限，外以东、西、南、北、中五区为限（细目详后）。

第七条　凡办警察一切人员，均系纯粹义务，除每日口食外，概不给薪。

第八条　现值戒严时节，凡内外人等，均由本处发给徽章，以杜奸细，其如何式样，禀由军政府司令部核定。

第九条　除内部人员服装随时指定外，凡外部各区，均禀定一律著用军服，携带枪套，不得稍有歧异。

第十条　军装枪套，除就警务公所原有取据数报告外，所有不敷之处，由本处随时禀请军政府指拨。

第十一条　凡总则所列各条外，皆为细则，分内外两部，条举于下。

第二章　内部细则

第十二条　暂分总务、行政、司法三大科。总务科附设文牍、庶务、关防、军需、收发、文件等科，行政科附设调查科，司法科附设侦探科，以归统一。

第十三条　三科设正副科长各一员，科员若干员，书记若干员，杂役若干名。所附各科，惟文牍、庶务事务繁颐，得照设科长、科员、书记、杂役等名目；关防、军需、调查、侦探、收发等科，只按事务繁简，派一人或数人，以专责成，无阶级之分配。

第十四条　凡各正科长，总理本科一切事宜，副科长协理之，对于所属各员，均有指挥监督及升降黜陟之权。科员分理各科事务，书记供本科文件缮校之用。

第十五条　凡关于内外两部一切筹画事宜，属总务科，又随时有清查各科应办职务之责；关于一切违反治安及补益治安之事，属行政科；关于违反治安已经预审发觉之罪犯，一切审判之事，属司法科；文牍专主稿本处一切往来应酬公文之件；庶务办理本处一切日行杂务；关防专司钤印盖用之事；军需掌发一切关于军用之物；收发专司公文出入存根之登记；调查职掌外部关于行政有无遗漏及缺欠之事；侦探职掌搜查罪证为司法补助之事，但值此戒严之时，采寻奸细，注目敌情等事，亦责成之。

第十六条　凡在职人员，必须逐日考程，除随时各科报告备查外，总务科长得行不时之稽，报明总理，分别勤惰，以为黜陟之标准。

第十七条　各科在职人员，不得擅越权限，凡事须禀由各科长核准施行。侦探、关防、调查等科未置科长者，须得所附某科之科长核准；但文牍、庶务两科科长，又得总务科科长之许可。有事辞职时亦同。

第十八条　本细则如有应行增改之处，由总务科声明总理随时变通，酌订报部核查施行。

第三章　外部细则

第十九条　外部分东、西、南、北、中五区。中区附本处，南区就望山门外警察上区旧址，西区就汉阳门内牛奶[斗级]营警察后区旧址，北区借设武胜门外稼圃小学校，东区借设宾阳门内游民习艺所。

第二十条　各区设区长一员，副区长一员，警员十二员，书记一员，巡士一百零八名，杂役无定额。

第二十一条　各区长主持本区一切事务，副区长协理之，均有指挥监督所属各员之责任。警员受正副长之命令，有整率巡队实行服务之责任；巡士以服从长官命令忍苦耐劳，日夜巡查为职务；书记司本区公文缮写之事。

第二十二条　各区所辖地方，均有一定路线，然后职务有所归宿。今划定中区，自大朝街沿平湖门、文昌门、望山门、保安门至蛇山前西大朝街为限；东区自蛇山前宾阳门至[沿]通湘门、中和门至保安正街与中区相接之界为限；西区自蛇山后沿汉阳门、武胜门、忠孝门至抵蛇山一带为限；南区辖旧上区地，自平湖门外沿文昌门、望山门、保安门、通湘门、中和门【至】宾阳门外为限；北区辖旧属下区地，自平湖门沿汉阳门、武胜门、忠孝门至宾阳门外为限。

第二十三条　各区于职务内有〈不能〉擅离职守者，巡士以下由警员报本区正副区长处分，副长以下，由各区长禀报本处总务科候示处分，区长由本处总务科随时派委稽查员据区查核，报总理请示处分，如有特别事件请假者，亦各须得该管长官之许可。

第二十四条　各区有重要事件，须随时禀报本处总务科办理；寻常事件，准由各正副区长按照法律命令酌量办理。

第二十五条　各区凡关于信用物品，如钤印徽章等，均由本处总务科颁发，以资应用。

第二十六条　凡各区口食杂费及一切军装枪套，准由各区长具禀本处总务科，以凭查考核给，但有用枪弹时，须报明数目及事由存查。

第二十七条　本细则有应行增改之处，准如前第十八条办理。

第四章　附则

第二十八条　本章程总则内外科一条，应添卫生一科，因此时经费，尚未筹足，暂不订入。

第二十九条　本章程以作暂行规则，共订成四章，计二十九条，逐一钞呈部查核准施行。

高元藩就任后，即以杨丰为总务科长，钱守范副之；胡堃周为行政科长，刘文斌副之；彭葆仁为司法科长，柯福根副之。顾庆云、朱希云、金瑞生、许炳炎、柳正麐为五区区长，各佐以警员五人，募警士百零八人，不三日规模粗具。维时大敌当前，奸人溷迹者众，或乘间放火，或遇井投毒，巡查破获，日恒数起，风天雨夕，衣蔽缺乏，俱无间言。当汉口军事吃紧，各区警士知兵者，亦尝被选为预备队。汉阳失陷，武昌市廛震动，敌炮隔江而射，一夕数惊，诸赖保卫。十月二十六日，内务部详准都督更湖北临时警察筹办处为武昌临时警察筹办处，直隶内务部，高元藩辞，顾庆云为总理，帮办制废。改五区为十五区，城内一区至九区，城外十区至十五区。每区各设一警察署，各区置署长一员，一等警官一员，二三等警官二员，一等警长一名，二三等警长一名，警士三十六名，门岗三名。每区定岗位十二所，分警士三十六名为甲乙丙三班，更番值岗。

胡祖舜《武昌开国实录》上册，武昌久华印书馆 1948 年版，第 66～69 页

△ **詹大悲自武昌受命组织汉口军政分府。詹大悲于前一天（10 月 13 日）自夏口厅礼智司监狱出狱。**

胡石庵《湖北革命实见记》：

二十二日晨起，闻武昌已派兵一标来汉，其标统即林翼支，前四十二标二营之队官也。夏口厅礼智司各狱均破，囚者尽走一空，詹大悲、何海鸣等均已渡江去，余心良慰。

二十三日，汉口之秩序渐次恢复。

是日四句钟时，詹大悲已自武昌受命令为汉口军政分府，携兵一队至汉，驻四官殿。胡经五偕之至，为参谋。使人约余往，余以报事急棘，辞未就。入夕时，何海鸣（按何海鸣为湘人，先曾在四十一标为正目，常以文送余改削，以师相视。后因事出营，其管带戴寿山怒欲杀之。大悲函予求救，余即赴戴处力保之出，为荐中西报作论说，因此得入报界，随就商务报编辑事。庚戌冬，复偕大悲办大江报。辛亥六月大江报被封，何与大悲同时入狱，因他事且受刑杖，至二十一日始脱囚）忽偕余乡人尹亚一至，言奉军政府命，欲办一报，邀余与偕，余漫应之。何去，随书一纸，至称余为总编辑，后署名为“经理何”三字。余以书辞之，不报。迨至夜，何至，又许余以津贴。然何此时大悲已派之为参谋矣。

武汉大学历史系中国近代史教研室编《辛亥革命在湖北史料选辑》，湖北人民出版社 1981 年版，第 20～22 页

章裕昆《文学社武昌首义纪实》:

詹大悲、何海鸣与蒋翊武议定后,詹、何等率兵一队渡汉口,就四官殿内设立军政分府。何海鸣为参谋长,温楚珩、吴昆分任政事秘书等职务。约胡瑛渡江办理外交。派任质存赴湘,吴旸谷赴皖,密谋响应。汉口商会蔡辅卿、李紫云等赞助甚力。军政分府配置军队,以胡廷佐为协司令,林翼支为支队司令,李鑫为粮台总理,赵承武、黄继超为团长,集大智门,向刘家庙瑞澂、张彪残部施压。

章裕昆《文学社武昌首义纪实》,文海出版社有限公司 1981 年版,第 49 页

△ **革命党人居正、谭人凤由上海到达武昌,入都督府谒黎元洪并襄办事务。**

居正《辛亥札记》:

松江道上　先是,八月十八日,(《日记》改为十六日),在英士家会商,决定谭石屏以是晚乘火车赴宁,约同南京举事。余则以十九晚起程,乘船返鄂,在南京取齐,因不知十九晚之武昌有事也。顾余等所以迟返之原因,一候钝初,一候手枪。迨十九日英士手枪购齐,装置于沙发椅中,运至官舱,置之当目之处,任人坐卧,初无破露之虞,又免检查之虑,殆密运中之最良法术也。二十一日早,舟泊南京下关,谭石屏如约登舟。晚抵安庆,吾辈毫不得消息,只见一官场人,随从号衣上有"兵备道护勇"字样,交头接耳,一若有重大任务者然。二十二日,泊九江,则见武汉下水轮避难者山积。九江岸上,兵士皆荷戟梭巡,形势严重。据避难者口述,始知武昌已被我军占领。谭石屏喜不自胜,强欲上岸与九江新军接头,余期期以为不可,并述利害,谭始从之。舟过武穴,为余乡里,据划船客言:"武昌起事,举黎为都督。"皆欣然色喜,然尚不知黎为何许人也。由是而蕲州、而黄石港、而黄州,沿途探听,无大异状。至二十三日午前十时许,而舟已泊汉口矣。

汉口二十三日　余与谭石屏抵汉,有同志登舟相迎,将行李径运法租界长清里寓所。各同志诘以迟归原因,余略告之,并指沙发椅内藏手枪之秘密。取沙发拆之,手枪毕现,各拾其一,纳诸怀中。盖此时汉口纯属革命军势力范围,租界内亦丝毫无所忌惮也。我等上楼,见孙摇清仰卧榻上,面涂敷布,而精神尚好,出语如常。述及受伤后之经过与起义后最近之情形,促余等渡江至武昌都督府,襄理一切,谈约一小时许。谭石屏以须到武昌访问,即由同志佩有徽章者向导,由一码头登轮,入汉阳门。有守城兵士盘诘,向导示以徽章,兵士许可。至阅马场,帐幕密布,剑戟森严,惟和蔼可亲,乃革命军之特色。进都督府门,检查一如城门,经向导告以余等之姓名,咸知为同志,举枪示敬。余等入府后,同志咸来问讯,既而谒黎元洪。黎待谭石屏以优礼,石屏怡然,陈述今后之具体计划。黎以连日劳顿,说话过多,喉咽不能出声,以手表示听从意。余乃遍问诸同志,刘仲文在谋略处,忙迫异常。余力主出兵渡江,击走汉口大智门负隅之残敌,众是之。而日已暮,拟定计划,请都督下令。余与石屏假寐于都督府,以觇翌日之动作。此八月二十三事也。

武汉大学历史系中国近代史教研室编《辛亥革命在湖北史料选辑》,湖北人民出版社 1981 年版,第 152 ~ 153 页

谭人凤《石叟牌词》:

二十二日(十月十三日)抵汉口,询悉起义各情。

…………

二十三(十月十四日)早,渡江入武昌,遇蔡济民,声嘶形瘘,大有劳顿状,执手慰劳之。同入都督府谒黎,黎现一种可怜之状曰:"革命二字,从未之闻,今强制我于此,岂非意外之事。"余以大义责之曰:"名义业已发表,即欲效忠清廷不得矣。不如持以决心,尚得转祸为

福。现张彪率残兵驻扎刘家庙，为肘腋之患。且闻开封新军，业已到千余人，宜急驱除，而以重兵据守武胜关，方无后患。"黎俯首不复语。

谭人凤《石叟牌词》，甘肃人民出版社1983年版，第105页；110页

曹亚伯《武昌革命真史》：

是晚十时，居正、谭人凤同到武昌，据云系黄兴所派，请召集各机关人员开会，报告上海情形。于是李作栋即通知各机关人员，齐到农务学堂集合，听居正报告情形。至十一时，大众齐到农务学堂。居正云，我们同志等此次在上海接得英文报告，谓湖北已独立，我们闻之皆喜出望外。当与宋教仁等商量，一般同志，特推兄弟与谭君人凤回来看看，并与诸君晤教后，再回上海协商进行。我们同志未起义前，总机关设在上海，民立报馆，即为通讯处。自四川铁路风潮发生，即拟借四川为根据地，连合湖北湖南山陕江苏江西安徽八省，同时响应。不料湖北军队同志，反较他省运动迅速。现在已达到独立目的，我们同人极为钦佩。但是满清尚未倒，各省尚未响应，我们革命不能算是成功。望诸君努力进行。兄弟明日即往上海，请黄兴、宋教仁等来鄂，与诸君帮忙，一面促各省响应云。大众闻黄兴、宋教仁之名，极为仰慕，又听说促各省响应，更为欢悦。即请居正、谭人凤二人速回上海设法进行。并请黄兴、宋教仁等克日来鄂。

曹亚伯《武昌革命真史》中卷，中华书局1930年版，第88～89页

△ 清廷谕令编配第一、二、三军，第一军由荫昌督率赴鄂，第二军由冯国璋督率听候调遣，第三军守京畿。

《宣统三年八月二十三日谕旨》：

钦奉谕旨：现在派兵赴鄂，亟应编配成军。著将陆军第四镇暨混成第三协、混成第十一协编为第一军，已派荫昌督率赴鄂。其陆军第五镇暨混成第五协、混成第三十九协著编为第二军，派冯国璋督率，迅速筹备，听候调遣。至京师地方重要，亟应认真弹压。著将禁卫军暨陆军第一镇编为第三军，派贝勒载涛督率，驻守近畿，专司巡护。该贝勒务当妥慎筹备，加意防维，毋稍疏虞。钦此。臣奕、臣那、臣徐。

中国史学会主编《中国近代史资料丛刊·辛亥革命》(5)，上海人民出版社1957年版，第292～293页

△ 清廷谕令袁世凯补授湖广总督，岑春煊补授四川总督，以督办"剿抚"事宜。袁托病不出。

《宣统三年八月二十三日上谕》：

宣统三年八月二十三日内阁奉上谕：湖广总督著袁世凯补授，并督办剿抚事宜。四川总督著岑春煊补授，并督办剿抚事宜。均著迅速赴任，毋庸来京陛见。该督等世受国恩，当此事机紧迫，自当力顾大局，勉任其难，毋得固辞，以副委任。俟袁世凯、岑春煊到任后，瑞澂、赵尔丰再行交卸。钦此。臣奕、臣那、臣徐。

中国史学会主编《中国近代史资料丛刊·辛亥革命》(5)，上海人民出版社1957年版，第293页

△ 清廷谕令袁世凯现简授湖广总督，所有该省军队暨各路援军均归该督节制调遣。

《宣统三年八月二十三日上谕》：

宣统三年八月二十三日内阁奉上谕：袁世凯现简授湖广总督，所有该省军队暨各路援军均归该督节制调遣。荫昌、萨镇冰所带水陆各军并著袁世凯会同调遣，迅赴事机，以期早日

戡定。钦此。臣奕、臣那、臣徐。

中国史学会主编《中国近代史资料丛刊·辛亥革命》(5),上海人民出版社1957年版,第332~333页

10月15日(八月二十四日)　胡石庵在汉口发刊武昌起义后全国第一份革命报纸《大汉报》。

胡石庵《湖北革命实见记》:

二十四日,《大汉报》出版,初意所销不过数千份,对待外人足矣。版出,乃大异,一日中销至二万份,尚不足(按余至此,一人之力万不济,乃挽《繁华报》主笔张云渊相助,所裨至多。随又得有夏容宇、陈成城热心赞成,为《大汉报》义务访事。后二日,武昌谘议局又派有特别访员叶、杜、柯、贺四君,按日来函,编辑渐有头绪,而瞿园美又至,襄办一切,余始得有少暇,留心他事)。是日,各国洋人携翻译至《大汉报》称贺者,前后足二百人。入门皆脱帽呼"恭喜革命",且有数洋人携照相器呼记者与语,即乘隙拍像去。至于馆中之司机、司账等人,以及招牌房屋,亦皆入其镜中。

武汉大学历史系中国近代史教研室编《辛亥革命在湖北史料选辑》,湖北人民出版社1981年版,第22页

△ 鄂军都督府以黎元洪名义发布免税、赏罚等文告。

曹亚伯《武昌革命真史》:

中华民国鄂军都督黎布告:

父老苦清苛政久矣。元洪倡议武昌,天下响应。亟应将湖北境内一切恶税先行豁免,以安我父老而为天下倡。谨开列于左:

一、除盐烟酒糖土膏各税捐外,所有统捐局卡,一律永远裁撤。

一、除海关外,所有税关,一律永远裁撤。

一、本年下忙丁漕,概行蠲免。

一、本年以前积欠丁漕,概行豁免。

一、各属杂捐,除为地方所用者外,概行豁免。

黄帝四千六百零九年八月二十四日。

中华民国军政府鄂军都督黎告示:

都督为民请命,不犯秋毫,我民人皆宜恪守勿违。

一、不听命者斩。

一、泄漏军机者斩。

一、藏匿满人者斩。

一、为清侦探者斩。

一、邀约罢市者斩。

一、卖买不公者斩。

一、捉获敌人者赏。

一、乐输粮饷者赏。

一、维持商务者赏。

一、保护外人者赏。

一、报告敌情者赏。

黄帝四千六百零九年八月二十四日示。

曹亚伯《武昌革命真史》中卷,中华书局1930年版,第99~100页

△ 鄂军都督府改招纳处为集贤馆，大量招纳前清军政人员。周德宜、蒋秉忠先后出任馆长。

蒋秉忠《集贤馆馆长蒋秉忠事略》：

二十一日，会同工程营到十五协营房，搜捕旗兵。

是晚入都督府，由参谋处派忠同涂君□在幼稚园开办招纳处。二十二日，奉都督命令，无论文武员弁，有一技之长，即送府委用，吴君醒汉、高君振霄同来襄办招待。吴专招待军界，高专招待政、学两界。条陈文件，则均由忠汇总转呈。二十三日，吴君即将所招军界人员，带赴都督府应用。高君亦将所招政界人员，带赴民政部办事。而请谢君石钦来招纳处会办一切。二十四日，投效文武计四百余人。当呈都督府调用三分之一。

是日奉命令，改招纳处为集贤馆，内分五科办事，曰：书记科、招待科、检查科、考验科、庶务科。由参谋处张君振武派来周君德宜充当正馆长，而公举忠为副馆长；派定书记科长胡光藻，科员奚宗鹄、张树声、何咸临、萧成章、张光炎、雷振声；招待科长刘民华，科员刘绍汉、李建勋、罗允中、何廷弼、祝新、胡正鹄。检查科长胡海，科员许郁文、黄鹤临、张柏龄、傅毓华、蔡炎黄；考验科长李蔚华，科员顾尚武、黄子恒、郭培基、张燮垣；庶务科长刘临庄，科员汪云桥、黄元裳、徐振声、李炳丞、蔡咏，共三十一员，督同经理一切。

二十五日，军务部调考验科长谢君石钦，襄办军务，调文牍科员王栋贤充当书记。正馆长周君，因馆章未定，且与各科人员意见不洽，辞职。公推忠为正馆长，由高君振霄介绍来馆书记茹君用九充副馆长，会同编定草章，俾资遵守，各专责成。所收条陈说帖，日分三次送呈都督核阅后，分部委用。午后三时奉命令，选送善德、法语文者三人，赴汉口办交涉。旋副馆长茹君用九，别就内务部参事之职，由馆长公举考验科长任君树滋接充副馆长，呈请都督札委。任君固前清进士，素有文章经济名，起义数日，即赴军府，条陈进取战守事宜二十余款，牌示嘉纳，奉都督谕住馆候予优用之员也。始终共事，深资得力。九月四日，本馆备用员金鸿钧倡办独立决死团，推忠为团长，忠以馆事繁重，不能兼顾，因即改推金君，由本馆呈请都督批准，饬军务部札委，并委忠为参议员，移驻前清督署。初五日，团示招考溃军，并悬重赏购瑞澂、张彪等首级，赴军务部请款。闻我军因汉奸将子弹运入敌阵致败，即日特保步队第十标教练官陈兴邦充当汉口指挥官，复册送能指挥善击射军官、军士三十余人于副部长张君振武，均立调用。初九日，汉口之战，忠同决死团员亲赴战地，侦察布置，屡获胜利。初十日奉都督命令，将集贤馆迁移甲栈，并饬严稽馆员，毋任汉奸匿迹。当派本馆办事员刘绍汉、许郁文充全馆特别总稽查员。是日，民政部移请咨送备用员胡光藻等五十余员，录用三十五名。十一日，忠至文昌门，见水师舢板停置无用，即回馆具折呈请都督，愿率领水师助战，以辅陆军之不足。奉批，饬军务部委用。旋以馆员纷禀挽留中止。十八日，派馆员赴汉侦察敌军布置，转报都督。

二十日内务部咨请移送知事人才，当选送前副馆长茹君用九，委任崇阳知事；检查科员王君云龙委任寿昌知事；考验科员黄君燊委任蒲圻知事；文牍科员黄君应龙委任天门知事。此后旬日之间，迭奉命令，由本馆选送各机关备用员弁，计四百余人。一派战地调查员二十余人；一派有军官资格督阵员三十余人；一派赴街市军队演说员四十余人；一派能通过敌阵侦探员七人；一派赴江、浙、赣、皖代表员三十余人；一派补充学生军一百二十余人，一派送司法、司考用员九十余人；一派送警察署考用员四十余人。

十月初四日晨七时，汉阳事急，商由副馆长任君树滋督同馆员渡江，赴美娘山、锅底山战地〈线〉侦察一切，回报府部。夜十时，奉军务部令，汉阳战事甚烈，乏人后继，选馆员中有军事学识资格者七十八人,送赴都督府考验,得堪胜将校者十八员,于是夜二时发给枪支、佩刀、徽章,随同副部长张君振武大队渡江助战。

初六日,湘军发生猜疑,大局涣散,当即请军务部派委馆员,四出演说,招集并截回湘、赣溃军二千余人,归队编制,军势复振。

十一日,敌军炮击军务部,各机关办事人员纷散,馆员相结,誓铸铁团,效死危局。时,留馆备用员尚二百余人,当分送百余人补学生军,以助各处守护;复带二十八人驰赴军务部,接任各科空缺办事。

旋因请款无着,馆中经费缺乏,由军务部正长孙君武提议,暂行取销停办。遵即于是日十时,将集贤馆关防、帐目赍缴核销,全馆解散,而册送备用员七十余人,由部派入输送队,成立战地粮台、辎重一科,余数人入参谋部及各军队。至馆中办事各员,于十四日始行分配停妥,傅君毓华、奚君宗鹄入都督府,充秘书监印官;张君柏龄、黄君鹤临、胡君光藻留军务部;萧君成章、刘君临庄则入铜币局;张君树声入军法局;刘君民华、黄君元裳、胡君海、徐君震青、蔡君咏、刘君绍汉、李君炳丞、胡君正鹄、江君云桥、祝君新、蔡君炎黄、张君光炎,均同赴青山办理粮台;何君咸临则入输送队。

计在馆先后招集各省投效文武志士,凡万余人,收呈条陈说帖三千余件,除分送各机关办事及资遣回各省秘图运动起义响应者,约五千人,留馆优待备用恒五六百人,馆外听用尚六千余人,均有名籍可稽。因仓皇取销,文册封存,甲栈旧馆迭驻军队,散毁无存。此忠创办集贤馆始末之大概情形也。

中国人民政治协商会议湖北省暨武汉市委员会等编《武昌起义档案资料选编》中卷,湖北人民出版社1982年版,第641~644页

胡祖舜《武昌开国实录》:

设置集贤馆　首义之初,需才孔亟,各地闻风向义者,络绎载道,因设招纳处于军政府前两等模范小学堂内,由高振霄、吴醒汉、蒋兰圃等主持其事。吴专任招待军界,高专任招待政学两界,所有收受条陈说帖,则由蒋汇转报由都督核夺。两日之间,计有投效人员潘祖裕、饶汉祥、张可白、黄应龙、萧韵涛、陈锡仁等二百余人。二十三日吴将军界人员,率赴参谋部任用,高将政学界人员,率赴民政部任用。时谢石钦奉命会办其事。二十四日,改招纳处为集贤馆,设招待、检查、考验、书记、庶务五科,以周德宜为馆长,蒋兰圃副之,谢石钦、胡光藻、刘民华、胡海、李慰华、刘临庄等先后为科长。其试办章程如下:

第一章　总纲

第一条　本馆以招集文武贤才,襄助军政,共图大业,建立共和民国为宗旨。馆内章程,皆注重共和政体,为本馆人员施行职务之规则,故定名曰中华民国鄂军政府集贤馆。

第二条　本馆章程颁布后,凡属馆员,均当遵守施行。

第二章　组织

第三条　本馆设正馆长一员,总理全馆一切事宜。

第四条　本馆设副馆长一员,襄助正馆长经理全馆一切事宜。

第五条　本馆设稽查二员,管理全馆事务。

第六条　本馆分招待、检查、考验、书记、庶务五科,分别办理。

第七条　招待科设科长一员,科员六员,专任接待投效人员,咨询各节事宜。

第八条　检查科设科长一员,科员五员,专任检查投效人员语言文字及体格并投效之宗旨一切事宜。

第九条 考验科设科长一员，科员三员，专任品评条陈以定去取事宜。

第十条 书记科设科长一员，科员六员，专任往来文牍及缮写一切事宜。

第十一条 庶务科设科长一员，科员四员，专任收支款项及经理杂务，清查留馆人员一切事宜。

第三章 职务规则

第十二条 正馆长职务：一、率同各科人员办理一切事宜。二、取准投效人员榜次后，禀请都督分别留用及札派事件。三、招待军政府来馆人员。四、整理一切章程。五、经理径递并转行一切公文。六、经理馆中经费。七、与各科集议关于全馆要务。八、督同庶务科长等办理一切庶务事宜。九、考察各科人员勤惰。十、查核本馆购置一切器具。十一、核定每日到公退公时刻表。十二、总核去留司役人等。十三、填注经手公文事件底册。

第十三条 副馆长职务：一、副馆长襄理馆务，正长有事故时，得代理之。二、司各科到馆回寓迟早，载入考勤簿内。三、协同庶务清查备用人员。四、书记各科人员请假单。五、评定考验人员条陈各卷。六、核对来往文牍及呈上禀启事件。

第十四条 稽查员职务：一、稽查奸细为宗旨，以补检查之不逮。二、稽查留馆人员出入之状态，并接谈投效之真伪。三、稽查携带有无违碍物件，以免意外之虞。四、稽查各科职员之勤惰并到馆时间，以补正副馆长维持所不逮。

第十五条 招待科职务：一、科长会同科员招待一切事宜。二、每日午前十时起至午后四时止，专招待往来投效人员。三、凡有文人贤士投效者，无条陈手折不收。四、凡有武职军官投效者，无履历委札不收。五、凡有通晓外人言语文字者，非出洋专科不收。六、招待工厂制造机匠及修造枪炮火药人等。七、凡各部送馆备用人员，无都督暨各部印戳概不招待。八、造报招待人员底册，以凭稽核。

第十六条 检查科职务：一、科长、科员会同办理。二、凡经招待科盖章送检查之人员，当即收受条陈，登录号簿，请至检查室接谈。三、检查投效人员行囊物件并言语之虚实及状态。四、检查投效人员之宗旨是否热诚。五、检查投效人员体格之强弱。六、检查所递条陈是否合格，以便转递考验科考验。七、凡经考验科准收录后，复行检查该员一切动作有无意外情弊。

第十七条 考验科职务：一、投效人员所上条陈，经科长会同科员阅后，评定甲乙，即送馆长，以别去取。二、投效条陈，必有招待、检查两科戳记，方可收阅，以免混乱无章。三、投效条陈，若有军政紧要急务者，由科长、科员阅毕，即请馆长面试录用。四、投效条陈或有一技之长或文理通顺者，取列乙、丙两等，均送馆长核酌。五、投效条陈，若文词浮泛，不关时局者，概行不录。

第十八条 书记科职务：一、科长、科员会同办理事件。二、榜示不取定各卷，并造册存查。三、承办往来文牍并上呈禀折事宜。四、承办收发条呈信件。五、主办一切文稿并本馆报销事宜。六、凡不录之卷及各项卷宗，分别存档。

第十九条 庶务科职务：一、科长、科员会同办理事件。二、领款由馆长盖印后，至理财部取领。三、出入银钱账项，随时登载，由馆长核定，造具清册，呈送理财部存查。四、采办各科应用物件以及杂用留馆人员缮宿，查明分别，以便报销。五、督办杂役人等打扫本馆地段及洗拭厨屋器具，以重卫生。六、每日开餐，限定钟点，不得迟早，有碍办公时刻。

第四章 公守规则

第二十条 到公时间，每日自上午八句钟起至下午五句钟止（如会议事件不限时刻）。

第二十一条　凡规定各科员职务,当遵守实行,不得放弃,如事未办完,虽漏夜亦当办毕,始能就寝。

第二十二条　本馆人员,遇有事故请假者,必须陈明事由,方能外出,但不得过半日之久,如确有疾病,不在此限。

第二十三条　本馆人员,有互相监督劝勉之义务。

第二十四条　本馆人员,有保全个人及全体名誉之义务。

第二十五条　本馆人员,有维持秩序及进行方法之义务。

第二十六条　本馆人员办公,全体当和衷共济,不得稍存意见。

第二十七条　关系全馆之事务,有必须会议者,须集全馆人员会议决定施行。

第二十八条　本馆人员有不遵守公令及有关于防[妨]碍本馆事件者,开临时会议核办。

附则

所拟定试办简章,因本馆急于成立,其中多有未尽事宜,各馆员于会议时,可随时提议补订。

二十五日馆长周得宜以事去职,副长蒋兰圃继,茹用九副之。是日选送长于德法语文者三人,襄办外交事务。未几茹调内务部参事,任树滋继。任为前清进士,以条陈时务见重于都督,牌示嘉纳,着馆从优叙用之员也。九月四日,住馆候用人员金鸿钧,成立独立将校决死团,金为团长,同时担任各科分团将校者百有余人,阳夏战争,深资得力,蒋亦常充任其参议职,出入阵地。九月二十日,准内务部咨选送知事人员茹用九、王云龙、黄桑、黄应龙等四名,当分别委以崇阳、寿昌、蒲圻、天门各县知事。此后旬日之间,选准各机关调用人员,计四百余人,战地调查员二十余人,督战员三十余人,派赴军队及街市演说员四十余人,派赴敌境充任密探人员七人,派赴江浙赣皖代表三十余人,补充学生军一百二十余人,选送司法部考用人员九十余人,选送警察署考用人员四十余人。十月初四日,汉阳军事吃紧,准军务部通知选送军事学术资深者七十八人,经赴都督府考验,得将校十八员,当给武装,由军务部副长张振武率赴汉阳助战。总计五十日之间,延致投效文武志士凡万余人,收受条陈说帖三千余件,除先后分送各机关任用及资遣回籍秘图响应者约五千人外,留馆待用者居恒五六百人。旋汉阳失利,各省援军续至,饷源竭蹶,经费不支,军务部长孙武提议停办。时留馆待用人员尚有二百余人,送军务部酌用。蒋亦回军政府军事参议原官。副馆长任树滋,因公赴湘。所有各馆职员,亦经分别改任他项职务。

胡祖舜《武昌开国实录》上册,武昌久华印书馆1948年版,第69~73页

△ 驻汉领袖领事俄领事署为鄂督瑞澂藏匿租界事宣布意见。

天嘏《南北春秋》:

同日,驻汉领袖总领事俄领事署宣布意见。

外国驻汉各领事:以鄂变之后,外间讹言不一,且南北开战时,汉口必在炮火线内,故一经议决,即由领袖宣布云。启者据谣传云,鄂督瑞澂藏匿至租界,求本驻署保护,闻此殊堪诧异。窃本总领事奉命驻汉,只理交涉事宜,其余毫不干预。矧此次国民军创兴义举,本领袖业经聚议,各领事均守中立,决定两不相助。恐或群疑莫释,即至本驻署密查可也。特此申明,以释疑团。谨布。

国家清史编纂委员会文献丛刊《辛亥革命史资料新编》第1卷,湖北人民出版社2006年版,第245页

△ 清廷谕令赵尔丰继王人文为川滇边务大臣，并兼办川中剿抚事宜。

《宣统政纪》：

谕内阁，王人文著撤去侍郎衔，开去川滇边务大臣。赵尔丰著仍充川滇边务大臣。四川总督岑春煊未到任以前，所有川中剿抚事宜，仍著赵尔丰懔遵叠次谕旨，督饬各军迅速办理，不得意存诿卸，致误事机。

沈云龙主编《近代中国史料丛刊·宣统政纪》第61卷，文海出版社有限公司1989年版，第39页

△ 荫昌专车抵洹上村车站，往访袁世凯。

丁士源《梅楞章京笔记》：

二十四日下午四时，车抵洹上村车站。此村位彰德城外，即袁世凯隐居之地。专车过此村时，荫知距袁隐居地颇近，故命停车往访。随往者有参谋长易乃谦、副官长兼总执法官丁士源、军医处长何守仁、秘书官恽宝惠、一等参谋官徐孝刚等。至袁宅后，袁亲迎至门曰：诸君劳苦。乃肃客入书室。时有杨度在座。袁曰：此次革命不可小觑。荫大臣曰：当然。度曰：恐响应之省不鲜。丁士源曰：君非主持君主立宪者耶？欲立宪必流血，否则即不稳固。袁氏询曰：君等人足用否？丁曰：军队系宫保所练，惟三年以来，改易颇夥。此时恐有多数编制，宫保或亦不明。袁氏惟曰：君等为国建功必矣。语至此，肃客入席（燕席）。荫大臣曰：无须费心。袁氏笑曰：无关也。协统王占元、代理第四镇统制王遇甲，业于昨日通过南下。于是众就席匆匆食毕，作别登车。惟丁士源所带之宪兵，于登车后，报告袁家有电报房，天津制台衙门电报生厉姓者，司电报之事。丁询曰：电线是否接通铁路京汉局电线。宪兵曰：然。丁即令秘书官恽宝惠注意。因京汉路有二线：一为直达北京，一为各站连络之普通线，故行营电报挂线时，必须两线均挂，致北京电，须用直线。恽曰：知之矣。

丁士源《梅楞章京笔记》，文海出版社有限公司1981年版，第43~44页

△ 荫昌所部先头部队约抵武胜关附近。午后八时，都督黎元洪发布命令，拟先击攘汉口之敌，逐次向北进攻，以阻止清军南下。

曹亚伯《武昌革命真史》：

是晚黎都督即召集会议，讨论对于清兵作战之一切准备及计划。经众决定，拟明日先驱逐在汉口之敌，逐次向北策动，以阻敌兵南下。一面向汉口方面增加军队。是晚军政府对于各协发下如下之命令：

湖北军政府都督命令（八月二十四日午后八时于武昌谘议局发）：

一、综合各方面情报：满清政府派陆军部大臣荫昌率兵由京汉铁路南下，其先头步队约一标，今日约抵武胜关附近。张彪所率马队一队，辎重第八营，仍在汉口刘家庙附近。但河南军之两营，自到汉口占领大智门附近，对于军政府非诚意归顺，似欲掩护荫昌之军队南下。

二、本军政府拟先击攘汉口之敌，逐次向北进攻，以阻止清军南下。

三、步队第二协统领何锡藩，率该协马队一营、炮队第一标（欠一营）、工程一队、敢死队两大队，于明二十五日在汉准备击攘刘家庙、大智门附近之敌，逐次向北进攻。

四、步队第一协统领宋锡全，率该协及马队一队、炮队第一标之一营，明日防御汉阳兵工厂，及汉阳各要地。并派一部保护汉口市面，且须接济汉口战斗部队之弹药。

五、步队第三协统领陈炳荣，率该协及马队一队、炮队第二标之一营、工程一队，明日防御青山至两望一带。但须广远搜索武昌省城下游一带之敌情，以防敌兵渡江。

六、步队第四协统领张廷辅,率该协及马队之一营(欠一队)、炮队一营,明日防御武昌省城。

七、步队第五协统领熊炳坤,迅速整顿该协为预备队,准备赴汉口增援。

八、其余防御武昌各机关之部队,明日仍续行前任务。

九、各部队粮秣给养,均由各部队自招输送队办理。

十、本都督在武昌谘议局。

都督黎元洪。

以上命令发下后,各部队均按照命令各自准备。

曹亚伯《武昌革命真史》中卷,中华书局1930年版,第91~93页

《武汉战纪初稿》:

二十四日……部署甫定,忽接探报,陆军大臣荫昌率第四镇南下,先头已抵武胜关。

按武胜关山脉,由河南桐柏山东注,直接安徽之霍山,绵亘数百里,为楚豫天然界关所在,乱山绝险,中通一线,南北隘道近百里,中间断以峻岭,颇难跻攀,京汉铁道穴岭而过。西有黄土关,东有九里关,为古著名之义阳三关,而武胜尤为扼要。若以千余壮士驻守,伺便狙击,虽十万众无能为力。惜所派非人,致失此险要,而兵祸始集于汉口矣。

《辛亥革命史丛刊》编辑组编《辛亥革命史丛刊》第3辑,中华书局1981年版,第134页

△ 晚间,鄂省谘议局头面人物汤化龙等请居正出面在教育会召开会议,通过汤化龙等人起草的《军政府组织条例》(正式名称为《中华民国军政府暂行条例》)。

逸民(黄中垲)《辛壬闻见录》:

二十三日晨起仍约汤、胡、舒三人入谒都督,出昨书三事呈之。黎阅之,极以为是,乃以授旁侍书记某。与言他事,但拱手唯唯,坚请诸公出襄民治,余无他语。予等退去,以为所陈三事必可次第见诸实行。党中学生如耿丹、高固群、甘绩熙等皆时来谒谈,始知黎公之为都督,傀儡而已,一切大权操之党人手中。以三事皆急不可缓,比傍晚复入谒都督,问午间所陈三事已行否?黎唯唯,呼左右使查,则已弃之故纸中矣!予等嗒丧而归寓晚膳,牢愁相对,计无所出。久之,予蹶然起,曰:"得之矣。"众曰:"如何?"予曰:"今日所以凌乱无纪者,无法令可守耳。今何弗制为法令,曰《武昌军政府组织条例》,都督既谆谆以民事托,吾辈即将军事、政事分为两部,订定规程请其施行,俾各就范。分部治事,不相争扰,如此则都督府出入无度之人,皆各得组织机关以去,而后都督行使职权亦有所依据矣!"众曰:"善。"乃推黄中垲起草条例。夜深十二时,汤化龙约赴伊寓,筹拟条例,兼作终夜之谈,汤夫人亲为调羹供众宵夜。未及四时而条例草案成,计分军事、政事为二部,军事部设部长一人,下置军务、军需、军械、军医、军法五局,局各置长一人,各局复分若干课,课有长;政事部部长一人,置内务、外交、理财、交通、司法、文书六局,各局置局长一人,分课治事。两部均隶军政府而受成于都督。稿既脱,众以为可,约明日送请都督核定,明令颁行。

二十四日晨,予等四人执条例草案入谒都督。临行,予恐蹈前覆辙,因另录一通,纳之怀中,随众同往,白都督曰:"公以民事属我辈,唯事务万端,非有法令不足以资遵守。兹拟订《军政府组织条例》一通,请公核阅,如以为可,即请速以明令施行。"都督略阅一过,极为称许,拱手曰:"妙,妙。"予等曰:"公既以为可,即请速发令颁行。"黎曰:"唯。"遂仍以授旁侍之书记某。予等辞出,静候条例颁行。日已就晡,渺无消息,于是又相约入府促询。既入见,问条例事,则仍为书记弃之字篓,渺不可得矣。予等意兴消索,不得已辞出。行至门次,忽遇居

正（字觉生，广济人，老民党，与予在日本旧相识也），握手道故，知伊新自上海来，谈及革命事，神色沮丧，谓如此纷乱，恐事又败矣。相与咨嗟太息。予忽然心机一动，谓居正曰："君来大好，有要事正欲与君商，非一二人所能尽，曷从吾等一莅江汉书院乎？"居曰："诺。"遂介绍汤、胡、舒与之相见，同赴江汉书院。居急询何事？乃告以近日情形并予等草拟条例不得发表之苦衷。言次，出条例相示，且谓之曰："君如以为可，即于此间会场（谘议局初立，会址未定，曾假此间先行开会，旧会场犹未撤去）召党人来，得众通过，事必行矣。"居大赞成，遂以电话通知都督府诸党人，谓居先生新自南洋来，请众赴会。不一时，靴声橐橐，刀声琅琅，众党人至矣。既入场，振铃开会。胡瑞霖出而报告并介绍居君于会众，继居登坛，草草宣说，谓孙先生在海外研究革命多年，诚恐一旦起事无所循依，故预定条例。今闻武昌同志起义，特遣某赍此稿回，俾众遵守。众鼓掌。予因提议请居逐条宣读一过，如见有未合事情者，以便少加修正，众依议。居遂逐条朗诵，众无异议，咸欣然散会以归。此稿由孙武、张振武、蒋翊武、季雨霖等携去。予谓汤、胡等曰："请俟明日视情形如何，若仍不能行，是真不可为矣。"

湖北省图书馆《辛亥革命武昌首义史料辑录》，书目文献出版社 1981 年版，第 9～11 页

居正《辛亥札记》：

教育会开会　先是，起义时仓卒成立都督府，各种组织殊不完备，行政上尤漫无秩序。谘议局汤化龙等有见及此，以不得同志之信任，未敢置议。闻余归，就商于余，有制定各种暂行条例之必要，并出其所拟草案示余，谓为同盟会本部所拟者，免各同志怀疑，宜召集同志等开一会议，请众公决。余乃请各同志以二十五日晚在教育会开会，到者数百人，提出都督府组织暂行条例，分为军政、民政两大部，由都督统辖之。战时设总司令一人，以下设参谋部、军令部、军务部，民政部以下设各司，众曰"可"。当场宣布通过，次早请都督公布施行。（此条"漫无秩序"以下，《日记》改为：余商前谘议局议长汤化龙等，草定各种条例，谓为同盟会本部所拟者，免各同志怀疑。余复请各同志于二十五日集教育会开会，到会者数百人。余提出所拟条例，一一讨论，获全体通过。计都督府组织条例，分为军政、民政两大部分，由都督统辖之。总司令一人，下设参谋部、军令部、军务部，民政设政治部，下分内务、外交、教育、实业、司法、理财各司，司之下设各科。当时有疑部之名称等于中央规制，余与诸同志议，皆以军府初建，宜崇体制，以便与友邦交涉，众无异议，当场宣布通过。次日请都督公布施行。其后各省先后光复，各建都督府略依鄂军政条例。直至大一统政府成立于南京，各省悉依省区制度，废部为司。）

武汉大学历史系中国近代史教研室编《辛亥革命在湖北史料选辑》，湖北人民出版社 1981 年版，第 154～155 页

10 月 16 日（八月二十五日）　鄂军都督府公布《军政府组织条例》（《中华民国军政府暂行条例》）。杨开甲任参谋部长，杜锡钧任军令部长，孙武任军务部长，汤化龙任政事部长。刘公出任总监察。

《中华民国军政府暂行条例》：

第一章　都督府

第一条　都督府置各部如下：

一、军令部；二、军务部；三、参谋部；四、政事部。

第二条　前各部均直辖于都督，受都督之指挥命令，执行主管事务。

第三条　军令、军务、参谋部自下级军官以上，政事部自局长以上，均由都督亲任。

各部及各营下级军官由该长官呈请都督札任；各地方行政长官由政事部呈请都督札任。

第四条　关于军政重要事项,由都督召集临时军事参议会或顾问会,议决施行。

第五条　都督设置秘书官若干员,由都督自行辟用。军务部总务课员应兼充秘书官。

第六条　凡发布命令及任免文武各官,均属都督之大权。

第二章　司令部

第七条　司令部总长由都督兼任。

第八条　司令官分二种:

一、中央司令官若干人,由都督亲任;二、地方司令官若干人,由各地军事长官兼充,秉承都督执行任务。

第九条　司令部设幕僚如下,由司令官呈请都督札任:

一、收掌员二人;二、书记员四人;三、传达员四人。

第三章　军务部

第十条　军务部置部长一人,副长一人及七科如下:

一、总务科;二、军事科;三、人事科;四、军需科;五、经理科;六、执法科;七、医务科。

第十一条　总务科掌左列事项:

一、属于机密事项;二、关于军事公文书类之收发、编纂、保存事项;三、印刷及翻译军事文书事项;四、关于征发物件、图表、报告及统计事项;五、依例规应办庶务及不属于各科事项。

第十二条　军事科掌左列事项:

一、建制及编制事项;二、军队配置事项;三、演习及教练事项;四、动兵计划、戒严及征发事项;五、体式、军服、军章事项;六、关于战时诸规则事项。

第十三条　人事科掌左列事项:

一、关于将校士官及附属文官之进退任免、分科定俸事项;二、关于各项人员名簿及兵籍事项;三、关于军事恩给、进位、赏与事项。

第十四条　军需科掌左列事项:

一、关于军事出纳、预算、报告事项;二、关于军官士兵俸给及旅费之规定事项;三、关于军装粮饷及马匹给与之规定事项。

第十五条　经理科掌左列事项:

一、关于军装被服之制造及检查事项;二、关于军用器械及马具事项;三、关于军事各制造厂之管理事项;四、关于军事诸建筑事项。

第十六条　执法科掌左列事项:

一、关于军事裁判事项;二、关于犯罪事项,应由军法会议议决施行;但都督有特赦命令者,不在此限。

第十七条　医务科掌左列事项:

一、关于卫生及饮水用水事项;二、关于医疗病院及各营疗养事项;三、关于卫生材料及恤兵团体之组织事项。

第十八条　各科职员之配置另定之。

第四章　参谋部

第十九条　参谋部置参谋长一人,副长二人,参谋官若干人,由都督于将校中选深通军事学者亲任之。

第廿条　正副参谋长辅佐都督参画防战及关于用兵一切事项。参谋部应行各事,经都督核准画诺后,即移送于各该管主任部科执行。

第廿一条 参谋部关于本部文记收掌各事项人员,由参谋长自行辟用。

第五章 政事部

第廿二条 政事部置部长一人,副长一人及七局如下:

一、外务局;二、内务局;三、财政局;四、司法局;五、交通局;六、文书局;七、编制局。政事部条例另定之。

第六章 附则

第廿三条 本条例自经都督核准之日即公布施行。

第廿四条 本条例在鄂省大定,交战团体巩固之日,即行废止,另由都督令军政府国民组织临时议会,公举政务委员,分负责任。

《中华民国公报》,1911 年 10 月 22 日。辛亥革命武昌起义纪念馆等编《湖北军政府文献资料汇编》,武汉大学出版社1986年版,第50~52页

逸民(黄中垲)《辛壬闻见录》:

二十五日晨起,有人来告,谘议局门首张黄榜,大书《军政府组织条例》。予等闻之,知昨日之稿已实行。乃同入谒都督,见局中各房舍已空阒无人。询之,知孙武、张振武等昨夜归来,命人以黄纸缮录条例,榜诸门外。遂按照条例自任职务,纷纷迁出,各觅屋舍组织机关去矣。孙自任军事部长,此外者或由孙指派,或自任,条例所载职务一时都尽,不及知者徒呼荷荷而已。于是都督之监视亦渐懈。予等入见,都督问曰:"军事部已有人担任组织,君等政事部何时开办?"予等对曰:"政事部人员已粗有预备,但候都督令委,始能着手组织。惟军政府虽告成立,而都督尚未有印,殊无以示尊崇而资信守,拟刊刻铜印一方,文曰:中华民国军政府之印。俟印成恭送入府,再列单请公委令。"都督谓事势急迫,毋徒尚虚文,君等可即组织,俟印成再补给令委。予等奉命而退,乃公推汤化龙为政事部长,组织人员如下:

政事部长:汤化龙;

内务局:舒礼鉴;

外交局:黄中垲;

理财局:胡瑞霖;

交通局:马中骥;

司法局:张国溶;

文书局:万声扬。

择兰陵街旧高等学堂为政事部公署。下午军政府印成,赍送都督,请其分别令委。至夜委状已下,遂定次日开始办公,复自刻木质关防,以本部成立正式呈报都督。

湖北省图书馆《辛亥革命武昌首义史料辑录》,书目文献出版社 1981 年版,第 11~12 页

何锡蕃《武昌起义战守实录》:

二十五日,因军务烦密,乃分四部以治:一、参谋部,杨开甲任之,其协领交林翼支接管;二、军令部,杜锡钧任之,协统交锡蕃接统;三、军务部,孙武任之;四、民政部,汤化龙任之。刘公任总监察,蔡济民任各部稽查长。谭人凤、孙发绪由安徽来,聘为都督顾问官。

中国人民政治协商会议湖北省暨武汉市委员会等编《武昌起义档案资料选编》上卷,湖北人民出版社1981年版,第39页

民史氏《张振武之革命战史》:

二十五日,因军务繁密,非一人所能肩任,乃分为四部:一参谋部,杨开甲任之;二军令部,杜锡钧任之;三民政部,汤化龙任之;四军务部,君自任之。参议四人:刘度成、聂豫、邓玉

麟、李易[翊]东任之。此外刘公任总监察,蔡汉卿任外部稽查长,蔡济民任各部稽查长。时谭人凤、孙发绪至,当请为都督顾问,擘画一切,深中机宜。

二十六日,君布置军务,更分全部为七科:李作栋任总务,冯昌言任军事,胡瑛任外交,李华模任军需,邢伯谦任经理,陈汉卿任军法,纪光汉任军械,蔡鹏来任人事,各事所事,秩序井然。

中国人民政治协商会议湖北省暨武汉市委员会等编《武昌起义档案资料选编》中卷,湖北人民出版社1982年版,第396页

居正《辛亥札记》:

都督府举定职员　八月二十六日,条例由都督公布后,即按条例举人。于是举黎都督兼总司令,杨开甲为参谋长,吴兆麟、杨玺章二人副之,杜锡钧为军令部长,众无异议。适举军务部长时,余思参谋、军令纯属新军中旧有之标统、营长等,而军务行政,关于武器粮秣,悉为革命军之命脉,非余同志不可,乃力推孙武。座中有谓军务繁剧,宜速成立,孙某炸伤未愈,恐一时不能任事。余曰无妨,孙武可力疾从公,并举张振武、蔡绍忠为副(紧急事务由邓玉麟、李翊东协理),议遂决。民政部则举汤化龙为民政部长,以下各司,由彼选人,请都督委任(查光佛、苏成章为教育部正、副部长,胡瑞霖、陶得峴为理财正、副部长。嗣经众同志发生异议,复改选李作栋任理财部长,杨时杰为内务部长,胡瑛为外交部长,张知本、彭汉遗为司法正、副部长)。人选既定,各依条例组织,都督府气象焕然一新。

总监察刘公　仲文初在谋略处主持一切,劳顿异常。迄都督府组织完成,而仲文可以少息。乃有一部同志,均以仲文既不得任都督,又未任部长,公推为总监察,监督都督以下各职司。时有以总监察名目过大,且都督府组织条例无此规定,似属不合,群议沸腾。余曰:"刘公才望,司总监察最相宜。当兹革命初兴,大敌未灭,成败利钝,尚不可知。若因此而启争端,则败亡可立见也。"议遂寝。而总监察之府,于是乎成立。昔日之"沔阳监学",则任为总监察府之监印刘一矣。

武汉大学历史系中国近代史教研室编《辛亥革命在湖北史料选辑》,湖北人民出版社 1981 年版,第 155 ~ 156 页

胡祖舜《武昌开国实录》:

成立总监察处　战争进行,军政机关,漫无节制,众议以同盟会孙总理尝有监察权之创说,因组织总监察处,以为军政府最高监察机关。时南京尚未光复,临时政府,亦未成立,简章内所谓"大总统"者,固虚拟之词也。某日由都督召集会议,公举刘公为总监察,谢怀霞为秘书长,徐万年为稽查部长,曾尚武副之,刘斌一为参议部长,曾振汉副之。其后刘任北伐左翼总司令官,北进襄阳,邓玉麟代理之。其简章如下:

鄂军政府总监察处暂行简章

名称

第一条　本处系奉全国大总统之命,监察鄂军政府各部用人行政而设,故名曰鄂军政府总监察处。

宗旨

第二条　本处系监察军政府各部用人之当否,行政之得失,并督促改良一切进行事宜,以泯灭私见、用昭大公为宗旨。

职员

第三条　本处职员,置秘书长一员,秘书若干员。内分二部:(甲)稽查部,置正长一员,副长一员,稽查若干员。(乙)参议部,置正长一员,副长一员,参议若干员。

任用

第四条　总监察由开始组织起义机关诸人公同推选，呈请大总统亲任；稽查、参议二部人员，亦由开始组织起义机关诸人，公同推举，会同总监察呈请大总统加札委任。

第五条　总监察、秘书长暨稽查、参议二部人员，均以光明正大、刚直不阿、洞晓事理、资望素孚者为合格，或即在开始组织机关诸人内选举，或在起义诸人以外选举，但非开始组织起义诸人，只有选举权，不得有被选举权。

权限

第六条　军政府各部正副长及内秘书官，须由本处公议推选，商请都督委任；各部科长，由各该部长自行选择，呈明本处认可后，再由本处商请都督委任；但各该部人员既经任事之后，如经本处查有溺职徇私等情，即行据实弹劾，咨明都督核办。

第七条　本处有监察军政府全体之责，虽都督有负职等事，亦得禀请大总统核办。

附则

第八条　各省军政府成立之时，须各设立该省总监察处，俟各省统一后，或改建总监察机关，或即将此机关废止，临时禀请大总统酌定施行。

胡祖舜《武昌开国实录》上册，武昌久华印书馆1948年版，第73～75页

△ 中华民国军政府之机关报《中华民国公报》在武昌创刊。革命党人牟鸿勋任总经理，张越任主笔。

胡石庵《湖北革命实见记》：

中华民国公报已于是日发行，遍皆送阅，不取资。其主笔名张越，为两湖师范学生，文字殊淹博，令人爱慕。余阅报后，心欣慰久之，觉吾湖北报界至兹始一放光采也。

武汉大学历史系中国近代史教研室编《辛亥革命在湖北史料选辑》，湖北人民出版社1981年版，第25页

张肖鹄《回忆辛亥武昌首义》：

这时牟对我说："我已给都督商量办一个报，我们组织报馆去。"随后找着大朝街官纸印刷局地址，办起报来。开始筹备的人，都是两湖同学。牟任总经理，任岱青副之；张荫亭任正主笔，我副之。还预定有蔡良忱、朱峙三、刘菊坡三人，因渠等原系在报馆作社论多年的人。此外会计、庶务、编辑部、发行部、印刷部都派有专人负责。《中华民国公报》遂于十月六日（八月二十五日）出版。张荫亭同任岱青撰发刊词，我作了几篇社论如《说民国》、《说反清》和檄各省的檄文等。以后商定：荫亭除撰文外，核定电报稿；我除撰文外，核定编出的本省、外省新闻；任岱青除撰文外，专管各部的杂碎事务。过了一个月，政事部各局改为部，周鹏程为内务部副长，邱前模为总务科长。邱与鹏程商量，要我去担任副科长，给他帮忙。自此我遂白天在总务科专门核稿，晚间到报馆核发所分的稿件付印。

中国人民政治协商会议湖北省委员会《辛亥首义回忆录》第4辑，湖北人民出版社1981年版，第186页

〔日〕宗方小太郎《辛壬日记》：

叛军司令部自十五日起发行《大汉报》，自十六日起又发行《中华民国公报》。

章伯锋、顾亚主编《近代稗海》第12辑，四川人民出版社1988年版，第16页

△ 鄂军都督府悬赏缉拿瑞澂、张彪，并以黎元洪名义发布谕令，严肃军纪，规定军法。

胡石庵《湖北革命实见记》：

二十五日，武昌军政府出有赏格，拿获瑞澂、张彪者赏一千元，得敌军主将者赏五百元。

更有紧要命令,严肃军纪,规定军法。计共十二条,录如下:

军政府紧要谕令:

一、宪兵务分别派人分途巡查。

二、巡查专以军纪风纪为主旨。

三、巡查如遇有冒充军人到处劫抢以及扰害商民情事,当即扭至执法处审办。

四、各协、标、营官兵,一律不准私自出营,到处散逛,新兵尤宜注意。

五、暗号务各记明,如经查问不对,即扭执法处惩办。

六、本都督不时亲诣各协、标、营审查,倘有不遵军纪情事,定以军法惩治。

七、夜晚无命令,不准携枪擅入民家搜索。

八、各协、标、营务各设置风纪卫兵,以维持军律。

九、凡在街逡巡兵士,非有官长领带者,须即各回原营,不准三五成群,在街闲游;如违,定以军法从事。

十、各协、标、营业已编练成立,仰各级官长督率老兵,将现招新兵,迅速演说训练,并演说此次宗旨及大概情形,俾资鼓舞。

十一、各协、标、营迅将伙伕招齐,并将炊具赶紧整理完善(如无铜锅,可赴善后局领取)。

十二、各官兵武器装具,应整顿齐全,饭锅水瓶,尤为紧要。

以上各条,各协、标、营官兵,即应懔遵,倘有违犯,定即分别重惩,决不姑宽,毋谓本都督言之不预也。

切切此谕。

此谕令外,又有严厉之法令八条如下:

一、军队中上至都督,下至兵伕,均一律守纪律,违者斩。

二、无论原有及新募兵士人等,有三五成群不归编制者,以及至编制内擅离所在、易装私逃者斩。

三、擅入民家,苛索钱财及私行纵火者斩。

四、军队中各干部如有不遵约束者斩。

五、官兵不受调遣【违】背命令者斩。

六、擅自放枪恐骇行人往来者斩。

七、兵士中如有挟私杀同胞者斩。

八、如在当铺强当军装物件者斩。

武汉大学历史系中国近代史教研室编《辛亥革命在湖北史料选辑》,湖北人民出版社 1981 年版,第 23 ~ 25 页

△《大汉报》刊载《中华民国军政府鄂军都督布告》。

《中华民国军政府鄂军都督布告》:

我父老兄弟诸姑姊妹呀,现在我们起兵跟我们的祖先复仇,业已把武昌克复转来了,你们不要害怕。但是,各人要守本分。第一不要扰害各国租界,不要害外国人命财产,不要烧领事署及教堂。因外国人没有害我们,害我们的是□人。若是害了外国人,各国都来与我们仇敌,那就不得了呢。第二要各人照旧做事。读书的还是读书;种田的还是种田;做工的还是做工;惟有商场我们军政府是要特别保护的,不准罢市,若有造谣罢市的人,是一定要罚他的。第三不要奸掳烧杀。我们的义师原是为救同胞的,若是奸掳烧杀,不是反害了同胞吗?若有奸掳烧杀的人,军政府是要杀他的。第四不要与我军为敌。若有人与军政府为敌,便不

是黄帝的子孙，我们便要仇敌待他，万不得赦他的罪呢。以上四者，特行布告。若犯了一端，就不能免罪的。大家总要遵守才好。

《大汉报》，1911年10月16日。辛亥革命武昌起义纪念馆等编《湖北军政府文献资料汇编》，武汉大学出版社1986年版，第24～25页

△ **驻汉各国领事团会议，议决承认革命军为交战团体。**

李廉方《辛亥武昌首义纪》：

自照会送出后，军政府外交部派员分途往访各领事，请其承认国民军为交战团。时俄领事敖康夫为总领事，夏维松曾留学俄国，习法律，前任方言学堂俄文教员，与俄领事素有往来，因此常渡江与之商洽。其舅李国镛，起义后，向都督投效。据国镛自述，廿三日偕维松晤俄领事，请其赞助承认为交战团，并要求清军离租界三十里外作战。俄领事云，各国国民革命，必对政府军经过胜仗，外国始肯承认为交战团。现清政府有战舰五艘泊刘家庙，瑞澂在楚豫兵舰，张彪亦在其处，荫昌不日率军南下，贵政府不先发制人，尚待何时，若拘于战地远近，是自失机宜也。维松回府，报告接谈经过，因此军政府整军渡江愈急（参照国镛日记）。又自黎元洪任都督后，外人时来访问，一日美新闻记者来访，适汤化龙在座，记者首问贵政府行何政体，化龙应声代答曰，共和政体。记者大喜而去，当即电达海内外西文报，多以大字标题（编者在政事部亲闻胡瑞霖语，其大字标题则事后留学生多言之）。同时因公往晤领事，促其承认战团者有二：其一军政分府成立，詹大悲常与胡瑛至领事署接洽（见温楚珩口述）。其一赤十字会成立，外人有加入者，赵伻葳等晤领事，亦以此进言（见伯葳行状）。又旅汉西商侦知旗军南下，往谒元洪，议约离汉口三十里开战，同时进言于领事（见夏口县志）。于是二十五日晚议决领事团承认为交战团。

李廉方《辛亥武昌首义纪》卷下，湖北通志馆1947年版，第129页

李国镛《李国镛革命事略》：

二十三日下午，维松来舍，镛即往军政府请给出入城门护照，渡江至俄领事府晤敖康夫君。敖君见面即云："贵军政府来文，要求满政府军队离租界三十里外作战地。但各国革命军起，未经战胜，各国不能承认为交战团体，并不能回答来文。两君此来，只能以私人名义接见，并不能认为贵军政府特派员。"镛骤闻此言，不胜焦灼，盖此事关系甚大，若不能办到列国认为交战团体地位，则民军此举终成泡幻。随又磋商云："贵领事素抱社会主义，汉口领事团又系阁下领袖，故都督派我等同来接洽，联络感情。况此次民军举义，原为推倒不良政府起见，想贵领事必力为赞成也。"敖君又云："现满政府有战舰五艘，泊刘家庙，瑞澂在楚豫兵舰，张彪在该处扎营。又闻荫昌不日领兵南来。贵军政府尚不能先发制人，还待何时。若必拘拘于战地之远近，是自失机宜也。"镛答云："恐攻击时有碍贵租界。"敖君谓："世界只有强权无公理。如各国为难，我必从中调停。两君转达贵军政府，总以速攻瑞澂、张彪为上策。如战胜我必首倡承认贵军政府为交战团体。"镛等握手致谢。遂连夜渡江至军政府，都督尚未就寝。镛等报告一切，请即开军事秘密会议。都督命参谋长杨君开甲招集兵谋科各员会议。镛上策云，若在两旺青山设炮攻击战舰，步队由汉口龙王庙登陆，绕租界背后，直捣刘家庙，横攻满军，两路夹击，必能制胜。在座诸君均以为然。参谋长杨连夜调炮队标统尚君安邦，步队标统杜君锡钧，指授方略。两标统连日挑选军队，秘密计划，以备克日出战。

中国人民政治协商会议湖北省暨武汉市委员会等编《武昌起义档案资料选编》中卷，湖北人民出版社1982年版，第459～460页

△ 驻汉各国军舰停泊或驶向汉口江面。10 月 20 日,停泊汉口江面的英美法德日等国军舰计十六艘;21 日,计十七艘。

《关于中国事件的函电:中国第一号(1912)》第 47 件附件 4:《代总领事葛福致朱尔典爵士函》:

有下列军舰停泊在这个港口:

英国:英王陛下军舰"蓟"号、"不列颠市场"号、"森林云雀"号、"山鹬"号、"夜莺"号。

美国:"黑勒那"号、"爱克洛"号、"威拉罗博司"号。

法国:"决心"号。

德国:"老虎"号、"祖国"号。

日本:"对马岛"号、"隅田"号。

"敏捷"号和"利普西"号可望于明日到达。

葛福谨上。1911 年 10 月 16 日于汉口。

胡滨译《英国蓝皮书有关辛亥革命资料选译》(上),中华书局 1984 年版,第 52 页

《关于中国事件的函电:中国第一号(1912)》第 61 件附件:《代总领事葛福致朱尔典爵士函》:

德国舰队司令于昨晚到达。在本港口停泊的军舰如下:

"敏捷"号、"勇士"号、"蓟"号、"森林云雀"号、"山鹬"号、"夜莺"号、"黑勒那"号、"爱克洛"号、"威拉罗博司"号、"利普西"号、"鱼雷艇 S90"号、"伊尔梯司虎"号、"老虎"号、"决心"号、"对马岛"号、"隅田"号。

葛福谨上。1911 年 10 月 20 日于汉口。

再者:"森林云雀"号军舰将于明日开往宜昌。

葛福又及。

胡滨译《英国蓝皮书有关辛亥革命资料选译》(上),中华书局 1984 年版,第 65 页

《法国外交部档案 · 喇伯第致外交部长先生》(1911 年 10 月 17 日,上海):

"戴希德号"大概昨天可以抵达汉口。即在暴乱者攻克武昌后第二天,我一得到消息,就告诉费弗尔(Faivre)舰长说,我的同行要求它到汉口去。"戴希德号"于 10 月 12 日晨 5 时启航。舰上只有一名驾驶员,赛泰(Seité)舰长带病上船。无疑是因为这个原因,舰长不能日夜兼程,而是准备一站一站逆流而上。我确实曾对他说过,欧洲人的安全没有威胁。可只是在他出发后,我才从他让人转交给我的一份摘要中得知,他沿途准备停泊南京和九江。不管怎么样,在到达南京后,他在那里可能收集到的消息会使他明白,他应不惜任何代价加速前进,16 日抵达汉口,而不是 20 日抵达。

目前扬子江上集结起了一支真正的国际舰队(各舰艇原文如下:英国:纽卡斯尔号(Newcastle),巡洋舰;卡德缪司号(Cadmus),巡洋舰;阿拉克丽蒂号(Alacrity),快艇;伍德拉克号(Woodlark),炮艇;金沙号(Kinsha),炮艇;布里托马特号(Britomart),炮艇;布兰布尔号(Bramble),炮艇;狄斯特尔号(Thistle),炮艇;南丁格尔号(Nightingale),炮艇。德国:伊尔蒂斯号(Iltis),炮艇;水獭号(Leipzig),巡洋舰;老虎号(Tiger),炮艇;雅瓜尔号(Jaguar),炮艇;多久号(Taku),鱼雷艇;格奈斯努号(Gnesenau),装甲巡洋舰;瓦特兰号(Vaterland),炮艇。法国:戴希德号(Décidée),炮艇;迪普莱克斯号(Dupleix),巡洋舰;克莱贝尔号(Kléber),巡洋舰;科贝号(Kobé)。奥地利:弗朗兹 · 约瑟夫号(FranzJoseph),巡洋舰。俄国:曼茹尔号(Mandjour),炮艇。美国:维拉拉博斯号(Villalabos),炮艇。日本:隅田丸(Sumida),炮艇;达

楚达号(Tatsuta),巡洋舰;马基库牧号(Makikumo),反鱼雷艇)。武汉陷落时,汉口只有五艘炮艇:两艘英国炮艇,"狄斯特尔号"和"南丁格尔号";一艘德国炮艇,"瓦特兰号";一艘美国炮艇,"维拉拉博斯号";以及一艘日本炮艇,"隅田丸"。

下面是自那以后逆江而上的外国战舰名单:

英国:"纽卡斯尔号",巡洋舰;

"卡德缪司号",同上;

"阿拉克丽蒂号",温斯楼(Winsloe)海军上将的快艇;

"伍德拉克号",炮艇;

"金沙号",上游炮艇;

"布里托马特号",炮艇;

"布兰布尔号",同上。

日本:"对马岛",装甲巡洋舰,挂旗舰旗。

德国:"伊尔蒂斯号",炮艇;

"水獭号",巡洋舰;

"老虎号",炮艇;

"雅瓜尔号",同上;

"多久号",鱼雷艇。

法国:"戴希德号",炮艇。

除这些舰艇外,尚有:

奥地利巡洋舰"弗朗兹·约瑟夫号";

德国装甲巡洋舰"格奈斯努号";

俄国炮艇"曼茹尔号",目前在符拉迪沃斯托克(海参崴);

以及"迪普莱克斯号",无疑还有"克莱贝尔号"。

最后,日本第三舰队全体舰只都将在中国水域重新集结。这个舰队新近增加了目前在旅顺港的"达楚达号"巡洋舰和新反鱼雷艇"马基库牧号"。

集结在汉口的各国海军力量目前由日本海军司令川岛统一指挥。

国家清史编纂委员会文献丛刊《辛亥革命史资料新编》
第7卷,湖北人民出版社2006年版,第210~212页

〔日〕内田顾一《湖北革命战见闻日记》:

廿一日……龙田丸午后一点钟入港,隅田丸今晨向大冶出航。

奥国一艘军舰午后三点钟入港。至此本埠停泊外国军舰计英五、德五、美三、日三、法一,共计十七艘。又预定近日入港的有军舰一艘、驱逐舰一艘。

《辛亥革命史丛刊》编辑组编《辛亥革命史丛刊》第3辑,中华书局1981年版,第169~171页

△ **清海军提督萨镇冰率兵轮抵达汉口。**

《关于中国事件的函电:中国第一号(1912)》第10件:《朱尔典爵士致格雷爵士电》(1911年10月17日发自北京,同日收到):

萨镇冰提督于昨日抵达汉口,但在援军到达之前,他或许将不采取任何行动。他已向日本舰队司令保证,将不使租界遭到危险。

胡滨译《英国蓝皮书有关辛亥革命资料选译》(上),中华书局1984年版,第4页

英文《汉口日报》:

《萨提督抵汉》:据说昨晚看见有一两艘船在黑暗中进港的信号,人们认为信号是萨提督的旗舰发出的。

《汉口日报》,1911年10月16日。《辛亥革命史丛刊》编辑组编《辛亥革命史丛刊》第5辑,中华书局1983年版,第198页

英文《汉口日报》:

《叛乱》:萨提督于昨日清晨到达的消息不确,但上午11时他的旗舰发出信号,一个半小时以后停泊于集结的清舰之中。他立刻照会各国领事,保证无论采取何种行动,都不会危及租界安全。提督的到达使舰队又增加两艘巡洋舰,现在横泊江面有三艘鱼雷艇、三艘炮舰和三艘巡洋舰,旗舰则停泊靠近刘家庙车站。

《汉口日报》,1911年10月17日。《辛亥革命史丛刊》编辑组编《辛亥革命史丛刊》第5辑,中华书局1983年版,第199页

编者按:萨镇冰率军抵汉时间,另有记述为10月17日(八月二十六日)者。如张国淦《辛亥革命史料》:"中国海军以海圻、海筹、海容、海琛四舰著称(海圻游欧未返),统率全军者,为统制萨镇冰,帮办沈寿堃。是月二十六日,萨乘楚有兵舰抵汉,其时海琛上驶,同行者有楚同、江贞、江利三炮舰,在阳逻相遇者有建威、建安、楚泰三炮舰,湖鹰、湖隼两鱼雷艇。海琛抵阳逻后,海容、海筹亦相继至,萨初驻楚有,继移海容,沈驻楚泰,继移海琛。"(张国淦《辛亥革命史料》,龙门联合书局1958年版,第186页)汤芗铭《辛亥海军起义的前前后后》:"辛亥八月二十一日(旧历)早晨六点,萨到我寝室,给我看一件北京海军部发来的急电,上面写着'亲译'二字,已由萨先生用密码本亲自译出,大意是说八月十九日武昌兵变,两湖总督瑞澂已出城到楚豫兵舰,除已派陆军进剿外,望即亲率军舰前往武汉,海陆夹攻云云。当时停泊在上海黄浦江的军舰不多,有一些正在船坞修理,不能立即航行,只有楚有一舰能够立即出发。萨先生命我一面拟电告知在山东附近海面作夏季演习的海容、海琛两舰星夜开赴武汉,一面通知楚有速准备开船。我同萨先生于二十一日下午到了楚有舰上,所有参谋、副官、秘书的事务都由我一人担任。长江夜航不易,找得汉口领江公司中的一个姓冯的领航。八月二十六日早晨,到达汉口刘家庙附近江面,长江舰队统制沈寿堃已先从九江到了汉口指挥舰队。沈和各舰长都来楚有向萨报告情况。"(中国人民政治协商会议全国委员会文史资料委员会编《辛亥革命回忆录》第6集,文史资料出版社1981年版,第88页)

△ 袁世凯托病不出,上奏沥陈病状。

《宣统三年八月二十五日新授湖广总督袁世凯奏折》:

太子太保新授湖广总督臣袁世凯跪奏,为叩谢天恩,并沥陈病状,暂须赶为调理,恭折仰祈圣鉴事:

窃臣恭阅阁钞,宣统三年八月二十三日内阁奉上谕"湖广总督著袁世凯补授,并督办剿抚事宜,迅速赴任,毋庸来京陛见"等因。钦此。又同日奉上谕"袁世凯现简授湖广总督,所有该省军队暨各路援军均归该督节制调遣"等因。钦此。自天闻命,频地滋惭。伏念臣世受国恩,愧无报称。我皇上嗣膺宝箓,复蒙渥沛殊恩,宠荣兼备。徒以养疴乡里,未能自效驰驱。捧读诏书,弥增感涕。值此时艰孔亟,理应恪遵谕旨,迅赴事机。惟臣旧患足疾,迄今尚未大愈。去冬又牵及左臂,时作剧痛。此系数年宿疾,急切难望全愈。然气体虽见衰颓,精神尚未昏瞀。近自交秋骤寒,又发痰喘作烧旧症,益以头眩心悸,思虑恍惚,虽非旦夕所能就痊,而究系表症,施治较旧患为易。现当军事紧迫,何敢遽请赏假。但委顿情形,实难支撑。已延医赶加调治。一面筹备布置。一俟稍可支持,即当立[力]疾就道,藉答高厚鸿慈于万一。

所有微臣叩谢天恩,并沥陈病状缘由,理合恭折具陈,伏乞皇上圣鉴,训示。再此折系借用河南彰德府印拜发,合并陈明。谨奏。

中国史学会主编《中国近代史资料丛刊·辛亥革命》(5),上海人民出版社1957年版,第333页

胡祖舜《六十谈往》：

战事既启，势复难遏。清廷知亲贵用事，大局更无可挽回，乃于八月二十三日，起用前军机大臣太子太保之袁世凯为湖广总督，节制各军。世凯初以足疾辞，继因遂其以北洋旧部为统兵大员之志愿，始允就职。

武汉大学历史系中国近代史教研室编《辛亥革命在湖北史料选辑》，湖北人民出版社1981年版，第97页

李廉方《辛亥武昌首义纪》：

中日战争后，清廷命胡光[燏]棻练新军，成立十营于天津，号定武军。光绪二十一年冬，由袁世凯统率，增至七千人，号新建军，驻天津小站，北洋派盛称之小站练兵始此。军官多系北洋武备学堂出身，其后成为袁系中坚，如起义时先后犯鄂之冯国璋、段祺瑞，与民国后继段督鄂肆虐之段芝贵皆是。二十四年，戊戌变法，世凯本附维新派以自重，临时告密，卖友求荣，其居心叵测，可以概见。次年，荣禄督直，练武卫五军，其前后左右四军，以聂士成董福祥马玉昆及世凯分统，是年世凯即率所部赴山东巡抚任。其次年，拳匪乱作，士成战死，福祥遣戍，玉昆势孤，惟世凯势力日炽。又二年升任直隶总督，其次年会办练兵处，先后成立北洋六镇，多方饵其官，使人人心目中惟知有袁宫保一人，与张文襄在鄂练新军惟以强国为务者异趣。时逆迹已著，鄂臬梁鼎芬专折参劾，有曰"狼抗朝列，虎步京师"。及三十二年，清设陆军部，铁良为尚书，一、三、五、六等四镇直隶陆军部，世凯势力为之稍挫。宣统立，以世凯附后，幽禁光绪至死，免其职。然而袁系爪牙，犹多任六镇将弁，军方潜势力固存也。及武昌首义，清廷张皇失措，有人建议起用失职汉奴，藉缓和人心之名，而实行以毒攻毒之计。狼子野心之世凯，利用时机，其羽翼徐世昌等复为周旋，遂于首义后三日，简授世凯为湖广总督，并节制调遣各军，世凯佯以足疾辞。及清廷敦促，乃要求条件六项：一明年即开国会；二组织责任内阁；三宽容此次起事之人；四解除党禁；五须委以指挥水陆各军及关于军队编制之全权；六须与以十分充足之军费。一、三、四不过应付之文，二、五、六等则司马昭之心具见。

李廉方《辛亥武昌首义纪》卷下，湖北通志馆1947年版，第145～146页

△ 江苏谘议局议长张謇至苏州，与江苏巡抚程德全商讨上疏清廷，请改组内阁，宣布立宪。奏疏由张謇起草。

张国淦《辛亥革命史料》：

八月二十五日，江苏巡抚程德全等电奏，请现任亲贵内阁解职，酿乱祸首处分，提前宣布宪法，留中不发。

程德全等奏云："窃自川乱未平，鄂难继作，将士携贰，官吏逃亡，鹤唳风闻，警闻四播，沿江各省，处处戒严，朝廷分饬荫昌、萨镇冰，统率军队，水陆并进，并召用袁世凯、岑春煊总督川鄂，剿抚兼施，其烦圣明南顾之忧者亦至矣。而民之讹言，日甚一日，或谓某处兵变，或谓某处匪作，其故由于沿江枭盗本多，加之本年水灾，横连数省，失所之民，穷而思乱，止无可止，防不胜防，沸羹之势将成，曲突之谋已晚。论者佥谓缓急之图，必须标本兼治。治标之法，曰剿曰抚；治本之法，不外同民好恶，实行宪政。臣亦曾以是概要，上陈明听。顾臣等今日广征舆论，体察情形，标本之治，无事分途，但得治本有方，即治标可以一贯。臣等受国厚恩，忝膺疆寄，国危至此，无可讳饰，谨更披沥为我皇上陈之：自内政不修，外交失策，民生日蹙，国耻日深，于是海内人士，愁愤之气，雷动雾结，而政治革命之论出。一闻先皇帝颁布立宪之诏，和平者固企踵而望治理，激烈者亦降心而待化成。虽有时因外侮之侵陵，不无忧危之陈请，然其原本忠爱，别无贰心，已为朝廷所矜谅。惟是筹备宪政以来，立法施令，名实既

不尽符，而内阁成立以后，行政用人，举措尤多失当。在当局或亦有操纵为用之思，在人民但见有权利不平之迹。志士由此灰心，奸邻从而煽动，于是政治革命之说，一变而为种族革命之狂，而蓄祸乃烈矣。积此恶感，腾为谬说，愚民易惑，和者日多。今若用治标之法，必先用剿，然安徽、广州之事，既再见三见，前仆后起，悠不畏死。即此次武昌之变，督臣瑞澂夙抱公忠，其事前防范，何尝不密，临时之戒备，何尝不严，而皆变生仓卒，溃若决川，恃将而将有异心，恃兵而兵不用命，即使大兵云集，聚党而歼，而已见之患易除，方来之患仍伏，有形之法可按，无形之法难施。以朝廷而屡用威于人民，则威亵，用威而万有一损，则威尤亵，是剿有时而穷。继剿而抚，惟有宽典好言，宽典则启其玩，好言则近于虚，纵可安反侧于一时，终难导人心于大顺。况自息借商款昭信股票等事，失信于人民者，已非一端。今欲对积疑怀贰之徒，而矢以皎日丹青之信，则信已亵，不信而有违言，则信尤亵，是抚亦有时而穷。故臣等之愚，必先加意于治本。盖治病必察其脉，导水必溯其源。种族革命之谬说，既由政治革命而变成，必能餍其希望政治之心，乃能泯其歧视种族之见，然苟无事实之施行，仍不足昭涣号之大信。今舆论所集，如亲贵不宜组织内阁，如阁臣应负完全责任，既已万口一声。即此次酿乱之人，亦为天下人民所共指目。拟请宸衷独断，上绍祖宗之成法，旁师列国之良规，先将现任亲贵内阁解职，特简贤能，另行组织，代君上确负责任，庶永保皇族之尊严，不致当政锋之冲突。其酿乱首祸之人，并请明降谕旨，予以处分，以谢天下。然后定期告庙誓民，提前宣布宪法，与天下更始，庶簧鼓如流之说，藉口无资，潢池盗弄之兵，回心而释。用剿易散，用抚易安。否则伏莽消息其机牙，强敌徘徊于堂奥，民气嚣而不能遽靖，人心涣而不能遽收，眉睫之祸，势已燎原，膏肓之疾，医将束手，虽以袁世凯、岑春煊之威望夙著，恐亦穷于措施，微论臣等。臣等亦知急迫之言，非朝廷所乐闻。然区区血忱，实念国步艰难之甚，民情趋向所归，既无名誉可沽，惟有颠脐是惧，是以甘冒斧钺，不遑顾忌。如尚不蒙圣明垂察，则负戾滋重，惟有恳恩立予罢斥，敬避贤路，免误国家，臣等不胜激切屏营待罪之至。”

此次程德全等电奏，留中不发，原奏当时未见，后吴县杨廷栋于民国四年将底稿装成卷轴，知是南通州张謇手笔。杨廷栋跋云“辛卯[亥]八月十九日，武昌举义，汉口、汉阳同时归附。云阳程公德全方抚苏，观时局至此，思为清廷尽最后之忠告，嘱廷栋偕华亭雷君奋，邀通州张公謇莅苏熟议。张公适乘沪车由宁赴沪，乃与雷君迎至锡站，谒张公于车中，具白所以，即同往苏抚署聚谈。晚复同寓苏站西偏数十步之惟盈旅馆，乃篝灯属电奏稿。初，张公自起草。继，张公口授，而雷君与廷栋更番笔述之。稿成已三鼓。翌晨，清稿送署，张公即去沪。程公得稿，先通电各省将军督抚，征求同意，联衔入告。廷栋复私电金君还，转请赵公尔巽领衔，时八月二十二日也。越两日，热河都统溥颋、山东巡抚孙宝琦复电赞成列名，铁路大臣端方、两广总督张鸣岐复电云‘时机尚未至’，四川总督岑春煊表示赞成之意，而不允列名，其余皆置不答。时赣已宣告独立，皖又岌岌不保。程公以事益迫，再缓即入告无益，因于二十五日，以溥公为领衔，并孙公三人，具名电京，而溥公又来电云：赵公尔巽不以此举为然，特请取消前允具名之事，并径电内阁声明。时赵公方总督东三省也。张公鸣岐又来电云：此奏不可不发，愿附名，其实电已前发，取消赞成，均无及矣”云云。

在八月二十七日，内阁阁臣华世奎告余：“江苏程雪帅(德全)电奏，时局危迫，揭破政治革命，种族革命，向来疆吏不敢据以上闻者，可谓有胆。其电奏大要：请罢免现任亲贵内阁，另简贤能，并惩办酿乱首祸之人，提前宣布宪法。”余言：“当轴对此电奏如何?”华言：“摄政王不置可否，庆邸自知才力不足，屡屡乞休，今日得此电奏，总协理一同恳求罢斥，泽、洵、涛三人，不以为然，泽尤强硬，言荫昌大军，已到汉口，指日可平。”华询余意见，余言：“此次武昌起事，在民党方面，酝酿不止一朝，其潜伏势力，弥漫全国，若视为武昌一隅，能用大兵剿灭，便是错误，当求其他方法解决。雪帅电奏办法，如在两三年前，或可有效。现在局势如此，似非此种常谈所能挽回。雪帅岂有不知，但身任疆吏，不得不如此立言耳。"华叹息言："误国全在载泽一人，当以此言转陈总协理。"

张国淦《辛亥革命史料》，龙门联合书局1958年版，第271～273页

10月17日(八月二十六日)　鄂军都督府在谘议局门前举行祭天大典，黎元洪登坛致祭。

逸民(黄中垲)《辛壬闻见录》：

胡瑞霖又请于明日登坛誓师，都督亦许之。胡乃遣人召匠于阅马场(即谘议局门前)中间高建木台，又嘱舒礼鉴预撰祭文，备明日登坛之用。

二十六日下午二时，都督登台誓师，予等皆往观礼。都督着蓝色夹军服，肩领皆不着阶级，悬军刀一柄，登台时气色从容，向军旗行三鞠躬礼，展读祭文，简单致词，谓北兵南下，不日抵汉，极宜同心协力，集合队伍，整顿军容，以与北军相周旋。台高地广，语声虽高，台下人颇不易闻。演说毕，成礼而退。维时，中天一星朗然明曜，据老人言是为太白经天昼见，主国有兵灾，史册所书屡验不爽。识者知国家战乱方兴未有艾也。

湖北省图书馆《辛亥革命武昌首义史料辑录》，书目文献出版社1981年版，第15页

曹亚伯《武昌革命真史》：

大众即请黎都督祭告天地。并备祭天地文，及三牲鞭炮等件。搭台于谘议局前。请黎都督登台亲读祭文如下：

黄帝四千六百零九年，仲秋下浣之六日，曾孙黎，率国民军，用牲洁酒，敢昭告于天地、山川、河海于我汉族祖宗之前曰：惟我汉族，神明之裔，沦于胡羯，二百余年。汉人实耕，满奴食之；汉人实织，满奴衣之。以四百万犬羊之种，凌驾于四百兆主人之上。缚我手足，服以胡服，而令我跪拜俯伏以供犬马奴隶之役。吸我膏血，藏之私库，而纵其骄淫嗜欲，以筑宫室池台之游。私河山为自有，取财赋若家珍。罪大恶极，擢发难数。缅维我祖，或教稼穑，或制衣裳，或平水土，或定礼乐，艰难缔造，四千余年。彼沙漠小丑，饮酪卧毡，乃敢盗窃神器，肆虐滔天，此天地、山川、河海与我祖宗之灵所共照也。自庚子以来，天诱民衷，祖宗来格，义旗屡举，未奏肤功，盖其积恶未稔，则删除难尽也。兹湖北伪督瑞澂，收我汉族军械，欲以满奴之百人，歼我国民全军。义声一动，万众同心，兵不血刃，克复武昌，我天地、山川、河海、祖宗之灵实凭临之。元洪投袂而起，以承天庥，以数十年群策群力呼号流血所不得者，得于一旦，此岂人力所能及哉？日来搜集整备，即当传檄四方，长驱漠北，吊我汉族，歼彼满夷，以与五洲各国立于同等，用顺天心，建设共和大业。凡我汉族，一德一心，今当誓师命众。日朗云空，天容如笑；江清波静，山川有光；伏维歆享，不尽血诚。谨告。

又祭告黄帝文曰：

维我黄帝纪元四千六百零九年八月二十有六日，代表鄂军都督黎元洪，率同全军人，谨以太牢玄酒之仪，恭奠于先黄帝在天之灵。伏以黄帝接中华文明之国，演神明奕祀之祚，绵衍至今，越四千余载，达四百兆子孙。圣神功德，不著寰宇，崇报盼飨，自表同情。惟是满奴入关，横侵政权。二百年来，我族痛心疾首，久思光复故物，克缵先烈，卧薪尝胆，匪伊朝夕。兹幸义旗一举，不崇朝而克复全鄂；邻疆响应，不旬日而抵定东南。众志一心，务以歼除满酋、恢复神州为目的。元洪德薄智浅，仰托先皇灵爽之凭，依赖同志进行之锐，誓必达到目的

而后已。循序布置,足与寰球各国并驾齐驱,使我五千年文明古国历史上发异常光彩,子子孙孙永保幸福。惟我先黄帝实式鉴之。尚飨。

附录礼单:

筑坛(坛前设燎火,坛上设香案,陈玄酒太牢,用小黄牛)。赞礼官(立坛上香案左)。读祝官(立坛上香案右)。全军站队。军乐队奏军乐之首章。都督率各上级将校升坛,南面(都督中立,将校旁立)。都督就香案位亲上香献牲酌酒,都督就位,跪,将校同跪。全军立正举枪。都督及将校俯伏。祝官兴。都督及将校免冠行四叩礼。读祝官跪就香案右,读祝文。读毕,祝官授爵于都督,奠酒。都督率将校整冠兴。全军枪放下。都督立坛前发誓词。毕,全军举枪三呼中华民国万岁,四万万同胞万岁,黎都督万岁。军乐队奏军乐之次章。礼毕。都督率将校下坛,回谘议局。全军整队归伍。

附录誓词如下:

维黄帝纪元四千六百零九年,八月二十六日,鄂军都督黎,谨以牺牛醇酒昭告皇天后土而誓于师曰:我祖黄帝建邦于中土,世世先哲明王,缵衍厥绪。爰迄有明,不康于政,遂丧厥宗主,眦彼满清,辱我二百余年。先祖先宗,礼乐文教,靡有遗存。钦尔有众,克振义军,丕扬我大汉之天声,光复土宇。予小子实有惭德,辱在推戴,敢用玄牡,昭告于皇天后土,与尔军士庶民,戮力协心,殄此寇仇,建立共和政体。尔惟克奋英烈,实乃无疆之休,予亦报于汝功;其或不达而有后至,予亦汝罚。嗟尔有众,尚钦念哉,决不食言。

曹亚伯《武昌革命真史》中卷,中华书局1930年版,第111~114页

△ 驻汉口各国领事团派英人盘恩持函至鄂军都督府,拜会黎元洪,表示严守中立。

曹亚伯《武昌革命真史》:

二十六日(即西历一千九百十一年十月十七号),午前十时,驻汉英、俄、法、德、日领事,公派英人盘恩持一公函送至武昌军政府,面晤黎都督。说明各国甚欢迎中国国民军之勇武文明。在武汉之外侨,又承军政府之保护,极为感激。故特承认民军为交战团,各国严守中立云云。黎都督答曰,此次武昌首义,对于本地方之外人百姓,自当尽保护之责。但湖北军队之革命,亦属出于万不得已。庚子之役,满清政府太无知识,很对各国不起。近来对于国内人民,甚为猜忌。今年又派瑞澂来鄂,遇事压迫,所以人民都不愿意,力谋自立,故有今日之举。既劳阁下之驾,又承各国领事严守中立,甚为感激,请阁下回汉口代为致谢云云。

曹亚伯《武昌革命真史》中卷,中华书局1930年版,第109页

△ 湖北黄州光复。

李长庚《黄州光复》:

一九一一年十月十日(辛亥八月十九日),武昌首义占领三镇之后,黄州闻警(黄州距省城一百八十里),全城骚动。清知府琦璋(满人,号振麟)与原驻防之黄防营统带张绍绪(河北人,号禹臣)联成一气,对于武昌首义大为不满,密议布防于黄州各要害处,以断绝长江上下游之路线,并有会合九江之海军,水陆进攻武汉之企图。议商未动,适以黄防营兵士欠饷过多,筹措不易,兵士闻武昌首义,恐饷无着,于是蜂拥至府、县两署坐索,并焚其标署。此项消息传至武汉,都督府内之党人重要分子认为有派人东下招抚之必要。乃于十月十六日(八月二十五日),遴选都督府内籍隶黄属与熟悉黄州情形人员李长庚、黄楚楠、熊持中、涂觉民、刘子通、黄巨川以及广济之彭汉遗、方孝正等八人,克日前往招抚。李、黄等奉令后,于十月

十七日(八月二十六日)乘保生轮东下,比日即达到目的地。舟抵黄州江面,两岸寂然,并无设防表现,于是停舟于黄州对岸之樊口,登陆探听消息。据闻黄州城内虽有兵士索饷,但未大张旗鼓,似有待时暴动之可能。遂先由李长庚、黄巨川二人(二人为黄州城内人)驾扁舟密赴武昌县城(现改为鄂城)对过之黄州关上(此关为长江大轮停泊之所,距黄州城约五六里),派人进城邀约黄防营内之革命同志,如徐得贵、姚德胜、夏星午、黄厚钦等出城,在唐姓私宅密商光复黄州办法。决议于徐、姚回城后,夜半由黄防营同志举火为号(焚烧城内之河东书院),鸣枪示威,驱逐黄州官吏。届时知府琦璋、知县潘诵捷(江苏人)、标统张绍绪等见兵变,知事无可为,逃匿无踪,毫无抵抗情事。虽鸣枪并未击毙一人,黄州于是光复矣。

翌晨,黄楚楠、涂觉民、彭汉遗等在樊口得讯,即乘轮到黄州。其时黄州军民人等至岸欢迎者约在一千以上,各手执白旗一面,上书"光复汉室,还我河山"字样,欢呼之声震人耳鼓。

进城后,即就原黄州协台衙门成立鄂东军政支部,布告安民,宣传革命宗旨。

军政支部成立后,公推黄楚楠、彭汉遗为正、副主任,李长庚暂代黄防营统带,姚某、徐某、马某为黄防营三管带。熊持中任支部总务科长,涂觉民任军事科长兼教练,刘子通任政务科长兼交际,方孝正任军法科长,黄巨川任筹饷科长。同时委前黄州府经历高孝炜(福建人)为黄州知府,前戎粮厅县丞谢琦(湖南人)为黄冈县知县(因该二人赞成革命),其县丞遗缺推左项辅承乏。即用支部名义通令黄州各属,一切照常。并将光复情形电告省垣,随由黄楚楠、彭汉遗二人西上,向鄂军政府面陈一切。此十月十五、六日(八月二十六、七两日)事也。

黎都督以黄州成立鄂东军政支部,名义庞大,不以为然,乃饬令改为黄州军事办事处,令到遵行。

中国人民政治协商会议湖北省委员会《辛亥首义回忆录》第1辑,湖北人民出版社1979年版,第181~182页

居正《辛亥札记》:

黄州光复　黄冈涂觉民、熊持中闻武昌革命军起,星夜驰见都督府叙赏长李翊东曰:"黄州为长江下游锁钥,宜光复,以巩固武昌。吾与黄州驻防军早有联系,诚使晋贵一纸令,可不战而下矣。"翊东上言于都督黎公,因赐熊持中招抚令,乃使李北平、黄楚楠、涂觉民先入黄州城,谕故所知诸豪,皆受命。遂举火烧河东书院,逐知府、知县,迎熊持中入城,宣告独立。以府经厅高荷湾升任知府,彭汉遗、方孝正、涂觉民、刘子通、李大琦、熊十力、冯群先、赵作霖、满辛畲分任参谋、秘书等职。诸县闻之,立逐县令,蕲黄悉反正。

武汉大学历史系中国近代史教研室编《辛亥革命在湖北史料选辑》,湖北人民出版社1981年版,第153页

编者按:黄州光复时间,李长庚《黄州光复》一文记述前后出入,前文记述10月17日夜半光复,又云此十月十五、六日(八月二十六、七两日)事也。此处依10月17日。

10月18日(八月二十七日)　驻汉英俄法德日领事布告"严守中立",鄂军都督府除另派专员致谢外,相应备文照会。

曹亚伯《武昌革命真史》:

当时军政府招待盘恩去后,即由军政府备答谢文五份,派汤化龙、胡瑛、夏维松等,送至汉口交各国领事。于是各国领事会衔,即于次日发出布告。

曹亚伯《武昌革命真史》中卷,中华书局1930年版,第109页

《驻汉英俄法德日各国领事关于严守中立的布告》:

驻汉英、俄、法、德、日领事为布告严守中立事:现值中国政府与中国民国军互起战争。查国际公法,无论何国政府与其国民开战,该国国内法管辖之事,其驻在该国之外国人无干

涉权,并应严守中立,不得藏匿两有关系之职守者,亦不得辅助何方面之状态。据此,本领事等自严守中立,并照租界规则,不准携带军械之武装人在租界内发现,及在租界内储匿各式军械及炸药等事。此系本领事等遵守公法,敦结交谊上应尽之天职。为此閤[剀]切布告,希望中国无论何项官民,辅助本领事等遵守,达其目的,则本领事等幸甚,中国幸甚。谨此布告。

西历一千九百十一年十月十八号。

辛亥革命武昌起义纪念馆藏件。辛亥革命武昌起义纪念馆等编《湖北军政府文献资料汇编》,武汉大学出版社1986年版,第594页

《黎都督照会汉口各国领事》:

为照会事。顷准贵国各领事布告严守中立,一遵照国际公法办理,具见贵领事深明法理,笃爱友邦,本军政府不胜感戴。本军政府此次起义之由,全系民族奋兴,改革立宪假面,建立中华共和民国,维持世界和平。凡有限制本军政府之意思,不能独立自由者,本军政府纵用如何损害之手段,亦是我民族应有之权利。贵各领事既经严守中立,本军政府必力尽义务,以表敬爱友邦之微忱。除另派专员致谢外,相应备文照会。为此照会贵领事,请烦查照施行,须至照会者。

张国淦《辛亥革命史料》,龙门联合书局1958年版,第103~104页

李廉方《辛亥武昌首义纪》:

附领事团与民清两军声明中立事件之款:

一、领事团宣言,勿论何方面,如将炮火损害租界,当赔偿一亿一千万两——黎都督即承认负责保护,清提督萨【镇】冰抵汉后,亦照此声明签字为据。

二、领事团宣言,如两方交战,必于二十四点钟前通告领事团,俾租界妇孺可以先期离避。

三、领事团宣言,如两方交战,必距租界十英里以外,勿论陆军水军皆然。

领事团宣布中立后,都督随即照会各国领事,禁止洋商贩卖军用品接济清军。当时开列战时禁制品——兵器、弹药、爆发物及其材料(如铅硝琉璜等),制造机械及塞门得土,陆海军制服及武装,铁甲板船舰之制造及装修之材料,粮食及饮用品,被服及其材料,马匹马具马粮石炭及其他材料,金银货币,电信电话及建设铁道之材料(见广益丛报九月武汉纪闻)。

李廉方《辛亥武昌首义纪》卷下,湖北通志馆1947年版,第130页

胡祖舜《武昌开国实录》:

战时禁制品与航行交涉　军政府因清军有利用英国商轮运输军用品之事,九江上下,时有发现。因限定无论何国商船,晚间自六点钟至翌晨六点钟止,皆不准行驶,否则炮击。某日有一英国拖船,拖带两运船,装载煤炭粮食,以济清军,曾受我下游兵舰炮击。太古公司洞庭轮,自宜昌下驶,行经武昌,亦被我两岸炮击。因之发生交涉。我军政府因根据战时公法,两次照会驻汉各国领事,拟定战时禁制物品名单,并申明查出时即将货物及载运之船,一律充公。原文如次:

其一:照得我军业将驻刘家庙之清军逐退,应请严禁英国官商人等,违背国际公法,将附送单开,业已宣明作为战时禁制品之各物,供卖敌军。中华民国湖北军政府都督黎。印。

附战时禁制品清单:

兵器、弹药、爆发物并其材料如铅、硝、硫磺等。炮台材料水泥。陆海军人之制服及饮用品及同类之物品。马匹、马具、马粮,车辆、石炭及其同类之物品。木材、电报、电话器,并建

设铁道之材料。

其二：照得我军政府与清军政府交战，承贵领事一秉至公，承认为交战团体，并宣布中立，殊深感佩。特此照请查照前已照会贵领事禁止贵国各人民，将战时禁制品，供卖敌军，定蒙贵领事照办。我军迭次奏捷，业将清军逐退，各租界可望免受损失，足纾荩注。然如不将人民或信件助敌之事，严加禁止，清军不免乘机复起扰乱。目下情形，实于租界及本军政府，均有不便。用特照请贵领事，请即严禁英国船只及贵国人民，无论如何，不准将人民或信件接济敌军，以符公法。否则本军为自保起见，惟有将此等人民拘获，并将此等信件没收。中华民国湖北都督黎。印。

各国领事接照转报北京各国公使，各公使佥谓我军政府无权充公其货物及船只，驻汉各领事复申言"目下情形，遇事不得不与革命首领往来"，"商办之事日多，虽明知不便承认革军政府，然实不能不与之公文往来"，西历十月二十八日（即辛亥九月七日），北京各公使会议，决定大致"以为各国领事之义务，第一在保全租界治安，然设因此事而各领事以为不得不与革军往来，则各公使自不便不准，且各领事应自行决定，此节是否必不得已之事"等语，由是汉口领袖领事，以下列正式文件，答复我军政府，文曰：

本领袖领事谨致敬意于武昌统帅，并代各国领事答复十八日、二十日（按即辛亥八月二十六、二十八日）两次来文。论战时禁制品之事，所请各节，现已知照有约各国旅汉侨民，并请呈报北京各国驻使核办。本领袖领事深信贵统帅将力行设法，以恢复汉口与北京、上海各电线之交通，以便有约各国之领事，得与该政府通讯。

关于我军炮击英轮之事，英领抗议，黎都督复照表示歉意，文曰：

（上略）今晨敌军炮攻非常猛烈，本军回击之炮，致有惊恐英国船只之事，本都督特表歉仄之情。惟现在军事情形，极关紧要，实难免有意外之事，定蒙贵领事原谅。如蒙饬令英国各商船只于日间行驶，实深感荷。本都督当再严饬本军弁兵人等，竭力预防，以免惊扰外国各商轮。九江统带，亦将发给同式之命令与其所管人员，以示感佩各国保守中立正大行为，并期与公法相符。此外另有一事，敢为贵领事言之。查战争及扰乱之时，办理公务，实难望其无误。惟本都督俟战争停后，定行废除满洲治理无限荒谬之事，以增进各外国居留之人之幸福，且照文明各国之办法，令我国一律享受和平之幸福，本都督深信必能达此目的。因此之故，本都督先将所定办法奉告，并将知照九江管理各炮台之员，无故不得轰击或惊扰外国各商轮。至于本都督对于洞庭船主所禀之事，殊深歉仄。

胡祖舜《武昌开国实录》上册，武昌久华印书馆 1948 年版，第 90～91 页

《关于中国事件的函电：中国第一号（1912）》第 81 件：《朱尔典爵士致格雷爵士函》（1911 年 11 月 27 日收到）：

您从我 10 月 23 日的信中获悉，情况迫使汉口领事团不得不与起义军首领们保持某种程度的联系。

10 月 22 日，汉口领事团来电说：起义军统帅已经把一张被认为是违禁物品的清单交给各领事，这些物品如经查获，将同运载物品的船只一起予以没收。领事们说：每天出现的这些问题，需要同革命当局进行讨论；虽然他们知道不应提出承认军政府的问题，但看来不可能避免同军政府进行正式联系。他们打算把黎元洪都督关于违禁物品的通知记录在案，并且说明他们已把该通知提交他们驻北京的公使。在传阅这份电报的时候，我向我的同事们表示我个人的意见说：起义军都督没有任何权力对运载这些物品的外国船只加以没收；条约没有禁止进口的所有货物，都可以由外国船只自由运往汉口。

在各国使节10月28日举行的会议上,普遍的看法是:领事团的首要职责在于保卫各国租界的安宁;如果领事团在考虑这个目的时,认为不得不同起义军进行联系,外交团肯定不会不同意该项行动。然而,只有领事们可以决定,该项行动是否不可避免的。因此,第二天便将此意电告首席领事。

后来,我收到了代总领事的一封来信,内有与起义军都督关于这个问题的来往信件的副本。起义军都督的信件,附有他认为是战时违禁物品的一份内容颇为广泛的清单。就我所知,他假定各国领事已承认该军享有交战团体的地位一事,是没有事实根据的;我已通知葛福先生说:据我看来,目前不宜予以承认,因为这种承认将使清政府有理由提出抗议。

第81件附件1:《代总领事葛福致朱尔典爵士函》:

阁下:我荣幸地随信附上我所收到的革命军都督关于违禁品问题的两封来信的译文。在今天下午举行的领事团会议上,讨论了这个问题。因为我们听说都督对于我们继续拒绝以任何方式承认他一事感到有点恼火,所以我们决定,应由首席领事代表领事团对这两封来信表示收到。我附上首席领事送去的那封信件的副本,该信是仅用英文写的,一并送去他的外文名片。

革命军首领正在使他的地位日益巩固;对他不予理会将变得日益困难。

葛福谨上。1911年10月21日于汉口。

第81件附件4:《汉口首席领事致革命军都督函》:

首席领事谨向武昌都督致意,并代表领事团对他于18日和20日关于违禁品问题的来信表示收到。我已把该信中所提出的那些要求通知各缔约国侨居汉口的臣民,而且将把此事提交各国驻北京公使考虑。

首席领事相信,武昌都督将尽最大努力恢复同北京和上海的电报联系,以便各缔约国领事能够同他们各本国政府通讯。

1911年10月21日。

胡滨译《英国蓝皮书有关辛亥革命资料选译》(上),中华书局1984年版,第86~88页

孙中山《致黎元洪函》(1916年夏):

寅维民国肇造,实基武汉,揆文奋武,全赖大总统硕谟潜运,诸将士踊跃响义,故能撑拄半壁,震撼全国。然当时在汉口领事团于起义后第□日即行宣布中立,亦实为成功之一大原因。查各国对于他国国中起革命时宣布中立,实为国际上所罕闻,况以列强联同宣布,则尤非常之事。征之云南此次起义,各国尚未有中立之宣言,于彼靳之半年,而于此得之三日,此中关键,实有至重要者存。

盖当辛亥之秋,前清鄂督瑞澂,早闻革党起事之说,曾与某国领事约言,若有乱事发生,当由某国驻汉军舰发炮助剿,中外所知。暨大总统扶义兴师,瑞澂逃匿某兵船,即遣人晤某国领事,谓此为义和团流派,请其践约发炮。顾自庚子以还,各国曾有协定,无论何国,以后对于中国有所举动,当先通告其余,取一致行动。故于起义之后,领事团即开会议,各国驻汉领事于中国革命之运动,本无所知,几为所动。当时张彪犹在收合余众,外借强力,以摧革军。使其计得逞,则民党恐难持久,而干涉之例一开,中国亦几于不国,岂有今日之盛。方是时也,譬诸千钧悬于一发。而惟法国领事□□(即法驻汉口领事罗氏(Ulysse - RaPhacReau)下同)素于中国民间新派情形有所研究,又与文多年故交,以是深明革命党之宗旨,极有同情,当会议时,主持公道,表白革命军改良政治之目的,破彼义和团流派之说,力言干涉之非。其时各领事本无成见,遂得开悟,而干涉开炮之议以消。各国既取消开炮之议,欲表明其态

度,故从速为中立之布告。是时瑞澂满意某国能为己助,不意各国不特不助,且为中立之宣言,谋伐气夺,仓卒出奔。武汉基址,以兹永固,各省义师,以兹奋起,清廷用兵,以兹迟回,北方将士,以兹觉晤,实此中立之一宣言开之。况革命干涉之说,当时已植根甚深,得此一事,遂使全国人心涣然冰释,无杞忧狼顾之病。此其在民国之建立,功固尤高,而开不干涉之先例,使中国国权藉之更加巩固,又为不可忘之殊绩也。

文自元年以来,久闻斯事,而于领事团当时急变态度之故,莫悉其详。近日过沪,偶得来访,始知根荄。念□□本负侠义之气,虽有大功于中国,初不求人见知,惟我国报功酬德,宜有所先,发潜阐幽,责无旁贷。用敢叙其本末,敬乞大总统鉴核,从优给予法定给外国人最高勋章,以彰殊勋,必能激劝流俗,裨益邦交。

中山大学历史系孙中山研究室等编《孙中山全集》第3卷,中华书局1984年版,第334~335页

△ 清廷谕令,促袁世凯力疾就道,并促岑春煊迅速启程赴川。

《宣统政纪》:

谕内阁,电寄袁世凯,现在武昌汉口,事机紧迫,该督夙秉公忠,勇于任事,著即迅速调治,力疾就道,用副朝廷优加倚任之至意。

沈云龙主编《近代中国史料丛刊·宣统政纪》第61卷,文海出版社有限公司1989年版,第57页

《宣统政纪》:

又谕,电寄岑春煊,据电奏因疾再请开缺等语,览奏殊深廑系。该督向来勇于任事,现在川事紧急,谅亦不忍漠视,务即体念时艰,振厉精神,迅速起程,稍释朝廷西顾之忧,毋得再行渎请。

沈云龙主编《近代中国史料丛刊·宣统政纪》第61卷,文海出版社有限公司1989年版,第57页

△ 荫昌专车抵孝感,在孝感设司令部。17日停留信阳。

丁士源《梅楞章京笔记》:

二十五日下午一时,车抵郑州车站。郑州知州叶某到站欢迎,并报告军队已有二十五列车通过。但过郑州车站时,索开水及馒首,大有应接不暇之势。兵站专员至今日甫到,说话军队亦不能听。丁副官长即命宪兵两名留站,听兵站长并叶知州命令。专车旋于五时南下。当晚十时抵信阳州,有开归陈许兵备道胡某,及马兵站处长入车欢迎。马兵站处长报告,列车已有三十列南下,今夜尚有五列车可到;给养发出已达七万两,其余三万两业将用罄。时兵备道胡某亦在座,即向荫大臣曰:陆军大臣行营向来定制,不论行至何处,可就兵备道库征发款项,马兵站处长需要若干,道库即可依命令照发。现时道库存有七十万两,请大臣命令可也。时丁副官长在座,即曰:请先发十万两,随并命恽秘书官草一命令,用陆军大臣行营印信后,交与马兵站处长,向胡道领取。同时电知开封宝湘石抚台,及北京度支部大臣泽公,并由马兵站处长领款后,电报陆军部兵站总处,分别备案。胡、马二人旋即下车,陆军大臣于是加派胡道为兵站处会办。二十六日晨六时,忽有火车头一辆,带铁路公事车一辆,由南而来。车中有湖北三十二标统带官张统带手执令旗高声曰:汝等此列车缘何不开至前方。丁士源时在站台,即命宪兵将彼扣留。张曰:我乃瑞大帅派来催兵车南下,汝等何如此无理。丁曰:若瑞大帅亲来,亦遵旨扣留。张旋闻车系荫大臣专车,丁系副官长兼总执法官,乃立即跪下求恕。同时滠口车站来电,言滠口已闻炮声。并有溃兵到达滠口以北,各车站列车拥挤颇甚,请速派专员清理。丁即命宪兵押张统带至车站,并命执法官唐宝钟讯问张前方状况。张

曰:彼自汉口动身时,有一营在荆州未变,在驻马店之一营亦未变。有一营在刘家庙与革命党合作。瑞澂在楚材军舰,第八镇统制张彪,仍率辎重第八营管带萧良臣全营,并其他未变之兵,共约五百人在刘家庙,与马二十二标统带合作,并见王占元之车方通过滠口。丁核其所言属实。命张曰:汝可留车效力赎罪。丁即命车站将张所乘之车准备南下,然后赴陆军大臣车中请示。荫大臣曰:昨派一等参谋官徐孝刚南下视察,恐彼人地生疏,不如汝亲带宪兵二十名、号兵二名、馒首一万个,及现款一万元南下整理。丁遵命即于十时开车南下。过武胜关时,逢河南协统应龙翔在关视察五十二标防务。旋同乘丁氏专车至驻马店,始知五十二标两营由张锡元统带赴刘家庙,只留营底一排。同时湖北三十二标之一营樊管带来车报告。丁、应旋商定将樊管带所部之子弹,交与应统领带赴武胜关。但恐樊部起哄,作为应统带向樊借用。丁氏旋即南下。至下花园车站,由站长报告路过兵车嚣张颇甚,请留兵驻站。丁氏即命宪兵二名留站,助站长应付过站兵车。丁即开车至孝感,不见一人。丁命号兵吹召集号,约半时许,徐孝刚率护兵一名到站报告,前方恐不甚得手,彼今日尚未得食粒米。丁乃与徐同入站长室,发现站长厨房有煨鸡一锅、饭一锅,而并无一人。因之丁徐二人即于站长室大嚼一餐。半时许,食毕,站长亦至,报告艰危情形。丁命宪兵四人留站助站长办理一切。丁即开车赴祁家湾站。站长报告兵车由此站挤至滠口,无法疏通。官兵亦知三日来之误会,火车头无火无煤,人马亦燥渴颇甚。丁即命号兵吹号,召资格较深之官长。陈光远旋至。丁乃偕陈携宪兵步行至第三十五列车,丁携有十元之大清银行钞票二百元。即走登车头,唤醒似睡非睡之开车夫,与彼十元钞票两纸,命其开车。开车夫言,款不敢领,只须馒首、开水。同时请兵老爷将火车头应需之水灌满,煤已用完,可劈沿线树木升火。即由陈光远统领吹号,命附近十五列车骑兵一营,步兵一营,炮兵一营下车,用刀劈树。兼用水囊取水,以灌车头。丁并命号兵将此意用号吹令各列车照办。时已午夜十一时矣。旋回祁家湾车站,食冷馒首后,由宪兵分抬馒首四筐,前赴各列车分配与官兵及火车夫役。并命祁家湾车站电告前方各站,照此次吹号之意,详细说明,分站办理。

二十七日晨五时,列车已能行动。丁氏亦随各列车南下。及抵滠口,丁车吹集合号,代理第四镇统制第八协统领官王遇甲,第一混成协统领官王占元,二十二标统带官马继增及督队官张敬尧,辎重第八营管带官萧安国,均集合丁车,分别报告前方经过。王遇甲谓:昨日彼等退回,实因误会而发。王占元谓:误会由于我部下误击蓝衣服装之河南五十二标,及第八镇官兵之未变者所致。现在正在整理,请给发馒首及现款若干。马统带、萧管带均谓:我等正在汉口马厂附近,与乱兵战斗,车站忽乱,故致退此。然官兵身上子弹尚多则二百发,少亦有一百四十发以上,与乱党支持实已多日。现在整理,求发馒首现银,以维现状。丁问张统制彪现在何处,萧答:现在阳逻方面,有部下四百余人,尚可支持。丁遂给王占元四千元,马继增三千元,萧安国二千五百元,并命沿三道桥及阳逻府河支河布置防线,均归王遇甲指导。并将所带馒首分发各该协标营,并命如米面不敷,可征发街村所有。但必须征发官给票,注明所值,以便向兵站请领。兵站大概明日可到滠口设立。未几,第七协统领官陈光远率所部到滠。陆军大臣专车,自信阳开至孝感,即在孝感停车办公。因向南各站尚为兵车所拥挤。丁士源自滠口回孝感司令部,报告一切。并电京汉路局速在孝感以南各站添设岔道,愈多愈好,以免车辆拥挤。

丁士源《梅楞章京笔记》,文海出版社有限公司1981年版,第44~48页

《武昌首义后清方电报补抄》(四):

内阁总理大臣、军谘府、陆军部鉴:辰【密】。荫昌督率军队南下,于二十六日夜行抵信

阳。步队第二十二标,已由统带马继增于二十四日率抵汉口江岸。据报遇革徒两次来犯,军队击退,拿获三名,并夺获马匹服装等件。混成第三协受掩护,大军集中,命令由统领王占元于本日统率全【军】抵滠口附近,距汉口约四十里。前由荫昌派员密赴武汉侦探,刻据回营报告,逆匪仍占踞武汉,正事防御工作,惟尚无大股外窜情状。武昌城内,叛兵溃散颇多,前拟分布告示,令其缴械免罪,以期解散胁从。荫昌行营现驻信阳,一俟混成第四镇经过,即督率前进,早荡匪氛,上纾宸廑。乞代奏。二十七日。荫昌叩。

中国人民政治协商会议湖北省暨武汉市委员会等编《武昌起义档案资料选编》上卷,湖北人民出版社1981年版,第230~231页

曹亚伯《武昌革命真史》:

清廷至此,已无法可施。既无知兵人才,又无可靠军队。虽派荫昌南下,仍欲起用袁世凯,号召近畿六镇,以作第二曾国藩。但袁世凯故意作态,称病不应,不得已仍促荫昌起程。荫昌皇皇无主,极为恐慌,日盼袁世凯出山,以图卸责。盖清廷惯技,以汉人杀汉人。故先命冯国璋带兵在京汉铁路防备完善,然后荫昌方肯出京。所以河南军到汉一星期,后方仍无增援。张锡元遂与民军虚与委蛇,及至民军迎头痛击,即致大败,狼奔滠口。荫昌闻之,更为胆寒。是日行至信阳,即不敢前进。加以铁忠逃至信阳,向荫昌号啕大哭,谓武昌大杀旗人,凡我旗人死期不远了。哭得荫昌坐卧不安,虑将及己。对于军事,一概置之不问,专欲起用袁世凯以作替身。平时满人宰制汉族,飞扬跋扈,徒与汉人生恶感。虽良弼、铁忠辈留学日本士官毕业,对于军事,经验毫无。一闻汉人革命,即已魂飞魄散。使袁世凯不出,清廷早已逃空矣。

曹亚伯《武昌革命真史》中卷,中华书局1930年版,第114~115页

△ 清政府向英法德美银行团要求无附加条件贷款,遭到拒绝。

《1911年10月18日汇丰银行北京来电》:

中国政府正向银行团提出各种借款要求,各银行团均与各自的公使协商,四位公使已决定电告本国政府,请示在目前危机中给与中国财政援助的明确政策。

《1911年10月19日上海分行来电》:

关于10月18日中国政府要求无附加条件贷款的北京来电,叛乱结局尚很不明确,我们认为,在出现结局的某种征兆之前,北京政府应以金银作抵押。北京直接答复香港;地方市场状况令人不满;贸易混乱,货币不能自由流通,除非能从北京得到援助,否则地方银行将有严重骚乱。江苏巡抚要求将此地四百万闲置新币借给地方银行。

《1911年10月19日香港来电》:

关于10月18日北京、上海来电。我们认为,目前的政治形势使银行必须拒绝一切无附加条件贷款,除非是在(下列措词取其一般意义而非法律意义)本国政府的主持下进行。北京来电:法、德、美公使赞成借款。

国家清史编纂委员会文献丛刊《辛亥革命史资料新编》第8卷,湖北人民出版社2006年版,第87~88页

△ 是日晚,驻宜昌新军宣布反正,宜昌光复。次日,鄂军驻宜司令部成立,推唐牺支为司令长。

佚名《恢复荆宜施鹤始末》:

第二节　新军驻宜之缘因及响应之秘谋

先是,川省因争路难【发】,风潮激烈。宜为鄂省西北门户,不得不增加兵力。而宜、归三百里间,川路工人又聚集五六万人之多,谣风所布,蠢动堪虞。鄂督瑞澂特派陆军三十二标二营两队、四十一标一营驻扎宜昌,一以防范口岸,一以弹压工场。是为新军驻宜之始。及八月二十二得武昌十九日倡义之通告,军界唐牺支、邓金标、黄汉卿、胡云龙、柳克伟、柳林襄、蒋方仁等,约同警界严午桥、张举武、胡冠南,学界唐伯庄、何大嘉,商界李春澄、童月红、赵壁城及各界诸君,开秘密会议于东山寺。经各同志赞成响应,决定于二十七起义。

第三节　宜昌各伪官之防范及伪统领之逃逸

当时武汉三镇恢复后,满贼瑞澂、张彪等,均有密电至宜昌,饬各伪官严密防备,并分调巡防营赴省救援。而各官吏戒严殊甚,是以各【界】多存观望之心。经诸同志奔走呼号,痛切演说,始得稍稍默许。而驻宜伪统领崇欢,对诸同志警备尤严。然其内实畏惧,自知无抵抗能力,意欲图遁,于二十八日借援救瑞澂之名,率其一部下窜。诸同志顾[雇]舟追缉,勿及而还。然其时宜昌人民尚未知觉。

第四节　反正时之支配

二十七早,唐牺支等复会商于李春澄寓所。议甫毕,宜昌府知府金世和直入室内,邀李出外,询有何故。李勖以大义,金乃携李君之手,走出门去。同志恐有异怀,一面由同志中追探,一面各归其故地,密遣四十一标左队,配置于荆宜道行台之侧(时荆道适在宜,驻于裁缺镇署)。后队一排,配置于府署附近,更于各城门要塞分派哨兵。支配就绪,即派代表赴川路弹压局联合,并遣欧阳超率军士一队,直向其旧管带杨正坤索取弹药。杨即送取弹药约数万,尽入民军之手。同时并探知四川转运局伪主事黎迈,有多数枪械弹药上运。同志中急派部队二部分水陆追查。同时,宣布反正,道府投诚,宜昌即于是夜恢复。不发一矢,不扰一民,而二百年陷落满贼名城复归我汉族之手,诚盛事也。

第五节　死士之投诚

先是,川人赵玉龙、向竹安等,因事监禁于东湖县卡。赵、向等得武昌倡义,随即暗派心腹,运动地方死士及往来川楚之党人,准于二十八夜会合起事。其时赵等尚未知我新军反正之谋也。并密谋先窃新军枪弹,即分戕各伪官。幸我军先于二十七夜起义,否则演成莫大之冲突,其危险有不堪设想者。嗣彼党闻新军业经起义,赵等即率众来归。

第六节　司令部之成立

二十八早,宜昌各要地遍树汉帜,城郭人民为之一新。各界公举唐牺支为司令长,当将旧镇署设司令部,内部分设参谋处、军需处、庶务处、粮台处、执法处、招待处、交涉处。以张鹏飞、杨柱臣、松[沈]岳乔、关克威充任参谋官,戴治康充任军需官,胡建勋充任庶务长,李春澄充任粮台官,丁荣学充任执法官,袁国纪、孔宪治充任书记官,何大嘉、杨革五充任招待员,鲁全经、陈善充任交涉员。并派各员分赴所属各州县,劝令反正,及饬令缴销伪印,领发新印等事。各州县均望风响应。自此,鄂省无西顾之忧矣。

第七节　饷糈处之组织

是时,川乱方炽,战祸甫开,荆州旗民负险自恃。宜昌颇为重要地,亟须招募勇丁以为战守。惟练兵以筹饷为先。宜昌厘税,向以川盐、土药为大宗,照请商会总理曹耀卿及商界诸君担任筹饷事宜。曹君等即将旧土药局组织鄂省饷糈筹办处,商民亦竭诚乐输,军饷称足。并奉都督电闻:以耀卿充土膏筹饷等局总理,吴镜海充川盐局总理。

第八节　满人之处置

恢复后,所有在宜各满人,均先后被获。司令长唐牺支君以人道主义为重,除有敌意之魏[伪]参将倭和布,及在逃之伪统领崇欢家族不得不加以死罪外,余如川盐局总办伪道李孺,官钱委员伪县英勋,均愿投诚,概免其死。嗣经和议告成,即行释放,并酌给赡养之资。

第九节　川路工人之遣散及招抚法

是时,川路自宜昌至归州以上三百里间,分段开工,正值建筑时期,工人集约五六万之谱。该工等系北直一带而来,会党巨匪充塞其间,至为可虑。况川路款源,向恃沪汉接济,武昌倡义后,银界恐慌,交通阻滞,款一不济,蹂躏立见。而此时地方人民亦深以工人蠢动为忧患。唐君当即电呈都督拨发铜元七万串,一面会同该路总理李稷勋及宜昌商会,将该工人酌给川资,分别遣散,并派员押送。择其体力强壮,稍明大义者,补充军士。嗣后攻克荆州时之决死团,工人居多数焉。

第十节　防川之布置

宜昌未起义前,即得有鄂省秘密之电报,曾派郭炳炎、胡冠南等赴川,运动鄂军三十一标军队(系端方带赴入川)届时相应。及起义时,复派翟夔阳、曾广惠赴夔府、重庆等处,极力联络。惟是蜀道艰难,交通阻滞,蜀中能否得手,究无确实消息。而一时谣言颇多。九月初,迭接报告,有谓端方率三十一标扼守夔关,饬鲍兰舫率练防、巡防等营进攻宜昌。是否确实,一时究无从探悉。初一日,唐君即派阮管带桂芬率兵一营赴巴东驻扎,以备战守,嗣经夔府绅商各界,密遣代表等欢迎阮军赴夔,夔得以首先响应,阮军实与有力焉。

第十一节　进攻荆州之准备即[暨]宜昌善后之委任

宜昌各州县均已全体投诚,各口岸亦先后派兵扼守。九月十四日,唐君派关参谋克威率兵一营,招抚当阳等处。该知事等均率众欢迎。惟荆州一隅,迭次派员招抚,迄不奉命,势不能不以武力从事。唐君一面秣马励兵,准备出发,一面派杨参谋柱臣办理宜昌善后事宜。

中国人民政治协商会议湖北省暨武汉市委员会等编《武昌起义档案资料选编》中卷,湖北人民出版社1982年版,第56～60页

宜昌商务分会《宜昌光复大概情形》(1913年3月16日到):

按武昌起义系于前清宣统三年阴历八月十九日。越二日,警报到宜,人心惶惶,兼因官钱局票顿失信用,全市恐慌。城厢内外,纷纷迁避。迭经前清府、县官及军、警两界颁示鸣锣,晓谕禁止,而外间扰攘如故。迨二十二、三等日,间有不法匪徒假兑官钱局票为名,希图乘机抢夺,时聚百数十人,日夜喧呶不止,人心尤为汹惧。敝会以市面治安所关甚巨,爰与军、政两界磋商办法,由敝会暂行担任代兑,借息纷扰;仍恐不时暴动,并经决议,招三百人为商防队,公推商界李君春澄为管带官。李固具有血忱,对于地方保安事宜极为认真,组织商团体育会,集诸商子弟逐日躬自训练,历时已久,颇著成效。当事机紧急之时,该会员等各佩带器械,日夜巡逻,以防不测,地方赖以无恐。

二十五、六等日,正筹办间,适闻驻宜鄂军上级官戴寿山等潜逃之信,知军队有变,将谋响应。敝会邀集道、府、县各官,提议镇定人心,维持市面办法,非由敝会联络军界不可。二十七日,由李君春澄介绍敝会总理曹君耀卿、会员吴君敬陔、韩君慎之、王君咏香、林君锡臣、罗君义生七人,同往鄂军驻扎之县城隍庙中,与唐牺支等接洽会议,各表意见,邀[要]求不扰地方,所有起义饷糈,悉由敝会担任。军界大欢,遂决于是日之夕,宣布反正。届时白旗高骞,府、县以次各官相率投诚。当是时,人心震恐,谣啄[诼]纷纭。自敝会与军界议明办法,因饷糈有恃,故全军心志镇定,秩序整严。军队既不直接向人民筹款,故城市无惊,遐迩安堵。是二十七日军、商两界数分钟之会议,诚为极有关系、有价值之会议也。

翌日,鄂军驻宜司令部成立,推唐君牺支为司令长。旋奉都督照文,命敝会筹办饷糈,以

总理曹君耀卿兼充土膏各局总理,以吴君敬陔充川盐局总理。遂于城内土药局设立鄂军筹办饷糈处,公推林君锡臣充统计员,冷君诚斋充收支员,王君宝田、邓君槐堂充交涉员,韩君慎之、罗君义生充招待员,兼督催饷项。文牍则吴君敬陔兼任之,一切禀承司令部办理。特派李君春澄充粮台官。一面由军、政两界出示安民,于是商民人等,莫不竭诚输饷,共捐三万九千余串文,册报有案。军用称足,大致粗有头绪。

惟宜昌向为川路工场所在,计作工夫役不下四万人。自武汉军兴,道路阻梗,川路公司无款接济。工人哗噪,由宜昌至归州,铁路轨线所经,约计三百里,各乡迭传警耗。工人因无资购买食物,所在滋地[扰],地方大震。旅宜东西洋商,尤以工人暴动为惧,时来敝会探问消息。二十九日,敝会因劝募饷糈,召集大会,川路公司总理李君稷勋即亲赴会场,力陈路款支绌及工场危险情形,词意激昂。会众对于李君感情素洽,以工役麇集,非亟筹巨款,不能遣散,且事机甚迫,稍一迟回,则糜烂不堪设想。因由敝会电呈都督,文曰:"武昌鄂军都督黎鉴:照会敬悉。宜昌八月二十七夜已复汉土,民军全饷商会担任。惟宜昌向缺现款,现在路工尚有数万人,非二拾万银元不能接济。如稍有遗误,工人纷拥来城,彼时大汉之师剿则难施,听则作乱,恐误大局。应请派快利运款来宜,即装工人回津。此款以宜昌盐税统捐担保。如此办法,可无他虞。再宜昌今晨晴爽,人心大定,市面照常,特贺。乞速电复!"当接都督复电文曰:"商会鉴:电悉。欣慰。款照拨,陆续拨寄。"旋派胡君瑞霖解洋五万元来宜。敝会当经知照李君,派员携款上段散工,并由敝会公推韩君慎之、王君宝田上段协同办理,司令部遣派军队逐段弹压。九月中,全路工人陆续遣散。有北方工役万余人散集宜昌,当由川路公司转饬大包工,特雇轮船,运送天津。内有一千余人,不肯回北,自愿效力民军。复由李君稷勋商请司令部,拣选精壮,编入军伍。嗣后攻克荆州,有决死队最称勇敢,该工人实居多数。

先是反正之初,各处邮电不通,谣风日甚,曾由商队管带李君春澄向川路公司介绍,借用济川轮船,为司令部侦探军情及拖运兵士等用。川路总理李君稷勋复亲与唐君牺支接洽,请将保护路工各营队,一概拨交司令部统辖,以一军权而张声势。唐君大悦,故司令部对于川路公司感情日厚。此次敝会帮同川路公司,不动声色,竟将数万路工全行遣散,地方幸保安全者,虽由敝会协筹巨款,遇事悉心辅助,而李君稷勋临危不惊,内对工场,外对地方,力筹保卫,幸获安谧;司令长唐君牺支遇乱销萌,顾全大局,不遗余力,其劳勚皆未容湮没也。

迨鄂军进攻荆州,司令部复派敝会会员武君宝田、王君海南、王君寿安前赴荆、沙,清核财政。至荆、沙平复,百事就绪,然后交替回宜。直至十二月,筹办饷糈处奉文裁撤,在事人等清厘交代,移交清理财政公所。进出款项,均经核算明晰,毫无舛误,已由财政公所具文接收在案。此后敝会既脱离筹饷关系,凡军界、政界光复后一切设施,应由各该管人员据实报告,兹不赘录。所有光复时敝会经过事绩,用撮大概情形,缮具说帖,仰祈鉴核施行。

中国人民政治协商会议湖北省暨武汉市委员会等编《武昌起义档案资料选编》中卷,湖北人民出版社1982年版,第109～111页

10月18日至19日(八月二十七日至二十八日)　革命军在汉口刘家庙一带向清军发起攻击,初战告捷,革命军占领刘家庙。

天嘏《南北春秋》:

二十六日,民军自武昌出发,预备与北军开战。先是,二十日有未降军之湖北军舰忽向武昌轰击两炮,民军以其有碍租界,未曾回击,即经英舰举旗禁止。二十二日民军在汉阳炮台炮轰中国巡舰,中其后舱。民军急放小艇,施救舰中之人,甫救毕,而该舰已沉,其中未及

救者甚多，民军以已救者送红十字会安置静养，此民军与官军在数日内之小战也。至是北军又有炮舰泊在江中，适当英租界之外。该舰忽向武昌放炮，民军仍恐有伤租界，故未回击。英领事已派人阻止，并声言若再放炮，即当向之干涉。嗣闻刘家庙一带，已为逃官张彪与陈得龙等所据，又得萨镇冰之兵轮与直隶永平来兵二千，以为之助。民军虽劝其归降，而彼不从，故由武昌派大队军士出发渡江，至汉阳【门】码头，渡河至汉口。经新筑马路过中国赛马场，而至火车路，以预备与北军大战也。

二十七日，民军与北军开战于刘家庙，民军大胜。民军于二十六日之夜探悉张彪军有两营驻在刘家庙，遂于十二点钟时派出马步兵四千余人，并快炮四尊，布列于车站附近，预备与北军开战。先放枪一排，北军稍退。民军恐有计，故不追。迨二十七日黎明，清之败军绕道过车站，与北来豫军合，约其数有一镇。民军亦出一镇以当之。时则日上东方，红云如血，两方布开战线，民军先放空枪以示警，清军则以实弹还击，战乃起。民军皆一以当十，就地面蛇行而前，愈扑愈近，炮兵亦同时助战，清兵渐受伤，乃引退。民军知其势不支，遂尽力追之，北军即避入火车中，飞驰而北。民军追之不及，北军则于车中还击，民军反受夷伤。以相持已久，兵士多饿，子弹亦罄，遂陆续退还，留兵百余人以防之。时有观战之铁厂工人，见民军失势，为拆断轨道十余丈。北军去而复来，不知其轨道之断也，至此车忽翻倒。伏地之民军见之，奋力攻击，北军乃大败而走。午后，北兵又来，向民军猛扑。酣战一小时，未分胜负。嗣民军开一大炮击之，北军遂溃，其匿于棚户内者，被炮火所燃，秩序愈紊，民军复出奇兵，环而攻之，伤北军一千数百人。民军乘势追至滠口，至暮，始奏凯而旋。

二十八日，民军与北军再战于刘家庙，民军大胜。民军都督黎于二十七夜拟派敢死队一千五百人往刘家庙对敌，畏死者勿去。令下，告奋勇愿往者顷刻而足。黎乃于二十八日晨率队渡江至刘家庙，亲自督战。是时，敢死队外，又有精兵五千、步炮马队各一营以助之。与北军激战约一点钟，北军溃散。民军直逼其营垒，至则阒无其人。民军占据之，获火药六车，子弹数十箱、快枪千余枝、白米二千余包、银元十四箱，军装号衣皮靴皮带及一切器物不可胜数。乃整队至汉口，商团俱举枪致敬，军乐队亦作乐欢迎。

是日，有泊在刘家庙江中之兵舰，见北军将溃败，欲开炮助战，恐势不支，遂俱开往下游，民军亦开炮。

国家清史编纂委员会文献丛刊《辛亥革命史资料新编》第1卷，湖北人民出版社2006年版，第245~246页

何锡蕃《武昌起义战守实录》：

二十七日第三标统带姚金镛、徐国瑞、刘炳福等，率步队一标，炮队一队至汉，接战于大智门，两军互有死伤，仍在战地对峙。旋奉都督命令，以锡蕃为指挥，徐国瑞为参谋，着带步队第二协、炮队一营、敢死队一队，迅速渡江就援，即下如下之命令：

混成支队命令（八月二十七日午后十一时三十分于第二协司令部发）：

一、就［敌］我两军于本日对峙于汉镇大智门、刘家庙附近。

二、本军即刻渡江，特派步队第四标统带谢元凯率该标任前卫，由汉阳乘船至龙王庙登陆，经四官殿、后城马路、刘家庙前进。

二十八日上午四时，队伍全数渡江，行抵刘家花园。据前卫司令官报告，敌人约混成协以上，占领刘家庙一带，其斥候出没于跑马厂附近。按以上情报，即下如下之命令：

一、敌人约混成协以上，已占领刘家庙附近一带，其三叉铺、滠口等处，似有少数敌兵。

二、本支队拟攻击此敌。

三、步队第四标谢统带元凯率该标（欠一营）为前卫，由京汉铁道向刘家庙进攻为助攻。

四、步队第三标二营管带刘炳福，率该标及第四标之一营由跑马厂向刘家庙进攻为主攻，须派一部由农务试验场绕敌右侧，俾正面攻击奏效。

五、炮队一队赴跑马厂东端森林附近选占战地，须能扫射刘家庙一带为要。

六、汉阳混成第一协步队第一标为总顶备队，在跑马厂集合待命。

七、予在炮兵阵地。

支队长何。

上午八点三十分，我军行抵跑马厂东端铁路，遇敌之小部队，当被击退。四十分，我本队至跑马厂北端展开，与敌遭遇，同时炮队亦占领跑马厂附近，向刘家庙轰击。九点五十分，战斗最为猛烈，敌人似有败退之势。十点二十分，增调预备队一营，由左翼迂回威胁敌之右背。十一点三十分，敌右翼颇形吃苦，并将预备队增加一营，向敌突贯，左翼既已奏效，正面集中火力，炮兵分合射击。四十五分，敌死伤过众，势难支持，即向刘家庙败退。随补充弹药〈用战场而〉追击射击。五十分，我炮兵击破敌之增援队车辆，因以敌人溃散不整，随即追摄。

下午一点四十分，占领刘家庙，逐敌人于三道桥附近。斯时因地形困难，追击不克奏效。当令第四标在原地以战斗队形辙[彻]夜警戒。其余队伍，利用敌人架设刘家庙南端凹地幕营。

是日，参入战斗，则有参谋徐国瑞、吕端书，敢死队队长黄祯祥、马荣、梅玉华、齐聘侯、周均平、胡德生、刘建璋、杨文汉、王镇钧、殷增胜。惟此役鏖战终朝，将士心力用尽，枪毙敌人数百计，枪伤敌人千余名（多被强搬火车运走），获敌军米六百余石，子弹四百余箱，背包、雨衣、皮鞋各三千余件，帐棚百四十余架。我军阵亡者一百四十八名，伤者三百余名。

中国人民政治协商会议湖北省暨武汉市委员会等编《武昌起义档案资料选编》上卷，湖北人民出版社1981年版，第39～40页

居正《辛亥札记》：

出师大捷　内部组织略事完整，都督乃下令分兵渡江，以二十七晚次汉口市街，沿铁道线布置。二十八早拂晓攻击，向大智门车站张彪大本营猛扑。战至午前八时，我军大胜，张彪残部及河南援兵等望风逃窜。我军乘胜追击，直追至滠口，夺获敌军车辆、武器、辎重无算。余时在前线观战，见战区附近民众纷纷四出，有作向导者，有馈粥食者，有助运子弹者。及战胜后，则代运战利品，狂喜异常。汉口市民则沿街放爆竹，以示欢祝。革命之元气旺盛，非一朝一夕之故，其所由来者渐矣。

军纪严肃　革命军战胜张彪后，前线大本营设刘家庙。军队皆露宿，无一兵入民家者，而兵士与民众之亲爱，一如家人。故在敌区之民众，常以敌之正确消息报告我军，我军前哨斥候，全恃民众为耳目。至九月初，敌人冯国璋率大兵到，我军已先事防备矣。

武汉大学历史系中国近代史教研室编《辛亥革命在湖北史料选辑》，湖北人民出版社1981年版，第156页

胡石庵《湖北革命实见记》：

是夜，徐即宿于余处，相与焚香煮茗，连床夜话。至忘情处，若不知明日即有战事也。迨钟声鸣三下，徐忽侧耳凝听，曰："此何声？"乃闻靴音沙沙，其响甚巨。余即跃起，曰："军队来矣！"趣开门觇之，见步兵数约二营，由后城马路行来，直向歆生路后面而去。前一营步法颇整齐，似曾练习者；后一营则乌合之状可掬，余几笑出。复念此辈数时而后，即将生命相搏，为同胞争生存也，则又肃然起敬。

步兵过后，未几，即闻轮蹄声杂沓，有炮兵一队行至。余留心视其所载，有五生的炮四尊，野炮一尊，心甚少之。方转身语徐，忽闻余馆后之军队亦掌报出发。黑影之下，见各兵所服衣斑斑然，各不一致（按彼时军衣尚未成，各军所衣皆便衣），心窃诧为奇观。更观其队伍

之行状，尤为绝倒。然细察各兵情状及其语言，则皆踊跃从事，若不知前途之危险者，亦怪事也。未几，又有步兵约二营，自余门前过，其后有大旗一面。一军官跨马缓行，马后二卒携灯笼，上书“林”字，余意必林翼之也。

此时去天明但只二小时，余心乃大跃，不能自禁。邀徐往前敌一观战争事，徐危之，余不便相强。乃自易短衣，取徽章一幅怀之出，缀诸军前往战地。行及铁路，天正黎明，东方忽涌艳云，叆叇半天，色如血景，趣绝，不禁住足觇之，遂与军队相失。乃沿铁路而前，渐入战地。遇二兵，出枪向余问为谁，余出徽章示之，始纵余自去。余复前，见危坡下屯兵士约一排。见余，亦厉声喝止。余见状，即以徽章挂胸面而趋就之。方欲扬声与言，众中出一军弁，迎余呼先生。视之，余乡人邱某也，系四十一标正目，起义后，乃一跃而为队官。其初入伍，为余介绍，故见余执礼甚恭。问余焉往，余告以故。邱曰：“胆巨哉，前途危也。”余笑未答，但询邱以炮队安在。邱曰：“在跑马场一带。”言至此，隐闻有枪声陆续爆发，余心复大跃。转身将行，邱复阻余，言前途兵队甚多，君便衣，恐误会，请派一兵偕君。余大喜，称谢，乃伴一吴姓卒前进。时日已东升，光线甚巨。行时，光线射右面，一目为瞑。中途见兵队甚多，皆分队而伏，渐闻枪声滋厉，炮声亦作。行及跑马场南端，见有炮二尊，设一平阜，地势殊劣；更有军官数人，方以远镜窥测，指挥发炮。余近视其表尺，尚在二千米达以上，知距敌尚远；且余无远镜，除闻声外，绝无所见，心滋怅怅，乃呼吴卒绕道而前。至一地，吴卒忽止而不前，视之，则已邻租界，有西人无数立其间远瞩。予乃弃之返，与吴卒绕道行稻田中，达跑马场北端，已入火线界。时有流弹自头上飞过作声，刺刺然，炮弹横行空隙，迫空气生响浪，如吹画角。余恐吴怯，以言励之，勉其勿惧。吴笑曰：“此奇观也，胡惧为？”余心窃壮之。

更进，则为友仁义社西北端，战线最烈地点也，枪弹之来愈多。余乃与吴伏而行，不敢直立，惧为目标。隐约中，见敌军一大队伏于左方之树林，距余等不过千余米达，乃不敢再进。但四顾觅障护地，见左侧小屋一椽，双扉虚掩，其旁有小窗，适对战地，正便瞻望。推扉入内，已无一人，灶火尚荧荧，食具杂留案上，尚余残羹，量人去尚未久。与吴卒闭双扉，叠桌椅于壁，偕跻其上。伏窗外觑，见敌军在丹水池一带布作横线，力敌我军。其所占地势甚佳，我军炮弹多难命中。前锋之火线相攻接近，其战状颇烈，我军势几不支，余心忐忑不止。

此时已十句钟，日色忽暗，风陡作，沙涨稻摇，目标为乱，战斗力因之稍减。余此时心中之乱，不可以言传。仓皇四顾，忽见我军中有一军官率壮士数十名，自右面冒死进攻，势极猛鸷，敌为披靡。我前锋乘此勇进，敌乃锐退，奔据铁道，纷纷避入车内，开车头退走。我军不暇量，尚纷纷逐之，遂集聚成团。敌趁此车忽住，车窗中乱枪争发，我军受伤者乃如墙倒，冲锋之军官立被集束弹所中身死（按是人即三营管带赵承武）。敌复有偏师自左面攻至，我军乃败衄。扶伤抬死，狼狈万状，陆续退至大智门、歆生路一带，阻之不住（按此时毕钟方持刀立大智门车站，高叫同胞向何处去，何处是同胞去路。林翼支在跑马场南端，泣劝集合，然后收容，皆无效。惟后詹大悲赶至歆生路，见散兵满途，乃伪呼前敌已得胜，速往相助，兵士渐有返者。此皆余事后查知焉）。余与吴乃陷入最危险之地，退走不及，狂奔至稻田中，伏身暂避。乃稻田中伏我军尚多（约百余人），见余，拒不使入（吴从此与余相失，殆入其内）。余乃冒险斜驰，越铁路避走（按此时败状颇剧，死者足百五十人，伤者近三百人。姚金镛之兵，已散亡强半。林翼支尚有兵营许，退伏于跑马场南端铁路左侧旷地，以待救援。炮队阵地已失，势已不支。幸大悲飞电告武昌，急派何锡蕃、杜锡钧等带兵一标、炮四尊，火速驰来，复行攻击，卒能转败为胜，亦险矣）。时百姓随观者甚众，亦不知身临火线之危。见汉军败衄，则皆愤懑呼詈，直欲徒手助战。余驰时遥见有铁厂之工人六七，携器械行，且语曰：“拆路！拆路!”百姓缀其后,同曰:“速路!速路!”咄嗟间,路线已毁丈余。时将一句钟,忽闻一民呼曰:“彼等又来矣!”余急视,见敌军之火车已飞驰而来,枪声连发不已。百姓乃一哄奔散,余亦随众狂奔。仓皇间,见小屋一椽,疾偕众奔入。既入,回视火车,已相距甚迩,其势甚骛,其车似较前为多。我军连飞来二炮,皆未中。后又来一炮,擦其车顶而过,未炸即落,车仍前进不已。转瞬已至拆路处,忽哗烈作声,车头脱轨而翻,诸车尽倒。斜角中又来一炮,适命中。此时余心中之惊怖欢喜,顷刻万变,直不可形容。脑灵受激刺过极,更经狂驰,气喘力竭,不禁心突目晕,伏一木架上良久,不能醒;耳中惟闻枪声、炮声、呼噪声、暴喊声、驰骤声,杂为一片,势若山崩地裂。迨起,定睛四瞩,屋内已无一人。侧耳,枪声似在他处。急纵足趋出,见百姓仍纷纷立铁道上,企趾遥望。更觇拆路处,见车头及破车数辆,尚倒地上,敌军已无迹。余知敌已败走,我军胜矣,心中之喜难状。迅奔铁道,引颈遥望,见敌已退向刘家庙一带。我军乘胜追击,吼声如雷。援兵又陆续加添不已,军气大增,势如山岳下压,百姓之掌声直偕枪炮声交厉。

至此,日已向西。余腹苦饥,齿痛复作,力难再持。始循道返本馆。中途遇大悲乘马而前,见余,驻马问前敌状若何。余曰:“全胜矣。”大悲喜跃几坠骑。余复告大悲曰:“时不早,可停战,兵士饥矣,迅备之。”大悲曰:“诺。”又曰:“已妥办矣。”始与别(按余返后,即刊传单遍发各处,士气益壮,民心大安,商团之队亦到场,驻歆生路口,代料一切。民间纷制得胜旗以备欢迎)。三句钟后,两军复在刘家庙一带接战。余疲甚,未能再往,乃派人随众往观。至暮始旋,谓此时敌虽败,仍布横阵,韧力抵抗;更出二支队欲攻我侧面,其势殊猛。奈阵脚已摇动,建筑物又为我炮击破坏。交绥未久,而侧面二支队已溃走,中坚随即披靡,乃复大败,北向滠口退却。我军方尽力追逐,江上忽来兵舰二艘,发炮援敌,伤我军三十余人。我军大愤,以野炮还击,一弹中其尾部,即飞驶向下游而去。日垂夕矣,战乃复停云云。此即二十七日战事之情形也。

二十八日,余晨醒,将再往观。忽腹痛大作,牵动肝气,跬步为艰,乃止,复派人观之。今将连次归告者,编次如下。

是日将开战时(按是日总指挥者为何锡藩),我军已得确实报告,知敌军今日盖在丹水池一带布作横阵迎战,更出断队包抄我军后方,其二支队仍双方攻进。临战果然,我军乃出一军伏中途,绝其包抄之队,张两翼卷攻其支队,而以炮队轰其中坚,更出散队纷击之。敌果不支,纷纷窜入棚户内,借作保障,凿孔开枪,还击我军。我军颇为所窘,伤四十余人,一排长死焉。炮队管带某(名待查)见之,大愤,亲率死士百余名,绕道潜达其旁,纵火焚之。时风色正顺,一瞬间,火焰飞舞,棚屋数百户尽成火山。敌军乃大乱,抵抗力悉捐,亡命向滠口一方奔溃去。林翼支以兵绕出姑嫂树旁击之,敌死伤将千数,捕其军官三名,毙管带一名。其余残军败卒,悉窜至滠口、谌家矶、祁家湾等处潜伏。刘家庙江岸车站悉为我军所有。车站停有豫军之辎重车数辆,仓皇间未能开去,亦为我军所得(据传闻所云:辎重车之得,盖由其火车头之司机人热心同胞,故毁其车机,使不得驰。又云车上司机人本将开去,为百姓跃上,击去其司机人,开之使转,未知孰是)。刘家庙附近之贫民皆雀跃欢呼,代为搬运至歆生路余庆里内,多有不受赏者,亦可爱也。

是日,余未得亲往战地,常日怔忡,不时立门前望报者。每得胜报,则喜跃而呼,病若失。迨下午,全胜之报至,余喜极,病竟瘥,跃而起,呼人备一骑,跨奔战地。中途见小民争运捕获品物,欢声雷动,络绎于途。更有妇女倚门笑呼曰:“我们打赢了。”小儿亦曰:“我们的兵大胜。”声皆亲密甜泽,令人肝膈为动。予坐马上听之,不禁欢慰感激至于泪下(此皆确情,非身历者不知)。时残阳尚余绛彩,射马首而摇,余纵辔前行。及大智门,见军士整队而归,数约千数。更前,又遇归者,数且倍之。余默念:岂全师旋耶?当无此理。即驻马问其后之军官曰:"君等悉数归欤?'曰:"否。"曰:"尚有若干?"曰:"为二十标之二营及九标一营。"曰:"在何处?"曰:"在头道桥附近。"曰:"闻已追过三道桥,非欤?"曰:"否,但追至三道桥即退还耳。"曰:"胡又退至头道桥以内也?"曰:"此非予之所知。"言已,匆匆去。余心乃大忧,即催马奔头道桥。马上,思三道桥一带地势,北高南下,最不便于进攻。且过桥不远为戴家山,敌苟据此山设炮台,尽力死守,我军即不能再进一步。目下形势,我军已易守为攻,主客移位;此刻乘一胜之锐,胡不直据戴家山,反退守至头道桥外,坐令敌人占优美之地势?下此令者,吾诚不解其用意,心愤已极。至头道桥,日已暮,四瞩乃不见有兵士,心大讶。催马更前,乃遇一农人。询以汉兵何在,曰:"未深知,但见多名往刘家庙觅睡处购食物也。"余复问见旗兵否?农人遥指戴家山曰:"多在彼处,予才自三道桥来,几为所获,老爷勿再前。"余笑未答。此时忽闻枪声迸然,一弹自余头上飞过,声嗤然如裂帛。枪声再作,又一弹掠马首而东,农人已惊惶逃去。余审枪声所发,亦不知何方兵士,惟隐然似自姑嫂树一带射来,或汉军伏其间,亦未可知。欲往觅之,恐误会致遘不幸。而枪声又续发不已,弹皆自余之方面射来。戒心顿作,疾鞭马赴归途,未敢再驻。

余归后,夜钟已报九下……

是日,凯旋之师,沿街燃放爆竹迎之,并到处悬有大汉得胜旗帜,武昌、汉口同是一致(前敌之吕丹书、胡玉珍等皆披红骑马回武昌城)。此举半由人民欣悦所致,余心殊不谓然,恐足令我军心骄也,又恐激动敌军羞愤之心,致死战,皆不利。当以书告大悲止之,乃无效。

武汉大学历史系中国近代史教研室编《辛亥革命在湖北史料选辑》,湖北人民出版社 1981 年版,第 31 ~ 36 页

《关于中国事件的函电:中国第一号(1912)》第 61 件的附件:《代总领事葛福致朱尔典爵士函》:

本月 18 日晨,革命军自汉口出动,向十公里处的清军进行攻击,但结果只发生了一些轻微的战斗。下午,攻击重新开始,萨镇冰提督的炮舰向起义军开火;双方都未获得任何优势,就人们所知道的最后结果而言,起义军遗弃野炮一尊。夜间,载运军队的火车自北方开到。次晨(19 日),起义军再度出动,发起攻击,顺利地占领了十公里处的火车站。傍晚,清军全面退却,现在据说他们在十七公里处扎营。他们丢弃了所有的东西,起义军夺得大批弹药、枪械、食物和各种辎重。传闻有若干北军投入起义军方面,但此事未被任何权威人士所证实。双方的射击都很不高明。

胡滨译《英国蓝皮书有关辛亥革命资料选译》(上),中华书局 1984 年版,第 63 页

《法国外交部档案·斐格致外交部长先生》(1911 年 10 月 24 日,北京):

犹如我在本月 20 日一信中使阁下预见到的,官军在和革命军的第一次接触中失利了。18、19 日两天,双方前锋部队接上了火,战斗进行得十分激烈。叛乱分子迫使他们的敌人急速后退四十二公里,并占领了敌军在紧急撤退中丢下的军营、粮草和火炮数门。然后,他们撤回汉口,以加强这个城市四周的防御。

萨提督曾试过炮轰,然而,打得太不准确,侯耀先生说,它对租界的威胁要比对暴乱者的威胁更大。嗣后,萨提督暂时放弃积极行动,率领舰队顺江流而下,也许是要去加煤,也许是战斗时他感到身体不适了。

…………

革命党初战告捷的消息已在全国传开,这一力量的表现使他们得到许多人的好感。即

使在北京，都有许多人已经不再掩饰他们的希望和对叛党胜利的祝愿。

国家清史编纂委员会文献丛刊《辛亥革命史资料新编》第7卷，湖北人民出版社2006年版，第222～223页

张国淦《辛亥革命史料》：

是日萨镇冰、瑞澂致军谘府电云："窃二十七日六点钟，津兵第二起坐火车到站，尚未下车，突革命党二三千人径扑刘家庙车站，希图抄袭津兵，张彪立率湘、豫、鄂各军迎剿，击毙悍贼二三百人，而逃者居其大半，夺获大炮六尊，枪械无算，革党败走，我军伤亡二十余人。时萨镇冰督率兵舰雷艇，防护江岸，以杜省匪接应。瑞澂在楚豫兵轮游弋江岸接应，突有匪徒炮队，由武昌江岸开炮轰击楚豫兵舰，竟欲制瑞澂死命，楚豫开炮还击，连中两炮，匪队始退。惟因我军兵力甚单，不能痛追，仍饬照旧严密防守。不料三点钟后，革党大股拥至，内有快炮二三十尊，弹子如雨，北洋炮队未到，步队全军，遽向滠口退去，我军因之夺气，亦各退却。镇冰兵舰，因恐误击我军，转向后湖，用炮击匪后路，共放三十余出，伤毙革党不少。七点钟后，张彪探得刘家庙驻革党无多，复率湘、豫、鄂各军等进攻，击败革党，复将刘家庙占住，惟津兵不奉命令，不肯前进。此我军击败革党并刘家庙失而复得之情形也。伏查此次革党，先乘津兵初到，往扑车站，其谋极为狡悍，幸得当时击退，津兵毫无损伤。午后复起大股炮队来攻，势极凶猛。津兵炮队未到，步队竟行先退，以致各军夺气，幸张彪奋不顾身，复率湘、豫、鄂诸军，乘夜回击，仍将刘家庙占住。惟本日伤亡甚多，兵力愈单，津兵撤回，别无援应，瑞澂等惟有督率将士，竭尽血诚，能守一日刘家庙，即尽一日之责。惟陆军既单，兵轮又乏煤，瑞澂之舰，更无米无油，势成坐困，危在旦夕。仰恳天恩，迅催荫昌立即前来，或促炮队先至，救此危局，不胜迫切待命之至。"

同日，瑞澂复单衔致军谘府电云："二十七日，革军攻扑车站，官兵迎击获胜，津兵退回，不肯援应，刘家庙失而复得各情形，业经电奏在案。据闻城中以谘议局、自治会为机关，以报馆报纸为煽惑，各处响应。瑞澂自二十日、二十一日两日，率兵舰进攻武汉，不克，遂与张彪督饬豫省张锡元所带陆军二营，湘省王鼎华、夏占魁所带巡防两队及萧安国辎重八营、张永汉步队两营、崇欢巡防队一营、朱名超马队三十余人、特别警察队一百余人驻守刘家庙车站，再三开导抚慰，并发给各弁日记升奖札，许以先支薪水，苦守七日，以待津兵之至。不期津兵既到，叛众来攻，反向滠口退去。当时津军如果协力助剿，汉阳纵难遽复，汉口必可夺回，失此机会，良可深惜。现在豫、湘、鄂战后余兵，为数不过二千，虽经瑞澂督同张彪勉励将士死守刘家庙，昼夜不懈，而力竭精疲，子药垂罄，荫昌至今未到，津军不遵瑞澂命令，若由汉口进兵，形势利便，敌多炮队，我尽步骑，强弱悬殊，断难支持，张彪等虽存必死之心，刘家庙终无保全之理。现在各处电报，久已不通，所有电奏，去电先犹可托铁路南局译发，前日又复断绝，故改送九江电局拍发。瑞澂孤身率同幕僚数人，在舰游弋接应，切望大兵迅集，恢复城池。不料津军迟迟不到，到者只有马步而无炮兵，且不遵瑞澂命令，无兵无饷，呼应不灵，智力俱穷，徒深焦愤。萨镇冰所统兵舰雷艇，子药无多，米煤垂尽。瑞澂所乘之楚豫兵舰，机器油已用罄，煤亦只敷半日，武汉皆无可购办。前派委员四处采办米粮，或因路途阻隔，或竟消息毫无，如此情形，将至坐以待毙。瑞澂死不足惜，特念兵舰为水师利器，若为匪得，为害滋深，不得已，与萨镇冰商明，拟将楚豫兵舰开赴九江，赶紧购办米煤等物，运往接济。惟黄州、武昌县、大冶县、田家镇，处处有匪，上下隔绝，转运甚难。仰恳天恩饬下提督张勋，迅将浦口巡防队派拨一半，迅往武穴等处，节节扫荡，以通运道而分匪势。并恳荫昌、袁世凯，迅速南下，督兵进援，俾刘家庙驻守湘、豫各军，不致覆没，得以规取汉口、汉阳，恢复武昌省城，瑞澂已得交卸督札，稍轻担负，不胜迫切待命之至。再汉阳镇水师兵变，总兵张有亮闻已从贼，昨

已商请提督程允和,先行设法招抚,以剪匪翼,合并陈明。谨乞代奏。"

张国淦《辛亥革命史料》,龙门联合书局1958年版,第128~130页

10月19日(八月二十八日) 清廷谕令长江一带水陆各军,均著袁世凯节制调遣。

《宣统三年八月二十八日上谕》:

宣统三年八月二十八日内阁奉上谕:袁世凯现已补授湖广总督,所有长江一带水陆各军均著暂归该督节制调遣,会同沿江各该督抚妥筹办理。钦此。臣奕、臣那、臣徐。

中国史学会主编《中国近代史资料丛刊·辛亥革命》(5),上海人民出版社1957年版,第334页

10月20日(八月二十九日) 黎元洪致函萨镇冰及楚有等舰船主,敦促归顺革命军。文稿由胡鄂公推荐孙发绪起草。

曹亚伯《武昌革命真史》:

是晚……又由黎都督致书萨镇冰及各兵船司令,速与革命军一致。黎元洪曾肄业于天津水师学堂机械科,萨镇冰教授该校六月,颇有师生之谊,故以师生名义通函。兹将致萨之函抄如下:

致萨镇冰书:

夫子大人函丈:前肃一函,早邀钧鉴,然至今未奉训谕,中心惕悚莫安。洪此次所以出督诸军之由,实非由于得已,敢敬再上告于军门之前。洪当武昌变起之时,所部各军,均已出防,空营独守,束手无策。党军驱逐瑞督出城后,即率队来洪营合围搜索。洪换便衣,避匿室后,当被索执,责以大义。其时枪炮环列,万一不从,立即身首异处,洪只得权为应允。吾师素知洪最谨厚,何敢仓猝出此?虽视事数日,未敢轻动,盖不知究竟同志若何,团体若何,事机若何。如轻易着手,恐至不可收拾,不能为汉族雪耻,转增危害。今已誓师八日,万众一心,同仇敌忾。昔武王云,纣有臣亿万,惟亿万心,予有臣三千惟一心。今则一心之人何止三万?而连日各省纷纷之士,大多留学东西各国各种专门学校,及世代簪缨,各有专长,阅历极富,并本省官绅人等。故外交着手,各国已认为交战团体,确守中立。党军亦并无侵外人及一私人财产之事,不但在中国历史上视为创见,即各国革命史亦难文明若此。可知满清气运既衰,不能任用贤俊,致使聪明才智之士,四方毕集,此又岂洪一人之力所能致哉?即就昨日陆战而论,兵丁各自为战,虽无指挥,亦各奋力突进。汉族同胞,徒手助战,持刀协击,毁损铁轨者指不胜屈,甚有妇孺馈送面包茶水入阵。此情此景,言之令人奋武。谁无肝胆,谁无热诚,谁非黄帝子孙,岂肯甘为满族作奴隶而残害同胞耶?洪有鉴于此,识事机之大有可为,乃誓师宣言,矢志恢复汉土,改革专制政体,建立中华共和民国,维持世界和平。是以连日通告各国政府,遍檄各省同胞,劝其各自独立,以备联合,择定地点,公举大统领摄治。同胞欢迎此言,声震天地,故一战而歼敌数百。现今满汉兴亡之机,兆端已久,不待智者而已明。洪之所以能明此大义者,一系吾师平日训诲之功。此次武昌之举,洪已审定确实,非如他项革命可比。以数小时之间,居然恢复武汉三镇。其地有兵工厂、铁厂、织布局、纺纱局、麻布局、缫丝局,为全国商务上、政治上之中心。今值交通之世,国都合建于此,始能与伦敦、柏林、巴黎、圣彼得堡、华盛顿相颉颃。刻下又风闻永平秋操,满汉各兵,亦交相哄斗。果如所云,则天数已定,岂人力所能为?洪受业于师,学识浅陋,不能担负重任。已向同志宣告,将以党军之所要挟者,倩诸先生登轮,要求师宪。昔人谓谢安云,斯人不出,如苍生何?同胞万声一气,谓吾师不出,如四万万同胞何?刻下局势,只要吾师肯出,拯救四万万同胞,义旗所至,山

色改观,以四万万同胞与数千满族竞争,以方兴之民国国民,与运尽之清廷抵抗,华盛顿兴美,八年血战,吾师若出,收见不八月而亚洲地图之上,必有中华民国国旗飘扬也。知弟莫若师,知师亦莫若弟。洪虽不肖,不为旗人之奴,独不为大匠之弟乎?时乎时乎,师一出,不但名正言顺,而实较胜于汤武。何也?盖汤武救民,犹自为帝;吾师救民,必不让华盛顿专美于前也。洪非为私事干求函丈,实为四万万同胞请命。满汉存亡,系于师之一身。齐王反手,洪计之已熟。否则各同胞视为反对此志之人,即以满奴相待,虽洪亦不能禁止其不要击也。倘不以为妄,尚希训示祗遵,当即率汉族同胞出郭欢迎。临颖不胜迫切待命之至。肃此即请钧安。

黄帝四千六百零九年八月二十九日受业黎元洪上。

又致楚有楚同楚泰建威建安江利各船主书:

诸位船主大鉴:本军政府起义,为汉族复仇,光复我旧日河山。前已函萨军门详陈一切,已邀默许。今日本军政府作战计画,意在扑灭满奴,故炮弹攻击,专注楚豫,藉表本军政府对诸船主之微忱;而诸船主并未还击一弹,具见诸船主深明大义,共表同情。本军政府暨我汉族同胞,罔不额手遥对称谢。但贵轮何不开往鲇鱼套,而仍在下游?想诸船主别有深意。果如所云,汉族存亡之机,在诸船主一臂之助。孰无心肝,孰无血诚,孰非黄帝子孙,岂肯甘为满族奴隶残害同胞?请勿犹豫。汉口陆战,日昨刘家庙已为我军占领,足见祖宗默佑,满人气运,合该尽绝,此已见端。请诸船主下一决心,诛锄船内满贼,共成义举。则将来汉族复仇史,诸船主必大有光荣。巍巍铜像,只在一反手间,即可取得。倘不河汉斯言,敢乞即日实行。临颖不胜迫切待命之至。此请决安。八月二十九黎元洪上。

曹亚伯《武昌革命真史》中卷,中华书局1930年版,第133~136页

《武汉战纪初稿》:

时海军提督萨镇冰率所部兵舰抵汉,都督因与萨公有师生之谊,特致书劝其反正。萨复函谓“彼此心照,各尽其职”云。当时,敌陆军已为我所挫,独虑海军与我为难。因兵舰大炮设向武昌城轰击者,我军诚难于抵御也。幸人心思汉,到汉多日,均以煤、米、子弹不足为辞,不发一弹。民国成立,与有功焉。

《辛亥革命史丛刊》编辑组编《辛亥革命史丛刊》第3辑,中华书局1981年版,第136页

胡石庵《湖北革命实见记》:

(二十九日)八点钟,特别侦探黎玉山又至,出一函示余,盖都督手书致萨镇冰者,都千余言,颇中肯核。余当抄发刊部登报,一面促黎迅投函舰上。盖迩时形势,陆军已占优势尚无可虑,所虑者萨所带军舰。其中所置,皆系要塞大炮,弹巨如臼,子密如霰。其弹皆径尺余,内藏葡萄六百余粒,更外套炸片无数。设下令向武昌射击,虽屠城亦易,我军万无抵抗之能力。余悬悬心中者已久,苦无术能御之。今见黎都督与萨有师弟之谊,意或能一动其心。且闻萨素行颇佳,非凶酷者流。来汉已三日,而未发一弹,或亦别有深意,不忍以功利杀同胞。则此函一投,得生莫大效力,亦未可料。故余急急催黎冒险投之。函录如下。(原作者按:“此函确为黎公亲笔书,不得以文章之优否观也。”因此函与习见者同,故不载。作者复按:“黎玉山上舰投函,颇受危险。及函投入,萨殊优待,并亲书复函与黎,使携之归,并使人送登岸上。复函甚简略,谓彼此心照,各尽其职云云,言外已有深意存也。”)

武汉大学历史系中国近代史教研室编《辛亥革命在湖北史料选辑》,湖北人民出版社1981年版,第37页

胡鄂公《武昌首义三十五日记》:

七时,予至都督处,告以起程赴田家镇事。行经走廊时,见孙发绪一人伏案缮写文告。

予曰：武秘书胡为是者。发绪曰：他们要把我当作录事用，每日上午六时半，必须到此写布告文书。先生曷为我再向都督言之。予曰：请暂屈，当如命也。予至都督处，适汤化龙、胡瑞霖、刘赓藻等，与黎公谈论楚有、楚材等五军舰事。化龙请黎公致函萨镇冰及各舰舰长，黎公允之。予遂推荐武秘书草拟信稿，黎公曰：武秘书何人。予曰：即前日由安庆来者。予当呼发绪，谓都督有事见召，孙闻予言，大喜过望。遂为黎公拟致萨镇冰及各舰长函，言明三十日上午七时交卷。

熊守晖《辛亥武昌首义史编》下，台湾中华书局1971年版，第996页

△ **鄂军都督黎元洪照会各省上级军官，"希即投袂而起，共成大业"。**

胡石庵《湖北革命实见记》：

又有都督照会各省上级军官文一纸如下：

为照会事：照得满贼窃踞中原二百余年于兹，以腥膻之族类，坏华胄之文物。鬻官卖爵，怙恶肆威。田赋不增，阳窃以仁恕宽厚之名；局卡遍设，阴行其头会聚敛之实。彩票归部，与民争利；首相必满，畏汉夺权。凡我同胞，涂炭久矣；手无斧柯，徒唤奈何。本军不忍坐视，乃体同胞之心为心，爰举义旗，驱除丑类。幸同胞响应，遐迩云集，鄂境底奠，湘粤赣豫亦先后遣军起义，东南大局计已在指顾间。此诚我汉族同仇敌忾、拨乱反正之秋也。贵□□大义克明，久深仰佩。希即投袂而起，共成大业，光复旧物，以谢同胞。我华幸甚。须至照会者。

武汉大学历史系中国近代史教研室编《辛亥革命在湖北史料选辑》，湖北人民出版社1981年版，第38页

△ **革命党人胡石庵听闻袁世凯已接湖广总督之命令，乃代全鄂人民作书一通致袁世凯。**

胡石庵《湖北革命实见记》：

是日十一点钟，得北京同志由上海转来急电，言清廷有旨，令各省官获到瑞澂、张彪，即行正法；袁世凯已接两湖总督之命令，准于本日起身，其奏派将官甚多，最著者为姜桂题、段芝贵、冯国璋诸人云云。余阅电大忧，念袁果亲来，吾军万非其敌，大势去矣，顾终无良策阻其不来。寻思久之，乃代全鄂人民作书一通致袁世凯。而又恐难达其前，乃设法排印数百封，各加封函，尽投邮局，用各种名称由各地转往。计但有一函入袁目足矣。有效与否，则听之天焉。函录如下：

蔚廷宫保大人阁下：盖闻语曰："英雄造时势，时势造英雄。"又曰："识时势者为俊杰。"从来伟大人物成不世之勋，未有能殊乎此者也。自甲午以后，民族、民权二大主义之潮流，激湍全国。于是人人皆思享自由之幸福，脱专制之羁轭。惟苦异族政府无改革之能力，乃发为种族之观念，而民族之说出焉。至于今日，三尺之童，皆知革新之为大业，此盖时势使然，非口齿所能强致也。阁下才渊识朗，量已深悉于心，不待我等哓舌。顾我等有不能不向阁下陈者，幸阁下垂鉴焉。慨自李闯构乱，明社乃屋，满清乘季，拦入中原；衣冠变为犬羊，江山沦于夷狄。凡有血气，未有不腐心切齿思光复者也。二百年来，汉人之遭其蹂躏，匪可言尽，特以事机未至，无如之何。今则天道好还，人心思汉，义兵一举，全鄂服心。时势至今，满汉之界已划，非满人亡即汉人灭。自残同胞，西人引为大耻。为阁下计，亦必不甘冒此不韪，为满廷作虎伥也。

乃近阅上海各报，皆谓阁下已受满廷简为鄂督，偕荫昌督军前来，心窃怪之。嗟乎！阁下非汉人乎？胡一旦昧心至此也！阁下尚忆载沣初年摄政，即逐公于国门之外时乎？阁下未被刑戮，幸耳！今情势危迫，复以艰巨负之阁下，是盖行煮豆燃箕[萁]之故智，而中即覆以

免死狗烹之危机也。阁下亦知之否?阁下之为人,沉雄机警,固我等所知也。今虏廷自载湉短折,溥仪继立,所云主少国疑者,此其时矣;旗党分权,离叛叠见,所云将骄兵懦者,又其时矣;且灾异非常,征科繁急,所云人怨天怒者,又其时矣。阁下诚能因时势所趋,体士民之意,率部下健儿,回旗北向,犁扫虏廷,为汉族争百尺光,我等全鄂士民,当肩耰手锄,甘冒矢石,为阁下作前驱。若守那拉氏之私惠,甘以毒手残害吾鄂四千五百万同胞,鄂人苟有一人未诛者,亦必以恣害之手段加之阁下,世世子孙,传为大仇。阁下纵不为一身计,得不为子孙计乎?即不为子孙计,独不为千载以下史家之唾骂计乎?阁下当不若是之愚也。况今日之革命,种族上起点也,天经地义,华夏之辨至明;木本水源,忠孝之心俱在。阁下纵一身甘为满奴,阁下之所部皆汉人,能保其皆甘为满奴乎?语云:"与众同欲者罔不兴,与众异欲者罔不败。"为阁下目前计,兵情将意,先多疑畏,君臣之间,素有隔阂,且有一尸居余气之荫昌掣肘于旁,阁下能操全算乎?阁下固知其必不能也。既知其不能,则何不以迅雷之势,建不世之业?汉族之华盛顿,惟阁下之是望。嗟乎!阁下非汉人乎?一身祸福,系之毫芒;千古勋名,争在顷刻。时乎时乎不再来,幸阁下三思之!

函投邮局后,已午后三句钟矣。

武汉大学历史系中国近代史教研室编《辛亥革命在湖北史料选辑》,湖北人民出版社1981年版,第39~40页

△ 鄂军都督府对詹大悲在军务部预支兵费三十万甚为不满,遂取消汉口军政府,改詹为支部长,专管政事。

胡石庵《湖北革命实见记》:

(二十九日)余归本馆时,已将九句钟。时君等又至,言武昌执事诸同志,因詹大悲在军务部预支兵费三十万,甚不满意;且恐其权过重,功过高,有尾大不掉之虑。乃决意取消军政分府,改为支部长,专管政事,另委张景良为临时总指挥来汉布置一切。惟大悲不悉内容,尚力请兼理军事,殊为可怜。嘱余风示大悲,速自辞,免遘谣诼。

余闻之,甚为灰心。盖是日余有人至大悲处,确见大悲劳极咯血。左右皆劝其息养,大悲奋起曰:"此为同胞效命时也,劳死又奚恤。"立步行往歆生路华洋旅馆(已设为司令处),会议军事去矣。且大悲就任以来,措置各事,皆颇如人意,于商界亦和协。其微足议者,特优柔寡断,用人一端,不免龙蛇混杂。然其心实坚决,任事一秉至公,劳怨弗恤,此余敢为大悲誓者也。矧民国初轫,需材孔急,果能建伟业立奇功,足为吾汉族光者,虽奉为总统亦宜。今乃因其稍有建树,即欲批而折之,是何异满政府诸奴臣之忌能嫉功也,不几令天下英雄生悔念哉?民国前途,殆难语矣。思至此,不禁太息者数。二人见余状,乃不再言,随辞去。

武汉大学历史系中国近代史教研室编《辛亥革命在湖北史料选辑》,湖北人民出版社1981年版,第42~43页

△ 清邮传大臣盛宣怀代度支大臣载泽草拟节略,请降旨催袁世凯赴鄂。23日盛宣怀在复奏红十字会事务折中,主张对南行新军"不吝重赏"。

《盛宣怀致载泽函》(宣统三年八月三十日午夜北京):

瑞、萨电奏,先胜后挫,兵力单弱之故。北军仅到一标(计一千五百人),不战而退,甚属可耻。代拟节略三端:一为进兵迟速关系大局之缘由;一为荫午楼宜电旨促其亲督进兵,节节攻剿,汉匪无多,湘、豫、鄂军只有二千人,尚能打胜仗,何况北军两万人,快炮快枪皆属最新利器,只要不退,断无不胜;一为袁慰庭宜明降[旨]催其赴鄂,即以北军及各省援军均归调

遣,似已足敷剿办,若必待新勇招齐,恐已迟矣。武汉已墟,收复不在迟早,而上下游数省之安危,则于收复之迟早决之,请于扆座前痛切面陈。近来事事以轻笔掉之,试观中兴方略,岂是如此,殊堪浩叹!各件附览。东京探事一则,尤属叵测。八月卅日子正。名心上。

[附件一]盛宣怀代拟:载泽面奏节略之一(此件原题《代载泽拟进兵迟速关系大局之缘由节略》)(宣统三年八月二十九日):此次武昌之变,由革匪勾结叛兵而起。因新军之外,别无他兵可供调遣,是以一发莫收,措手不及。惟革匪、叛兵立脚未定,解散亦易。如大军迅赴事机,一经得手,匪势亦必迎刃而解。现因北兵尚未到齐,荫昌尚在信阳,致廿七日豫、湘、鄂各军与匪接仗,北军号令不能应手,我军先胜后挫。倘援兵迟延不到,江岸必致失守,湘、豫、鄂军必致溃散。海军孤立,亦难得势。武汉地据中心,乱事一日不定,恐他省望风响应,糜烂更不堪设想;即兵力、财力亦将无可分布,外人生心,尤属可虑。故大军急援汉口,再复武昌,则各省便可无事。安危大局,决于迟速之间。惟自来用兵,未有统帅畏缩不前而能使将士用命者也。为今之计:一在催荫昌进兵;一在命袁世凯赴鄂。

[附件二]盛宣怀代拟:载泽面奏节略之二(此件原题《荫午楼宜电旨促其亲督进兵节略》)(宣统三年八月二十九日):陆军数日之间一镇两协均已运完,第四镇亦已过信阳州。荫昌身为统帅,正宜乘此声势,率领大队节节进规,以寒匪胆。信阳远在豫境,距汉口数百里,呼应不灵,万无顿兵遥制之理。若复迟延不进,深恐前敌已到之军,以无后援不敢再战,或致挫失,匪焰更张。应请严旨电饬该大臣克日前进,必须信赏必罚。贼少兵多,且有海军截江而守,何难一鼓荡平?荫昌若再逡巡不进,贻误事机,岂能当此重咎!

[附件三]盛宣怀代拟:载泽面奏节略之三(此件原题《袁世凯宜明降谕旨催其赴鄂节略》)(宣统三年八月二十九日):袁世凯负知兵重望,此次闻诏即起,具见公忠体国,固已先声夺人。惟据电奏请增募新勇二十五营,若候成军,至速两月方能前往,实恐缓不济急。该督久任北洋,现调之新军第二、第四镇皆其旧部,必能遵守调遣,踊跃听命,应请明诏敦促克日就道。如再旷日持久,转虑匪势蔓延,牵动全局,更难收拾,必非该督忠勇任事之本心。至一军两帅,为行军所忌,俟该督抵汉,应将新军及湘、豫各省援军悉归节制,以一事权,一面选将练勇,以为后劲。

陈旭麓等主编《辛亥革命前后·盛宣怀档案资料选辑之一》,上海人民出版社 1979 年版,第 215~217 页

《盛宣怀奏折》(宣统三年九月初二日):

……兵贵神速。现在鄂境大军云集,即应克日进兵,节节进占,倘再迟延,坐使匪势养成,伏莽蜂起,甚至他省闻风响应,大局必更糜烂。臣不揣冒昧,拟请乘此电线尚可直达行营,降旨严饬荫昌亲临前敌,趁滠口铁桥未坏,迅速进规,会合海军,先将汉口克复,再行进攻南岸。若汉口扎住,武昌不难攻克,武昌一定,匪势虽有蔓延,剿抚兼施,不难扑灭。并请加派袁世凯为钦差大臣,一面调集宿将,添练防营,以为后劲。

袁世凯公忠素著,韬略久娴,北军第二、第四镇皆其手中督练,不特威声足以慑匪胆,抑且恩谊足以结兵心。臣愚全局安危总系于南行之新军能否实心效力,而此时能得民心,尤在不吝重赏。试问精枪精炮所值甚多,况胜负关系更无底止,岂宜吝赏?臣窃见从前湘、淮军剿贼之时,每遇悍匪,挑选奋勇冲锋陷阵,每勇一名不过元宝两个,即能得其死力;将士擒克,立加破格擢奖。至于退缩不前,即行照律严办,故能立奏奇功。无他,军中不过赏罚二字而已。谨摅管见,附片直陈,伏乞圣鉴训示。谨奏。

陈旭麓等主编《辛亥革命前后·盛宣怀档案资料选辑之一》,上海人民出版社 1979 年版,第 218 页

10 月 20 日至 21 日(八二十九日至三十日) 革命军与清军继续在汉口交战。

天嘏《南北春秋》:

二十九日,民军与北军续战于刘家庙,民军胜。初,萨镇冰所率兵舰已退至下游,是日见民军与北军战于七里河,萨所率之兵舰复向前助战。嗣因武昌之炮台、汉口之陆军两面来攻,萨之兵舰不能抵御,遂退。兵舰一退,北军之势益孤,民军猛击之。其大队向铁路而退,民军中之敢死队,更携大炮四尊追击之。遇荫昌之前部军,又击退之。直至三道桥,北军已四散无踪,民军即乘火车至刘家庙驻扎。

…………

三十日,民军复与北军在三道桥附近交战。

民军与北军遇,民军中之敢死队奋勇前敌,以十六人伏一堤下,弹击北军。北军阵于山上,炮弹向下轰击,皆落堤下水中。敢死队每发皆命中,歼北军无算。北军乃败走,民军复奋力击之。有乡民趋告民军,谓北军伏于三道桥下以图邀击,民军乃改为节节进攻法向前攻击。为时不久,即越三道桥,直入滠口。时北军又大集,号称一万五千余人,而民军仅二千余人。相战颇剧,厥后北军大溃,投降者有三千余人。

国家清史编纂委员会文献丛刊《辛亥革命史资料新编》第 1 卷,湖北人民出版社 2006 年版,第 246 ~ 247 页

《武汉战纪初稿》:

八月二十九日,……是日午后三时,我军在刘家庙预备出发进攻三道桥时,统领何锡藩令支队长谢元凯率步队两营、炮队一营为前卫,自率一标为本队,向敌前进。时敌兵约一营已占据二道桥。我军行至铁路附近,利用沟堤为掩体,展开攻击。相持约两点钟,两军各据优胜地势,未能前进。幸我军炮火有效,力相压迫,敌始纷纷四窜,退出二道桥,占领桥北一岗岭,阻止我追击之队。是时,我军地势稍劣,颇有伤亡,战斗力即因之减少,势几不支。敌正拟乘机返攻,适我援队增加得力,敌始退据三道桥一带。当时若更有新锐部队蹑敌之后猛进直迫,压迫敌人于三道桥以外而占领戴家山,诚易事也。惜以新集之师,至此即行停战,而且仍退据刘家庙,致次日敌反进占造纸厂一带。

《辛亥革命史丛刊》编辑组编《辛亥革命史丛刊》第 3 辑,中华书局 1981 年版,第 136 页

《1911 年 10 月 26 日朱尔典爵士第 411 号报告附件一》(武官陆军中校韦乐沛 1911 年 10 月 22 日于北京):

21 日星期六当我们归途中经过承德府时,新任湖广总督袁世凯尚未离开,但站长说他已接到命令,为袁准备好次日的列车。不过,他目前是否打算就任尚可怀疑。旅途中我们注意到以下要点:

1. 直隶铁路全线直到该省南端,由淮军和练军(旧省防军)严加守卫,每座桥、每个涵洞,至少有一人站岗,每个车站均有一支小分队。可是,在河南除车站外没有守卫,只有信阳州附近的淮河铁桥上有一小队步兵担负着警戒。郑州以南担任车站警卫的是湖北陆军第二十一混成协第四十二标。

2. 到本月 21 日晚,已有五十一趟专列通过保定府前往汉口接济讨伐军。在我们离开北京之前,讨伐军中的作战部队大都已经此南下,我们由信阳返回北京途中所遇列车,多为运载给养、战争物资和弹药等,其中包括电讯器材和气球,给迄今应得到充分弹药的军队。头批军队每人只带了一百五十发子弹。

3. 本月 20 日讨伐军的组成和配备如下:

驻北苑满族第一镇的第一步兵标两个营、第一骑兵标一个排驻黄河桥,第一镇的一支小

型亲兵卫队随荫昌驻信阳州(人数不详)。

第二镇(来自永平府和保定府)全部进驻湖北,只有两个野炮营留守信阳州。驻马厂、孝感的第四镇亦进驻湖北,只有两个野炮营留守信阳州。

第六镇(保定府)的一个协,即第二十一步兵标、二十二步兵标及该协的一个营驻黄河桥,一个营驻信阳州,一营在前线(?)。第六骑兵标、第六炮兵标、一个山炮营和工程辎重队于20、21日与我们途中错车,具体人数不详。这里提到的野炮营装备有重型克勒索大炮。信阳州以远,除了河南混成协第五十七标两个营和第五十八标一个营外,还有第2页提到的河南混成协的一个山炮营。

归途中我们在郑州注意到,廊房来的直隶混成协第二营的承德士兵正在月台上值勤。该协至今只有两个营,由第二、第四镇的后备役军人组成。他们对于开往前线似乎十分高兴,我们了解到,在讨伐期间,他们得到政府通常克扣的全额军饷和一两加饷。回到北京后,我们从可靠来源处(京汉路管理局)获悉,荫昌将军的总部已由信阳移往汉口以北大约一百公里的花园。

截至今天中午的最新消息,昨天荫昌派五车先头部队前往离汉口约二十英里,位于一千一百七十一公里处的祁家湾江岸车站,革命军已撤离此地。因此我们可以期待及早获得进一步的战斗消息。

国家清史编纂委员会文献丛刊《辛亥革命史资料新编》第8卷,湖北人民出版社2006年版,第94页

10月22日(九月初一日) 党人焦达峰、陈作新在长沙率新军分两路合攻湖南抚署,巡抚余诚格潜逃,巡防营统领黄忠浩被杀,即日商组湖南军政府,举焦、陈为正、副都督。次日组织参议院,以谭延闿为院长。10月30日清廷谕"革抚"余诚格"戴罪图功","将省城克期克复"。

粟戡时《湖南反正追记》:

当新军集合时,议城中数处放火,以为信号。惟党人举动,均极秘密,雇工均不知情。故贾公祠之火,则由予所用工人郭冬生见室中起火,极力扑灭;富训学校则由工人受命买洋油,因大西门油店价廉,遂趋大西门购买,以路程较远,比反,新军已入城,故两处均未被焚;而北城外某姓民房独被焚烧,事定后,由军政府赔其损失。

易堂龄所率攻北门一部之新军,因恐驻扎城上之巡防队或有变动,而加射击,乃趋越护城河古云阳门(早已封闭,反正后,改为兴汉门)下,沿城脚西行。城上守兵见之,拍手欢呼,曰:"同志快来。"新军闻之,愈放胆前进,及至北门,城亦未关,遂迳趋军装局。时新军身上,每人仅有枪弹一排(计五颗),猝见大批枪弹,如获至宝,各各尽量饱装;又见拔壳枪枝,知是利器,而未谙用法,则坏其壳而取其枪。带队者因不知攻小吴门一支军队入城与否,倘未能入城,深恐入城人数单薄,设被清政府军包围,则立可歼灭,急整队驰援。迨至水风井,已见攻小吴门军队在街上行走,始放心焉。

攻小吴门一支新军,途遇焦达峰,焦遂加入,至城下,则门已关闭,乃将所获之炮,撤退数十丈,示将开炮攻城。附近市民,见之大惊。其实所携之炮弹,乃木质者,并无攻城能力。然城门虽闭,而城上并无军队抵拒形势,乃遣一人自承平时夜间行人出入城门之窦入,拔关启门,因亦入城,两队会合,同赴谘议局。黄翼球遂与常治率一部军队赴抚署,时二人均补谘议局议员,至抚署时,有军队一连,持枪作少息立,亦并未上刺刀。至二门,有巡捕前阻之,黄、常示以名片曰:"非见余抚台不可。"巡捕曰:"请少待。"随入而出,谓大人尚未起床。肃入客

室,正自谈论,而余抚小衣小帽行至,问甚么事?答云:“今日之事,抚台岂不知耶?特请你到军政府去办事。”余抚云:“军政府在那里?”黄曰:“在谘议局。”余抚曰:“这又怎么对得皇上起呢!”常曰:“甚么皇上,是一个这样长的小孩子,他晓得甚么!”以两手约作尺许长示之,因劝其反正,俯从民意,都督湘军。余抚力辞,逼之,则力陈平日遇事审慎,不敢乱动,深恐激成糜烂湖南之祸,我于保全湘省治安,不为无功云云。最后则云:“此事重大,当入内与家父商之。”兴辞而入。黄等略待,不见其出,入而搜人,则署内已阒无一人,至后院则见院墙靠孝廉堂照壁,开一大窟窿,知其早已自窦中先逃矣,仅拾得所遗之虎纽湖南提督银印一颗(后改镌湖南都督府印)。翼球乃随手扯白色桌台布及卧单布两方,就案上墨盘,与常各书甚大“汉”字持出,悬于署前左右桅杆上,以当旗帜。无何,改巡抚部院为中华民国军政府,旋又改为中华民国军政府湖南都督府。

当时新军一部,随至抚署,至大堂,则见巡防队林立,有一着青布马褂者在焉,闻有人呼曰:“你们不要乱动,这是我们大人。”新军知是黄忠浩,随即有人自后反执其臂,但闻其人曰:“我不是黄某,我不是黄某!”然终拥至小吴门城上杀之。是时革命同志,左臂上均缠白布一方,由曹炽昌(字作霖,长沙人)司其事,其后又于胸前斜挂一长白布条,若参谋带形式,上书职务,以资认识。

当时抚署卫队营管带陈春山,并未与闻反正之事,然见新军与巡防队合作,故亦未加抵抗。余抚既逃,新军分配队伍,四城弹压,沿途呼曰:“你们不要怕,不要在街上乱走,巡抚已逃,革命成功。”人民闻之,喜形于色。是日革命党与新旧两军一部至谘议局寄宿舍,焦达峰自署为正都督,陈作新为副都督……

次日即组织参议院,推谭延闿为院长,推黄锳、常治、左学谦、吴作霖、黄翼球、贾[粟]戡时、陈炳焕、刘善渥(字雨人,浏阳人)、易宗羲、阎鸿飞、阎鸿翥、陈文玮、刘人熙(字更生,浏阳人)、黄用榯、郑钧(字望之,长沙人)、仇毅(字棱生,湘阴人)、王犹、龙璋(字研仙,攸县人)、黎承福(字绶丞,湘潭人)、罗良干(字介夫,浏阳人)为参议员。其职务为议决湖南一切政治措施,所有都督发布之一切重要命令,并须征得参议院之同意,大致模仿英国立宪之精神,而防专制独裁之弊……

革命同人,以都督虽定,然政治纷乱,至初四日,乃于都督之下,设军政、民政两部,推谭延闿为民政部长,民政部下设一院六司。

(一)民政司司长龙璋,字研仙,攸县人。后龙辞,委刘人熙,字更生,浏阳人,均湖南绅耆。次长左学谦,后左辞,改仇鳌,字亦山,湘阴人,刘辞,仇任司长。左原谘议局议员,仇原留日学生。

(二)财政司司长陈文玮,字佩蘅,长沙人,后改陈炳焕。前陈原谘议局议员,后陈原谘议局副议长。次长周可钧,字极寰,长沙人,原留日学生。

(三)教育司司长陈润霖,字夙荒,新化人,原楚怡学校校长。次长何衢,字特循,湘潭人,原明德学校监学。

(四)司法司司长洪荣圻,字春岩,宁乡人,原留日学生。次长刘武,湘潭人,原留日学生。

(五)交通司司长仇毅,字棱生,湘阴人,原各学校几何学教员。

(六)外交司兼长沙、岳州两关监督。司长粟戡时,字墨庵,长沙人,卸职谘议局副议长。次长陈安良,广东人,原各中学英文教员,

(七)会计检查院院长易宗羲,字佑恂,善化人,原谘议局议员,次长曹耀材,原长沙仕绅。宋增馨,原谘议局议员。

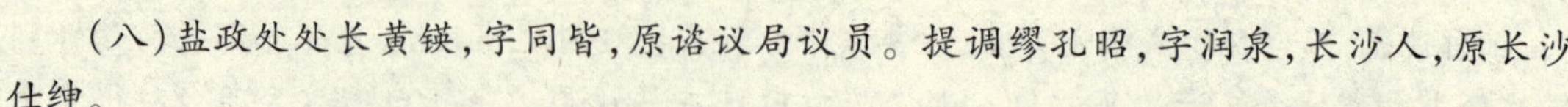

（八）盐政处处长黄锳，字同皆，原谘议局议员。提调缪孔昭，字润泉，长沙人，原长沙仕绅。

当时用人，以性之所近，才之所长，而又同情革命者为标准，毫无党源资格等等关系；而任职者每皆谦让未遑，亦无不以清廉忠勤为主旨云。

军政部部长以黄鸾鸣（字子高，平江人）任之，后改军务司，下设四处，辖五师。

（一）参谋处

（二）军需处处长谢楚樵、殷泽龙，字怀安。

（三）军法处处长李茇，字芾棠，平江人。

（四）副官处

第一师，师长余钦骥，字葵生，常德人。

第二师，师长赵春霆，字子云。

第三师，师长曾继梧，字凤冈，新化人。

第四师，师长王隆中，字怀宣，武冈人。

第五师，师长梅馨，字子根。

湖南省文献委员会编《湖南文献汇编》第2辑，1949年出版。田伏隆主编《辛亥革命在湖南》，岳麓书社2001年版，第119～126页

熊光汉《湖南辛亥光复事略》：

所有清廷官吏，非逃即降，皆无反异，遂一面电调前开驻各县之新军克日回省，一面集合革命代表及省垣士绅商警各界于谘议局开会，商组军政府，并选举都督。文斐任临时主席，报告此次革命经过，略谓："焦君达峰奉同盟会本部特派来湘主持军事，响应武汉，厥功甚伟，应推焦君达峰为都督。"继谓："陈君作新原系步队官长兼特别学校教员，素抱革命主义，因授课语涉排满被撤去职，事前辅助焦君联络军队，论功当为第二，应推陈君作新为副都督。"以此表决后，即由文斐用红纸大书粘于壁上，文曰："公举焦达峰为都督，陈作新为副都督。"全场鼓掌，欢声雷动，光复之举告厥成功。

田伏隆主编《辛亥革命在湖南》，岳麓书社2001年版，第160页

《湖南军政府示》：

本军政府特举义师，光复故国，对于军民学商各界，极行保护主义，秋毫无犯，以昭大公。凡内外各界人等，均宜静安，勿用惊扰。倘有不轨之徒，乘间肆行，就地立斩。所有保护条件，布告于左：

一、承认外人关于清政府之借款赔款。

二、保护外人生命财产。（甲）各国公使领事府住宅、租界商业。（乙）各国所设教堂、医院及学堂。（丙）各国轮船及其轮船公司码头。

三、请求各国不得接济清政府军装火药粮饷，及一切军用品，并确守局外中立，不得暗中援助。

四、保护本国各项人等生命财产，不得侵犯。

五、保护市面，照常一律交易。

六、保护各种学堂公司会社，及一切衙署团体，照常一律治事。

中国史学会主编《中国近代史资料丛刊·辛亥革命》(6)，上海人民出版社1957年版，第167～168页

《宣统三年九月初九日上谕》：

前闻长沙有变，电报不通，朕心实深廑系。兹据朱家宝转递余诚格电奏"本月初一日，湖

南陆军炮营叛变,攻入小吴门;陆军标营同叛,攻入北门;城内巡防队亦叛,戕统领黄忠浩,直攻抚署,匪党遂踞省城。诚格暂避入水师营,不意水师亦悬白旗,遂登湘帆小轮,候调省外各队,力图克复。恳请简员统队来湘剿办,并自请严惩"等语。长沙为省城重地,余诚格虽系甫经到任,所调将领未到,添募未齐,究属措置乖方,以致仓卒生变,罪无可辞。湖南巡抚余诚格著即革职,戴罪图功,并著暂管湖南巡抚印信,责成该革抚迅调省外兵队,即将省城克期克复,毋稍延玩;傥不奋力自效,定将该革抚从重治罪。其黄忠浩被戕情形,速即查明电奏。

沈云龙主编《近代中国史料丛刊·宣统政纪》第62卷,文海出版社有限公司1989年版,第53~54页

《宣统三年九月初九日前署湖南劝业道沈祖燕致内阁函》:

九月朔日辰刻,常备军即排队入城,一无堵御,直入抚署,并先踞军装局、电报局,遍竖白旗。迫巡防队统领黄忠浩于抚署营务处,胁降不从,杀以示众。抚署亦遍悬白旗,出示安民,满街有掮高脚牌安民示谕,鸣锣告众。顷刻之间,省城不守,不开一枪,不折一矢。常备新军,除防外县外,在省城外仅六百人。而巡防队之在城中者尚有八队,将二千八。又永州军亦已到数百人,以无主令,并不交战,为常备军迫令投降,使手袖束白布为记。满城街市民居,皆令悬白旗。盖自八点钟肇事,而十一点钟时已定局。省城久备防守,一无御敌,而遂不守,痛哉!劝业道王曾绶、营务处总办道员王毓江、长沙县沈瀛皆以不屈被杀,其余巡抚及以下各官则皆不知下落。出示有军政府谭字样。旋拥焦大鹏为湘军都督,以谭延闿为军政府参谋部长,即出示之军政府谭也。其办事皆在谘议局。此湖南省城九月初一日常备军变而失守之实在情形也。

军机处函件档。中国史学会主编《中国近代史资料丛刊·辛亥革命》(6),上海人民出版社1957年版,第169~171页

有吉驻上海总领事致内田外务大臣电(一九一一年十月二十九日[第148号]):

大河平领事十月二十三日来函报告革命军占领长沙概况如下:

十月二十三日凌晨,驻扎于北门外及东门外之常备新军混成协,为响应革命,突然由上述两城门闯入城内,当即与驻守城垣之旧军会合,向该队新统领黄忠浩提出强硬要求,然后加以杀害,旋即占领卫门[衙门]。到正午前后,全城几全为革命军所占领。

本来,常备新军一向被目为革命派,巡抚平日对其行动亦颇有戒心。湖北事变发生后,即以剿讨土匪为名将该军分别遣往常德及其它地区,只留两营在本地;而全城防守任务,则一以巡防队是赖。此次变生肘腋,革命军行动有迅雷不及掩耳之势,巡抚等地方官吏无计可施,仓皇出逃,仅以身免。

革命军改队长称号为中华民国军政府湖南都督,设都督府于谘议局,立即施行军政,努力恢复秩序,严禁一切骚扰。大小商店多对革命军讴歌欢迎,商市与平时无异,闻谘议局议长谭延闿氏曾参与谋划。我国及外国侨民住区均派有兵员保护,未闻有何异状发生。但为防万一,本职已令预定于二十二日清晨启碇之我武陵号暂留此地。在当地别无其它舰船碇泊的情况下,我国及外国侨民对于此项措施均极感激。已有人进入轮中暂避。

中国社会科学院近代史研究所、中华民国史研究室主编,邹念之编译《日本外交文书选译——关于辛亥革命》,中国社会科学出版社1980年版,第13~14页

△ 陕西新军、会党在西安起义。25日组织军政府,推新军管带张凤翙为秦陇复汉军大统领,钱鼎和哥老会首领万炳南为副大统领。11月初,清廷谕甘肃长庚率部驰援,杨文鼎"迅速赴任"陕西巡抚。

郭希仁《从戎纪略》:

余进省时，湖北已反正，陕新军先有风声，谣言八月十五举事。满将军文瑞，调旗兵守四城及满城，定日在秦王城演操。要求钱护院发子药，钱不允。又面令咸宁县张衡玉大令为补修满城及城门，张不肯。文愤甚。二十四日，谘议局开会，因报载新抚杨文鼎有以石油矿压[押]借外债之事，各界到者过万，人情甚为愤激，官场大惊动。其时勿幕、子良均早赴北山，仲仁亦去。……至二十九日，钱定三始来谘议局，言众议已定，约九月初一晚举事，推张翔初为首领。余闻之，甚赞成。定三并约余初一下午三钟到渠家(家在谘议局西侧偏小巷中)与翔初诸人面商一切。时子逸在座，谓可再迟数日，恐发之过早，布置未周而败。余曰："此等事机会未熟，助之长不可；机会已熟，遏之止不能。今事已至此，可放手令做去，成败听之。且翔初有冷胆，遇事能做出，可不必迟疑矣！"

九月初一，谘议局开常年大会，原定十二钟开会。是日钱护院到甚早，未及钟点，即促开会，十一钟即散，气象甚为仓皇。兼会日食，天色黯淡，一般人气象均不照常。散会后，余回寓室更衣，预备出赴鼎三家。俄而仲山、李襄初、刘蔼如诸人仓皇至，密谓余曰："西关新军已开，可急赴关帝庙等候。"余乃收拾纸笔墨盒，携提包，由谘议局西偏后门出。盖九月初一晚举事之议，系钱定三、仲仁等所画定，推翔初为首领，亦定三等所倡。定三在讲堂操场，对军士屡演说翔初之才略胆量，军士皆属意。其时翔初方带二标一营赴临潼旅行，省中一切谋画，翔初尚不知。八月三十日，自临潼归，当晚定三与仲仁等至翔初室，密以其谋告。翔初慨然应允，并谓既已举事，当先发制人，不宜缓至天晚也。遂于夜半时密约各同志在操场会议。初一早九钟，翔初、仲仁、定三、伯英、聚亭及陈殿卿、张建友、刘刚才、万炳南、陈同、吴长世、李汉章等，又潜至营盘西南数里之林家坟，复会议。张聚亭登高报告，即推翔初为代表，定三为参赞，议讫回营。党自新、张伯英、朱叙五、余永宽、陈得贵、郭锦镛，各带马步兵十数名，托查街领子药为名，由南门入，分两路赴军装局会齐，为夺取计。定三与仲仁，由西门入，转赴陆军中学堂抢枪支。翔初回营誓众，即与刘伯明由大街整队直趋军装局，作救应。时有人献计，谓本日谘议局开会，司道将军都统皆在，可直赴彼处，聚而歼之。翔初谓我军如先得军装局，则全城自在掌握，彼辈亦不能为害。故本日新军进城，并未攻击各衙署，有在途中开枪乱击者，翔初亦饬止之，故街面亦未大扰乱也。

勿幕北去时，与余约，省垣事可时与子逸商。子逸在实业学堂，缓急时当相告。余从谘议局西偏门折赴实业学堂，见子逸，告以故。子逸以子禄儿在学堂，仓卒未安置，不能偕。余乃独去，直赴顺城巷，到关帝庙。时军装局已有枪声，余即令关庙教习李志道遣散学生。未及出门，街面已大扰，喊声四起，军装局附近，枪声隆隆不绝。顷之，襄初、开臣、仲三、崧生相继至，四人各带兵器，更番赴街上探消息。余在内拟安民告示。久之，探知军装局已得。余初闻军装局炮声，疑新军与守兵开战。讵自新、伯英诸人甫到，守兵即逃散，并未抗拒。以前枪声，系新军大队，一路附从乌合之众，及咸宁狱囚，新领枪枝演放，子不合膛，机不应手。辗转取试，损坏无算，并有自相击毙者。枪声之多由此，然城中亦由是大震。

初一日暮，仲山自外来，言军装局已得，并占咸宁县署为临时事务所。翔初已在彼处，约余速来组织一切。余乃同仲山行至咸宁县门，遇翔初，偕至大堂，内无灯火，呼应亦不灵。顾谓余曰："还是往军装局。"乃同至军装局，住三层楼西偏厢房。时军装局守卫森列，盘查甚严，出入不便，局内应用物件亦无有。久之，乃觅一旧役，在外借来笔砚纸墨。余乃续成安民四言告示(即各省皆变，排除满人，上见天意，下见人心一示)。须臾，常明卿、王子端至，与商定秦陇复汉军名号。自湖北起义，各处邮电不通，传闻湖北有湘鄂豫大统领之称，乃沿用之。初起时，举翔初为代表，即书秦陇复汉军大统领张示字样于示额，令开臣携至渠书铺发刻刷印,并刊秦陇复汉军总司令部图记。至初二启用张贴,城内人心始稍定。自八月十五谣言起,满将军文瑞,即派兵守满城及四门。初一新军入城,占军装局而外,仅攻得西南东三门,满城尚未及攻,北门亦为满兵占。午后约五钟,东南隅有满骑数百,谋夺军装局。翔初与伯英登南城击之不退,天色将晚,翔初乃下,巡视军装局四周地势,用木坊桌椅等,塞柏树林及端履门各要路,防满兵夜出袭攻。定三带一标驻扎鼓楼,防守满城西线。刘俊生、郭锦镛督三标守卫军装局。夜半,翔初计画攻夺满城。黎明下令,至巳正不能入,翔初乃从大菜市东,推倒低墙数堵,身先士卒,冒险直入。各将士继之,遂得满城。下午张云山督队攻得北城门,城楼藏置火药,被弹轰焚,延烧门楼,满人死者甚众。陆军中学堂学生,由藩署后门入,攻得藩库,即住[驻]守之。时巡防队亦自前门入,谋抢掠。比入,见已为陆军学生所守,乃去,藩库得无恙。

总司令部原住厢房,甚狭小。至初二,同志来者渐众,室中不能容,办事亦多妨碍,乃移于对面过庭。庭凡三间,中间为过道,余两间有土坑[炕]四,乃分参谋、会计、军需三部,参谋会计二处,其一房,各占一坑[炕]。军需处物件占地较多,独占一房,各踞炕治事。会计处杨西堂、王伟斋主办。军需处席子厚、惠春波,参谋处余与明卿、子端、子逸。后伯英亦时来计划一切。城内安置,先令杨鼎臣就师范学堂,编各学堂学生为巡警队,防守街面。宋相臣、林即卿,办理交涉,保护外人。王锡侯、张衡玉组织民政府于咸宁署,专筹保商安民等事。令马图生安置回民,南雪亭经理驿站及邮电,并分派张俊卿、贾东园管电报局,刘楚材管邮政局,王一山收藩司及库中底册,严敬斋、梁成甫收提学署底册及账簿,程岛山守陈列所,曹引之守理石油厂、工艺厂、发售处,郑春亭守西仓,张某守东仓。省外则移檄各州县,申明宗旨,命其各保地方。并分派旅省各学生,分路赴各州县倡办民团,以防土匪。城关各坊,亦令其办团自保。又令焦子静、井崧生、李襄初赴河北招练乡勇。李仲山招严飞龙之众,以为省城后援……

新军初一进城,即分守军装局,及西南东三门,余皆分扎鼓楼各处。初二攻满城,兵分数路,仓卒间不能收集整齐,遂随地就便分扎,且有离队抢夺者。初二晚,张靖清建议,以满城已得,可集合全军,另行编制。用白布编号数,同事等整为书印一晚。初三早,调各路集军装局另编制,乃未及半,而旧官长以名位更置不合,多不愿。且传满人有来攻之说,遂哗散。后乃就会党中当日听推标舵营舵者发委状,令其自行编集,众始稍定。第一标刘刚才,二标朱汉庭,三标郭锦镛,后又推邱彦彪带四标,邓占云带五标。初四日,翔初、伯英、定三、伯生、仲仁、张云三、冯玉贵、刘世杰、马福祥、郭胜清、万炳南、刘刚才、陈同等,在军装局三层楼西南小房会议,定起义诸人名位。翔初对众宣布省城大势,及大局之关系,以不能胜大统领任辞。众皆愿效死生,无异议。旋有议举副统领者,张建有、刘刚才、吴世昌推钱定三,定三当场推万炳南,众皆瞠目无语。郭胜清以头领太多不服,愤愤而去,众亦无言而散。此时推举副统领之议,本无意识,讵各人即因以生心。初五日又会议于督练公所,万炳南要挟当大统领。又有议举马玉贵为兵马元帅者,又有争当某某都督者,就中惟万炳南要挟尤甚。翔初无可如何而去。陈殿卿与李长兰最善,二人一心扶翼翔初,见诸人因名位相争,愤甚,回军装局,在大厅对众宣言,若如此,渠将焚军装局。大家皆散。此初五日暮事也……

初六日,又在督练公所会议,吴世昌劝万炳南,谓大局尚未定,不必争大统领,为副统领亦可矣。万乃允,众即推为副统领。后又会议于高等审制厅,乃议定张云山调遣兵马,马青山管粮饷。翔初临时又分出军令,初八日在高等学堂发表张云山为调遣步马炮工辎各标营队总都督,吴世昌副之。刘世杰为军令都督,郭胜清副之。马玉贵为总理粮饷兼管军务都督，马福祥副之。其时若张仲仁、张伯英、党自新、张聚亭、曹建安等皆无位置。此日余亦未与议，后闻知，惜其名目不正，将来难安置。然以兵马、军令、粮饷三权分配，互相钤制，内部尚得相安无事。惟以此事竞争多日，不暇计及各路防御事宜，殊为可惜也……

军装局地方狭隘，同事早拟另移地址，因省城甫定，军械所在，系根本重地，脱有意外，全局即恐动摇。乃迟至九月初六，始移于军装局附近高等学堂。分总司令部为三：一军令府，张靖清为长，伯英副之，主执行。一参谋处，仍是余与子逸子端诸人，主筹画。民政府亦随移高等学堂后，扩充组织，翔初命余为总理，王锡侯、张衡玉代办一切。令张密臣、孙玉溪办财政，先清理旧案，并开办银行。张西轩、曹雨亭经管各学堂。王藻泉、刘春谷经管实业各厂所，党松午、钱陶之经管司法事。

中国史学会主编《中国近代史资料丛刊·辛亥革命》(6)，上海人民出版社 1957 年版，第 60 ~ 72 页

《秦陇复汉军示》：

各省皆变，排除满人，上征天意，下见人心。宗旨正大，第一保民，第二保商，三保外人，汉回人等，一视同仁。特此晓谕，其各放心。九月初二日。

中国史学会主编《中国近代史资料丛刊·辛亥革命》(6)，上海人民出版社 1957 年版，第 46 ~ 47 页

《陕西都督府布告三秦同胞文》：

为通告事：照得本都督仗义兴师，代民请命，原为保国。使我轩辕古国，与欧美各大国，并驾齐驱，谋民族之自由，脱满奴之专制。宗旨正大，本无一毫自私之心。是以本都督誓师以来，一举而咸阳恢复，伪抚就擒，再举而潼关欢迎，秋毫无犯。人心思汉，天命有归，此诚本都督始愿所不及者也。今当大事初定，百度维新，特于军政府组织各部，如军事、财政、外交、实业、学务、司法，条分目举，各有专司，立除从前伪政府泄沓之习，还我同胞监督之权。并且设纳言之筒，以期下情上达；筑招贤之馆，以免奇士沉沦。凡我同胞，同为轩辕苗裔，受异族二百数十年吸脂敲髓之苦，平昔认贼作父而不敢与较者，非心有所甘，实力有所未逮也。今者义旗所指，想我父老兄弟，应无不共表同情。省垣商民，既各安堵，省外州县，亦宜一体保安，勿稍恐慌，勿听谬论。官绅协力，筹军饷，设民团，总以各保各县，各安各村为急务。昔高皇入关，与父老约法三章，民心大定。今与我同胞约法二章，简而易守。伤一无辜，罪不赦！行一不义，罪不赦！其有慷慨输财以济军需者，受上赏。反对义军者，加显戮。钱粮杂税，照常急解，一切公款，均归民国政府综核。如地方有司有假公济私肥己舞弊者，本都督信赏必罚，必加以应得之罪。内部庶政既已就绪，再当奋黑虎之师，东出镐洛，联合三河年少，敛干敹甲，直指燕云，取羯奴之头而悬之藁街，使我大汉之河山，重逢景星庆云之瑞，当亦我父老兄弟所奋袂起舞者也。布告四境，咸使闻知。

《灭亡迅速记》第 8 编，杨甦民编《满夷猾夏始末记》，新中华图书馆1912年版，华文书局有限股份公司印行，第57页

《宣统三年九月十一日上谕》：

电寄长庚。据电奏陕西朔日省城兵变城陷，旗营受害尤惨，各官不知下落，省报数日不通，亟应派队赴援。惟现有防营，均驻扎各要地，现已分饬调拨，一面迅募得力兵勇，星夜赴陕并添募防营，捍卫地方。但甘省以协饷为命脉，现值陕西城陷，东道不通，协款无着，甘库如洗，募兵购械需款浩繁，请饬度支部迅拨银一百万两等语，著长庚迅派得力兵队，星夜赴援，并一面添募防营，捍卫地方，所请饬部拨银一百万两之处，著度支部速议具奏。寻议应俟息借洋款交到后，由臣部酌量匀拨，以资接济。至甘省协饷，已分电严催，迅速筹解从之。

沈云龙主编《近代中国史料丛刊·宣统政纪》第 63 卷，文海出版社有限公司 1989 年版，第 3 ~ 4 页

《宣统三年九月十二日上谕》：

电寄杨文鼎。陕西现有兵变,军情紧急。杨文鼎著迅速赴任,毋再迟延。

沈云龙主编《近代中国史料丛刊·宣统政纪》第63卷,文海出版社有限公司1989年版,第7页

《一九一一年十一月五日伊集院驻清公使致内田外务大臣电》:

西安府于十月二十三日发生兵变,将军、布政使以下官员(巡抚尚未到任)及其家属并满洲人等多遭杀害。迩来城门紧闭,城外各地已成无政府状态。潼关有河南新军马队五百、步兵千名驻守,紧闭城门,遮断交通,似畏惧与革命军交战。西安至潼关之各县县城几乎全无守备。

中国社会科学院近代史研究所、中华民国史研究室主编,邹念之编译《日本外交文书选译——关于辛亥革命》,中国社会科学出版社1980年版,第14~15页

△ 荫昌所部清军拟分三路进攻革命军,以汉口刘家庙为主攻目标。

《武汉战纪初稿》:

九月初一日,……又据探报,荫军拟用分途合击之法,一由铁道直攻刘家庙;一由府河新沟进攻汉阳;一由阳逻、葛店进攻武昌。

时荫昌之率师南下也,亲驻信阳州,而遣兵分扎黄、孝各处。其主力在祁家湾、滠口一带。滠口距刘家庙三十余里,左有武湖,右有西湖,后有蒲湖,三水相合,不易进攻,敌军扼此甚力。而阳逻方面,闻尚有张彪所率一支队,拟袭青山,而攻武昌。

我军政府特派第五标统带刘廷壁率所部赴青山方面,第六标统带胡廷翼率所部赴雨[两]望,为武昌之防御。由青山至白浒山亦由第五标遣兵驻防。

令混成第一协统领宋锡全率所部防守汉阳上游一带,并保护兵工、钢药两厂。

《辛亥革命史丛刊》编辑组编《辛亥革命史丛刊》第3辑,中华书局1981年版,第136页

10月23日(九月初二日)　江西九江新军起义,成立九江军政府,举标统马毓宝为都督,市面安靖。

蒋君羊《辛亥江西光复记》:

九月初二日晚上,先由岳师门外金鸡坡炮台放了号炮三声。各营闻声,放枪一排,大家臂缠白布,就向道、府两署进攻。那知九江道保恒和知府璞良,果然不出我所料,都已携同眷属逃避无踪了。于是出南门,转攻第五十五标驻扎地的火柴厂。张检、庄守忠知道无法抵抗,也都逃往省城去,九江府就兵不血刃的响应武汉独立了。

那时天还未明,我到道台衙门。马标统和徐台官正在房内彷徨无计,见我进去,就问发动以后怎么办呢?一定要我主持大计。我当时拟定了九江军政分府的组织大纲(这军政分府的名称,当时并不对武汉军政府而言,还是留待南昌独立后作为赣北一分府的),并推马标统为都督。马不肯接受,坚欲让我。他说:"我是一个外省人,对于地方事情不熟悉。蒋先生,你是本地人,又是同盟会同志,还是你担任下来。"我说:"兄弟刚才回来,你部下的情形,不甚熟悉,当然你任都督为最宜。至于事务方面,我可以多出些力。"徐公度也以为然,马就应允了。于是分配职务,我担任了帮办军务兼参谋长(我性不喜官,遇事仅签蒋群二字,所以当时大家只知道我职权重要,究不知任什么官),刘世均为参谋次长,徐公度为炮台总司令,戈克安为副司令。吴铁城同志因为父亲在九江经商,也是九江的同盟会员,请他担任总参议。吴照轩同志为副总参议。林森同志因便利同盟会秘密工作,在九江海关任职,这时候就请他担任交涉事宜。后来又推本地士绅罗大佺(惺予)为政事部长,商会会长舒先庚为财政部长。这样九江军政分府就在道台衙门组织成立。

丘权政、杜春和编《辛亥革命史料选辑》下,湖南人民出版社1981年版,第49~50页

《九江失守之详闻》:

九江自鄂变后,谣言四起,一夕数惊。至本月初二夜六句钟时,街市忽起惊惶,居民迁避者络绎不绝,至十句钟,果有响应之举。初由金鸡坡炮台营响号炮二声,城内新军各营吹号齐集,举火为应,先奔道署,开炮轰击。浔道保恒早已闻风逃逸。继分队攻击府署,璞守亦逃。在道库获银几万有奇,旋派人看守,沿途皆派人梭巡,民人有出户观看者,令其入内,但勿惊恐,站岗巡警均劝其速应,各巡警均赞成。所长李敬曾先已逃逸,新军沿街巷大呼协力同心,枪声轰轰不绝,皆向空中开击,恐伤居民故也。至一句钟时,率队出城攻提法使张检行辕(按张行辕暂在铁路公司后门即甘棠湖),张已由后门叫船逃逸。继至电报局,劝谕局员赞成此举,局员皆允,惟不许发官电,仍照常供取,旋即逃去。迨天明时,即出示安民,有中华民国九江军政府字样,并颁军令,与湖北之文告同意,有黎都督字样。并令军士沿街巡逻,理劝店铺照常开市。有某教练官乘马至街市,谕令开市,决不惊扰,各店遵谕,照常贸易。阖城人民安堵如故,秋毫无犯,其文明程度之高,出人意表。初三日,城门大开,任人出入,惟不许携箱笼出城,衣包亦须盘诘,守城军士,每门有数十人把守,惟九华门紧闭不开,则系靠江之故。

新军于城内延支山上,高竖(马)字(徐)字(陈)字白旗各一面,各军皆手缠白布为号,上印有协力同心四字,按马、徐、陈皆军中官佐,徐于上月乞假往武昌侦察乱事,至二十七日归九江。而绿营中兵遂变。据云是日绿营曾向九江道索发六个月军饷,道仅许以发给三个月,众不允,藉以遂变。

此次九江起事,秩序亦甚整齐,各兵士皆守文明法律,即此可征革命思想虽旧营中亦已普及矣。

《中国报》,1911年11月4日。渤海寿臣《辛亥革命始末记》,
《实行立宪汇编·各省》,文海出版社1969年版,第26~27页

△ **鄂军都督府发布《联合东南进讨满奴檄》。**

《联合东南进讨满奴檄》(1911年10月23日):

为传檄事:满洲鞑子盗我华夏于今二百六十年,毁我冠裳,化为编发左衽之国。窃我大宝,屠戮我生灵。扬州十日,嘉定屠城,史册昭然,言之隐痛。薙发之令下,杀我同胞之祖先数百万人;毁谤之狱兴,毁我前哲之书籍数千万卷。"男降女不降,生降死不降"之遗谚,至今留在民间。自古大盗窃国,蛮夷猾夏,未有惨酷如满虏之甚者也。而彼继世遗孽,玄烨弘历,狡黠尤桀,涂抹我先圣之遗经,易以颁定之谬说,灭夷夏之大防,妄谓有君臣之义。既夺我神圣自由之人权,复锢我秉彝共有之心性。使我神明华胄,受其欺罔,屈服于犬羊之庭,尽瘁于腥膻之族。此其罪一也。非我族类,残忍性成,曾无君人之心,惟执种族之见。自处于尊荣安富,而视吾民牛马犬豕之不如。发肤受之父母,不削发者则杀之。手足亦本天生,不放足者不加惩,以便其满汉不通婚姻之私计。其罪二也。时文取士,以柔我汉人,而彼族则斥不许为,以保其□[慓]悍凶狡之旧俗。其罪三也。各省驻防,则满人守之,政事大权,则满人握之,以便镇压我民肆其残暴。其罪四也。吾民终岁勤动[劬],不获一饱。而彼八旗子弟,生而授糈。满域废为丘墟,吾民供其刀俎。其罪五也。盐本天生,谬称官产,厘金关卡密布如针,虽属空船挑担,亦纳租钱契纸,米盐逐年增税,头会箕敛,财匮力尽,使我民不聊生,哭天无路。其罪六也。卖官鬻爵,官场变为市场,多纵贪污之吏,盘剥我百性[姓]。其罪七也。修圆明园,以供西人之一炬;筑颐和园,以纵牝鸡之荒淫。妲已[己]鹿台,无此昏暴。其罪八

也。土地则日削月蹙,谓宁送于友邦;赔款则日积月多,重吾民之负债。甚至铁路矿产一切利权,所有皆不惜举而赠之于人。其罪九也。今则举吾民赎回自办之铁路、自集之股本,皆欲归诸官有,以遂其送权利防家贼之奸谋。其罪十也。吾民据前虏谕旨,争回商办股本,乃曰格杀勿论。此则逆天虐民,罪恶尤著。其他腥闻秽行、暴戾恣睢、毒痛于四海者,擢发不能尽数也。诛其心,则宁使汉族永底于沉沦,而断不使彼满人稍失其权利。是不独不能保我国土,实且戕害我同胞,夺我财产,累我生命,陵夷我族类。是则神人之所共愤,天地之所不容!凡我中华血性男子,所当戮力同心,共除残贼。昔汤武吊民伐罪,万事称之。齐桓公复九世之仇,春秋大之。此乃天地之常经,古今之公义也。在昔蒙古盗我区夏,不过数十年,义兵一呼,狼狈却走。今此满虏羯运,既终数过时,可我国民军起义,克复武昌汉阳。只数日间,东南十数行省,同声响应,宣布独立。光复旧邦,事在旦夕。而彼五虏不安义[乂]命,犹持爝火微明,抵抗我鄂大军。我鄂大军万众一心,既已三战三捷,歼除殆尽,天心相助,人事协和,义旗所指,何难朝夕殄此余孽。我湘军之起义也,事不移晷,兵不血刃,拨乱反正之功,古无其匹。非我军民同心一德,顺天应人,曷著斯效?是用传檄远近,咸使闻知:倘有同志之士,号召义旅,助我驱除,仗义仁人,捐银助饷,尽忠报国,本军政府皆延为上客,同定大猷。若有守土之官,误受虏廷污职,翻然觉悟,率兵反正,尤为补过之男儿,不愧爱国之义士,本军政府一体优遇,共表赤诚。指日恢复神州,与我父老英彦永建民主自治联邦共和国,以与五洲诸友邦竞种族之生存,享文明之幸福,上以雪国耻,下以活生灵,内发四千年历史之光荣,外扬九万里革新之盛典。欢呼痛饮,千载此时,其各勉旃,毋怀观望。檄到如律令。毋忽。

黄帝纪元四千六百零九年九月初二日。

辛亥革命武昌起义纪念馆藏件。辛亥革命武昌起义纪念馆等编《湖北军政府文献资料汇编》,武汉大学出版社1986年版,第27～29页

△ 黄兴由香港抵达上海。与宋教仁等会晤商讨光复南京等事宜。次日与宋教仁等启程赴武昌。

黄一欧《辛亥革命杂忆》:

辛亥武昌起义后,先君在香港得到消息,即偕先继母徐宗汉于九月初三赶到上海,寓朱家木桥某宅。当晚由先继母到《民立报》社约宋教仁来会,久别重逢,倾谈竟夕。商定由柏文蔚、范鸿仙等往南京策动新军反正,先君与宋教仁去武昌支撑全局。柏文蔚临走时,先君送他手枪一支。其时武昌虽已发难,沪宁尚未光复,沿江口岸都在清军手中,查缉极严。结果想出办法,由女医师张竹君出面组成红十字救伤队,开往武汉战地服务,先君变服混在其中,先继母则扮作看护妇偕行。随行者还有宋教仁、陈果夫等。陈果夫过去与我在长沙明德学堂小学部同学,这时是南京陆军第四中学学生代表,来到上海接洽,先君约他们同赴武汉前线效力。李书城在《辛亥前后黄克强先生的革命活动》(载《辛亥革命回忆录》第一集和湖南《文史资料》第一辑》)中说,这次同行人有日人萱野长知,不确。萱野长知后来说过,他是在汉阳归元寺总司令部会见先君的,比先君晚到约一星期。

中国人民政治协商会议全国委员会文史资料委员会编《辛亥革命回忆录》第7集,文史资料出版社1982年版,第154页

10月24日(九月初三日)　广东同盟会人策动化州驻防清军起义,成立临时政府。

彭中英《化州光复前后十年见闻录》:

辛亥三月廿九日广州起义（黄花岗之役）以后，全国革命运动风起云涌。十月十日（新历）武昌起义，全国响应，革命大火已成燎原之势。化州同盟会（拜兰团）以彭瑞海为首成立统筹部，下设政治、军事、财经三部。推定彭瑞海、陈冠民（士泰）、董水洲等负责政治，彭中英、李春华、马禄仙等负责军事，赖友甫、黄瑞光等负责财经，积极展开工作。同时，号召所有同盟会员携枪参加，作为军事骨干，于阴历九月初三夜发动了驻防化州的巡防营武装起义，并通知各会党同时从外边进攻。化州城起义队伍分前后左右四路，前路攻县知事衙门，左右两路攻东、南两城楼，后路为预备队。首先就很顺利地占领了县知事衙门，缴了县知事的警卫武装，逮捕了县知事，杀死了承审员（旗下人），释放了监狱的犯人。跟着左右两队也经过战斗后，全部解决了敌人。次日，各会党的队伍入城的约二三千人，商民放鞭炮欢迎，当即组织了临时政府，以李屡正为临时县长（李因控告公局长陈敬堂入狱，化州起义后释放出来）。

中国人民政治协商会议广东委员会文史资料研究委员会编《广东辛亥革命史料》，广东人民出版社1981年版，第382页

△ 汉口清军袭击革命军，为革命军击败。

天嘏《南北春秋》：

初三日，汉口北军袭民军，为民军击败。

是晨八时，民军先由二标二营兵士与北军互相开炮。民军伤一队官、什长一人、兵士九人。北军拟乘间夺炮，经一标三营兵士勇往直前，北军望风而遁，转将北军炮车夺下。至九点钟，北军雇民船二艘，暗由西湖而下，欲袭民军之后，作夹攻之计。至二道桥口，为民军守堤兵窥见，开炮轰击，二船俱沉，死十余人。而北军之炮弹落于民军伏炮处，民军微伤，已而土壕炮兵奋起，连放数炮，轰伤北兵无数。

国家清史编纂委员会文献丛刊《辛亥革命史资料新编》第1卷，湖北人民出版社2006年版，第247页

《武汉战纪初稿》：

初三日拂晓，两军仍相持鏖战，敌初颇失利。我军追击至二道桥，而戴家山及陈家山两处之敌军野炮，向我军集击，弹注如雨，我军伤亡数十人，至午后一时仍退据刘家庙一带。

《辛亥革命史丛刊》编辑组编《辛亥革命史丛刊》第3辑，中华书局1981年版，第137页

10月25日（九月初四日）　鄂军都督府颁行《中华民国鄂军政府改定暂行条例》，撤销政事部（民政部），改设九部。革命党人的地位得到加强。

《中华民国鄂军政府改定暂行条例》：

第一章　总则

第一条　中华民国人民公约推倒满政府，恢复中华，建立民国，暂组织军政府，统辖政务。

第二条　军政府由起义时，公推都督一人，执行军政一切事宜。

第三条　军政府都督，代表军政府人民，施行职务，除关于战事外，所有发布命令关系人民权利自由者，须由都督召集军事参议会议议决施行。

第四条　军政府恢复土地，所有建设各事宜，暂由都督咨询参议会议决施行。

第二章　组织

第五条　军政府都督置僚属如下：

一、秘书员;二、顾问员;三、稽查员。

第六条　军政府设置左列各部,直隶于都督,各担责任执行主管事务:

一、军令部;二、参谋部;三、军务部;四、内务部;五、外交部;六、理财部;七、交通部;八、司法部;九、编制部。

第七条　都督所属秘书、顾问各员,由都督自行任用;稽查员由起义人公推,请都督任用。

各部部长,得兼充参议员。

第八条　各部部长,暂由都督委任;部长、副部长以下,由各部长、副部长分别请用或委用。

第九条　关于行军重要地点,由都督酌设镇守部,其组织法临时酌定。

第三章　权限

第十条　军政府都督所置僚属权限如下:

甲、秘书:

一、分理各部文书事件;二、保管文书关防事件。

乙、顾问:

随时应都督之咨询,并得自行建议。

丙、稽查:

一、稽查各部及各行政机关;二、稽查各军队。

第十一条　各部权限如下:

甲、军令部,掌承都督命令,有发布军令、编定及调遣军队、纠举军官及检阅军队之权。

乙、参谋部,掌定作战计划一切事宜。

丙、军务部,掌关于军务行政事宜。

丁、内务部,掌关于内务行政事宜。

戊、外交部,掌关于外交行政事宜。

己、理财部,掌关于财务行政事宜。

庚、交通部,掌关于交通行政事宜。

辛、司法部,掌关于司法行政事宜。

壬、编制部,掌编制军制以外一切法规。

第十二条　各部权限如有异议时,由都督召集参议会解决之。

第四章　附则

第十三条　都督僚属及各部细则另定之。

第十四条　本条例以都督批准之日为施行之期。

第十五条　本条例如有修改时,须都督僚属各部正副部长十人以上之提议,由参议会议决。

《中华民国公报》,1911年10月26日。辛亥革命武昌起义纪念馆等编
《湖北军政府文献资料汇编》,武汉大学出版社1986年版,第53~54页

张国淦《辛亥革命史料》:

是日,公推冯浚为内务部长,周之瀚副之。停战后,冯辞,杨时杰继,杨去,部改为司,周汝翼为司长。胡瑛出狱,推为外交部长,杨霆垣副之,胡任烟台都督,王正廷继,王去沪参与和议,夏维崧继,江恒源副之。胡瑞霖为财政部长,陶德昆副之,胡、陶去,李春萱、潘祖裕继。

汤化龙为编制部长，张国溶副之，汤、张去，徐声金、李逢年继。旋又成立交通、司法两部，熊继贞为交通部长，傅立相副之。张知本为司法部长，彭汉遗副之，彭去，夏道南继。后又设教育、实业两部，以苏成章为教育部长，查光佛副之。李四光为实业部长，牟鸿勋副之。秘书事务，初未置长，陈寿熙（宏诰父）、李廉方、冯亚佛、李基鸿、蒋文汉、陈重民、金振声、萧日昌、饶汉祥、宋康复、王世杰、段树滋、杨霆垣、胡朝宗、欧阳葆真、方作舟、瞿瀛、胡吉陔、范熙仁、梁柏年、周龙骧、阮毓崧、范叔衡、戴祥云、刘钟秀等为秘书。覃振随援军自长沙来，郭泰祺自外洋还，亦先后任秘书。停战后，军政府自洪山迁昙花林，公推杨玉如为秘书长。未几，杨因公赴京，陈寿熙继，陈调职，饶汉祥继。彭养光、赵鹏飞、万声扬、李国镛、夏寿康、张昉、黎澍、熊瑞菜、鲁鱼、张大昕、余大鸿、孙发绪等为顾问。

蒋兰甫、黄元吉、朱树烈、胡祖舜等为军事参议官。钱芸生、冯中兴、黄祯祥、耿毓英、沈尚元、钟振声、李振铎、周拓疆等为参议。邓玉麟、李翊东、聂豫、刘度成为军务部参议，邓升统领，夏道南继。杜邦俊自东京还任总参议。

张国淦《辛亥革命史料》，龙门联合书局1958年版，第93～94页

胡鄂公《武昌首义三十五日记》：

九月初五日……八时汤化龙来谒都督，因英国人潘英在都督处，汤遂到予等办公室中闲谈。予问汤以政务部长、民政部长两次均不就职原因。汤云："八月二十日之大会，目的在举出都督。都督举出，革命军方有主持之人。因为革命初起，军事第一，其他政治等项，都是次要问题；况我事先并未投身革命运动，若当时出任政务部长，一定有人加我以投机二字，此是第一次被举后不就职之原因。第二次提出都督府组织暂行条例，系我与居正等商妥后，条例完全为我一手所拟定。当二十二日教育会开会通过时，为使该条例取得会众一致同意，遂托言孙先生预为草订者，亦系我与居正等所商办法。条例所列都督府组织办法，都督之下，分为军政、民政两大部份，军政设战时总司令一人，民政设民政长一人。至二十六日，条例经都督公布后，战时总司令一职，当然是都督兼摄，而民政长则一致举我，我若就民政长职时，似乎为着自己而起草此条例的，此是我第二次民政长决不就职原因。况杨开甲之参谋部长，杜锡钧之军令部长均未就职，故此条例实等虚设，且日来都督下令取消机关不少，如周子宽之实业部，李旭东之警政部，李作栋等之交通部，即其一端。即詹大悲之汉口军分府，李亚东之汉阳府，亦有多人主张取消。与其设一目前不必要之机关，而将来被取消，不如先不设立为愈。因此种种理由，所以我绝对不就职。"

熊守晖《辛亥武昌首义史编》下，台湾中华书局1971年版，第1009～1010页

△ 鄂军都督府任张景良为汉口前线总指挥官，次日到汉口设总司令部。

《武汉战纪初稿》：

初四日，据探报，驻汉敌军归冯国璋指挥，并由北京运到十生的余大炮数尊，以备攻武昌之用。我军于刘家庙一带增筑防御工事，于刘家庙以东筑防御线两道，颇称坚固。

午后二时，敌军来袭，我军于第一线抵抗，颇得利。至午后三时余，我军正以全力反攻，适左侧有灰色服装兵一队行进，时指挥官疑系自己军队，弃置不顾，迨行近始知系敌人，致侧面受其猛击，死伤颇众，仍复退守防御线。因是时敌军原系着土黄色服装，我军以仓猝编组，青兰、灰色服装间而有之，故受其愚也。自是，于各兵领袖间加白布或红蓝布记号，间日一换，以识别之。

是日，公举张景良任临时总指挥官。张景良者，在前清曾任管带，且系日本士官毕业，学

颇优,因伊妹曾嫁满人果清阿,众颇有疑之者。至是而自愿报效,并以全家生命担保,无他反心,故都督委任之。

初五日,张景良到汉,以刘家庙为总司令部。是夜计划于明日拂晓进攻,调步队第五协统领熊炳坤,率该协及敢死、决死队占领造纸厂一带,赶造工事,阻止敌人;调步队第六协统领杨载雄,率该协防守二道桥及东端江岸;调第八协统领罗鸿升,率该协一标攻击戴家山;调第二协统领何锡藩,率该协至刘家庙集合,为总预备队;令罗家炎、何明良为补充弹药指挥官。部署未完,张景良即乘花车返居歆生路。

《辛亥革命史丛刊》编辑组编《辛亥革命史丛刊》第3辑,中华书局1981年版,第137页

何锡蕃《武昌起义战守实录》:

初五日,大都督委詹大悲为汉镇军政分府,委张景良充战时总指挥官。当据情报,祁家湾至信阳州有敌兵约二镇以上,意图攻击汉口、汉阳、武昌等处。斯时,总指挥官张景良调混成第一协防守汉阳,调步队第九标及敢死、决死各队占领造纸厂一带赶造工事,第十标防守二道桥东端江岸,调第二协至刘家庙为总预备队。

中国人民政治协商会议湖北省暨武汉市委员会等编《武昌起义档案资料选编》上卷,湖北人民出版社1981年版,第40～41页

编者按:张景良任总指挥的时间,另有二说。曹亚伯《武昌革命真史》记为10月18日;胡鄂公《武昌首义三十五日记》说张于10月19日受命,20日渡江。由战事进程,以上二说似不足信。

△ **阎鸿飞组湘鄂义军,传檄而定湖南岳州**。

阎幼甫《辛亥湖南光复的片段回忆》:

八月二十七夜,长沙的革命党人临时在西园吴作霖家中开会,决定由阎鸿飞去武昌和湖北方面联系,报告湖南发难准备的情况,并向湖北要求派兵支援。阎鸿飞乘日本商轮去武昌。湖北军政府即决定调派李树芝一协革命军为援湘义军,由湘鄂义军总司令阎鸿飞指挥(在武昌商谈时对阎鸿飞的名义,初拟称"援湘义军总司令",蒋翊武主张改为"湘鄂义军",因为部队进入湖南作战,便成了两省的事,所以出发时改为湘鄂义军总司令);并派高级参谋向海潜、王自民随军参赞;另调吉星、立中、翔鸥等四条小火轮为军运之用。九月初一,湘鄂义军在嘉鱼收编了两营湖北巡防营。初三光复岳州。岳州的光复,是传檄而定的。

记得当日湘鄂义军总司令对岳州的檄文,是用一幅一丈二尺长的白竹布写的,叠成折式,上面有隶书"露布"二字,很像西藏的哈达。揭开"露布",里面写的是:"中华民国军政府湘鄂义军总司令阎为传檄事:痛昔朱明坠绪,衣冠沦于犬羊;清寇入关,岭峤遭其峰[蜂]虿。浊乱华夏,箝制军民。满贼为灾,普天同病。凡所侵攻之地,必恣荼毒之威。须知天道好还,况复人心思汉。本总司令率师伐罪,除暴安民,岂觅尔公尔侯,只期保种保国。尔驻岳文武官员同是汉人,自应同申敌忾,只要易帜易心,即是同袍同泽,共襄此时之义举,以待他日之策勋。檄到如律令!"末署黄帝纪元四千六百零九年九月初二檄。檄文是墨笔楷书,字如碗大。在"露布"上盖有四寸见方的朱印。由李树芝统领随带执事官、马弁共十人向吴镇台、卓道台传檄。因为李统领曾在岳州驻防,对于岳州的军政各方人员都很熟识,所以派他担负这个任务。先是,岳州在九月初一已经得到长沙光复的消息,官吏都很恐慌,忽接到阎总司令的檄文,卓道台、吴镇台、岳州府知府和巴陵县知县开会商量,决定欢迎革命军入城。九月初三日,岳州城高悬十八星革命军旗帜。岳州就这样和平光复了。

《湖南文史资料》第1辑。田伏隆主编《辛亥革命在湖南》,岳麓书社2001年版,第141～142页

△ 同盟会员李沛基奉黄兴之命谋刺清吏，是日炸毙清广州将军凤山。

冯自由《革命逸史》：

同时李应生奉黄克强之命，亦于广州筹设暗杀机关，担任执行者为其弟李沛基。而同志周苏群（即周之桢）、李芳及女同志黄悲汉、卓国卿等均参加其事。熙斌、述堂知其谋，乃与倚神聚议，认为既属同道，应力助之，但本团如何进行，则不便明告，俾免多人知易于泄漏。倚神遂为之在仓前街顶受一铺，所有往来磋商顶受立约及与业主议租修缮之事，倚神皆为奔走。于是分途并进，准备日渐完成矣。

九月初一日思复接到郑岸父报告，谓凤山已请训出京，约八月杪九月初可到粤。同日又得沪电，谓凤山已离沪南下。即多方查探，初三日得悉凤山所乘之轮船是日抵港，即晚开往广州，乃即分电告知熙斌、述堂。电到时已深夜，城门已闭，无法通过，熙斌乃于初四早往河南通知赵寿出发截击。赵同志乃以竹箩盛炸弹，扮作补鞋匠，由河南搭小艇渡河。熙斌一面促倚神往通知张树同志出发由别路要击，述堂得电后，于是早先往告知李沛基，谓凤山即到，急速准备，然后渡河至倚神家。沛基方起床，乃急将炸弹放置楼上临街之窗口，外护以木板，而以绳系板之一端，余人遂尽离去，时约八时，凤山已到接官亭，旋即入城，除卫队外仪从颇简，以为可避免人注意矣。迨抵仓前街，沛基牵绳去板，弹落立爆，凤山与其卫队多人均炸毙，邻近各店倒塌者约六七间。沛基同志从铺后避去，时赵寿方下艇未久，闻巨声知别方已执行，遂属舟子转回河南。既助沛基成功，熙斌、述堂、倚神遂相继返港。

冯自由《革命逸史》第4集，中华书局1981年版，第198～199页

陈白宣《记李沛基同志炸满将军凤山》：

驻港同志侦悉凤山于民国前一年九月四日晨进粤垣，即电知驻粤商店中同志预备实行轰炸之，时司执行者为李公沛基。因炸弹三颗共重三十磅，人力难于抛掷，且恐抛掷不准，乃集众意特制一木机代人力。及布置既备，凤山适由天字码头登岸，迎者塞途，仪仗甚盛，行路辟易，及向仓前街奔进。李公觑定凤山肩舆至店前，即拔机放炸弹，轰然一声，凤山遂血肉横飞于三十磅炸弹之焰中。李公以公事毕，随由店后从容脱险，若无所事然。其店及邻近数家均被震撼倾塌，亦多遭焚，街石裂痕深至逾尺。

《革命先烈纪念专刊》，中国国民党广州特别市执行委员会编印。丘权政、杜春和选编《辛亥革命史料选辑》续编，湖南人民出版社1983年版，第119页

《左绍佐日记摘录》：

九月初五日，雨。新放广东将军凤山履任，于本月初四日登岸，辰刻行至大南门，为革党炸药轰毙。数月之间，粤东连毙两将军。前之事，在三月初十，此次在九月初四。向后恐有不敢来此者矣。

中国科学院近代史研究所史料编译组编辑《近代史资料·辛亥革命资料》，1961年第1号，中华书局1961年版，第511页

△ 清廷准袁世凯奏请，以冯国璋充第一军总统，以段祺瑞充第二军总统，开赴前敌。

《宣统政纪》：

电寄袁世凯。据电奏，现在宜昌、黄州、长沙先后不保，军情益紧，亟宜厚集兵力，拟请先派冯国璋充第一军总统，迅赴前敌，商承荫昌，先布守局。俟筹备完善，再图进攻。并请饬下军谘府陆军部，即调第二军陆续开拔，在信阳一带择地集合，俟段祺瑞北来，即派充是军总统，会合第一军早图规复等语。著即照所拟办理，迅筹布置，以图进取。

沈云龙主编《近代中国史料丛刊·宣统政纪》第62卷，文海出版社有限公司1989年版，第14页

10月26日(九月初五日)　因武昌防务,鄂军都督府增兵一协(第六协),以杨载雄为统领。

曹亚伯《武昌革命真史》:

是晚大众因汉口战斗各部死伤太众,军政府特派步队第五协往汉增援。……黎都督又与大众商议,复增兵一协,以杨载雄为协统,担任武昌城防务。

曹亚伯《武昌革命真史》中卷,中华书局1930年版,第157页

10月27日(九月初六日)　清军分路进攻汉口革命军,因指挥失当,革命军失守刘家庙。张景良被汉口军政分府处决。

天嘏《南北春秋》:

初六日,汉口民军复与滠口北军交战于刘家庙。

是日晨六点钟时,滠口驻屯北军向前进发,抵二道桥,与民军守兵相遇。小战片刻,民军即退。北军遂进至一道桥,与民军开战。北军炮队轰击车站,民军之炮队还击,两有死伤。惟北军发炮之术尚精,弹多命中,故民军不利,遂至退却。北军即进占江岸及戴家山一带之五陵,布炮多门,向车站开击。同时,停泊于阳逻之军舰楚有、海容、海筹等亦驶向车站开炮。江边民军原有炮队守护,见兵舰来,亦向开炮,惟多不中,于是军舰无甚损害。江岸车站,水陆两面受敌,虽竭力防御,而北军进攻势甚猛,遂退至日租界之后。北军又进迫。有顷,民军又出与北军剧战一次,以兵力薄弱,卒不支,遂沿铁路线退往大智门。北军遂占领江岸车站,获得大炮枪械若干。是役也,午前七时开战,约战三小时,北军之数约五千人,民军之数约二千人,死伤各百余人。午后一时许,民军由武昌来援兵六百人、炮数门,再向江岸车站进攻。北军得信,即布队迎击,一面用野炮向大智门开发。民军冒弹猛进,一军出跑马场,一军沿铁路线出日本租界后,并力进攻。北军炮队于铁路线上排列机关枪,专击沿线来攻之民军,民军遂退伏跑马场两旁,以俟北军之至。北军大队又分两路进迫,民军即开枪攻击。其势猛烈,子弹如雨。北军大受损伤,仍猛进不却。炮队由铁路线还击,助大队之进行。于是两军遂大战约二时许,民军稍疲,北军乘势冲突。民军重振精神,不稍退让,遂至互用兵刃,接近奋斗。有顷,民军不利,退至大智门。北军乘胜大进,民军不及守,又舍大智门而退,北军乃占大智门。时已晚,遂露营附近以守。此次之战,两军兵数,民军约二千六百余人,有野炮十二门,机关炮二门,死伤者六百余。北军兵数约六千余人,为第四镇与第三混成协之兵队,有野炮、机关炮共数十门,此次死伤者七八百人。是役也,为民军与北军开战以来所未有之大战也。

国家清史编纂委员会文献丛刊《辛亥革命史资料新编》第1卷,湖北人民出版社2006年版,第248页

《武汉战纪初稿》:

初六日拂晓,我军依令进攻,其势激烈,颇称得利。第一线攻至三道桥附近,不料子弹告罄,只有伏地不动,因昨夜总指挥有命令,各兵轻装,每人只带两排子药,补充弹药官罗家炎据守子弹,无总指挥官命令〈措〉不肯发。是时,总指挥尚在歆生路,而战地无主帅,致绝好机会反为敌入所乘。敌兵分两路,一由三道桥,一由姑嫂树前进压迫,我第一线无法支持,退守刘家庙。相持至午后二时,适值敌兵舰三艘突过我警戒线,向刘家庙我军侧面连发数炮,击毁车站围墙,砖瓦四飞,立伤亡数十人。以新集之师,陡遭此挫折,惊惶四窜,无法督战,各军俱奔溃退守大智门。至二时三十分,我增援队约到一标,尚未加入战线,而敌复乘我不意,直行袭击。我军伤亡约千余人,复退至歆生路及刘家花园一带,按段扼守,以战斗队形警戒彻夜。

自刘家庙之败,我军如惊弓之鸟,自是不能复振。其原因:一由于总指挥官之有意败事,

故张景良逃匿江汉关，为众兵士所获，乱刀诛毙。罗家炎以补充弹药不力伏法。一由于敌兵舰之侧面助攻。查各兵舰自到汉以来，均各存私心，不肯自残汉族，故从未助战。此次助战之楚豫等船，探系满人任舰长，故攻击格外猛烈也。一由于我军自接战以来，屡获胜利，骄气太甚。敌前此之败也，实因孤军远来，大师未集，我军新锐之气，足以慑其魄而荡其心。然我以乌合之众，终难御节制之师。且两军相对，哀者斯胜。我军侥幸得利，而武汉商民沿家悬旗结彩欢迎，得胜军队所经，则燃放鞭炮以贺凯旋，致骄气侵人，视战事为儿戏。各军自由行动，毫无纪律，大敌未除，暮气已深。刘家庙数役，终不越三道桥一步，卒至[致]玩寇启戎。至[致]刘家庙得而弗守，遂令敌人饮马于汉水，投鞭乎江流。故当时武昌之危急，阳夏之惨剧，有不忍言者。拿破仑谓兵家胜负在最后十五分钟，岂不然哉！

《辛亥革命史丛刊》编辑组编《辛亥革命史丛刊》第3辑，中华书局1981年版，第137～138页

何锡蕃《武昌起义战守实录》：

初六日拂晓，敌兵分三路进攻，一由滠口向三道桥，一由戴家山向造纸厂，一由长江舰队攻我右侧。我军亦分三路御之。督饬苦战至上午十一时，战斗最为激烈。长江舰队连发数炮，击毁我粮台。斯时，锡蕃右背中敌炮弹，受伤甚危，幸未毙命，当即救护回省治疗。我第一队伤亡甚众，加之援队接应不灵，是以退守大智门。参谋官徐国瑞、郭秉坤督同第三标统带姚金镛、第四标统带谢元凯，收集残兵，苦守大智门，以待增援队。炮队统带蔡德茂，敢死队队长马荣阵亡。时汉奸罗家炎私运子弹暗送敌军，指挥官张景良失败潜逃，刘锡祺助敌侦探，同时拿获交军政分府正法。下午二点三十分，我增援队约到一标，正拟再图恢复。无如敌兵乘其锐气，协力猛攻，我军死伤甚众，不得已退至歆生路及刘家花园一带，按段扼守，死力抵御。是夜，以战斗队形辙[彻]夜警戒，我增援队陆续渡江。

中国人民政治协商会议湖北省暨武汉市委员会等编《武昌起义档案资料选编》上卷，湖北人民出版社1981年版，第41页

居正《辛亥札记》：

张景良火烧刘家庙　九月四日，双方复战。我军仍扼三道桥，力守刘家庙，敌不得逞。相持至九月六日，张景良不知以何人保出，复任前敌总指挥。（此句《日记》改为："蔡济民、吴醒汉、高尚志等谓张景良愿以全家为质，带罪立功，竟保任前敌总指挥。李翊东力持不可，曰：张为汉军旗，必有异志，设有不幸，杀其全家有何裨益。济民等不听，卒用之。"）初与敌战，我军获胜，向前力追。张景良以总指挥名义，下令烧毁刘家庙子弹及辎重。前方闻后方子弹被焚，大恐，相率退下。缚张景良送于江汉关，同时报告都督府。都督方欲派人提张景良，同志恐其获赦，即毙之以泄恨。自此而刘家庙阵地失，敌人又迫汉口大智门车站矣。

武汉大学历史系中国近代史教研室编《辛亥革命在湖北史料选辑》，湖北人民出版社1981年版，第157页

《宣统三年九月初六日陆军大臣荫昌致军谘府陆军部电》：

火急，军谘府、陆军部鉴：洪，我军今日由滠口进攻，通过三道桥后，匪势败却，我军奋勇攻击，毙匪甚多，夺获炮械多件。既得刘家庙，乘胜前进，遂占领汉口大智门。俟得详报，立即驰陈。昌刻在孝感督率策应。并因我军右翼德安应城等处，时据探有匪党窜扰，已派遣支队分途搜索防堵，保护战线后路。前昨两日大雨，兵士在战地露营，倍形勇奋，尤属可嘉。合并附及。荫昌。鱼，印。

中国史学会主编《中国近代史资料丛刊·辛亥革命》(5)，上海人民出版社1957年版，第336页

△ 孙武伤愈出任鄂军都督府军务部部长。

民史氏《张振武之革命战史》：

九月六日,孙君武炸伤小愈,出而视事,君即以军务部正长让之,退居次长。

中国人民政治协商会议湖北省暨武汉市委员会等编《武昌起义档案资料选编》中卷,湖北人民出版社1982年版,第396页

△ 清廷谕令,湖广总督袁世凯授钦差大臣,湖北前线陆海军均归袁节制调遣;冯国璋总统第一军,段祺瑞总统第二军,均归袁节制调遣;荫昌回京;拨银一百万两,专作兵饷之用。

《宣统三年九月初六日上谕》:

宣统三年九月初六日内阁奉上谕:监国摄政王面奉隆裕皇太后懿旨,现在湖北用兵,军饷浩繁,著拨出宫中内帑银一百万两,由内务府发交度支部,专作军中兵饷之用。钦此。臣奕、臣那、臣徐。

《宣统三年九月初六日上谕》:

宣统三年九月初六日内阁奉上谕:湖北总督袁世凯授为钦差大臣,所有赴援之海陆各军并长江水师暨此次派出各项军队均归该大臣节制调遣。其应会同邻省督抚者,随时会同筹办。凡关于该省剿抚事宜,由袁世凯相机因应,妥速办理。军情瞬息万变,此次湖北军务,军谘府陆军部不为遥制,以一事权而期迅奏成功。钦此。臣奕、臣那、臣徐。

《宣统三年九月初六日上谕》:

宣统三年九月初六日内阁奉上谕:陆军大臣荫昌部务繁重,势难在外久留,著即将第一军交冯国璋统率,俟袁世凯到后,荫昌再行回京供职。钦此。臣奕、臣那、臣徐。

《宣统三年九月初六日上谕》:

宣统三年九月初六日内阁奉上谕:冯国璋著总统第一军,段祺瑞著总统第二军,均归袁世凯节制调遣。钦此。臣奕、臣那、臣徐。

中国史学会主编《中国近代史资料丛刊·辛亥革命》(5),上海人民出版社1957年版,第336~337页

△ 同盟会员张文光等率新军发动腾越起义,称滇西军都督,攻克附近十余州县。

曹之骐《腾越光复纪略》:

八月十九日,武昌义军起,文光于是潜归腾越,召集同志,会于宝峰山之宝峰寺,纠合戍腾陆军第七十六标第三营,及西防防军第四、五两营,刻期九月六日举兵。遂于是日午后七时,文光入南校场巡防第四营部,击杀管带曹福祥,陆军第三营排长陈云龙枪毙该营管带张桐,合兵入城,围攻镇署及军械局。彭蓂、方涵、李学诗、和朝选等,皆以兵来会。彭、方、李、和,皆云南讲武堂毕业生,巡防营哨官长也。总兵张嘉钰指挥兵士拒战,不支,吞金自毙。文光率兵转攻道厅署,护西道宋联奎请降,厅丞温良彝逃匿民间,城中遂定。良彝,广东鹤山人。联奎,陕西长安人。文光以在官有循吏名,留之不得,资送之出缅甸。

始事之初,文光与各军约,申纪律,禁剽夺,违者以军法从事,故军兴之际,城中按[安]堵如故。其军中约曰:民军擅入人家者杀毋赦,民军抢夺人民财物者杀毋赦,民军奸淫民间妇女者杀毋赦,妨害外国人生命财产者杀毋赦。光复之夜,有所布告,皆自署发起人张文光云。初八日始称滇西军都督,以九星为旗帜,以黄帝纪元。致书英领事馆、税务司、耶苏教堂,勿惊恐,任保护;并约税务司照常办公。英领先以事至密止那,未在腾,税司终怀疑惧,请派兵护送回缅。至弄璋街,驻数日,见腾中秩序尚整,仍返腾城,并得缅政府不干涉民军之约。

民事机关,设财政局,张映宝、张鉴安管之。裁判局,寸开泰、赵勋太管之。警务局,李治、陈廷楷管之。参议处、团练处则任钟春芳、寸尊福、张文运、林春华、卢占魁、张德洋、杨连

锦、曹琨、寸品升、全殿书、王百雍、张映芳、蔡盛昌、杨炳兴、李时纯、陈廷标等。银行税关则任明瑞元、许佩、董友芳、杨大炳等。秘书则唐谬、黄国治、张洪纲、陈鉴明、章纯学及之骥等。参谋处则马登瀛、和朝选、郎保泰、陈廷员、任宗熙、杨大森、祝宗云等。大率皆地方士绅，或负时望者也。军队除原有之各营外，添募六营，及士林队一营。蛮允之第六营，古永之第十一营，及陇川之绥边营，野人山之保商营，并缉私营，均先后来归。

初十日，龙陵军哨官长张定申、李槐杀其管带，降其厅丞，以兵响应，愿受节制。时省城尚未光复也。乃于初八日分兵为三路，彭蓂率方涵等营，出永昌，李学诗率李干櫓、宋宝奎、李光斗等五营，出顺宁，刘得胜率一营出云龙州，期会于大理。十六日，彭蓂入永昌，管带罗长庚抗拒，该军枪杀之。保山县知县毛汝霖亦自杀。二十二日，李学诗入顺宁，刘得胜经高黎贡山、上江，收抚六库、老窝、等梗、鲁掌、卯照、练地各土司。二十四日，入云龙州。是时腾军所占有者，为腾越、龙陵、永康、永昌、顺宁、云州、缅宁、云龙诸郡县，及沿边各土司也。

中国史学会主编《中国近代史资料丛刊·辛亥革命》(6)，上海人民出版社1957年版，第233～234页

《朱尔典爵士致格雷爵士函》：

当腾越出乎意料地宣布赞成革命事业的时候，英王陛下领事史密斯先生正在缅甸与官员们商讨边境问题。他得到此项消息后，于11月14日立即返回他的住所，发现一切事情都很平静。所有的外国人都已前往缅甸，他们的财产有人看守。

胡滨译《英国蓝皮书有关辛亥革命资料选译》(上)，中华书局1984年版，第114页

10月28日(九月初七日)　汉口革命军与清军激战于汉口大智门与刘家庙之间，姜明经、居正等奉命前线督师。

居正《辛亥札记》：

七日之战　大智门一役，我军枪毙张景良后，形势严重。同志开紧急会议，请都督任姜明经为临时总指挥，以姜系同盟会会员，又现任炮队协统。姜受命后，即率队出发，设大本营于歆生路华洋宾馆，仓卒布防。会余在军政分府，夜深得都督府令，速传知临时总指挥，各军一律换缠红布为徽号。余即命备红布，率卫兵携往华洋宾馆，晤姜明经，告以都督之令，并举红布交之。当传给各军，霎时准备齐整。迨拂晓，下令攻击。八时许，余登汉口水塔观战，我兵阵线凌乱，纷纷退下。余急返江汉关署，率卫兵八人，上前督战，不见姜总指挥。各军见余号呼前进，勇气百倍，亦相率向前。鏖战至下午一时，我军克复大智门车站，追击至刘家庙。其时敌方寂然，我军亦以自晓至午不得食，停止前进。余手执一旗，仍欲挥兵前进，回顾余之卫兵八人，只余一人，外只陆军学生甘缉熙等及散兵数人，余兵各自退归大智门。余无法制止，复返大智门，勉各军严守。言未及已，而一弹洞余首，登时昏倒。战地民众，见余服洋服，非寻常人，以板门舆之。抬至中途，余少愈，然尚不能言，但知不至死。比入江汉关，则已能言矣，殊不觉痛楚。时黄克强先生到，同行有医生及看护妇，来医余伤，嘱余暂卧。未几，枪声四起，江汉关军政分府人员，走避一空，余固犹僵卧也。少焉，一同志来，扶余起，促余出江汉关。半途遇蔡济民，告余曰："汉口不守，我辈何面目对汉口父老！"余曰："黄克强先生到，我等宜速渡江，谋反攻。"乃相率走江干，而龙王庙等处，无一渡船。复绕至襄河，见有少数小划，在河中摇曳，众兵纷纷争涉。幸有老兵识余及蔡济民等，为招一小划，禁乱兵争渡，余等乃得由汉阳东门渡江。抵文昌门城下，则见城门紧闭。余乃高呼守城者开城，守城识之，放入余等，径奔都督府报告，并晤克强先生，商出兵反攻事。

武汉大学历史系中国近代史教研室编《辛亥革命在湖北史料选辑》，湖北人民出版社1981年版，第158页

何锡蕃《武昌起义战守实录》:

初七日早五时,敌乘虚来袭,幸我炮兵尚有数门,在闸口一带猛力轰击,我步兵就原阵地,死力抵御,两军互有死伤。十点二十分,敌人厚加兵力,以一部由后湖堤迂回我左侧,甚形危险。我增援队约到一营,正在增加,不意敌人全力突攻,我军死力抵御,未克奏效。第四标统带谢元凯阵亡,第三标统带姚金镛、管带刘炳福、殷增胜均受重伤,目兵死伤者数百计,我军锐气愈挫。都督当委黄祯祥为临时总指挥官,率队约混成一协至汉抵杀。参谋官徐国瑞、郭秉坤,管带胡效骞,执事官饶策勋,始陆续收集溃散之队,整顿抵御。

中国人民政治协商会议湖北省暨武汉市委员会等编《武昌起义档案资料选编》上卷,湖北人民出版社1981年版,第41页

《武汉战纪初稿》:

自刘家庙失守后,我军即退守歆生路刘家花园及满春茶园一带。原有八协兵力至此而死伤逃亡约耗其半,不得已于武昌守备队中调拨数营,于以上各地点构筑工事,援助防御。

九月初七日十时二十分,敌复乘虚来袭。我军就原阵地死力抵御,敌以一部由后湖堤迂回我左侧,势甚猛鸷。幸第四标统带谢元凯率援队一营御之,未为所乘。而谢元凯中弹阵亡,官兵死伤者以百计。

《辛亥革命史丛刊》编辑组编《辛亥革命史丛刊》第3辑,中华书局1981年版,第138页

△ 黄兴、宋教仁一行由上海抵达武昌。黄兴到都督府与黎元洪晤谈汉口战事。当晚黄兴赴汉口前线督师,设总司令部于汉口满春茶园,并发布防守汉口命令。

黄兴《在国民党南京支部欢迎会上的演讲》:

武昌起义前两星期,事甚危险,盖其最足令人焦急者,首在军饷。兴在香港,武昌曾屡发急电催迫,不得已遂赶于一星期内,筹集十余万解去。其长江、两广、湖南各处,以上海为总机关。宋教仁、谭人凤于八月十七日由沪赴鄂,十八晚即起义。先一日孙武因炸弹爆烈被拘,胡经武亦在狱,蒋翊武力主速起,军界均表同情。武昌光复后,继及汉口、汉阳。时兴在香港,于九月三日至上海,七日午后抵武昌,则光复已数日矣。是日汉口正被北军来击,即往见黎宋卿,力主死守汉阳及汉口,以待各省响应。惟各同志仅二千余,屡战不利,死伤甚多。然事已至此,岂能有他,但愿牺牲性命期在必成耳。初七晚,各同志均渡江赴汉口,初八、初九未战,盖欲固延以待各省。时九江、山、陕同时响应,声势浩大,然终以非死守汉阳不可。

湖南省社会科学院编《黄兴集》,中华书局1981年版,第281页

周武彝《陆军第三中学参加武昌起义经过》:

十月二十八日,正当前线紧急之际,黄兴由上海乘轮船到达武汉,旋赴都督府与黎元洪会晤。黎闻黄兴到后,即下令做一面大旗,上写"黄兴到"三个大字,派人举着大旗,骑马在武昌城内和汉口没有被清军攻陷的地方跑一圈。前线将士听到黄兴来了,士气高涨,军心大振,居民铺户也纷纷鸣放鞭炮,表示欢迎。黎元洪挑选各机关部队的老练官兵及学生自告奋勇者千余人,归黄兴率领即晚渡江,设总司令部于汉口满春茶园,与清军鏖战。

中国人民政治协商会议全国委员会文史资料委员会编《辛亥革命回忆录》第7集,文史资料出版社1982年版,第17页

曹亚伯《武昌革命真史》:

初十日午前九时,黄兴、宋教仁、田桐、李书城等自沪来武昌。军政府派军乐队及一般同志到汉阳门江岸欢迎,即至军政府。经过武昌城内,沿街市面百姓,均放鞭为礼。旋武汉三镇都已知之,以为黄兴是革命首领,必是非常之人,料汉口稍失之地,不难夺回。勿论老幼男

女，对于黄兴之希望，莫不额手致敬。

黄兴到都督府与黎元洪相见时，黎极欢迎。二人握手后，旋即谈汉口日来战争情形。黎请黄兴主持，黄亦不辞，以天下为己任，黄兴即欲往汉口一视。于是黎都督即派吴兆麟、杨玺章、蔡济民、徐达明四员，偕黄兴赴汉口。抵汉时，即视察战线情形。满军仍与民军在歆生路附近以炮火战斗，彼此皆未前进，各在原占阵地相持。黄兴见各部队按段防御，复返武昌与黎都督商议妥当，再行来汉设法进行。

午后三时许，黄兴转回武昌与黎议事。大众均向黎都督云，黄兴素来好战，且善战，请军政府任以全军总司令。黎极赞成。即由大众开会公推黄兴为总司令。所有湖北军队及各省援军，均归其节制调遣。又谓汉口危急，仍请黄兴于本晚往汉督率。

…………

是晚黄兴偕杨玺章、查光佛、蔡济民、徐达明等渡江，在汉口满春茶园设总司令部办公处。

…………

是晚黄兴在汉口检查军队完毕，即发如下之命令：

总司令命令（九月初十日午后九时于汉口满春茶园发）：

一、满军仍占领大智门新停车场附近。

我湘军已有步兵两协，业已出发，不日来鄂援助。

二、本军今晚拟在原占领阵地，以战斗队形过夜。

三、步队第二协警戒线，右翼由歆生路后城马路起，左翼至查家墩以东火车站之堤防一带。

四、步队第五协警戒线，右翼与步第二协连络，左翼至玉带门一带。

五、其余各队之集合地如下：

步第七标在满春以北空地。

马队一营在满春西端。

炮队一标在满春西北端附近。

工程一营在满春北端附近。

敢死队二队防御满春本司令部。

六、步队第一标及季雨霖标警戒汉口市街各要地。

七、各队给养，用军政分府预备之粮秣。

八、本总司令在满春茶园。

总司令黄兴。

注意今夜口号：复汉。

曹亚伯《武昌革命真史》中卷，中华书局 1930 年版，第 172 页；175 页；177～179 页

编者按：黄兴到汉日期，除曹亚伯《武昌革命真史》记为 10 月 31 日外，黄兴、李书城、居正、张难先、胡祖舜等均记为 10 月 28 日，曹记日期显误。惟曹记黄兴当日活动甚详，因予收录。

△ 湖南都督焦达峰所派援鄂湘军乘轮启程。

余韶《辛亥长沙光复前后的东鳞西爪》：

10 月 25 日，标部传来命令：现在要扩充军队，准备派人去招新兵，正副目通通升连排长。有些人就赶到藩城堤荒货店去买指挥刀，一下就买光了。我也买了一把。

第二天,有人来说:"现在湖北战事吃紧,我们湖南要派队伍去增援,驻在大西门的甘兴典部,请命援鄂,王(隆中)统领已向都督府自告奋勇,愿开四十九标去。大家升了官的愿不愿意丢掉不做,仍就原来的职务?"当时,普遍的心理是怕湖北失败,大家表示不要升官了,仍回旧职,到湖北打仗去。

10月7[27]日队伍就集合到大西门外上船,并发了饷,准备第二天出发。有人说:"我们现在不做清朝的奴隶了,把辫子剪掉吧。"大家齐声附和,立即动手,并向船老板借来几把剪刀,我帮你,你帮我,很快就把全队的辫子都剪光了。

10月28日清早开船,很多机关、学堂各界代表都到江边燃放鞭炮欢送。30日到岳州,停了一天,同标一、三营都开来了,湖北又派了一艘"快利"轮船来接,队伍继续向湖北进发。

余韶《辛亥长沙光复前后的东鳞西爪》。田伏隆主编《辛亥革命在湖南》,岳麓书社2001年版,第176~177页

10月29日(九月初八日)　姚维藩率新军在太原起义,击毙巡抚陆钟琦,举标统阎锡山为山西都督。

姚维藩《记辛亥山西革命军》:

姚亦知为当道所忌讳,子弹到手,即刻请城外各营官长秘密会议(城外驻三营),商讨起义事宜。各营官长夙有革命心,不一时皆到,随即将通城内电话线截断,以免泄漏消息。会议结果,公推姚维藩为山西全省总司令官,同时姚即下令如下:(一)满清压制我汉族已三百年,扬州十日,嘉定三屠,诸君曾知之否?剃头薙发,不遵者,所在格杀,诸君闻之否?现在清廷极力媚外,屠杀我爱国志士,有"宁赠友邦,不与家奴"之谬论,诸君知之否?此等仇恨,不共戴天。(二)本军明早拂晓要进取太原。(三)苗文华率一营攻满城。(四)崔正春率两队占军装局。(五)其余营队皆随本司令攻打抚署。(六)不服从本司命令者斩。(七)骚扰人民及外国侨民者斩。

时清抚陆钟琦以新军不可靠,曾调巡防两营守抚署,且城内尚驻有阎锡山所属三个营,起义各官长以寡不敌众为虑。姚曰:巡防老弱,毫无纪律,更无战斗力。其余三营皆我旧部,决不与我战。满城内是一群堕落子弟,更不知战争为何事,明早唾手可取太原,诸君何疑?光夏我中华,正是好机会。是夜,终夜未睡,天将拂晓,进新南门,枪声一响,城内三营果出助战。而巡防队及满城尚在睡梦中,毫无抵抗,不一时,巡抚陆钟琦、统领谭振德及其属下某些军官僚属皆授首矣。于是,太原完全光复,市民不惊,此农历九月初八日事也。

中国人民政治协商会议全国委员会文史资料委员会编
《辛亥革命回忆录》第5集,中华书局1963年版,第114页

阎锡山《掌握山西武力与太原起义前后》:

九月初八日(阳历十月二十九日)天刚亮,我就到二标二营,因将该营管带瑞墉囚禁之后,须我特为照料。我并告知一、二两标对陆巡抚及其公子暂囚勿伤。兵动后,我督率二标先攻抚署后门之巡防队,因非攻破巡防队不能攻抚署后门。一标向抚署前门进攻时,协统(旅长)谭振德在抚署门前厉声的说:"你们造反啦!赶紧回去不究!"我革命军中有一位杨潜甫同志(杨乃山东曲阜人,亦为同盟会盟友,系盟友赵守钰任二标三营督队官时,经另一盟友贾铭甫之介绍其来晋者。起义前一日晚,一标破釜沉舟的行动,也是他领导起来做的),反激他说:"协统也知道革命大义么?如知,指挥我们向前,否则,请退。"谭尚力阻不退,杨潜甫同志乃举枪将其击毙,奋勇当前,带队冲入抚署,抚署卫兵未作抵抗即纷纷溃散。陆巡抚此时衣冠整齐,立于三堂楼前,陆公子亮臣随其旁。陆公子说:"你们不要动枪,我们可以商

量。”陆巡抚说:“不要,你们照我打吧。”当时因陆巡抚之随侍有开枪者,遂引起革命军之枪火,陆巡抚与其公子亮臣均死于乱枪之中。陆巡抚、谭协统、陆公子与我们的立场虽异,而他们忠勇孝的精神与人格则值得我们敬佩。因为立场是各别的,人格是共同的,故我对他们的尸体均礼葬之。是日,山西谘议局及军政民代表集会,举我为山西都督,温寿泉同志为副都督。

阎锡山《阎锡山早年回忆录》,传记文学出版社1968年版。中国社会科学院近代史研究所近代史资料编辑组编《近代史资料》,总55号,中国社会科学出版社1984年版,第132~133页

《郭登瀛回忆》:

我们先锋队成四路纵队,跑步前进。走到北司门前,已听到满城方面的枪声响了,大家跑得更快。到了巡抚衙门,巡抚的亲军、卫队还没有起来,冲到大门口,大门关闭着,杨彭龄上前叫门,门卫不开。杨说:“你开了给你二百两银子。”门开了,一刀便把那个卫士结果了。

冲进后堂,陆钟琦出来说:“我有什么对不起你们的?有什么话可以说。”张煌和杨彭龄问他:“你随不随我们?”陆不答。我们班的伙夫,是个楞后生,刷的一排子弹就把他打倒了。他的儿子陆亮臣出来,拿的一袋小银元往院里一撒,企图给士兵抢钱,救他们的生命。殊不知士兵们都是革命党,命都不要,还要什么钱?刷地又一排子弹,把亮臣也撂倒了。陆家一个小女孩由陆家的保姆抱出,从后门逃走了。这个女孩后来留学德国,我的儿子曾经见过她。

队伍返出来,正遇着协统谭振德坐着硬轮胎洋车从东边来,穿得一身便服,头上戴着假发。一下车对大家说:“你们造反了!”大家问他:“你随不随?”他不答话,又问,仍不答。一排子弹就把他打死了。

管带姚以价下令分兵把守藩库、官钱局、军装库等地。我们分别去执行任务,他们就到谘议局开会,选举都督。首先挑官大的选,先选姚鸿法,姚以家在北京不干,大家把他禁闭起来;选协统,死了;选黄国梁,他是陕西人,因而就选了阎锡山。

田樽《访问参加太原起义的三位老人》。中国人民政治协商会议全国委员会文史资料委员会编《辛亥革命回忆录》第8集,文史资料出版社1982年版,第193~194页

《宣统三年九月十二日署理山西河东兵备盐法道余棨致内阁函》:

窃职道于九月初九日接祁县知县刘令祖述电称,太原有兵变之说,当即两次电禀在案。惟太原线阻,亮难达呈。兹将原电抄具清折,恭请钧鉴。刻又接祁县知县刘令祖述电称“初八日晚,太原兵变,四出抢掠焚烧,土匪乘势助虐,次晚未止。各衙署、各街铺尽成灰烬。其已得财之变兵、土匪,映[现]各分逃,各官无下落”等语,闻变骇痛。职道查陕匪现已东窜,有围攻潼关警信。现在太原新军又变。运城西有陕匪,北有晋匪,无兵堵御,危险万状。现经职道飞咨前路巡防队统领陈守政诗,星夜带队前往韩侯岭防堵。惟该统领远行泽州,缓不济急。伏乞迅赐派拨可靠旧军,由火车飞至洛阳,兼程作三日抵河东。稍迟则两匪连成一气,秦晋不堪问矣!除径禀军谘府、盐政院外,理合飞禀王爷、中堂钧鉴,俯赐批示。再此禀系由邮政寄呈,恐有阻滞,另由驿补禀一分,以防遗误,合并声明。肃此具禀,恭请钧安,伏乞垂鉴。职道棨谨禀。

中国史学会主编《中国近代史资料丛刊·辛亥革命》(6),上海人民出版社1957年版,第182页

《1911年11月24日朱尔典爵士致格雷爵士函》:

上月23日,太原府城陷落,当时革命党人前往巡抚陆钟琦的官邸,陆钟琦回答那些质问他的人们说,他拒绝停止他对清朝的效忠;他还告诉那些攻击他的人们,他宁死不降。因此,他被枪毙。有一位从太原府给我提供情报的人,后来察看了巡抚的尸体,发现他的胸部有两

处弹伤。他的妻子和儿子遭到同样的命运,后来他的官邸被焚毁,于是城内大部分地方遭到抢劫和焚烧,人们被任意屠杀。然而,革命党人注意不使外国人受到伤害,并且在他们被迫不能外出期间,向他们供应食物。

胡滨译《英国蓝皮书有关辛亥革命资料选译》(上),中华书局 1984 年版,第 162 页

△ **陈炯明、邓铿等率广东民军起义,11 月 10 日占领惠州**。

苗致信《惠州光复见闻》:

民兵编成七大队,陈炯明为革命军司令,严德明、邓铿、陈经、丘耀西、陈焯廷、谢子瑜、黄德修七人为革命军大队长,邓铿仍兼司令部参谋长。九月八日,各队民军到平潭白泥塘一带集中,布置阵地,准备进攻惠城……

九月九日(即阳历十月三十一)拂晓,革命军约千余人由白泥塘出发,准备攻城,而清兵巡防营约有六百余人已在馒头岭集合,随即进至马鞍,与民军相遇。两军交战约五小时,各有进退,互有伤亡。清军以民军英勇,不敢恋战,退守原防。次日,战况大致如前,未分胜负。第三日(九月十一日),两军激战于马鞍,民军终于冲破清兵阵地,占领了险要的地区二圣宫。革命军大队长陈经英勇过人,身先士卒,不幸于冲入敌阵时被掳而牺牲了。自战争开始三天内,由远地源源而来参加民军者约有千人,兵力更加雄厚。九月十二日,清军出战,被民军分路包围猛击,清军败退回防困守。秦秉直因战事失利,密电两广总督张鸣岐请求派兵来惠援助。

十三日,清军停战……

十六日,秦秉直接到洪兆麟起义的信息,立即商于何师爷。何说"大事去了",遂入卧房服鸦片自杀,实践前约。秦秉直的老母妻子劝其保全生命,静候调解。秦犹疑未定。后由惠州知府徐书祥特来相劝,并提出"非投降式的献城"意见,秦乃首肯。于是徐令归善县知事严梦菊为惠城官方临时代表,往革命军司令部协商献城办法,不久就得到圆满解决,其内容最主要的是:(1)驻在惠州的巡防官兵先集中于府城,听候革命军收编;(2)军事交接完毕后,由司令部派员兵保送秦秉直及其家属回乡。

十七日上午,驻惠城的巡防营全部移驻于府城,听候收编;午后革命军进驻惠城维持秩序,同时暂设革命军司令部于学宫……

十九日是惠州光复之日,也是秦提督献城之时。是日上午八时左右,邓铿、洪兆麟等统率所部由县城出发,经水东街过浮桥直进府城,沿途商店都燃放爆竹欢迎。各队士兵部署已定,洪兆麟带随员数人径到城隍庙,把陈子干所收编的士兵全部带走,到学院衙集合编队,归洪统率。同日,革命军司令部移设于提督衙署,因秦秉直尚未离惠,留出该署西花厅一角为秦家属暂居,如何保送他们回乡,系由洪兆麟负责办理。次日,司令部将原有民军大队加以补充,收编为旅,并委定严德明、洪兆麟、陈月桥、丘耀西、陈焯廷、谢子瑜、黄德修等为旅长。

中国人民政治协商会议全国委员会文史资料委员会编《辛亥革命回忆录》第2集,中华书局1962年版,第344~346页

胡汉民《胡汉民自传》:

时陈竞存、邓仲元已占惠州。初,陈等攻惠,久不能克。余既入省,即使李准密致电秦炳直,使投降,言清廷已覆,张鸣岐已去,苦守无益。而邓仲元亦使人运动洪兆麟投降,秦不得已,乃开城。余并解饷十万以济陈军,邀陈到省。陈设岭东守府而后行,仲元先至,相见甚欢。

胡汉民《胡汉民自传》。丘权政、杜春和编《辛亥革命史料选辑》上,湖南人民出版社 1981 年版,第 208 页

《宣统三年十月十六日广东陆路提督秦炳直呈》:

迨川鄂乱后,有党首陈炯明、邓铿在港广集徒众,潜运军火。九月十三日,群集淡水墟,劫夺勇械。提督先据探报,已调兵备豫城守,至此乃益戒严。十五日,四路大股来犯府城及归善县城,众号数万。提督调集之水陆各营仅二千人,不敷策应。因抽出劲旅,先御最悍之马鞍一股,战十数合,驱回蛮头岭外,伤毙以千计,并擒斩其先锋将领苏和,复拒之于大石桥,甫摧撼其前队,即飞奔遁逃,实已寒其胆而夺其气。曾将大致情形,电达两广总督张鸣岐请为代奏在案。

不意另股围攻博罗县城,管带何培清竭力守御,苦战一昼夜;县令蔡国英与绅商开城迎入,兵遂溃而城陷。府城即归善县城绅商原通革党,至是乃益合谋欢迎。提督正词力拒,皆面从心违。十八日晡,归城绅商竟有迎革军以入,匪势滋益浩大。提督比因府县防兵均属单薄,遂将县防之勇调回府城敛守。十九日,一面饬营开炮轰击归城之匪,一面派队扼截西江小河,堵匪来扑府城,伤毙无算。而城外洪兆麟一营忽然叛变。其余墟内外各营,虽军心甚固,亦因省饷久未解到一钱,粒米皆不可得,殊亦饥不能振。总督张鸣岐所派援兵四营,复于中途逗留不进。适闻省城业已独立,张鸣岐亦经离省。所部裨将见事无可为,再四向提督痛哭相劝出城暂避,提督誓以死守。而绅商又于二十日黎明开府城合迎革军。其炸弹敢死队直抵提署,环列以向。提督亟欲一死以报朝廷,乃革党欲留提督任事,不惟不加戕害,转益多方防护,无隙自裁。转脱几费苦心,昨始由粤抵沪。

军机处折包档。中国史学会主编《中国近代史资料丛刊·辛亥革命》(7),上海人民出版社1957年版,第271~272页

△ **清军第二十镇统制张绍曾等电奏要求改革政治。**

张国淦《辛亥革命史料》:

九月初八日,张绍曾顿兵滦州,电奏要求改革政治。

是日,陆军第二十镇统制张绍曾、第三镇协统卢永祥、第二混成协统领蓝天蔚、第三十九协统领伍祥祯、第四十协统领潘矩楹等电奏:"臣等伏读连日诏敕,武昌失守,大军南下,惊心动魄,以为世界革命惨史,行将演于中国弥漫而未有极也。乃旬日以来,中央政策,除用兵而外,未闻于政治本源大加改革,以懈其已发,而遏其将萌,循是以往,人怀疑沮,祸患益深。臣等忝膺戎寄,值国家多难,正宜疆场效命,秣马厉兵,静候驱策,何敢妄干时政,越职建言,无如警报频传,军情浮动,时闻耳语,各有心忧,乃据各将士等环陈意见,胪列政纲,以改革政治诸端要求代奏。臣等再四思绎,立言虽或过急,而究非狂悖之谈,压抑既有所不能,解譬亦苦于无术,当此时局岌岌,亿众之向背,实为可虑,万一中路遄征,军心不固,大局将益不可收拾,所有各将士请愿意见政纲十二条,谨据情代奏。

一、大清皇帝万世一系。

二、速开国会,本年内召集议员。

三、改定宪法,经国会议决,以君主之名义宣布之。

四、宪法改定提案之权,属诸国会。

五、全国海陆军归皇帝统率,但对内使用,须遵守国会议决之特别条件。

六、格杀勿论斩舍御免就地正法死刑等律,不得以命令行使之。又对于一般人民之违法监督,不得随意逮捕。

七、国事犯之党人一律特赦,并擢用之。

八、组织责任内阁,内阁总理大臣由国会公举之,以皇帝敕任之。又国务大臣由内阁总理大臣推任之,但皇族永远不得充内阁总理大臣及国务大臣。

九、人民负担之增加,及关于媾和等国际条约,经国会议决,以君主之名义宣布之。

十、凡本年度预算未经国会议决以前,不得照前年度预算支出。

十一、上议院议员以法定之特别资格,由国民公选之。

十二、现时规定之宪法、国会组织法及国家一切重要问题,当解决之际,军人有参预之权。”

(资政院议信条十九条,系据张奏十二条,此十二条,诸书少有载者,兹全录,其十九条宣誓太庙者,已刊登公报,省录。)

张国淦《辛亥革命史料》,龙门联合书局1958年版,第197~199页

《张绍曾、卢永祥、蓝天蔚等奏折》:

奏为祸乱纷乘,人心遑迫,披沥意见,请速诏行,以定国危而弭乱端事:窃臣等伏读连日诏敕,武昌不守,大军南下,惊心动魄,以为世界革命之惨史行将复演于国中,弥漫而未有极也。伏维此次变乱起原,其肇因虽有万端,消纳言之,政治之无条理及立宪之假筹备所产出之结果已耳。夫国家当祸变之时,其治乱也亦犹医者之治毒病,一面防其腐蔓,一面拔其症结,标本兼治,方可奏效。否则,一误再误,死亡随之。今鄂变告警,事机迫切,一般人民方窃窥朝廷之举动,战局之胜负,以为转移。乃旬日以来,中央政策,兵力而外,未闻于致乱之本源上大加改造,以懈其已发而遏其将萌。循是以往,人怀疑阻,祸恐益深。旷观地球各国革命历史,经政府一度之杀戮者,其革命之运动愈烈,其国家之危亡愈迫,其君主之惨祸亦愈甚。即论吾国,年来党人之被诛锄者亦夥矣,而前赴后起,曾不稍形怯退。驯至愈演愈进,以有今日。微论现在兵力之能胜与否也,即令力战幸胜,势必酿成流寇,分窜东南,涂炭万里,财赋灰烬,国力消竭,外人乘之,豆剖瓜分,不堪设想。此则臣等所为痛念国家前途,而不禁椎心泣血者也。

抑臣等更有不敢不沥陈者。臣等忝膺戎寄,现值国家多难,正为疆场效命之秋,自宜秣马厉兵,听候驱策,何敢妄干时政,越职建言。无如警耗频传,军情浮动,时闻耳语,各有心忧。臣等迭经召集各部队人等反复开导,晓以忠君爱国大义。乃据各将士等环陈意见,胪列政纲,以改革政治诸端要求代奏。览其大旨,佥以皇位之统宜定,人民之权利宜分,军队之作用宜尊,国会之权限宜大,内阁之责任宜专,残暴之苛政宜除,种族之界限宜泯,而归本于改定宪法,以英国之君主宪章为准的。臣等再三细绎,立言虽或过激,而究非狂悖之谈。抑压既有所不能,解譬复苦于无术。当此时局岌岌,亿众之向背实为可虞,万一中路遄征,军心不固,大局益陷于不可收拾之地。即治臣等以应得之罪,臣等一身不足惜,如宗社何?如天下何?夫民犹水也,可载亦可覆;兵犹火也,不戢将自焚。今日军民所仰望要求者,惟在改革政体而已。为朝廷计,与其迟徊不决以启天下之疑,何如明示政纲以箝党人之口?又况要求之改革目的,于我皇上地位之尊荣无丝毫之损,而于我国家基础之巩固有邱山之益。所不便者,独革党与朝贵耳。盖革党持极端主义,一新政体,则党援之携贰必多。朝贵怀垄断私心,一经立宪,则个人之利益足虑。臣等明知此言一上,必有荧惑圣听,以百端阻挠者。臣等敢更进一言曰,破坏我朝廷万世之大业、人民永远之幸福者,革党之煽乱犹小,而制造革党之政体实大也。古人有言:一言可以兴邦,一言可以丧邦。今日君主存废问题,国家兴亡问题,胥于此一言决之矣。

所有各该军等具陈请愿意见,政纲十二条。附折恭缮,为此冒死据情代奏,伏乞宸衷独断,立决可否,迅即颁谕旨,明白宣示,导军心于一致,坚亿众之信从,则革党无自而煽,大乱

由此而息,微特武昌匪祸可以刻日就平,抑且政策一新,可使列强改视,虽令臣等赴汤蹈火亦所不辞。如以臣等之言为欺枉,亦请治臣等以狂妄之罪,明正典刑,死亦无怨。再此次奏稿经臣等往返商酌,意见相同。并钤用臣二十镇统制官关防,合并陈明。谨奏。

《国光新闻报》,1911年10月30日。渤海寿臣《辛亥革命始末记》,《实行立宪汇编·奏折》,文海出版社1969年版,第15页

李志窝《第二十镇响应武昌首义纪事》:

部署既定,张君绍曾于二十二日即归奉天。道经滦州,偕镇部诸人同返,共划戎机。抵奉之后,即约三镇统领卢永祥,第二混成协统领蓝天蔚,本镇统领伍祥桢、潘矩楹共商大事。由张君绍曾宣言:湖北之变为除专制,主共和,以此倡义,号有天下,凡属同胞,谅皆赞助。今吾辈所统各部队,半属北人,虽未预约同谋,应皆晓然斯义,倘贸然而往,胜则自残同类,负亦死无指名云云。于是群以研究对付之策,议由张君绍曾自草立宪大纲十数条,旋与吾相商榷,欲挟以兵力要清廷立宪,一面俾天下人知同胞之不可自相残杀,其言至正,其心至仁,吾楚同人,亦未始不以为然也。其中四统领,一统制,惟蓝君天蔚为湖北人,又素抱革命主义。吾本主张由滦州即行反正,以不必多此一层手续为宜。而蓝君天蔚则力为阻止,诚恐急则生变,事无成功,不如因势利导以待其机。

中国人民政治协商会议湖北省委员会文史资料研究委员会编《湖北文史资料》第4辑,1981年版,第156页

10月29至30日(九月初八日至初九日) 汉口南北两军交战,革命军不利。

天嘏《南北春秋》:

同日,汉口南北两军交战,民军败。

是日午前六点钟,民军拨汴省新到精兵三千,令老将李克果领之,又派武昌精兵二千,令健将金长领之,并力向大智门一带进攻。北军不支,败焉。适有援军至,遂奋力击退民军。民军伏于路口及屋旁开枪击之,弹多命中。北军不得进,乃退守原地。是时北军已得大智门、刘家庙一带,遂有铁路全线,乃得迅速进军。炮马等队,本驻滠口以北者,至是得以输送至刘家庙、大智门一带。当晚北军又有大队至大智门,以民军多伏民房中,自窗际或自屋脊后射击,于北军大不利,乃用大炮先毁民房,继以步队。民军失防御物,而兵力又薄,乃退至市街中,坚守要地。于是跑马场附近至市街前部,尽为北军所得。闻近日民军战事之不利,一由于奸人张景良、罗嘉言之反攻,一由新招之兵与老兵相间,新招者用枪多不如法,致多伤同队之人。军政府乃收回新兵,重新训练。旋得湖南派来精兵数千人,全军精神,为之重振。

初九日,汉口民军进攻北军,民军又败。

民军仍驻守汉口华界,北军纵火焚烧民房,意欲使汉口成为平原,则易于攻击汉阳。而民军见之,怜平民之无辜受害,愤恨填胸,一面尽力救火,一面尽力抵御。惟是时北军之在华界者不下四五千人,民军则仅三千余人,故又败。

国家清史编纂委员会文献丛刊《辛亥革命史资料新编》第1卷,湖北人民出版社2006年版,第249页

10月30日(九月初九日) 《中华民国公报》刊载《中华民国军政府大总统孙布告》,号召各省义军代表,同心戮力,直抵黄龙府,建立共和国。

《中华民国军政府大总统孙布告》:

布告大汉同胞事:昔我皇祖皇帝轩辕氏,奄有中土,建国万区,必先南讨蚩尤,北逐獯鬻,作弧矢以威四裔,用能保我子孙黎民。少昊高阳,继之以至唐虞,亦先分北三苗。时乃黎民

于变,若夫鬼方逆命,商则征之;猃狁南侵,周实逐之;匈奴、羌胡内寇,如秦如汉讨而灭之。由是以观,可知夷狄大防,我历代圣人之必严且厉者。诚以神明之裔、礼教之邦,实与犬羊异等。此所以遑遑然禁彼腥臭,不使之坏我绝好河山也。夫继继绳绳,端赖后贤之不忘祖烈。使我中国秦汉以来之君主,谨守先代圣人成法,则我中国虽至今金瓯无缺可矣。其幸福为何如哉!胡天不念,屡降鞠凶。晋室不纲,首先启胡戎以祸我华族;次则唐谋不善,揖盗兴戎;宋继其衰,历遭金辽之毒;胡元乘间,于是我中国始为亡国之秽墟矣。嗟夫!我黄帝子孙何罪,竟令彼时受异族之荼虐?且千余年不能睹一化日光天,凡有血气之伦,谁不愤怒?此本总统之所以叹息痛恨于晋唐炎宋时也。往者天牖华衷,明祖赫然震怒,放逐元虏,宅都于燕,汉室江山全归故主,亦云快矣。又谁意蠢兹满贼,觎我国家多故,竟窃踞我国土、屠烧我城邑、奴隶我同胞、割剥我脂膏、损失我权利之至于如此耶?彼凡可以压制削夺吾民之术,盖无所不用其极,而未易一一为我同胞泣诉者也。夫天下事,图之立足未牢之际则易得手,图之根本既固之日则难从心。彼吴三桂始则冒昧乞师,卒乃迟疑迁延。而始发脱,稍有胆智,何难驱群丑而立复神皋?所惜有时有势,而无志无才,此其所以不能济事也。迨后耿精忠创义于越,郑成功继起于台,而李光地为虎作伥,甘残同类。洪、杨愤兴于粤,赖、张响应于豫,复有曾国藩为奴作仆,忘我同胞。嗟夫!彼吴三桂固卑,卑不足道。若耿、郑、洪、杨、赖、张之世,李、曾诸民贼苟勿破坏,则吾汉族子孙早已安居干净土,何至多受此数十年黑暗苦哉!每一兴言,盖未尝一刻不锥胸疾首也。往年本总统以民族主议[义]提倡我中华全部,遂至捐弃家人,沉沦异域,投艰蹈险,虽屡濒于死,而大声疾呼之气不少衰。然当时之应而和者只会党一部分,余则犹尚酣睡沉醉而未醒。曾不几时,民族主义之进步日速一日,今则统中国皆国民矣,我鄂军代表竟首举义旗矣,我各省同胞竟同声响附,殆无不认革命为现今必要之举动矣。同胞!同胞!何幸而文明若此也。此必我黄帝列圣在天之灵佑助我同胞,故能成此兴汉之奇功,盖可以决满贼之必无噍类矣。虽然本总统窃有不能已于言者。夫人无远虑,必有近忧;事不图终,曷克有济?倘行事或虎头鼠尾,而存心复狼顾狐疑,或生猜忌之私,自相鱼肉!或萌退缩之志,坐失事机,则后祸之来何堪设想?所以曩者若欲图大事,而往往功败于垂成者,其遗误大都如是也。今特布告我大汉同胞,共鉴前车,牢持来轸,再接再厉,全始全终,勿畏葸,勿偷安,勿事徘徊,勿相推诿。纵使百战百胜而勿骄,即令小败小伤而勿馁。凡我各省义军代表,同心戮力,率众前驱,效诸葛一生惟谨慎之行,守吕端大事不糊涂之旨,运筹宜决而密,用兵贵速而神,自能垂手燕云,复仇报国,直抵黄龙府,与同胞痛饮策勋,建立共和国,使异族帖耳俯首。此固本总统中心之所切切,而群策群力,实所望于同胞。此告。

黄帝纪元四千六百有九年　月　日。

《中华民国公报》,1911年10月30日。辛亥革命武昌起义纪念馆等编《湖北军政府文献资料汇编》,武汉大学出版社1986年版,第31~32页

胡石庵《湖北革命实见记》:

二十六日,……思至此,同志杨选青偕二乡人至,出军政府内务部条例并孙文之布告(此稿托名孙文,实当时同志主稿,借此以安人心也。否则,义旗方张,公然以大总统自命,孙中山决不出此,阅者谅之)与黎都督之誓师辞相视,且告余欲往故里筹饷练兵,余漫应之。

武汉大学历史系中国近代史教研室编《辛亥革命在湖北史料选辑》,湖北人民出版社1981年版,第26~27页

郭寄生《辛亥革命前后我的经历》:

十五日(八月二十四日),在都督府见苏成章、牟鸿勋忙于誊清以孙文署名之布告稿。文首孙自称为大统领,词句典丽,但微嫌冗长。云系上海新到同志携来,后乃获知是查光佛同

志手笔,在武昌所拟。

中国人民政治协商会议湖北省委员会《辛亥首义回忆录》第1辑,湖北人民出版社1979年版,第97页

编者按:《中华民国军政府大总统孙布告》拟稿时间不详,郭寄生、胡石庵看到布告的时间分别为10月15日、17日。布告在《中华民国公报》上多次刊载,10月30日为目前知见的最早的日期。

△ 鄂军都督黎元洪接袁世凯属下刘承恩函,云袁世凯已出山,愿与革命军和平了结。黎都督将函交会议讨论,以反对者众作罢。

曹亚伯《武昌革命真史》:

是日军政府接得袁世凯属下刘承恩来函云,袁世凯经已出山,请民军和平了结云云。(案袁世凯等甘心作贼,拥戴异族,不自知其无耻至此极也。)原函如下:

刘承恩来函:

宋卿仁兄大人麾下:叠寄两函,未邀示覆,不识可达典签否。顷奉项城宫保谕开,刻下朝廷有旨:(一)下罪己之诏。(二)实行立宪。(三)赦开党禁。(四)皇族不问国政等因。似此则国政尚可有挽回振兴之期也。遵即转达台端,务宜设法和平了结。早息一日兵事,地方百姓早安静一日,否则势必兵连祸结。胜负未见,则不但涂毒生灵,糜费巨款。迨至日久息事,则我国已成不可收拾之国矣。况兵者汉人,受蹂躏者亦汉人,反正均我汉人吃苦也。弟早见政治日非,遂有终老林下之想。今因项城出山,以劝抚为然,政府亦有悔祸之意,即此情理,亦未尝非阁下及诸英雄能出此种善道之功也。依弟愚见,不如趁此机会,暂且和平了结,且看政府行为如何。可则竭力整顿,否则再行设策以谋之,未为不可。果以弟见为是,或另有要求之处,弟即行转达项城宫保,再上达办理。至诸公皆大才榱桀,不独不咎既往,尚可重用相助办理朝政也。且项城之为人诚信,阁下亦必素所深知,此次更不至失信于诸公也。并闻朝廷有旨,谅日内即行送到麾下。弟有关桑梓,又素承不弃,用敢不揣冒昧,进言请教。务乞示覆,即交原人携下为祷。敬请勋安,诸希爱照不具。乡愚弟刘承恩再拜。九月初八日。

上函纯属汉奸认贼作父之词。黎都督问大众应如何答覆。一般同志均主张置之不理。

曹亚伯《武昌革命真史》中卷,中华书局1930年版,第173~174页

胡鄂公《武昌首义三十五日记》:

九月初九日,……十时半,都督府会议时,都督接到刘承恩代表袁世凯要求军政府谈判和平函,为初八日所发……

都督当将该函交张振武阅看。振武问予曰:"袁世凯胡为此者?"予曰:"此乃袁于夺取汉口前,故施狡狯耳。"振武因交会议讨论。孙武、胡瑛二人主张覆信谈判,振武、吴兆麟暨在会诸人主张不理。孙武、胡瑛等犹刺刺不休。朱树烈、范义侠二人掷指挥刀于会议席上,厉声喝曰:"有再言覆信谈判和平者,可视此刀!"于是,孙武、胡瑛遂默然而罢。

熊守晖《辛亥武昌首义史编》下,台湾中华书局1971年版,第1024~1025页

《刘承恩致黎元洪函》:

叠寄两函,未邀示复,不识可达典签否?顷奉项城宫保谕开"刻下朝廷有旨:(一)下罪己之诏。(二)实行立宪。(三)赦开党禁。(四)皇族不问国政"等因。似此则国政尚可有挽回振兴之期也。遵即转达台端,务宜设法和平了结。早息一日兵事,地方百姓早安静一日,否则势必兵连祸结,胜负未见,则不但涂毒生灵,糜费巨款,迨至日久息事,则我国已成不可收拾之国矣。况兵者汉人,受蹂躏者亦汉人,反正均我汉人吃苦也。弟早见政治日非,遂有终老林下之想。今因项城出山,以劝抚为然,政府亦有悔祸之意,即此情理,亦未尝非阁下及诸英雄能出此种善道之功也。依弟愚见,不如趁此机会,暂且和平了结,且看政府行为如何,

可则竭力整顿,否则再行设策以谋之,未为不可。果以弟见为是,或另有要求之处,弟即行转达项城宫保,再上达办理。至诸公皆大才榱桀,不独不咎既往,尚可重用相助办理朝政也。且项城之为人诚信,阁下亦必素所深知,此次更不至失信于诸公也。并闻朝廷有旨,谅日内即行送到麾下。弟有关桑梓,又素承不弃,用敢不揣冒昧,进言请教,务乞示复,即交原人携下为祷。敬请勋安。诸希爱照不具。乡愚弟刘承恩再拜。九月十一日。

《国民公报》,1911 年 11 月 21 日。渤海寿臣《辛亥革命始末记》,《实行立宪汇编 · 武昌》,文海出版社1969年版,第81 ~82页

《黎元洪复函》:

今日国民主义大昌,自谋幸福为人道之当然。如有不明此义而必以强力相压者,即为民贼之尤。武汉义兵不过欲排除民贼,恢回四百兆众之自由幸福而已,初无帝制自为之心,此可质诸天地鬼神者也。来书殷殷,欲保全清朝帝统,讵清朝皇帝生有两头四臂,特异于汉族,宜使永远不失其贵,高踞四百兆之上乎,至以富贵利达相饵,元洪与诸将士均不敢奉命。

《国民公报》,1911 年 11 月 21 日。渤海寿臣《辛亥革命始末记》,《实行立宪汇编 · 武昌》,文海出版社1969年版,第82页

编者按:鄂军都督府接刘承恩函时间,曹亚伯《武昌革命真史》记为 10 月 31 日,胡鄂公《武昌首义三十五日记》记为 10 月 30 日,鉴于胡著为日记体,采胡著说。另刘承恩致函时间有九月初八日、九月十一日两说,一并录以备考。

△ **蔡锷、李根源、罗佩金等在昆明发动新军“重九起义”,激战一夜,次日攻占督署。11 月 1 日成立云南军政府,举蔡锷为都督。**

蔡锷《滇省光复始末记》:

辛亥九月初九日下午,蔡统领发令,命李参议官根源,率带步队七十三标,由北校场,向省城北门及东门一带进攻;罗统带佩金,率带步队七十四标由巫家坝向南门及东门一带进攻;命炮队韩统带国饶率带炮队一营,分为三部,联络部队,俟进城后放列于西、南、东三门之城楼附近;命张教官子贞等率陆军讲武堂全部,由城内动作,为开城之准备;命机关枪营分属于步炮各队,均于夜半开始运动,同时攻城,于揭[拂]晓前,将全城四周城垣及城内之圆通山占领确实,俟天明时,同时进攻;以步队七十三标攻击军械局及五华山,以炮队据置城垣,协同步队施行射击,置豫备队一营于江南会馆,为各队之策应。初九午后九时,步队七十三标正值准备之时,时机泄漏,该标统带丁锦率标署卫兵出而弹压,全标顽固将校,亦群起干涉,两方遂起激烈之冲突,官兵中死伤二十余名。李参议官根源遂率第二、三营李鸿祥、刘祖武等向城垣急进。九时三十分攻入北门,派队占领银元局、兵工厂等处,以其主力逼攻军械局及五华山。其时钟统制麟同已早有准备,率巡防队两营、辎重营、宪兵营、机关枪队及镇署卫兵,占领五华山,为顽强之抵抗;军机[械]局内守卫兵(六十人)亦据险盛行射击,机关枪之发射尤烈,我军之死伤者将校以下三十人。黑暗中向敌突击肉搏数次,均未奏效,仅占领五华山北端之一部。李参议以敌兵据险以守,兵力甚优势,且弹药无多,行将告竭,乃举火为号,冀巫家坝军队之来援(时已十一时半),乃竭力攻击军械局,究不能得手。初九午后十时,蔡统领在巫家坝,集步炮两标重要将校,详细规定攻击计画。后十时三十分,集合步炮两标全体将校,述明今夕举义宗旨,词严义正,每出一语,各将校齐呼万岁,欢声雷动,誓出死力。宣布既毕,将校中有欲将军官中满人容山、惠森二人处以死刑者,经蔡统领、罗统带力为禁阻,命暂行拘留,俟事后释放(翌日即纵之使去),正值判决之际,有人从黑暗中向容、惠二人连放枪二发,幸未中。蔡统领复集合两标,当场发给子弹,检查武器毕,将举义宗旨简单宣布,士卒莫不欢欣鼓舞,乐于用命。于午后十二时陆续出发。时城内火起,枪声隆隆,上道

后，即命用跑步分道急进。因道路不良，且黑暗异常，行进颇形迟滞，炮队尤甚。

初十日午前一时半，机关队（仅两队，余为钟统制调去）至天台会合于本军，分隶之于步炮两标，一时四十分抵南校场。时驻扎南城外之巡防队二百人来降，蔡统制优予嘉奖，命其在正南城外一带分扎，弹压匪徒，保护居民。二时抵大东门外，遇马标队伍，蔡统领与该标统带田书年晤见后，令其梭巡城外四周，豫防匪类，检查宵小。实则马标之来城，系钟统制当夜所调用，以防制革命军者，蔡统领则以马标之来，意其预知其事而表同情者；田统带亦以巫家坝军队之入城，系奉钟之调来相救援者，彼此均告误会，以致两未冲突，实为幸事，否则必以兵火相见也。初十日午前三时，步队七十四标第一营已占领西城垣，第二营已占领南城垣，第三营已占领江南会馆（豫备队），炮队则于东、南、西三城门附近占领阵地，准备攻击。午前三时半，步队七十四标第一营唐管带继尧，率所部向制台衙门突击二次，被该署卫队营猛烈之火力击退。第三营管带雷飙，拨一队为步队七十三标之增援，攻击军械局，猛扑数次均未得手。午前六时天微明，据城各炮队向五华山敌人阵地及督署开始射击。七时，步七十三标及七十四标第三营之一部，向五华山及军械局进攻，七十四标第一、二两营向督署进攻，敌人顽强抵抗，互有死伤。时据圆通军械局之巡防队（约一哨），向豫备队所在地施行射击，而七十三标反对派之官弁，亦收拾残兵，在东城外向城垣一带射击，爰于豫备队中分拨一队御之。敌人据军火[械]局一带山地，颇得形势，相持亘二时之久，始行击散。午前九时，各军同时并攻，陷军械局，五华山之全部，几为我所得，敌军之缴械降服者，络绎不绝。钟统制尚抵死不退，因以负伤，经医兵抬出南门，为兵士所见，处以死刑。王振畿于被擒后，自愿投诚，嗣复为众所杀。

军械局既为我军所得，各队弹药，得以补充，士气百倍，遂占领五华山全部，督署亦同时陷落。军司令部乃出示安民，一面饬各队整顿队伍，分投驻扎，并定警戒域及警戒法。是夜军队于五华山及城垣四周，彻夜露营。统计是役彼我死伤者，将校以下百五十余人，我军死伤五十余人，伤者四十余人。

李根源藏稿本。中国史学会主编《中国近代史资料丛刊·辛亥革命》(6)，上海人民出版社1957年版，第223～225页

周钟岳《云南光复纪要——建设篇》：

辛亥九月九日滇军起义，十一日全城光复，清吏总督以下悉散。旧制既弛，不能不新设机关，为全省行政枢纽。于是各军官兵士，公推革命军总司令蔡锷为军都督，以五华山两级师范学校为大中华云南军都督府。府内置一院三部：

曰参议院。为军事政治之咨询，以军政部总长李根源兼院长，参议官无定额，悉由都督选充，寻改名参议处。

曰参谋部。主军事上一切规画，以殷承瓛为总长，刘存厚、唐继尧次之。其下设分部凡七，一曰作战，二曰谍查，三曰编制，四曰兵站，五曰辎重弹药，六曰炮兵材料，七曰测地。以谢汝翼、张子贞、韩凤楼、李凤楼、顾品珍、刘法坤、李钟本分任之。

曰军务部。主军备上一切事务，以韩国饶为总长，张毅次之。其下设分局四，分厂三：曰筹备局，局长徐芳兰；曰粮饷局，局长黄希尚；曰军医局，局长周桢；曰军械局，局长沈汪度；曰被服厂，厂长秦光第；曰制革厂，厂长华封祝；曰兵工厂，厂长以沈汪度兼理。未几韩总长率师援川，改任曲同丰，同丰复辞职赴京，乃任沈汪度为总长，以张含英任兵工厂长。

曰军政部。取管子作内政而寄军令之意为名，实一省之行政萃焉。以李根源为总长，李曰垓次之。其下设分司凡五：曰民政司，司长杨福璋，次长孙光庭；曰外交司，司长周沅，次长

陈度;曰财政司,司长陈价,次长席聘臣;曰学政司,司长李华,次长陈文翰;曰实业司,司长吴琨,次长华封祝。其隶于民政司者,有警察、审判、自治三局;隶于财政司者,有造币厂、富滇银行;隶于实业司者,有劝工厂印刷局。是年十月,李根源率师赴西防,罗佩金继任总长。

都督府本部内置秘书处拟撰机要文电,置登庸局,分设叙官、赏勋、印铸三科,均以周钟岳长之。置法制局,拟订一切暂行法规,以蒋谷长之,寻改任孙志曾。未几登庸法制两局皆裁并。援川援黔军出发后设卫戍司令部,任罗佩金兼卫戍司令,以统一军事,整饬军纪,保持公安为职责。此外设甄录处,任刘锐恒为处长,袁玉锡副之,凡自陈效用及条陈意见书者皆属焉。而一时干进之徒坌集,难得其才,旋亦裁并。出征军陆续凯旋,乃将卫戍部撤销,以其职责分隶宪兵以及第一师司令部。

行政机关部署粗定,爰分设立法司法两机关,以确定三权鼎立之基础。立法权属议会,当滇军政府初成立,即致书谘议局约相赞助,局中议员均诣军府会商,随通电三迤自治团体,规约十余条,宣告光复宗旨,遂正名为临时省议会。旧议员留二十余人,选举李增为议长,万鸿恩为副议长。司法权属审检厅,前清时滇于省会先设立高等审判高等检察、地方审判地方检察、初级审判初级检察六厅,反正后各厅人员皆散去,乃权以审判局为司法机关,隶于民政司,仍令司筹设三级审判各厅,以期司法与行政相离。既而呈奉中央任黄德润为司法筹备处处长,孙志曾为高等审判厅厅长,谢光宗为高等检察厅厅长。地方厅初级厅亦同时成立,各县司法暂属地方行政官,并由筹备处培养司法人员,以为异日分设之地,此立法司法行政分离之权舆也。

中国科学院历史研究所第三所编辑《云南、贵州辛亥革命资料》,科学出版社1959年版,第47~48页

《宣统三年十月十六日云贵总督李经羲致内阁请代奏电》:

革屡谋滇未遂。自鄂湘赣晋变起,粤桂谣言,军学界合,党力始大。然滇不因部迫裁营,川乱分兵,省防较厚,祸犹可制。羲见事急,调募五营建署械局,再有五日即营到工竣,并设法并营退伍,暗收操弹。革侦知,谋急,九月初七驻腾新军先变。初九戌,驻省七十三标李鸿祥营叛,攻伤标统丁锦,戕管带赵怀清、队官数人,全标兵变。炮标机关枪营继之,城外防营兵单战败。学生内应,叛军入城,分攻局署,先据电局。羲率总办王振畿督卫队守署,合镇统钟麟同、参议靳云鹏率辎重营、防营赴五华山堵御,总办唐尔锟率防营守械局。叛军约二千。余军抗调,御敌兵队分三处,数不满七百。自亥初战至初十巳正,叛军各城楼架快炮机枪三十余尊轰击,兵多伤亡,仍拚死御,叛军子弹垂竭,突由前讲武堂总办李根源率军学生数百,及工程营挖地道架炮用炸药内轰,协统蔡锷助攻,午正械局失守,钟麟同阵亡,局毁。叛兵全力攻署,未正督署失守,王振畿遇害,管带范钟岳战死。羲到溃兵巷战,枪伤仆而复起,扳枪自裁,被巡捕夺去,拥至其家,十二日自出就死,全局议绅偕叛党劝充都督,始则跪求,继则恫吓,羲誓死责斥,拥入议局,以兵严守,不听自裁,持拒八日,知不可强,九月二十夜严护出境。十一抵港,伤发病亟,暂住医调。临安新军真夜叛,临绅朱朝瑛纠匪陷城,电蒙自道龚心湛迫降被拒,乱军攻蒙,督带孔繁琴力战阵亡,绅商竖旗,龚心湛由越赴港。经羲力尽援绝,不能挽救,罪应万戮,恳从重治罪。惟众寡不敌,将士死战惨烈,实所痛心,乞恩旌恤。滇饷弹缺,叛举蔡锷都督,争权猜忌。再藩司世增遇害,学司叶尔恺服毒未死,盐道毛玉麟投井遇救未释。并陈。乞代奏。

中国史学会主编《中国近代史资料丛刊·辛亥革命》(6),上海人民出版社1957年版,第263~264页

《宣统三年十月初五日湖广总督段祺瑞致内阁、军谘府电》:

昨靳云鹏来见,据云:重阳夜,滇陆军步炮十一营同时叛。闻警,钟统制先率兵二百余往

城中心之五华山保械局,靳率警兵廿名继至,唐厅尔锟、李厅庆恩率二百余人在局内混战,约十四点钟,仅存百余人。叛兵咸据城垣内击,钟、靳议扑据城垣一隅,以通外援。钟前行,靳督之,行经街厅,后半已被截断。靳受二枪晕倒,为卫生队救出。闻钟力竭自尽,唐、李两厅已阵亡,王振畿在督署拒战,不知下落云云。靳能生还,不禁狂喜,已令上谒崇阶,面陈一切。钧处如无驱策,千乞饬赴前敌。瑞。歌。

中国史学会主编《中国近代史资料丛刊·辛亥革命》(6),上海人民出版社1957年版,第262~263页

《大汉云南军政府告示》:

大局已定,举动文明。保我同胞,鸡犬不惊。其各贸易,其各营生。凡我军队,不准扰民。

《民立报》,1911年11月21日

《云南军政府照会英法国领事文》:

大汉国军都督府为照会事。云南军民人等于九月初九日,合力组织民军,光复故土,驱除满政府官吏,历年专制,一旦扫除,大局底定,人心痛快,业经组织完全新政府。兹有应行照会大英、【法】国领事者计有七条,开列于左:

一、贵国官吏人民严守中立。

二、贵国火车不得代清政府输送军队,并代运军用品物。

三、贵国官吏人民生命财产,本都督府承认确实保护,但如违第二条,则此条取消。

四、贵国向与清政府所订条约认有继续效力。

五、贵国此后有关于中国旧云南省一切交涉事件,须直接【与】本都督府【交涉】方为有效。

六、贵领事应咨回本国承认云南独立。

七、本政府对于贵国有未尽事宜,再随时照会办理。

以上七条均为文明革命、敦睦友邦起见,谅亦贵领事所乐赞者。为此合行照会贵领事,双方各照所列条款施行,本都督府不胜欣慰之至。须至照会者。右照会大法、【英】国领事。

刘存厚《云南光复阵中日志》。谢本书等编《云南辛亥革命资料》,云南人民出版社1981年版,第28页

《九月初十日滇军府致滇省谘议局函》:

议长议员诸公鉴:满清专制二百余年于兹矣。锷等不惜牺牲身家性命,誓灭胡虏,为同胞谋幸福,爰于昨晚首先举义。所幸围督署及攻各局、所,义师所向,着着制胜,不崇朝而大局已定。惟是破坏之责,锷等已尽,而建设之任专在诸公。

盖诸公为全省代表,乡望素孚,务祈出而维持,互相赞助。如表同情,请即移至敝司令处,会商善后办法,是所切盼!此请公安!立候赐复。

李根源 李鸿祥
军政府总司令处 蔡 锷 唐继尧 同启
罗佩金 韩国饶

《滇省谘议局光复后之报告书》。谢本书等编《云南辛亥革命资料》,云南人民出版社1981年版,第51页

△ **清廷以摄政王载沣名义,下罪己诏,誓言维新更始,实行宪政。**

《宣统政纪》:

谕内阁,朕缵承大统,于今三载,兢兢业业,期与士庶同登上理。而用人无方,施治寡术。政地多用亲贵,则显戾宪章;路事蒙于佥壬,则动违舆论。促行新治,而官绅或籍为网利之

图;更改旧制,而权豪或只为自便之计。民财之取已多,而未办一利民之事;司法之诏屡下,而实无一守法之人。驯致怨积于下而朕不知,祸迫于前而朕不觉。川乱首发,鄂乱继之。今则陕湘警报叠闻,广赣变端又见,区夏沸腾,人心动摇。九庙神灵不安歆飨,无限蒸庶涂炭可虞,此皆朕一人之咎也。兹特布告天下,誓与我国军民维新更始,实行宪政。凡法制之损益,利病之兴革,皆博采舆论,定其从违。以前旧制旧法有不合于宪法者,悉皆除罢。化除旗汉,屡奉先朝谕旨,务即实行。鄂湘乱事,虽涉军队,实由瑞澂等乖于抚驭,激变弃军,与无端构乱者不同,朕维自咎用瑞澂之不宜。军民何罪,果能翻然归正,决不追究既往。朕以眇眇之躬,立于臣民之上,祸变至此,几使列圣之伟烈贻谋,颠坠于地,悼心失图,悔其何及!尚赖国民扶持,军人翼戴,期纳我亿兆生灵之幸福,而巩我万世一系之皇基。使宪政成立,因乱而图存,转危而为安,端恃全国军民之忠诚,朕实嘉赖于无穷。此时财政外交,困难已极,我君民同心一德,犹惧颠危。傥我人民不顾大局,轻听匪徒煽惑,致酿滔天之祸,我中国前途,更复何堪设想!朕深忧极虑,夙夜旁皇,惟望天下臣民,共喻此意。将此通谕知之。

沈云龙主编《近代中国史料丛刊·宣统政纪》第62卷,文海出版社有限公司1989年版,第49~50页

△ 清廷从资政院奏,著迅将宪法条文拟齐,交资政院详慎审议,钦定颁布;组织完全内阁,不再以亲贵充国务大臣;速开党禁,以示宽大,而固人心。

《宣统政纪》:

又谕:资政院奏,请颁布明诏,将宪法交院协赞一摺。我朝列圣相承,深仁厚泽垂三百年。我孝钦显皇后德宗景皇帝俯念时艰,深维治本,叠降明诏,确定为君主立宪政体,并颁布筹备立宪事宜清单,按年进行。朕以冲龄入承大统,亦惟兢兢业业,用迪前光。上年十月,该院奏请速开国会,当经明降谕旨,定于宣统五年召集议院,并特派溥伦等迅速纂拟宪法,候朕钦定。兹据该院奏称,宪法为君民共守之信条,宜于规定之始,诏进臣民商推[榷]。又称协赞在纂拟之后,钦定之前,于先朝圣训钦定之义,毫无所妨各等语。著溥伦等敬遵钦定宪法大纲,迅将宪法条文拟齐,交资政院详慎审议,候朕钦定颁布,用示朝廷开诚布公,与民更始之至意。

沈云龙主编《近代中国史料丛刊·宣统政纪》第62卷,文海出版社有限公司1989年版,第50~52页

《宣统政纪》:

又谕:资政院奏,内阁应负责任,国务大臣不任懿亲一摺。懿亲执政,与立宪各国通例不符。我朝定制,不令亲贵干预朝政。祖训著有明文,实深合立宪国家精义。同治以来,国难未纾,始设议政王以资夹辅,相沿至今。本年设立内阁,仍令王公等充国务大臣,原属一时权宜之计,朝廷本无所容心。兹据该院奏称,皇族内阁与立宪政体不能相容,请取销内阁暂行章程,实行内阁完全制度,不以亲贵充当国务大臣等语。所陈系为尊皇室而固国基起见,朕心实深嘉纳,一俟事机稍定,简贤得人,即令组织完全内阁,不再以亲贵充国务大臣,并将内阁办事暂行章程撤销,以符宪政,而立国本。

沈云龙主编《近代中国史料丛刊·宣统政纪》第62卷,文海出版社有限公司1989年版,第52页

《宣统政纪》:

又谕:资政院奏,请速开党禁,以示宽大,而固人心一摺。党禁之祸,自古垂为炯戒。不独戕贼人才,抑且消沮士气。况时事日有变迁,政治随之递嬗,往往所持政见,在昔日为罪言,而在今日则为谠论者。虽或逋亡海外,放言肆论,不无微瑕,究因热心政治,以致逾越范围,其情不无可原。兹特明白宣示,特沛恩纶,与民更始,所有戊戌以来,因政变获咎,与先后

因犯政治革命嫌疑惧罪逃匿，以及此次乱事被胁自拔来归者，悉皆赦其既往，俾齿齐民。嗣后大清帝国臣民，苟不越法律范围，均享国家保护之权利，非据法律，不得擅以嫌疑逮捕。至此次被赦人等，尤当深自祓濯，抒发忠爱，同观宪政之成，以示朝廷咸与维新之至意。

沈云龙主编《近代中国史料丛刊·宣统政纪》第62卷，文海出版社有限公司1989年版，第52～53页

10月31日（九月初十日） 南昌新军起义，占领省城，成立江西军政府，举协统吴介璋为都督。江西巡抚冯汝骙走九江，旋自杀。

蒋君羊《辛亥江西光复记》：

自从李烈钧同志代我担任参谋长后，我担任策动省垣独立的责任。当时在南昌和我们通消息的就是先烈蔡公时同志。没有几天，听到那边情势很有希望，我就和刘世均同志率领一支队兵晋省，沿途所经鄱阳湖和内河水师都来归附。九月十一日到了离南昌仅有三十里路的王家渡，据报南昌已于昨晚光复了。

原来在江西的陆军是第二十七混成协协统吴介璋所辖步兵两标。第五十三标驻九江，标统是马毓宝。第五十四标标统齐宝善，原来驻在省城，自从彭克俭事件发生后（彭是萍乡被捕的人所供出。本来供的是彭素民同志，素民在士兵籍内没有查到，就把克俭抓去，讯问者又是酷吏石守谦，以致非刑逼供就义），满清官吏怀疑这一标不稳，就命第五十四标全部移驻袁州，同时改编巡防营第五十五标，由巡防统领庄守忠任标统，驻在南昌城。武汉起义后，第五十五标一部分开往九江，等到九江独立，有些反正，有些跑散，不能成军。那时在南昌的，就只有第二十七混成协的马、工、炮、辎各营队，经蔡公时同志运动后，大家都很兴奋。后来由马营管带方先亮，排长蔡森，工程队官蔡杰，排长韦兆熊、米洛宾，司务长沈鹤年，辎重队官宋炳炎等开会商议，决定由方先亮、蔡杰、宋炳炎为司令，蔡森为独立马队的指挥，韦兆熊为前卫司令，决定初十日晚上实行攻城。那天晚上，蔡森（他是蔡公时的本家）首先率队前进，縋城而入，攻占各衙门，南昌就随九江而光复了（听说这位南昌光复有功的蔡森同志，后来竟饿饭了，现在不知乞食何方，真是一件很可感叹的事）。

第二天早晨，我率军进城，各地秩序还很混乱，军政分府没有组织，满清巡抚冯汝骙还留在抚署。我就提议召集各界来开会议，决定推荐协统吴介璋为都督。

吴协统，号复初，江苏无锡人，是一个很有道德的先生，曾任江西武备学堂的教官、兵备处训练处处长，部下都是他的学生。发难以后，军队方面当然都希望他任都督，但他自己却不允担任，因为巡抚还在省城，愿意让给冯汝骙，而汝骙虽还留在抚署内，也不肯担任都督名义，两方面已成僵局。我去了以后，他们举行欢迎会，我就在会场上说明组府的重要，而且觉得吴协统任都督，人地最宜。吴协统再三推辞，后来提出交换条件，要我留在南昌替他担任参赞重责。我勉强答应下来，才把这件事解决了。

吴协统允任都督以后，第一件事认为冯汝骙居留抚署，人心总不安定，要我去向他缴印，我就到抚台衙门去见冯汝骙。冯汝骙在满清大员中是一个比较长厚的人，我在督练公所任职的时候，每次有事，总是我去见他，所以我们很熟识。当时我见了他，很客气地请他主持大计。他再三说：年老无能。最后我说：你老人家既然不肯出来主持全局，也可以留居南昌从旁赞助，但是印信总须交出来，才免了军民的猜疑。他说：因恐事情发生，已把印信差人送京了。我知道他说这样的话，一定不愿交出，就说：印信既已送京，我很信任，但不能取信于一般军民。他就拿张纸，亲笔写着“印已送京，决无他虞，请各界安心”十三个字，下面署了名，

交给我。我请他盖章,他说:我亲笔写的字,决无问题,大家都是老朋友,务请原谅。我取了纸条出来,大家也就安心,军政府就在高等学堂组织起来……

我在南昌留住几天,因为九江方面事务待理,仍旧回到九江。那知道冯汝骙带了眷属先到九江,由军政分府派人监禁在孙廷林家里,等到我回浔,冯却已吞烟自尽了。

丘权政、杜春和编《辛亥革命史料选辑》下,湖南人民出版社1981年版,第52～55页

龚师曾《辛亥革命前后的回忆》:

次日,同盟会党人召集各界负责人在合同巷万寿宫商会开会,决定通电宣告江西独立。并推举吴介璋为江西都督,刘凤起为民政部长,雷恒为财政部长,李瑞清为文事部长。后因李瑞清由上海复电,不允就职,即以副部长熊育锡代理。

十一月一日,吴介璋正式宣布就都督职,派吴宗慈为都督府秘书长,夏之麒为参谋厅厅长,朱寿同为军务厅厅长,王禄之为总务厅厅长等。于是,清朝在江西的统治,遂完全被推翻。并以铁血十八星旗代替国旗,改纪元为四千六百〇九年。规定以青蓝布衣为礼服。废除了作揖、跪拜的封建礼节,剪掉了男子拖在身背的长辫子。

中国人民政治协商会议全国委员会文史资料委员会编《辛亥革命回忆录》第4集,中华书局1963年版,第331页

《宣统三年十月十五日冯迈等呈》:

伏维职父在赣三年,兴利除弊,劳怨不辞,整顿地方不遗余力。自武昌之变,职父率同司道密办省浔各防,并派兵于赣鄂交界处所严行堵截。讵布置甫就,而九江兵变,谣及省城。九月初八日省城谘议局及各团体遽开大会,职父即恐生变,莅会痛哭,劝谕勉强镇定。突于初十夜四更,四面火起,抚署被焚,内外响应,枪声不绝,全城尽挂白旗,袖缠白布。军界被其运动,合为一气。职父督饬卫队抵御,亦不用命。谘议局及各团体更番环伺,逼充伪都督,职父矢死拒绝。旋又开会强迫,逼索巡抚关防,职父匿之于身,告以业经送京呈缴。革党再四逼迫,强劫职母及职兄弟,意将逞用刑威。职母撞扑几死,与职父同声叱其以枪毕命。该党谓职父居官尚好,不忍戕害。惟因关防未经交出,派队送至九江监守不懈。十九日早,职父乘间私谕职等,谓吾以孑身当全城之变,初拟乘隙绕道广饶,抚驭各属,檄调旧有巡防兵队,力图规复。今被挟至此,初愿已虚,死有余愧。曾两次电陈,恐未上达。因密出关防授职等,泣曰:此孤臣所受于吾皇者,不似城非一手所能守,今不能赍缴待罪,尔等其谨护以进,勿为党人所得,辜我两旬死守之意。遂于是日巳刻,吞金自尽。职等受命呼号,不敢不苟延残喘,经历险阻,密赍关防北来,幸而无失。

军机处折包档。中国史学会主编《中国近代史资料丛刊·辛亥革命》(6),上海人民出版社1957年版,第395页

《一九一一年十一月七日有吉驻上海总领事致内田外务大臣电》:

据"大元"提供情报称:南昌于十月三十一日夜半,因五十三标及五十五标士兵响应革命,致全市落入革命军手中。冯巡抚只身逃遁,据闻后来被捕,现被押于九江。巡警队长等十余人被杀,市面平稳,我侨民俱无恙。

中国社会科学院近代史研究所、中华民国史研究室主编,邹念之编译《日本外交文书选译——关于辛亥革命》,中国社会科学出版社1980年版,第16～17页

△ 湖南长沙兵变,杀害正、副都督焦达峰、陈作新,举谭延闿为都督。

戴凤翔《我在辛亥革命前后的一段经历》:

湖南光复后,焦达峰、陈作新作了正副都督。都督府草创未定,一盘散沙。每日两都督室内拥挤不堪,谋事的、要钱的,杂乱无章,一般人都啧有烦言,授人以口实。当时湖南立宪派在社会上的声望较革命派为高,因革命党人的活动都是在一种秘密状态中进行的,不为外

人所知。但是立宪派却没有揽到职权,心有不甘,于是暗中酝酿推翻焦、陈。谭延闿(谘议局议长)、陈炳焕(副议长)、左学谦、粟戡时等都是当时立宪派的头面人物。

10月28日(农历九月初七),五十标营长梅馨、统带余钦翼等发一帖子给我,请我于29日午后5时到徐长兴饭馆吃饭。第二天到时同坐的有梅馨(营长)、余钦翼(统带)、危道丰(营长)、李致良(营长)、陈维城(参谋)、蒋国经(营长)、向瑞琮(炮队营长)等人,除我是陆大学生之外,其它人都是留学日本士官学校的学生。当时的风气,留学生趾高气扬,看内地学生不起,故除我以外,无一内地学生在座。席间,李致良说焦、陈乱用人,乱用钱,湖南会糟踏在他们手里,要想个办法才好。梅馨脱口而出道:"杀了这王八蛋不就得了。"其原因则是焦系会党,陈系排长,是他们的部下,根本就瞧焦、陈不起。如果这做都督的是个士官学生或者是我这样的陆大学生,他们不一定会反对,焦、陈就是资望不太够。当时我说,初一反正,祛逐余抚,一时没有预计,仓猝中推两个都督,这原是过渡的,也是个烂斗笠,可以叫他走,不必杀他。梅馨桌上拍一巴掌说:"你真是妇人之仁,若叫他走反倒留个后患,以后枝节横生。"李致良说:"杀了倒爽快。"我知道我是没有办法挽回的了,也就不再说话,只是暗暗忖度,报信给焦、陈,叫他们走算了。陈作新在罗汉庄教书时,我曾在他那里读过一年书,我们有师生之谊。

次日早饭后,我到都督府,陈作新已外出。只见焦都督室内围绕,喧闹不堪,我只好欷歔而返。

10月31日(农历九月初十),梅馨指使部下,制造"和丰公司纸币挤兑风潮",副都督陈作新"单骑巡视",结果走至北门铁佛寺,便被梅馨伏兵乱刀砍死。接着,梅馨又指挥吴家铨所部军队冲进都督府将焦达峰杀了。随后,谭延闿被推为都督。焦、陈之被杀,以我揣度,事前立宪派必与新军各营长有所妥协,有所预定,乃假手于梅馨耳。听说梅馨在上海得病,临死前有人问起焦、陈被杀事,梅馨说"当时直为人作猎狗耳",可能就是指此事而言。

田伏隆主编《辛亥革命在湖南》,岳麓书社2001年版,第165~167页

粟戡时《湖南反正追记》:

时武汉战争紧急,求援之电,日必数至,而湖南内部不宁,无法应付。盖焦达峰度量宽宏,虽部属向之发怒,亦微笑应之;间或被偏见所蒙,一闻谠言,立即改正。予闻九月初四日夜,焦之左右有主张对于参议院及在职人员大兴杀戮者,出一名单,约二三十人,予名亦在其内。先以言语激焦,果盛怒,大有必行之势;又有人言,我辈革命,必须网罗人才,共策进行,方可成就大事,今单上所列,皆为湖南知名之士,若被杀戮,何以收服人心,将来更有何人敢同我们革命者?此事决不可做。焦怒亦解。又忆某日,有以屠杀旗人以报满人入关惨杀之仇,藉没旗产,以充作军费为言者。焦极赞成,将予施行。予以昔日旗人,诚属有罪可杀,今日旗人,则属无罪,若杀之,于理论上殊欠文明;且于希望列国承认我们为交战团体上,恐有重大妨碍,非利益于革命前途之道,请再加斟酌。焦深然之,其议立寝。但因年少(时年二十五岁),初掌大权,识力经验,均有未足,会党既集,颇被包围。于是委杨任为西路安抚使,冯廉直为南路安抚使。新旧军人,以此种重大任务,既不用有功绩之人,又不用有才德之士,大不谓然,谓二人湘省素无功绩,非其所任,军心蠢动。于是谭院长乃偕同参议员黄翼球,及《大汉报》杨宗实(字华生,长沙人)等,往四城军队驻扎处演说,一时稍宁。陈作新则酷嗜饮酒,好大喜功,其始意但愿任一标统,率兵援鄂,与清兵战斗;及为副都督,并不争权。新军因不满于焦,九月初十日,遂造成北门外和丰火柴公司挤兑票据风潮。群议请陈率队前往弹压,予适至都督府,遇之,见陈身着新黄缎军服,问何往,陈以前往和丰弹压告,匆匆上马,率

队而去,及返至北门城外铁佛寺前,为新军所弑,新军遂奔赴都督府。予方自都督府归,遇于清泰街口,见其呼曰:"你们不要怕!我们替你们杀强盗,为湖南除害,与百姓无关系。"予不明所谓,归署,则众客围绕,忽闻枪声隆隆,弹落瓦上如雨,虽莫明其故,知必有变,不胜惊骇。正在派人探听,忽接曹耀材电话,请予速至都督府。比至府坪,见军队林立,谭议长正在旧仪门台上演说,但闻军队呼好之声。予因下杀其上,此例一开,乱将靡底,影响列国交战团体之承认,亦演说不可再有此类事项发生之理由。后闻新军至都督府,焦都督闻喧声,正出大堂巡视,遂被执,就抚坪照壁下弑之。死前兵士迭以刺刀乱戮其背,焦默无一言,殆真视死如归者矣!时谭延闿正在都督府,闻乱,窜至大厨房,拟由又一村遁归。而都督府内,人声鼎沸,众虑一时无主,亟商谭人凤(字石屏,邵阳人),速觅代人。谭以非组庵不可,急遣人追之。追者至司马桥,及之,拥赴军政府,推为都督。谭连揖告诸人:"无论派我何事,均不敢辞,只不能做都督。"谭人凤拔刀掷案上,厉声曰:"今日之事,你干就干;你不干,刀是现成的在这里!"谭无已,(视)[被]拥登台演说,声泪俱下,人心始定。

田伏隆主编《辛亥革命在湖南》,岳麓书社 2001 年版,第 126~127 页

《朱尔典爵士致格雷爵士函》:

长沙在宣布独立后的那一天,民党内部便出现了意见分歧,从而引起了人们对长沙的很大忧虑,特别是由于有许多坏分子很可能利用内讧时所出现的权力松弛的机会……31 日,由于军队杀害了都督和副都督,形势又变得严重起来。11 月 2 日,英王陛下领事报告说:由于预料到内部之间的战斗随时爆发,临时政府已要求将所有外国侨民撤至岛上。

胡滨译《英国蓝皮书有关辛亥革命资料选译》(上),中华书局 1984 年版,第 74~75 页

△ **袁世凯至信阳督师,并与荫昌接洽。荫昌随率全体幕僚返京。袁南下孝感以北之花园设司令部。**

丁士源《梅楞章京笔记》:

六日,冯动身赴前线,但只带幕僚两人。并上车向荫请示,可否给全线官兵三日假。荫谓恐有碍军纪,并冷却进攻之心,万一扰及地方,谁负其责。冯诺诺而退。冯车即开,即接袁电不日动身南下,问应在何处交接。荫复在信阳车上。忽接前线王遇甲电话请示,冯定八日接统全线,但今日又面令,从今日起放假三日。荫谓汝等可遵办,但切戒官兵入华街。并同时发一命令,未言给假三日事。但谓本司令部定十日早赴信阳,第一军总统官冯国璋,定八日早六时接统第一军全军。全线官兵,应确守军纪遵照。荫得王占元呈送俘虏四十余人,经丁士源派一等军法官周仲曾、二等军法官唐宝钟两员接收。并审得一名,确系革命党,遂下令枪毙。其余各人,发交孝感县递解回籍,交地方官严加管束。又接得滠口宪兵余晋龢送来已决钉镣之死囚一人,审得系盗劫襄阳并伤事主三命之盗犯,为黎元洪由武昌提法使监狱放出,派来作奸细者。丁亦即命枪决。与王占元所送审实之狱犯,各照章给埋敛费二十元。七日得前方电,吴凤岭接替王遇甲第四镇统制任,又由陈光远接吴凤岭任,王遇甲调充第一军参议。荫大臣笑而不言其他。八日孝感县率同城内绅士,并原任古州镇挂印总兵官丁槐,至站上车向荫大臣叩谢平乱之功,并叩送回京。十日早荫率全体幕僚开车,下午四时,至信阳。袁已停车在站相候。荫与袁接洽后,即命易参谋长,将全线各事与袁之参谋长陆锦接洽。并命丁副官长,将所管各事与段芝贵、倪志[嗣]冲两人接洽毕。荫车向北开,袁车向南开。但袁因孝感地方官绅与荫颇洽,故即在孝感以北之花园设司令部。荫车因接北京电,知石家庄车站,吴禄贞不稳。但荫只命过石家庄不停车而已,并无其他戒备。

九月十四日，陆军大臣行营司令处全部回至陆军部。丁士源以在站迎接者只陆军部人，遂驱车至军谘府，见军谘使良弼。良因有客，请丁少待。丁在良室门外大声曰：天下最要之事，系前线军情。我辈战胜而归，君等竟无一人到站，胡事理之不明如此。良遂出至室外，求丁见谅。丁悻悻回至陆军部，询陆军副大臣寿勋曰：何以部中吾等电报如斯之少。寿曰：吾等去电，甚少回电。丁曰：请命长秘书科长，将来往各电迅速觅来。时在侧之长秘书科长，乃立往持至。丁氏阅毕，始知行营所发各电，多有经洹上村加减。至少发电日期，亦被改窜。丁询恽秘书曰：君明了乎。寿副大臣曰：已往之事，不必再究。

丁士源《梅楞章京笔记》，文海出版社有限公司 1981 年版，第 57～59 页

△ **安庆新军起义，不克，败走。**

孙传瑗《安徽革命纪略》：

辛亥八月，革命军占领武汉，全国震动，长江上下游，形势岌岌。清皖抚朱家宝，一面电请江督，请张人骏迅派张勋所部江防营五营，开拔来皖，藉资镇慑；一面将常备军各标营枪械弹药，一律缴回存库，并分散其力量，调六十二标三营管带桂丹墀，立率所部，开赴英山驻防。城守之责，完全委之巡防营统领刘利贞，以丁未、戊申两役，杀戮党人，刘利贞最为出力也。是时党人在皖者，如吴旸谷、韩衍、管鹏等，鉴于丁未、戊申两役之失败，干部组织涣散，乃不得不变易方法，从运动巡防营及抚署卫队与新军联合，为入手办法。已届成熟，定期九月九日夜，内外联合起义，并推定讲武堂教官胡万泰为临时指挥，孙方瑜副之。孙方瑜时病危在床，胡万泰临事畏葸，而朱家宝所电调江防五营，已星夜驰至安庆，分驻东西城外，监视巡防营，将下令解散新军。于是驻扎集贤关之六十二标一营排长李乾瑜、正目葛瑞芝愤激发难，围攻标部不成，葛烈士瑞芝死之，遭解散。此辛亥九月十日事也。

《学风》第 4 卷第 6 期。张湘炳、蒋元卿、张子仪编《辛亥革命安徽资料汇编》，黄山书社 1990 年版，第 323 页

《一九一一年十一月五日铃木驻南京领事致内田外务大臣电》：

关于安庆新军叛乱情况，现在该地公干之吉原书记生来电报告如下：驻扎在安庆城北门外之三十二标标统，早有叛变计划，近因炮兵营士兵典当行李时发生些微口角，致使计划暴露。巡抚于十月三十一日欲缴收新军武器，并派江防营及巡防营到炮兵营附近戒备。但驻扎在北门外二十华里处之六十二标，其武器尚未及缴收。彼标遂于当晚八时许由标统顾某率领发动叛变，先与巡防营、江防营交战后，于当夜十一时左右向安庆城发起攻击，战斗历七小时之久，后为南京派来之巡防队击退。顾标统去向不明，全标于十一月一日凌晨六时许向北方败走。

中国社会科学院近代史研究所、中华民国史研究室主编，邹念之编译《日本外交文书选译——关于辛亥革命》，中国社会科学出版社1980年版，第16页

△ **宋教仁于是日及 11 月 2 日自武昌连续致函上海同盟会中部总会陈英士、杨谱笙等，告以武汉“战事吃紧”，“亟望各处响应”，希宁、皖尽速行动，以牵制清军。**

宋教仁《致陈英士等函》（1911 年 10 月 31 日）：

英、谱、训兄及诸同志鉴：弟于前日安抵鄂中。此间战事吃紧，亟望各处响应。闻上海所购子弹，未得成就，不知以后另有设法否？总乞力谋之。沪上及南京、皖北情形，均乞示知。长沙、九江、宜昌、岳州已确得，刻下惟北洋敌兵可虑耳。柏君已行否？皖北如动，亟宜出河南，以为牵制北兵之计，否则仅恃鄂兵与彼硬战，恐难支也。如有回示，请交（旁注：“由日本

邮局")汉口德租界华景街十四号竹迺家陈纯中君转交为幸。余不多言,敬候公安。弟渔顿首。九月十日。

陈旭麓主编《宋教仁集》上册,中华书局 1981 年版,第 364 页

宋教仁《致杨谱笙函》(1911 年 11 月 2 日):

谱笙吾兄鉴:前上二函,想均入览。子药一事,兹有高田商会藤富氏可为斡旋,务乞吾兄切实与商,期在必得,其物以三十年式口径六密里五为合式。所需之款,如有不足,请函知,即当寄上,若有成议运送之法,商之此君,亦可设计,均乞兄斟酌行之。此君由驻汉确实日友绍介,请放心接洽。余不多叙,敬候大安。

今日得电:云南、山西又克复。宁、皖不动,实不能对人,乞速行。

英、训二君及诸同志均此。

弟教仁顿首九月十二日。

陈旭麓主编《宋教仁集》上册,中华书局 1981 年版,第 367 页

10 月　鄂军都督府分檄各省,号召响应武昌起义。

《黎都督檄湖南文》:

满清入关而后,盘踞我神州,虔刘我汉族,扬州十日,历代亡国之惨,莫过于是。及其混一区宇,自以为君临天下,敲皮剥骨,任其恣肆,汉民无可谁何。三百年来,学士有倡新说,则曰大逆不道,舆论稍涉政权,则曰格杀勿论。财用不足,继之以卖官;卖官不足,继之以榷酤;榷酤犹不足,继之以卖矿;卖矿犹不足,继之以借款;国益以贫,民益以病。旋以酿成戊戌、庚子之乱,屈膝割地而不以为耻。至于时危势迫,始假维新以号召天下。然其学堂犹是科举也,立宪犹是专制也。括数百万民膏民脂赎回之铁路,犹强归国有也,胡虏其有心肝乎!然非我族类,其心必异,无足怪也。书曰:"抚我则后,虐我则仇。"即不待民族主义之昌明,已为天下所不容矣。嗟乎!汤武不作,谁与吊民以伐暴?秦皇汉武,兵威不振,谁与保种以图存?今幸天心厌乱,胡运已终,爰举义师,克复武汉,以为天下倡。夫鄂湘犬牙相错,于势则为比邻,于谊则属一家。地居上游,足以壮鄂之声援者,湘也。粟富敖仓,足以济鄂之粮糈者,湘也。呼吸灵而势若指臂,足以与鄂克复大业者,湘也。四川下矣,广东举矣,江南凯旋,又纷纷电告矣,而素所称开通之湖南,诚不解徘徊观望者何居?且湖南自曾左反戈相残,助贼为虐,污秽历史,为世界公论所不与,湘人士早引为大耻。谭嗣同、唐才常诸公倡始于前,陈天华、姚洪业、禹之谟、杨笃生接踵于后,或骈首受诛,或蹈海而死,义声震天地,皆不惜一身以救同胞,而洗从前之耻也。岳山之灵,湘水之秀,安可任异族鼾睡,而不还我汉族乎?湘士同胞,务宜激发义风,匡复汉业,以清三百余载之胡氛,是汉家土地,仍归汉人,炎帝子孙,仍保炎祚。檄到,望无眷恋仇雠,坐失机宜,以为天下笑。

中国史学会主编《中国近代史资料丛刊 · 辛亥革命》(6),上海人民出版社 1957 年版,第 166 ~ 167 页

《黎都督檄云南文》:

自满虏爱星阿提兵犯顺,永历被擒,金马碧鸡之乡,沦于异族。三桂图复,中路丧亡,继以世瑶,遭三路入滇之屠戮。呜呼华胄,言之痛心!三百年来,复受制于虏廷黑暗之下,犬马奴隶,竭膏饷以供。蠢尔类丑,庞然长我,谁无血气,甘此摧残。本都督笃念华宗,首义于鄂,白麾一指,皖宁湘豫,般然从风。而长淮以北,巴蜀以西,在指顾间。大局告成,光明净宇,天人协应,遐迩同情。卓尔南滇,地处偏隅,同属炎黄贵胄,缅维烈祖,遗我群黎,朱明不纲,致遭惨毒。葛藟无识,尚能庇其本根,负气含生,能勿自保族类。况外祸纷沓,属在遐方,满政

府早膈膜视之，署诸化外。东南三猛，西北八关，拱手授人，宁知顾惜。犹复饰鞭长莫及之谰言，滇缅滇越，甘卖路权，矿产商场，任其狐媚邻交，自填欲壑。彼都志士，亦有同心，群起而争，久为识者钦服。满政府肆行抑压，权不下移，专送友邦，勿与家奴，彼固持之有素，道之若常也。今天方授楚，殄彼胡儿，时大可为，机不可失。尚冀英雄奋起，戮力同仇，誓扫燕云，灭此朝食，与十八行省，兴大汉天声，返吾家故物，永立共和政体，俾同胞得平等自由。讵独云南一隅之福，中原皆共食无疆之庥，本都督实引领焉。檄到如律令！

中国史学会主编《中国近代史资料丛刊·辛亥革命》(6)，上海人民出版社1957年版，第258～259页

《鄂政府檄南京文》：

金陵自古帝王之州，山雄水秀，人才世出。六代以来，文化所萃，如一家然。华贵之子，类喜保其门第。故建虏入关，抗拒最力，遭屠戮亦最惨。若扬州，若嘉定，若江阴，伏尸百万，流血漂杵，汉族丧亡之一大纪念也。深耻奇辱，结于人心。故初年志士，不忍仕于其朝。逮乎中叶，洪杨起事，江南英杰，从者为多。事虽未成，亦可见人心之思汉矣。今虽年遥，遗闻在耳。倘一睹天王之故宫，满贼之防城，能勿触目而惊心乎！皇天悔祸，佑我下民，义军甫起，即定武昌。是诚天亡胡虏之秋，而宁人报复之日也。祖宗有灵，应诱深衷。想贵省东南奥区，财赋之薮，倘能戮力同心，共襄义举，是武昌增一强援，满贼多一劲敌；东南半壁，非复虏朝有矣。夫蒙垢于面，犹加洗涤；况镌耻于心，而可坐忘。呜呼！江山如画，风景不殊，愿我同胞念祖宗缔造艰难，观望失时之非计，夺[奋]然兴起，则九世之大仇可复，先代之声华不坠。我汉族对于贵省之感情，当何如也。愿吾同胞尚熟虑之。

中国史学会主编《中国近代史资料丛刊·辛亥革命》(7)，上海人民出版社1957年版，第70～71页

《鄂军政府檄安徽文》：

皖省当南北之冲，江、淮战争，常集于此，故多骠骁勇敢之士。前明之亡，义师屡起。洎乎近代，则有徐锡麟、熊成基其人，前仆后继，可见皖人之痛恨异族，食息梦寝，未或忘之。夫昔之举事，少难胜多，每为深恨。今武昌克复，近在接壤，又处上游，当全国之中心，地广兵精，可战可守。倘能念我汉族，同是炎、黄血胤，复仇起义，重为四万万同胞雪此大辱，不忍漠视其患难，相与左提右挈，靖此南陲，挥刀北指，事成之后，共建民主，永享治平，岂惟皖、鄂之幸福，抑亦我四万万人之幸福也。其或不顾，坐失事机，享他人之成功，此惟孱弱之民族有之，非所望于全皖之父老兄弟也。呜呼！阴霾既开，山川易色，倘祖宗有灵，应启导之。贵省同胞，纵不思所以对湖北，独不思所以对己之祖若宗乎？独不思所以对全皖之大好河山乎？时不可失，痛言难再，愿我同胞实图利之。

中国史学会主编《中国近代史资料丛刊·辛亥革命》(7)，上海人民出版社1957年版，第195～196页

《黎元洪檄山东文》：

东鲁开化最早，文明独先，山河钟毓，代生圣哲，民俗强悍，习于战斗。太公小白，先后用之以成霸业，光耀历史，彰彰在人耳目。降及明季，政失其纪，四方多故，三桂引贼入室，遂使黑水建夷，宰制我天下。贵省密迩燕云，首当其冲，屠戮之惨，剐刻之酷，无异嘉定扬州。遗闻匪遥，至今思之，犹令人心痛。呜呼！非我族类，其心必异。满清以毡毳遗孽，犬羊贱种，一旦临我华胄，心实内愧，故不惜极力摧残，以为长治久安之计。三百年来，暴令苛政，罄竹难书。至于今日，则蓄之愈险，出之愈刻，日日言筹备立宪，而专制实甚，日日言融化满汉，而防汉实深。乳臭黄口，则委之以兵权；行尸白发，则寄之以政柄。犹恐不足以制吾族死命也，于是横征苛敛，供其饕餮，卖路献矿，取怜外人。吾族起而与争，则曰民气嚣张，曰格杀勿论。嗟嗟！谁无天良，谁无廉耻，忍令锦绣山河，沦于夷狄，文明贵胤，降在舆台，而不思扫除胡

虏,以雪国耻乎!本都督心切思汉,义重复仇,白麾一举,武汉克复,湘粤宁赣,亦同时响应,东南半壁,得以重见天日。东邦为孔教发源之地,攘夷大义,服膺最久。曷勿及时奋兴,共襄大业,以绍炎黄之坠绪,而衍洙泗之真传乎。况满奴常挟宁赠友邦之术,故不惜弃我如遗。胶州之租,威海之割,奴隶之奴隶,谅我青兖泰岱诸同胞,当亦羞且痛也。复九世仇,春秋大之,趁此速举义旗,右我鄂军,西发临清,扼南北之咽喉;北出渤海,攻塘沽之险隘。水陆并进,直捣巢穴,复汉官之威仪,建共和之民国,我列祖在天之灵,实式凭之!嗟呼!陟泰山之巅,挥吾汉帜,决黄河之水,涤彼胡氛,东鲁同胞,应多俊杰,请尽先驱之义,勿贻后至之羞。此檄。

中国史学会主编《中国近代史资料丛刊·辛亥革命》(7),上海人民出版社 1957 年版,第 337 ~ 338 页

《鄂军政府檄河南文》:

豫州古称文明中区,三王以来,迭为都会,先祖先宗之典章文教,萃聚于兹。其人质直朴厚,有太古之风。自明之亡,每有会党揭竿起义。近今革命事发,人人视死如归。豫省民气,勇悍若斯,而大梁又为四战之地,京汉铁路,交轨于湖北,倘能与我同心协力,趁此时机,河南守其枢纽,湖北壮其声援,西则陕西,北则山西,东则山东、安徽,不难一鼓而应也。夫十八行省,谁非炎黄之子孙?汴豫开化尤早,想能忆先圣哲王之化。且地处中区,尤当知夷夏之大防。昔者陆浑寄居,伊民犹深戒惧,矧兹满奴,盗我国土,宰我人民,乱我冠裳,决非陆浑之比,而可坦然置之!嗟呼!同胞止于何所,试登嵩岳之顶,俯瞰黄河,履箕山颍水之乡,怀思古人,能勿惄焉心伤乎!所愿念先哲之遗化,思亡国之宿耻,右助湖北,共成义举,斯则我汉族万万世之幸也。不然,义军北发,必道出豫境,彼时款诚,不有后至之羞乎!愿我同胞,速定大计,勿贻后悔!

中国史学会主编《中国近代史资料丛刊·辛亥革命》(7),上海人民出版社 1957 年版,第 367 页

△ 同月,鄂军都督府颁布暂定饷章。军政府成立之初各职员仅支夫马费。

曹亚伯《武昌革命真史》:

诸同志都抱定爱国热忱,议定军官及各部一切办事人员,一律对于军政府尽义务,每月各职员仅支夫马费二十元,兵士每月支十元,头目十二元。

曹亚伯《武昌革命真史》中卷,中华书局 1930 年版,第 73 页

《军政府暂定饷章》:

军政府总司令、军务、参谋三部暨各属科、课办公人员以及各协、标、营统领、管带、参军、队官、执事、排长、司务长、管书生、正副目兵分别录下,计开:

统领官每月薪洋一百五十元,都督府顾问官、正副部长、总监查[察]等。

统带〈有〉每月薪洋一百元,都督府参议官、秘书官等。

管带官每月薪洋八十元,各部顾问、正副科长、总理参议官、书记官等。

参军官每月薪洋五十元,各本部调查员、各科副长、各科分局局长、各本部稽查及经理水陆事务员等。

队官每月薪洋四十元,各科科员、调查书记长、秘书记、司令处书记等。

执事官每月薪洋三十元,各部掌印官、都督府收掌处卫生检查员等。

排长每月薪洋二十五元,各料[科]庶务及办事员等。

司务长每月薪洋二十元,管书生等。

正目每月薪饷十二元,副目十一元,正副兵十元,其余敢死队及特别派遣不在此例。

《民立报》,1911 年 10 月 30 日。辛亥革命武昌起义纪念馆等编

《湖北军政府文献资料汇编》,武汉大学出版社1986年版,第55页

△ 同月，鄂军都督黎元洪应日本友人寺西秀武之请，发布文告保护乡贤杨守敬在武昌家中收藏保存的古籍。

宜都杨守敬惺吾甫自述《邻苏老人年谱》：

八月十九日事起，有劝远避者。然吾闻庚子北京之乱，出城者悉被抢劫，在城者犹多保全，吾书籍甚多，万不能迁出；况民军示文，秋毫不犯，遂坚持不出城主意。及二十一日，家人力劝逃避，乃使三儿率子女及长女母子等先出，而吾仍以镇静为宗旨。及是夕，有携枪三人入屋，声言借盘费，非二百元不可，其时吾孙先楙在侧，吾稍与辨论，则以枪向先楙以恐吓之，即与五十元，乃掷之地，又加五十元而去。于是阖家恐惧，皆劝吾行。次晨，即尽室以行，岗芝同行。而以家中书籍、衣物等件交付旧仆数人看守。及颠沛出城，回顾故长子妇邹氏及其子先棨、先楙等皆未出，门遂闭。时二儿住草湖门外别墅，不及通知，有熟识者乃告：二儿二十日已率其妻子下黄州矣。不得已，过江搭轮船赴上海。其时船上人拥挤不堪，无驻足处，三日夜未曾一瞥。及到上海，赴旧友甘君翰臣处暂息焉。翰臣乃为租于间壁屋居之，一切床、几、器具并衣褥皆假之。眷属先后至。又数日，得先棨、先楙由蕲水来信，知与其母邹氏于二十六日又出城，赴蕲水张家，以张姓为先棨妻家也。

天气渐寒，衣褥皆单，米珠薪桂，计必不能经久，乃着三儿赴鄂，仅略移出衣箱数口，怀夹得银元少许而出，其重要之书籍皆未及携出，而城闭。比到沪，乃知日本寺西秀武请于黎都督，已有保护吾家书籍告示粘贴门首，并加封条于室内。其示文云"照得文明各国，凡于本国之典章图籍，罔不极意保存，以为国家光荣。兹查有杨绅守敬藏古书数十万卷，凡我同胞均应竭力保护，如敢有意图损毁及盗窃者，一经查觉，立即拿问治罪。杨绅系笃学老成之士，同胞咸当爱敬，共尽保护之责，以存古籍而重乡贤"等语。

谢本仁主编《杨守敬集》第1册，湖北人民出版社1988年版，第25～26页

11月1日（九月十一日） 清军进攻汉口，纵火焚烧市区，三日不灭。清军暴行遭谴责。

曹亚伯《武昌革命真史》：

十一日晨，黄兴即往前线察看情形，拟向满军施行攻击。正与杨玺章等商议，选定进攻地点，准备下攻击命令。而满军已于午前六时由王家墩向民军攻击，炮火机关枪均极猛烈。民军利用堤防固守。满军渐渐接近，火力愈猛。民军亦令预备队向第一线增加。黄兴率敢死队督阵，不准后退，有退者即用刀斩决。民军即利用堤防竭力抵御。满军不敢接近，恐与民军冲突。

午前十时许，满军藉歆生路附近房屋掩护，多用机关枪。渐渐与民军右翼接近，用机关枪猛射。民军受伤过重，即向后退却。满军即乘机前进放火。将歆生路房屋焚烧，加以炮火乱射，使民军不能依托房屋掩护。于是民军右翼队伍节节后退。而民军正面及左翼队伍，见右翼火起，友军退却，亦藉抬伤兵往后陆续退却。黄兴在后阻止，并手刃数人。于是兵士等即往两翼潜退，俾免黄兴阻之。

至午后二时，民军前线队伍人数渐渐减少。黄兴无法维持，遂下命令使各部队退却至玉带门一带防御。满军则节节纵火烧民间房屋，烧一段则进一段。

午后五时许，民军渐渐后退，抵玉带门一带，利用后堤停止占领阵地防御。黄兴即气不能平，遂云汉口各部队均已打散，士气沮丧，万难复用。且各部队军官亦无指挥能力。汉口似不能保，拟固守汉阳。速请湘军来援，再图恢复。主意已定，一面令各队在玉带门一带防御，一面通知黎都督火速催湘军应援。黎都督又闻汉口军队后退，满军纵火烧屋，甚形惶恐，以为汉口不几日即成焦土。乃一面照会各领事警告满军，止其纵火，致令百姓遭劫；复一面

饬船政局准备小火轮多只,开往上游,迅速接湘军来鄂援助。

曹亚伯《武昌革命真史》中卷,中华书局1930年版,第179~180页

《武汉战纪初稿》:

是时,敌军虽占有夏口,而各街市尚有我散兵伏处,不敢遽入。间有一二队入街侦探者,因道路不熟,询及居民,而居民即指引行入绝巷中,反邀集我军于巷口堵击之。更有邀我军藏匿铺户窗下,俟敌兵过而从后击之者。敌军行于街市,常自惴惴,多无因倒毙,莫测弹之由来。因街市阻隘,不能进攻汉阳,故九月十一日敌军及地痞在汉口大肆焚烧,烟火连天,三日不灭。居民逃奔,抢地呼天,庄华市场,顿成瓦砾。目睹当时之天日无光、山川变色,其惨状有不忍言者。惟是汉口一矩[炬],损失虽大,而于共和之成立,有莫大之功。一因汉口居民五方杂处,经此一创,奔回原籍者,竭力鼓吹民军之文明,故各省之响应,如风从虎。一因我军自汉口之败,原有八协,除留省尚不足一标外,余均溃散殆尽,因有此三日大火,敌军不能进兵,而我可从容整顿,立复招募编制,完成八协,作汉阳之防御。设敌人无此耽延,一占领夏口,即进据汉阳,则武昌亦垂手而得矣。此亦天意所在,不关人事也。

《辛亥革命史丛刊》编辑组编《辛亥革命史丛刊》第3辑,中华书局1981年版,第139~140页

佚名《辛亥九月北军残毁汉口闻见录》:

北军之焚汉口也,始自歆生路一隅,实为九月八日。于时全镇犹无恙也。迨十一日,而全镇皆火矣。(铺户所存洋油,北军悉数取出,沿路用以纵火,全镇火头无数,有出而扑救者,北军辄以手枪恫喝之。)所存者,下惟花楼一带,上惟硚口一带,不及全镇十之一焉(此二处下路因与洋街近,不敢纵火。上路则欲留一作巢穴,故幸免于难)。

先是,清廷遣兵之时,谕诸将能收复汉口镇赏金钱二十万,复汉阳郡城赏四十万,若复省城则赏八十万(此北来将士面告仆等者)。然但命之恢复土地,未必遂教以残毁商民也。诸将贪重赏,乃争纵火焚烧以为功,呜呼酷矣。闻是役北军总司令官为汉阳易乃谦。易官陆军部参议,清廷派赴前敌,将以楚人制楚人也。易溺情爵禄,不敢违抗。军统冯国璋胁使发焚汉口之令,易不能顾桑梓之诣[请]以死力争,遂使锦绣之场,一旦化为灰烬。当时汉口之人,咸欲得易而甘心者。易自知不见容于桑梓,事后遽只身返北京,又使所亲携其家属赴青岛潜居,则其罪可胜诛哉。

抑其中又其故焉,汉口为通商大埠,平日势力,皆在商而不在绅,即此次南军起义,与北军交绥,商会总协理某某,皆一意逢迎南军,而不复以北军为意。迨北军骤胜,则皆匿迹远遁,惟恐见及。北军初来,尝三度致书于汉口商会,询访情形,嘱其答复。又尝遣标统某亲至商会,而商会竟无一人接洽。故北军怒,而效咸阳之一炬(其始但知湖北兵变,继见商会如此举动,则以为湖北居民亦皆变矣,故怒而纵火焉)。然则此祸,商会诸君亦不能逃其责也。

中国人民政治协商会议湖北省暨武汉市委员会等编《武昌起义档案资料选编》上卷,湖北人民出版社1981年版,第267~268页

汉口日本总领事馆1911年11月1日午后8时第19号情报:

汉口市区昨夜大火,始终未熄。由今日正午益加炽烈,市中心满春戏院附近,因此化为焦土。今晚火势仍极猛烈。盖因革命军坚守市区不退,官军迫不得已而实行火攻之故也。受灾市民扶老携幼,狼狈逃难,情形极惨。此时革命军尚未退出市区,仍据守市街房屋断墙窗口,巧妙地狙击官军,官军尚不易进入市街内。……冯称:为了驱逐顽强的敌人,除不惜将中国市区全部焚毁外,甚至或将不免要求各国租界内之外国人暂时全部退出也未可知云云。

中国科学院近代史研究所史料编译组编辑《近代史资料·辛亥革命资料》,1961年第1号,中华书局1961年版,第555页

《关于中国事件的函电：中国第一号(1912)》第79件：《朱尔典爵士致格雷爵士电》(1911年11月27日收到)：

在汉口英租界西边的中国住宅区内，战斗于10月30日重新开始。清军在驱逐起义军后，进入了汉口城，并纵火焚烧。自那一天以来，虽然汉口城仍在焚烧中，而且汉阳也有大火，但除了11月1日对汉阳进行一些无目的的炮击之外，清军很少做其他的事情。

胡滨译《英国蓝皮书有关辛亥革命资料选译》(上)，中华书局1984年版，第74页

《宣统三年九月十四日御史吴纬炳奏折》：

掌京畿道监察御史臣吴纬炳跪奏，为请旨饬令征鄂各军严申纪律，以安商民而维人心，恭折仰祈圣鉴事：

窃闻近日上海预备立宪公会有电致京师各团体，谓汉口华界于八月二十至九月初八等日虽陷入革党之手，而商民之生命财产尚无损失。及初九日军官(按当作官军)克复汉口，则于无辜良民，颇多杀戮，且于张美之巷起至安徽会馆止，通衢数里，焚掠殆遍。因之东南民情大为愤激。又闻湖北京官近日所得家信，亦云官军在孝感一带时有骚扰。则上海立宪公会电述各节，或不尽无据。又闻在京西人劝告外务部，谓官军在汉口杀戮妇孺，不合公理。伏思此次武汉事起，迭奉明诏，凡胁从之徒一概赦其既往。朝廷宽大之恩与不得已而用兵之意，为天下所共喻。若军队于战斗之际波及无辜，杀戮焚掠，扰害商民，实足涣天下之人心，而失朝廷之信用。可否仰恳天恩，明降谕旨，饬令前敌军人，除负固抗拒之匪党外，不得妄戮一人，并严禁焚掠。违者，以军法从事。至此次汉口商民，闻已受损甚巨，拟恳赏给内帑银两若干，发交汉口商会妥为抚恤，以广皇仁。

臣为保卫商民，维系人心起见，谨恭折具陈，是否有当，伏乞皇上圣鉴训示。谨奏。

《宣统三年九月十五日资政院总裁李家驹等奏折》：

资政院总裁内阁法制院院使臣李家驹等跪奏，为汉口官军惨杀人民，全国痛愤，拟请颁发内帑赔偿汉口人民损失，并将残酷官军按律治罪；一面饬即停战以救大局，恭折仰祈圣鉴事：

九月十三日恭读上谕，将臣院所拟宪法重要信条一律照准，择期誓庙宣布。钦感莫名。乃者，九月十一日臣院开会，与总协理大臣协商，请明降谕旨，表示朝廷不欲以兵力平乱之意。一面由臣院电达各省谘议局，宣布德意，以挽人心。不意，十三日接南省各团体电称，汉口并附近一带地方，官军恣意残杀，惨及妇孺，焚烧街市，绵亘十余里，奸淫掳掠，无所不至。人心愤激，达于极点。皆以九月初九日朝廷方罪己颁赦，与民更始。而官军之残酷乃又甚于前。此次人民生命财产损失至巨，拟请朝廷颁发内帑，交由汉口市民公举正人，查明情节，分别赔偿，以谢天下。并饬袁世凯查明残酷军官，按律治罪。一面明降谕旨，严饬前军，即日休战。不胜涕泣待命之至。伏乞皇上圣鉴训示。谨奏。

资政院总裁内阁法制院院使臣李家驹、资政院副总裁理藩部左侍郎臣达寿

《宣统三年九月十五日开缺内阁总理协理大臣寄内阁总理大臣袁世凯上谕》：

开缺内阁总理大臣开缺内阁协理大臣字寄内阁总理大臣袁。宣统三年九月十五日奉上谕：资政院奏，汉口官军惨杀人民，请赔偿汉口人民损失，并将残酷军官按律治罪，一面饬即停战一折。据称接南省电称，汉口并附近一带地方，官军恣意残杀，惨及妇孺，焚烧街市绵亘十余里，奸淫掳掠无所不至等语。若如所奏情形，实属惨无人理，亟宜查明惩办。著袁世凯按照所奏各节，迅速确查，按律治罪。并著详查人民损失财产，由国家一律赔偿。昨据该大臣奏，前敌各军已令停进，应即与军士休息。仍将劝谕解散如何情形，随时电奏。原折著钞

给阅看。将此电谕知之。钦此。遵旨寄信前来。臣奕、臣那、臣徐。

中国史学会主编《中国近代史资料丛刊·辛亥革命》(5),上海人民出版社1957年版,第338~340页

△ **清廷准内阁总理大臣奕劻辞职,以袁世凯继任。著其即行来京组阁。同时谕令所有派赴湖北陆海各军及长江水师,仍归袁世凯节制调遣。**

《宣统政纪》:

谕内阁,庆亲王奕劻等奏:奉职无状,请立予罢斥。载泽等奏:国务重要,请另简贤能,以符宪政,而资治理。邹嘉来等奏:时局艰危,政务重要,请准辞职,以定国是,而正人心各一摺。所奏甚是,均著照所请。庆亲王奕劻,开去内阁总理大臣。大学士那桐、徐世昌,开去协理大臣。镇国公载泽、邹嘉来等,均各开去国务大臣。袁世凯著授为内阁总理大臣。该大臣现已前赴湖北督师,著将应办各事,略为布置,即行来京组织完全内阁,迅即筹画改良政治一切事宜。袁世凯未到京以前,此数日间仍著庆亲王奕劻等,照旧任事。内阁组织未成以前,并仍著载泽等、邹嘉来等照常办事,均不得少有诿卸。

沈云龙主编《近代中国史料丛刊·宣统政纪》第63卷,文海出版社有限公司1989年版,第1~2页

《宣统政纪》:

又谕:袁世凯现授为内阁总理大臣。所有派赴湖北陆海各军及长江水师,仍归袁世凯节制调遣。

沈云龙主编《近代中国史料丛刊·宣统政纪》第63卷,文海出版社有限公司1989年版,第2页

张国淦《辛亥革命史料》:

据华世奎告余:"八月十九日武昌新军起事,二十一日,命荫昌督师赴鄂剿办,二十三日,起用袁世凯为湖广总督,督办剿抚事宜,相距仅二日,荫昌督师,在当时已有点勉强,荫虽是德国陆军学生,未曾经过战役,受命后编调军队,颇觉运掉为难。其实此项军队,均是北洋旧部,人人心目中只知有我们袁宫保,庆、那、徐等素党袁,武昌事起,举朝皇皇,庆等连日已私电致袁,并派员至彰德秘密商议大计,信使络驿[绎],他们本无应变之才,都认为非袁不能平定,且是袁出山一绝好机会。乃于二十三日,由庆提议起用袁,那、徐附和之,摄政不语片刻,庆言:此种非常局面,本人年老,绝对不能承当,袁有气魄,北洋军队,都是他一手编练,若令其赴鄂剿办,必操胜算,否则畏葸迁延,不堪设想,且东交民巷亦盛传非袁不能收拾,故本人如此主张。泽公等初颇反对,鉴于大势如此,后亦不甚坚持。摄政言:你能担保没有别的问题吗?庆言:这个不消说的。摄政蹙眉言:你们既这样主张,姑且照你们的办。又对庆等说:但是你们不能卸责。于是发表袁湖广总督。在庆、袁秘密接洽时,袁曾言非纯全用兵力所能戡定,当一面主剿,一面主抚,故二十三日有督办剿抚事宜之谕,二十八日有宣布德意妥为抚辑之谕,九月初八日,召荫昌还,授袁钦差大臣节制诸军。同日,袁电奏起程日期,到汉五日,十一日即授袁内阁总理大臣,自此军政大权,全操诸袁一人之手"云云。

张国淦《辛亥革命史料》,龙门联合书局1958年版,第108页

陈夔龙《梦蕉亭杂记》:

项城赋闲已久,乘机思动。其门生故旧遍于京津等处,不恤捐集巨款输之亲贵,图谋再起。监国以彼从前废斥,其咎非轻,不敢贸然起用。该党以监国素重视余,谓得北洋一保,必生效力。某君夤夜来谒,极为关说。余严词拒之。谓项城前系一品大员,此时起用与否,朝廷自有权衡;不宜由疆臣奏保,致涉植党之嫌。倘贸然上疏强令出山,不特无以尊朝廷,亦非

所以厚爱项城也。其人嗒然而去,复运动连疆某督某抚,即时电保。谓非任用项城不能收拾危局。监国惑之,未能一意坚持。项城一出,而清社遂屋矣。当其奉命督师也,徘徊于豫楚之间,不肯直入鄂境。卒以夤缘组阁,遄回京师,大权独握,修前日之怨,力排监国去之,政由己出,东朝但司用玺而已。

国家清史编纂委员会文献丛刊《辛亥革命史资料新编》第1卷,湖北人民出版社2006年版,第315页

△ **清廷谕令,以陆军大臣荫昌代载涛为军谘大臣;前两江总督魏光焘为湖广总督,迅即赴任,毋庸陛见。**

《宣统政纪》:

准军谘大臣载涛开缺,以陆军大臣荫昌为军谘大臣,仍暂管陆军大臣事务。

沈云龙主编《近代中国史料丛刊·宣统政纪》第63卷,文海出版社有限公司1989年版,第5页

《宣统政纪》:

命前两江总督魏光焘为湖广总督,迅即赴任,毋庸来京陛见。

沈云龙主编《近代中国史料丛刊·宣统政纪》第63卷,文海出版社有限公司1989年版,第5页

△ **鄂军都督府扩充步兵两协(第七协、第八协)及先锋队一协,以邓玉麟、罗洪升、王国栋为统领。**

曹亚伯《武昌革命真史》:

是日孙武、张振武、蒋翊武等,因黄兴既来,而湘军又来援,以为大事成功,各欲扩充实力,于是又扩充步兵两协,及先锋队一协,以邓玉麟、罗洪升、王国栋为协统。

曹亚伯《武昌革命真史》中卷,中华书局1930年版,第182页

△ **清海军海琛、海容、海筹三大舰自汉口驶九江,响应革命军。**

张国淦《辛亥革命史料》:

九月十一日,海军琛、容、筹三舰暨各舰艇,自汉口驶九江,归附民军。

其时,海琛舰员张怿伯与驾驶二副杨庆贞等,海容正电官金琢章等,海筹正电官何渭生等,早思乘时而起。以舰禁往来,意志难达。何渭生因临时编订英文密电码十二种,于是三舰音问无阻滞,且可秘密通讯。驻汉三舰,海琛舰长喜昌、海容舰长吉升乃满人,海筹舰长黄钟瑛为汉人。青山战后,义举运动更力,张怿伯本为主谋,海琛有签名单,海筹由何渭生要说黄钟瑛,黄既默许,莫不签名。由是舰与舰相要结。九月十一日海琛、海筹、海容及江贞、飞鹰等舰,皆自动离阳逻下驶。当离阳逻前夕落旗时,海琛士官阳明取龙旗投之江。越晨即以管旗头目密制之巨幅白旗于离逻十里后悬于舰尾。余舰继之。海琛、海容两满人舰长,亦知大势已去,令副舰长代理,避匿舱中不敢出,全军举义,实自此始。

当时海军事前与陆军未有密约。各舰行抵九江,适林森、吴铁城驻浔,即登舰晤海琛代舰长林永谟,始有接洽。适海容抵浔,次日水急移锚,金鸡坡炮台司令戈克安(原任海容三车),发炮射击,旋炮击稍停,林永谟偕张怿伯乘小轮登岸,至招商局,以举义文卷与林森及李烈钧阅看,张宴达旦,至是猜疑尽释。

九江军政分府马都督毓宝致黎都督电云:"本日(九月十一日)午刻十点,有海筹、海琛、海容三战舰到浔,据各船主云,系因水涸,奉萨统制谕命驶东下,并云:萨统制与都督已有接洽。该船通竖白旗并向浔军政分府请领国旗。惟窥其意,尚欲下驶,现在南京尚未克复,该

舰仍想东下,不可不防,现已由浔将三舰扣留,暂不准下驶。究应如何处置,及该舰需用煤米等,可否由浔供给,敢乞迅示遵行,浔军政分府叩。”

马都督又电云:“三海舰已悬民国军旗,炮门及紧要机关,业经拆卸收藏,满籍人员均护送往沪。”

黎都督得报,即电马都督派员优待萨镇冰,而萨乘江贞舰下驶,已由黄石港换乘渔船至九江英领署,借宿一夕,翌日乔作商人赴沪。

张国淦《辛亥革命史料》,龙门联合书局1958年版,第189~190页

杨庆贞《海琛、海容、海筹三舰参与光复经过》:

辛亥年,我在海琛巡洋舰任驾驶副。阴历八月中旬,海琛由大沽口开到烟台,停未数日,即得海军部八月十八日急电,嘱火速南下,救援武昌。我舰于接电之翌日开往上海,耽搁两天,添煤及购买料件等,一切准备就绪。在开赴武昌之前,海军长江舰队统领沈寿堃亦奉令来舰,督率前往。沿途经过镇江、南京、芜湖、安庆,岸上毫无动静。到了九江时,听见岸上人声嘈杂,旋放鞭炮,继以枪声数响,我舰径行上驶,未加过问。追至阳逻,海容、海筹、江贞、楚豫等舰均先在此停泊,我舰因亦下锚。当时海军二等提督、舰队统制萨镇冰在海容统率指挥,湖广总督瑞澂逃登楚豫军舰上已有一星期之久。沈寿堃率我舰舰长荣续前往海容拜会萨镇冰,并请指示机宜。

革命军在武昌起义后,闻在青山附近地方安装车炮,截击由汉口开来的小火轮,以断我等与汉口方面的联系。翌晨八时,萨镇冰率海容、海琛、海筹三舰开往青山侦察究竟。到青山时,江面空无所有,停泊至下午六时,未见岸上有何动静,遂折返阳逻。次日上午八时,萨镇冰仍率原舰三艘开至青山下锚,并嘱各舰注视岸上敌情。当天下午四时左右,有小火轮一艘由汉口开来,甫过青山,即遭革命军的炮击。萨镇冰用旗号指挥各舰开炮,向岸上出烟处射击。起先岸上出烟不过一二处,后来越打越多,竟至八九处。岸上所有的炮都集中向我们三舰发射,互射约一个小时之久,才渐行停止。当晚,我们三舰即留在青山,不再驶回阳逻,并派三舰的小火轮轮流值夜。第三天早晨五时半左右,革命军方面首先开炮向海容射击,萨镇冰令各舰回击,历时一点多钟即告停止。萨镇冰以战事不是短时间内所能解决,即令江贞军舰驻在阳逻,代收各舰邮件并购办菜蔬,每日由各舰小火轮轮流往返青山、阳逻之间一趟。第四天下午二时,海容先开炮射击,革命军亦以炮还击,各舰均先后发炮,不及一小时,又复停止。两日之后,得楚豫报告,已送瑞澂到上海。

数日之后,有小火轮一艘由汉口开来,靠在海容舰边甚久始去。小轮去后,萨镇冰立即召集各舰长会议,说明汉口方面北军预备攻打汉阳,要我们海军协同作战。他又说,现在江水日退,汉阳方面水深几何,尚不知道,并出示英国海军三等提督来信,似有不欲我攻打汉阳之意。萨意甚犹豫,因此会议亦无结果。翌日下午一时,萨镇冰令各舰各派舢板一艘,由海容小火轮拖带向汉阳方面上驶,并派其副官余振兴在轮上指挥。驶近汉阳时,由小火轮先向汉阳开炮,然后解绳转舵,驶回本舰。各舢板亦向汉阳开排枪之后,各行转舵下驶。所谓帮助陆军作战,情况不过如此。

连日青山方面,革命军并无动静。我们寄锚于此既已有日,又不能上岸打听消息,舰上官兵的心情颇觉沉闷。忽闻看更兵报告,又有一艘小轮驶靠海容,不久由海容通知各舰,派员前往抄取号令,内容是清政府授袁世凯为内阁总理,组织内阁。我们舰长荣续即令书记将全文公布,大家情绪较为安定。此为阴历九月中旬之事。

阴历九月下旬某日,萨镇冰邀各舰舰长至海容谈话,略谓:“本人有病,必须赴沪就医,统

领沈寿堃亦同去沪，此间各舰舰长以海筹舰长黄钟瑛资格最深，堪为队长。从明日起即将我之提督旗落下，由海筹升队长旗行之。”次日即由海筹升队长旗，并预备小火轮一艘恭送萨、沈二人离舰赴沪。

萨镇冰离开舰队的原因，我以地位关系，无从得悉。但根据当时目击的事实，也可以略知大概情况。我们海军在青山炮击只有三次，每次不过一小时左右。陆军要求帮助反攻汉阳，亦只派去一只小轮和几艘舢板略助声势，即解绳转舵驶回原舰。后来读英国政府刊布中国革命蓝皮书，才知道英使朱尔典致英外部葛垒电文中有云：“水师提督萨镇冰所统之舰队，自始至今，对于清军行为殊为淡漠。”所述确是事实。

当萨镇冰离舰时，曾出示英国海军三等提督来信，谓外交团方面似有不欲我们攻打汉阳之语。英使朱尔典有电致英国水师提督温思乐云：“各公使以汉口各领事之请，致紧急陈词于清政府，以期转饬奉命前往图复武昌之萨提督于进攻时，免致毁及租界。……吾等在汉口之利益，自应竭力保护。且本大臣深信除贵提督外，无人能使萨提督易于悦服。一因萨提督早年于英之水师有密切关系；一因萨提督对贵提督素深敬爱。因此之故，拟请贵提督移驻适宜之处，以期于租界危急之时，得以进言于萨提督。”

根据上面事实，可以印证，首先萨镇冰自始对清政府令其救援武昌，即采取敷衍态度。其次，他对于外交团的要求，不能不有所顾忌；英水师提督温思乐的私人关系，亦不无影响。萨镇冰向来不走极端，既不肯为清廷效力，又不肯公然易帜参加革命，故只有称病赴沪就医，率沈寿堃同行。实际上他亦明知人心倾向革命，大势所迫，不能不自引退。

萨、沈离舰后，我们海琛先行集中意见，以备队长参考：一、决定将龙旗先行拉下，等待国徽；二、我们荣续舰长是旗人，但平日为人和蔼可亲，大家相处关系很好，仍旧令其供职。

两日之后，队长黄钟瑛以此间联络不便，遂率舰队开赴九江。九江都督马毓宝派人前来欢迎，并设宴款〈招〉待。黄队长将来意说明，并请代电武昌黎都督请示行止及颁发国徽，以便悬挂。翌晨五时左右，九江炮台以海容形迹可疑，先发两炮以示警戒。马都督旋派参谋长李烈钧到海筹晤黄队长，商量将各舰炮闩暂行脱下，以免意外。黄队长当告以：“舰队来意是参加革命，卸去炮闩还有什么作用？”最后黄队长以两位舰长和一位副舰长都是满人（海容管带喜昌，帮带吉升，海琛管带荣续），不免予人以可疑之处，亟应劝其暂行告退，以免引起误会；要求给予护照，以保途中安全，并送一些川资，以壮行色。李烈钧去后，黄队长即以此意向大家说明，荣续慨然从命，即日离舰。忽闻看更兵报告海容有人跳水，随即查明是海容副长吉升。荣续既去，海琛舰长一缺以副舰长林永谟推升，枪炮副郑石兰升充副舰长。

旋得武昌革命军方面来电，令舰队仍须上驶，帮助陆军收复汉口。黄队长即率舰队开赴青山下锚，观察汉口北军行动。到青山之次日，武昌方面即派参谋一人随带军用地图，乘小轮靠海筹传达命令，命令内容大意是：北军南下，必须经过第一、第二两道铁桥，进驻汉口美国洋油厂，黎都督要我们把这些东西毁掉等语。黄队长将命令通告全军，并指定由海容、海筹、海琛三舰每日轮流前往轰击。历时一星期之久，第一道铁桥已经破坏，洋油厂亦火光熊熊，正在燃烧；第二道铁桥因距离较远，情况不明。

数日之后，小火轮又来报告，称南北各派代表在上海议和，前线暂行停战。黄队长以此时江水急退，急欲下驶，除派江贞军舰开往武昌，以备黎都督遣用外，即率海容、海筹、海琛东下，在高昌庙下锚，以便进坞稍加修理，听候北伐。不久南京临时政府成立，任命黄队长钟瑛为海军部长，汤芗铭为次长。海筹舰长一缺由飞鹰舰长林颂庄升任。阴历十二月中旬，黄部长以袁世凯诡计多端，和议前途未可乐观，由次长汤芗铭率海容、海筹、海琛及南琛四舰北上。这时烟台已经独立,驻防烟台之海军舞凤军舰舰长王传炯为烟台都督,我们开赴烟台,亦可壮其声势。嗣后停泊烟台,直到南北和议告成。

中国人民政治协商会议全国委员会文史资料委员会编《辛亥革命回忆录》第6集,文史资料出版社1982年版,第99～103页

△ 清军第二十镇统制张绍曾自滦州电奏清廷,主张迅速成立责任内阁。

《张绍曾奏电》:

顷奉初九日上谕,仰见朝廷实行立宪,以与天下更始,天语皇皇,三军感泣。从此定国事而靖乱源,保皇室之尊严,拯民生于涂炭,实我大清帝国无穷之福也。抑臣等更有请者,亲贵内阁,已允解散,然又云一俟事机稍定,简贤得人,方不再用亲贵。夫内阁一日不成立,即内乱一日不平息,如谓必俟事机稍定,则人心已去,天下瓦解,稍定果在何时?且臣等原奏内阁大臣必由民选,简贤得人,不烦朝廷廑念。上谕又云:著溥伦等敬遵钦定宪法大纲,迅将宪法条件拟齐。窃绎宪法首标君上大权,以立法司法行政三者概归君上大权作用,与臣等所奏政纲适成反对,敬恳收回成命,取销宪法大纲,由议院制定,以符臣等原奏,庶足以收涣散之人心,而固邦本。臣等实为救国,非敢要君,荷戈西望,不胜惶恐待命之至!

杜春和编选《辛亥滦州兵谏函电选》,中国社会科学院近代史研究所近代史资料编辑部编《近代史资料》,总91号,中国社会科学出版社1997年版,第59页

张国淦《辛亥革命史料》:

十一日,张绍曾又电奏,请组织完全内阁,由议院制定宪法。

清政府官报　十二日谕:"第二十镇统制张绍曾等电奏:奉初九日上谕,仰见朝廷实行立宪,以与天下更始,三军感泣,惟内阁一日不成立,即内乱一日不平息,并宪法由议院制定等语。系为维皇室靖乱源起见。览奏具见爱国之诚,实深嘉许,内阁总协理大臣及各国务大臣,昨已具奏辞职,均经降旨允准,并另简袁世凯为内阁总理大臣,组织完全内阁。所有大清帝国宪法,均著交资政院起草,奏请裁夺施行,用示朝廷好恶同民、大公无私之至意。"

张国淦《辛亥革命史料》,龙门联合书局1958年版,第199页

11月2日(九月十二日)　革命军失守汉口,退守武昌、汉阳。

曹亚伯《武昌革命真史》:

十二日晨,黄兴即命汉口各队仍在后堤至玉带门一带防御。又派查光佛,通知甘绩熙、杨传连、伍正林防御张美之巷附近。

是日午前七时,清军在歆生路刘家花园一带,专用炮队射击,并以炮队向汉阳兵工厂及武昌都督府射击,故意扰乱。一面仍在汉口市街节节纵火延烧。是日午后一时,清军派一部步队与机关枪由王家墩附近,绕至玉带门以北,向民军左翼攻击。行至距玉带门六七百米达之地,民军预备队及敢死队潜绕清军右侧散开,向清军侧击,旋吹冲锋号。于是黄兴命各队齐出向敌冲锋。清军系一小部队,即往后速退。民军向之追击。清军复以炮火向民军追击队猛射。民军仍退回原阵地防御。

是日汉口市民陆续搬迁,民船雇尽。唯火头随风所扇,愈焚益烈。至晚间市民渐渐迁尽。于是民军与清军彼此均以火为界,各守防御线,专用炮战。

是日午后六时,黄兴即命各队仍占领原阵地防御待援。如万不获已,即渐渐退至汉阳,沿襄河一带防御。

曹亚伯《武昌革命真史》中卷,中华书局1930年版,第208～209页

《武昌首义后清方电报补抄》(十二):

军谘府、内阁、陆军部钧鉴:

果密。此次克复汉口,所有十一日以前情况,业经电请鄂督袁代奏。自十二日至十五日,革党仍坚守武昌、汉阳沿江一带,均有枪炮射击,并有敌船数小艘偷渡。我军捍御甚力,未得过江。又,汉口、武昌上游平滩口、蔡甸子一带,亦有敌队。我军现与对峙,时作小战,警备亦綦严密。因连日兵到过劳,不得不稍为休息,一面看其动静,再为筹画进攻。〈如〉武昌东青山地面,有敌炮对刘家庙射击,有守备队严加防堵。

再,汉口市面,所放所击之火,焚烧甚巨,现已扑灭,并督饬地方各商民设法安置。惟地面甫经克复,闾阎骤难安谧。现已出示抚慰。所奉上谕,刻下宣布。余容再陈。国璋。咸。印。

中国人民政治协商会议湖北省暨武汉市委员会等编《武昌起义档案资料选编》上卷,湖北人民出版社1981年版,第236页

△ **是日晚,鄂军都督府召开紧急会议,黄兴报告汉口军情。黄兴被举为战时总司令,择定明日行拜总司令礼。**

曹亚伯《武昌革命真史》:

是日午后六时,黄兴即命各队仍占领原阵地防御待援。如万不获已,即渐渐退至汉阳,沿襄河一带防御。黄兴吩咐后,即令宋锡全到汉维持。黄兴即返武昌,与黎都督会商以后湘军来时应敌之策。于是军政府即召集紧急会议。大众集合时,黄兴即主席宣言。特略述之于左:

一、兄弟前日来鄂,即往汉口督队,意欲反攻,恢复汉口。不料各队新兵最多,秩序不整,颇难指挥。

二、军官程度太低,均不上前指挥。至战时因与兵士穿一样服装,辨别不清,亦极复杂。

三、各队战斗日久,伤亡过多。官与兵均已疲劳太甚,毫无勇气。且一闻机关枪声,即往后退。

四、兵士中在武汉附近所招者甚多,一到夜间,即潜回其家,以致战斗员减少。各军官因仓卒招募,亦无从查实。

五、民军军火,全在步枪,无机关枪。一与敌接近,即较敌人损伤较重。民军炮队,又系山炮。子弹射出,又不开花。且射出距离太近,不及满军管退炮效力之远。

六、查满军俱系北洋久经训练之兵,秩序可观,亦善射击,唯冲锋时不及民军灵敏。故每闻民军冲锋喝杀声,即往后退。此民气之盛,可恃者仅此耳。

由此以观,汉口若无湘军来援,恐难保守。依兄弟之意,俟湘军到后,再图恢复可也。

是时大众闻黄兴之言,颇以为然。于是大众望湘军之来甚急。一面准备固守汉阳,及武昌根本。同时大众又商议分电各省已响应者,均派兵来鄂援应。未响应者仍促其响应。少顷,居正、田桐即邀请一般同志复开秘密会议。由居正提议,拟公推黄兴为湖北湖南大都督。其中有一般同盟会同志极力附和。其时吴兆麟即说明当时情形,万不可发表,以启纷争。又云黎元洪虽非同志,但在湖北军界资深望重。此次大众公举其为都督,并非黎之本愿。且起义时大众说他浑厚。外人均依其名义,认民军为交战团。各省陆续响应,群来电推崇,颇表敬仰。若一旦将其推倒,中外必生疑团,视我辈有争权之嫌,不顾大局。此不可者一也。黄廑午(黄兴旧号)为革命巨子,海内皆知。此次来鄂,大众皆为爱戴。如趁此在湖北立功,将

来达到革命成功目的，再由同志公举为全国首领，前途远大，天下归心。区区都督虚名，又何足计较。此不可者二也。前日黄廑午抵鄂时，已由大众公推为总司令，由黎都督命令发表，是黄已在黎下。忽以大都督名义节制黎都督，在黎原无可如何，如有人代鸣不平，岂不立起内争。此不可者三也。若黄之大都督发表后，黎如辞职，届时各省及外国人群来质问，我辈如何答复。即云我辈公意，当此军书旁午之际，致令主将辞职，授敌以隙，各方必疑我辈不能容物，好恶偏狭。此不可者四也。进而言之，湖北军人中同志，此次倡义，自拥黎登场后，对黎绝对服从，以表示一德一心，只知杀敌，不问权利，因与黎发生好感。若一旦更换都督，大众顿生疑虑，必不安心。且与黎接近之人，藉此挑拨恶感，顷刻即发生危害，反令黄廑午面子不好。此不可者五也。目下大敌在前，清军时派间谍侦察民军缺点，并图煽惑军心。因民军举动文明，民心又协力一致，清军无隙可乘。如民军内部发生变化，是与敌以隙，自取败亡。回忆洪杨之在南京，奄有天下，仅北京一隅，为满清所据。当时洪杨势力不可谓不雄厚，人才亦不可谓不众多。卒因权利之私，自相残害，以致功败垂成。清廷喜之，遂云要知清朝江山稳，除非贼杀贼。此语成为汉族遗恨。我辈同志，此时应以洪杨之败为戒。此不可者六也。总之，此时急宜团结军心，维持现状，不可更张以生内乱。我非反对黄廑午之为大都督，实情势有所不许也。望大家同志务以大局为重，谨慎从事为幸云云。吴兆麟将以上情形解释后，其中有与黄接近之激烈分子杨王鹏等，不以为然。谓江西革命军始以吴介璋为都督，继以马毓宝，亦未见中外人质问，与其内部反对，且湖北反去电欢迎。况我辈公举黄廑午为大都督，于黎之位置原无妨碍。试问将来推倒满清后，中国不举大总统乎，岂以各省之有都督即算完事耶云云。吴兆麟曰，各有情形不同。湖北是首义之区，关系全局。所以各省皆以湖北为重心，外人仅照会湖北为交战团，与他省之大小轻重有不同耳。吴杨辨论未终，而宋教仁即云，此事不过征求大众同意，原无成见。盖因黄廑午实行革命多年，声望甚好，诸同志拟推其为首领，藉以号召以达迅速成功之目的，并无他意。我们初来湖北，对于湖北军队情形不熟。既有利害冲突，即作罢论可也。于是大众复拟举黄兴为战时总司令，所有各省军队均听其节制调遣。并效汉刘邦聘韩信为大将故事，请黎都督聘黄兴为总司令。登坛拜将，以郑重其事。使各省来鄂军队，均听指挥，以便作战。大众均以为然。遂将此举请黎都督照办。黎颇表赞同。遂择定九月十三日吉期，行拜总司令礼。

曹亚伯《武昌革命真史》中卷，中华书局1930年版，第209~213页

胡鄂公《武昌首义三十五日记》：

晚十时，予至宋教仁寓所，时到会者约十余人，不知何故，宋未将鄂州约法草案提出，而大众所讨论者，则仅举黄兴为大都督一问题。予询宋，宋云有人主张俟选举大都督一致同意时，再将约法草案提出，否则约法亦难得到同意，至讨论举黄兴为大都督问题，当时约分赞成反对两派，赞成者系文人，反对者系军界，讨论颇为激烈。宋教仁见此问题难得军界同意，且恐实现后，演成巨变，于是声言谓大家欲举黄庆午为大都督，不过拟在革命之初，藉他革命地位以资号召，因主张之同志，均系初到湖北，不知当地情形，既是湖北军队一致拥黎，各省军人对黎均不坏，即此作罢可也。该问题结束后，复有人主张黄兴为战时总司令，所有湖北军队暨将来各省援军，均归节制调遣，并效汉高祖拜韩信为大将故事，筑坛阅马厂，请黎都督拜黄兴为战时总司令，藉以增高黄在军队中信仰。至此，大众始一致赞同。同时，有人提议，谓革命军今日已退出汉口，将来总司令部应设汉阳，即于明日举行，以便黄兴在汉阳就职，遂决议由吴兆麟即时将以上办法报告都督，并由都督于今夜派轮船至汉阳接黄兴到武昌来，以便明晨举行。会毕，吴兆麟当回府将众意转达黎公，遂派船到汉阳迎接黄兴，命府内诸人，趁夜

准备明晨登坛拜将一切事宜。

熊守晖《辛亥武昌首义史编》下,台湾中华书局1971年版,第1033页

△ **黄兴致函上海同盟会中部总会潘训初、杨谱笙,告以武汉战况,并促宁、皖响应。**

黄兴《致潘训初杨谱笙书》:

训初、谱笙两公鉴:别后抵鄂,敌人已占汉口租界下之刘家庙,依租界设立炮兵阵地,相持数日不下,至昨日风起,汉镇房屋中炮火起,全市被焚。我军退守汉阳,尽力防御。兵卒多系新招,不能久战,今已疲乏。幸有湘军大队来援,及江南各学堂勇士,尚可保捍。弟到此间虽亲战两次,未能获胜,亟盼宁、皖响应,绝彼海军后援,则易驰除也。兹有章鋆、蔡国光两兄因带特别任务来沪,详情面陈,有可助力之处,望为指示,不胜切祷。福州闻已克服,不知确否?浙江、苏州、安庆现状若何?统希示知(有便人可带来)。即请壮安。弟黄兴顿首。九月十二日。

英士、烈武两兄之计画可能速达否?此间军用债票尚未办好,妥时当派耑员来沪共商发行之法,以助军资,至时望为尽力。皖北另股闻已发动,虚实若何?一并函知。兴又叩。

湖南省社会科学院编《黄兴集》,中华书局1981年版,第76页

△ **清军第六镇统制吴禄贞在石家庄致电清内阁与资政院,请"大赦革党,速停战争",并严治火烧汉口的清军将领。次日,又电告扣留运往汉口战地的弹药。**

《宣统三年九月十四日吴禄贞、李纯、吴鸿昌致清内阁、军谘府、陆军部、资政院电》:

为时势危迫,恳明降谕旨停止战争,以固人心而维大局事:窃以革督瑞澂骄横无状,逼变鄂军。朝廷不得已而用兵,军谘府陆海军部不能仰体皇仁,竟竭全国海陆二军之力,以攻击武汉三镇,压制之力愈大,而反抗之祸愈烈。半月以来,内地十八省纷纷告警,已成土崩瓦解之势,朝廷幡然变计,始以改良政体为不容缓,而为时亦已晚矣。窃计政府今日所汲汲者,在克复武昌,以为武汉握天下之中枢,交通便利,财源丰富,且有兵工厂制造武器,足为革党之根据地。武昌克复,则各省革党,自当消弭于无形。然此在鄂军变乱之初然耳,至今日倡叛独立者,既及十省,即克复武昌,而其余各省,若欲一律平定,非有十镇精兵,万万军费不可。而政府今日所编之第二军不赴战地,军费已经告罄,仅恃内帑以为接济,财力兵力之不足恃,已显然暴白于天下矣。而况武昌革军据有长江之险,利用坚垒巨炮,其胜负尚在不可知之数。故近日局外各国,已暗倡南北分治之议。然时局如此,即合全国之力,尚不足以抵御外侮;若更豆剖瓜分,益成危弱。即不然,延长战争至力尽财穷,各国乘隙而来,将坐收渔人之利。禄贞窃以为今日计,莫若明降谕旨,大赦各省革党,速停战争,庶可以息兵革之祸,而救危亡之局。夫革军之所以敢冒不韪赴汤蹈火而不辞者,固欲求国民之幸福,而非甘心与国家为难也。现禄贞已经招抚晋省混成一协、巡防队二十余营,可供调遣;如蒙采一得之愚,请饬冯国璋军队退出汉口,愿只身赴鄂,晓以大义,命其投诚,以扶危局。倘彼不从,当率所部二万人以兵火相见。朝廷若不速定政见,深恐将士忿激,一旦阻绝南北交通,而妨害第一军之后路,则非禄贞所能强制也。是非利害,伏维朝廷计之。抑更有不能已于言者:现有鄂中父老多人哭诉前来,鄂垣倡乱,本少数革党所为;自官军占领汉口,始以巨炮轰击,继则街市被焚,烟焰数日未熄。兵骄将悍,纵肆杀戮,奸淫掳掠,无所不为;商民外窜一空。即被伤之兵,亦无不盈橐珍宝。此等举动,施之外国战地,藉以灭其种耗其财,犹为公法所不许,况在本国财赋荟萃之区,人民生命财产,忍令妄遭荼毒,此岂朝廷用兵本意乎?现又闻由京运二十四

生的大炮四尊,预备攻城,残酷实无人道;武汉人民,哭声震地等语。部下将士闻之坠泪。禄贞桑梓所关,尤为心痛。此次鄂省战事,为外人所注视,似此惨无人理,恐至腾笑万国。此皆陆军大臣荫昌督师无状,司长丁士源、易乃谦逢迎助虐,结怨人民,激变各省军队,以至大局不能收拾。应如何严行治罪之处,出自圣裁。禄贞为保全国家维持平和起见,不惮斧钺之诛,慷慨直陈,自知罪戾。恳请代奏。

闵尔昌藏电。卞孝萱辑《辛亥革命山西资料片段》。周康燮主编,存萃学社编集《辛亥革命资料汇辑》第2卷,大东图书公司(香港)1980年版,第162~163页

《吴禄贞电》:

军谘府、陆军部、资政院鉴:官军收复汉口,纵兵烧杀,惨无人理。禄贞昨已电奏,请饬停战。适袁宫保奏请官军缓进,设法招抚,已蒙俞允。禄贞谨仰体朝廷德意,凡有运往战地军火、子弹,暂行扣留,以消战争而保和平,谨以奏闻。

陈春生《辛亥山西光复记》稿本。皮明庥、虞和平、吴厚智编《吴禄贞集》,华中师范大学出版社1989年版,第264页

△ **清廷谕令袁世凯迅速来京出任内阁总理。湖广总督魏光焘未到任前,以前署江北提督王士珍署理。**

《宣统政纪》:

命袁世凯迅速来京,湖广总督魏光焘未到任前,以前署江北提督王士珍署理。

沈云龙主编《近代中国史料丛刊·宣统政纪》第63卷,文海出版社有限公司1989年版,第10页

△ **鄂军都督府以中华民国军政府名义发布金融政策通告,后又发布将所有沪上官设银行收回自保照会。**

《中华民国军政府关于金融政策的通告》:

照得本军政府举兵倡义,为四万万人民请命。其目的原在扫除苛法,建设良政,出吾同胞于水火之中。师至之处,秋毫无犯,市肆不惊,当为国人所共悉。比闻沿江、沿海各埠商民,往往惊扰以致银根奇紧,各金融机关大受逼迫,市面顿起恐慌,各商民因以受害者不鲜,本军政府实深忧之。本军政府极力维持人民治安,保证商民利益,断不有惊扰妨害之举动。凡大兵所克复各处,无不设法维持市面,使商民安堵。乃未克复各处,同胞反不能安居乐业,身受穷蹙,实有负本军政府吊民伐罪之苦心。虽半因清政府官吏不善维持使然,然亦半由于商民心存有疑惧,不尽晓本军政府之举动,所以生此险象。用特出示通告,并将本军政府克复城镇时关于金融之处分列各条刊布于后,俾众周知,以释疑惧,而安市面。各处商民见此之后,其各坦然安心,无复惊扰。将来大兵到时,断不使吾同胞受害,有负前言。其各遵照毋违,特示。计开:一、本军政府已设立中华银行,于鄂省大兵克复城镇时,如系通商大埠,则立设分行,发行钱币、钞票,以便市面流通。中华银行资本充足,所发钞票绝无危险蹈空之弊。一、各商办银行银票如信用昭著者,亦准一律通用。一、各商办银行如有银根紧迫时,可向中华银行商借款项,以资周转。所发行之期票、支单、汇票,如确实可信者,可向中华银行抵现。一、清政府设立之官银号及各银行所发钞币,大兵克复时,□□□□□银币暂仍其旧,待军政府造币厂成立后,收买更铸。黄帝纪元四千六百零九年　月　日。

《大公报》,1911年11月2日。辛亥革命武昌起义纪念馆等编《湖北军政府文献资料汇编》,武汉大学出版社1986年版,第657~658页

《中华民国军政府关于将所有沪上官设银行收回自保的照会》:

本军政府因光复祖国、拯救同胞起见，不得已而用兵。军兴以来，海内各省次第响应，痛饮黄龙，指顾间事。上海为华洋通商巨埠，市面奇紧，甚于往年，深恐惹起意外。本军政府再四图维，用先收回自保，要使中外侨民安于磐石，所有沪上官设银行司事人员，概行仍旧，以资熟手；其向来该银行分发钞票，亦须照常通行，毋许止兑，致碍市面；惟簿计收支各帐，务须认真核实，不得丝毫糊涂，致干未便。须至照会者。右照会。

辛亥革命武昌起义纪念馆藏件。辛亥革命武昌起义纪念馆等编《湖北军政府文献资料汇编》，武汉大学出版社1986年版，第662～663页

11月3日（九月十三日）　黄兴就任战时总司令，黎元洪行“登坛拜将”礼。当晚，黄兴率总司令部成员赴汉阳设总司令部。

曹亚伯《武昌革命真史》：

九月十三日，午前八时，都督府前面建一将坛，黎都督即传知各机关人员，及武昌军队长官，并派军队一标，准于正午齐集军政府，请黄兴登坛拜将。于坛之四角树立军旗，中立一战时总司令黄六字大旗，威武森严，天地生色。届时军队军乐队毕至，文武咸集。黎都督偕各机关人员先登坛发表大意曰，本都督代表中华民国四万万同胞及全国军界同袍，特拜黄君兴为战时总司令，于本日此时就职，率我军队，推倒满清恶劣专制政府，光复汉族，建立良善真正共和，共谋人民福利。我将士皆须诚心悦服，听其指挥，群策群力，驱除鞑虏，以卫国家，中华民国幸甚，同胞幸甚云云。说毕，即请黄兴登坛受职，并由都督将关防聘状令箭等项，亲交黄总司令。当时黄兴在将坛上向大众演说云，此次革命，是光复汉族，建立共和政府。斯时清廷仍未觉悟，派兵来鄂与民军为敌，我辈宜先驱逐在汉口之清军，然后进攻，收复北京，以完成革命之志。今日既承黎都督与诸同志举兄弟为战时总司令，为国尽瘁，亦属义不容辞。但是军人打仗，第一要服从命令，第二要同心协力。自今而后，对于作战，倘有不服从命令及临阵怯敌者，即以军法从事，尚望大众努力前途为要云云。旋大众拍掌，齐呼中华民国四万万同胞、黎都督、黄总司令万岁。互相致敬，礼毕退班。

曹亚伯《武昌革命真史》中卷，中华书局1930年版，第223～224页

《黄兴在受任民军战时总司令时的讲话》（1911年11月3日）：

兄弟才识本不胜任，既承不弃，亦不能不尽力。现今各省响应，大功已将告成，然我同胞亦不可以此自满。兄弟今日有三层意思勖我同胞：第一须努力。现在黄河铁桥已毁，敌兵已无归路，誓不能不拼死命以与我对敌。我若稍存畏缩，敌即攻入我腹心矣。临战时倘不努力，后退者决意斩首示众（众拍手）。第二须服从。军队纪律，非服从不可。倘不服从，长官命令皆不能行，此种兵士万不能以之临战。以后，军界同胞须服从长官命令，无论如何危险，皆不得规避（众拍手）。第三须协同。自来成大事定大业者，必自己能同心协力。若自己各存意见，互相枘凿，无论有何种势力，皆不能成事。洪杨之败，其前车之鉴也。我同胞无论办事人及兵士，皆宜互相友爱，以期共达其目的（众拍手）。

湖南省社会科学院编《黄兴集》，中华书局1981年版，第77～78页

李书城《辛亥前后黄克强先生的革命活动》：

我是从北京经上海乘江轮于十一月二日到汉口的。武昌起义的消息传到北京后，我即随同陆军第六镇统制吴禄贞到保定，计划举兵响应。忽接军谘府大臣载涛的电令，命我即日回京。我原是军谘府的科员兼官报局副局长，即遵令回京。载涛命我同科员黄郛赴南方与革命党人商议罢兵言和办法。我与黄郛即日携眷出京，从天津乘海轮赴沪。到沪后，黄郛留

沪帮助陈其美攻取上海,我则乘江轮赴汉。十一月二日船抵汉口时,我见全市火光熊熊,烟雾弥天,枪声已息。即换渡轮到武昌江岸,岸上有一队学生军来迎。到都督府后,会见黎元洪、黄先生及首义各同志,并参加当日举行的军事会议。会议决定黄先生为中华民国军政府战时总司令,我为参谋长。

十一月三日晨,黎元洪命各部队派代表到阅马厂广场举行登坛拜将的隆重仪式,借以鼓励士气。授印时,黎元洪、黄先生都有演说,士气大振。是日,即将总司令部人员组织完成。以吴兆麟为副参谋长(吴原系第八镇工程第八营左队队官,未参加革命团体,八月十九日夜间起义士兵攻占楚望台军械库时,推他为临时总指挥,由他下令攻打督署。他曾向张之洞所聘请的日本铸方大佐学过参谋学,以富有军事学识著称),姚金镛、金兆龙、高尚志、甘熙绩[绩熙]、耿丹、章仁发、吴兆鲤、牟鸿勋等为参谋。田桐为秘书长,王安澜为兵站司令。以后王孝缜从北方来鄂,任为副官长。原在武昌起义的湖北及外省学生共同组织的学生军,由刘绳武为标统,田化龙、赵士龙、佘子祥为管带,共约三百余人,调归总司令部直接指挥。是晚,黄先生率总司令部人员同赴汉阳,在伯牙台设总司令部;嗣因敌方枪弹能射至院中,次晨移往昭忠祠。

中国人民政治协商会议全国委员会文史资料委员会编《辛亥革命回忆录》第1集,中华书局1961年版,第188~189页

居正《辛亥札记》:

伯牙台　克强组织总司令部,委李书城为参谋长,向汉阳出发。余问总司令部设于何处。克强答曰:"伯牙台。"余曰:"伯牙台背临襄河,汉口枪支可及,恐不适,宜在汉阳城内府署。"克强曰:"已决定,变更殊示怯也。"克强即率少数同志,渡江赴伯牙台驻扎,而嘱余以翌日导学生团前往作卫队。翌日,余导学生团往伯牙台,则伯牙台阒其无人。问附近居民,则曰昨夜伯牙台有许多军官在,今早云迁往归元寺("归元寺"《日记》改为"一处庙里")去。

归元寺(昭忠祠)　余复寻向归元寺(《日记》改为昭忠祠),学生团有怒余向导不中用,相率詈余。余曰:"毋怪,战时总司令部昨晚在此,今早他迁,非误事。诸君远走辛苦,我亦步行。前此不远,当是归元寺(总司令部)也。"比入寺,晤克强,问以迁此之由。则曰:"昨夜隔河枪声彻宵未歇,伯牙台屋瓦有洞穿者,故迁此。"余曰:"既迁矣,何不在城内?"克强曰:"此处系汉阳之中心点,且在旷野,便于指挥防御筑壕工作。今晚可在此暂宿,明早渡江,调湖南兵来守前线。"余见克强手批口答,忙迫异常,且庙宇狭隘,一时容数百人,到处充满了克强之办事房,几无容膝地。余曰:"此真战时状态,与武昌之都督府,则劳逸殊形矣。"

武汉大学历史系中国近代史教研室编《辛亥革命在湖北史料选辑》,湖北人民出版社1981年版,第161~162页

△ **陈其美、李燮和率商团、巡警起义,次日攻占江南制造局,上海克复。**

李钟珏《且顽老人七十岁自叙》:

八月武昌起义,风声所播,咸动于中。南市信成银行主任沈缦云君与陈君同志,与余为莫逆交,介绍陈君定期相见。余约沈君信卿、吴君怀疚、莫君子经相与密商,余谓时势至此,不能守闭关之义,当审察情势,以为进止。乃约陈君于贞吉里寓楼,相见之下,乃一恂恂儒者,咸出意外。初议上海视南京举动,既而第九镇退出城外,南京势难骤下,而汉阳有失守之信。九月十一夜,陈君改议上海先动,苏、杭应之,南京庶指日可下。吴君怀疚难之,时钮君惕生、叶君惠钧在座,咸主上海先动,钮君谓即往松江响应,遂从多数决议。十二夜,会于城自治公所,定翌日举事,当与警务长穆杼斋君商议保卫地方事宜,余又商请全体商团及救火

联合会员，共同守卫城厢内外各重要地，以助警察之不及。十三日清晨，陈君以军政府照会致余，劝任民政总长，又浼余劝驾伍秩庸先生担任外交。余往晤伍先生，初以年老辞，适温君钦甫至，相与力劝，乃受照会。……是时主吴淞炮台之姜君，主巡防营之梁君，昔湖北武备学生，与余有雅，驰往说合，俱不反对。陈君乃订午后二时，集西门外斜桥西园进攻制造局，乃十一时闸北巡警先动，而制造局严备以待矣。当九月初，风声日紧，局中早筹警备，余力劝总办张弢楼观察勿再运炮赴宁，弗从，又微讽以人心瓦解，恐局中区区守卫，不足以抵制，不如别筹保全之策，又不听。至是，陈君亲率敢死队，乘五时放工之际，拥入局门。张观察素性仁慈，不忍轻伤生命，先放空枪一排，敢死队见无子弹，益前进抛掷炸弹，守者乃实弹以放，前驱死一伤二，后者欲退，陈君在旁挥众使进，并取怀中炸弹二枚授之，为巡勇所见，乃被拘，众遂退。时余驻公所督率商团保卫地方，闻陈君信，乃偕英石驰入见总办，询知陈君，认为《民立报》访事。总办谓："书生不知利害，妄思革命，徒送死耳！"余察其意，不能即释，乃偕英石驰回。……既而王君一亭又偕余赴局，以市公所、县商会名义保陈君，总办谓彼称《民立报》访事，即著该报馆具结，以后不再来局滋扰等语，意甚坚决。余等出与缦云商报馆具结事，已十二下矣。时城中文武官僚俱已出避，由商团及救火会员看守衙署、监狱，居民安堵如常，毫无惊惶之状。民党因陈君被拘不放，决计攻局，局中以机关枪抵御，防守益严，不得入，一部分商团助民党从枪厂后逾垣入，举火焚厂，局中慌乱，总办乃偕襄办乘小轮往租界，民党、商团入局，见陈君未受痛苦，咸忻幸相庆。时已天明，余方假寐，陈君来公所相见，略商善后而去，此九月十三夜，上海光复之实在情形也。

上海社会科学院历史研究所编《辛亥革命在上海史料选辑》，上海人民出版社 1981 年版，第 972 ~ 974 页

《商团攻下制造局》：

上海城虽经光复，而制造局未下，此犹猛虎负嵎，后患仍巨。矧陈公幽禁局中，生命可危，群龙无首，继起维艰。而事有更使人惊骇者，当李公平书入局保释陈公未果归来时，接道署友人密告，谓刘道已电详宁督署：上海革党起事，商团尽叛。江督复电谓已命宁、松两路进兵，无论革党、商团，擒获者一律正法。此殆因是日下午商团虽未参加攻击制造局，而确曾集队进至该局附近，以壮民军声威，而为沪道所知也。

李公既抵南市毛家弄商团公会会所，立即召开紧急会议，一时苦无善策。商团人数虽众，且曾受军事训练，然枪械有限，更从未一临战阵，决不能与官军为敌。若续攻制造局，则局中节节设防，亦难下之。时王公一亭在座曰："事亟矣。进或亦死，退则必死，等死耳，与其引颈待戮，无宁为国殉身。若事有济，则与民国前途裨益良巨。"李公犹豫不决，盖此举成败，攸关团员数千人之生命，且团员是否应命，亦不敢必也。是时庭前团员群起鼓噪，大呼"若不发动，我等今日愿洒血阶前，誓不散归"。于是议速决。时商团总司令为朱君少沂，责当任指挥。先生即起立曰："此举义不容辞，唯非会长签发命令，无权调遣。"王公开言，即搦管书反攻令，一挥而就，词殊激昂，授李公署名。李公宅心仁厚，但为势所迫，不得不冒此险。当其署名之际，手为之颤。书就，授朱君，向众宣读，且曰："愿去者留，不愿者退。"众为欢呼，而团员闻讯，纷至沓来者都六七百人。朱君乃编成两队，一攻局之正门，一攻后门，并置斥堠、通讯等队。布置既定，乃于夜十一时出发。濒行，由王（一亭）、沈（缦云）、叶（惠钧）三公挥泪誓师，勉励至再。团员咸抱破釜沉舟之志，奋勇迈进，无一反顾者。其出发也，且不使家人知之。

午夜后，进抵局前，局门紧闭。团员虽踔厉无前，然因对方发机关枪抵御，弹如联珠，无法攻入。僵持多时，而东方已微露曙光。苟延至黎明，则更难为力。正在千钧一发之际，团

员有熟谙局址途径者,绕至僻静处,逾垣而入,以汽油举火焚屋。守者见局中火起,以为团员已攻入,惊乱无斗志。而总办、襄办亦仓皇登小轮避匿租界。于是团员乘机进扑。维时局门亦启,众乃蜂涌而入。首趋陈公拘室,见公虽被絷,幸无恙,急释其缚,护之至城自治公所,与李公略商善后,复由团员护之返寓以息。迨诸事大定,时已为十四日寅刻矣。消息既播,满城白旗招飐,居民莫不额手称庆。

制造局既下,各商团全体整队浩浩荡荡进至局中,破军库,见木箱累累,启之,悉新成之步枪,待解宁、汉者。于是人各取得一柄,复出枪弹,每团分得数箱。迨至整队而归,沿途高呼"革命万岁",途人亦高呼以应。此时此景,至今思之,犹为神往焉。

伍特公《上海商团光复上海纪略》。上海社会科学院历史研究所编《辛亥革命在上海史料选辑》,上海人民出版社1981年版,第151～152页

龚翼星《光复军志》:

汉阳民军日急,其美之谍知之,报其美。燮和、其美会于民声报社,议师期。燮和曰:"必得制造局而后沪事定,然非力战,势不决;而苏州方为清廷守,不半日而兵且至,此危道也。今浙军起有日矣,宜少待之,计万全。"其美曰:"清人议输军械济其军,宜及先事定上海,以伐其谋。不然,武昌且危,此民国存亡之机也。"因以侦卒语语燮和,燮和遽起曰:"此不可待矣。"乃期明日,以午后四时令各军营皆易汉帜为民军,宣示独立。少顷,苏州民党遣朱熙、朱廷炬、彭翼东等至上海,诣燮和,则知苏事亦得要领。燮和乃乘夜散布光复军白旗于各营,约届期举火为号,军士皆袖缀白布为标识,遣敢死队兵目周德厚送光复军旗帜于吴淞,且告师期,其日九月十二丙子也。上海巡警暗探队队官汪景龙恭陈汉钦,讦其谋。十三日丁丑,汉钦、景龙辨语巡警局长姚捷勋前,景龙短枪拟击汉钦不中,警卒皆鼓噪。薄午,巡警总局隔墙遂火起,景龙逃去。捷勋者,实与陈汉钦始谋,汉钦布置军队,捷勋尝数资给之,及是谓汉钦曰:"吾几累子矣,子善自为之。"亦遂去也。陈汉钦惧,则驰报燮和,且诉先期故。燮和迎谓曰:"事至此而尚趑趄耶?趣归局,传集其属,备遣调。"而遣人驰语章豹文、王楚雄曰:"时不可待矣。"午后各军营遂皆反正,沪城内外商团起应之。上海道刘燕翼已先避匿洋务局,制造局总办张士珩闻变,抽调炮兵入助守,其留营者辄相望莫敢动,于是白旗遍立内外城市,则已陆续至四时矣。上海繁富甲天下,不闻兵革久,事起仓卒,群情疑惧,暴民间出,乘机劫掠,燮和令陈汉钦督饬警卒巡行衢巷,示谕市民安堵,毋许惊扰,逾时始定。陈其美度张士珩无援,率己尝募敢死军从商团往攻制造局,突其首门。局兵开枪迎击,蹶前队数人,其美及兵士被俘者数人,局门闭,商团皆怯走。浙人方青箱奔告燮和,以乞援。燮和始闻陈其美之往攻制造局,大惊,召集陈汉钦等于锐进学社,议悉起诸营赴援,时惟章豹文巡防营驻浦江东岸,沪军营驻南市,皆近制造局,而陈汉钦所辖警兵散居闸北。以外人示禁华兵出入,洋市路不得通,则令载水巡队小机轮绕道抵南市登岸。王楚雄水师全营舢板应之。而令敢死队人持短枪炸弹,散行出洋市,取齐沪军营前,为各营先驱,且约以夜半会于高昌庙。时诸营将方惩于陈其美之失,相顾愕眙,惧失色,燮和亦中急,乃曰:"今日之事,拿坡仑所谓最后十五分钟者是也。大局存亡,在诸君一勇怯间耳。无已,燮和请为诸君先登。"因手握炸弹,趋出门,将士皆感泣同行。是夕,沪城道署火,讹言苏州兵大至,未悉其为清军为民军,侦探不绝于道,居民慌乱,甚于日间,城内外白旗,半皆偃息。四鼓,诸军陆续集龙华镇,高一某复率商团会焉。燮和虑诸营并起,不相统一,且各自为进退,派令沈克刚、平智础、公羊寿文、柳作屏等奔走,通令进薄制造局,清兵御之于门内,火线始交,沪军营队官王介夫中弹死,死伤目兵十余人,师稍却。陈汉钦周巡各营而鼓励之,得不溃。燮和驰赴沪军营,存问伤亡,令易队前进,而遣

人分馈诸军食。戊寅黎明,遂合围,敢死队首先陷阵,王得超望趋前门,投以炸弹,三投乃中,门洞开,二门攻不可下。钱林一变计,环烧[绕]后门,洞其墙壁,周德厚、潘永强、姚敏、江塞、朱照、邵汝千、余武华相率跃入,诸军蜂拥从之。清兵据楼下击,枪丸中王得超,落其帽。得超仰掷药弹,毁其楼,清兵坠楼下,死数人,余遂哗溃。其未逃者,皆袖缀白布,迎合民军。是役也,守局炮兵以通款民党,故炮击不皆命中,民军仅伤亡二十余人。士珩遁走,遂收制造局,拯陈其美于厄。上海既定,诸军推燮和权临时总司令,移驻制造局。时卒起无印守,有所遣发,率以名刺行之。同日,黄汉湘等以吴淞反正,语具《吴淞篇》。

上海社会科学院历史研究所编《辛亥革命在上海史料选辑》,上海人民出版社1981年版,第202~205页

《上海制造局总办张士珩电》(1911年11月6日):

十三日下午民团起事,闸北巡警先变,沪军营巡防第四营继之。县城占。道署焚。分队来攻制局,业经击退,并将情形电禀。该党夜间扑犯两次,又纵火一次,均经击退。五点钟,敢死队二百余人用黑烟炸弹轰北局门直进,排放炸弹,墙瓦皆飞,经谢华国穴墙,排枪数次,击毙数十人。该党退回,折入海军栅门,潜由船坞转至南面拥扑,又经刘万祥、高孔铸施放排枪、机关枪击退,赵安国带警兵十人从军火处侧击,伤毙无算。该党人已不多,猬伏坞内不动。正在相持三点钟之久,外来革党率营兵由枪厂拆墙冲进,自后面开枪,即分警兵抵御,连御三次。该党复由香楼爬至公务厅开枪,四面夹攻,腹背受敌,新调护局巡防营观望不前,炮队营屡调不出,该党愈击愈众,外援已绝,库房火起,士珩不得已率护勇且击且冲,赴海军飞霆请援。革党两次皆由船坞及海军事务处攻局,无人拦击,请援,复言炮未安齐。士珩虽无兵柄,而援绝不支,实难辞责。该党以击毙死党八十余名,衔恨次骨,欲得甘心。嘱军监送珩赴宁请兵,又言不敢出吴淞。且闻该党重赏购求甚急,轮埠车站皆派人搜查,不得已至德公司同赴青岛。谨将革党围攻一昼夜,兵变援绝情形,先行电禀。再士珩连日筹防督战,触发怔忡,旧恙甚剧,暂假医院调治。屡次发电,电局不发,专差赴济南电局发递。士珩谨禀,谏。

军机处电报档。中国史学会主编《中国近代史资料丛刊·辛亥革命》(7),上海人民出版社1957年版,第93页

△ **张绍曾致电军谘府,反对清廷以袁世凯组阁、以资政院起草宪法。**

《宣统三年九月十二日上谕》:

第二十镇统制张绍曾等电奏"奉初九日上谕,仰见朝廷实行立宪,以与天下更始,三军感泣。惟内阁一日不成立,即内乱一日不平息,并宪法由议院制定"等语,系为维皇室靖乱源起见,览奏具见爱国之诚,实深嘉许。内阁总协理大臣及各国务大臣,昨已具奏辞职,均经降旨允准,并另简袁世凯为内阁总理大臣,组织完全内阁。所有大清帝国宪法,均著交资政院起草,奏请裁夺施行,用示朝廷好恶同民、大公无私之至意。

沈云龙主编《近代中国史料丛刊·宣统政纪》第63卷,文海出版社有限公司1989年版,第5~6页

《宣统三年九月十三日张绍曾致军谘府电》:

窃臣所奏政纲,原系博采舆情,折衷学理,非此不足以收既去之人心,杜革命之口实。原奏总理大臣必由国会公举,今亲贵内阁虽已解散,大臣仍系敕任,并非民选。原奏宪法必由国会起草,今交资政院,资政院为旧政府机关,不能代表全国,宪法仍系钦定,国民不得与闻。臣等原奏概归无效,拜命之余,不禁椎心饮泣。遥望东南,今日失一城,明日失一城,大好河山,所余有几,朝廷不欲救亡则已,如欲救亡,恳即明降谕旨,一面组织临时政府,一面电饬停战。不能召集国会,不能制定宪法,不能选举总理大臣,根本问题不能解决,诸事皆空谈。臣

受国恩,故敢冒死言之。一俟事机稍定,即当负钺以待罪国门也。

杜春和编选《辛亥滦州兵谏函电选》。中国社会科学院近代史研究所近代史资料编辑部编《近代史资料》,总91号,中国社会科学出版社1997年版,第62页

△ **清资政院李家驹等,恳请将宪法重大信条宣誓太庙,布告臣民。**

《宣统三年九月十三日李家驹等奏折》:

资政院总裁内阁法制院院使臣李家驹等跪奏,为采用最良君主立宪主义,并先草拟宪法内重大信条,恳请宣誓太庙,布告臣民,以固邦本而维皇室,恭折仰祈圣鉴事。

窃维祸乱纷乘,蔓延于川鄂湘赣秦晋粤〈汉〉各省,是大局已几于瓦解,又与前数日情势不同。而急切挽救之方,约千万语为一言,仍不外视宪法良否以为关键。顷者,特诏与民更始,并于统制张绍曾等所陈各节,均已仰蒙采纳。而天下亦晓然于朝廷意旨之所在,固将采用最良君主立宪主义,以餍薄海望治之心。兹复沛布纶音,宪法交由臣院起草,钦感莫名。臣院肩兹重任,敢不殚竭愚诚,仰副圣意。

伏查东西各国君主立宪皆以英国为母。此次起草,自应采用英国君主立宪主义,而以成文法规定之。虽兹事体大,诚非旦夕所可完成。而臆测朝廷者,或且窃窃忧疑,以为左右臣工或有荧惑圣听,至痛定之日,翻然反汗。法国拿破仑第三世往事,至为寒心。如将重大信条先行颁示天下,则天下军民皆欣欣喜色相告曰:吾君果顺臣民之请。廓然大公,掬诚相见,风声腾布,固已胜于百万之师。兹谨先拟具宪法内重大信条十九条,凡属立宪国宪法共同之规定,则暂从阙略,俟全部起草时,再行拟具。迭经会议,意见相同,谨缮具清单,恭呈御览。恳请宸衷独断,毅然俯允,宣誓太庙,布告臣民,以固邦本而维皇室。在臣院非敢故为此危言悚论,实以事机紧迫,稍纵即逝。倘朝廷不即宣布,恐德意犹不能下究,而祸变尚未可胜言。臣院内激忠忱,外观时变,不得不痛切质陈于圣主之前。无任惶恐待命之至。

再宪法为万世不磨之大典,君民共守,关系至巨。臣院受命起草,兢兢致慎,不敢不广征全国军民意见,以期精审。除业由臣院电告各省谘议局参与意见外,拟就现时重要事项,请并准军人暂行参与意见,以安众心,合并声明。伏乞皇上圣鉴训示。谨奏。

渤海寿臣《辛亥革命始末记》,《实行立宪汇编·奏折》,文海出版社1969年版,第17~19页

△ **清政府发布上谕,颁布宪法信条十九条。**

《宣统三年九月十三日上谕》:

资政院奏"采用君主立宪主义,并先拟具重大信条十九条,缮单呈览,恳请宣誓太庙,布告臣民,以固邦本,而维皇室"一折。朕详加披览,均属扼要,著即照准。一面择期宣誓太庙,将重要信条立即颁布,刊刻誊黄,宣示天下。将来该院草拟宪法,即以此为标准。

沈云龙主编《近代中国史料丛刊·宣统政纪》第63卷,文海出版社有限公司1989年版,第10页

《宪法信条》:

一、大清帝国皇统万世不易。

二、大清皇帝神圣不可侵犯。

三、皇帝之权以宪法所规定者为限。

四、皇嗣[位]继承顺序于宪法规定之。

五、宪法由资政院起草议决,由皇帝颁布之。

六、宪法改正提案权属于国会。

七、上院议员由国民于有法定特别资格【者】公选之。

八、总理大臣由国会公举，皇帝任命，其它国务大臣由总理大臣推举，皇帝任命，皇族不得为总理大臣，及其它国务大臣，并各省行政长官。

九、总理大臣受国会弹劾时，非国会解散，即内阁辞职，但一次内阁，不得为两次国会之解散。

十、陆海军直接皇帝统率，但对内使用时，应依国会议决之特别条件，此外不得调遣。

十一、不得以命令代法律，除紧急命令应特定条件外，以执行法律及法律所委任〈者〉为限。

十二、国际条约非经国会议决，不得缔结，但媾和宣战不在国会【开会】期中者，由国会追任。

十三、官制官规以法律定之。

十四、本年度预算未经国会议决者，不得照前年度预算开支，又预算案内不得有既定之岁出，预算案外，不得为非常财政之处分。

十五、皇室经费之制定及增减，由国会议决。

十六、皇室大典，不得与宪法【相】抵触。

十七、国务裁判机关由两院组织之。

十八、国会议决事项，由皇帝颁布之。

十九、以上第八、第九、第十、第十二、第十三、第十四、第十五、第十八各条，国会未开以前，资政院适用之。

《中国大事记》，《东方杂志》第8卷第9期，商务印书馆1911年版，第8~9页

△ 湖南军政府派兵援鄂，是日夜，第一协先头部队抵达武昌，随后几日一、二标陆续抵达武昌，受到湖北军政府热烈欢迎。旋开赴汉阳接防。

居正《辛亥札记》：

焦都督虽死，而奉焦都督之命，王隆中一协仍遵命来鄂。先头部队于克强拜将之晚进城，由副官处招待，宿营于师范学校。克强本拟躬往慰劳，奈时间仓促，急于渡江，要余代往。余见湖南军队士气旺盛，回报克强，克强甚喜。

武汉大学历史系中国近代史教研室编《辛亥革命在湖北史料选辑》，湖北人民出版社1981年版，第161页

曹亚伯《武昌革命真史》：

同日午前十时，湘军援鄂第一协统领王隆中，及第二协统领甘兴典，各率步兵一协抵武昌，黎都督派员率军乐队到文昌门外江干迎接。王隆中协暂驻城内两湖书院，甘兴典暂驻城外平湖门乙栈，及附近各营房。当时湖北人民，对于湘军特别欢迎，格外优待。城内外百姓，均放鞭炮迎之。黎都督犒赏军需物品及酒肉等类甚多。少顷王隆中、甘兴典二协统至军政府谒黎都督、黄总司令，及一般倡义同志，欢聚一堂，精神奋发。黎都督向王甘二人曰，贵湘军在国内素有威名，百战百胜。此次来鄂作战，军政府极表欢迎。先请固守汉阳，则汉口不难恢复。指日大功告成，满清消灭，论功行赏，贵统领必得千秋万世之光荣。此次武昌倡义，军队不多。不得已扩充数协，但时间急迫，不及训练。驱之作战，形同乌合。军容不整，指挥困难。加以战斗太久，极为疲劳。死伤颇众，目下兵数缺额太多。拟请贵军明日赴汉阳接防，以便将久战之军，另行补充编练，再图合攻汉口之敌。望贵统领等转告各部属，务齐心努力，奋勇立功，无任盼祷云云。王隆中、甘兴典等极谦恭答谢，并与诸同志一一周旋。即回

营,具领子弹及军需物品,准备出发作战。

湘军既至,黄兴喜形于色。以为恢复汉口,击灭汉奸,可以犁廷扫穴,立功竟志。而一般同志精神更为之一振,亦谓湘军有勇知方。虽洪杨时代,不明种族大义,代满清成中兴之业,今既觉悟,区区清军,何难扑灭。故一时武汉人心皆为之安。

曹亚伯《武昌革命真史》中卷,中华书局1930年版,第221～222页

余韶《四十九标辛亥援鄂始末》:

1911年10月22日(辛亥九月初一),湖南起义后,第一件大事就是援鄂。这是两湖革命党人预先约好的,也是湖北方面迫切希望的。10月26日,四十九标二营左队代表丁炳尧、左队代表王奋武和二三党人在都督府,听说要出兵援鄂和巡防营管带甘兴典请愿要去的消息,很兴奋地跑回营来邀各代表到标部开会,说:“现在就要出兵援鄂啦,巡防营甘兴典想去,我们该怎么办?”左队正目骆兆荣首先发言说:“援鄂应该让新军去,新军又只有我标容易集中(是时五十标分驻益阳、常德、醴陵、攸县,四十九标一、三两营正在湘鄂边境),应该让我标去。”有人说:“我们四十九标不可落人之后,请标统快去都督府请示,我们一定要去援鄂。”又有人问:“昨天升了官的人怎么办呢?”大家酝酿之后说:“队伍莫扩充了,官莫升了,打完仗回来再讲。”于是全体通过,立刻分往各队传达。

原来在这头一天(10月25日),四十九标已经奉命招募新兵扩充队伍,正副目升了连排长。听了到会代表来队传达标部会议经过后,全体目兵随即一致表示愿意援鄂。我是左队四棚副目。左队是刘光荣同另一个党人(我不认识)来传达的,他们激动地说:“标统已经向都督府告了奋勇!大家升了官的愿不愿意自动放弃呢?”正副目们都不约而同地说:“官不要了,仍旧当头目,到湖北打仗去!”这时大家已经意识到不打垮清军,推翻专制,革命的果实是保不住的,所以都不计较那新升的官职了。

各代表得到各队表示后,马上去报告标统王隆中(前标统黄鸾鸣奉派往北洋阅操去了,王隆中是首义这天以教练官升任标统的)。王隆中得报,忙去都督府请缨。焦达峰、陈作新极其赞许,立刻决定四十九标首批援鄂,即日用船舶输送。命令还没下来,我们第二营全营都晓得了,赶忙准备出发。有多余的衣物和新买了指挥刀的忙送回家去,没有家的存放队部储藏室。六棚刘静安由外面回来说:“别的队上要取消军帽,改扎包巾。”三棚正目刘光荣抢先赞成说:“扎包巾打仗便当些。”多数人一附和,就有些人上街买青布或绉纱做包巾。我原是不甚同意的,但也只好勉从众议,上街买了一条绉纱包头。

27日下午,我们第二营在大西门上了民船(大盐船),一阵子将辫子剪掉了。王隆中升了第一协协统,三营管带卿衡升任标统,鲁涤平升了管带。但是并未扩充部队,仍然只有四十九标一千七百多人;王隆中仍住标部。次日早晨开船,绅商学各界和各机关都派有代表到江岸放炮竹欢送,都督府的代表是危道丰。各队的船在炮竹声中依次离岸顺流东下。目兵们以舒畅的心情坐在船舱里,有的在练习扎包巾,有的在用通条油布擦枪和子弹。

10月30日傍晚,我营的船到了岳州。这天是重阳节,许多人忙着上岸找东西吃,欢度佳节。在岳州休息三天。本标一、三两营(三营欠前队)都来了,看见二营的人辫子都剪掉了,已改扎包巾,他们也就很快地照样把辫子剪掉。一营管带梅卓敏逃跑了(一说王隆中准了他的假),由督带官梁锡球升任管带。11月2日,有背叛了革命的一个标从湖北逃来岳州,经我一、三营将其缴械遣散,他们没有抵抗。后来听说守卫汉阳兵工厂的鄂军宋锡全协,当汉口战事吃紧时率部逃入了湖南,我们解决的那一部叛军,不知是否就是宋部。

这时湖北派了一艘轮船到岳州来接运队伍。11月3日,我们续向武昌进发,一、三两营

是乘这艘轮船走的,二营是坐民船用小火轮拖带的。到达武昌后,全标驻在两湖书院。第二天移驻江边甲乙丙栈。湖北军政府犒赏每队猪肉一百斤。

11月8日,全标开到两湖书院听黎元洪都督训话。八时左右,王隆中陪着黎元洪、黄兴和几个高级幕僚来了。黎骑一匹酱色大马,穿着黄呢军服、黄皮马靴。阅兵后接着讲话,黎的声音洪亮,讲话内容记不全了,大意是:自从清朝鞑子窃据中原,我们汉族做了两百多年的奴隶。现在是我们复兴的时候了,我们一定要推翻清室,还我河山。你们四十九标是训练有素的军队,在湖南起义立了大功,现在又来这里打清军是很好的。我看到你们大家身体壮健,精神饱满,一定能打胜仗……

当时有人告诉我,站在王隆中上手那个穿青呢衣服,相貌魁梧的人,就是黄兴。这天他没有讲话。

四十九标是训练了七八年的军队,步伐当然比较整齐,军容比较雄壮,两次进出武昌城,两傍[旁]看的人很多,有人啧啧称赞地说:"好队伍!好队伍!"也有人说:"这才是来打仗的队伍!"其实惭愧得很,后来两次的仗都没有打好。湖北方面最初以为王隆中是一个协,会有四五千人,实际上我们将标改协后,队伍还没有来得及扩充,只有原底子一千七百多人,就出发了,武器也只有步枪。标部本有的几挺重机关枪,也留在长沙没有带来。

余韶《四十九标辛亥援鄂始末》。田化隆主编《辛亥革命在湖南》,岳麓书社2001年版,第200~202页

李春萱《辛亥首义纪事本末》:

于是李作栋便在九月十二日清晨动身,十四日晨到达长沙。那时湖南都督焦达峰已经被刺,谭延闿新就湖南都督职,当向李作栋说:我们援军已经准备好了,只是缺乏枪械,并且没有交通工具作为运兵之用。李作栋答:我带来轮船一艘。援军到湖北后,枪械粮饷,都有解决办法。此时湖南革命党人,也要求迅速出发,支援武汉,谭延闿也不能不与湖北方面一致。加之快利轮船又不能在长沙久停,于是满载由王隆中率领的湖南援军,星夜下驶。黄兴见援军已到,觉得有了把握,非常高兴,士气也顿时振作起来。第二天,湘军三千余人调往汉阳布防。

中国人民政治协商会议湖北省委员会编《辛亥首义回忆录》第2辑,湖北人民出版社1979年版,第202页

计约翰《辛亥武昌战守闻见录》:

11月4日　星期六　白天有一千名湘军来到武昌与革命军会合,他们是乘火轮和帆船来的。另外有一千名来自南京。据传,为防止反叛,南京就被缴械了。

中国社会科学院近代史研究所近代史资料编辑部编《近代史资料》,总72号,中国社会科学出版社1989年版,第152页

《武昌内政之一斑》:

黎都督犒赏湘军　湘军数千人于十三日晚及十四日早先后到省,业由军务部派员招待在平湖门外乙、丙两栈驻扎,十四日午后都督即派员解送酒肉前往犒赏,旋于晚五句钟时,湘军各管带官同到都督府禀谢并面陈湘省军事,一句余钟始行返营。

又湖南义军于十三日傍晚时分先到一标,后复于夜半一句钟又到步队两标,至十四日下午又到一标,合计前后人数已一万有奇矣。

《时报》,1911年11月10日。渤海寿臣《辛亥革命始末记》,《实行立宪汇编·武昌》,文海出版社1969年版,第67页

编者按:援鄂湘军各部来汉时间各书记载不一。曹亚伯、张难先认为湘军第一协、第二协于11月3日同日抵达;李书城、余韶回忆文章以及《武汉战记初稿》记载,湘军两协到汉时间不一,且均非11月3日。居正回忆曾亲自劳军于11月3日,《时报》亦同。比对诸说,湘军第一协先头部队当于11月3日到武昌,两协陆续抵汉。

11月4日(九月十四日)　贵阳张百麟策动陆军小学和新军宣布起义,迫贵州巡抚交出政权,成立"大汉贵州军政府",举杨荩诚为都督。

周素园《贵州民党痛史》:

风雨重阳,沈瑜庆故示镇静,召集司道,置酒高会。席间警电飞来,云南又告独立。瑜庆与司道传观,相顾失色,计无所出,但电饬刘显世速率新募,兼程来省。又戒列席人互守秘密,毋任外间闻风煽惑。而电生黄涛已抄原电送张百麟,百麟亦集同志议曰:以诸君之努力,吾侪希望之革命不流血,似可办到。然有枪无弹,究非制胜长策,令官厅诇吾隐,抵抗立见顽强。据张同志泽锦称:已革哨官徐耀卿私藏子弹多箱,已由史同志瀛介绍,给价收买,顾款无出,且为奈何?宁建侯曰:谘议局有存款二千两,但得议长许可,建侯亦愿负责,挪移应急。谭西庚曰:此何时,何为不可?立署据与之。黄泽霖曰:吾顷亦贿通南药局守者,有六箱足供用。子弹有着,又议输送之法。时常备军代表赵德全、叶占标,陆军学堂代表廖谦等皆以门禁严,输送极感困难。张泽锦、彭景祥、陈树燊、杨穗芳、赵华轩、杨树青、蓝鑫、陈启顺等踊跃请为之助,随于夜间挟弹、梯绳升降,往复频数,履城闉如阶阈。常备军输送员得力,举义前一日已分配竣事,陆校迨发动时,每枪犹不过三五枚也。两党妥协成立,蔡岳主张向官厅为一致的表示,要求和平独立,众然之。十二日,张百麟、杨昌铭、乐嘉藻、任可澄、蔡岳、周培艺、陈永锡、凌云、朱焯冒死入巡抚署,开陈意见。瑜庆曰:吾家世受国恩,义不背畔,诸君必相强,唯朝服坐皇堂待尽而已。十三日晨,郭重光私谒瑜庆献自保之策,取半独立的形式,公用人行政之权于大众。瑜庆立可,冀借此迁延时日,俟刘显世兵集,案册诛自治党人,故严隽熙建议先收张百麟、周培艺、乐嘉藻之说,同时亦流闻于外。重光假谘议局大集士绅,宣布自保办法,订期翌日正式开会,非革命派大抵表示满意。而革命派自知所处陷于阽危,益迫不及待。张百麟决策以兵劫沈瑜庆,于开会时移转政权,尚未通知各部份也。而陆军学生已首揭义旗,瑜庆命袁义保派兵弹压,更令胡锦棠率队继之。义保遣赵德全,德全驻兵中途,独身至校,激励学生毋仓皇,毋纷扰,静候各方一致。出遇锦棠,佯言无事。且曰:适有小冲突,已和解之矣,若辈纵有异心,执空枪,何能为。锦棠信之,亦返。德全归营,密令人就百麟取进止。顾义保已疑杨树青,树青负枪造义保门外,徘徊须臾,扬声出怨语曰:今夜风寒,久不换班,欲我守卫至天明耶?义保怒诘:谁何?曰:我杨树青也,闻见索来领死耳。且言且枪拟义保,义保跳而免,营中大哗。德全发令整队,杨荩诚继至,众推荩诚为临时都督,以电话通告清吏曰:明旦都督入城视事。瑜庆闻变,遣劝业道王玉麟诣谘议局觇党人所为。玉麟犹大言曰:官绅协力谋自保,而暴徒敢倡乱,吾顷在兵备处,已训令防军,痛予歼劓。张泽锦瞋目大呼曰:去专制而求自由,吾侪百死勿惮,若满奴,末日已至,尚作威福耶?何不扑杀此獠!胡刚、陈树燊等和之,呼声震屋瓦。玉麟狼狈欲夺门,谭西庚徐曰:张书记员热度高,状类狂易,惊大公祖矣!然所言实代表一般民意,愿公归报沈公,速定大计。玉麟复命,瑜庆问防军究可恃否,玉麟无言。或曰:姑舍防军,卫队营大帅豢养,缓急当无他。瑜庆召卫队营管带彭尔堃,尔堃系白徽而至,已反正矣。瑜庆窘极,手书承认贵州独立,钤盖关防,命玉麟持送谘议局。谭西庚、张百麟接受之,升汉字大旗,蒙谘议局榜以大汉贵州军政府,揭安民露布,鸣金伐鼓,聚众而告之。比及黎明,白徽塞道,开城纳常备军、陆军学生,分兵保护藩库、劝业道库、官钱局、军械局及外国教堂教士,市廛不惊,秩序井然。英法人驰书归语其国者,佥以动作文明,啧啧称赏焉。

第十一章　军政府之组织

革命成功,诸领袖宣言服从民意,尊重民权,谘议局为唯一民选机关,遂为政本所出。九月十四日黎明，临时都督杨荩诚率常备军入城，就军政府办公。谘议局召集紧急会议，征询各方意见，即以其日下午，公推杨荩诚为都督，赵德全副之。又推定枢密员七人，张百麟代表自治学社，任可澄代表宪政预备会，杨昌铭代表宪友会支部，陈友栋代表宪政实进会支部，雷达代表政学崇实会，具联立内阁的形式。周培艺以始创报界，平刚以先人民党资格参加之。军政府组织由枢密员全权处置，并郑重申明，七百万人之生命财产，悉以相付。百麟等一方接收旧官署，一方着手新建设，十六日移军政府于前巡抚衙门，各领袖缜密讨论，议决组织大纲：

一、军政府合都督、行政总理、枢密院三部份组成之。

一、都督专管军事。

一、行政总理主办民政。

一、枢密院赞画军事、指导民政。

一、都督府设参谋、副官两处，军政、执法两部。

一、行政各部曰民政、曰财政、曰学务、曰实业、曰交通。

一、枢密院设秘书厅。

一、临时期间以三个月为限。

一、部长以上政务官，均纯尽义务，不支薪俸。

各机关首领人选如下：

枢密院院长张百麟　副院长任可澄

行政总理周培艺

民政部长陈永锡

财政部长蔡岳

学务部长谭璟

实业部长黄德铣

交通部长孙镜

总参谋长陈钟岳　参谋长周凤文

副官处长

军政部长廖谦

执法部长蓝鑫

秘书厅长陈廷棻

推平刚起草条文，定名曰大汉贵州军政府三个月期间之约章，咨请立法院同意公布。本约章之精神，首在确定临时期限，明示社会，无所贪恋，令法诚善，令人诚才，民所归往，继而续之可也。万一法有不善，人有不才，咄嗟改组，亦无大害。复次则军民分治，贵州去敌绝远，无施行军政之要，且防武人专横之渐，并树文人，藉开民治规模。尔日立法之用心，盖亦思深哉。刚于开会时又力陈，两党执政，结果不良，宜循立宪国常轨，一党负责，又一党监督。任可澄默然，张百麟则主尽量容纳各方人才。厥后乐嘉藻、彭述文、朱焯、李泽民而外，周恭寿、刘显世、戴戡，皆被延揽入枢密院。外表非常弘大，而按之实际，良不能行使政权。军政分面之设施，事前既不相关白，事后亦漫无责任，丛脞龃龉，不可殚诘。百麟愤欲避贤，而时势不许，乃变计巡视上游。立法院亦悔择帅轻率，始有荩诚北伐之主张。

中国史学会主编《中国近代史资料丛刊·辛亥革命》(6)，上海人民出版社 1957 年版，第 444～448 页

《贵州军政府檄文》：

贵州军政府为檄知光复贵州公订约法事。照得吾族为神明之世胄,中华为吾族之国土,中华主人,当然吾族,有史以来盖四千余年矣。间或异族占领,大都不久恢复。何物鞑子,竟盘踞至今,二百六十有八载。其敢行暴虐也,如扬州十日之屠全城,南山一狱之戮千人者,何可胜数。其歧视汉满也,如满人生给口粮,而汉人永纳丁税,汉娶满则罪夫,满娶汉则罪妇等,亦何可胜数。即此贼民,应行革命,况其祸国,尤有罪大恶积之事实。(甲)不重屏藩,割去澳门、香港、台湾、澎湖列岛四领土一也,丧失越南、缅甸、暹罗、不丹、琉球、朝鲜、西土耳其斯坦七属国又一也。(乙)不固边围,西南画脱云南地万余方里一也,西北画脱新疆地十余万方里,乌梁海地百余万方方里又一也,东北画脱黑龙江及吉林两省地三百余万方里又一也。(丙)不患心腹,租久假不归之租借地旅顺、大连等若干处一也,开外资侵略之大商场上海、天津等若干埠又一也,立不让予他国之卖身契山东、福建等若干省又一也,放弃至重且巨之所有权路、矿、航空、海关等若干事又一也。(丁)不节财流,乞和而甘认赔款十数万万两一也,挥霍而滥举外债数十万万两又一也。总之对于各国专订最惠优先极不平等之条约,对于吾族,抱定宁赠朋友,不赠家奴之恶心,祸国至此,敢不速锄?再延时日,亡国灭种矣。前有郑成功革命不成而亡,继有洪秀全革命垂成而败。今我民党,赓续起义,不辞万死,终图一生,已于八月十八日光复湖北,九月一日光复湖南,我黔中同志分头联络军界学界,一致进行。如火如荼,如熊如罴,满吏震詟,自巡抚沈瑜庆以下,解印归降。本日黎明,在贵阳成立贵州军政府,光复贵州,公订约法:(一)男子一律剪发。(二)家悬汉字旗,用白布制,大不过见方五尺,小不下见方二尺五寸,中书汉字。(三)公务一律公决。(四)公务人员听候本军政府命令,不得擅离职守。(五)杀人者死,伤人及盗抵罪。(六)伪官属及旗人,一律保护。(七)敢抗本军政府命令者斩。谨此七章与我全黔各色人等等约。行见全国响应,直捣黄龙,组织政体,惟一共和,统治中华,惟一吾族,千万斯年,永永无极。露布中外,咸使闻知。此檄。贵州军政府都督杨荩诚章,副都督赵德全章,枢密院院长张百麟章,行政总理周培艺章,大汉黄帝纪元四千六百五十九[零九]年九月十四日印,印文曰大汉贵州军政府印。

中国史学会主编《中国近代史资料丛刊·辛亥革命》(6),上海人民出版社1957年版,第450~451页

《杨都督就贵州独立致鄂军政府电》:

黔军于黄帝纪元四千六百零九年九月十四日宣告独立,已派初等参赞袁来鄂连络,以备来援北征。都督杨。寒。

《开国文献》第2编第3册。贵州省社会科学院历史研究所编《贵州辛亥革命资料选编》,贵州人民出版社1981年版,第12页

《通谕全省文武官吏》:

照得本省于本月十四日子时军民全体反正,所有全省司道、各府厅州县、各路绿练、各营文武官员均照常任事,由军政府委任士绅副署。其有所属教堂、教士及游历旅居之外国人宜先事极力保护,并严防土匪乘机窃发,不能稍涉疏忽,致干未便,至以后一切申禀收件,均直接投递军政府,听候准驳。切切此谕。右谕全省文武官吏。准此。

曹荣编《各省独立史别裁·贵州省》。贵州省社会科学院历史研究所编《贵州辛亥革命资料选编》,贵州人民出版社1981年版,第13页

《1911年12月4日清帝国贵阳邮政司都德哈致英王陛下驻云贵总领事额必廉的半官方来函》:

当贵州仍在犹豫之际,收到云南府的来电,这决定了事态的发展,并使人们采取断然行动。巡抚的政策是"等等看"和随大流。云南独立使事态发展加速。两湖来电接连到达,催促贵州效法其例。三天来(11月1、2、3日)谘议局绅士和校长们在一起商讨,但是新军指挥

袁统领不赞成他们。我得知缺乏资金是他的主要异议,但我不能确定。昨晚袁受到攻击,不过设法逃脱了,他很受部下欢迎。巡抚拒绝签署文件同意宣布独立,但最终让步,匆忙发表了宣言,大约五六百名新军入城维持秩序。我必须提到,其余的新军士兵正远在四川作战。所有的学校都参与此事,学生们领到枪支,担负巡逻。我听说武备学堂学生是运动的实际组织者并率先发难,新军加入了他们的行列,接着是炮兵、巡抚卫队和所有学校。据说巡抚命令士兵开枪,但他们拒绝服从命令。正在召开的特别会议选举领导人,巡抚被提名,如果他拒绝,将采取善后预防措施使其在将来不致为害。他们想要一位高级官员来指挥,若不行,就选一名谘议局成员。已派兵守卫教会,各衙门和公共机构受到特别保护,按察司衙门和贵阳府是安全的,其基本保护已得到确定。商业仍在进行,但随着事件的迅速发展出现了相当的混乱。

《1911 年 12 月 13 日清帝国贵阳邮政司都德哈致英王陛下驻云贵总领事额必廉函》:

我相信本月 4 日的信您已收到。人们胸际缠着白带,家家房屋飘着写有"大汉革命"字样的旗帜。土匪活动加强,商、民团(保护商人和百姓的部队)已组成,每户出一人巡逻。秘密会社,特别是"哥老会"令人感到恐怖,到处路途不靖。他们在光天化日之下抢掠杀戮。在这里和遵义之间,我的邮包被抢(后来又被找到),而巡抚、布政使和其他回家的官员均在途中被抢。新军和巡防(旧式士兵)似为祸根,昨晚炮兵闹事。武备学堂学生也正在惹是生非。人民自己进行预防,竖栅栏,组织民兵等。所有前高级官员均因拒绝在新政权之下任职,而离开贵阳。诸省各城镇逐渐宣布独立。所有的外国人情况尚好,不断获悉形势的发展,万一有事发生,路上是危险的。银行处于贵州首富之一、可靠的华先生的指导之下。军政府总部迁往前巡抚衙门。赵德全为副都督,最高指挥权由杨柏舟以军都督名义掌握;他们组织了几个机构,任命了新官员。互相嫉妒和争吵盛行,成立了两个新协会监督军政府的所做所为。

国家清史编纂委员会文献丛刊《辛亥革命史资料新编》第 8 卷,湖北人民出版社 2006 年版,第 205 页

△ 清新军第六镇统制、署理山西巡抚吴禄贞与山西都督阎锡山计议组织燕晋联军,直取北京,推翻清廷。

阎锡山《阎锡山早年回忆录》:

我正与诸将领及幕僚人员集议如何迎击清军进攻,忽有清军第六镇统制(师长)吴禄贞将军之参谋周维桢君持吴函来见。吴将军给我的信,开首说:公不崇朝而据有太原,可谓雄矣。然大局所关,尤在娘子关外。继又说:革命之主要障碍为袁世凯,欲完成革命,必须阻袁入京。若袁入京,无论忠清与自谋,均不利于革命,望公以麾下晋军东开石家庄,共组晋燕联军,合力阻袁北上。吴禄贞将军为士官同学,惟较我早四期,故前未之识,但我深知其归国后,积极致力于革命工作,故当时即拟以同意复之。但我的幕僚人员则以为应防其诈,我说:岂有骗人的吴禄贞么?他们都说:今清廷势力尚属完整,不能不加防范。于是决定先与吴军合歼旗军,以清晋燕联军之障碍。当托周维桢君建议吴将军先令旗军攻固关。晋军击其前,吴军击其后,旗军歼,晋燕联军之举自可实现。

从周维桢君的谈话中,知道在太原起义之同日,驻滦州清军第二十镇统制张绍曾,协统蓝天蔚驰电清廷,促请立宪,并削去皇族特权,组织责任内阁。清廷深惧滦军兵临城下,一面令资政院起草宪法,对张等传令嘉奖,一面派吴禄贞将军赴滦宣抚。张、蓝、吴同为士官同学,且志同道合,吴将军乃在滦军中鼓吹革命,全军为之感动。比得悉清廷令第六镇军攻晋,乃疾返军次。始欲只身入京,吁请清廷正视大局,延缓攻晋,继虑恐因滦事被执,乃诡以招抚

晋军入告,清廷虽疑其不诚,然卒以山西巡抚授之,冀以爵诱。殊不知革命志士只一义,非利禄所可动摇,清廷此一任命正给吴将军一个联晋覆清的护符。

周归后,我复使当时担任参谋职位的士官同学仇亮促吴进兵,并在电话中与吴开玩笑:将军为巡抚所动了罢!吴回覆我说:这是那里话,我们应该当面谈谈,共罄所怀。于是我们就约晤于太原石家庄间之娘子关。吴将军于九月十四日(太原光复后六日)偕旅长吴鸿昌、参谋何燧[遂]依约而来。吴与我谈话中,述及袁世凯所练六镇新军,除第一镇为旗人,第六镇为吴部外,其余统制,皆为袁之私人。清廷虽忌袁,此时又必须用袁,故九月十二日宣布摄政王载沣退位,内阁总理大臣庆亲王奕劻罢黜,十二日即授袁为内阁总理大臣。袁一入京,则六镇新军为袁用,即为清廷用,吾辈欲成大事,必须阻袁入京。我对他的看法,立即表示赞同。当时因吴将军只带少数参谋人员进入山西革命军防线之内,充分表示他的诚意,于是我的幕僚人员亦均释其疑虑,不再坚持先歼旗军的条件。我遂即决定派一个混成旅至石家庄,与吴将军所部合组燕晋联军,吴任都督,我任副都督。

阎锡山《阎锡山早年回忆录》,传记文学出版社 1968 年版,第 25 ~ 28 页

何遂《辛亥革命亲历纪实》:

十六日午后一时,我随吴禄贞抵达了娘子关。阎锡山亲自来迎,并召集了山西重要将领,请吴禄贞训话。吴登台演讲道:"兄弟们!现在山西的成败很要紧。山西的独立使京畿震动。我已经和二十镇统制张绍曾、协统蓝天蔚联系好了,山西的军队,张、蓝的军队,加上我们第六镇的队伍,回师北京是一定可以成功的。现在袁世凯派人到武汉捣鬼,他是有阴谋的,我们如果早到北京,就可以把他的计划完全打破。因此,山西的成败关系重大。再则,山西是我们中华民族最重要的堡垒。将来中国一旦对外有事,海疆之地是不可靠的,那时候,山西要肩负很大的责任。所以山西要好好的建设。"这一番话,讲得台下鸦雀无声,在场的人无不深受感动。吴禄贞又说道:"现在北京授命我做山西巡抚,我是革命党,这对我真是笑话。阎都督是你们山西的主人,我是替他带兵的。"阎锡山在一旁举手高呼:"我们拥护吴公禄贞做燕晋联军大都督。"台下欢声雷动。会议便这样结束了。

中国人民政治协商会议全国委员会文史资料委员会编《辛亥革命回忆录》第1集,中华书局1961年版,第476 ~ 477页

孔庚《先烈吴禄贞石家庄殉难记》:

他很高兴告诉我,他和阎锡山已经商量好了,张绍曾那里也派代表去接洽了。将来张从京奉路发动,我们从京汉路发动,黄河桥由阎锡山派兵守住。黎元洪派大兵来夹攻袁世凯,看袁世凯往那里跑。只要灭了袁世凯,宣统小孩子不成问题。说得高兴,忽然笑起来。又说宣统这个小孩子和一般满大臣有什么用,要紧的还是袁世凯。袁世凯不去,民国没有希望。北京定了。我一定亲自督师南下打他。袁世凯是我们的大敌,袁世凯一败,什么都好办了。

辛亥首义同志会主编《辛亥首义史迹》,1946 年版。丘权政、杜春和选编《辛亥革命史料选辑续编》,湖南人民出版社1983年版,第251页

《宣统三年九月十五日上谕》:

电寄吴禄贞。据电奏初九日革军行抵井陉。适我军十二混成协赶到正定,协统吴鸿昌率领马、步各队星夜奋进,正定管带何立朝竭力相助,遂于初十〈一〉据有井陉。十一日亲赴井陉督师进剿,占领蔡庄。革军退守滑驴岭。十二日与革军接战,相持一日夜之久,革军不支,退守娘子关,虏获数十人,卸其军械,开诚劝导,即行释放,并将改良政治谕旨印刷多张,饬俘虏带回布散。又派参谋官朱鼎勋驰入敌阵,广为开导,以示朝廷不得已用兵之意。又电奏我军两路进攻,颇获胜利,当派副官知府周维桢等驰入敌军,晓以国家艰危之大局,及改良

政治之苦心,已允输诚。顷已下令停止攻击,并即单骑赴娘子关抚慰各等语。办理均合机宜,应即照所拟办理。该署抚单骑往抚晋军,尤属忠勇可嘉。著将抚慰情形,随时迅速电奏。

沈云龙主编《近代中国史料丛刊·宣统政纪》第63卷,文海出版社有限公司1989年版,第25~26页

《宣统三年九月十七日上谕》:

电寄吴禄贞。电奏悉。筹画备极周妥,群情安帖,顺受指挥,朕怀甚慰。应刊山西巡抚行营木质关防,著该署抚自行刊刻启用,以昭信守。现在山西各属伏莽尚多,应即驰赴省垣,接任视事,藉资镇慑。所请六镇十二混成协暂留山西之处,著军谘府陆军部酌核办理。

沈云龙主编《近代中国史料丛刊·宣统政纪》第63卷,文海出版社有限公司1989年版,第34~35页

△ **清廷准袁世凯奏,命前敌各军停止前进。**

《宣统三年九月十四上谕》:

顷适据袁世凯电奏"奉到初九日恩旨四件,已令各军停进,一面出示晓谕招抚,并向武昌宣布德意解散"等语。办理甚合朕意,并著将十二日准资政院起草宪法,十三日颁布信条谕旨,一并宣示,仍恐远迩未及周知,用再谆切宣谕有乱事省分,凡统兵大员务皆仰体朕心,剀切布告,妥速安抚,俾皆晓然朝廷实心与民更始,不忍再以兵力从事之意。人同此心,心同此理,或亦可涣然冰释乎。

沈云龙主编《近代中国史料丛刊·宣统政纪》第63卷,文海出版社有限公司1989年版,第17页

△ **袁世凯请辞内阁总理大臣,清廷优诏慰勉。**

《宣统三年九月十四上谕》:

袁世凯电奏"内阁总理任极重大,深虑弗克负荷,恳请收回成命"等语。现因时局阽危,群情俶扰,非实行改良政治,无以弭乱源而维邦本,故俯从臣民之请,另行组织内阁,与民更始。该大臣久历中外,诚信素孚,且世受国恩,秉性忠亮,必能竭诚赞助,力顾大局,故特授为内阁总理大臣。该大臣务宜追念先朝倚畀之隆,体念时事艰危之极,勉为其难,毋再固辞,并著迅速来京任事。

沈云龙主编《近代中国史料丛刊·宣统政纪》第63卷,文海出版社有限公司1989年版,第18~19页

△ **是日晚,杭州新军会同上海敢死队进攻抚署,俘巡抚增韫。次日成立浙江军政府,举汤寿潜为都督。**

吕公望《辛亥革命浙江光复纪实》:

八月廿二日,庄之盘、姚勇忱由沪至杭,邀集朱瑞、顾乃斌、朱健哉、吕公望就白云庵秘议,未能作出决定。次日再开会于凤林寺,又无结果。公望为避侦探耳目,乃建议第三次集会于二我轩照相馆楼上的酒肆,结果还是没有定议。庄、姚两同志因沪事急,廿五日遄返上海。公望亦于次日应尹锐志电召往申,互相会合于锐进学社。公望回杭后,密约朱瑞、顾乃斌、韩肇基、朱健哉潜在城隍山四景园,藉品茗为烟幕,聚议革命进行事,经公望报告在申接洽经过后,即席作出如下决议:一、采取今日由朱瑞新介入会的褚辅成的提议,起义时拥汤寿潜为浙江都督以资号召,即由褚辅成担任向汤接洽。二、采取朱瑞提议,城内有防营及旗兵三千人,械弹充足,新兵仅仅在数目上可以相抵,而子弹每人十粒,恐难持久,必须促王金发迅返绍兴独立,请吕公望赴缙云督吕逢樵秘运民兵迅往富阳独立,如此可诱城兵外御,以孤其势,我方减轻压力,发难就易。三、定九月十九日为行动日期,并约定公望于事前赶回协

助,一切会内应有事宜,则由童保暄代吕负责,四、采取吕公望提议,由新会员褚辅成往上海李柱中处秘运手枪二百枝,到艮山站交由王桂林派宪兵接运抵杭,匿于万松岭敷文书院。议毕,公望遂约童保暄、王萼、王桂林、傅其永、孔昭道至其住室,告以决议情形。并面授机宜说:一、视杭州局势之发展,需要我返杭州,可按我留下的行程表电告。二、光复会戳记交童保暄,有事发生,则五人共同商处。三、各标营队的负责人,按我所交表内分次个别招来谈话,以便利临时所发生之命令易于生效。

公望离杭过永康,老会员程士毅、胡庸来会。程以风声日紧,谓吕亲往缙云,目标太大,为防途中有失,不如另派人往招吕逢樵来永商议,可免官方属目。公望及倩人前往,逢樵在处州派吕钦广、吕月屏来商,公望在永布置二日,即于十三日遄返金华。十四日晨,徐晋麒持来童保暄所发电云:杭复,抚擒署焚,余无恙。我乃专船赶回于十六日抵达杭州。

公望出差期间,童保暄以光复会木戳在手,发号施令,不假他人,兼之听了王桂林叙述各方联络经过情形,以为用不了多大气力,当可唾手而得省垣,于是心薰利禄,要趁公望未回杭前快着先鞭,预为夺功地步。乃不顾王桂林、傅其永、孔昭道之劝阻,竟于九月十三日夜先行发动了。

中国人民政治协商会议浙江省委员会文史料研究委员编《浙江辛亥革命回忆录》,浙江人民出版社1981年版,第163～164页

褚辅成《浙江辛亥革命纪实》:

宣统三年八月十九日(夏历),武汉首揭义旗,革命军占领武昌,举黎元洪为都督。当晚杭垣仅得简报,未知详情,八月二十一日,陈其美亲自来杭,谓武汉已有密电到沪,促各省响应,次日约集顾乃斌、褚辅成、吕公望、朱瑞、黄元秀、吴思豫、俞炜、童保暄、傅孟等,在西湖白云庵意周和尚处密议。当时军界同志,分急进缓进两派,意见未能一致,决定分头着手准备,七日后再议具体办法。第二次会议,八月杪在城隍山举行,陈其美派姚勇忱来杭参加,顾乃斌等表示,陆军方面意志,俱甚坚决,响应不成问题,惟在杭新军两标,皆驻扎城外,而每一士兵子弹,不满五个。城内驻防旗营兵多械足,加以抚台衙门扎有巡防营一营,卫队两连,军械局亦有巡防营驻守,总计反革命实力确占优势,若无外援加入,恐有失败之虞,必须发动浙东同志,组织敢死队来任先锋,庶有成功把握。计算各地来杭路程,一个月方能集中,故发难日期须在九月二十日以后。是日决定分往宁、绍、台、金各属,集合同志率领来杭,吕公望担任往金属召集,绍属请王金发担任,宁台两属由姚勇忱返沪分头通知。九月初,陈其美派黄郛来杭,与各同志相见,并催促进行,复在城站集议决定,加紧筹备,并推褚辅成赴沪,商请陈其美筹发炸弹印信及发难费,褚辅成前往洽商后,陈其美嘱其先回主持筹备事宜,所需各物随即送来,一面派屈映光赴宁波运动新军营长许耀、叶颂清等同志发难,均表赞同。谢飞麟、胡士俊、陈成奉党命在绍嵊筹发难费,并约集盛钟彦、望潜庵、王冠荣、王贵法、王增运、王敬祥、裘美根、马香兔、施金德等数十人,星夜分班至杭充敢死队干部。九月初十日左右,庄之盘送来发难费三千六百元,吴文禧送来浙江都督印信。陈以义随身运送炸弹一箱,到杭时,恐被检查,留置车站,幸站长及职工均表同情于革命,设法藏匿,得未败露。是时杭垣警察,由夏钟澍、雷家驹负责接洽,一致表示赞助。守卫抚台衙门之巡防营营长金富有,亦由雷家驹说服,接受革命军委状,升任团长。各地革命同志,已有数百人陆续来杭,特借凤山门内李绸裳住宅设立总机关,日夜会商,布置皆已就绪,遂决定九月十五日破晓前发难。分配任务如下:(一)陆军第八十二标标统周承菼,已由吴思豫说妥加入革命,请其率领全标部队由凤山门入城,攻击抚台衙门;第八十一标代理标统朱瑞,率领全标部队由艮山门入城,攻击军械

局，警戒军队为两标取得联络起见，推驻扎城内之宪兵司令部执事官童保暄为临时总指挥，并负开启城门之责。（二）敢死队商定分为两队，张伯岐、董梦蛟等带领一队，配合陆军第八十二标任前锋，王金发带领一队，配合陆军第八十一标任前锋。（三）警察担任监视藩台衙门与大清银行，并维持地方秩序。（四）政治组织由褚辅成联络谘议局陈时夏、沈钧儒、张传保等设计准备。至九月十四日，各地革命领袖王金发、谢飞麟、王文卿、蒋著卿、屈映光、周琮、陈泉卿、章济时、张伯岐、孙乃泰、黄梦蛟、计宗型、盛钟彦等，均已齐集杭州，傍晚分发炸弹于敢死队，并以大炸弹两枚交勇士陈占芬潜伏抚台衙门间壁民房上，轰炸抚台上房，部署既妥，晚餐后，分头出发，迨午夜一时，陆军等八十二标由吴思豫、顾乃斌协助，周承菼率陆军，□□□（蒋介石）率敢死队进城，直扑抚署驻军，同时陈占芬所持炸弹，掷中抚台上房，顿时着火延烧，敢死队冲入抚署，大门卫队略事抵抗，旋即降服，巡抚增韫及眷属皆被擒。第八十二标朱瑞与敢死队王金发，进攻军械局驻军，亦已得手，取出炮弹枪弹多箱，两标部队在城站会合，发给子弹后，各拨一部包围驻防旗营。十五日拂晓开始攻击，旗兵初甚顽抗，屡图冲出反攻，途派吴思豫督率金富有巡防营猛攻，旗兵恐遭革命军屠杀，激战半日，依然闭门坚守。午后四时，陆军在城隍山架炮连发数十弹，一面由汤寿潜（蛰仙）作书劝降，旁晚将军派代表到谘议局见汤，接受投降，深夜派吴思豫、傅孟入旗营办理缴械。光复杭州之军事行动，至是虽告结束，而上海尚未稳妥，乍浦驻防有反攻省城之谣，故由□□□（蒋介石）等回沪，协助陈其美、黄郛策应各省，镇慑淞沪，组织都督府与大本营诸事，并派顾乃斌率营赴嘉兴，抚绥平、乍一带地方，尔时南京未下，即派朱瑞出师会攻，事详下节军事篇。

浙江省军政府之组织

武汉起义，推翻清廷所派总督等各机关后，立即推黎元洪为湖北省都督，其后湘粤赣等省响应，皆沿用都督名义，或由革命军推戴，或由各界推举。发难数日前，顾乃斌邀朱瑞、黄元秀、吴思豫、褚辅成等十余人，在其家中商讨都督人选，朱瑞首谓：军界中无人愿居高位，拟推辅成担任此席。褚答称：东南及江北各省均在观望中，吾省宜推一员有重望者担任，方足以之号召，革命较易成功，汤寿潜先生为沪杭甬铁路争回自办，众望所归，堪膺此选。众赞成，九月十二日晚间，褚辅成密商谘议局副议长陈时夏请其次日赴沪迎汤，九月十四日上海已宣布独立，九月十五日晨，先由浙省铁路城站发电，专送浙江旅沪学会，报告光复情形，请汤即来。汤寿潜偕陈时夏、王清夫、高尔登、韦以黼等乘专车，下午三时到杭，各界即在谘议局开会欢迎，当场推举汤为都督。汤就职后，宣布全省免粮免税一年，并发表军政府各部部长名单，同盟会会员只有褚辅成一人。革命军各军官及参加光复杭州之各地领袖，次日集会讨论，王金发提议谓：秋瑾被害，喧传汤寿潜曾赞一词，不应举为都督。力主改选，附和者不少，褚辅成表示反对谓：湖南焦都督就职务三日，即被倒，舆论颇多批评，浙省若再演倒督恶剧，国人将视光复义举为争夺权利，有碍革命之进行。劝王收回此议，王态度颇坚决，不肯接受，褚誓死力争。于是议决都督暂不更动，推周承菼为总司令，负军事全责，推褚辅成为政事部长，负民政全责。九月十七日召开各界代表大会，宣布军政府都督之下，拟设总司令部及政事部，吴思豫报告军界各同志已举定周承菼为总司令，所有陆军及巡防营皆受其节制指挥，政事部长拟推举褚辅成担任，所有民政、财政、交通、外交、教育、实业皆归其总揽，众无异议通过，浙江省军政府之组织，乃告一段落。旋王金发回绍兴组织军政府，练兵准备北伐，名义亦称都督，处州吕逢樵起义，众拥戴为处州府都督，遂由军政府通令，十一府各设军政分府，特派民政长一员，职权等于知府，以资统一，军政府内复设参议会为临时议事机关，张恭、吴思豫、顾乃斌、庄崧甫、黄元秀、陶成章、蒋著卿、李絅裳、庄辛塈、周淡游、张浩、方鸿声等皆被举为参议员,凡施行全省之重要政务及一切规章,参议会均有议决权。未几,政事部以所管事务过于繁重,提请参议会议决,将财政划出独立成为一部,并推举庄崧甫暂任部长。庄受任未满两星期,又以不胜繁剧辞职,经参议会推举高尔登继任,仍请庄担任盐政局长,财政部遂初具规模。旋以设立民意机关不容稍缓,通令各县各举代表一人组织临时省议会,于民国元年一月成立,选举莫以明为议长,决议案之最重要者,为制定浙江省临时约法,军政府官制及本省预算。官制分为两大系统:一为军事,仍设总司令部,总揽一切军政。一为民事,分设四司:(一)民政司,(二)财政司,(三)教育司,(四)提法司,皆隶属于都督,此例直至各省临时约法废止,始照中央官制所规定实行改组焉。

《浙江省通志馆馆刊创刊号》,1945年2月15日出版。中国史学会主编《中国近代史资料丛刊·辛亥革命》(7),上海人民出版社1957年版,第153~157页

顾乃斌《浙江光复综述》:

鄂湘两省光复,沪杭间之准备举事,并同志黄介卿、黄竞白等,亦已周妥。王金发、蒋介石、王文清、张伯岐、董梦蛟、孙贯生、蒋著卿,同率敢死队一百余人,于九月十二日到杭,由庄之盘招待,分寓奉化试馆、仁和火腿栈李汉臣家。嗣由方鸿声介绍设临时机关部于五奎同李絅裳家。

十三夜,上海已光复,并已占据制造局。浙军同志闻信之后,各志士遂决定于次夜两点钟光复杭城,以清泰站为临时司令处。

十四日,俞炜派钱寿彭至硖石、长安等处,采办饼干茶食二三百斤,为晚间干粮,约王涛派同志二三人赴嘉兴,预备晚间剪断电线以绝交通。十四日下午二时,顾乃斌派傅孟至临时总机关部,对准时刻,及购买携带电灯,各队分用。

十四日下午七时,傅其永送手枪子弹数百粒于顾乃斌营中。并傍晚时,庄之盘运动电话公司经理徐述尧,并派沈剑生运动抚署卫队司务长孔昭道,均极赞成。

是晚,一标由笕桥出发,二标从南星桥出发,陆军警察营队官傅其永、童保暄、王桂林,排长周光杲率同宪兵,会同工程营前队三排排长陈湪,率本排目兵开望江门之新城门。其左队队官来伟良、排长徐康柽、朱练、薛志超、郑戬,率同本队目兵开艮山门。两标兵士得以分道长驱直入。其工程营之前队队官阮钟良,偕同一排排长赵立、二排排长奚骏声,则在城内破毁电话杆线,并占据电话局以阻交通。其时二标三营前队司务长骆虎臣,同志庄之盘等亦在焉。

是晚,临时司令部发出口号为"独立"二字。步马炮工辎各兵士及炸弹队,左手均缚白布以示识别。

是晚,雷家驹担任分旗子于各防营,并传达口号。

是晚,黄凤之、徐乐尧、汪少初,担任派人在通衢街巷粘贴告示。

是晚,顾乃斌与参谋官吴思豫、副官傅孟、冯炽中商议,深恐事机泄漏,城不易开,特派三营后队排长陈绍琳,携带手枪,率领兵士数人,强迫闸口站长单放车头,以备撞城之用。俟车头到南星桥,望江门之新城门已启矣。

是晚,顾乃斌邀集一营管带徐则恂、二营管带徐卓,并各官长会议。目兵闻之,均各磨砺以须,异常欢跃。蔡协统闻之,遂他逸。

是日午后五时,陆军小学队官周亚卫,外来军人吕和音、钱骞、赵成之等,敢死士周六介等,及代理一标统带朱瑞、二营管带韩绍基、炮队队官徐士镳、鲁保士等,均齐集于俞炜家内,商议是晚进兵道路及实行攻击任务。至十时,由朱瑞发号令,集合队伍。不数分钟而全标将

校目兵已臂缠白布，手持武器，齐集操场，雄赳赳气昂昂，人人有撼山岳、移河海之概。当由朱瑞宣告革命宗旨，宣毕，发给各队子弹。即下出发及攻击命令：

一、敌人在杭城方向；

二、本军有攻破杭城及实行占领各重要机关之任务；

三、第三营督队官俞炜率兵五队为前护队，出本标大门，沿铁道进艮山门（艮山门已有工程队担任开门），至蒲场巷陆军小学堂门口，会同王金发所带炸弹队，进攻军装局，攻破后即行占领；

四、第二营管带韩绍基率兵六队为本队，有占领自闹市口起至武林止，沿大街通旗营各要道之任务，距前护三百米突，随进艮山门后，即留第十一队之大排驻守艮山门；

五、余下新兵一队看守营房；

六、予在本队队头。

前护队命令：

一、敌人在杭城方向；

二、本队有攻破军装局及实行占领之任务；

三、第一队为前护支队，由王队官家琦带领，进行道路与统带命令同，即时出发；

四、二，三，四，五队为前护本队，距前兵一百米达随进，第二队由张队官品三带领，第三队由林排长蔚带领，第四队由潘队官耀祖带领，第五队由王队官伟带领，有阻止土桥至万安桥一带通路敌人前进之任务，各队相距三十米突随进；

五、予在前兵队头。

第二路攻击命令：九月十四夜十二点钟

一、敌人在杭城方向；

二、本队有攻击旗营，及占领自闹市口起至武林门止，沿大街通旗营各要道之任务；

三、第一队占领钱塘门，由吴队官国栋带领，第二队占领众安桥，由徐排长克丛带领，第三队占领官巷口，由童队官必挥带领，第四队占领闹市口，由吴队官有祥带领，第五队为游击队，由张队官振岳带领，有援助各占领地之任务；

四、予在官巷口。

当时朱瑞、俞炜率一标三营入城后，即攻军装局；王金发、孙贯生率敢死队助焉。排长陈国杰身先士卒，奋勇直进，枪伤头部，势甚凶险，旋由兵士舁入医院，并有王文清、于少秋之朋友杨某，死于军装局门首。第一营、第二营均率全营队伍分攻旗营。其警戒线一营由涌金门起至官巷止，二营则由官巷起至钱塘门止。当三营攻军装局时，有陆军小学堂教习葛敬恩、班长吕焕光、赵武，率领多数学生作向导。

是晚十时，顾乃斌派目兵绝断凤山门外之电线，复邀集各官长察阅地图，分道进兵。并命各营官长给发子弹，撕分白布，并与参谋拟就命令。至十二时，目兵归队，即请二标统带周承菼宣布革命宗旨及命令：

一、敌人在杭州城内；

二、本军有破坏衙署局所及占据各机关之任务；

三、第三营顾管带乃斌、督队官傅孟，率全营兵士为第一路，沿铁路至望江门新城门，攻毁抚署，二营徐管带卓为第二路，进城防守抚署，后卫一营徐管带则恂为第三路，进城占据运藩等署及各银行；

四、予在杭州城站。

攻击命令　九月十四夜间二时在南星桥营发

一、敌人在杭州城内;

二、本营有攻击抚署之任务;

三、斯队官资深率领第一队进城,由望仙桥直街绕元井巷至通江桥一带攻击,刘队官凤威率领第二队进城,由金钗袋巷至镇东楼一带攻击;

四、其余三队由陈排长鼎康率领,第四队由第一营之后队拨入,由潘队官伯勋带领为预备队,进城由羊市街过车驾桥,沿河下至保安桥停止候令;

五、予在第三队头。

是晚第一路出发进城后,第二路徐卓率领第一队魏斌、第二队葛振、第三队彭光耀、第四队钱向彬等,依命令分赴各地防守,第三路徐则恂率领第一队赵膺,到运署织造衙署,第二队占据大清银行浙江银行,第三队保护兴业银行及各银号。于是第三营之右队由张士虎带领,保护周司令赴杭州城站。

蒋介石任炸弹队临时指挥官,第一队张伯岐带领,第二队董梦蛟带领,第三队孙贯生带领,为豫备队,偕步队二标三营攻毁抚署。霎时炸弹声、枪弹声、呐喊声不绝于耳。抚署卫队并不反抗,惟其机关枪教练官施放一次,幸未伤人,及第二次施放已被卫队目兵夺去机关【枪】,抚署则无抵抗力矣。于是目兵以洋油引烧二堂庭柱,当即蔓延至抚署。左近民间房屋均未延烧。当时抚署卫队之司务长孔昭道,及保护抚署之巡防队兵士,均送给子弹于第三营无吝色,而第三营出发时并有理化家计宗型,随同攻毁与有力焉。

是晚,王文清等分派炸弹队堵截满营。

抚署卫队,经傅其永运动司务长孔昭道,联络妥洽,惟其管带赵春霖反抗如故,执之。巡抚增韫则由后卫墙洞逃逸,由二标兵士获交傅孟带至福建会馆,增韫之母及妻孥派兵妥送该处。

是晚辎重营管带白钊、前队队官钱守真、左队队官王昺离,率领目兵占据藩署、学署、粮道等署。是晚,炮队由张国威偕同中队队官徐士镳、左队队官鲁保士,率领兵士跟随一标进城,至杭州城站候令。马队排长钟玉成、王振,司务长莫守庄,率领全数马兵担任传令及搜索。是晚,中城巡官张翰廷亦令巡兵占据电报局。

是晚,车驾桥附近,有旗人文海,内藏嘉防沈棋山巡陆营一队,由文海指使,希图反抗。当二标三营预备队通过时,由内发枪,幸未伤人,唯正目端木祥,跳弹飞来稍受微伤。陆军讲武堂学生余耀祥,于是夜刺死反抗之旗人学生一名。

是晚,陈占汾、周炳钰至金钗袋巷杨馥斋家楼窗口狙伏,一闻枪声,向抚署掷十二磅铁壳大炸弹两枚,胆诚壮也。是晚,沈滨、陈世岳、陈钦安、周伯龄、朱健哉,为炸弹队与二标三营之连络线。

十五日天已黎明,旗营外均已光复,大街小巷白旗招展。惟旗营中尚负隅抗拒,故炮队管带张国威、队官徐士镳、鲁保仕,率领炮队,以城隍山为炮兵阵地,炮击伪将军署。工程营排长陈涤,在官巷口侦察地形,埋设地雷。一标一、二两营,亦尚[同]包围旗营,与敌人互相攻击,枪炮之声隆隆不绝。复由二标各营巡防各队加入战线,以壮声威。

是日早晨,举周承菼为浙军总司令官,临时司令童保暄改举为参谋官。

是日黎明,一标医长陈础、医生陈德溶、炮队医长杨畴,二标医官陈延龄、医长陆润康、医生包金生等,到车站组织赤十字队。

是日黎明,督练公所金华林、王萼、丁福田、樊镇、林竞雄、沈宗约、项需,均到临时司令处佐理。

是日黎明，第一镇正军医官张葆庆、书记吕本端、军需官郭成勋、施灏然、正参谋李炜章、书记陆镇、童嵘德、执事官王学棪，以及袁麟伯、张焯等，均到临时司令处佐理。

陆军小学堂总办王燮阳、提调潘庆麟、测绘学堂监督朱光奎、讲武堂提调盛开第，均到临时司令处佐理。

是日黎明，顾乃斌商诸王燮阳，请以该堂饭食供给八十二标兵士，王慨允之。

是日早晨，讲武堂学生由该堂教员陆钟麟指挥，陆军小学堂由王燮阳、潘庆麟指挥，测绘学堂学生由该堂职员指挥，均荷枪充全城警察，气象为之一新。

是日，汤寿潜在申。乃由褚辅成、沈钧儒请陈时夏到申，约同王清夫、顾企韩劝驾，下午乘专车来杭。军界中人在谘议局开会，遂举汤（寿潜）为都督，举褚辅成为政事部长，举庄景仲为财政长，举汪嵚为杭州民事长。是日下午，由沪机关派高尔登、汪澹安、钟枚、徐伶等，由沪专车运送大宗军火来杭，军界闻信益壮其胆。

是日下午，由顾乃斌发电往各处同志，来省襄理军务。嗣旗营知势寡不敌，由贵林、穆克德春为代表，赴总司令处求恳，情愿缴械归降。即由司令官周承菼派傅孟搜索旗营，黄凤之点收枪械。于是杭州全城光复。

顾乃斌《浙江光复综述》，1912年陆镇书斋印。浙江省辛亥革命史研究会、浙江省图书馆编《辛亥革命浙江史料选辑》，浙江人民出版社1981年版，第505～511页

《浙江军政府临时约法》：

第一章　总纲

第一条　中华民国浙江省人民，以固有之区域，组织军政府统治之。

第二条　本军政府，以都督及其任命之各部政务员，与议会法院三部构成之。

第三条　本法自中华民国共和宪法施行日，失其效力。

第二章　人民

第四条　凡立于本军政府之统治权下之人民，一律平等。

第五条　人民得享有左列各项之自由。

（一）人民之身体，非依法律所定，不得逮捕审问处罚。

（二）人民之家宅，非依法律，不得侵入搜索。

（三）人民有保有财产之自由。

（四）言论著作集会结社之自由。

（五）书信秘密之自由。

（六）迁徙住居之自由。

（七）信教之自由。

第六条　人民有呈请于议会之权。

第七条　人民有诉讼于行政审判院之权。

第八条　人民对于官吏违法损害权利之行为，有陈诉于行政审判院之权。

第九条　人民有应任官考试之权。

第十条　人民有选举及被选举之权。

第十一条　人民依法律，有纳税之义务。

第十二条　人民依法律，有服兵【役】之义务。

第十三条　本章所载人民之权利，于有认为增进公益，维持治安，或非常紧急必要时，得

依法律限制之。

第三章　都督

第十四条　都督由人民公举,任期三年,连举时得续任,但以一次为限。但都督有特别障故,或辞职,不能执政时,由议会选临时都督代理之。

第十五条　都督总揽政务,对外为全省之代表。

第十六条　都督公布议会议决之法案,执行之。对于议会议决之法案有异议时,得作成异议书,于七日内提出议会覆议,以一次为限。

第十七条　都督于议会闭会期中,提出法案及豫算于议会,要其议决。

第十八条　遇紧急必要时,都督得发代法律之命令,为豫算外之支出。但须于次期议会,求其追认。

第十九条　都督于法定议会开会闭会时期外,遇有必要时,得召集临时议会。

第二十条　都督于议会会期中,得出席发言,及命政务员出席发言。

第二十一条　都督统率全省水陆军队。

第二十二条　都督得依法律,任用全省各司政务员,但任用各司长时,须得议会之同意。

第二十三条　都督依法律制定文武官规。

第二十四条　都督依法律宣告戒严。

第四章　政务员

第二十五条　各司政务员,由都督依法律委任之。

第二十六条　政务员,襄理都督,承都督之命,执行政务,发布命令。

第五章　议会

第二十七条　议会由人民选举议员组织之。

第二十八条　议会议决法律案,及预算税法,募集公债,与国库有负担之契约。但基于法律之支出,议会不得减除。

第二十九条　议会审理决算。

第三十条　议会得受理人民之陈请书,送于都督。

第三十一条　议会得提出条陈于都督。

第三十二条　议会得质问都督及政务员,求其答辩。

第三十三条　议会以出席议员三分之二以上,对于都督,得提出不信任书于中央参议院,但限于法律上之罪犯。

第三十四条　议会以出席三分之二以上之可决,得弹劾政务员之失职,及违法。

第三十五条　议会于每年中开会,每以八九十十一四月中为期。

第三十六条　议会于每年法定时期,自行集合开会闭会。

第三十七条　议会得自制定内部诸规条,并执行之。

第三十八条　议会议员,在会内之发言表决提议,在会外不负责任。但用他方法发表于会外者,不在此限。

第三十九条　议会议员,除关于现行犯外,于会期内非得议会之承诺,不得逮捕。

第六章　法院

第四十条　法院以都督任用之法官组织之。

第四十一条　法院之编制,及法官之资格,以法律规定之。

第四十二条　法官独立审判,不受上级官厅之干涉。

第四十三条　法官非依法律受刑罚宣告,及应免职之惩戒宣告,不得免职,并不得任意更调之。

第四十四条　法院以浙江军政府之名,依法律审判民事诉讼及刑事诉讼,其他特别诉讼不在此限。

第四十五条　法院之审判,须公开之。但有认为应秘密者,得停止公开。

第六[七]章　附则

第四十六条　本约法有议会议员三分之二以上之赞同,得提出修正案。

第四十七条　本约法所定外之遗留权,属于议会。

第四十八条　本约法之解释权,属于议会。

中国史学会主编《中国近代史资料丛刊·辛亥革命》(7),上海人民出版社1957年版,第143~147页

《赛斐敉领事致朱尔典爵士函》(1911年11月6日):

杭州城已于昨天清晨二时被革命党所占领,没有发生任何战事,只是当天较晚的时候与满族人在满城内互相开枪射击,对双方所造成的损失似乎都很小。陆军于夜间从附近的营房被引入城内;巡抚增韫被俘,他的衙门中弹着火,全部被焚毁。

除了邮政局和海关之外,所有的政府机构立即被革命军占领,铁路、电报、电话等局以及清政府的银行等也是如此……

此地和其他地方一样,革命在表面上纯粹是军方干的;但从本地报纸看来,它是汤寿潜和谘议局扶助和组织的。陆军已被收缴弹药,其中大部分发给了满族人。但是,高级军官都感到不满,他们中间有一人曾经管理城内的弹药库和仓库。满族人所掌握的一尊机关炮,曾被一位聪明的汉族机械工人所损坏,他最近被请来修理该炮。一星期以前,法国传教士们致函海关税务司铁士兰先生说:防营每天询问他们的长官,配带白色徽章的时刻是否还没有到来。

事实上,杭州城居民中间的惊慌,很大程度上是由于担心满族人表示好战。已经发生的几起伤亡,大都是由于自满城乱放来福枪所造成的。满族人还击毙了第一个被派去同他们开始谈判的使者。于是,革命军在附近的山上架设大炮,白天对满城施放空弹,同时通过电话与满族将军建立了联系。他们以夜间进行真正的炮击相威胁,同时提出建议,如果满族人同意交出武器,便可以赦免他们的性命并对他们给予临时津贴,这些条件终于起了作用,一场可怕的大屠杀便这样避免了。

在上海的汤寿潜接到邀请的电报,于星期天傍晚抵达杭州。他最初拒绝接受管理各项事务,尽管已经用他的名义发布告示。但是,由于缺乏任何其他著名领袖,而且在那些担任行政各部门管理工作的谘议局成员中间已经明显表现不和,所以他暂时接受了该项任务。至于迄今已经被任命担任公职的人是否长期担任下去,那是很不确定的……

共和旗或"光复"旗是红色的,右上角有一白色方块,其中嵌入一个用蓝色勾画的太阳。

直到目前为止,革命军军官对外国人表现出极有礼貌。现在所施行的保护外国人的各项办法,较几天以前旧官吏所施行的办法要更好得多。秩序普遍较以前良好,人们正开始重新恢复信心。

胡滨译《英国蓝皮书有关辛亥革命资料选译》(上),中华书局1984年版,第122~125页

11月5日(九月十五日)　江苏巡抚程德全在苏州宣布和平独立,出任都督。

孙筹成《辛亥光复苏州之回忆》:

辛亥旧历八月十九日(即阳历十月十日)武汉起义后,各省闻风响应,宣告独立,而与清

廷脱离关系。苏州西接宁镇,南连浙江,距沪甚近,水陆交通,皆甚便利,故党人极为注意,时来运动。苏抚程德全(四川人,字雪楼),深明大义,环顾世界潮流,默察国民趋向,早知清政不纲,必难持久,已有反正之意,奈兵力既甚薄弱(其时苏州仅有二十三混成协,尚少步兵一标),地势又非险要,苟布置未妥,而遂冒昧从事,则宁、镇、杭均驻旗兵,且张勋与铁良皆性甚顽固,而咸效忠清廷,一旦联合各处旗兵而来夹攻,则腹背受敌,地方必致糜烂,为害不堪设想,是以阳与清廷周旋,阴饬军警预备,审时待时,已非一日。其时予供职苏军四十五标,驻宝带桥之北,民党徐文斌等时来苏与予接洽,劝予率兵以迫统带刘之洁反正,渠等则预匿城中以为内应。予恐渠等迫不及待而毁然进行,反致偾事,乃将程公不得已之苦衷及预定之计划婉言详告,彼等乃疑团顿释,愿意静待。九月十四日,沪已光复,宁亦启衅,时机已熟,上午操中队教练时,标统刘之洁(字聿新,沧县人)自抚署回,即登操场西首之土阜上集合全标官兵,谓武汉起义以来,瞬已二旬有余,各省先后响应者络绎不绝,天命人心,于此可见;满清政府,不久推翻,可操左券。苏州之所以不敢冒昧从事者,因布置未妥,恐流血殃民,徒滋纷扰而无济于事。现在时机已熟,不日即可宣告独立。官兵闻之,莫不喜形于色,佥精神振奋,愿赴前敌。下午二时,予遂集合士兵,将满汉界限分别详解,告以嘉定三屠、扬州十日等惨状,现恶贯满盈,当直捣黄龙,以恢复我固有之疆土,众皆感奋。次日,程德全反正,宣告独立,被推为苏军都督,通令所属遵照。各衙署佥高悬"兴汉安民"四字白旗。藩司左孝同涕泣犹豫自愿乞退,其余官吏悉仍其旧。不烦一兵,不折一矢,故各界人士,俱表示同情,而皆喜形于色。张贴六言安民告示后,秩序较常更安。

辛亥革命同志会编《辛亥革命文献展览会纪念册》,1947年版。丘权政、杜春和选编《辛亥革命史料选辑续编》,湖南人民出版社1983年版,第194~195页

《民军传檄定苏州》:

苏州新军表同情,袖扎白布,于十五晨下令,城内外一律悬挂白旗,公推苏抚程德全为大都督,抚署为大都督抚署,已悬中华民国大都督程旗号,并推协统艾忠琦为军司令长。防营亦归顺,现派兵守城门。当事起时,藩司左孝同(左宗棠第四子)、右营参将曾道亨(曾国藩之孙)极端反对,后见众寡不敌,即逃,闻赴镇江乞铁宝臣派旗兵决一死战。现在城内照常交易,较未光复时为安堵。

苏州于十四日夜三时为民军占领。十四日傍晚,有三人至抚署请见,程立即请见,谓诸君来意本抚早已知悉,极愿共表同情。三人欢呼而出,旋至督练公所,即商议宣布独立。

昨夜占领时居民皆未得知,迨晨起起视,则已白旗高悬,满城皆新气象矣。

各店铺皆照常交易,即小贩亦皆照常负贩,绝无惊惶之色,若不知有此事者。

军政府发出临时命令九条如下:临阵退缩者斩,奸淫妇女者斩,造谣惑众者斩,纵火殃民者斩,漏泄军情者斩,伤及外人者斩,骚扰百姓者斩,劫夺财物者斩,伤及妇稚者斩。

《民立报》,1911年11月6日。渤海寿臣《辛亥革命始末记》,《实行立宪汇编·各省》,文海出版社1969年版,第28~29页

《江苏程都督第一号告示》:

为剀切宣布事:照得江苏宣布独立,组织都督府,原为保全合省人民之性命财产起见。数日以来,居民安堵,群情欢忻,足见倾向共和政治,万众一心。但天下事易于发始,难于图终,现大局尚未全定,方期寔力进行,全省之事,须全省人同担其责任,所贵通力合作,一德一心,上下无不洽之情,远近无不通之意;互相救援,互相体谅;持此不懈,自能立致太平,若仍因循推诿,不自负责,地方必无进步,殊非本都督改革政治之本意。为此剀切宣布,俾众周

知，并应由自治公所反覆讲解，使村农牧竖以至妇人女子，咸明此次改革之由，与他日进行之策，庶乎新机焕发，幸福日增，本都督爱护地方之心，藉以稍慰，其各一体知照。切切特示。

《时报》，1911年11月8日。渤海寿臣《辛亥革命始末记》，《实行立宪汇编·各省》，文海出版社1969年版，第41页

《都督府告示》：

照得民兵起义，同胞万众一心，所至秋毫无犯，莫不踊跃欢迎。各省名城恢复，从未妨害安宁。苏省通都大邑，东吴素著文名，深虑大兵云集，居民不免震惊。今特剀切宣告，但令各界输诚，愿我亲爱同胞，仍各安分营生。外人相处以礼，一团和气不侵，旗满视同一体，抗拒反致死刑。共和政体成立，大家共享太平。

《民立报》，1911年11月6日。渤海寿臣《辛亥革命始末记》，《实行立宪汇编·各省》，文海出版社1969年版，第32页

△ 沪军都督府成立，陈其美被举为都督。

龚翼星《光复军志》：

己卯，程德全反正于苏州；庚辰，汤寿潜反正于杭州，林述庆反正于镇江。燮和乃议大募军队上清长江，与武汉、九江兵相应。而陈其美、李平书建议先开府于上海。燮和恐遂分裂江苏省域统治权，致起内讧，摇大局，持不可。辛巳，有业报者十余人，集于海防厅，议举都督，燮和部属惟章豹文知之，驰往，则见一人手叉药弹，呼曰："今日事已属某君，有异议者，即以此击之。"豹文趋出。其美遂为沪军都督，平书为民政长，署燮和为参谋。自沪事起，军警界惟知有燮和，则大哗，燮和出慰语，始定，因说其美出资犒之。燮和视事三日，悉以军牒交其美，而退居锐进学社，岂谓成功不居者耶？傥亦有所先急也。

《光复军志》，1918年天津华新印刷局排印。上海社会科学院历史研究所编《辛亥革命在上海史料选辑》，上海人民出版社1981年版，第202～205页

许奇松《争夺沪军都督现场目击记》：

后来听站在会议厅门边担任警卫的团员说：开会时，李平书先生先发言，跟着李英石、陈英士等几位依次讲话，场内很安静。但谘议局在推举都督时发生了争执。李平书和商团代表及起义军官，都推李英石当都督，说他军事学识渊博，指挥上海光复任重功高。同盟会方面的代表则推陈英士当都督。双方争持不下。黄郛脾气急躁，第一个拿出手枪来威胁平书先生，说是陈英士首先进入制造局有第一功。在场的起义军官也都把手枪拔了出来，说陈英士进制造局后即被拘禁，后来是李英石指挥起义军和商团打下来的，彼此争论不休。刘福标原在会场内靠墙站着，这时突然高举一颗手榴弹，大呼：都督非选陈英士不可，否则我手榴弹一甩，大家同归于尽。平书先生这时已没法维持秩序，便宣布散会，会议在混乱中无结果而散。直到后来，各方协商，才推举陈英士为上海都督。

许奇松口述李宗武记录《争夺沪军都督现场目击记》。中国人民政治协商会议上海市委员会文史资料工作委员会编《辛亥革命七十周年文史资料纪念专辑》，上海人民出版社版，第175～176页

《陈其美就职通告》：

其美忝承军、学、绅、商开会公举，责以都督重任。才疏望浅，不克担承。惟当军务倥偬之际，一再思维，与其推诿误事，负罪国民，何如勉策驽骀，共扶大义。夙仰军队诸同胞，志切同仇，心存救国。其美既勉为其难，诸君必共匡不逮。为此，即日视事。特行通告，至祈戮力同心，亟图进取。所有一切风纪军律，其美当与诸同胞公共遵守。倘有违犯纪律者，其美当为大局计，万不能稍事姑容也。军律即日宣布。特告。

黄帝纪元四千六百零九年九月。

《民立报》,1911年11月7日,第3页

《沪军都督府人员、职员名单》:

中华民国军政府沪军都督陈其美(号英士,湖州人),参谋李燮和、陈汉卿、钮永建、章梓、李显谟、王熙普、叶惠钧、黄膺白、俞凤韶、杨兆鏊、沈翔云。

《民立报》,1911年11月7日,第3页

《沪军都督府各部职员表》:

沪军都督:陈其美。

顾问官:虞和德、沈恩孚、曹雪庚、温朝诒、许葆英、许继群、姜国操、梁敦焯。

司令部:

部长:陈其美。副长:盛典型。

秘书科科长:汤振常。

一等科员:徐秀南、杨月如、胡朝阳。

二等科员:陈月庄、黄绍基、蒋雨芗。

收掌科科长:应兆松。

一等科员:沈绍洙、周宏沣。

传令科科长:姚霁。

一等科员:胡靖华、徐仁锵。

参谋部:

部长:黄郛。副长:刘基炎。

筹划科科长:杨典钦。

一等科员:王书云、燕书春、王赓言。

二等科员:俞钰。

谍报科科长:应夔丞。

一等科员:费律司、罗区、吴乃文。

二等科员:丁大芬、张汉维、应月波。

外务科科长:沈翔云。

一等科员:曾祖荫、詹鸣岐。

二等科员:汪鲲南、陈漳、陈文奎。

交通科科长:李悫。

一等科员:周亮才、王孟南。

二等科员:俞序章、王志良。

书记长:邬珍。

书记员:江寰卿、张一卿。

录事:张之权、蒋能麒、张公威。

军务部:

部长:钮永建。副长:李显谟。

军事科科长:潘祖培。

一等科员:吕烈培、田辅墓、陈庆明、陈景南。

二等科员:贺升平。

人事科科长:高一某。

一等科员:曾鳙、梁希。

军械科科长:张群。

一等科员:臧式毅、文锡宸、沈鹏、章梓。

二等科员:朱五箴。

军需科科长:张兆釜。

一等科员:徐宗鉴。

二等科员:周伯年、杨奎侯。

执法科科长:蔡寅。

一等科员:陈陶怡、杨元伯。

二等科员:陈祖澄。

训练科科长:凌敏刚。

一等科员:彭光湘、黄国华、卯镕渠。

二等科员:何应钦、劳远基、农有荣。

总务科科长:朱葆康。

一等科员:杨镇、费公直。

二等科员:杜尚陵、沈昭文。

书记长:徐和笙。

书记员:谢锦章、程品初。

录事:胡祖德、袁德盛、罗随山。

外交总长:伍廷芳。

民政部长:李钟珏。

财政部长:沈懋昭。

交通部长:王震。

海军部长:毛仲芳。

《申报》,1911年11月19日,第2张,第2版

《军政府安民告示》:

昨日下午六时,本城小东门内以及蔓笠桥等处首先悬挂白旗,商团亦皆表同情,沪道不知去向。当由民军颁发告示云:

照得武汉起义,同胞万众一心。凡我义旗所指,罔不踊跃欢迎。各省各城恢复,从未妨害安宁。上海东南巨埠,通商世界著名。一经大兵云集,损害自必非轻。今奉军政府命,但令各界输诚。兹已纷纷归顺,具见敌忾同情。惟愿亲爱同胞,仍各安分营生。洋人生命财产,切勿乘此相侵。转瞬民国成立,人人同向太平。右军政府示。

《民立报》,1911年11月4日,第5页

《上海军政府宣言书》:

窃自满清为虐,盗我中华,同胞之深仇巨耻未报者二百余年矣。屠杀之惨,历历在目,卧薪尝胆,未敢或忘。遽意满清今复狠毒,假立宪之妖名,行防汉之谲计,涂吾四百兆神明子孙肝脑,以养彼五百万之犬羊贱种。犹复颐指气使,视汉人若牛马。苛税则无所不加,而彼满奴则不耕而食,不织而衣也。权利则无往不削,而彼满奴则握大权、执大柄也。而日横死于满清虐政下者,尤指不胜屈,又何一非黄帝子孙、我亲爱同胞也?以是我军政府起光复之师

于武昌,不旬日而克复三镇。天下响应,共起义兵,誓讨北虏,重兴神州。自兵兴以来,皆为救我同胞于异族虐政之下,拯我同胞于水深火热之中,以故市民安堵,鸡犬不惊。盖我军政府以爱种爱国为心,故不惜冒矢石,为同胞请命。凡我同胞,均须共体此意。满将荫、萨屡战屡北,今我秦、晋革命军,现已分兵直捣幽燕,逆酋逃亡,将不崇朝即可全复天下。我苏、浙各省,据长江下流门户,形势重要,故我江东革命军,于九月十三日起义于上海,以安商业,以宁民居,各守生业,毋相惊恐。有急于大义者,其各来归。盖满恶昭彰,白于天下,胡运已绝,汉族方兴。凡我三吴健儿,均当效忠于祖国,以建共和之基;不当尽力于满朝,以贻万世之辱。而满洲将士,其有弃逆投顺者,亦概不加诛,视之同等。本军政分府又念我苏、浙等省,民困已久,暴征苛税,是皆满清之虐,而江南水荒,收获寡,谋生不易,用特将江、浙、皖、闽境内一切恶税,尽行豁免,以纾我父老之难,而免奔亡之苦。其条例谨列左:

(一)除盐、酒、糖各税捐外,所有统税关卡,一律永远裁撤;

(二)除海关外,所有税关一律永远裁撤;

(三)本年下忙丁漕,概行蠲免;

(四)本年以前积欠丁漕,概行蠲免;

(五)各属杂捐,除为地方所用者外,概行蠲免。

凡我江、浙、皖、闽人民商贾,均宜竭力助饷,以裕军实。盖本军政府之成败利钝,系我四省人民之生死存亡。汉口满兵屠杀商民之事,可以前知。今日共助义师,则我人民商贾,即可同享安宁,不然则思日后之浩祸,亦当寒心。凡我商界同胞,俱属深明大义,谅能慷慨运输,将来共奠中华民国共和,则自由幸福实无涯既。而上海一埠,华洋杂处,关系尤属重要,人民俱宜极力保卫治安,敬礼外人,以辅本军政府之不逮。幸毋自相扰乱,以取罪戾。风云正急,爱国男儿当速兴起,举北伐之师,讨将亡之虏,毋怀观望,致失事机!

上海军政分府宣言。上海社会科学院历史研究所编《辛亥革命在上海史料选辑》,上海人民出版社1981年版,第138~139页

李平书《民政总长安民告示》:

上海巨埠,保护华洋。免受兵火,独立主张。凡我商民,切勿恐慌。照常营业,痞棍宜防。如有闹事,军法照行。本军府示,各各传扬。

《民立报》,1911年11月4日,第5页

△ 山东各界联合会要求清廷罢战,接受革命军要求,以宪法定中国为联邦政体。11月7日,清廷致电山东,公布宪法十九条,停调山东新军。

尚秉和《辛壬春秋》:

鲁豫晋屏卫畿辅,武汉发难,晋既独立,鲁亦皇恐,谘议局议长夏继泉,合军警商学各界人起联合会,保公安。九月己卯,开会议决八条:禁政府借外债,迅明诏罢战,允南军要求,鲁新军不得调遣,留协饷,宪法定中国为联邦体,外官制、地方税,本省自定之,本省得自由规定本省宪法及练兵。要巡抚孙宝琦代奏,宝琦允之。当是时,政府迫于大势,凡地方所陈请,无不允纳。壬午报可。

尚秉和《辛壬春秋》第20卷,辛壬历史编辑社1924年版,第1页

夏莲居《山东独立前后》:

在这两天中,经过了种种酝酿,遂于阴历九月十五日又开各界座谈会。当时提出请愿八条,由我领着好几十位各界代表到巡抚衙门,门口卫队拦着不叫进去,后来经过交涉,孙宝琦

让推几个代表。这样临时推出我和丁世峄、周树标、赵正印(泰安人)、王志勋(莱州人)、朱承恩(泰安人)等六人。我们六人代表大家往见巡抚孙宝琦提出要求八项,内容如下:一、政府不得借外债充军饷,以杀戮我同胞;二、政府须即速宣布罢战书,无论南军要求何条不得不允许;三、现驻山东境界新军,不得调遣出境;四、现在山东应解协款节省项下暂停协解,概留为本省练兵赈济之用;五、宪法须注明中国为联邦国体;六、外官制及地方税皆由本省自定,政府不得干涉;七、谘议局章程应即修订,修订后即为本省宪法,得自由改定之;八、本省有练兵保卫地方之自由。

孙起初听到很觉得诧异,对于所要求的各项格格不入,表面上虽没有拒绝,而意思甚难接受,经我和丁世峄两人反复陈说,丁并与孙苦口辩论,孙意思才稍活动,答应可以向清廷代奏。

中国人民政治协商会议全国委员会文史资料委员会编《辛亥革命回忆录》第5集,中华书局1963年版,第294页

《宣统三年九月十七日上谕》:

孙宝琦十五日两次电奏,据东省绅商学界代表请愿八条。著交资政院迅速核议。

《宣统三年九月十七日上谕》:

电寄孙宝琦。电奏悉。宪法信条十九条业经通行电谕,著再将条文逐条电致该抚,迅即宣布,妥为开导。所请停调五镇一节,著暂缓开拔。

沈云龙主编《近代中国史料丛刊·宣统政纪》第63卷,文海出版社有限公司1989年版,第33~34页

△ **清廷从资政院奏,准革命党人按照法律改组政党。同时宣布迅速拟定议院法、选举法,选定议员,召集国会;赔偿汉口人民损失,并将残酷军官按律治罪。**

《宣统三年九月十五日资政院请开放党禁奏折》:

资政院总裁内阁法制院院使臣李家驹等跪奏,为恳请明降谕旨,特准此次革命党人按照法律改组政党,并赐擢用,以纾兵祸而靖乱源,恭折仰祈圣鉴事:

窃维此次各省之变,其中类皆抱政治思想,无从展布,激而出此。现在朝廷与民更始,大赦党人,并于昨日奉准颁布信条。天下必晓然于圣意之所在,而自纳于轨物之中。所有此次革命党人,拟请明降谕旨,准其按照法律改组政党。如有才可擢用,并请量加甄录。至于原统兵队,俟其反正后,仍可收为国防之用。臣院为纾兵祸、靖乱源起见,不得不迫切上陈。无任惶恐待命之至。伏乞皇上圣鉴训示。

渤海寿臣《辛亥革命始末记》,《实行立宪汇编·奏折》,文海出版社1969年版,第19页

《宣统三年九月十五日致内阁谕》:

资政院奏,恳准此次革命党人按照法律,改组政党,并赐擢用一折。前据该院请开党禁,业经降旨允准。所有此次党人均著按照法律,改组政党,藉以养成人才,收作国家之用。

沈云龙主编《近代中国史料丛刊·宣统政纪》第63卷,文海出版社有限公司1989年版,第22~23页

《宣统三年九月十五日上谕》:

资政院奏请速开国会以符立宪政体一折。所有议院法、选举法,著迅速拟订议决,办理选举。一俟议员选定,即行召集国会。

沈云龙主编《近代中国史料丛刊·宣统政纪》第63卷,文海出版社有限公司1989年版,第23页

《宣统三年九月十五日上谕》:

资政院奏"汉口官军惨杀人民,请赔偿汉口人民损失,并将残酷军官按律治罪,一面饬即停战"一折。据称接南省电称"汉口并附近一带地方,官军恣意残杀,惨及妇孺,焚烧街市,绵

亘十余里,奸淫掳掠,无所不至"等语,若如所奏情形,实属惨无人理,亟宜查明惩办。著袁世凯按照所奏各节,迅速确查,按律治罪;并著详查人民损失财产,由国家一律赔偿。昨据该大臣奏前敌各军已令停进,应即与军士休息,仍将劝谕解散如何情形,随时电奏,原折著钞给阅看,将此电谕知之。

沈云龙主编《近代中国史料丛刊·宣统政纪》第63卷,文海出版社有限公司1989年版,第23~24页

△ 上海学界首起组织中华学生军,支援北伐。在此后的二三个月里,上海工、商、学、妇女各界及各省旅沪人士自发组织起数十个军事团体,誓期北伐,光复幽燕。

《中华学生军简章》:

一、本军纯为中华学生组织而成,故定名为中华学生军。

一、助军政府达政治改革之目的为宗旨。

一、身体强健,志趣高尚,曾受中等以上教育为合格。

一、本军隶军政府命令之下,惟为击战队,而非驻守队。

一、一切军用均由军政府协助。

一、各军人消除校界,坚守军法,所负责任及所享权利皆等。

一、大功告成后,军人任事、读书,皆由军政府调度。

一、各军有死伤者,抚恤之,如敢死团例。

一、细章有[由]军政府会同各军人商议颁行,以凭遵守。

发起人:嘉定陆一。

《民立报》,1911年11月5日,第1页。上海社会科学院历史研究所编《辛亥革命在上海史料选辑》,上海人民出版社1981年版,第555页

《学生北伐队简章》:

(一)宗旨　本队由学生队分出,以渡黄河,捣幽燕,犁满虏之庭穴,启汉族之光荣为惟一之宗旨。

(二)资格　本队队员须具以下之资格:

(甲)身体健全,经本队试验及格者;

(乙)国文清通,具有普通学识者;

(丙)年龄在十六岁以上三十岁以下者;

(三)经费　本队器械军饷,悉请军政府发给。

(四)恤例　队员有死伤者,悉照敢死团恤例。

(五)进行　本队队员齐集即行北伐,凯旋后,再请军政府给以应得之职位。

(六)报名　报名处在新垃圾桥北留学堂对面巡警分社。

申明　本队草创伊始,仅定简章,详章另议发行。

发起人:黄凤兮、尹建勋、黄建华、王竞生启。

《民立报》,1911年11月8日,第1页。上海社会科学院历史研究所编《辛亥革命在上海史料选辑》,上海人民出版社1981年版,第557页

《女民国军出现》:

昨日下午,尚侠女校学生五六人,由代表薛素真率领,至都督府请见陈都督,要求将前日所上组织女民国军呈词,即予批复。时以军书旁午,都督无暇接见,当委招待员询明转达,并许即晚批示,该女学生始告辞而出。当时见者,咸谓该女生等虽芙蓉粉面,而英气勃勃,不让须眉也。所有都督府批,于即晚九时发出。附录如下:

披阅简章，具见女子爱国，不让男儿，使巾帼中人尽如君，何患不雄飞世界？今既捐除红粉，从事黑铁，娘子军容，胡儿胆落。然事宜实行，兵贵纪律，如果教练完善，确能御侮折冲，枪械经费各节，自应代为设法。事关军务，希即照章切实办理。

《申报》，1911年11月16日，第2张，第3版。上海社会科学院历史研究所编《辛亥革命在上海史料选辑》，上海人民出版社1981年版，第588页

《河南北伐军广告》：

河南北伐军支部现设六马路祥和里。凡旅沪同乡速来报名，以便本周间开会，筹商一切。但报名者，须有介绍人。河南北伐支部贺昇平、王泽攽、陈景南、刘基炎、陈庆明、杨曾蔚、曾昭武等叩。

《民立报》，1911年11月28日，第1页。上海社会科学院历史研究所编《辛亥革命在上海史料选辑》，上海人民出版社1981年版，第601页

《陆军将校团发起直豫皖三省北伐军之披露》：

自武汉起义与清兵对抗以来，我爱国健儿捐躯救难者，死伤盈千累万矣。今汉阳既为满奴所袭，而张怀芝又已率兵南下。大敌当前，伏莽[莽]遍地，未有精兵，何以御侮？然用兵之道，平日则重在训练，临敌则责在指挥。夫训练之不精，指挥之不当，而欲能克敌致胜者，未之有也。同人等自掷笔来，或负笈东瀛，或肄业于北洋陆军各学校，或身列戎行，亲练士卒，于战事之术精研迨十载矣。武穆之精忠报国，马援之马革裹尸，昔贤人之哲训，即同人之志愿也。今正汉族与胡儿争一夕存亡之日，使能歼彼丑类，光我汉室，直抵黄龙城，痛饮自由酒，斯固畅心快意之事也。即或不然，身死疆场，毕命敌前，亦军人之本分，丈夫之荣幸欤。此则同人等集合同志，组织直、豫、皖三省北伐团之本旨也。兹合三省之力，先招兵士一千人，成模范一营，上至主将，下及小队长，皆由本团同人推选亲任，亲加训练，甘苦与共。一俟军饷、军械充裕之日，即扩充足一镇额数。率之北上，直捣燕都，扫穴犁庭，在此举矣。我军界同胞，盍归乎来？兹经本团公决，凡军人投效者，须得本团发起人十人以上之保状，始许入团。盖防汉奸之潜入，不得不稍堂[严]密也。合并声明，特此披露。（团事务所新暂赁居三马路昼锦里内，至总兵站，须在华界另觅宽大房屋。又及。）

发起人：黄郛、盛典型、宋邦翰、李浚、陈经、唐之道、刘召棠、宣传谟、文锡宸、段志超、刘基炎、杨会蔚、刘祺、唐义彬、彭廷衡、黄健六、杨典钦、刘文明、赵云龙、陈钢、胡云程、李岩、杨国华、张鹄、王登进、张泰昌、康新民、程天邃、罗福谦、刘本、戴辉庭、罗翘秀、王性甫、张国威、武铭、白宝瑛、凤岐山、陈庆明、齐宝贤、李应生、陈树堂、范敏卿、王思荣、吴光毅、孔宪馥、何晏、燕书春。

干事员：河南　杨曾蔚、刘基炎、会昭文；直隶　唐之道、杨典钦、刘召棠；安徽　盛典型、黄健六、陈钢。

《民立报》，1911年12月9日，第1页。上海社会科学院历史研究所编《辛亥革命在上海史料选辑》，上海人民出版社1981年版，第606～607页

《商人有志从军》：

昨有城内米业商人朱、张君等来社，探问北伐队报名之处。本社社员闻伊言论正当、立志弘毅，即详告地址。朱、张等即欣然而往，预备投效。观朱、张之有志从军，可知商界风气之开矣。

《民立报》，1911年11月15日，第5页。上海社会科学院历史研究所编《辛亥革命在上海史料选辑》，上海人民出版社1981年版，第610页

△ **江亢虎在上海改组社会主义研究会,成立中国社会党,鼓吹"纯粹社会主义"。**

《中国社会党宣告》:

民军起义,假种族革命演政治革命。惟政治由社会造成,故社会革命尤为万事根本。社会主义,欧美极盛,在中国则本党实最初惟一之团体机关。其宗旨在于不妨害国家存立范围内,主张纯粹社会主义。迭经公议,组织完成。凡有志入党者,不论男女,不分国界、种界、宗教界,均请随时亲临上海本部或各地支部,检阅规章,签名宣誓,共图进行。采定党纲,条述如下:

一、赞同共和。世界政体进化,由专制而立宪,由立宪而共和。共和虽非郅治之极轨,而在今日实较善之制度,亦必经之阶梯也。民军既定为国是,本党亦极表同情,切望吾人顾名思义,实力推行耳。

二、融化种界。人道主义,四海兄弟。社会党本无国界,尤不应于国内更分种界。务期融化,互泯猜疑,血统混和,文明普遍,将无识别之可寻矣。

三、改良法律,尊重个人。旧法律恒以国家或家族为主位,而于个人自由多所牺牲。宜彻底改良,认个人为社会之单纯分子,认社会为个人之直接团体;凡为保障国家和家族而妨害个人之条件,悉革除之。

四、破除世袭遗产制度。贵贱贫富各阶级,皆由世袭遗产制度而生,此实人间世一切罪恶之源泉也。凡完全个人,准自由营业;惟其财产支配权当以有生为断,死则悉数充公。有均产、共产之利,而无其弊,家庭制度于以破除焉。

五、组织公共机关,普及平民教育。普通教育宜设公共机关执行;人自为谋,断非善法。自初生至成年,无论何人,教育平等,而能力平等,即经济亦平等矣。至其费用,则取之遗产而已有余。一公共之资财造公共之人才,"不独亲其亲,不独子其子",是谓大同。

六、振兴直接生利之事业,奖励劳工家。劳动者,神圣也。农工各业,生命攸关,虽世不能无间接生利之人,而人必勉为直接生利之事。意在资本公诸社会,劳动普及个人,有分业,无差等,各尽所能,互受其利。资本公诸社会,而劳动普及个人,有分业,无等差,通功易事,各尽所能,此善之善者。

七、专课地赋,他税概行豁免。凡人力之所生者,皆不应征税以困之。宜专征惟一之实地价税,约当二十而一,以杀富豪兼并之势,而开游惰归农之途,公共用费即取资焉。至于人、畜、建筑物、种植物、制造品,所有就地关津一切税,除对外者暂缓,余宜概予罢免。

八、限制军备,注重军备以外之竞争。军备之糜耗,战事之惨毒,各国所同苦也,废兵当即在指顾间。为目下维持均势计,必不得已,亦宜严重限制,而并其资力,专注教育、实业诸端。军备虽减,谁敢侮之?所谓不战而屈人,况志不在屈人者乎!

顾颉刚、曹绥之、曹嘉荫《中国社会党和陈翼龙的死》。中国人民政治协商会议全国委员会文史资料委员会编《辛亥革命回忆录》第6集,文史资料出版社1984年版,第497~498页

11月6日(九月十六日) 宁波宣布独立。

《宁波之宣告独立》:

昨晚宁波保安会特开临时会议决各事如下:保安会名义取消,准用军政分府名义,公推刘统领询为都督,常统领荣清为副都督,遂由某君撰就刘都督宣告军政分府成立文。今晨都督分府高悬红质白星之新旗,地方审判官及初级审判官已不知去向。

刘都督宣告宁波军政分府成立文:维黄帝四千六百有九年九月十六日为中华民国宁波

军政分府宣告成立之期，本都督承宁波府保安会之公推，迫于大义，勉承斯乏。谨述宗旨，用告尔有众。缅惟我祖黄帝，诞启中夏，奄有万方，圣德峨巍，载在史册。蠢兹丑满，乘我内乱，盗我神器，二百六十余年矣。上国衣冠，沦于夷狄，中原豪杰，久殷义愤，此固尔有众人人同具之心理，不待本都督言之也。兹幸鄂兵举义，不匝月而长江上下游克期克复，义师所指，箪壶争迎，天心人事，盖可知矣。本郡地滨海角，形势险要，声名文物，久称望邑，尤应早日规复，以慰先灵，此则光复大汉为本军政府不易之宗旨者一也。嗟夫！父老苦丑虏苛法久矣，他不遑论，最近数岁，非伪朝所号为预备立宪之时代乎，而吾父老子弟所受之困虐何如？名为永不加赋，而苛税特捐，百倍增赋；日筹三权鼎立，而中央集权，日见其巩固；至于亲贵专横，日事防汉，则皆吾父老所习知者，不必赘言矣。嗟夫！大江南北，逮岁饥馑水厄，本郡各属之灾荒，亦屡见告。伪朝则且修葺颐和园，酣歌恒舞于大内矣。嗟嗟！脂膏有限，朘求何餍，解同胞于倒悬，尚容片刻缓乎！此则拯救同胞为本军政府不易之宗旨者二也。谨述大纲，布告尔众，幸各淬厉，共勉进为共和大国之国民，本都督有厚望焉。

中华民国宁波军政分府为晓谕事，照得本都督昨由宁波保安会全体议员公推，忝膺是任，以光复大汉，改革政治为宗旨。地方军民人等，自应一律保护。尔军民人等，尤当确遵此次颁行军律，毋得故违，切切特示！

一、拆毁教堂及洋人住屋者斩。

二、损伤外国人及本国人民者斩。

三、拆毁公共局所及学堂者斩。

四、纵火图抢者斩。

五、奸淫掳掠者斩。

黄帝纪元四千六百零九年九月十六。

宁波军政分府之组织

一、参谋部长赵家艺

二、民政部长江畲经

三、财政部长陈训正

四、外交部长卢成章

五、执法部长范贤方

都督府总务部长张世杓

一、议决军政分府地址在道署。

一、议决用民军旗号。

一、议决应推部长一员，部员二十人。

一、议决明日以军政分府名义出示晓谕。

一、明日九时在小教场，合新军、巡防队、民团、团防，由刘都督宣布命令，白布以阔二寸缠于左手。

一、新关张旗由外交部交涉，嘱其改易。

《时报》，1911年11月8日。渤海寿臣《辛亥革命始末记》，《实行立宪汇编·各省》，文海出版社1969年版，第44～46页

林端甫《宁波光复亲历记》：

保安会举行第一次会议时，范贤方欲先发制人，即日宣告独立。赵家艺适由上海来甬，他在沪临行时，陈其美告以宁波方面要听上海消息，上海未动，宁波切不可动，上海若有动

静,必先有电告。所以家艺力劝贤方不可轻动,训亦正[正亦]主宜缓不宜急。贤方盛气凌人,竟出恶言,双方相持不决而散。旋接陶[卢]成章自江北岸发来通知,谓他已租赁马匹率领多人由东门入城,嘱民团和尚武会赶作准备。时民团司令林端甫以魏团长伯桢适不在家,尚武会会员散居各地,召集不易,即商同民团高级人员率领全部团丁出城相迎。至东门口,即见卢成章领着多人,骑着白马,臂缠白布,手持"保商安民"旗子,一路高呼"光复军到甬"。于是东门街各店纷纷竖白旗欢迎(白旗系卢成章预先做就,沿路发给)。成章旋至电报局伪造杭州光复来电一件,持往保安会召集紧急会议。到会的人甚多。会议至深夜,才决定暂设宁波军政分府……

宁波军政分府成立之后,即日布告安民。民团、商团出动维持秩序。下令剪发辫,官吏学生士兵等限三日内剪去。但顽固之人抗不服从,不肯剪去。后来再经民政部、执法部会衔出示:凡不服命令、不剪辫子者,剥夺其公权及诉讼权。六城门旁站岗巡警各执剪刀,遇见进出之人之拖辫子者,即强迫剪去。又派员在各热闹市区及城隍庙等处对众演讲剪辫子的好处,劝导群众服从命令。因此城中居民不论男女大都剪去。乡下风气未开,一般老农都不敢进城。

中国人民政治协商会议全国委员会文史资料委员会编《辛亥革命回忆录》第4集,中华书局1963年版,第178～180页

△ **江苏松江府、无锡、清江浦宣布独立。**

《松城光复通告书》:

松城自今晨(十六日)得程都督电后,城自治公所,即发传单开会,当场宣布独立,众皆赞成。松府戚扬派代表莅会。当即推定钮惕生君为军政部长,谢宰平君为民政长,沈思齐君为执法部长,钱选青君为财政部长。另专设参谋部,为四部之总机关。以提署为松江军政分府司令处。众议佥同。当时因松府不亲自莅会,故即派人至府署陈述众意,而松府自将印信交出,并约三日内交代地方公款,及一切未了事宜,大局遂定。旧有之防营,骚扰无序,责成防营管带余志斌、三营管带刘世全,分头弹压,担任保护治安。并请奚叔平君、张寿椿君至各防营,宣布军政府德意。飞划营沈管带请其分拨军队,任巡逻弹压之责,各段均设立自卫团。当由参谋部发出六言韵示一道,遍贴通衢,城厢内外,均一律悬挂白旗,市面安堵如常,人民皆欣欣有喜色,口呼光复大汉、中华民国军万岁不绝。松江军政分府布告。

《时报》,1911年11月8日。渤海寿臣《辛亥革命始末记》,《实行立宪汇编·各省》,文海出版社1969年版,第42页

《无锡光复记》:

无锡民军,见各地纷纷起义,奋起响应,遂于九月十六日下午三时,宣布独立。锡金两邑令,自行交出印信,缴锡金军政分府临时总司令官华承德。商会、劝学所、自治公所以及各铺户居民,门悬白旗,照常开市,秩序甚整。防营均表同情,并为地方竭力保护,彻夜梭巡,毫无纷扰。当由军政分府电告苏常沪鄂各地军政府,一面出示安民如下:

示谕事:照得满族窃据中国,逞威肆虐,垂三百年。乃者义师起于湖北,同心戮力,伐罪吊民,将欲登斯民于衽席,振大汉之天声。两旬以来,四方响应。锡山为泰伯端委之区,文物声名,甲于南国,是宜当仁不让,见义勇为。本军政分府为此特兴义师,光复旧宇,大兵所至,秋毫无犯。尔商民人等,务各安生业,勿信谣言,自相惊扰,致干咎戾,特示。

苏州程都督鉴:锡金两邑于本月十六日下午宣告独立,两县令交出印信,即于本日午后

由众公推裘廷梁为民政长、华承德为军政长，孙鸣圻为财政长，薛翼运充司法长，俾维秩序而保治安，恳请加札委任，并乞发兵保卫，迫切待命。锡金绅商军学公叩。

《时报》，1911年11月11日。渤海寿臣《辛亥革命始末记》，《实行立宪汇编·各省》，文海出版社1969年版，第74页

《宣统三年九月二十九日江苏淮扬兵备道奭良致内阁总理袁世凯电》：

北京内阁总理大臣钧鉴：清江兵变陷城，奭良备御无方，吁请治罪，赴京候命。奭良禀。艳。

中国史学会主编《中国近代史资料丛刊·辛亥革命》(7)，上海人民出版社1957年版，第98页

△ 梁启超离日返国，拟假手资政院采"和袁慰革，逼满服汉"方针，实行君主立宪。9日行抵大连，入沈阳，因计划落空，返日本。

《致徐勤书》：

禁已解，此行掉臂而前，更无险象，前所布画，今收功将半(亦有不能行者)。此次政治革命之成功，颇出意外也。惟拨乱反治之大业，终未能责诸旦夕，非躬赴前敌，难奏全功。幸资政院已握一国之实权，而议员大半皆同志，仆此行必当有所借手也。和袁慰革，逼满服汉，大方针不外此八字，望以告各同志。余俟到京后续报。

丁文江、赵丰田编《梁启超年谱长编》，上海人民出版社1983年版，第558页

《梁启超来奉》：

中国保皇会领袖梁启超君，自戊戌变法以来，在日本须磨滨海侨居经十余年。顷以明奉上谕解除党禁，且国事日以危机，颇不能释然于怀，乃登天草丸轮船离日，于十九日午前七钟时抵大连埠。嗣在连旅间勾留一两日，于二十一日晨刻由连抵奉，现在日铁路附属地内沈阳馆暂驻襜帷。

《盛京时报》，1911年11月12日。国家清史编纂委员会文献丛刊《辛亥革命史资料新编》第3卷，湖北人民出版社2006年版，第374～375页

《梁启超致梁思顺函》：

顷抵大连，住太和旅馆，本欲今晚八时半往奉，……都中纯为无政府之状态，斯最可忧耳。今所希望者，都中能于旬日内维持秩序，待吾到后事必可定。若此数日间无端生变，则未如之何也已。吾首途后一日，大连、奉天报纸即已遍登，不知何人所泄，想中东报馆久已播扬，内地亦举国咸知矣。……张敬如已入都，蓝少[秀]豪在奉，闻吾来额手相庆云。吾无论如何险难必入都，都中若忽有他变，无论何国使馆皆可暂住，决无他虑，可极放心。

梁启超《梁启超全集》第21卷，北京出版社1999年版，第6101～6102页

《宣统三年九月二十二日梁启超致梁思顺函》：

此间大危。昨日以来，接见谘议局员及其他民党不少，厥后细查，乃知其中有著名革党及马贼头目(幸吾言极谨，令彼皆悦服，然危机乃在此)。今晚忽得密报，言军队已议定将图我，——所谓图我者，殆欲拥我宣告独立也。秉丈在大连，发电报数次来，最后又发电话来催我，必立刻行，半日不许逗留。荷丈云已出京(可告汤府)，现到大连，与秉丈同居(罗与同行)。我明晨即往大连。行止何如？当续告。

梁启超《梁启超全集》第21卷，北京出版社1999年版，第6103页

△ 清廷优诏嘉勉吴禄贞，命其尽速赴晋，就署理山西巡抚之任，解除其兵权。

《宣统三年九月十六日上谕》：

电寄吴禄贞等。电奏悉。所陈各节均中肯綮,数日之间,招抚晋省混成一协,巡防队二十余营,尤见谋勇兼优,深堪嘉尚。所请大赦革党,速停战事两节,已两次明谕,开除党禁,并开放党人,准其按照法律改组政党,以作国家之用。前敌军队亦令停进,并谕各省统兵大员剀切布告,妥速安抚。现在陕西乱事未靖,山西省外各州县亦有警耗,正赖该署抚坐镇其间,妥筹招抚,先靖西路之乱以固根本。至于鄂事,前据袁世凯电奏,已向武昌宣布德意,劝谕解散,本日又简张绍曾为宣抚大臣,派员分投劝导。湖北为该署抚桑梓之邦,著即函电乡人,共相励勉,力维全局。所称官军在汉口焚杀淫掳各节,已有旨饬袁世凯查明按律治罪,并详查人民损失财产,由国家一律赔偿矣。

沈云龙主编《近代中国史料丛刊·宣统政纪》第63卷,文海出版社有限公司1989年版,第30页

△ 清廷改授第二十镇统制官张绍曾为长江宣抚大臣,解除其兵权。张闻命即走避天津。

《宣统三年九月十六日上谕》:

此次各省事变,其宗旨实在改革政治。朝廷与民更始之意,业经屡降明诏,剀切宣示。兹值乱事纷乘之际,仍恐各省军民未能一体周知。第二十镇统制官张绍曾于军界夙有声望,并能关怀时政,热心改良,著赏加侍郎衔,授为宣抚大臣,驰赴长江一带,宣布朝廷德意。即责成该大臣开诚布公,专主安抚,务期薄海臣民,咸晓然于国家不以兵戈靖乱之至意。其有乱事各省,一并由该大臣遴委妥员,分途前往,切责劝导,如能一体解散,即由该大臣奏明,从优给奖,以示鼓励。

沈云龙主编《近代中国史料丛刊·宣统政纪》第63卷,文海出版社有限公司1989年版,第26~27页

张国淦《辛亥革命史料》:

据通永镇总兵田文烈自滦回京告我:是年定于八月在永平府秋操,第二十镇统制张绍曾驻奉天,奉调至滦州,武昌事起,秋操停止。九月初间,令第二十镇开赴长江一带增援,张绍曾原与吴禄贞(第六镇统制,驻保定)、蓝天蔚(第二混成协协统,驻奉天)有约,此时管带施云从[从云]、王金铭、冯玉祥等以事亟,机不可失,立请张与吴、蓝一致起事,攻夺京津。张顾虑不敢发,乃联名电请改革政治,要求制宪,其意以为虽于事无济,亦可抗不开拔也。此次秋操,陆军部派余(田自谓)赴滦,下榻张处。党人在滦运动,张把握不定,今日主张如此,明日主张又如彼,最后电奏,其连署者如卢永祥与北洋关系最深,潘矩楹与军谘府往来甚密,惟蓝天蔚激烈,又在奉天,伍桢祥则素来平和,完全不一致,都是一时凑合。张既无领导革命之决心,又无统率各军之资望,安能进捣京畿,会师中原。举朝无人,一有举动,遂风声鹤唳,草木皆兵耳。中央以统制啖潘矩楹,一见明谕,张即屏伏不敢再有主张,盖其所挟持者,不过尔尔也云云。

张国淦《辛亥革命史料》,龙门联合书局1958年版,第200页

李志寯《第二十镇响应武昌首义纪事》:

清廷又阳以张绍曾为宣抚大臣,阴以解弛其兵柄,盖此以待吴禄贞之狡计,而又思逞于张君绍曾,于是全军大哗。虽然滦州军队,究不能不为所携贰,上中级军官则半皆愿其速去,下级军官,则全体一意强留。既已登车,力阻其行,张绍曾见事既无济,欲决然舍去。始约与吾等先后至天津。

中国人民政治协商会议湖北省委员会文史资料研究委员会编《湖北文史资料》第4辑,1981年版,第158页

△ **清政府将谋刺摄政王载沣的汪兆铭、黄复生等释放出狱。**

《宣统三年九月十六日上谕》:

法部奏"党禁既开,拟将监禁因犯政治革命嫌疑人犯,请旨悉予释放,并钞录亲供呈览"折片,汪兆铭、黄复生、罗世勋均著开释,发往广东,交张鸣岐差委。

沈云龙主编《近代中国史料丛刊·宣统政纪》第63卷,文海出版社有限公司1989年版,第27页

曹亚伯《武昌革命真史》:

是日,北京清监国赦汪兆铭、黄复生等三人。自八月十九武昌革命军起,清廷大惧。监国不得已,欲赦党人以期解救。先是去岁四月,汪受党内外各方讥刺,遂萌牺牲之志,欲与清政府拼一死,因偕黄复生入北京,设守真照相馆为暗杀机关,制造炸弹,以谋炸摄政,并致书其未婚妻刘氏,请其另行择配,以示决绝。案破,因政客多方营救,故舍死刑而处以终身监禁。至是交旨赦汪等三人,交张鸣岐差委。汪出狱后,有人叩其行状。汪病甚且沉默久之,乃历述在狱时之情况。谓入狱后,项上即荷铁械,量甚重,非书生所能耐。每日仅食粥一盂,及粗麦一撮,且不能以手取之,惟以口就食于架上而已。前日忽有禁子入,余昏聩间,彼竟折吾刑具,拥之出。吾眼花不知何往,以为必杀我也。旋拥至骡马市大街泰安栈。予意岂以栈房为杀场耶?禁子又交我行李及银百两,并向予讨喜钱,谓吾已遇赦。

曹亚伯《武昌革命真史》中卷,中华书局1930年版,第244~245页

△ **清廷从袁世凯请,著张勋充会办南洋军务大臣。命督办川汉粤汉铁路大臣候补侍郎端方,在岑春煊未到任前,暂行署理四川总督。命陆军第十一协统领官李纯充陆军第六镇统制官,并赏给陆军副都统衔。命陆军第四十协统领官潘矩楹署陆军第二十镇统制官。**

《宣统三年九月十六日上谕》:

电寄袁世凯。据电奏"接张勋电称:鄂浔叛变,四方党徒响应。金陵为南洋根本重地,江防一军,担任数省防务,非有重兵,不足筹战守;非有重权,不足资展布各节。张勋饶有勇略,可否假以事权,责成保守南省治安"等语,张勋著充会办南洋军务大臣。

沈云龙主编《近代中国史料丛刊·宣统政纪》第63卷,文海出版社有限公司1989年版,第28页

《宣统三年九月十六日上谕》:

命督办川汉粤汉铁路大臣候补侍郎端方,于岑春煊未到任前,暂行署理四川总督。赵尔丰毋庸署理。

《宣统三年九月十六日上谕》:

命陆军第十一协统领官李纯,充陆军第六镇统制官,并赏给陆军副都统衔。命陆军第四十协统领官潘矩楹,署陆军第二十镇统制官;七十九标统带萧广传,署四十协统领官。

沈云龙主编《近代中国史料丛刊·宣统政纪》第63卷,文海出版社有限公司1989年版,第32~33页

△ **是日夜,吴禄贞在石家庄遇刺死难。御史温肃上奏,要"明正其罪"。**

谢良翰《吴禄贞被刺事实》:

吴初到以民居湫隘,又离车站远,即在车上办事,后以诸多未便,遂借站长住室为办公室。室系平屋三间,与秘书周维桢、参谋张世膺共居之。山西民军,虽经联和[合],然尚游移未决。九月十五日,复单骑入关,与阎锡山商,确定于十六日出关宣布独立。而京旗一标驻五里铺,适当出关要路,民军惧不敢出。是日,军谘府第三厅厅长陈其采,亦至石家庄。吴遂请其往劝宫统带撤兵。往返磋商,至日晡,方行撤回。初意本欲将京旗一标运送回京,以免宣布时冲突。

追京汉路局回电,以列车均在信阳无车可运,是以当晚京旗一标暂驻石家庄,此又一挫折也。

是日,民军于上灯后,到石家庄者仅二百余人。至夜半始有官长反对独立之说。吴云:“明日犒赏后,全军站队,我自己演说大义,当无他虞。”后又闻欲行暗杀之说,乃思躲避,又未敢外出。室后系一花圃,遂与周维桢、张世膺同匿花圃内,是以该凶手等初次入内搜寻未得。及二次复来,适吴已由花圃返入室内,正与凶手相遇,遂先用马枪击毙,然后割取首级。周维桢、张世膺均遭惨杀。车站司令官谢良翰同住正太车站,与吴所居仅隔一墙,闻警奔救,亦遭戕击,右颈、左手、面部均受刀伤,左腰复为枪弹洞穿。竭力奔避,仅乃得免。后在石家庄医院医治月余,方始就痊。当时,该凶手等即在车站前面向空鸣枪。民军闻变,连夜遁入关内。京旗一标,连夜退走正定。

次日,民军复出关,将兵站粮食、军火,并吴君尸身尽运入关。预备犒赏之馒首数千斤,宰猪数十头,另贮车站别室者,均被乱兵乡民抢掠一空。六镇兵士,逃亡大半,秩序紊乱。至第三日,段军统到,人心始定。

谢良翰《吴禄贞被刺事实》。中国人民政治协商会议湖北省暨武汉市委员会等编《武昌起义档案资料选编》下卷,湖北人民出版社1983年版,第200~201页

元柏香《吴禄贞被刺事件鳞爪》:

这时吴电调奉天陆军小学堂总办张世膺(字华斐,江西人)为联军参谋长,并命军谘府派来随军的运输科长瞿寿程(字湘衡,湖南人),到北京召我为马队司令。时我在京充禁卫军马队队官(我在武昌普通中学上学时,吴任该校监学),奉召后即同瞿寿程和张世膺同车至石家庄,下车后同谒吴。吴说:“你们来了好,诸事已定,明日慰劳山西军队,后日誓师进攻北京。”次日我经站台遇马惠田部排长于文泰,于与我为六镇旧同事,拜盟弟兄。问我来此何事,我对他说明吴召我来石的经过,并说时局如此,兄能终甘排长乎?于说我明白,我有要事相告,随即秘密对我说,今晚马惠田要杀吴统制,你们早作准备,速换卫兵,如办不到,消息一露,我命难保。我说请放心。即匆匆别去。我急忙折回司令部见吴,时吴将去晋慰劳军队,左右人多,不便私语,遂将瞿寿程兄唤出计议,以更换卫兵为上策,如不能时,可请吴留晋勿回。明早会师丰台,大事成矣。其后,瞿随吴慰劳山西军,我留石家庄,到各旅馆招待各界同志,至晚十点钟始回票房休息,闻瞿寿程已回司令部。片刻瞿亦回票房,说吴不特不留山西,并且急返司令部,将马惠田传来问话:“听说你要杀我,你就杀罢。”马急跪吴面前说:“统制待我甚厚,我天胆也不敢。”吴说:“量你也不敢,起来去吧。”我听至此,说糟了,急起穿衣靴,继而枪声四起,我与瞿同去吴室,见张参谋长被杀于站台,吴尸仰卧室中,头被割去,书记官周维桢尸横床上。当时车站秩序大乱。我与瞿寿程离开石家庄后,我留北京,瞿南下。袁世凯向来杀人灭口,马惠田后来亦不得其死。

中国人民政治协商会议全国委员会文史资料委员会编《辛亥革命回忆录》第8集,文史资料出版社1982年版,第252~253页

阎锡山《阎锡山早年回忆录》:

吴将军返石家庄后,以车站票房为行辕,夜与其参谋周维桢、张世膺治军书,忽有人入,以贺问晋巡抚为言,枪击中吴要害,周、张两参谋亦同遇难。时为九月十六日午夜,实乃一十七早一时。晋军先头部队第一营,由刘国盛率领,于斯时甫至,惊悉吴将军被刺,且见石家庄秩序大乱,乃原车返晋,并拆毁铁路十余里,以断追路。当时在吴部之同盟会友随晋军来归者,有孔庚、王伯轩、倪晋祥、李敏之诸君。据他们说:吴将军之死,乃清廷以二万两银子买通其部下吴旅长鸿昌所图,与一般所传刺吴将军者为周旅长符麟微有出入。

阎锡山《阎锡山早年回忆录》,传记文学出版社1968年版。中国社会科学院近代史研究所近代史资料编辑组编《近代史资料》,总55号,中国社会科学出版社1984年版,第135~136页

《宣统三年九月二十六日御史温肃奏折》：

窃已故山西巡抚吴禄贞，跋扈素著，曾游学东洋，归后昌言排满革命不讳。此次武昌事起，该员首与黎元洪通谋，又东说滦州军队，西煽太原叛兵，截留前敌军械，并欲阻绝南北交通，以抄第一军之后路，皆该员主谋。以至旬日之间，畿辅几于震惊，朝廷为其要挟。旋于正定军次，欲遣人谋杀袁世凯，为其部下侦知，将该员戕毙，赴正定县出首。此事人言凿凿，一查便悉。当此军情扰攘之际，该员身为统帅，谋危国家。若不明正其罪，势将以仓猝被害，蒙邀恤典。而下手刺杀之人，且以凶手而罹法网。是非不明，功罪倒置，则人心去矣。伏愿皇上迅奋乾断，立将该员阴谋罪状宣布天下，则军心必为之一肃。

中国史学会主编《中国近代史资料丛刊·辛亥革命》(6)，上海人民出版社1957年版，第375页

11月7日(九月十七日)　广西巡抚沈秉堃宣布独立，被举为都督。

雷在汉《辛亥广西革命纪事》：

九月十五日，桂林忽竖独立旗，党人与谘议局议员，已商得清巡抚沈秉坤[堃]同意，故即以秉堃为广西大都督，嗣有藩司王芝祥反抗，寻即自行取消。盖芝祥因未得列名独立，故起而为梗耳。经秉堃与之妥协，以芝祥为副，复赘之以陆荣廷，藉以调和当时空气，于是十七日昧爽，忽见谘议局门首，又高悬中华民国旗帜。未几，遂张布告，以秉堃、芝祥、荣廷正副都督名义，宣告广西脱离满清关系，联合湘、鄂，一致北伐，而谘议局议员，始起而集合，开会庆祝，通告全国。

丘权政、杜春和编《辛亥革命史料选辑》下，湖南人民出版社1981年版，第18页

《沈公秉堃宣布独立演词》：

今日为广西独立之日，广西国民前途幸福，以今日为起点，鄙人不胜庆贺，请与诸公三呼广西国民万岁。广西地方，乃广西人之土地，本应由广西人主持，现在组织伊始，必欲鄙人权代主持，同为汉族，亦属义不容辞。但鄙人才识浅薄，不娴军事，拟请王铁珊、陆干卿两先生共同担任，诸公当以为然。据鄙人愚见，目前办法：(一)先改巡抚衙门为军政府，改谘议局为议院，添设临时议员，由官绅学三界人才内选充。所有一切法制，概由议院议决施行。(二)凡在广西境内各省人民，一律认为广西国民，不分畛域。服制暂仍其旧，辫发任人自由。(三)华洋商人及教堂教士教民，一律严加保护。(四)各行政机关及税制，暂仍其旧，而固饷源。各地方添设参事会，限月内成立。(五)广西原有军队，一律改为广西国民军。(六)各行政人员，有不胜其任者，由议院及地方参事会纠发。并即推选长于军政、财政、教育、警察、实业各项人才，从速更换。(七)急派得力军队直趋汉口，联合鄂军，进规中原。(八)联合各省军政府，警告各省督抚，促令同时独立，共谋组织临时政府，以对外人。以上各条，不过鄙人愚见。目前权宜办法，仍望议院议定法制，俾共遵守。至都督一席，鄙人只可暂时承认，仍望公举伟人，及早接替，不胜跂盼。

《广西独立记》，《时报》1911年12月2~3日。渤海寿臣《辛亥革命始末记》，《实行立宪汇编·各省》，文海出版社1969年版，第132页

△ 鄂军都督黎元洪致电苏州程德全，商筹共同组织政府。

《鄂督黎元洪致程德全电》：

现在义军四应，大局略定，惟未建设政府，各国不能承认为交战团体。敝处再四筹度，如已起义各省共同组织政府，势近于偏安，且尚多阻滞之处；若各省分建政府，外国断不能于一

国之内,承认无数交战团。兹事关系全局甚大,如何之处?乞贵军政府会议赐教,立盼电复。鄂都督。篆。印。

《民立报》,1911年11月15日。辛亥革命武昌起义纪念馆等编《湖北军政府资料文献汇编》,武汉大学出版社1986年版,第185页

11月8日(九月十八日)　福州新军起义,福州将军朴寿督旗营顽抗。次日革命军占领省城,闽浙总督松寿自杀,朴寿被擒。11日组织军政府,举第十镇统制孙道仁为都督。

彭寿松《彭寿松事略》:

二十四日抵福州,立时调集军警同盟会会员,力促进行。本会势力,除政界及上级军官外,不数月,全省普及,但经济困难,分文莫得,不得已,用权术号于军界曰:"此系千载一时,各同志举义,非志在金钱,努力为之,功成必发两月饷,见官加级,以酬其庸。"时闽中旗营时刻戒严,风声日紧,九月十五在城外白泉庵开军事会议,决以孙道仁为都督,许崇智为临时指挥。松〈担任〉率子侄及死士四十三人为炸弹队,缒城入据城内于山,取高屋建瓴之势,分派各军队守子药库,保护各租界,防守机关部,攻旗界。消防队预备临时救火,十字会预备临时救伤,各民团分守商场、仓库。十七下午在鼓山麓夹板船与孙道仁相见,各带随从一人,松身藏的士林毒药并手枪、炸弹各一,先晓之以大义,谕之以利害,彼倘不从,必以同归于尽为目的也。当即约定十九破晓战,并许其先期携眷出城,避居南台租界乾记洋行,事成再请其入城,安民治事。十八夜半,因驻扎水部城楼之陆军有走火者,旗营遂发排枪轰击,松在于山指挥炮队,施放克虏伯炮瞄准伪军署射击,因天未明,未得效力。十九午,前满将军朴寿,率捷胜营进扑于山,势甚猛。松亲督炸弹队鏖战一小时,旗兵始退,然犹坚守不降。松率机关炮二尊,炸弹队由津门楼、仙塔街、狮子桥三面进攻旗汛口,围击满军署,虏惧,始竖旗乞降。是役,历两天一夜,城内外市民安堵如常,严守各栅,输送食品,慰劳军士,外国人在于山观战。复闽之功,全在初级官佐及目兵等能自为战,若上中级军官,除一管带官孙葆榕穿卫生衣督战外,则均系长衣假辫,尤有临战脱逃者,事后无论何人,只知冒功希赏,松诚无颜与彼辈共事也。

中国人民政治协商会议湖北省暨武汉市委员会等编《武昌起义档案资料选编》下卷,湖北人民出版社1983年版,第238页

郑权《福建光复史略》:

大局已定,闽支部各党员组织参事会,举参事员十余人如下:彭寿松、林斯琛、郑祖荫、黄光弼、刘通、陈承泽、李恢、林晓、陈景松、宋渊【源】。二十一日上午十时,福建同盟会支会全部人员,由南台梅坞桥南社总机关执旗捧印赍往都督府(设旧总督署),佐以学生军、义勇队,城台沿途居民夹道纵观,鼓掌声、欢呼声与花爆声同时并发。各公司商铺均悬旗欢庆。既到都督府,由参事员代表彭寿松往花巷司令部请孙都督到府,党员及参事员分列两旁,由李启藩引导,都督升堂。先由彭寿松恭授军旗,次由林晓授印,次由郑兰荪代表福建同盟会支会宣读照会,词曰:"中华同盟会福建支会为照会事:照得本会以恢复中华民国、建立共和政体为宗旨。赖我同志始终坚持,各尽义务,终能扫除满洲,改造政府。兹者大功告蒇,由本会公议都督府章程。即依本章程第一条,推举都督府都督一人、参事员十人。佥以会员孙道仁督率军队,扫荡旗营,厥功甚伟,宜任都督之选。会员彭寿松等十人共参计划,学识亦优,宜任参事员之选。除照会各参事员知照外,应照会贵都督,敢望不辞劳瘁,为我中华民国造富强无疆之基,是所幸也。兹送钤印一颗,其文曰:中华民国军政府闽都督之印,惟希查收启用为

颂，须至照会者。外参事员名册一本，右移中华民国军政府闽大都督孙，黄帝纪元四千六百零九年九月二十日。”次孙都督宣誓，词曰：“天佑我汉，胡运告终，鄂省首义，各省继应，闽省义旗高举，指日光复，此皆我祖黄帝之灵与同胞之福也。孙道仁承大众推举为中华民国军政府闽省都督，矢愿尊重人权，建立共和政治，协同众力，扫除满清弊政，宏我大汉功业，以慰祖宗，以答同胞，皇天后土、祖宗、中国同胞、闽省同胞共鉴斯言。”词毕，众高呼中华民国万岁。是日礼式极周备，升炮二十一声三次，奏乐三次，礼毕而退。各参事员即在署中办事，先举彭寿松为参事长，并议各部职员人选。

丘权政、杜春和编《辛亥革命史料选辑》下，湖南人民出版社1981年版，第124~125页

刘通《辛亥福建光复回忆》：

二十一日，彭寿松到桥南社集合同志，整队入总督衙。寿松乘马领先，同志步从。寿松手执红旗，马为旗惊，翻寿松于地，幸无伤。进衙开会，议定组织军政府，推举孙道仁为都督。都督府内并设参事员会，掌理民政，推举彭寿松、郑祖荫、林斯琛、刘通、黄光弼、林晓等十人为参事员，寿松为会长。陈承泽为秘书。设民政、财政、外交、军务、司法各部，后改为司。郑祖荫提出名单：民政长、次为高登鲤、刘松生，财长为陈之麟，外长为林长民。皆谘议局中人。郑祖荫亦谘议局议员。寿松反对，谓革命政权应操于革命党人。其时同志不欲初次发生意见，亦虑寿松夹袋中人多粗犷不谙政治，乃为疏解。寿松亦不坚持，乃照祖荫主张。祖荫本福建同盟会支部长，虑与军警特别同盟会发生问题，力求摆脱，将支部长让于寿松。会议时郑烈、李倬适由日本赶回。郑烈原任司法，李倬习警察，即将法长畀郑烈，任李倬以警察事务。二十三日在督署大堂举行都督就职典礼，陈设辉煌，衣冠整肃，鸣炮奏乐。孙道仁于乐声中步上礼台，其余参加者依次就位。郑祖荫代表同盟会授予都督印，文曰“中华军政府闽都督之印”。孙道仁接受后，即印贴就职红告示。参事员会亦同时成立。二十五日，在南较场开追悼阵亡将士大会，并慰问烈士家属及受伤将士。

中国人民政治协商会议全国委员会文史资料委员会编《辛亥革命回忆录》第4集，中华书局1963年版，第463~464页

《清臣殉难记》：

道仁所部副将万国华屯兴化，游击徐镜清屯延平，道仁假总督命召二人，告以举事。国华拒不从，引去。镜清以九月壬午至，即夕为变，扬言旗营将开炮轰城，以激怒众，众愤起。朴寿欲往谒总督，军士填塞街巷不得前。四鼓，炮声隆起，分扑军、督两署。总督逃至署后画店饮鸩死。朴寿亲督兵御之，僵仆相继，民军几不支。民军大炮皆在于山，朴寿侦知，二十日夕，与定煊短衣草屦，督死士袭山垒，定煊深入中炮死，军士益愤，悉锐进攻，几登矣。忽大雨如注，炸弹横飞，朴寿伤足，乃退。叛军以大炮击军署，屋瓦横飞，朴寿乃走避旗卒家，民军悬赏购之，有旗兵利其赀，告发被执。至司令部曰：吾身为大臣，死吾分，然必一见道仁。道仁惭不见。乃大骂曰：道仁父子受国厚恩，纵不知有国，独不念其父乎？既又遗书道仁，约二鼓相见于于山，至时，乱众拥至山巅戕之。翌日旗营遂纳款。

《清臣殉难记》，尚秉和《辛壬春秋》第44卷，辛壬历史编辑社1924年版，第2~3页

《福建之外交文件》：

照会领袖领事查照，确守中立，并乞承认本军队为战斗团，转达在闽之各国领事，请其一律办理，并恳赐覆。

照会领袖领事：通饬各府州县教士，及游历人士，即日返省，暂就仓前山居住，以便保护。并通知在闽各国领事，一体知照办理。

照会领袖领事:所有闽口新常各海关,应暂由本都督府监督,并札行税务司札稿照送,转知闽口各国领事,请其一体查照。

照会英美法日荷各国领事官:现已组织临时省政府,按部派员分理,请烦查照。

照会领袖领事:为本都督已按部派员分理,外交部长札任陈龙光,副部长札任林长民,所有应负责任,及其它关系事件,概归外交部长副部长办理,请烦查照。并希移照驻扎福州各国领事,一律办理。

照会英领:应将教堂公产住址并物件赔值,详细造册,极少须缮三分存案。并明白指示,来文所叙住屋一事,系何条约所允许,即日照覆到府,以便饬属一体保护。

郭孝成《中国革命纪事本末》。中国史学会主编《中国近代史资料丛刊·辛亥革命》(7),上海人民出版社1957年版,283页

《朱尔典爵士致格雷爵士函》(1911年12月8日收到):

广东的事例,立即被邻近的福建省所仿效。英王陛下驻福州领事发来简短的电报说:该城经过激烈战斗后已被革命军占领;总督自尽;满族将军被斩首。然后,革命军首领孙道仁掌握了控制权。在厦门,道台和其他官员们在一艘中国巡洋舰上避难,给革命军留下了一块没有障碍的地盘。

胡滨译《英国蓝皮书有关辛亥革命资料选译》(上),中华书局1984年版,第112~113页

△ 安徽谘议局在安庆宣布独立,举巡抚朱家宝为都督。

管鹏《安徽革命纪实》:

未几,九江独立,逼处皖界。谘议局议长窦以珏及皖绅童茂倩等,以地方糜烂为词,警告朱家宝,辞退江防营。同时,潜伏城内之党人仍与巡防营联合,机械已还,重申前议,谋再举,情势益急。有某某不肖分子献计朱家宝,阳示反正,保全地位势力以待时变。同志闻之极力反对,遂于九月二十一日黎明,招集同谋各军(首由王孟起亲持某某同志名片,驰入抚署,调来其全部卫队,分属我军),在高等审判厅(御碑亭东)宣布独立,公推王天培为临时都督,管鹏为军务部长,吴旸谷为全省经略,民、财各部留待人民公举。是日,吴旸谷自武昌回皖与各同志会议竟夕。次日,全体同志迁入督练公所,分部办事,朱家宝托人要求宽限其行期,同志许之。越一日,旧巡防营统领刘利贞摇惑军心,并勾结郑某以反对剪辫为名,鼓动数百流氓牵率皖绅童茂倩、郑仲侯等,闹入都督府反王(天培)护朱(家宝);又一部分巡防营有不稳消息,遂酿成王、朱合组之怪现象。实则百事停顿,王、朱两不相谋也。

丘权政、杜春和编《辛亥革命史料选辑》下,湖南人民出版社1981年版,第109~110页

《安民告示》:

照得武昌起义,同胞万众一心,各省闻风响应,从未妨害安宁。皖为长江重地,独立乌可后人。凡我商民人等,切勿无故自惊,其各安守本分,照常贸易营生。外人生命财产,不可丝毫相侵,倘有乘机骚扰,查出立予重惩。转瞬民国成立,人人共享太平。

郭孝成《安徽光复记》。中国史学会主编《中国近代史资料丛刊·辛亥革命》(7),上海人民出版社1957年版,175页

《安徽巡抚朱家宝奏折》:

窃查皖省当长江之冲,地瘠民贫,连年灾震。本年秋间武昌变起,黄州九江相继沦陷,皖之英霍一带毗连鄂省,人心浮动,窃发时虞。九月初九、初十两日,皖省炮营标营相继叛变。当于十一日将兵变击退情形电奏在案。十三日奉电传谕旨:"此次该省兵变,经该抚预为戒备,立即击散,克保危城,洵属布置有方,深堪嘉尚。仍著该抚严密防守,毋稍疏虞。所有在

事出力员弁，俟事定后准其择尤保奖。钦此。”臣遵即督同在城各官竭力筹防。而谘议局及各士绅佥以沿江各省会俱宣告独立，皖不独立，则上下夹攻，民生涂炭，性命财产势将不保。两次具呈来署环求，情词激迫。正在切实筹商，以保治安。突有九江兵侦知皖省江防两营因南京吃紧，业已开回江宁，省防空虚，遂即驰抵城外江岸，猝于二十五日蜂拥入城，焚击各署，并在各街市大肆杀掠。是时士绅胁于淫威，亦不能阻止，顿失其自保之初念。变起仓卒，无兵可以抵御。此皖省城垣失事之实在情形也。

中国史学会主编《中国近代史资料丛刊·辛亥革命》(7)，上海人民出版社1957年版，第217页

《一九一一年十一月十一日有吉驻上海总领事致内田外务大臣电》：

据昨夜通过安庆之山口嘱托报告称：当地谘议局于十一月七日夜九时开会，议决安徽独立，并发宣言；推朱家宝为都督，该巡抚在不得已情况下表示应诺，由测绘学堂总办王某任副都督云云。八日清晨以巡抚衙门为安徽省司令部，谘议局、警察等张贴告示，宣布独立。市内民户揭起革命旗帜，表示庆祝。知府、巡警道各自逃亡，其余官吏俱已归向革命党。据闻日前由南京送来之现款五十万元，大部分已为革命军押收。城内居民约有五分之一避往他处。我国侨民，有三名已撤归，余二人均无恙。

中国社会科学院近代史研究所、中华民国史研究室主编，邹念之编译《日本外交文书选译——关于辛亥革命》，中国社会科学出版社1980年版，第20～21页

△ **镇江独立，举林述庆为都督**。

许崇灏《镇江新军起义和镇军会攻南京纪实》：

其时风声益急，镇江城内原有驻防旗兵三千，已严加戒备。张勋的江防营和其它巡防营等不下十余营，都分布镇江附近，镇江炮台亦对我军监视，我军处于包围之中。士兵见长官毫无动静，颇为怀疑，夜间大多分散郊外，不敢留宿营内。正焦急间，忽奉令将本军两标士兵全数调离标房，散驻野外，不准团聚。此令下后，我军反得脱离包围。于是各营分驻镇江南门外不远的张王庙、竹林寺一带。该处地形起伏，林木森茂，是最好的隐蔽处所。我营驻张王庙，居高临下，可以俯瞰城市，实在是良好的作战阵地。自此，军心益激，谋变的心情更急。夏历九月十三日，上海光复的消息传来，我急派同学黄祖澄等分率士兵数十人化装工人赴沪接洽，领取子弹，并令分携铺被箱篮等作收藏子弹之用。黎明出发，次日下午即返回镇江，在镇江南门外车站下车，计得子弹二十万发。两标士兵按枪分配，各仅得百余发。

九月十四日晚，一切准备就绪，当晚集合三十五、三十六两标全体官兵，在离镇江城五里的岘凉山宣布起义，各官兵推林述庆为总司令，我为参谋长。即下令包围镇江城，准备进攻，并派人入城劝降。

当时镇江早已辟为商埠，当地绅商及外国侨商见新军势盛，旗兵难以抵御，为大势所迫，遂包围驻防都统，逼他与新军接洽。该都统福某，懦弱无能，闻新军起义，早已惊惶失措，不得已答应绅商所请，愿让镇江。当日(九月十五日)下午，我乃率队一部入城，收缴旗兵枪械，以道台衙门为总司令部，并分配各营驻守各要隘，同时下令严禁士兵乱杀旗人，如动一草一木，都要军法从事。林述庆入城就职后，收编驻镇的巡防营及长江水师。后来得知，都统福某已于当日吞金自尽了。

中国人民政治协商会议全国委员会文史资料委员会编《辛亥革命回忆录》第4集，中华书局1963年版，第249～250页

郭孝成《江苏光复纪事》：

镇江于九月十八日宣告光复，午后民军排队入城，遂领镇郡。

镇江军政分府,为林君述庆,福建人。入城后,暂以常镇道署为办事处,先征兵四十人,分守四城门,又派兵二十人,守护丹徒县监狱,以防监犯越狱,出外抢劫,扰害治安。当十七日晚间,旗兵犹未缴军械,汉军欲在象山开炮,向满营轰击,旗员始惊慌允缴。至十八日清晨,将所有军械,送到自治公所,由该公所绅董及学界中人帮同检查,午刻始陆续交清。及民军进城,即将军械一一点交收管。

驻镇新军暨巡防各营以及衙署局所,十七晚犹未悬挂白旗,因旗营未缴军械,深恐或有变动。至十八日,始一律高悬白旗,各处站岗巡士,亦皆以白布缀袖。

中国史学会主编《中国近代史资料丛刊·辛亥革命》(7),上海人民出版社1957年版,第20页

张立瀛《镇江光复史料》:

九月十七日宣布起义,即日成立镇军都督府,设置于城内旧道署(即今之敏成学校及公安局),公推林述庆为都督。邑人陶骏保,号璞青,曾任福建武备学堂教习,林为其门生,林于是时迎陶于沪上,任为参谋总长,陶扶病来镇,部署一切。所有驻镇部队,一律归都督府指挥,阵容颇壮。邑人张立瀛任宪兵司令,吴眉孙、袁钧湄、袁左良、刘云骞、李衡甫均为都督府幕僚。退驻镇江之第九镇残部,仍在镇。林、陶乃举柏烈武(文蔚)为统制,以容纳之。

周康燮主编,存萃学社编集《辛亥革命资料汇辑》第3卷,大东图书公司(香港)1980年版,第61页

《一九一一年十一月六日铃木驻南京领事致内田外务大臣电》:

刚才镇江来电称:自今晨起,当地革命党即与道台及八旗都统进行交涉,终于决定无抵抗交出镇江城,并立即宣告独立,城内悬起白旗。今明两日中虽难免有小冲突发生,但不久即可平安归于革命军之手。

中国社会科学院近代史研究所、中华民国史研究室主编,邹念之编译《日本外交文书选译——关于辛亥革命》,中国社会科学出版社1980年版,第16页

△ 法英德美银行团在巴黎东方汇理银行召开会议,决定暂不接受中国政府贷款五百万两的申请,并重申“除非事先与银行团商定”,中国“不得废止厘金”。

《1911年11月8日在巴黎东方汇理银行召开的法英德美银行团会议记录》:

出席者:M.S.西蒙先生、M.E.厄尔曼先生,代表法国银行团;

阿迪斯先生、熙礼尔先生,代表英国银行团;

乌毕希先生,代表德国银行团;

小摩根先生、E.C.格伦费尔先生、H.哈杰斯先生、马克斯·沃伯格先生和卡尔·梅尔基奥尔博士,代表美国银行团。

西蒙任主席。

会议开始,主席略述中国目前的形势,然后审读美国银行团收到的北京来电,以及11月4日和7日英国银行团与其驻北京代表的来往电报,并请熙礼尔先生阐述他关于中国实际事态的看法。

熙礼尔简略地讲述之后,对形势和向中国政府贷款五百万两的建议进行一般性讨论,提出并通过如下决议:

1.由于目前局势不明朗,决定银行团暂不接受财政援助的申请。

会上讨论了到期息票的问题,各银行团一致认为,应尽可能保护这些息票,所有银行团应按同一方式处理这一问题。如出现紧急情况,此方式应在后来的会议上确定。

接着仔细考虑了中国对现存义务的态度。人们注意到,很难断定是否存在一个可信赖

的政府,因此决定:

2. 银行团不接受以湖广合同名义要求汇款的申请,除非证实北京有一个可信赖的政府并与之打交道。

然后进一步决议:

3. 银行团不在货币改革借款合同名义下提供更多贷款或支付款,直到证实中国有可信赖的政府。

4. 银行团同意引起各自的政府注意这一事实,作为一些借款抵押的厘金,已为起义战斗所废止。在这一点上,使之注意1911年5月20日湖广借款合同第九条,规定除非以其他抵押品为替代,否则不得废除厘金。

5. 最后决定将下列电报打给银行团驻北京代表:

四国银行团电:人们清楚地知道,我们毫无反对向一个中国责任政府贷款的成见,一旦驻京代表保证他们已证实这一点,我们即准备进行洽谈。在今天举行的四国银行团会议上通过了如下决定:(下文即上述决定之一、二、三条)第二、三条仅供参考。

《阿迪斯先生致弗朗西斯·坎贝尔爵士函》(1911年11月11日于伦敦伦伯德街31号汇丰银行发):

本月8日在巴黎举行的银行协商会议记录的印刷副本将于下周准备就绪,在此我附上一个样本以供参考。

如您所知,四家银行一致认为,他们在目前紧要关头的态度应像各自的政府一样,保持中立。他们认为,介入一场结果尚不明了的冲突是不明智的,以财政援助来加深内战的恐怖是不得当的,除非与一位可靠的委托人交易,否则一般不应贷款。

会上提到,作为外国贷款担保的某些厘金税,已为中国起义者所废止。因此决定由四家银行的代表将此消息通知本国政府,提请他们注意湖广借款合同第九条,特别规定除非事先与银行团商定,不得废止厘金。

国家清史编纂委员会文献丛刊《辛亥革命史资料新编》第8卷,湖北人民出版社2006年版,第96~97页

△ 张謇分别致函江苏都督张人骏、南京将军铁良,劝以力避满汉仇杀,响应共和。

《张謇致江督张人骏函》:

风闻江宁旬日以来,新旧军失和,将有溃决之势。又闻新军已开往秣陵关,果尔,则城内悉是旧军,当可安靖,而谣言不息,得无满汉之故乎?各国公论,以汉口官军残杀过当,又荆州、太原亦有相残之事,颇有违言。世界人道主义日益发达,故战时惨杀,实违公例。今江宁所不能释人之疑者,惟有旗营。不揣冒昧,披肝沥胆,与铁将军一书,冀两族相见,不以干戈,保全无量之生命,另纸录呈台览。公为守土之长官,必以民命为至重,伏愿仁人一言,有以启将军之恺恻。謇言或不足为公重,然事关地方大局,当可谅其无他。倘荷采纳,地方幸甚,祈赐还答。

《张謇函稿》第27册。上海社会科学院历史研究所编《辛亥革命在上海史料选辑》,上海人民出版社1981年版,第990页

《张謇劝告铁将军函》:

川鄂事起,未及弥月而四海响应,郡县土崩,九庙震惊,社壝且屋,自古迄今,丧国未有若是之易者也。嗟乎,将军得不思其故乎?自先帝下立宪之诏,三年以来,政府之专己自逞,违拂民心,摧抑士论,其事乃屡见而不一见,于是人民希望之路绝,激烈之说得而乘之,而人人

离畔矣。往时读史至于一代兴亡之际,未尝不研究其故,为之掩卷而嘘唏,若论今日,虽曰人事,然何以当是时而生是人,且参会焉。岂非天命终极,无从理诘者乎?今大事已矣,无可复言。顾謇苏人也,以将军之忠耿,又尝辱有一日之雅,不得不为苏计,为将军计,且为满计,愿终言之:世界进化,首重人道,人道之义,天理之公也,粤鄂难作,其所藉口者,二百六十年前之事也,后果根于前因多,而荆州太原,复有循环相生之因果,其伤人道亦甚矣。今苏与满之因果,善之恶之,在将军一人。为将军计,当计其大与长,一身之计小,满人全体之计大;一朝之计暂,满族休养生息之计长。北面再拜,仰药以殉,一身之计也。奋斗效死,使两族生灵涂炭于兵锋,一朝之忿也。将军才器,实为满望,皆无取此。为将军计,掷一身为沟渎小忠之事,毋宁纳全族于共和主义之中,为满人多留一恶感,而遗以同尽之大危,不如为满人多种一爱根,而使之易世而滋大。浙省宣布独立,汉满要约,不相残害,已事可鉴,今苏州亦已一律宣布矣,使彼此相见不以干戈,生民之幸,两族之福,将军之所遗也。如其不然,亦将军遗之。以将军之明于事,岂愿残人道不顾以成己名乎。设虑汉人难信,有所犹豫,请亦仿浙例,声明要约。事机危迫,敢布区区,伏望审察,即赐还答。

《张季子九录·政闻录》第3卷,中华书局1931年排印本,第39~40页

11月9日(九月十九日)　广东谘议局于8日召开绅商会议,议决即时宣布独立。9日组织军政府,举两广总督张鸣岐为都督,张坚拒。改举胡汉民为都督。

大汉热心人《广东独立记》:

谘议局大会议　十九日全省各团体,在谘议局开大会议,决议各条如下:(一)欢迎民党组织共和政府及临时机关。(二)宣布共和独立,电告各省及各国。(三)所有向日官吏,愿留为新政府服务者听,惟必宣誓忠于中华民国。(四)所有旗满人,一律看待。(五)调新军回省一律给还枪弹,并将退伍兵士,概行征回;所有巡警防营,亦仍旧服务。(六)所有士农商工各界,各安常业,新政府担任保护。(七)管理财政员,向日该管人员,不得擅离职守,俟新政府派员接收。(八)释放罪囚,许其改过自新。(九)对于省会及各处会党,以前所犯,一切不问,自新政府宣布之后,不得扰害地方治安行为。(十)练民团。

议案既成,即宣示挂独立旗,再送公文于张督,随宣布正式公文,并下剪辫令。即派陈景华、黄谦、祥康送公文印信于督院。张督力辞,乃举定胡君汉民为粤军都督,蒋协统尊簋为军政部长兼代理临时都督。又电信宜黄士龙速拔队回省,维持地方治安。通知各营军队,仍照常发饷。龙、李两提力担任约束所部营勇,同保公安。即出示安民,及通告各衙门局所。午后李登同并率部众多人投效,民军声势益振。居民见发出告示,知大局已定,沿途欢呼,城厢内外均高揭三色国旗。有书"中华民国万岁"者,有书"新汉万岁"【者】,有书"民国军万岁"者,爆竹如雷,欢声响动,剪发者尤众。入夜四城大开,各安其业,五羊城中焕然一新世界矣。

《安民告示》:

通告各衙局所:中华民国军政府粤省代理大都督蒋为通告事:照得广东全省,本日已宣告独立,改隶中华民国军政府之下,已举定本督为代理都督。所有全省事务,均归本都督统辖。以后贵局所一切应办事宜,应听候本都督命令施行。现时一切暂仍其旧,勿得违误。须至通告者。

中国科学院近代史研究所史料编译组编辑《近代史资料·辛亥革命资料》,1961年第1号,中华书局1961年版,第450~451页

胡汉民《胡汉民自传》:

十六日，李又使电报职员黎凤墀至港，因韦宝珊求见（当时同志颇有虑李不可靠，与之交涉不免危险者。余廉得其情，实知李已丧气，而又受逼于张，从其个人立场，必不敢存不利于我之念，余收李，广州即可不战而定，故坦然应接其来使）。余见黎，即曰：今为李策，只有两途，若欲为满洲尽节效死，则当与民党再战；如其不然，则当即从民党。首鼠两端，祸且在眉睫，今但问其决心如何耳。黎谓：李已有决心，若不见疑，请示以条件，将惟公之命是听。余乃要以：（一）李须亲书降表来，同时去满清旗帜，用青天白日旗帜，通电反正。（二）即逐张鸣岐，且迫龙济光投降。（三）欢迎民军。（四）李势力范围内之要塞、兵舰、军队，皆须交出，由革命政府处分之。黎如所教上省。翌日复来，则李果为书上同盟会南方支部，表示降服，愿一一依所开条件执行。

十八日，李以明电来，言：张鸣岐已走，谘议局开会，已举公为都督，盼即来省。已而谘议局公电及省中同志陈景华、邓慕韩等电皆到，且言蒋尊簋（伯器）为副都督，于余未至省时，暂由蒋代理。盖谘议局先一日开会，宣布独立，举张鸣岐为都督，龙济光为副，舆论哗然，张亦不敢就。而李则直以电话告张，谓已已通款于革命军，四江兵舰之炮，实比他部队为利，即他舰亦已集中省城，请其好自为计。张得电，召龙济光谋。时云南已独立，龙亦已受李运动，故张问龙，能即扑灭李否？龙告以不能。张知已陷于孤立，且得沪电，只“京陷帝崩”四字，而南海、番禺、顺德之民军渐逼，香山驻屯新军一营已变，南路、东江皆告急，张故立逃。于是各界再就谘议局开会，而限于革命党人为合被选举资格矣。

其时在港同志尚有劝余不即上省者，以为李固新降，龙济光尤叵测，新军在省只两营，且执信、毅生尚未到省，手无一兵，不如且待。余曰：不然，此时革命空气已笼罩全国，广东屡起义师，且在凤山被杀之后，官僚尤为丧胆，吾人所恃，不仅在兵，若稍涉犹豫，适以示弱；况此时事机，顷刻变化，我辈为革命党人，万无持重求全之理，我意必速行。遂与淑子、宁媛、君佩、良牧、应生、黄大伟、李郁堂即晚上省。（濒行，何启约相见，何曾撰《西法真诠》及《驳张之洞劝学篇》。余询以外交之事，何云：湖北首义，已以关税所入存贮汇丰，为偿还外债之备，因而得列国之好感，此可效也。余此时无暇与何深论，但觉授人以柄，实开恶例；而何反为以为得计，何也？）余等抵省，果见省河兵舰悉已悬青天白日旗。同行者皆欢呼：中国人真见天日矣！登陆，李以所部迎余，即步行至谘议局，受各界之欢迎。伯器即日交代……

余受任之际，全城官吏尽空，等于无政府，余乃即日任陈景华为民政部长，先使理警察之事；任李郁堂为财政部长，收藩运两库；陆军部长、参谋部长于十八日由新军宣布，反正时所公推者，则仍之；创军政府雏形于谘议局，使君佩、汪宗洙等为秘书、参议，为安民布告，并通电内外。

《革命文献》第3辑，1953年版。中国社会科学院近代史研究所近代史资料编辑组编《近代史资料》，总45号，中国社会科学出版社1981年版，第42～44页

李准《光复广东始末记》：

准自反正之念发生，因囿于职守，莫由与党人通诚。党人谢良牧等冀准内援，因与胡汉民商，使李柏存因谢质我通信于准，约与连合。九月初四日，准遇谢质我于虎门，谢以党人属意告，许之。准既输诚革命，遂忠告粤督张鸣岐，晓以时机，责以大义，张竟不谅，忌准益甚。旋伪布独立，粤人知其诈。准乃遣胞弟次武赴港，往谒韦宝珊君，因识李杞堂君而通诚意，次武还告，准修书致机关部，交次武复之港。见南方支部长胡汉民暨谢良牧等于韦宝珊家，达准力图反正原因，为粤民生命财产计。胡、谢等密授机宜，并覆准书。次武受盟后，专轮回省。时汉民在港候信，往还磋商，事甫就绪。准复用关防亲为密约，授次武及黎凤墀、谢质我

为代表,抵港,与胡、谢诸君商议独立条件。一面派周子文、陈了明等往说龙济光,动以至诚,使知一启兵祸,殃及生灵。龙遂感动,愿表同情。准复遣水师营务处刘冠雄君往见张督,告以准决意反正。劝其勿恋虚荣,贻害地方。张仍犹豫,欲窥各省成败,不肯早决。准以龙既归心,新军均表同情,遂传谕所部水陆各军,沿海炮台,由吴宗禹、吴占高督饬各营队约期同举义旗,各部悉受命令,其时兵舰已先期调集省河受命。布置妥洽,电约机关部,定期十九日反正,不从者讨之。其时民军已光复香山、新安等县。陈竞存君在惠与秦提搏战甚剧,准屡次函电并专轮赴惠,劝秦提止战。时商会举张鸣岐为都督,而侨商函电交责,张知不容于众,遂于十八夜潜逃。迨十九晨,准即下令各炮台、军舰,一律升民国军旗,并电邀胡汉民君暨党众上省,举胡汉民为都督。十九夜,汉民偕同志谢良牧、李君佩等上省,准率部欢迎。相见后,胡欲将准反正事实宣布,准力辞之,盖前事尽职于清廷,今日效忠于民国,皆应尽之责,何敢言功。

李准《光复广东始末记》。中国史学会主编《中国近代史资料丛刊·辛亥革命》(7),上海人民出版社1957年版,第245~247页

《一九一一年十一月十日濑川驻广州总领事致内田外务大臣电》:

当地于十一月九日宣告独立,组成共和民国军政府,选出胡汉民(革命党人,现在香港)为粤军都督,蒋尊簋(南京新军协统)为军政部部长并临时代理都督。市民对此非常欢迎,自当日正午起,市内到处悬起独立旗帜及各色彩旗,贴出标语,庆祝新政府之成立。民心欢悦,秩序井然,市面商贾如常。

中国社会科学院近代史研究所、中华民国史研究室主编,邹念之编译《日本外交文书选译——关于辛亥革命》,中国社会科学出版社1980年版,第18页

△ 黄兴以战时总司令名义函复袁世凯,敦劝归诚起义,倒戈反清。期"以拿破仑、华盛顿之资格,出而建拿破仑、华盛顿之事功"。

《黄兴致袁世凯书》:

中华民国军政府战时总司令官黄兴谨致书慰廷先生阁下:前由刘道转达尊意,敬悉一切。明公以胞与为怀,爱民如命。来示嘱敞[敝]军停止战争,以免生灵涂炭,仁者用心,令人铭心刻骨。惟满洲朝廷,衣冠禽兽,事事与人道背驰。二百六十年来,有加毋已。是以满洲主权所及之地,即生灵涂炭之地。如但念及汉口之生灵,而即思休战,毋乃范围过狭,无以对四亿生灵。况汉口为我军所有之日,行商坐贾,百货流通,及贼军进攻不克,纵火焚烧,百余万生命,数万万财产,均成灰烬。所谓涂炭生灵者,满奴乎,抑我军乎?至于遵嘱开党禁等四条,乃枝叶问题,而非根本问题,兴等之意,原不在此。以大义言之,夷虏与中华,原无君臣之分。明公虽曾服满人之官,而十八省之举义旗、兴义师者何亦非曾服满人之官者?按之是非真理,明公当自晓然。以利害言之,鄂省兴师,四方响应,至于今日,大江南北,复我汉人之主权者,都凡十一省。寡人政治之满廷,早已瓦解。明公即奋不世之威力,将何用?以明公个人言之,三年以前满廷之内政外交稍有起色者,皆明公之力。迨伪监国听政,以德为仇,明公之未遭虎口者,殆一间耳。此段痛心历史,回顾能不凄然?况明公之辞国门之际,曾有誓言耶?革命动机未发以前,明公在郰宴居,犹且视为敌国,彰德、北京之道上,无日无贼政府之间探出没其间。迨鄂事告急,始有烛之武之请。满奴之居心,不诚令人心冷乎?近日北京政界,喧传明公掌握兵权,当为朝廷之大害。是以满奴又有调明公回京组织内阁之命,夫撤万众之兵权,俾其只身而返,乃袭伪游云梦之故智。非所以扬我公,实所以抑我公;非所以纵我

公，实所以缚我公也。赵孟之所贵，赵孟原能贱之。满人之自为谋则善矣，所难解者，我公之自为计也。兴思人才原有高下之分，起义断无先后之别。明公之才能，高出兴等万万。以拿破仑、华盛顿之资格，出而建拿破仑、华盛顿之事功，直捣黄龙，灭此虏而朝食，非但湘鄂人民戴明公为拿破仑、华盛顿，即南北各省，当亦无有不拱手听命者。苍生霖雨，群仰明公，千载一时，祈毋坐失。不揣固陋，唐突上言，可否有当，均乞尊裁。条件若何？亦祈赐示。九月十九日。

辛亥革命武昌起义纪念馆藏件。辛亥革命武昌起义纪念馆等编《湖北军政府文献资料汇编》，武汉大学出版社1986年版，第119～120页

△ 蔡锷通电各省，力主各省派代表集合武昌，筹设统一机关，规划国体政体。

《九月十九日蔡锷致各省军政府电》：

各省军政府鉴：痛哉！二百六十年，我汉族九死一生，仅留残喘，幸诸公义旗特起，天地光华。锷等以爝火微荧，亦得附骥尾于戎麾，未及一旬，全滇底定者，固黄帝在天之灵，与将士用命之效。锷等从事其间，亦与有荣。嗣后缔造建设，发挥国光，诸公必有伟画壮谋，同心猛晋。锷虽不敏，固将部署约束，敬候指挥。窃查目前各国情状，对于各省义军，虽已认为交战团体，暂守中立，并未认为完全政府，列为国际团体。自今以后，非有集中统一之机关，即无对外活动之资格。现在长江以南渐次光复，黄河流域当必陆续反正，统一机关之急宜组织，谅为数万万同胞所共认。武昌居全国中心，交通总汇，联合枢纽，似以此地为宜。至国体政体如何规画，自宜由各省军团选派代表，集会武昌，公同筹议，以至短之时期，立不拔之基础。务使新造之国家能直接于国际团体中确占一席，庶不致迁延日月，外迟列强承认之机，内贻生灵涂炭之苦。斯为全局之幸！如承赞同，请互发通电，预定日期，以便各派代表，一致进行，无任盼祷。滇军都督府蔡锷。效。

《时报》，1911年12月1日。曾业英编《蔡松坡集》，上海人民出版社1984年版，第69页

△ 驻扎南京的第九镇统制徐绍桢率部起义，进攻雨花台等地，为张勋所败。

郭孝成《江苏光复纪事》：

九月十五日，闻上海恢复之信，徐统制决意撤防，拟合全镇回城，已饬计划回营办法。不料是夜突有张勋马队，向镇司令部宿营地潜追，因三十六标第三营及辎重营戒备极严，狼狈而遁。众议佥谓南京大局，断不可望平和了结，纵无子弹，宁利用夜间，以白兵决战。议定官兵均秣马以待命令。十六、十七两日，迭接苏常镇克复之报，以为下江宁势如破竹。遂将全镇官兵，编成一混成协，定于十八日移驻距城较近之处，以便进攻。时全镇子弹，不过三四万，平均持枪兵士，每人不过五发，炮兵并空包而无之，出发时士气极盛，并不以弹少介意。

先是由鄂派来通信员苏良斌等，在宁与卫队暗巡队巡防营（赵会鹏所统）等联合。十七日午后九时二十五分，镇司令部接苏良斌报告，谓本夜三时，在城举事，放火为号等语。时新军屯地，距城尚有六十余里，万难应接。且苏之报告是否确实，亦难判决。只得一面准备移营，一面派便衣乘马将校入城，侦察动静，并与机关部约定时刻（已先与机关部约定十九日拂晓）。是日午后十时，混成协司令官，下移营命令，将混成协分三路前进，于十八日午前八时，拔队到无名纬河南方驻止，待夜间开始运动。不意士气过盛，先头通过石马村（距城约三十余里）后，即将白旗竖立。中央纵队之骑兵，更轻率前进，已通过纬河，出花神庙北端雨花台。江防守兵，遂开炮向我军射击（苏良斌等业于十七日夜在城中放火，巡营卫队同时响应，为张勋兵所冲散，城门紧闭，机关部消息不通）。时步队两标，已抵姑娘桥曹家桥南端，闻骑兵陷

险,竟各自通过桥梁,陆续展开。于是不得不为真面目之战。司令官指挥,不能统一,几成各个作战。斯时两军各战,并不剧烈。至下午六时,天色渐暗,适将校斥候回至阵地(因张勋向雨花台增派援兵,补充弹药,暂许开城,该将校乘机混出),谓城中机关部,仍定于十九日午前四时内应,司令官遂立命三十四标乘夜占领雨花台。嗣余各队,依马步工炮辎之次序,乘内应开城,猛烈进城后,分占城内各要点。右翼支队左翼支队,各照原定目的,静肃开始运动。午后十时,月色甚明,三十四标全线荫蔽展开,第三营已进近雨花台死角内,三十三标派一营准备掩护雨花台西侧,炮队工程辎重,均整顿队伍,待命出发。

九月十九日,午前三时,号兵奏冲锋之号,三十四标实行冲锋,呐喊大作(夜间战斗,本不用喊声,出发前已再三告诫。不意临时仍呐喊前进,以致被敌人察知主力方向,极受损害)。三十三标第三营亦同时从侧面突击,近接雨花台,仅距十余米突。敌之火力,异常猛烈。幸江防兵射击素劣,夜间照准,尤不得法,命中效力,尚不过大。三十四标一部分,已跃入雨花台敌阵地,忽现机关枪东西扫射。我军将雨花台三面包围,三次突入,未能奏功,兵士仍不少进。时死伤已颇众,防军阵地甚高,炸弹手掷不中。酣战至午前五时三十分,天已微明,我军之弹用罄,遂不得不退守曹家桥南方高地,以待弹药补充。午前七时五十分,各部队在曹家桥南方高地,整顿队伍。张勋马队忽出朝阳门,绕道袭我司令部宿营地及卫生队,夺去负伤兵及病兵等,肆行杀戮,并将赤十字旗击毁。但彼军中本无纪律,经过各村落,志在抢掠,并不注意追击我军。事起时,中有民军三百人,死伤约一百,学生被伤者亦颇多。当战时,江防营及旗营,均在北极阁四面架炮,向下轰击,故地方糜烂。

新军自九月十九日,苦战竟日夜,卒以子弹不足,未能得手。二十日,徐君绍桢传令所部,暂行退至镇江高资龙潭一带,专候各路子弹齐集,援兵一至,再行决战。徐君则亲赴苏州上海,与苏沪民军会议进攻方略。浙沪苏各处民军,闻金陵受挫,勇气百倍,咸欲灭此朝食。

中国史学会主编《中国近代史资料丛刊·辛亥革命》(7),上海人民出版社 1957 年版,第 12 ~ 16 页

《宣统三年九月二十九日两江总督张人骏等奏折》:

查九月十六日据密探报称,革党议定十七日夜间举火号袭取省城,并呈伪都督徐绍桢命令数条,决以军署为主要攻击。臣等当聚集署徐州镇总兵胡令宣、营务处李廷玉、统领张文生、王有宏、李照岱、赵会鹏、杨绍寅等密为筹备。十七日晚又据密探报称,县城内留驻陆军及探访等营有谋变情事。即饬江防营厉兵持枪以待,并饬城门一律关闭,停止宁省火车。分派江防、宁防、旗营、卫宁、徐防暨扬州调来缉私各营,分守城垣、药库、军械局、造币分厂暨各国领事、教堂。并因雨花台为城南要害,设被匪据,即可窥伺城中,当派江防营管带殷恭先前往驻守,以争先着。是夜四鼓,各处火起,官军按而不动,匪无可乘。汉西、水西、聚宝、通济各门有第九镇叛兵分路来犯,以城关谨严,城上开枪猛击,未能闯入。城内伏敢死党数百人,先劫上江两县监狱,继劫模范监狱,随向巡警局夺取枪械,裹挟探访巡防各营兵,围攻督署,被江防及扬州缉私营奋力击退,枪毙五六十名。同时匪攻军署,一由西华门进兵,一由复成桥进兵,幸旗营暨卫宁军拼死迎击,江防军乘势立毙悍党八九十名,生擒一百五十余名,贼始溃散。当日随地搜杀,计毙余匪百数十名。检查尸身,均有伪军印票及旗帜袖章。南城一带贴有伪都督徐绍桢黄纸布告,语多悖逆。臣等当以徐绍桢乃朝廷专阃大员,受恩深重,或不至甘心从逆,不料是日戌刻,第九镇先锋马队竟袭雨花台,江防军正转战间,徐绍桢督带党匪五六千人四面环攻,江防统领张文生亲身督战,尤为奋勇。另股悍匪分攻通济、洪武各门,江防军管带殷恭先等挥兵守御,贼军猛扑数回,未能得力,城上守兵枪炮齐发,约共毙贼三四百名,匪乃稍退。十九日子时,徐绍桢督兵复战,以悍贼八九百名为前锋,各持炸弹冒死仰攻,

枪弹如雨。当因守兵单弱,加派江防数营以厚兵力,另派卫宁军步队一营出通济门,由左路侧击,江防营又由聚宝门转各路包抄,城上旗营炮队乘势助威,鏖战通宵,枪毙匪兵四五百名,炮毙五六百名,天明各匪丢弃枪支号衣等件,狼狈奔散。江防军跟追十余里,各匪渡河溺死不计其数。查验尸身,均系九镇兵士,检获枪械军装无算。二十日,选派江防步马精兵前往秣陵关一带分头搜剿,击走大股余匪,夺获快炮二十余尊,检拾装具粮秣有多,一并运入城中。据马探报云,徐绍桢乘青骡带死党多名,逃向镇江而去。

中国史学会主编《中国近代史资料丛刊·辛亥革命》(7),上海人民出版社1957年版,第94~95页

《朱尔典爵士致格雷爵士函》:

对和平解决问题所抱的任何希望,都迅速地被满族将军铁良采取的态度所粉碎了,他曾在荫昌之前担任过陆军大臣。他拒绝相信朝廷命令两江总督如革命军发动攻击不得进行抗拒的谕旨。他带着他的两千名旗兵盘踞在满城,在各入口处埋下了地雷,坐观事变。其余的各种军队,除已调往城外的五千五百名新军之外,截至11月7日约达七千五百人,人们预料他们都将协助起义军……

第二天,即11月8日,革命军试图夺取南京城,但他们遭到失败,主要是因为张勋提督所统率的旧军袖手旁观,从而使他们失去了人数上的优势。现在,显然面临着一场激烈的战斗……

11月9日,新军自秣陵关出动,进攻南京城,已被击退,受到一些损失。张勋提督的坚强性格完全超过了两江总督和满族将军,此时他开始进行恐怖的统治。凡是被怀疑为起义者的人都被处死,有钱或剪辫就是充分的证据;总督的亲兵中有一百人被斩首。伟晋颂先生11月10日来信(现把副本附上)中所包含的上述情报,已被沪宁铁路的一位英国工程师所证实。该工程师在给总办朴柏先生的信中说:11月8日夜间,清军挨户搜查,对稍有可疑之人,即予斩首,并把首级悬挂在各户大门上面,总共达四百个之多。邮政司看见了这种恐怖的景象。该工程师又说:他们奸污妇女,进行抢劫,并且犯了其他残酷的暴行。他们似乎在武器、弹药方面得到充分供应,但缺少食物,因此各城门于11月10日开放了一段很短的时间,有一万七千人被赶出他们的家园。

胡滨译《英国蓝皮书有关辛亥革命资料选译》(上),中华书局1984年版,第143~144页

△ 清廷据宪法信条,通过选举重新任命袁世凯为内阁总理大臣。

《宣统三年九月十九日上谕》:

内阁。资政院奏"遵照宪法信条,公举内阁总理大臣"一折,朕依宪法信条第八条,命袁世凯为内阁总理大臣。

沈云龙主编《近代中国史料丛刊·宣统政纪》第63卷,文海出版社有限公司1989年版,第38页

《李家驹奏折》:

资政院总裁内阁法制院院使臣李家驹等跪奏,为遵照宪法信条,公举内阁总理大臣,恭折仰祈圣鉴事:窃查宪法信条第八条,总理大臣由国会公举,皇帝任命;又第十九条、第八等条,国会未开以前,资政院适用之,等语。兹经臣院于九月十八日遵照宪法信条,用无记名投票法,公举内阁总理大臣,以袁世凯得票为最多数。理合恭折奏陈,请旨任命。伏乞皇上圣鉴。谨奏。宣统三年九月十九日,资政院总裁内阁法制院院使臣李家驹、资政院副总裁理藩部左侍郎臣达寿。

中国史学会主编《中国近代史资料丛刊·辛亥革命》(4),上海人民出版社1957年版,第100页

△ **归化城巡防营起义**。

《宣统三年十一月十五日绥远城将军堃岫等奏》:

讵于九月十九日夜间,驻扎归化中哨巡防兵突然溃散,窜赴后山一带,裹胁马贼土匪,到处骚扰。统领周维藩不知去向。幸各外卡驻守巡防兵队未皆被其摇动。然遍地伏莽,纷纷响应。当即饬派马步官兵分头追击,扼要设防。前经电奏请将巡防步三队管带吴吉昌派为统领,尚能维系兵心。分拨甫定,而东之陶林厅戕害官长之信又至。正饬派兵往办,而西之包头镇又有劣生王鸿文、郭鸿霖勾结溃兵土匪,冒充革党,几致酿成巨患。赖该镇文武官员设法将匪首张琳等击毙,而首祸王鸿文等党与甚众,仍在该镇盘踞煽惑,势甚危急。赶即飞派各项军队开往该镇,擒斩首祸,解散胁从,既慑以兵威,复晓默切谕,地方始获安全。

中国史学会主编《中国近代史资料丛刊·辛亥革命》(6),上海人民出版社1957年版,第190页

△ **南宁宣布独立**。

梁烈亚《同盟会在南宁的活动》:

是年九月,武昌起义的消息传来,南宁方面就准备响应,只等待桂林方面的消息就行动起来。等了四五天,才知桂林已于九月十七日(阳历十一月七日)在谘议局主持下宣布独立,广西巡抚沈秉堃、藩台王芝祥和驻在南宁的提督陆荣廷为正副都督,并由沈秉堃发出通电给南宁、梧州、柳州、龙州等地官绅,宣布广西已经独立。同盟会同志谭昌、雷在汉、杜少廷等得到广西宣布独立的消息后,就到提督衙门问陆荣廷的意思。陆当即将桂林来的电报给各人传观,并说明他本人完全赞成独立。于是南宁就在阴历九月十九日(阳历十一月九日)宣布独立。当时官绅商民均不知中华民国的旗帜是怎样的,只是用白布写"独立"、"光复"等字而已,只有恒益、公益两商行挂起青天白日的旗帜。第二天全城各处才纷纷照样仿制,悬挂起来,而提督衙门仅在照壁上贴出一张红纸布告,并没有升起革命的旗帜。

中国人民政治协商会议全国委员会文史资料委员会编《辛亥革命回忆录》第2集,中华书局1962年版,第498~499页

△ **安徽庐州、芜湖独立,成立军政分府**。

李公宷《辛亥革命在安徽》:

孙万乘等于九月十九日,在合肥大书院召开地方群众大会,季光恩、李维源都到会。由李次宋代表机关部宣布庐州独立,组设庐州军政分府。当场公推孙万乘为总司令。群众欢声雷动,鞭炮齐鸣,全城悬旗庆祝军政分府成立。

合肥军政分府下设民政部,暂推李维源担任,财政部推邓鹤仙、李馨斋担任,军政部推刘亮章(文明)担任,巡警部推张践初担任,执法部推许拙云、李次宋担任,秘书处由徐曦(炎东)、夏邱龙担任,王兼之办理总务……

芜湖于同年九月十九日和合肥同日宣布独立。在芜湖大花园成立军政分府,公推吴振黄同志为总司令,李宝林仍为芜湖监督,朱绣封仍为芜湖县长,刘醒吾为军政部长,李伯良为警察厅长,郑西平为革命军第一团团长,胡泳澄(季方)为革命军第六十团团长。

中国人民政治协商会议全国委员会文史资料委员会编《辛亥革命回忆录》第4集,中华书局1963年版,第389、391页

《安徽革命纪实》:

芜湖原驻李葆林所部三营,当省政纷乱时,由同志吴振黄、刘琪等运动反正,设立军政分府,内部稍有争执,由省方派来吴旸谷先生手[主]理之,吴振黄主分府事务,李葆林为司令,

刘琪为参谋长，地方秩序赖以安宁。合肥介于江、淮之间，庐州府治在焉，于军事上极为重要，同志孙万乘自上海回合肥。协同李诚庵、李次宋、吴阳初等，作革命运动。有李光恩者，率巡营驻合肥时，寿州已光复，乃于九月十九日开全县各界大会，议决组织军政分府。推孙万乘为司令，方绨言副之，出兵北伐。南北统一后，各地无分别设立军政分府之必要，芜、合两分府先后取消。

中国国民党中央党史史料编纂委员会库藏钞本。《中华民国开国五十年文献》。张湘炳、蒋元卿、张子仪编《辛亥革命安徽资料汇编》，黄山书社1990年版，第322页

△ **鄂军都督黎元洪复萨镇冰书，劝其响应革命。**

《黎元洪复萨军门函》：

敬复者：奉读手教，敬佩敬感。吾师拳拳于同胞之拯救，政体之改革，深思远虑，同人无不钦佩。鄂军起义，实愤专制之流毒，故以民主相号召。未及匝月，响应在十省以上。虽三尺童子，皆切齿于清政府，欢迎民军。心理之所趋，肇事者不能不利用之也。钧示所虑各节，同人等已早筹计。兹事之解决，在各省成功之后，联合会议，视程度之所至。政体以意揆之，大约不出吾师之所主张。特揆诸舆论，清廷不能占此位置耳。吾师抱救国之卓见，熟察现势，必知专制政体之必亡。苟以仁义之师，举应民国，凡在各省，靡不欢迎。将来各省会议之时，吾师高占议席，出伟论以达政见，一言可定，此时固无事断争也。元洪自视师以来，日与同人以改革政体、保全人民为主意，决无示武之意。不幸而北军构战，焚我汉口，实深疚心。幸汉口商人尚能相谅，不为元洪同人怼，然亦数日寝食不安矣。吾师何以教之？专复。敬请崇安。

《大公报》，1911年11月20日。辛亥革命武昌起义纪念馆等编《湖北军政府文献资料汇编》，武汉大学出版社1986年版，第376～377页

汤芗铭《辛亥海军起义的前前后后》：

隔了几天，有一人假装西洋人，带一副假胡子乘一只小火轮，驶近"楚有"舰旁。舰长朱声岗命士兵开枪，我赶上前去阻止，让他们靠近本船。那人站在船头用英语说要见萨统制。朱声岗告诉我这个假洋人就是朱孝先。我问他来干什么，他用英语说，有一封信给萨上将。我把信接到手，叫他开船离开了。这封信是黎元洪具名的，信中称萨为老师（因为黎本是海军学生），大意是说清廷无道，武昌军民万众一心，立誓推倒君主，建立共和，请老师共举义旗云云。萨先生阅后默无一言，只告诉我黎原是海军中人，甲午中日之战时因军舰被击沉，浮水得以生还。又过了几天，一个名叫轲斯的瑞典人，是红十字会会员，乘悬有红十字会旗帜的小火轮来"楚有"舰见萨先生，所说的都是宣传武昌革命军怎样好，清朝一定会推倒等等的话，最后拿出一封黎元洪的信交给萨先生，信中与朱孝先送来的信大意相同。萨先生看了信以后，轲斯要求复信，被拒绝了。

中国人民政治协商会议全国委员会文史资料委员会编《辛亥革命回忆录》第6集，文史资料出版社1982年版，第88～89页

编者按：《黎元洪复萨军门函》刊载于《大公报》1911年11月20日，复书时间确定为11月9日后，是因为此书系复11月9日萨镇冰函而作。据《革命文牍类编》载文述："九月十九日萨镇冰曾致一书于黎元洪，大意言鄂省起义，初亦无甚反对；但民国政体，不宜行之于中国。黎都督即复以一函。"

11月10日（九月二十日） 江苏扬州宣布独立。

《清盐务缉私统领徐宝山通电》：

各都督军政府、各报鉴:扬州已于廿日宣布独立,惟两淮运司统辖销盐,产盐省分范围甚广,由总机关部以章水天为两淮盐部都督,到扬与举定盐政长方泽山筹办一切,协助军饷。

《辛亥江苏光复》。《江苏文史资料》第40辑,江苏文史资料编辑部1991年版,第282页

郭孝成《江苏光复纪事》:

扬州于九月十七日,即有土匪孙天生等抢劫运库及银行,当电告镇江军政分府,派决死队援救。十九日,新胜营统领徐宝山部兵,将孙天生等擒获数人。及晚,镇江复有决死队二百人来扬,人心大定。即推徐宝山为军政分府,举定各科办事员如下:

民政总机关部长李坚、执行部江彝伯、警务部长钱瑞生、市政长朱明卿、教育长汪锡恩、财政长周树年、盐政长方尔咸。

中国史学会主编《中国近代史资料丛刊·辛亥革命》(7),上海人民出版社1957年版,第22~23页

张羽屏《扬州光复之回忆》:

徐宝山于九月十九日到了扬州,扬州绅商各界,在教场备筵欢迎。徐宝山到扬州后第二天,即擒捕孙天生,孙天生骑马逃走,被得胜桥一个铁匠捉住。徐宝山讯知孙天生劫走运库的银子,埋藏在广储门内一个僻静地方;派兵押孙天生去起赃,孙天生在街上大呼:扬州同胞们,要学我孙天生的为人,我在扬州做了三天皇帝,谁敢说个不字!孙天生被杀,扬州军事就由徐宝山担任,民政长由李石泉担任。

周康燮主编,存萃学社编集《辛亥革命资料汇辑》第3卷,大东图书公司(香港)1980年版,第66页

△ **广东潮州独立**。

张醁村《潮汕光复回忆》:

我返汕头后,为统一领导起见,当即召集党人开会,成立统筹部,我被举为统筹部部长兼起义军临时司令,孙丹崖为副司令,陈励吾为军务处长。当时在汕头党人属孙丹崖一派的,有许无畏、萧公溥、王翼黄、林贤绍、方宏藻、方次后、何子因、黄虞石、吴子寿、卢青海等(俱潮州人,他们或是士绅的子弟、或是士大夫阶级,不一定是同盟会员)。另外,还有梁金鳌(洋行职员,广州人)一派,以及叶楚伧、林伯渠、饶小田、陈迪予、谢逸桥等人(俱大风报的董事、编辑或记者),但主要力量在我和孙丹崖方面。会合后我并将所带款项分发负责的党人作为行动的费用,并通知各党人随时准备,一俟时机成熟,命令下达后即投入起义行列,和清知府陈兆棠、镇台赵国贤进行武装斗争。

一九一一年十一月八日下午,我和孙丹崖、陈励吾等分别率领所部围缴驻汕头巡防营和警察局的枪械,占领电局、银行、盐运使署、道署和交通运输机关,主要是控制潮汕铁路。当缴获枪械五六百支,并即以道台衙门为司令部,随机准备进攻潮州(今潮安县)……

此时知府陈兆棠亦勾结潮州士绅巨贾,妄图以反正方式来保持其反动统治,陈并取得了镇台赵国贤(满洲人)所辖巡防营的兵权,遂于十一月十日,在潮州宣布反正。赵国贤则在兵权交出后离署赴汕,因潮汕火车不通,折返署内自缢而死。陈宣布反正后,并以电报欢迎革命军部队进驻潮州(声称交代,实则企图篡夺)。我得电后不为所惑,仍照预定计划,于十一月十一日与孙副司令率部赴潮。但孙却麻痹大意,以为陈已反正,赵又自缢,不但可免武装冲突,而且可以径行接管,于是对率部进军之举表示踌躇,似不愿与我同行。我以此举大家已经决定,不应再有分歧,孙始无异议,一同率部赴潮。不料,他到潮在镇台衙门驻定后,翌晨即急急派员与陈兆棠接洽,迫其交代。但陈以张司令(指我)未派人前来,加以拒绝,同时,派兵两哨(哨相当于连)进驻镇台衙门后面高地,加以威胁。我闻讯,亟派秘书谢鲁倩和陈兆

棠交涉,他仍借辞延宕,迟迟不愿将兵权交出。孙副司令见陈如此嚣张,乃急来与我商量,并建议将我所部移驻镇台衙门,以便联系和指挥。我见孙已醒悟,便欣然应允,即日率部由道台衙移驻镇台衙与孙共处,以备应付随时变化的军事局势……

我当即再派秘书谢鲁倩促陈兆棠即日交出兵权。他不但不答允,反来信质问揭阳缴械事。提出:既已反正,何又缴械?且有"此种行动,形同土匪"一语,态度颇为顽强。同时,他又纵部杀害学生军数人。至此,我见陈心怀叵测,已不能再事容忍,立即部署兵力,并下令于当夜间一时,发动军事进攻。具体步骤是:

(1)围缴镇台衙门附近敌军共一个营,

(2)进攻知府衙和海阳县衙(即今潮安县),

(3)监视和相机围缴驻城内外各地巡防哨兵。

战斗开始后,镇署附近敌军一经接触,即纷纷投降,并自动剪辫和缴械,我部仅牺牲军士一人,即全部解决。围攻知府衙一路,清军稍为顽强抵抗,迨镇台衙一路解决后,转移向知府衙增援,这才迫使他们全部投降。我们入衙搜索,知陈兆棠已越后墙逃走。只见炊熟米饭数大锅和煮熟鸡鸭蛋二三十只,和一些鸡鸭,有准备饭后大举反扑的迹象。至此更恍然大悟,真所谓先下手为强,后下手遭殃,幸我方已先行一着,否则,后果将不堪设想。是役所有巡防清军,除驻城外一营,通过与我和孙副司令联系,准其反正外,其余全部被缴械。战斗至中午十二时结束。

中国人民政治协商会议全国委员会文史资料委员会编《辛亥革命回忆录》第2集,中华书局1962年版,第359~361页

△ 王金发率部回绍兴,建绍兴都督分府。

裘孟涵述、汪振国记《王金发其人其事》:

王金发是一九一一年十一月十日深夜到达绍兴的,当晚即宿于大通学堂,次日,绍兴的绅董们举行了一个欢迎会。数日后,金发在布业会馆邀请了城乡父老,开相见会,演说革命意义。在金发未到绍兴以前,地方上几个绅董,已经宣布了绍兴的独立,组织了绍兴分府,推举前绍兴知府程赞清(老百姓叫他程长毛)为分府府长,章介眉为治安科长,其余一些处长、科长、局长,也都是地方上一些旧乡绅,占据了越王台畔的知府衙门。金发来了,除留下程赞清权摄府知事外,把其余的一些人都赶出府署,径自组织绍兴都督分府,布告安民。这是第一号布告,署衔是"王逸",是谢飞麟的手笔。

王金发一怒而去绍兴自封分府都督,浙江军政府无可如何,不得不对他进行羁縻拉拢,曾派俞丹屏前往绍兴做了一个时期的安抚工作,对金发的擅自行动,不但未加谴责,还特颁明令,加以褒奖,说王金发自带领民军光复各处,部下异常辛苦,特提银一万元,交由王都督分配转给,以示酬庸之意(见是年十一月五日《全浙公报》)云云。不久又通令其他各府,一律成立军政府,以期在形式上消除王金发的分峙对抗的局面。王金发的分府都督,也就有了合法依据,而不是自封了。

中国人民政治协商会议浙江省委员会文史资料研究委员会编《浙江辛亥革命回忆录》,浙江人民出版社1981年版,第67~68页

11月11日(九月二十一日)　孙中山由纽约抵伦敦,开展寻求贷款活动。

《一九一一年十一月十一日孙中山致吴稚晖函》:

弟今午从美抵英,行动主极端秘密。今晚八点到访,闻先生与张君出外,不遇为怅。明晚此时(八点)再来访,请留寓一候为幸。

近日中国之事,真是泱泱大国民之风,从此列强必当刮目相看,凡我同胞,自当喜而不寐也。今后之策,只有各省同德同心,协力于建设,则吾党所持民权、民生之目的,指日可达矣。

录自佚名编《总理遗墨》。中山大学历史系孙中山研究室等《孙中山全集》第1卷,中华书局1981年版,第546页

孙中山《建国方略》:

到英国时,由美人同志咸马里代约四国银行团主任会谈,磋商停止清廷借款之事。先清廷与四国银行团结约,订有川汉铁路借款一万万元,又币制借款一万万元。此两宗借款,一则已发行债票,收款存备待付者;一则已签约而未发行债票者。予之意见则欲银行团于已备之款停止交付,于未备之款停止发行债票。乃银行主干答以对于中国借款之进止,悉由外务大臣主持,此事本主干当惟外务大臣之命是听,不能自由做主也云云。予于是乃委托维加炮厂总理为予代表,往与外务大臣磋商,向英政府要求三事:一、止绝清廷一切借款:二、制止日本援助清廷:三、取消各处英属政府之放逐令,以便予取道回国。三事皆得英政府允许。予乃再与银行团主任开商革命政府借款之事。该主干曰:"我政府既允君之请而停止吾人借款清廷,则此后银行团借款与中国,只有与新政府交涉耳。然必君回中国成立正式政府之后乃能开议也。本团今拟派某行长与君同行归国,如正式政府成立之日,就近与之磋商可也。"时以予在英国个人所能尽之义务已尽于此矣,乃取道法国而东归。

中山大学历史系孙中山研究室等编《孙中山全集》第6卷,中华书局1985年版,第245~246页

△ **程德全、汤寿潜致电陈其美,发起组织临时会议机关,"磋商对内对外妥善之方法"。次日苏、浙两省代表联名通电各省,再申此意。**

《程德全汤寿潜致陈其美电》:

自武汉事起,各省响应,共和政治已为全国舆论所公认。然事必有所取,则功乃易于观成。美利坚合众国之制度,当为吾国他日之模范。美之建国,其初各部颇起争端,外揭合众之帜,内伏涣散之机,其所以苦战八年,卒收最后之成功者,赖十三州会议总机关有统一进行、维持秩序之力也。考其第一次、第二次会议,均仅以襄助各州议会为宗旨,至第三次会议,始能确定国会长治久安,是亦历史上必经之阶级。吾国上海一埠,为中外耳目所寄,又为交通便利、不受兵祸之地,急宜仿照美国第一次会议方法,于上海设立临时会议机关,磋商对内对外妥善之方法,以期保疆土之统一,复人道之和平。务请各省选举代表迅即莅沪集议。其集议方法及提议大纲并列于下:

计集议方法四条:

一、各省旧时谘议局,各举代表一人;

一、各省现时都督府,各派代表一人,均常驻上海。

一、以江苏教育总会为招待所;

一、两省以上代表到会,即先行开议,续到者随到随议。

又提议大纲三条:

一、公认外交代表。

一、对于军事进行之联络方法。

一、对于清皇室之处置。

右举各节，乞速核夺，电复为幸。汤寿潜、程德全。马。印。（苏州）

《民立报》，1911年11月14日，第2页。上海社会科学院历史研究所编《辛亥革命在上海史料选辑》，上海人民出版社1981年版，第751～752页

《组织全国会议团通告书稿》：

发起人：

鄂 樊云门 湘 宋渔父 陕 于右任 晋 赣 夏剑丞 苏 唐蔚之 苏 张季直 苏 赵竹君 苏 庄思缄 浙 汤寿潜 浙 张鞠生 浙 姚梧冈 皖 江易园 闽 高梦旦 粤 伍秩庸 粤 温钦甫 桂 黔 汤寿彤 蜀 程雪楼 豫 王搏沙

《赵凤昌藏札》。上海社会科学院历史研究所编《辛亥革命在上海史料选辑》，上海人民出版社1981年版，第1052页

《江浙两省代表雷奋等致各省电》：

□□都督府公鉴：鄂省起义一月以来，各省响应，现在光复省分，已十有四，尚无结合办法。外交迫逼，对外举动亟须统一。本日得沪各领事消息，列强有即日派兵规划之说。旧政府垂倾，新政府未立，益以向来国际关系，艰难万端，此时对付稍一不慎，便肇大祸。各省既设政府，应各派代表仿美国独立后第一、二次会议，速筹结合，即将来国体政体根本计议，亦有联络之道。而目下国际交涉尤为亟亟。联合之地，一时以上海为便。现由江苏、浙江两省共同发起临时国会，派奋等莅沪专候各省公议，并公推伍廷芳、温宗尧二君为临时外交代表，以便与外交团正式交涉，此事务恳公认。事机已迫，乞即日举员来会。倘所举之员未能即到，或先电致贵省在沪人士，加以贵处委任，令其暂行代理，俾得早日筹商，以维危局。乞赐电复，不胜迫切待命。通信处暂定上海西门江苏教育总会，并闻。江苏都督府代表雷奋、沈恩孚，浙江都督府代表姚桐豫、高尔登叩。养。九月廿二日八点钟发。

武昌 南昌 福州 广州 长沙 云南 安庆 桂林 太原 贵阳 成都 西安 济南 天津 开封 奉天 吉林 齐齐哈尔 兰州 迪化

以上各省，如有都督府者，均并电都督府、谘议局；无都督府者，只电谘议局。

《赵凤昌、张謇等人信札、电文》。国家清史编纂委员会文献丛刊《辛亥革命史资料新编》第2卷，湖北人民出版社2006年版，第47页

编者按：程、汤电文基于惜阴堂聚议之《组织全国会议团通告书稿》，个别文字略有出入。

△ 袁世凯派蔡廷干、刘承恩携书到武昌都督府商谈议和，提出如民军承认君主立宪，则暂息兵端。湖北军政府表示，如袁世凯反清排满，将来当选为总统。

天嘏《南北春秋》：

袁世凯是日特派刘承恩、蔡廷干为代表，到武昌都督府议和，黎都督派二员招待，至时，接入谘议局内。黎都督先时电报各部长及各省代表会议，取决答复之宗旨。蔡、刘二使至局，自都督以下各长官均集于议事厅，由招待员带领谒见。先由都督询其来意，刘乃宣布宗旨，略谓都督首先倡义，东南十余省相继而起，义声实可钦佩。项城之意，不过三世受恩，不忍亲见清廷倾倒，故特派代表等前来协议。都督之所以革命之原因，无非为清廷虚言立宪，实行专制。现清已下诏罪己，宣誓太庙，将一切恶税恶捐全行改除，实行立宪，与民更始。目的可谓已达，如再延长战事，生民益将涂炭，都督本为救民起见，若救之而反以害之，于心安乎？况某某两国，均派水师提督带兵入境，不知是何居心，上下交争，恐彼等乘势袭取，致酿瓜分之祸。伏望都督统筹善策，顾全大局，传知各省，暂息兵端。一面公举代表入京，组织新内阁，共图进行之策。朝廷仍拥帝位之虚名，人民已达参政之目的，所

谓一举而两善存也。满人虽居心狡诈,然经此一番改革,人权均操之汉人。清帝名号虽存,已如众僧人供奉一佛祖,佛祖有灵,则皈依崇拜之。不然焚香顶礼,权在僧人,佛祖亦无能为也。刘言甫已,都督即答曰:项城真愚矣!瓜分之言,可以吓天下人,能吓湖北人乎?现在各国领事均奉各该国政府命令严守中立,各国皆文明之邦,以遵守公法为第一要义。舆论必不干涉,即令各国有不守公法之举动,吾国十八省热血同胞尽牺牲生命以救国家者,以我国四百兆人民与外人办正当之交涉,外人虽强,亦必望而却步。外人前此对待中国之手段,百端强硬,其所以不实行瓜分者,畏满政府乎?抑畏我民气乎?满政府存留,能担任各国不瓜分乎?项城命二公之来,其意不惟本都督所深知,即天下人民亦无不洞见肺腑。彼盖藉此解散我各省军心,令各省各相冲突,迨四方平定,彼握人权,然后驱逐满人,自践帝位。其用意虽深,其奈人已知之何?子为项城计,即令返旆北征,克复冀汴。冀汴都督,非项城而谁?以项城之威望,将来大功告成,选举总统时当首选之,项城不此之为,乃行反间之下策,成否尚不可知,吾不知项城何以愚拙至是!如谓三世受恩,不忍坐视,此言尤无人格。以公仇论,满人,贼也;我,主也。我被贼抢掠,妻孥财产悉为贼有,今贼反招我为管事,我当视贼为仇乎?为恩乎?以私仇论,溥仪即位后,遂逐项城于国门之外,虽幸未被刑戮,而已万分危险,项城岂忘之耶?置仇不报,反视为恩,项城虽不智,岂若是之梦梦耶?满人待遇汉功臣,用之则倚如泰山,大功一成,即视如土芥。年羹尧之战功如许之大,其结果何如,项城岂不知耶?总之,项城表同情,则反旆北向;否则约期大战而已,此外无多言!说至此,都督声色俱厉,又谓刘曰:我此一番语言,俱是忠告项城,项城不悟,真满奴也。二公为汉人,平心思之,吾言果不谬否?刘面赤不能答。蔡即继语曰:都督之言,实同金石,我等都为惊醒,返命时,定将都督之言劝告项城,不日当有回复。各部长代表均言项城为此行为,实属太无人格,蔡、刘均唯唯。当晚设筵款待甚丰,各部长均在局陪饮,至十二点钟始散。两代表于翌晨早餐毕,都督派卫队数人渡送过江。

国家清史编纂委员会文献丛刊《辛亥革命史资料新编》第1卷,湖北人民出版社2006年版,第253~254页

逸民(黄中垲)《辛壬闻见录》:

湘军至汉之次日,俄领事敖康夫以个人名义致函军政府,谓北军有代表二人奉袁世凯命来与民军议事,特为介绍,如愿接待,请复函担保其往返之安全,当复函许之。于是约定由俄领事以小轮载二人至,一为蔡廷干(广东人),一为刘承恩(襄阳人)。当代表来到时,予密告都督:彼二人奉命来此传达袁世凯意旨,于大庭广众之中,必有不使宣泄之言,宜将其引之密室,详询底蕴,使得畅所欲言。我得其真意所在而后谋对付之方。都督甚以为然。蔡刘二人入座甫定,即有人大呼请代表入议场,旋有多人立相催促。都督不得已,遂导之入议场。都督向会众报告毕,即请代表发言,自则退坐一隅。蔡刘二人不意有开会之举,神气至窘,互相推让者久之。始由蔡发言,谓仆等奉宫保命来此,与诸君有所商榷。宫保对于革命绝对赞成,惟闻公等所标榜者为共和政体,共和是否宜于中国,亟待研究。请问诸公于共和之外,尚有其他途径否?言毕即退席。宋教仁登台致答辞,谓聆两君言,知袁宫保亦赞成革命,深令我等佩服。敢请两君转问袁公,既知赞成,亟起实行,同力合作,勿事犹疑。专制政体之下无久持之大权,时不可失,深愿袁公勿忘去职之往事(指摄政王命袁去职之谕旨)云云。嗣胡瑞霖继起发言,谓两君转问袁宫保,事至今日,于专制政体之外尚有其他途径否?满场闻此皆大鼓掌。至是全体皆起立,遂散会。蔡、刘二人不得要领,乃辞出,仍由民军以马车送诸江岸,乘俄舰而归。

湖北省图书馆《辛亥革命武昌首义史料辑录》,书目文献出版社1981年版,第20~21页

《黎元洪致袁世凯书》：

迩者蔡、刘两君来，备述德意，具见执事俯念汉族同胞，不忍自相残害，令我佩荷。开示四条，果能如约照办，则是满清幸福。特汉族之受专制，已二百六十余年，自戊戌政变以还，曰改革专制，曰预备立宪，曰缩短国会期限，何一非国民之铁血愤争而来。徐锡麟之刺皖抚，安庆之召兵变，孚琦之被炸弹，广州督署之被轰毁，满清之胆，早经破裂。然逐次之廷论，纯系牢笼汉人之诈术，并无敢革政体之决心。故内而各部长官，外而各省督抚，满汉比较，满人之掌握政权者几何人？兵权财权为立国之命脉，非毫无智识之奴隶，即臭乳未干之亲贵，四万万汉人之财产、生命皆断送于少数满人之手，是而可忍，孰不可忍。即如执事岂非我汉族中之最有声望最有能力之人乎？一削兵权于北洋，再夺政柄于枢府，若非稍有忌惮汉族之心，己酉革职之后，险有性命之虞。他人或有不知，执事岂竟忘之？自鄂军倡义，四方响应，举朝震恐，无法支持，始出其咸同故技，以汉人杀汉人之政策，执事果为此而出，可谓忍矣。嗣又读奉条件，谆谆以立宪为言，时至二十世纪，无论君主国、民主国、君民共主国，皆莫不有宪法，特其性质稍有差异，然均谓之立宪，将来各省派员会议，视其程度如何，当采择何等政体，其结果自不外立宪二字，特证诸舆论，满清恐难参与其间耳！鄂军起义，只匝月，而响应宣告独立者，有滇、蜀、赣、皖、苏、杭、粤、桂、秦、晋等省，沪上反正之兵舰及鱼雷艇，共有八艘，其所以光复之速而广者，实非人力之所能为也。我军进攻，窃料满清实无抵抗之能力，其稍能抵拒者，惟有执事。然则执事一身，系汉族及中国之存亡，不綦重哉！执事之于满清，其感情之为何如，执事当自知之，不必局外人为之代谋。同志人等，皆能自树勋业，不愿再受满人羁绊，勿劳锦注。至拟鹬蚌一层，读各国报纸，自知鄂军举义价值，比拟似觉不伦。顷由某处得无线电，知北京正危，有爱新氏去国逃走之说。果如是，则法人资格丧失，虽欲赠送友邦，而已无其权矣，执事又何疑焉。比闻清廷有召还执事之说，窃为执事分二策以研究之：（一）清廷之召执事回京也，恐系疑执事心怀不臣，藉此以释兵权，则宜援将在外君命有所不受之例以拒之。（二）清廷果危急而召执事乎，庚子之役，各国联军入都，始召合肥入定大乱，合肥留沪不前，沈几观变，前事可师。所惜者合肥牵于旧义，仅得文忠结局，了此一生历史，在今日岂能终无余憾。昔孟子数言保民，元洪本一武夫，罔识大义，惟常奉教于孟轲，其心得除保民外，无第二思想。况执事历世太深，观望过久，不能自决，须知当仁不让，见义勇为，无待游移。孟子云：虽有智慧，不如乘势，虽有镃基，不如待时。全国同胞，仰望执事者久矣，请勿再迟疑三思，有失本来面目，则元洪等所忠告于执事者也。余详蔡、刘两君口述等语，除函覆外，特闻。

辛亥革命武昌起义纪念馆等编《湖北军政府文献资料汇编》，武汉大学出版社1986年版，第120～122页

△ 奉天成立奉天国民保安公会，以保卫地方公安，静待大局平定，赵尔巽为会长。12月2日，赵尔巽窥测风向，得汉阳为北洋军攻克，即下令"痛剿""别立会名""扰乱治安"者。

吴景濂《吴景濂自述年谱》：

至局门前，见第二混成协所派马步炮三营已将谘议局围严。于军队未至之前，各司道已先来局，及军队围局，各司道不知内幕，慌恐万状，藏于局中花窖中。予即与同志商议，情形现变，夜间开会如何主张。并约聂标统、李管带等，一同协商。聂、李等发言除独立外，均有蹉[磋]商余地。当议决将独立会改为奉天保安会，举赵督为会长，并由聂、李等主张兼举予为副会长，并举伍协统祥祯为副会长。于会长之下设五部长，举度支司朱司长为度支部长，张元歧为民政部长，张作霖为陆军部长，李树滋为教育部长，〇〇〇为外务部长。并通电吉

黑二省同时设立保安会，并即举人拟创立保安会之章程，至午夜而散……

次日（九月廿一日）早八句钟，赵之卫队到局，皆布署于局之内外。同志赴会者，亦有数千人。迟延开会，由赵及予与伍三人登台主席。赵致开会词，正演说时，有同志赵中鹄（字兰亭）起立严词责被［备］赵会长首鼠两端，以保安会成立后态度不表明白，恐酿糜乱大祸。赵拍桌发言，声色俱厉。此时赵督面色大白，发言戚戚。四外赵之卫队闻赵君严词质问，皆端枪若待发势。两方如有冲突，恐即不免流血。予以事急，当即起立止赵之卫队"安静"，并嘱赵君发言"和平"。予力言曰："今日保安会成立，会场内不可不平安，如会场内不能平安，则保安会何以维持全省治安？"赵督闻予言，即止其卫队归座。赵君亦听予言，发言觉［较］前和平。一场风波，顷刻而息。赵督请予代其主持开会及宣布此后保安会之进行办法，并通电全国及致电吉、黑两省分署及谘议局，请其即日成立保安会，协同进行。种种办法，全体一致承认，鼓掌散会。由第二混成协所派三营军队亦同时撤退。

吴景濂《吴景濂自述年谱》（上）。中国社会科学院近代史研究所近代史资料编辑部编《近代史资料》，总106号，中国社会科学出版社2003年版，第38～39页

《宣统三年九月二十三日赵尔巽为成立奉天国民保安公会及通饬办理保安分会事的札文》：

钦差大臣尚书衔东三省总督兼管东三省将军奉天巡抚事赵为通饬事：案照奉天省为维持公安，设立奉天国民保安公会，业于本月二十二日成立。公推本大臣为会长，所有副会长，公推伍协统祥祯、吴议长景濂；参议总长公推袁金铠，参议副长公推蒋方震、张榕。一切章程，并经议决公布，除通饬办理保安分会外，合行抄粘章程，札仰该道，即经查照，迅即将分会成立，并将办理情形具报。此札。右札锦新营口道准此

计抄粘章程

奉天国民保安公会章程

第一条　本会为保卫地方公安起见，无论满、汉、回、蒙，凡在本省土著，及现住之各省各国人，其生命财产均在本会保安范围之内，定名为奉天国民保安公会。

第二条　本会得各界各政党之同意而成，以尊重人道为主义。

第三条　本会会所，择相宜地址设立之。

第四条　本会以保安为职务，有辅助行政之权，应组织对内执行总机关及对内各分机关，以助行政务。

第五条　本会对内执行机关，由各部组织而成：一、外交部；二、军政部；三、财政部；四、内政部；五、执法部；六、教育部；七、劝业部；八、交通部。

第六条　会长一人，副会长二人，均公推之；各部正、副部长各一人，由会长商同副会长委任之。

第七条　会长总理一切事宜，副会长协理一切事宜；部长、副部长，承会长、副会长之命，处理本部事务；部员承本部正、副部长之命办理本部事务。

第八条　设参议部，为本会监督机关。一、设参议总长一人；二、设参议副长二人；三、设参议员无定额。参议部人员均由公推。

第九条　本会以全省为范围，依旧有行政区域，各府、厅、州、县，得设保安分会，即以该处现任地方官为分会会长，其有不能胜任者，请由本会会长以行政权撤换之。

第十条　本会应刊奉天国民保安公会之关防，凡关于保安公会之事适用之。

第十一条　本会办事规则，另行规定。

第十二条　本章程自本会成立之日起实行，其有未尽事宜随时更订。

营口县公署档。国家清史编纂委员会文献丛刊《辛亥革命史资料新编》第3卷，湖北人民出版社2006年版，第44～45页

《宣统三年九月二十日上谕》：

电寄赵尔巽。两电均悉。本省成立保安大会，专以保安地方，尊重人道为主，办理甚是。现在时事艰危，该督夙秉公忠正，资倚任务，当勉为其艰，力顾大局，所请罢斥之处，著毋庸议。

沈云龙主编《近代中国史料丛刊·宣统政纪》第64卷，文海出版社有限公司1989年版，第10页

《宣统三年十月十二日赵尔巽为凡"别立会名""扰乱治安"者即应"痛剿"事给交涉司的札文》：

钦差大臣尚书衔东三省总督兼管东三省将军奉天巡抚事赵为通饬事：照得革命名词，即改革政治之意义。朝廷屡下明诏，实行立宪，先将信条十九条宣布，并于本月初六日宣誓太庙，是实行立宪之宗旨既已确定，即实行改革政治，已为遐迩所周知。迭接北京专电，初七、初八等日，汉阳克复，武昌乞降。是彼党已慑服于宪政政体之下。此外，各省大抵视武昌为转移，武昌既下，其余传檄可平。盖因人民遭此惨劫，不但被乱者痛恨入骨，即作乱者亦负疚于心，无人不有望治之思也。

调查各省乱端，其初不过数人倡议，附和之者，多则百人，少仅数十人。地方官吏或曲为开导，冀其转移；或为所恫喝，不敢过问；其后土匪勾结，遂为所劫制，地方因以扰乱，商民遂受涂炭，而假借革命之名，行其抢杀之实，愈变愈奇，愈做愈惨。则制之不早制也。奉省赖得军警同心，绅民持正，言改革者，皆归于政治一途；主激烈者，渐戢其暴动之念。然省城虽暂得少安，而省外仍多方煽惑，以致辽阳、辽中、庄、复、凤凰各处迭来警报，究其起衅之由，大抵相同，辽中匪徒竟至抢掠民财，惨杀正绅，毫无人理，全是胡匪行为，何有政治思想。须知，现在立宪实行，党首乞降，已无革命之可言。惟仅一般胡匪，伪托革命，倡言独立，以图劫财物，逞忿肆杀，此等乱民，国法具在，岂可姑宽？即其间接为乱，亦与为匪无异。各该文武，身任地方，具有责任。既已宽容，若辈仍不知敛迹，自不可再事游移，致酿巨祸，况各处并无租界中立隙地之困难，尤不当瞻顾彷徨，自沮其气。为此，通饬各该文武，务须确定主见，乱未起，预防之；乱初生，力制之；乱既起，痛剿之，勿再优柔误事。无论何处不准别立会名；无论何人凡扰乱治安，即为人民公敌。我不杀人，而待人之杀我人民，无是理也。为此，通饬遵照。除分别咨行外，合就札饬，札到该司，即便遵照办理。此札。

奉天交涉司档。国家清史编纂委员会文献丛刊《辛亥革命史资料新编》第3卷，湖北人民出版社2006年版，第55～56页

△ 广东都督胡汉民致电北京公使团，声明负责保护各国在粤侨民。

《中华民国军政府粤省大都督胡致各国领事照会》：

照得广东全省人民，已于黄帝纪元四千六百零九年九月十九日，即西历一千九百十一年十一月十九号，宣告独立。改隶中华民国军政府之下，举定本都督为粤省大都督。自黄帝纪元四千六百零九年九月十九日起，所有各国在粤省生命财产，由本都督担负保护完全责任。一切办法，与湖北中华民国军政府对于各友邦无异。为此先行照会贵领袖领事，请烦转致各国领事查照为荷。须至照会者。

大汉热心人辑《广东独立记》。中国人民政治协商会议广东委员会文史资料研究委员会编《广东辛亥革命史料》，广东人民出版社1981年版，第137～138页

《胡汉民致北京公使团电》:

北京公使团鉴:广东军政府经已成立,各国留粤商民,现已极力保护,地方安谧。嗣后深愿共敦睦谊,同享和平幸福。请转达各国政府为荷。粤都督胡汉民。马。

大汉热心人辑《广东独立记》。中国人民政治协商会议广东委员会文史资料研究委员会编《广东辛亥革命史料》,广东人民出版社1981年版,第142页

△ 广东梅州独立。

温翀远《梅州光复回忆》:

武昌起义以后,形势急转直下,党人李思唐、温翀远、廖叔唐接得香港党人指示后,就加紧在本属筹划光复工作。约一个月左右,筹划初步就绪。廖叔唐在州城得到拥有商团武装的邓华甫的赞同,准备及时举事。温翀远、李思唐就在松口调动原洪门会人马约三百人,于一九一一年十一月十一日由松口星夜驰赴梅州,准备以武力摧毁清朝统治。恰巧钟动、曾涌甫两人于十一日晚回到州城,说服了巡防营管带熊佐臣(本县冲坑村人)同意放弃抵抗。等到十二日正午温翀远与李思唐率队到达州城时,城头已经挂起了青天白日旗,宣告和平光复了。曾涌甫任总指挥,钟动任秘书长,邓硕甫任军事,邓华甫仍统率商团。温翀远、李思唐所率之松军队伍,则驻在城隍庙一带。此为梅州光复初期情况。

中国人民政治协商会议全国委员会文史资料研究委员会编《辛亥革命回忆录》第2集,中华书局1962年版,第388页

△ 清廷命军谘大臣毓朗开缺,以大学士徐世昌继任。

《宣统三年九月二十一日上谕》:

命军谘大臣毓朗开缺。以大学士徐世昌充军谘大臣。

沈云龙主编《近代中国史料丛刊·宣统政纪》第64卷,文海出版社有限公司1989年版,第13页

11月12日(九月二十二日) 山东烟台独立。

郭孝成《山东独立状况》:

烟台民军,于九月二十二日晚起事,徐道闻变,乘间逃出,即登龙裕轮船赴青岛。福山县令易某,即大开城门,高悬白旗,投降民军,民军遂用投票法选举官员,其被选者如下:

总司令官王传炯 民政官万坤山 李星轩 财政官孙文山 张诚卿 澹台玉田 军务科科长虞克昌 董宝太 交涉科科长倪显庭 孙畷臣 文案科科长(中文)李钟英 唐用珍 (洋文)江文臣 王耀东。

选举后,即电致省垣孙都督,报告独立情形。九月二十四日晚,接孙来电云:军政分府王,来电已悉,承贺敬谢。烟埠系中外观瞻,甚赖执事维持秩序,以靖地方,即派员前往接洽一切云云。

中国史学会主编《中国近代史资料丛刊·辛亥革命》(7),上海人民出版社1957年版,第331页

《驻威海卫专员致哈考特先生函》(1911年11月14日于威海卫):

一、关于我本月11日报告山东省已与革命党联合的信,我荣幸地通知您:昨天,我收到英国驻烟台代领事的一份电报说,革命军已于本月12日午夜占领道台衙门及烟台东炮台,道台逃往一艘中国轮船,后来在海关税务司的房屋内暂时避难。

二、今天,我收到威海卫城署理知县的一封来信,现附上该信的译文。从该信可以看出:根据烟台民国军政分府的电令,威海卫城已与革命党联合。现在,该城知县衙门外面悬挂着

一面白旗，上面写着“烟台民国军政分府委任知县”等字样。

胡滨译《英国蓝皮书有关辛亥革命资料选译》（上），中华书局1984年版，第140～141页

△ 江西举彭程万为都督，吴介璋辞职。

彭程万《江西光复和光复后的政局》：

一天，忽来了十几个人，请我到军政府去开会。我一到会场，看到有很多军官在场，而政界和社会方面的人士却不多。宣布开会后，邹恩灏报告，略谓：“吴都督已离职，不知去向，本会亟须决定继任人选。我在武昌时曾谒见黄克强先生，谈到江西光复后都督人选问题。我提出彭程万为适当人选。黄克强先生同意，并发给了印信，交我带回江西。”到会各人，均无异议。我乃起而发言，略谓：“吴都督既已离职，不知去向，地方秩序不可无人负责，大家如同意我，我便出来维持几天秩序。我一面打听吴都督在什么地方，请他出来复职。至于黄克强先生发给的印信，我暂时不能接受。本会可以去电黄克强先生，说明今天开会情形。”会议到此结束。

中国人民政治协商会议全国委员会文史资料委员会编《辛亥革命回忆录》第4集，中华书局1963年版，第307页

△ 驻泊镇江海军，由宋文翙率领，接受镇江都督林述庆劝告，响应革命。

张怿伯《海军辛亥革命纪实》：

起初由陈复及张汉二人与海军接洽，并作了海军与镇江陆军联系工作（陈，粤人，第一期海军留日毕业生；张，江阴人，烟台海军学校毕业。陈、张二人在海军中尚未授职）。以后即继续由海军中有私人关系者，互通声气，秘密接洽，如宋文翙与镇军中参谋处长许崇灏的同乡关系，吴振南与都督府秘书郑权的同学关系，甘联璈等与镇军中许多福建同乡的关系。经过这些酝酿，海军中人员皆赞成革命，时常开会讨论起义办法。但所以迟迟不决者，因大家还在考虑起义后的煤粮接济问题、下游各炮台态度问题以及与镇军磋商中一些悬而未决的小问题。至九月下旬，在南京的海军于某日晚间九十时许，在镜清舰上开紧急会议，拟作出决定办法时，忽由陈复率领镇军总务处长李某，携有自卫手枪来镜清舰接洽。来人当即了解大家正在为此事开会，并知海军人员之倾向革命，乃即收起手枪，声明他此来因鉴于大家迟迟不决，是否另生枝节，故奉命来了解，所以不得不带手枪防身自卫。当时大家即将所考虑的几点向陈说明。他说：煤粮接济无问题，下游各炮台已悬挂白旗，其它小问题均可从长计议。于是大家一致决定，立时行动起来，各舰乃陆续熄灭灯火，作黑夜航行，驶抵镇江时已将天明。至镇江后，镇军都督林述庆派人登舰欢迎，并随即到都督府开海陆军联席会议，公推宋文翙为海军总司令，吴振南为海军处长，并由林述庆发给委任状。

镇江反正兵舰十二艘，是镜清、保民、建安、江亨、江贞、楚同、楚观、楚谦、楚泰、联鲸、登瀛洲运输舰、张字鱼雷艇。飞鹰舰系后至，故连飞鹰，计应为十三艘。宋文翙是广东人，留美海军学生，资格甚老，与唐绍仪、伍廷芳同时回国者，他任镜清舰长。因他是当时驻泊南京舰队各舰长中之资格最老者，照海军规例，他是当时的队长，并于他所在地之镜清舰悬挂队长旗，并非统领。

中国人民政治协商会议全国委员会文史资料委员会编《辛亥革命回忆录》第6集，文史资料出版社1982年版，第111～112页

《十月初七日林述庆致黎元洪电》：

镜清、保民、联鲸、楚观、江元、江亨、建威、通济、楚同、楚泰、飞鹰、楚谦、张艇、虎威、江平

各舰艇,于廿二日由敝处联络一律归汉。今日下午二时,在军政府开陆海联军联合大会,誓志合攻金陵,并于军政府添设海军处,各舰艇公举司令长,组织完备,一致进行。

易国干、宗彝、陈邦镇辑《黎副总统政书》第1卷,上海古今图书局1915年版,第14页

11月13日(九月二十三日)　沪督陈其美发表通电,要求各省速派代表来上海,建立中央临时政府。

《沪军都督陈通电各省都督文》:

武昌、长沙、安庆、南昌、苏州、浙江、太原、西安、福州、广州、济南、桂林、云南、贵州军都督鉴:民军倡义伊始,百凡待举,无总机关以代表全国,外人疑虑,交涉为难。其美承乏上海,地处冲要。东南孔道,饷械根源。外交重任,尤关全局。伍廷芳先生允认外交,经各友邦承认,坛坫有人,全国之庆。其美责重才短,顾此失彼,夙夜徨急,心忧成痗。今接湖北黎都督及镇江林都督两处专电,意谓上海交通较便,组织机关,用为开会之地。闻命之下,距跃三百,亟当遵照办理。特通电贵省,商请公举代表,定期迅赴上海,公开大会,议建临时政府,总持一切,以立国基,而定大局。如蒙认可,迅请电复,不胜悬盼之至。沪军都督陈其美叩。漾。

《民立报》,1911年11月14日第5页。上海社会科学院历史研究所编《辛亥革命在上海史料选辑》,上海人民出版社1981年版,第312页

△ 山东宣布独立,巡抚孙宝琦被推举为山东都督。

夏莲居《山东独立前后》:

于是我们遂定于二十三日开全省各界联合大合,来讨论这个问题。

到了开会那天,山东巡抚孙宝琦、联合会会长、会员以及全省各界代表、各方人士及第五镇的部分军官如黄治坤等均行出席。

大会由上午八点开起,一直开到晚间将近九点,当时发言的人甚为踊跃,情绪非常激烈,会场空气空前紧张,而发言最为兴奋的主要都是同盟会、留学生及教育界的占绝大多数。所说不外乎"以世界潮流及全国当前的种种需要,非彻底革命不可;以山东所处的环境而论,正在危急存亡、一发千钧之际,非即时宣告独立,决不能挽救当前的局势"。议论滔滔,风发泉涌,慷慨激昂,秩序渐行凌乱。由同盟会党人将全场各门完全把住,不准任何人出入,并将大门上锁,杀气腾腾,如临大敌。孙宝琦在大会台上被逼得无法下台,但始终坚持,不肯宣告独立,仍然抱定城存与存城亡与亡的宗旨。而台上台下彼此相持,不得解决。

这时候,五镇的黄治坤把我由台上叫下来,一把拉着我,大声说:"夏会长,今天如果孙巡抚不答应山东独立的话,恐怕这会就要永远开下去!我告诉你,我们在会场里有二百支手枪,他要坚持不答应的话,说不定马上就会闹出什么事来,也许立即就出人命!而全城就要陷于不可想象的糜烂状态!"他说到这里,从腰中掏出手枪,故意大声叫喊,而全场高声附和,声震屋瓦,也听不清楚说的是什么,俨同鼎沸一般。

这时孙宝琦在台上对黄治坤说的话都听见了,对于全场的纷乱、庞杂、叫嚣种种情况看的也非常清楚。我于是又上台对孙说:"看当前这样的情形,似乎是到了时候,箭已离弦,势难中止,无法再拖延了,既然水到渠成,就应该当机立断。不能再有丝毫的犹豫,以免发生不测的祸端。"孙对我说:"此次请你出来,原为是共同应付各方发生的问题,没想到今天出了这样的事,我的责任无可避免。纵令以身殉职,是分所当然,也不足惜。若因此竟致决裂,连累了你,害及地方,我实在于良心有愧。"我看他意思已在犹豫的状态,我就转回头来,面对大

众,高声宣布:"孙抚台已经承认全省宣告独立了!"台上下当时欢声雷动,孙即将自己头上的官帽摘下来放在桌上,说:"大家既都认为独立相宜,与山东有利,我也不坚持己见。"这时丁世峄就将预先写好的一张独立宣言拿出来张贴在台上,全场高声狂呼:"山东独立万岁! 中国革命万岁!"当此时,会已整整的开了一天,人们也都疲倦异常,既经宣告独立,又推举了孙宝琦为都督,同时又宣布贾宾卿为副都督,大家也就不加可否,纷纷的散去。

中国人民政治协商会议全国委员会文史资料委员会编《辛亥革命回忆录》第5集,中华书局1963年版,第304~305页

△ **西藏拉萨驻军兵变**。

《宣统三年十二月十四日驻藏参赞钱锡宝致袁世凯函》:

西藏于九月廿三,兵队忽尔变动,劫军火,劫库储,劫钦差,幸众心不齐,互相仇杀,统领钟颖得以乘间恐吓解散。十月初一日,将驻藏办事大臣联豫送归。锡宝昼夜不眠,目疾大作,因向联豫乞退,联豫已允,迟迟未及代奏。而江孜兵警又变。初八,联豫得信,急避入布赉绷寺,命以钟颖代理。初九,江孜乱兵抵藏,幸与钟颖感情尚好,闻联豫已避,即未暴动。从此,阖藏官吏兵士,不分昼夜,狂赌狂吃;寻仇、诈财、劫杀之事无日无之。钟颖无法弹压,惟有敷衍将顺。长此不变,恐有大乱在后。十一月初一,闻波密各营亦溃散回藏。左参赞罗长裿治军素严,至是为军人报复,凌辱备至,剃须折臂,逼充火夫,行至鹿马岭,仍复将其杀毙。其家在藏,早为乱兵抢劫一空,妾且被污。钟颖无如何也。传闻波军回藏,将奉锡宝独立。锡宝闻信,恳商钟颖,藉故成行。锡宝自问,拨乱反正,既愧无才;同流合污,又非所愿。幸平时投闲置散,各兵知无财贿可贪,始免于难。适值目疾大作,不得已电请开缺就医。前电谅早上达。兹再录呈原电,寄由胞侄天津大清银行总办宗瀚寄呈。并附陈藏中近日实情。专肃寸禀,恭叩钧安,伏维霁鉴,钱锡宝谨禀。

军机处函件档。中国史学会主编《中国近代史资料丛刊·辛亥革命》(7),上海人民出版社1957年版,第467~468页

桑颇·才旺仁增、朗顿·贡嘎旺秋《回顾辛亥革命前后的西藏情况》:

一九一一年辛亥革命爆发以前,驻藏川军为了几个月不发饷正在准备闹事。适武昌起义的消息传到了西藏,叶纶三等就率领驻拉萨的川军士兵于【十】一月十三日(阴历辛亥年九月二十三日)起义。十四日,起义士兵举兵备处书记官李治平、标部书记官范金为总参谋。十五日,起义士兵逮捕了驻藏大臣联豫。新军统领钟颖还能掌握一部分士兵,他就派队官李克敌率兵十余人,到起义士兵的营中刺杀了叶纶三。二十一日(农历十月初一日),联豫从起义士兵营中潜逃,回到驻藏大臣官署;钟颖又把李治平、范金囚禁起来。二十八日,联豫又逃入哲蚌寺,钟颖代署驻藏大臣,杀死了李治平和范金,更激起了起义士兵的愤恨。这时驻在江孜一带的川军士兵也起义了,于二十九日开到了拉萨。钟颖竟要求西藏地方政府出钱来贿赂起义的士兵,每人犒赏三个月的正饷,并发给由西藏回四川的路费。西藏政府都照办了。

中国人民政治协商会议全国委员会文史资料委员会编《回忆辛亥革命》,文史资料出版社1981年版,第399页

△ **四川黔江光复,举彭铸臣为司令**。

《辛亥四川革命纪事》:

盖县人王克明之妾杨氏恸其夫殉难死,闻武昌起义,阴聚众百余人,托名革命军,造蜚语,执其仇王可臣等杀之,为书促谭国材速反正。国材以为革命军果至也,约同志百余人入城,召集士民开会演说,激动之,宁成衡首署名曰:"此大事也,不成! 祸不惧也!"于是相继署

名者百余人。士绅王斐然年六十余矣,县官王梁鼎以为祸首捕之去,王杨氏挺身入署曰:"此事乃我所为,于斐然无与也;若欲杀之,请先杀我。"梁鼎惧释之。遂于九月二十三日成立革命政府,举彭铸臣为司令。

《中国国民党四川党史材料》,1940 年 3 月,载《中华民国开国五十年文献》。隗瀛涛、赵清主编《四川辛亥革命史料》上,四川人民出版社1981年版,第456页

11 月 14 日(九月二十四日)　鄂军都督府总监察处发布关于议决鄂州临时约法草案及官制草案的特别通告。

《总监察处关于议决鄂州临时约法草案及官制草案的特别通告》:

起义同人:刻在鄂州暂设政府机关,所拟鄂州临时约法草案及官制草案业经刷印成本,遍布在外。此项草案,现定于半月后即行议决执行。在此半月以前,无论何人,均得对于此草案或承认或不承认。如有意见,尽可逐条指摘评论,录送总监察处,由监察长取决多数,以划定规,而昭合议制度。此告。黄帝纪元四千六百有九年九月念四日。抱冰堂下军政府总监察处启。

《中华民国公报》,1911 年 11 月 14 日。辛亥革命武昌起义纪念馆等编《湖北军政府文献资料汇编》,武汉大学出版社1986年版,第44页

《中华民国鄂州临时约法草案》:

第一章　总纲

第一条　中华鄂州人民,以已取得之鄂州土地为境域,组织鄂州政府统治之。

将来取得之土地,在鄂州域内者,同受鄂州政府之统治;若在他州域内,亦暂受鄂州政府之统治,俟中华民国成立时,另定区划。

第二条　鄂州政府以都督及其任命之政务委员与议会、法司构成之;但议会得于本约法施行后三月内开设。

第三条　中华民国完全成立后,此约法即取消,应从中华民国宪法之规定;但鄂州人民关于鄂州统治之域内,得从中华民国之承认,自定鄂州宪法。

第二章　人民

第四条　凡具有鄂州政府法定之资格者,皆为鄂州人民。

第五条　人民一律平等。

第六条　人民自由言论著作刊行并集会结社。

第七条　人民自由通讯不得侵其秘密。

第八条　人民自由信教。

第九条　人民自由居住迁徙。

第十条　人民自由保有财产。

十一条　人民自由营业。

十二条　人民自由保有身体,非依法律所定,不得逮捕审问处罚。

十三条　人民自由保有家宅,非依法律不得侵入搜索。

十四条　人民得讼诉于法司,求其审判;其对于行政官署所为违法损害权利之行为,则诉讼于行政审判院。

十五条　人民得陈请于议会。

十六条　人民得陈诉于行政官署。

十七条　人民有应任官考试之权。

十八条　人民有选举投票及被投票选举之权。

十九条　人民依法律有纳税之义务。

二十条　人民依法律有当兵之义务。

二十一条　本章所载人民之权利，于有认为增进公益、维持公安之必要，或非常紧急必要时，得以法律限制之。

第三章　都督

二十二条　都督由人民公举，任期三年，续举时得连任；但连任一次为限。

二十三条　都督代表鄂州政府，总揽政务。其在议会未开设前，暂得制定法律。

二十四条　都督公布法律；但对于议会议决之法律有不以为然时，得以政务委员全体之署名，说明理由，付议会再议，以一次为限。

二十五条　都督于紧急必要时，得以政务委员全体之署名，发布可代法律之制令；但事后仍须提出议会，归其承诺。

二十六条　都督于法定议会开闭时期外，遇有必要时，得召集临时议会。

二十七条　都督于议会开会时，得出席，或命政务委员出席发言。

二十八条　都督于外国宣战媾和缔结条约；但缔结条约须提出议会，经其议定。

二十九条　都督统率水陆军队。

三十条　都督除典试院、官吏惩戒院、审计院、行政审判院之官职及考试惩戒事项外，得制定文武官职官规。

三十一条　都督依法律任命文武职员。

三十二条　都督依法律给与勋章及其他荣典。

三十三条　都督依法律宣告戒严。

三十四条　都督宣告大赦特赦减刑复权。

第四章　政务委员

三十五条　政务委员依都督之任命执行政务，发布命令，负其责任。

三十六条　政务委员提出法律案于议会，并得出席发言。

三十七条　政务委员编制会计预算、募集公债及缔结生[由]国库负担之契约时，须提出议会，经其议定。

三十八条　政务委员遇紧急必要时，得为非常财政之处分及预算外之支出；但事后须提出议会，经其承诺。

三十九条　政务委员于都督公布法律及其他有关政务之制令时，就于主管事务，须自署名。

第五章　议会

四十条　议会由人民于人民中选举议员组织之。

四十一条　议会议决法律案，并议定条约及会计预算募集公债与国库有负担之契约；但基于法律之支出，议会不得减除。

四十二条　议会审理决算。

四十三条　议会得提出条陈于政务委员。

四十四条　议会得质问政务委员求其答辩。

四十五条　议会得受理人民之陈请，送于政务委员。

四十六条　议会以总数员四分三以上之出席，以出席员三分二以上之可决，得弹劾政务委员之失职及法律上之犯罪。

四十七条　议会得自制定内部诸法规,并执行之。

四十八条　议会于议员中自选举议长。

四十九条　议会于每年法定时期自行集合开会闭会。

五十条　议会除第四十六条所载外,有总员三分二以上之出席,始得开议,有出席员过半之可决,始得决议。可否同数时,议长决定之。

五十一条　议会议事须公开之;但有政务委员之要求及出席议员过半数之议决,得开秘密会议。

五十二条　议会议员以十人以上之连署,得提出议案。

五十三条　议会议员在会内之发言表决提议,在会外不负责任;但用他方法【发】表于会外者,不在此限。

五十四条　议会议员除关于内乱外患之犯罪及现行犯外,在会期中,非得议长许诺,不得逮捕。

第六章　法司

五十五条　法司以都督任命之法官组织之。法司之编制及法官之资格以法律定之。

五十六条　法官非依法律受刑罚宣告,或应免职之惩戒宣告,不得免职。

五十七条　法司以鄂州政府之名,依法律审判民事诉讼及刑事诉讼;但行政诉讼及其他特别诉讼不在此例。

五十八条　法司之审判须公开之;但有认为妨害安宁秩序者,得秘密审判。

第七章　补则

五十九条　本约法由议会议员三分二以上,或都督之提议,议员过半数之出席,出席员过半数之可决,得改正之。

六十条　本约法自　日施行之。

辛亥革命武昌起义纪念馆藏件。辛亥革命武昌起义纪念馆等编《湖北军政府文献资料汇编》,武汉大学出版社1986年版,第40~44页

《政务省官职令草案》:

第一条　政务省以政务委员九人组织之。

第二条　政务省置政务长一人,由政务委员以记名投票法互选,其余各员由政务长呈请都督裁可分掌各部事务。

第三条　政务委员对于左列各事项须开会协议:

一、须全体署名之制令;

一、关于官职及施行法律之制令;

一、法律案及预算案并预算外之支出;

一、外国条约及重要之国际事件;

一、议会送致之人民陈请书;

一、军队之编制;

一、特简官及地方长官之任命;

一、各政务委员主管事务之权限争议。

其他政务委员就于主管事务有重要者,皆须提出协议。

第四条　政务委员有认为必要时,不论何等事项,皆得提出协议。

第五条　政务省会议由政务长召集开会,各政务委员亦得随时请求召集。

第六条　政务省开会,以出席员过半数之可决为定议。可否同数时,政务长决之。

第七条　政务长为行政官之首班,保持行政之统一。

第八条　政务长于必要时,得中止各部长之命令,处分交政务省协议裁决。

第九条　政务长管理不属各部之行政事务,监督所辖各官署,统辖所属职员。

第十条　政务长就于主管事务于必要时,得发指示训令于地方官,并停止地方官之命令,处分或取消之。

第十一条　政务长于其职权内,或特别委任范围内,得发省令。

第十二条　政务长如有事故,由都督命他政务委员临时代理。

第十三条　各政务委员如有事故,由都督以他委员临时兼署。

第十四条　凡公布法律及一切有关政务之制定,政务长及主管政务委员皆自署名,其兼属于二政务委员以上者,各该委员亦皆署名。

第十五条　政务长附属职员如下:

秘书长一人,特简;

秘书官八人,荐举;

书记三人,荐举;

长史二人,咨补;

主事,咨补;

椽[掾]史,录用。

第十六条　秘书长承政务长之命掌管机要文书,总理本省庶务,监督各员掌其吏事。

第十七条　秘书官承政务长之命掌理颁布法令、收发文书、草拟稿案、典守印信、编纂图书、管理会计等事。

第十八条　书记承上官之命掌缮写事务。

第十九条　长史承上官之命分掌庶务。

第二十条　主事承上官之命分掌事务。

第廿一条　椽[掾]史承上官之命从事庶务。

《民立报》,1911 年 12 月 3—4 日。辛亥革命武昌起义纪念馆等编《湖北军政府文献资料汇编》,武汉大学出版社1986年版,第56～57页

《政务省管辖各官署官职令草案》:

第一条　设左列各官署隶于政务长:

法制局　掌草拟法规、审查各部长提案及应政务长咨询事务;

铨叙局　掌文官任免及给与勋章、荣典、赏恤事务;

统计局　掌总核各部统计及调制不属各部统计,并编撰报告事务;

修史局　掌纂修史志及收掌图籍事务;

印铸局　掌编撰官报,纂辖则例、搢绅录及印行事务,并制造官用文书票、卷及舰章、徽章、官署职员印信、关防、钤记事务。

第二条　各局职员如下:

法制局:

局长一人,特简;

书记官二人,荐举;

郎中四人，咨补；
主事八人，咨补；
史椽[掾史]，录用。
铨叙局：
局长一人，特简；
书记官二人，荐举；
郎中三人，咨补；
主事四人，咨补；
审查官六人，荐举；
椽[掾]史，录用。
统计局：
局长一人，特简；
书记官二人，荐举；
郎中三人，咨补；
主事六人，咨补；
椽[掾]史，录用。
修史局：
局长一人，特简；
书记官一人，荐举；
郎中二人，咨补；
主事六人，咨补；
椽[掾]史，录用。
印铸局：
局长一人，特简；
书记官一人，荐举；
郎中三人，咨补；
主事三人，咨补；
工师三人，咨补；
工手，录用；
椽[掾]史，录用。
第三条　局长承政务长之监督总理局务。
第四条　书记官承局长之命整理庶务，掌管文书。
第五条　郎中承局长之命分掌局务。
第六条　主事承上官之命分掌事务。
第七条　审查官承上官之命分掌审查事务。
第八条　工师承上官之命掌管工务。
第九条　工手承上官之命从事工务。
第十条　椽吏[掾史]承上官之命从事庶务。

《民立报》，1911年12月4日。辛亥革命武昌起义纪念馆等编《湖北军政府文献资料汇编》，武汉大学出版社1986年版，第58～59页

《各部官职令通则草案》：

第一条　各部置部长，管理事务如下：

军务部长　管理军事，经理军事、教育、卫生、监察、司法并编制军队事务，监管所辖军人军佐；

财务部长　管理会计、库帑、赋税、公债、钱币、银行、官产事务，监管所辖各官署及府县与公共联合之财产，并统事州政府财务；

外务部长　管理外国交涉及关于外人事务，并在外侨民事务，保护在外商业，监督外交官及领事；

内务部长　管理警察、卫生、宗教、礼俗、户口、田土、水利、工程、善举、公益及地方行政事务，监督所辖各官署及地方官；

文教部长　管理教育、学艺及历象事务，监督所辖各官署学校，统辖学士教员；

虞衡部长　管理农工矿渔林牧猎及度量衡事务，监督所辖各官署；

交通部长　管理道路、铁路、航路、邮信、电报、船舶、各种电业，监督所辖各官署及船舶并运输、造船事务，统辖船员；

司法部长　关于民事、刑事讼诉事件，户籍、监狱及保护出狱人事务，并其他一切司法行政事务，监督法官。

第二条　各部长就于主管事务有重大者，具案提出政务省会议。

第三条　各部长统于主管事务，得发指示训令于地方官，并于必要时得停止地方官之命令，处分或取消之。

第四条　各部长统辖所属职员掌其吏事。

第五条　各部长就于主管事务或于特别委任范围内，得发部命令。

第六条　各部长就于主管事务各负责任。

第七条　各部设承政厅，掌参与机务、收发文书、典守印信、调制统计、编纂图书、管理会计及官产官物事务；但军务部得依便宜，变通此例。

第八条　各部长得分设各司，各司得分设各科，分掌事务。

第九条　各部置职员如下：

次长一人，特简；

秘书官，荐举；

书记官，荐举；

参事官，荐举；

司长，荐举；

郎中，咨补；

主事，咨补；

掾史，录用。

此外各部便宜置工监、工正、工师、工手、事务官、编修官、经理官、视察官、审查官、翻译官、通事。

第十条　次长辅佐部长整理部务，监督各司科职员。

第十一条　次长于部长有故不视事时，除同署制令、出席议会、参与省议及发都[部]令外，得代理其职。

第十二条　秘书官承部长之命掌管机要文书，并总理承政厅务事。

第十三条　书记官承上官之命分掌承政厅事务。

第十四条　参事官承上官之命掌理审议及草拟稿案事务。

第十五条　司长承部长之命主管一司事务,指挥郎中以下各职员。

第十六条　郎中承上官之命分掌事务或掌理一科事务。

第十七条　主事承上官之命分掌科务。

第十八条　掾史承上官之命从事庶务。

第十九条　工监特简、工正荐举、工师咨补、工手录用,皆承上官之命掌管技术事务。

第二十条　工手录用,承上官之命从事技术。

第二十一条　事务官咨补,承上官之命掌管专门事务。

第二十二条　编修官咨补,承上官之命掌管编修、纂记、纪录事务。

第二十三条　视察官咨补,承上官之命掌视察、调查事务。

第二十四条　审查官咨补,承上官之命掌管学艺审查事务。

第二十五条　翻译官咨补,承上官之命掌翻译外国语文事务。

第二十六条　通事录用,承上官之命从事通译。

《民立报》,1911 年 12 月 5—6 日。辛亥革命武昌起义纪念馆等编《湖北军政府文献资料汇编》,武汉大学出版社1986年版,第60 ~ 62页

《军谋府官职令草案》:

第一条　军谋府直隶于都督,掌辅佐都督筹画防守出战事务。

第二条　军谋府置职员如下:

总长一人,特简;

次长一人,特简;

一等参谋官五人,特简;

二等参谋官十人,荐举;

秘书官二人,荐举;

书记官五人,荐举;

掾史,录用。

第三条　总长总理府务,统辖所属各员。

第四条　总长掌关于战守一切计画,作成命令,呈请都督核准,下于总司令官。

第五条　次长辅佐总长整理府务,监督各员掌其吏事。总长有故不视事时,得代理其职。

第六条　一二等参谋官承总长之命参画事务。

第七条　秘书官承总长之命掌管机要文书,整理庶务。

第八条　书记官承上官之命掌理文案事务。

第九条　掾史承上官之命从事庶务。

《民立报》,1911 年 12 月 6 日。辛亥革命武昌起义纪念馆等编《湖北军政府文献资料汇编》,武汉大学出版社1986年版,第62 ~ 63页

《参议府官职令草案》:

第一条　参议府直隶于都督,应都督之咨询审议都督大权内一切事务;但关于统率军队、任免官吏、给与勋章、荣典及赏恤事项不在此例。

第二条　参议府置职员如下:

总裁一人,特简;

副总裁一人,特简;

秘书官二人,荐举;

书记官二人,荐举;

参议官二十人,特简;

掾史,录用。

第三条 总裁总理府务,统辖所属各员。

第四条 副总裁辅佐总裁整理府务,监督各员掌其吏事。总裁有故不视事时,得代理其职。

第五条 秘书官承总裁之命掌管机要文书,整理庶务。

第六条 书记官承上官之命掌理文案事务。

第七条 参议官掌审议都督交下一切议案。

第八条 掾史承上官之命从事庶务。

《民立报》,1911年12月6日。辛亥革命武昌起义纪念馆等编《湖北军政府文献资料汇编》,武汉大学出版社1986年版,第63页

《都督府附属员官职令草案》:

第一条 都督府置职员如下:

秘书监一人,特简;

秘书官八人,特简;

书记,荐举;

录事,录用。

第二条 秘书监承都督之命掌参预机务,并总理都督府庶务,监督各员掌其吏事。

第三条 秘书官承都督及秘书监之命掌草拟稿案、收发文书、典守印信、管理会计等事务。

第四条 书记承上官之命掌缮写事务。

第五条 录事承上官之命从事庶务。

《民立报》,1911年12月6日。辛亥革命武昌起义纪念馆等编《湖北军政府文献资料汇编》,武汉大学出版社1986年版,第64页

《地方官职令草案》:

第一条 地方设府县,以原有之厅州县区域定为区域,府惟设于首都,以江夏县改升,其余各厅州县一律正名为县。

第二条 府县设职员如下:

知事,特简;

书记官,荐举;

科长,荐举;

科员,咨补;

工师,咨补;

工手,录用;

掾史,录用。

第三条 知事承内务部长指挥监督,于各部主务承各部长指挥监督,执行法律命令,并

管理所属行政事务,统辖各员掌其吏事。

第四条　知事就于所属行政事务,得依其职权或特别委任,对于管内发布命令。

第五条　知事遇有紧急必要时,得申请或移请分驻军队军官出兵援助。

第六条　书记官佐知事掌管机要文书。知事遇有事故时,得代理其职。

第七条　知事所属设各科如下:

一、总务科;

二、内务科;

三、税务科;

四、警务科。

第八条　总务科主管之事项如下:

一、关于知事所属官吏之进退事项;

二、关于文书之往复事项;

三、关于印信之管守事项;

四、关于会计出纳事项;

五、其他不属于他科之事项。

第九条　内务科主管之事项如下:

一、关于监督公共团体行政事项;

二、关于教育行政事项;

三、关于选举行政事项;

四、关于赈恤行政事项;

五、关于土木行政事项;

六、关于农工商行政事项;

七、关于度量衡事项;

八、关于公用征收事项。

第十条　税务科主管经收租税事项。

十一条　警务科主管警察事项。

十二条　科长承知事之命掌理各本科事务。

十三条　科员承科长之命分掌事务。

十四条　工师、工手承上官之命分掌技术事项。各科之需要设置之。

十五条　掾史分隶于各科,承上官之指挥从事庶务。

十六条　府县有特别情事须增科增员时,得由知事禀准内务部长设置之。

《民立报》,1911年12月6日。辛亥革命武昌起义纪念馆等编《湖北军政府文献资料汇编》,武汉大学出版社1986年版,第64～66页

逸民(黄中垲)《辛壬闻见录》:

詹大悲、胡瑛前因密谋革命,事泄,被鄂省官厅拘捕,系夏口厅狱中。起义后,汤化龙提议急自狱释出。詹大悲即据夏口厅自为军政分府。胡因黄中垲入任秘书,外交局长缺出,颇思继任。维时,王正廷、宋教仁均来鄂,二人皆留学外国,学识优赡,娴于外国语文,于交涉事多所尽力,因是外交局一席都督属意宋,而胡闻之颇致牢骚。宋素抱大志,且与胡为同乡,不愿与之竞争,入告黄中垲示决心不就意。至是始定以外交局畀胡,宋则退居于招贤馆(鄂省道员冯钧私宅,革命后改其宅为招贤馆,各方投鄂人士多居于此)。一日入府,谓予曰:"革命

之目的在造成立宪国家，当宪法未成之先，虽有政府，不过临时应急设施。而临时政府不可无法令以资遵守，此种法令，法、美先进国皆曾经过，大抵名之曰临时约法。今革命军初兴，诸事草创，一般人士率亟亟以战事为务，无暇注意及此。一旦临时政府成立，仓卒莫就，必感困难。余不敏，日来闲居无事，草成约法草案若干条，拟邀同志之有法律知识者数人，枉过寓所共相讨论。”予亟服其伟识，欣然而往，至则陈登山、汤化龙、胡瑞霖皆在。宋出其稿授余等传观，时在座者大抵皆有职务，无暇细心研究，相与赞赏而已。予等别后，宋未久即离鄂东去上海。南京参议院成，以宋稿提出交议，亦未加研究草草通过，遂即颁布施行。宋之功烈，诚伟矣哉！厥后袁世凯因其钳束，藉口约法不良，屡思推翻重定便己之法令，卒因此引起全国反抗，十余年来干戈扰攘迄无宁息，未始非约法之为厉阶也（按，宋氏于危城之中，穷数日之力，草定约法，其卓识远见诚足令人钦佩。且当时承专制之余，预想将来政府，无论何人不敢十分信任，为防患未然计，预加制限以防流弊，在所不免。时在九月初旬，各项问题皆不可预测。迨共和告成，实施约法，执法者苦其束缚，谓宋氏有心对人，卒致以身殉法，遭暗杀惨死，不亦哀哉）。

湖北省图书馆《辛亥革命武昌首义史料辑录》，书目文献出版社 1981 年版，第 15～16 页

胡祖舜《武昌开国实录》：

武昌首义，旨在推倒满清专制政府，建立中华民国。民主政治，必须有效力等于宪法之根本大法。时居正、宋教仁已由沪来鄂，刘公、孙武、张知本等因与集议，制定鄂州约法，以为各省倡，推宋教仁起草，计七章六十条，正式公布。适各省代表会于汉口，议决中华民国临时政府组织大纲，定都武昌，其第一条虽有“其他州域内亦暂受鄂州政府统治”之规定，然中央临时政府，即将组织，因未付之实施。中华民国之有宪法，要自鄂州约法始。

胡祖舜《武昌开国实录》下册，武昌久华印书馆 1948 年版，第 90 页

编者按：宋教仁草订鄂州临时约法草案及官制草案的时间，据《宋教仁集》编者考订，宋教仁于 1911 年 10 月 28 日到武汉，11 月 13 日离开，其草订的时日当在此期间内（详见陈旭麓主编《宋教仁集》上册，中华书局 1981 年版，第 350 页）。

△ 程德全通电，主张恳请孙文迅速返国，组织临时政府，以一事权。

《程德全致各省都督电》：

大局粗定，军政、民政亟须统一，拟联合东南各军政府公电恳请孙中山先生迅速回国组织临时政府，以一事权。中山先生为首创革命之人，中外人民皆深信仰，组织临时政府，舍伊莫属。我公力顾大局，想亦无不赞成，即祈速覆。

《革命文献》第 1 辑，第 4 页。陈锡祺主编《孙中山年谱长编》第 1 卷，中华书局 1991 年版，第 576 页

《十月初三日程德全通电》：

敝处前日通电请孙文君回国组织临时政府，计邀明察。惟事机急迫，未能久待。孙君未回以前，临时政府事务仍由黎都督暂摄，至孙都督所称敝意宜申明如清廷不私君位，宣布共和，可派员赴鄂会议，即请黎都督主稿领衔电告各省。如表同意，乞通电武昌为感。

易国幹、宗彝、陈邦镇辑《黎副总统政书》第 1 卷，上海古今图书局 1915 年版，第 9 页

《贵州军政府枢密院致各省都督电》：

组织临时政府，自不可无代表之人。推孙逸仙总统，敝处赞成。但中央政府所在地亦须虑及，就目前形势而论，总以广东为宜，立不拔之基于南海，北向以定中原。我同胞万岁！

陈恒安《贵州军政府枢密院电稿摘述》。中国人民政治协商会议全国委员会文史资料委员会编《辛亥革命回忆录》第6集，文史资料出版社1982年版，第271页

△ **武昌军政府所派代表孙发绪等,在汉口俄国领事馆与清方代表会谈,至二十五日,始终不得要领。**

李国镛《李国镛自述》:

二十三日,镛与孙君发绪致书北军,约蔡、刘二君至俄领事府接洽。复函云:蔡廷干已往北京见袁公,刘承恩定于翌日午刻至俄领事署接洽。届期,镛奉都督命令往青山探军舰情形,不克赴约。孙君发绪会同夏维松在俄领事府与北军代表晤谈甚久,仍无要领。

中国科学院近代史研究所史料编译组编辑《近代史资料·辛亥革命资料》,1961年第1号,中华书局1961年版,第505页

逸民(黄中垲)《辛壬闻见录》:

继而敖康夫又有函来称,北京政府派代表来欲与民军议和,彼愿出为居间人,请以俄领事馆为会议地址。如同意,即派代表二人以上约日赴汉,与北代表开始谈判。都督得函,以事关大局,召集会议,共筹应付。决定由都督指派代表,付予信任状前往赴会,并复函敖康夫表示同意,即约次日开会。派定王正廷、孙发绪、李玉珊为议和代表。届日,代表等诣俄国领事馆。未几,北代表亦至,仍为蔡廷干、刘承恩。旋开会,双方互验信任状。首由敖康夫述希望和平居间调停之意,甚盼两方代表开诚接洽。次即开始谈判。北代表谓清廷已下诏罪己,宣布十九信条,决心立宪与民更始。袁公出任总理大臣,不忍生民涂炭,愿息兵言和,实行立宪,共图国是。其宗旨所在,仍斤斤以政体为谈判焦点。民军代表以政体关系重大,无权代表。至息兵之说,未达最后目的,此时尚不及议此。约以回城报告,取决众议,再为第二次之会议。俄领复殷勤谆促早定续会而散。第二次会议两方代表均如故。北代表仍以息兵为请,且对政体尤多訾议,终不及具体条件。民军声明北代表未有诚意,深抱遗憾,遂宣告中止会议,向俄领事谢斡旋之劳而归。

逸民编述《辛壬闻见录》。湖北省图书馆《辛亥革命武昌首义史料辑录》,书目文献出版社1981年版,第21~22页

《宣统三年十月初二日护理湖广总督段芝贵致内阁总理袁世凯电》:

火急。北京内阁总理大臣宫太保钧鉴:藩密。刘道承恩回港,面述革党提议,俄领袒护情形,直无公理。详情已由刘道电禀。前奉谕旨停战招抚将近十日,即应两皆罢兵。而革党枪炮不绝,伤亡兵士。至派蔡刘两员过江宣告,因革党出言悖谬,宗旨不合,毕议后三日,革党又派代表三人至俄领处接洽。而我正拟派员往议之时,廿七在驼骡口渡汉河攻我后路,廿九水师由长江又攻三道桥,我军已受害不少。彼党首次得计,今日又蹈故辙。国事已至于斯,若不用命血战,定至养痈贻患。天时已晴,陆参议本日已回,前方可以奋力进发。舍此一法,别无二策。俄领阴谋一遂,另生枝节,亦属必有之事。乞预筹对待将来之外交,实为幸甚。芝贵。肿。印。

军机处电报档。中国史学会主编《中国近代史资料丛刊·辛亥革命》(8),上海人民出版社1957年版,第193~194页

△ **清廷任命各省宣慰使,希图早平乱事。**

《宣统三年九月二十四日上谕》:

近日各省纷纷告警,朝廷屡经宣布宗旨,改革政治,以期内外相维,上下一心,共救危亡。惟当兹事变纷乘,群情惶扰之时,仍恐各省士绅军民人等,未能一体周知,亟应选派各该省名望素著人员,分途安慰,以宣上德而通下情。著派张謇为江苏宣慰使,汤寿潜为浙江宣慰使,江春霖为福建宣慰使,谭延闿为湖南宣慰使,梁鼎芬为广东宣慰使,赵炳麟为广西宣慰使,乔树枏为四川宣慰使,谢远涵为江西宣慰使,柯劭忞为山东宣慰使,渠本翘为山西宣慰使,王人

文为云南宣慰使,高增爵为陕西宣慰使,迅速分赴各属抚慰劝导,宣布朝廷实行改革政治宗旨,俾乱事早就敉平,四民各安生业,朕实有厚望焉。

沈云龙主编《近代中国史料丛刊·宣统政纪》第64卷,文海出版社有限公司1989年版,第8~9页

△ **清政府令各省派代表来京会议,以定国是。**

《宣统三年九月二十四日上谕》:

自武昌事起,各省纷扰,大局岌岌,实为全国存亡所关。朝廷胞与为怀,不设成心。亟应征集国民意见,共谋扶危定倾之策。著各督抚传谕各该省士绅,每省迅速公举素有名望、通晓政治、富于经验、足为全省代表者三五人,克期来京,公同会议,以定国是,而奠民生。

沈云龙主编《近代中国史料丛刊·宣统政纪》第64卷,文海出版社有限公司1989年版,第9页

△ **袁世凯抵京觐见,预备组阁。**

《宣统三年九月十九日上谕》:

电寄袁世凯。据电奏"一二日立即启程"等语,览奏甚慰。著即兼程北上。已电谕王士珍克日前往矣。

沈云龙主编《近代中国史料丛刊·宣统政纪》第63卷,文海出版社有限公司1989年版,第39页

《宣统三年九月二十三日上谕》:

现在军事未定。所有近畿各镇,及各路军队并姜桂题所部军队,均著归袁世凯节制调遣,随时会商军谘大臣办理。

沈云龙主编《近代中国史料丛刊·宣统政纪》第64卷,文海出版社有限公司1989年版,第6页

《宣统三年九月二十四日上谕》:

前据袁世凯电奏,再辞内阁总理大臣。该大臣现已到京,本日召见,复经面奏恳辞,情词肫切。经朕晓以大义,并勉其力任艰难。该大臣公忠体国,时局至此,当亦不忍再辞,著即到阁办事,悉心筹画,保全大局,用副朝野之望。

沈云龙主编《近代中国史料丛刊·宣统政纪》第64卷,文海出版社有限公司1989年版,第9页

△ **清廷以段芝贵护理湖广总督。**

《宣统三年九月二十四日上谕》:

署湖广总督王士珍因病解职。赏直隶候补道段芝贵副都统衔,暂护湖广总督。

沈云龙主编《近代中国史料丛刊·宣统政纪》第64卷,文海出版社有限公司1989年版,第10页

△ **清廷命协统蓝天蔚开缺,以聂汝清接充。赵尔巽派蓝赴东南考察,潜消革命。**

《宣统三年九月二十四日上谕》:

电寄赵尔巽。据电称"日前创设保安公会,情势汹汹。幸标统聂汝清等仗义执言,竟挽狂澜。本会现已成立,秩序尚无骚动。惟协统蓝天蔚与两标素不相洽,全协皆不听其命令"等语。蓝天蔚著开去统领官,交赵尔巽差遣委用。所遗该协统领官,著聂汝清接充,并赏给陆军协都统衔。

沈云龙主编《近代中国史料丛刊·宣统政纪》第64卷,文海出版社有限公司1989年版,第9~10页

《赵尔巽札令》:

照得武汉事起,各省分崩,战祸之来,恐无时日。本省筹设保安会,以尊重人道,保全中外民命财产,静待大局之定为宗旨。唯对于各省意见必须考察明确,以供保安会之参考。而

本省保安会之宗旨,但能广布远近,得一处之赞成,即可保全人民一份之幸福。有第二混成协协统蓝天蔚,志趣正大,识见明敏,堪以派赴东南各省,考察此次战争之实情与群众之意见,并传布本省保安宗旨,以谋国民之幸福。此札。

秦诚至《辛亥革命与张榕》。中国人民政治协商会议全国委员会文史资料委员会编《辛亥革命回忆录》第5集,中华书局1963年版,第600～601页

11月15日(九月二十五日)　苏、沪、闽军政府代表在上海集会,成立各省都督府代表联合会。

刘星楠《辛亥各省代表会议日志》:

九月二十五日江苏都督府代表雷奋,沪军都督府代表袁希洛、俞寰澄、朱葆康,福建都督府代表林长民、潘祖彝,在上海江苏总会开会,议决本会定名各省都督府代表联合会。

中国人民政治协商会议全国委员会文史资料委员会编《辛亥革命回忆录》第6集,文史资料出版社1982年版,第241页

△ 汪兆铭、杨度在天津组织"国事共济会",发表意见书,主张即日停战,举行临时国民会议,解决国是。民、清两方均对此反对。

《共济会之宗旨何在》:

近日南北相持,内部之糜烂可虑,外部之乘机可虑,内外人士莫不引为忧虑,闻有某某志士组织一中国共济会于天津,立宪党用杨度为出名,革命党用汪兆铭出名,其宗旨所在,首在要求停战,北军之停战由立宪党要求政府,南军之停战由汪设法向南军鼓吹,此议既决,则组织国民会议聚集全国代表协议政体,政府及南军共应服从国民之同意,现已由该会发布意见书,布告天下云。

《民立报》,1911年11月22日,第3页,大革命之外电

《国事共济会宣言书》:

中国自有立宪问题发生,国中遂分为君主立宪、民主立宪两党。君主立宪党之言曰:中国之立国以满汉蒙回藏五种人集合而成,而蒙回藏人之能与汉人同处一国政府之下者,全恃满洲君主名义羁縻之耳!今世界各国对我政策,方主领土保全门户开放机会均等,而其所谓领土者,乃合二十二行省、蒙古、西藏、回部等藩属而言;若汉人以二十二行省自立一国,变为民主政体,一时兵力必不能兼定蒙藏,而蒙藏又无独立一国之力,则满洲君主去位之时,即汉蒙回藏分离之时。蒙必归俄,藏必归英,东三省必归日俄。而各国领土保全之策以破,德法不能坐视英俄日之独有所得也。法必得云南等处,德必得山东等处,于是汉人土地亦不能完全矣。欲求领土之完全,满汉蒙回藏之统一,非留现今君主名义不可。以是理由,故惟主张君主立宪。

民主立宪党之言曰:各国革命可以至君主立宪而止,而中国则不能。非谓君主之为满人,必欲以种族相仇之见排而去之也,乃以君民之种族不同,则人民之权利必为君主所吞与。即令一时被迫而尽与之,然使尚有保持君位之力,则亦仍有摧翻宪政之力,故君主一日不除去,即宪政一日不确立。根本解决之法,惟有改君主为民主,满汉蒙回藏五种皆平等立于共和政府之下,始有完全之宪政,并非于政治革命之外,别有所谓种族革命也。以是理由,故惟主张民主立宪。

是二党者各持一说,各谋进行,其所争之点无他,君主民主之一问题而已。此外如确定宪政,发挥民权,则两党之所同也。满汉蒙回藏五种,必使同立一政府之下,决不可使分离以

与各国保全领土主义冲突,又两党之同也。然则两党共同之目的安在乎?皆不过成立立宪国家,以救危亡之祸而已。

近者革命军起,东南响应,北京政府与武昌军政府各以重兵相持,两不相下,设必欲恃兵力以决胜败,无论孰胜孰败,皆必民生涂炭,财力困穷。以保一君主为目的而使全国流血,君主立宪党所不忍出也;以去一君主为目的而使全国流血,民主立宪党所不忍出也。设更不幸而二十二行省中有南北分立之事,又不幸而汉人团为一国,蒙回藏遂以解纽,以内部离立之原因,成外部瓜分之结果,则亡国之责,两党不能不分担之矣,岂救国之本意哉。

然而两党之政见,应何去而何从,非两党所能自决也,必也诉之于国民之公意,用是两党之人联合发起以成斯会,意在使君主民主一问题不以兵力解决,而以和平解决,要求两方之停战,发起国民会议,以国民之意公决之。无论所决如何,君主民主两党皆有服从之义务,不服从者即为国民公敌。法国拿破仑第一执政时,帝政或民政两问题不能解决,也由全国人民投票公决之。南意大利诸小邦之属于罗马教皇或撒的尼亚两问题不能解决也,由诸小邦投票公决之。国家大事决于国民会议,此先例之可援,而适于今日中国时势者也。

至于实行本会宗旨之时,其对于北京政府之行动,由君主立宪党任之。其对武昌军政府之行动,由民主立宪党任之。总之两党之意,不欲背其平日救国之怀,而以相争酿成危亡之祸,故于纷争之际咸有惴惴之心,此对于全国国民所共同求谅者也。

一、本会以保持全国领土(各省及各藩属)之统一为宗旨。

二、本会依前条之宗旨要求两方停战,鼓吹组织临时国民会议,解决君主民主问题,以免全国战争之祸。

三、本会会员平日主张君主立宪者,担任请愿北京政府,赞成本会办法。平日主张民主立宪者,担任请愿武昌军政府,赞成本会办法。

四、无论何人得本会会员二人介绍,均得为本会会员。

五、本会本部暂设天津,各省及各藩属地方随时得设支部。

六、本会设干事四人,两党各举二人。

七、各省及藩属地方有赞成本会宗旨者,自行组织支部,一面通告本部。

发起人君主立宪党杨度等,民主立宪党汪兆铭等。

《经纬报》,1911年11月18日。渤海寿臣《辛亥革命始末记》,
《实行立宪汇编·论说》,文海出版社1969年版,第10~12页

《资政院第十一次会议纪略》:

九月三十日下午二点五十五分钟开议。……又杨度等陈请设立国事共济会,其意以为战争不已,则生民涂炭,无有已时。于此求一和平解决之法,即两面停战,复召集国民会议,仍可表决君主、民主立宪问题。又江宁省陈请书言,江南官军惨杀,殊非人道,宜请旨停战,此事重大,略为报告,请众讨论。

范议员源濂登台发言,谓国事共济会其所希望即在国民会议。其应议问题即君主与民主之政体。或者谓提议民主非本院所宜,但革命党以此为旗帜,徒恃本院持君主立宪之说,未必足以破之。宜请明发上谕,许开国民会议,两面共同研究,主张君主立宪者,详说其真理,以维持君主立宪。盖国民会议在中国为例外,在各国为常举,且为各国办有成效之法,但求此法不壅于上闻,采择与否,听之朝廷而已。

刘议员述尧谓,国家既不以兵力平乱,惟有以此和平方法解决之。国事共济会者,即发表政见之地也。

李议员文熙谓,大局如此,本院对于存亡问题不能不设法研究。盖两面趋于极端,势必出于战,战则生民涂炭,不堪设想。至有谓该会合两党聚为一堂,恐易生冲突者,似无足虑。盖政府与革党及各省三面派人,为共同之讨论,自可和平解决。

牟议员琳登台发言谓,大乱起源即因政治不良所致。现信条颁布,人民之要求极为圆满,故资政院对于政府,但能为君主立宪之请愿,如有国民会议可以发表意见,否则南方纷纷独立,但有民主之说,其势甚危险。又大局糜烂如此,革党已宣布为中华民国,未必肯自行取消。如能开会服从多数,亦未始非取消民主党之机会。即自中国历史地理观之,亦不利于民主。至谓资政院系主张君主立宪者,不能提及民主。但国事共济会非出自本院,但为之上达,亦不至有所违碍。喻议员长霖、景议员安均谓,与信条有冲突,宜取消。兴[籍]议员忠寅谓,我辈既为资政院议员,自无主张民主者。但时势危急如此,不能拘牵法理,凡有可以救亡者,吾辈即当细心研究之。乃者乱事迭起,将及一月,其所以不能即平者,即君主民主两问题未决之故。自种种方面观察之,既无以兵力平乱之理,则惟有合全国人之意见,以为和平解决之法。本院对于此陈请书,但期以之上达,承认国民会议。将来国家前途乃有希望。不然因内忧而牵及外交,乃至危险之事也,可不惧哉。

时反对者颇持激烈之说,议场大哗,议员亦多退席者。议长宣告展会。时五点五分钟。

《经纬报》,1911年11月22日。渤海寿臣《辛亥革命始末记》

《实行立宪汇编·资政院》,文海出版社1969年版,第35~37页

《无聊之共济会》:

近闻北京共和党人汪兆铭与立宪党人杨度组织共济会,欲各省派代表至京,议决君主民主两大问题。记者闻之而疑,以为或舆论猜测之词,不必见有实事。而今复见其布告书及草章,始知北京党人竟有此无聊之举动。其根本上见解已属荒谬无理。记者既有所见,安得不词而辟之。

嘻,今后之中国为君主,为民主,尚欲开议解决耶?以全国国民之同意,咸趋于共和民主,帝王一物已不容复现于新中国,而况彼爱亲[新]氏无知之孺子乎!且中国革命,本非欲汉族独立组织国家,亦必合满、蒙、回、藏四大民族共立于共和光[国]中,同享自由之幸福。今天下光复过半,苟立宪党人能省大势之所归,同心协力,推倒满清皇室,则战祸自然消弭。而其消弭乃根本上之方法,亦无复逾于此者。又何必以五大民族之英秀人群终屈服于冥顽无识野蛮皇族之下哉。

即以满族而论,虽与汉族为世仇,亦其不肖酋长遗谋不彰之咎。今吾汉族既消除前嫌,开心剖肺示天下以至诚,则满族亦必企望共和之早成功,而不愿爱亲[新]氏一家高踞君主之位,以贻灭类之大祸。矧在吾同种之立宪党人休戚与共,又何必自相歧异,使国是不能早定,而为他人作保卫尊荣计乎。是亦惑之甚矣!盖今日君主之不祥物,断断不容于中国,已不待片言之讨论,又何必作此种无谓之举动,以惑世人之观听哉。

若夫共和党人,其宗旨目的手段既以共和为主体,则民主之建施,当无所稍存疑虑之念于其胸。而君主之不复民主,其理解亦复洞谂;则今日革命事业将告成功之际,为共和党人者,亟宜注全神于建设,而巩固中华民国万世不拔之基。奈何复随波逐流惑于立宪党人一二之谬说,将待于君主民主之解决乎。

即如汪兆铭,亦鼓吹革命有年,乃党人之有学识者。前此在京暗杀未成,囚锢终身,今清政府施其瞒诈笼络之手段,释汪出狱。彼非有爱于汪也,爱其爱亲[新]氏万世一系之皇基耳。而一世英物之汪兆铭,竟感虏廷不杀之恩,而为彼满皇说法乎。不然,既纯然主张共和,

则不致而有所欲各省代表会议于君主民主为也。

总之，记者于此敢宣言曰：共济会之设，非吾全国共和党人之同意也。

夫共济会成立之意义，亦不过曰消弭南北之战祸而已。然所谓消弭战祸者，岂在君主民主两问题之解决哉。亦不过曰，共和目的达，则战祸弭；共和目的一日不达，则战祸一日不得弭而已。在京党人既恐战祸之延长，即当于各种方面尽力使共和目的早日得达，不当妄行要求停战，而作无聊之讨议[论]也。

记者最后之一言，甚望吾全国同胞不承认此种荒唐之共济会，而并力于共和之建设，使君主之不祥物，永远不存留于二十世纪之新中国。流无数热血而购得真正之自由，亦爱国男儿所乐为也。战祸云乎哉。

《民立报》，1911年11月21日

△ **京津同盟分会成立。**

黄以镛《记京津同盟分会成立之经过》：

自辛亥八月武昌起义，九月十六日，清廷遽释汪精卫、黄复生、罗伟章诸同志出法部狱，暂寓长字栈，嗣经赵铁桥同志约往延旺庙街国光新闻社居住。次日，复迁椿树二条杜柴扉宅。不数日，朱芾皇同志由沪来北平，云：系衔上海秘密党部命赴彰德游说袁世凯，且住杜宅。后计议既定，芾皇西行，汪精卫、赵铁桥、黄以镛乘京奉车，且东赴天津，寓奥租界新丰栈。而继续至津者，复有黄复生、李石曾诸同志。因直督陈夔龙探确奥租界一带密寓党人不鲜，以危言耸动奥领事。奥领为陈所愚，派外兵数人会同督署军警八人，到新丰栈逮捕吕超、黄以镛，诘吕住室。幸栈主某利其数日中已给房饭账六百元，欲袒寓公，答以吕业返川，黄已外出。以镛立门首聆之，疾避得免。是夕秘租得俄租界房，遂在新租地开会，计与会者十三人，即汪精卫、黄复生、李石曾、赵铁桥、黄以镛、易昌辑、杜黄、黄君颀、黄慎仪、袁羽仪、陈宪民、程克也。同人佥谓自兴中会改为中国同盟会以来，党会原已统一，因见北方同志落落如晨星，欲在首都革命，非成立支部以资号召不可。于是决定成立京津同盟会于天津，公推汪精卫、李石曾为会长；而草拟会章，由精卫负责。当时并议决会内分党务、总务、参谋、军事、财政、文牍、交通、妇女、谍查暨暗杀，共十部。各部嗣分设于法界贵和、仁和、吉祥、余庆（余庆系郑毓秀原住宅）等里及旧织布厂。

丘权政、杜春和编《辛亥革命史料选辑》下，湖南人民出版社1981年版，第284～285页

△ **清署川督赵尔丰遵旨释放蒲殿俊等九人。**

《宣统三年九月初五日上谕》：

前派端方前往四川查办铁路事宜。嗣据都察院代奏、四川京官曾鉴等为川民争路，致酿重案，恳饬秉公查办，以维大局而遏乱源呈一件。又经谕令端方按照所陈各节秉公查明具奏。兹据端方电奏称，行抵川境，叠据各属士绅代表呈诉，并先后接据委员报告，及所闻官绅议论，详加考核，查得川中罢市罢课，不戕官吏不劫仓库，绝非逆党勾结为乱。其七月十五日民居失火，仅系南打金街民人自行失慎。人民因蒲殿俊、罗纶等被拘，赴辕请释。统领田徵葵擅行枪毙街正商民数十人。附近居民闻知，遂首裹白巾，奔赴城下求情，又为枪毙数十人，以致群情愤激。其所传告之自保商榷书，并无独立字样，亦无保路同志会及股东会图记。其中且有皇基万世等语，并非出自蒲罗等之手。又有搜获之木牌血书，皆匪徒假托，非士人所为。川中官吏周善培、王棪、饶凤璪等复挟谘议局纠举之嫌，构成冤狱不纳捐粮一说。系官

绅联合会内提倡，有缓办捐输以请息扣粮之议，并非股东实行征收国家租税等语。此次川事糜烂，既据端方查明，实由官民交哄而成，所有办理不善之地方官，自应分别惩治。前护四川总督王人文、现署四川总督赵尔丰身任封圻，既不能裁制于前，复不能弭患于后，实属咎无可辞。王人文、赵尔丰均著交内阁议处。署松潘镇总兵、营务处总办、候补道田徵葵贪功妄举，擅毙平民，著即行革职发往巴藏，责令戴罪图功。署提法使劝业道周善培轻躁喜事，变诈无常；候补道王揆、王梓，结怨绅商，声名素劣，均著即行革职。候补道饶凤璪资轻望浅，舆论不孚，著以同知候补，以昭炯戒。四川谘议局议长、法部主事蒲殿俊、副议长举人罗纶、度支部主事邓孝可、翰林院编修颜楷、贡生张澜、民政部主事胡嵘、举人江三乘、叶秉诚、王铭新对于匪事绝无干涉，均著即行释放。法部主事萧湘前被拘留，著一并免其置议。现在川省土匪窃发，蹂躏地方，煽胁良民，蔓延日久，著端方传旨责成蒲殿俊等分投开导，迅速解散，不得藉词诿卸。其有抗拒不服，甘心作乱之匪徒，仍著端方、赵尔丰严饬地方文武切实剿办，总使良莠分明，毋枉毋纵，以副朝廷绥靖地方之至意。

沈云龙主编《近代中国史料丛刊·宣统政纪》第62卷，文海出版社有限公司1989年版，第21～24页

秦枬《蜀辛》：

二十四日，督院撤来喜轩兵，礼请首要蒲殿俊、颜楷、罗纶、邓孝可等出署。都统、司道暨学部郎中曾培、高等学堂监督周凤翔等到署保证，议令设法先靖地方，官绅合办，各绅首每日轮推二三人入署议事。前宣布借路倡乱首要就擒，获有油牌、枪械、叛逆证据及调兵攻剿各告示，已于三四日前扯灭无遗。赵督始于厅事稍稍见宾僚。

二十五日，延见法部主事蒲殿俊、度支部主事邓孝可、举人罗纶等于厅事并设酒。候补道龙绂瑞奉委署理提法司事。

《中国野史集成续编》第30册，巴蜀书社2000年版，秦枬《蜀辛》上卷，第35页

△ 云南军政府以谢汝翼率滇军第一梯团援蜀。

《云南军都督府发布援蜀宣言》：

满虏盗我国土，肆其荼毒二百六十余年于此矣。祖父子孙，世济其恶，残戮我人民，丧割我土地，毒痡四海，民怵祸，尽擢虏之发不足数虏之罪。惟我汉族豪杰之士，疾专制之淫威，惧子黎之殄灭，断脰陷胸，以争自由。而虏不悟，犹复淫刑以逞。又得一二曲学之士从而附益之，遂妄欲假立宪之名，以行其专制之实。皇族内阁，中央集权，尽收天下之柄入满人之手，于以制吾死命，使之不得喘息。虏廷所立内阁之初出现也，即明目张胆，悍然不顾，首夺吾所自筑之干路而悉归之于虏有，而虏廷固无力以成之也，乃有四国借款之约，至欲举吾族四万万人生命财产，悉置之于外人监督之下，冀于其间攫取余利，供虏母子兄弟之淫乐，任虏奸奴悍仆之私饱，此则满虏宁赠友邦，不予家奴之明证也。惟兹事之起，实为吾蜀父老子弟首蒙其祸，然犹【含】辛伫苦，涕泣请命。而虏廷之对之也，一则曰以违制论，再则曰格杀勿论。吾父老子弟之婉转呼号，褎如充耳不之恤也。又虑所置疆吏其有稍具人心，略知大义者，或不敢于杀人，乃利用元凶赵尔丰冥顽不灵，贪残成性，然后甘于党逆，乐于效死。赵尔丰者，本出降虏之裔，彼自祖宗以来，世为满人厮养，迹其在蜀杀人媚人，因以酷吏起家，夙有屠伯之目。今复自知其罪大恶极，无所逃于天地，而倒行逆施。自此贼入蜀以来，迄于今兹，屠戮之惨，为吾蜀父老子弟所身受，此无待于尽言者也。今者武昌一军首倡义举，南北各行省先后反正。吾滇僻在南陬，亦于九月九日率我将士同举义旗，扫除膻腥，光复旧业，三迤之地，以次底定。念全国义师之起，良由蜀中之难有以激之，矧吾蜀父老子弟方在水深火热之

中，凡我同胞所宜匍匐往救，不遑暇食者也。矧吾滇、蜀之人，以势则辅车之相依，以义则脊令之急难，又吾滇人被发缨冠不容自逸者也。且自军兴以后，吾滇养兵之费历年仰给于蜀，虽以民力艰难，叠议改拨，以次递减，然犹岁解银七万两，则我军食蜀中之饷，赴蜀中之急，亦为义务所在，无可解免者也。兹本军都督府特简协都督谢汝翼率滇军第一梯团赴援，于九月二十五日出发，复以参议院副长郭灿为蜀中巡按正使、参议陈其殷为巡按副使，宣示我军出师之本意，抚绥沿途被难之人民。所至之处，吾父老子弟当知本军之出专在赴蜀之难，同心戮力，取彼凶残，以与全蜀之人左提右挈出于水火，共扫满虏专制之余烈，以张汉族独立之威灵。凡我同胞自喻斯旨，共矢同仇之义，绝无畛域之分。又我军节制之师，恪守纪律，即滇中起义之日，人民安堵，秩序如常，亦为遐迩所共晓。此次经过地方，行旅居民务宜各安其居，勿得自相疑阻。布告远近，咸使闻知。

《民立报》，1911年12月6日。曾业英编《蔡松坡集》，上海人民出版社1984年版，第81～82页

《总领事额必廉致朱尔典爵士函》：

11月16日，一千五百名士兵，其中有许多人属于怀有不满情绪的第七十三标，动身经过昭通前往四川，很可能是去参加该省民军的战斗。虽然当时蔡锷都督及其参谋人员明确地说，该军远征的目的是要征服和兼并四川省的南部地区，从而使云南这样一个著名的穷省，并照例从富省得到大批协饷【的省份】，将克复妨害它成为一个绝对独立共和国的主要障碍，并把它北部邻省的大量财富运入云南府库。这支部队将是先头部队，还有更多的部队接着前往。

胡滨译《英国蓝皮书有关辛亥革命资料选译》(上)，中华书局1984年版，第285页

△ 安庆兵变，朱家宝被逐。李烈钧闻讯抵皖，举为都督，旋离皖援鄂。

孙传瑗《安徽革命纪略》：

黄焕章之率军来皖也，由于浔军都督马毓宝徇吴旸谷之请。黄所部约二千人，系临时招集者，多洪江会匪，纪律之劣，尤在江防营下。识者忧之，力主客军不必驻城内，可指定东门外五里庙标营，为其驻扎地，给养由皖库供给。议已定矣，而黄焕章不听命，全数移驻城内师范学堂，向谘议局索饷万元。议长窦以珏以顷刻间难得此数，允先发二千五百元。黄焕章不许，竟使士兵鸣枪示威。于是有二十四、五两日，围攻都督府，劫夺军械所，焚毁藩署，洗刮藩库，并及于四牌楼商店，城内殷实富户，悉被搜刮，无一幸免，全城几至糜烂，公私损失三百万。所幸者江防营闻浔军来皖，先期自行撤回浦口，否则两军喋血，更不堪设想矣。说者谓安庆不糜烂于清政府之时，而糜烂于独立之后，不糜烂于朱家宝之手，而糜烂于黄焕章之手，有以夫。

方黄焕章之围攻都督府也，朱家宝急逾后垣而出，缒城黄夜逃逸。是时主政者无人，黄焕章乃自称总司令，隐然以皖军都督自居，任命宋邦翰、黄盛鸿为参谋，吴介璘为军务科长，枪毙一二市井流氓，目为放火抢劫之主要犯，以图掩饰。皖人大愤。是时，吴旸谷自芜湖回省闻之，不直浔军所为，面责黄焕章。焕章怒，因枪杀吴旸谷，时九月二十八日也。旸谷名春阳，以字行，合肥人，同盟会会员也。奔走革命，十余年如一日，皖省光复，旸谷之力为多，竟死于竖子之手，论者惜之。

中国史学会主编《中国近代史资料丛刊·辛亥革命》(7)，上海人民出版社1957年版，第185页

李烈钧《李烈钧将军自传》：

是时安徽有同志胡万泰等数人来浔访余，约余向皖发动，并曰此事易如反掌，只须两营

兵足矣。余乃派团长黄焕章率兵两营赴皖光复安庆,不意黄部到皖后纪律废弛,兵士剽掠,箱笼山积。皖人来电请愿,并请派大员镇压,余即亲往,并派海筹、海容兵舰两艘及步兵一营随之。是时海军改编两舰队,第一队司令黄钟瑛,第二队司令汤芗铭,黄乃兼海军总司令,汤为化龙之弟,黎都督介于余者也。

余到皖后,省垣各界开大会欢迎,并推余为安徽都督,余以出自民意,遂就任,当将团长黄焕章看管,并将肇祸人顾英枪决之,复令黄部兵士将所掠财物悉数交出,搬入都督府,邀请商会派人会同发还原主认领,秩序井然,一时颂声载道。

未几,武汉一日五电乞援,谓冯国璋已派重军攻武昌,形势极为严重。余即下令海陆军集合,准备次日出发西上,是时陆军总司令胡万泰亦同盟会份子,有希冀皖督之心,胡知余将行,即派人约余谈话,余骑马出城往晤,闻沿途人民呼曰:李都督出城去矣,我安徽将大乱也。余出城问胡同学安在,远见山坡有人一群,势汹汹,余策鞭急驰至该地,胡厉声曰:君此次是否为救皖省人民而来?余答:安徽有同学多人,奈何责任独余一人负耶!刻余将西上,特来请君进城维持皖省秩序也。立即并骑入城,胡以手枪暗指余背,余佯为不觉。抵都督府,余命号兵以三番号敬礼,并以都督府印交胡曰:余之责任毕矣,明晨将出发,行后一切愿君与地方贤达共商之。是时孙毓筠亦在芜湖设都督府,安徽局势暂告稳定。

次晨,余登兵舰,忽闻城内扰攘,枪声大作,乃向兵舰发射。余自思曰:皖人若此,真所谓以怨报德也。皖无兵,我牵兵来,士兵劫掠,我躬亲料理,事定我将印交还皖人,今反以枪声威胁我耶?即商黄钟瑛开炮还射,但令射发点稍高,不欲伤及城内居民。炮发二响,枪声即停,并吹礼号,余亦以礼号答之。同时下令开船,一日抵九江,而欢迎者已早鹄立江干矣。

章伯锋、顾亚主编《近代稗海》第9辑,四川人民出版社1988年版,第16~17页

11月16日(九月二十六日)　孙文自巴黎致电各省军政府,速定临时总统人选。

《孙中山致民国军政府电》:

《民立报》转民国军政府鉴:文已循途东归,自美徂欧,皆密晤其要人,中立之约甚固。维彼邦人,半未深悉内情,各省次第独立,略致疑怪。今闻已有上海议会之组织,欣慰[悉]总统自当推定黎君。闻黎有拥袁之说,合宜亦善。总之,随宜推定,但求早巩固国基。满清时代权势利禄之争,我人必久厌薄,此后社会当以工商实业为竞点,为新中国开一新局面。至于政权,皆以服务视之为要领。文临行叩发

《本馆接孙君逸仙自巴黎来电》。《民立报》,1911年11月17日。中山大学历史系孙中山研究室等编《孙中山全集》第1卷,中华书局1981年版,第547页

△ 黄兴统湘、鄂革命军,分三路渡汉水反攻汉口,失利。次日退回汉阳。

李书城《辛亥前后黄克强先生的革命活动》:

一切进攻准备就绪后,黄先生于十一月十六日下令分三路向汉口进攻。第一路由步兵第三协协统成炳荣率所部从武昌青山渡江,在汉口湛[谌]家矶登陆,进攻刘家庙。第二路由步兵第六标标统杨选青率所部乘装甲小火轮及民船由汉阳东北岸出发,向汉口龙王庙强行登陆,点据阵地后相机进攻。第三路由驻在汉阳的各部队组成,归黄先生直接指挥,是此次进攻汉口的主力军。这一路以湘军第一协统领王隆中所部为右翼,湘军第二协统领甘兴典所部为左翼,鄂军第五协统领熊秉坤所部为总预备队。其余炮兵第一标及工程第一营均随同前进。黄先生命令第三路各部队在十六日黄昏后开始行动,从琴断口渡过浮桥,向指定地

点集合，进入阵地，准备次晨拂晓向汉口玉带门及硚口一带之敌进攻。黄先生率总司令部人员于是晚十时许渡过琴断口浮桥。……学生军最勇敢，首先向前开了火。随着，左右两翼部队都向前推进，形势似乎很有利。不料中午以后，敌人运到了机关枪和大炮，向我军猛烈发射。甘兴典的士兵几个受了伤，向后退却。甘兴典也骑着马向后奔跑，以至引起他的部队全部溃退。黄先生率总司令部人员及督战队持刀阻拦兵士后退，并砍伤了几个后退的士兵。但溃兵汹涌而至，竟要向阻拦后退的人开枪射击。不得已，只好让他们后退。他们在后退途中，有些士兵被敌军打到我阵地后方的炮弹炸伤了，于是又惊慌起来，拼命抢渡浮桥。因人多桥断，溺水死者达数百人。幸王隆中所部湘军是从新军扩编成协的，受过训练的兵士较多，他们在阵地坚守至日暮，才撤回汉阳。熊秉坤所部鄂军虽被敌包围，尚能且战且退，全部渡河，回到防地。我军退却时，敌人并未追击。他们探知我军已全部撤退后，才开至河岸，与我军隔河相持。我与黄先生在将到日暮时，踏着泥泞道路后退。……是晚，下令汉阳各部队彻夜警戒，作战斗准备。……次晨，知甘兴典并未退回原防，竟率所部向湖南逃走。同时得知第一路军亦未按照原定命令从青山渡江向刘家庙进攻，原因是协统成炳荣是日酒醉，下错命令，竟命军队向与青山相反的方向开动，及至发现错误，再叫士兵向青山开进时，兵士因行军半夜已极疲劳，又值天雨路滑，都不肯遵令行动，故第一路军未能按照命令执行进攻任务。第二路杨选青适于是晚在家结婚，未亲往指挥，故亦未遵令从汉阳东北岸向汉口龙王庙进攻。黄先生将以上情形报告黎元洪后，黎即将成炳荣撤职，改以窦秉钧继任步兵第三协协统；将杨选青正法；并电请湖南都督谭延闿于甘兴典到达长沙时立予正法，将其部队缴械遣散。

中国人民政治协商会议全国委员会文史资料研究委员会编
《辛亥革命回忆录》第1集，中华书局1961年版，第191～193页

《武汉战记初稿》：

二十六日上午，据地形侦探报告，已勘定五里墩及南岸咀两处为渡河点。当命令步队第一协帮同工程营，用征发船只架设浮桥三座，于傍晚时开始工作，并命第一协派步队两营掩护架桥及我军渡河之动作。至午后八时，据工程营报告，架桥工事已安全告竣。

是日，军政府令黄司令渡河进攻，并令武昌黄鹤楼、凤凰山及塘角各炮队于明拂晓时向汉口之敌兵处行猛烈射击，援助军队渡河攻击。当令协统杨再雄率其本协渡河，向龙王庙助攻，兼派敢死队长方兴带一队人到刘家庙登扰乱敌本队。黄司令官奉令后，即命令各队准备进攻。其大旨如下：

一、湘军第一协统领王隆中率该协并游击队一标，炮兵一营，任主攻队，于午后十时由五里墩渡河攻击前进。

二、步队第十一标统带杨选青率该标为侧攻队，于午后十时由南岸咀渡河进攻。

三、黑山、大别山各炮队于我军渡河时，如有敌兵来袭，即以猛烈射击掩护之，否则俟拂晓后开炮助攻。

四、湘军第二协为预备队，距湘军第一协一千米达续行。

五、其余各部队仍固守原阵地，防御敌人。

六、予在预备队。

是夜十时三十分，我步队约一标已达彼岸。因近来连日阴雨，天气寒冷异常，敌兵均伏处民屋内烤火取暖，故我军渡河进攻毫无觉察。及至我军侵入阵地内，始各由睡梦中惊起，仓遑遁去，秩序大乱，将有各个击破之势。至十二时，我主攻队已占领居仁门一带，以枪火追

击退却之敌,复分一部袭击敌人右翼支队之侧面。

至夜二时,我前队已进据歆生路一带。是时敌军兵力分散不敢抵抗,均向刘家庙方向退却。其在硚口水塔及招商局码头各处之炮队,半为我军所抄袭。不意我南岸咀之助攻队,被敌机关枪队抵御,不能上岸,至此时而犹未渡河。而汉口街市丛杂,交通困难,有潜伏于四官殿及黄陂街房屋内之敌兵约千余人,乘我不备,绕出我追击队之背后,行不意袭击。是时,我军前后被攻,颇形窘迫。黄司令当命预备队增加抵抗。讵意湘军第二协,均系新募之兵,毫无军纪,渡河后,即散处各民房中生火取暖。二协统领甘兴典,亦不知何往。队伍零落,统率无人,致一时难于集合。费一二时之久,始邀约散兵约千人。不料一到战线,略不抵抗,即向后奔溃。时值刘家庙之敌军闻警由火车猝至,兵力陡增。我军正难抵御,忽见我增加队向后退却,我前线只恐后路有失,一时督率不住,亦均向后退奔,秩序因之混乱,伤亡颇众。是时,黄司令官见助攻队已失机于前,预备队又败事于后,我防御线之炮兵阵地,距进攻队已在远距离以外,因之我黑山、大别山各炮队射击效力甚微,不能援助,遂决心仍退据汉阳,再图恢复。遂命令各军整顿队伍,由第一协派步队两营占据居仁门一带,收容我军渡河。至天将拂晓,我全军已退至汉阳。惟渡河时,而湘军第二协新军不服指挥,争先抢渡,将五里墩两道浮桥压沉一道,因之而淹毙颇不少。

是役也,我军伤亡数百人(原稿有伤亡约三千人,敌之伤亡者亦相等,后又涂去。编者注)。我于黑夜之中出敌不意,渡河反攻,敌毫无准备,乘机猛进,如入无人之境。值此良好时机,卒至功败垂成者,一由于助攻队贻误军机,不能同时并进,一由于湘军第二协以乌合之众,不能得援助之力,反以贻害全局。古人云,兵在精而不在多,诚不刊之论也,可不鉴诸!统带杨选青,以贻误军机正法。后湘军第二协统领甘兴典率队回省后,亦由湖南都督开军法会议,处以死刑。

《辛亥革命史丛刊》编辑组编《辛亥革命史丛刊》第3辑,中华书局1981年版,第144~145页

张联棻《记辛亥武汉之战》:

九月二十六日,行军十里,泊二十一标营侧。重建四湖咀浮桥,次第相济而行,至距四湖咀三十里的四叉河驻军。

当日民军千余人,在琴断口架桥,另有民军三千人,由驼骡[舵落]口渡河,云集襄河北岸,准备移动。

清军据报,檄乙支队二十二标标统张敬尧,率第三营及机关枪队(机关枪第六队的半队)迅赴王家墩,冒雨行军,次日清晨始到达目的地。

民军自白房子出双墩、河墩,与河北民军夹攻四镇右翼,约战四小时,民军遭受清军炮队及机关枪队同时轰击,阵地动摇。张敬尧突率二十二标第一营和二十一标第三营,围攻民军左翼,民军不支,纷纷溃走,清军占领了琴断口和土堤。

在三叉河经长码头、双墩西方土堤线上,清军列炮猛射,民军不能抵御,狂奔渡河,多被溺毙。

黑山民军的炮兵阻力甚大,清军未能前进,就在土堤宿营(九月二十七日晚)。

中国人民政治协商会议全国委员会文史资料委员会编《辛亥革命回忆录》第6集,文史资料出版社1982年版,第372页

〔日〕内田顾一《湖北革命战见闻日记》:

十七日　连日降雨,今日放晴,午夜三点钟左右听到汉水上游炮声频频。革命军中的湖南勇士约三千人从汉水上游挖[舵]落口涉水至东亚制粉工厂后侧围攻清军的侧面,清军受

此意外打击,狼狈异常,便往玉带桥退却。革命军知已达到预期行动,才向汉阳撤退。据传清军死伤约五百名,革命军死三百名云。

今日第十一团长杨选青,原应于午夜两点钟渡涉汉水袭击清军后阵的,他未如期赶到,仅隔着河口放枪,因之全军进军的大计划即围攻清军一事成为画饼,黎元洪以军令枪决。少壮将校被斩令人惋惜。

《辛亥革命史丛刊》编辑组编《辛亥革命史丛刊》第3辑,中华书局1981年版,第179页

《日本驻汉口总领事馆情报》(1911年11月19日下午10时):十七日两军会战情况,第三十八报已述其梗概。兹将革命军方面战斗前之动静及实地踏查此次战场之某日人所谈记述如下:

自大约一个月以前,革命军即将多数民船开入与东亚制粉公司隔汉水相对之米良山后方池沼地带,十六日午前十一时起,由其中开出大型船数艘,利用东亚制粉公司建筑物掩蔽官军之视线,即于其上游琴塘[断]口进行架桥作业,至下午四时,船桥全部完成,当夜即以湖南兵二千为先头部队渡江,湖北兵约五六千名继之,于翌晨黎明前全部渡过。

先是,湖南兵在对岸登陆后,立即派出前哨挺进,以二营兵力为一队,由右翼进攻,其径路沿汉水而下,至罗家店时,官军犹未觉察,直至博学书院附近始与官军开火。其行动颇为整齐,士气昂扬。至十六日午后八时将官兵追至韩家店时,遭遇到猛烈的机关炮之射击,然仍奋战数回合,至夜半将官军压迫至水电公司附近,官军虽倾死力固守水电公司一带地点,然勇猛的湖南兵大有将官军完全逐出汉口市区之意气。另一方面,湖北兵担任左翼,前进至湖南兵担任地区北方村落之后方,依据博学书院东面之堤防,自十七日黎明在炮火掩护下与官军开战。然此项湖北兵多为新募之乌合之众,毫无训练,以致士气颇不振,秩序紊乱,一度交战,十七日上午九时一闻官军猛烈的机关炮声,即由后队先行崩溃,开始逃走。虽汉阳之都督黄兴亲自至博学书院后孤庙阵地督战,并斩杀二三名后退之兵,然终难以收拾,自十七日上午十一时至十二时,大部分均沿船桥退却,至下午四时已不见一名湖北兵,船桥亦被撤去。

黄兴见左翼湖北兵已崩溃,即前进至韩家店附近命令湖南兵撤退,湖南兵愤恨湖北兵之无用,皆不肯轻退,直至午后犹独挡官军,入夜始渐用船渡过汉水,退回汉阳。今日革命军退却时,官军不悉何故竟不追击,因此交战不久即行退却之湖北兵死伤仅不过三四十名,与官军奋战之湖南兵则死伤甚众。

中国科学院近代史研究所史料编译组编辑《近代史资料·辛亥革命资料》,1961年第1号,中华书局1961年版,第574~575页

△ **江浙联军在镇江组成,举徐绍桢为总司令,筹划进攻南京。**

张国淦《辛亥革命史料》:

徐绍桢退至镇江,民军大愤。苏军统领刘之洁、浙军司令朱瑞、济军统领黎天才共万余人,星夜出发至镇江,会合扬州都督徐宝山、镇江都督林述庆,公举徐绍桢为联军总司令,一面由沪军都督领衔,连合各军政府,联名电苏请程德全出督师。九月二十五日,总司令部移驻高资。

张国淦《辛亥革命史料》,龙门联合书局1958年版,第233页

《陈其美致徐绍桢电》:

镇江军政府转徐都督鉴:接镇电,民军失利,张勋猖狂。贵都督集兵镇江,力图恢复,东南大局在此一举。苏、浙、沪已派兵赴援,若无主将,殊为危险。敝处公议,请贵都督为克复江宁军队总司令。凡赴援水陆各军,统归麾下节制调遣,已通电苏、浙都督府公认,转饬各军

长官遵照。贵都督素孚众望,义不容辞,偏仗贤劳,力挽大局,军械粮饷誓当殚力以筹。沪军都督陈。印。

《陈其美致苏、浙都督电》:

苏、浙军政府鉴:江宁民军退却,集合镇江,力图恢复。徐督绍桢素为新军爱戴,此次剧战,亲冒锋镝指挥,退兵仍守纪律,尤见大将伟略。现苏、浙、沪赴援各军,若无主将,殊为危险。敝处决拟公推徐都督暂充此次克复江宁各军总司令,凡各路赴援水陆军队,统归节制调遣,以期统一兵权,早日克复,东南大局在此一举。一面电请徐都督即日任事,贵都督谅表同情,祈即转饬各军长官,均应暂归节制。至接济军火,敝处当殚力以筹。电复,是盼。沪军都督陈叩。印。

《苏都督程德全复电》:

杭州都督汤、上海都督陈鉴:援军推徐为总司令,敝处极表同情,已饬各军队遵照矣。都督程叩。

《申报》,1911 年 11 月 13 日,第 2 张,第 2 版。上海社会科学院历史研究所编《辛亥革命在上海史料选辑》,上海人民出版社1981年3月版,第367 ~ 368 页

△ **袁世凯责任内阁正式组成,分设十部,以梁敦彦(外务)、赵秉钧(民政)、王士珍(陆军)、萨镇冰(海军)、张謇(农工)、杨士琦(邮传)、严修(度支)、唐景崇(学务)、沈家本(司法)、达寿(理藩)为各部大臣。**

《宣统三年九月二十六日上谕》:

袁世凯面奏组织内阁,推举国务大臣。著命梁敦彦为外务大臣,赵秉钧为民政大臣,严修为度支大臣,唐景崇为学务大臣,王士珍为陆军大臣,萨镇冰为海军大臣,沈家本为司法大臣,张謇为农工商大臣,杨士琦署邮传大臣,达寿为理藩大臣。梁敦彦、严修、王士珍、萨镇冰、张謇未到任以前,外务大臣著胡惟德暂行署理,度支大臣著绍英暂行署理,陆军大臣著寿勋暂行署理,海军大臣著谭学衡暂行兼署,农工商大臣著熙彦暂行署理。

沈云龙主编《近代中国史料丛刊 · 宣统政纪》第 64 卷,文海出版社有限公司 1989 年版,第 12 ~ 13 页

张国淦《辛亥革命史料》:

据徐世昌言:邮传本拟唐绍仪,因唐别有策划,故以杨士琦署,其后杨别有任务,故解职。王士珍虽辞,以与袁关系,不能不来。萨镇冰在武汉作战,张謇有电主共和,自不管北政府任命。其中赵秉钧第一,梁士诒亦有能力,胡惟德颇能奉命而行,其余则随同画诺而已。至杨度以为副大臣作用少,不如其他活动(最初即办国事维持会),故准其开缺。梁启超则在日本,以党魁自负,又与革命党派不合,亦不轻于回国也。陈锦涛解职,随同唐绍仪赴沪,以广东人关系,任南京政府财政总长,但尚不及熊希龄活动之力云云。

张国淦《辛亥革命史料》,龙门联合书局 1958 年版,第 112 ~ 113 页

《英使朱迩典致英外部葛垒文》(第 103 号):

袁世凯于本月十三日抵京,为日未久,即将新内阁建设。昨日召见后,奏保各人,摄政王即于是日有谕旨,照新内阁总理之保,派国务大臣,同日又有派各部副大臣之谕。今谨将新内阁全单录呈。又各副大臣及暂行代理各副大臣之衔名,一并呈上,并将各人原籍注明。梁敦彦又派为外务大臣,未到任之前,由久在外洋阅历之胡惟德署理。赵秉钧为袁党最著名之一,派为民政大臣。杨士琦署理邮传部,以待新补盛宣怀缺之唐绍仪回京。至于严修之派为度支部,恐遭抨击。盖彼于行政之阅历,从前曾为学部侍郎,仅限于教育一门。然严有副大

臣陈锦涛之才相助，陈现充大清银行副监督，近曾代表度支部赴柏林币制之会，陈为美国留学回华最著名学生之一，且实才能素著。唐景崇仍为学务大臣。沈家本则为司法大臣。沈系翰林，深通中国律学，又兼资政院，通儒硕学之一。该院去年第一次开议时，沈曾为副议长。新任陆军部大臣王士珍，乃袁世凯信用之人，未简署湖广总督之前，曾任江北提督。水师提督萨复回海军部，并有旧僚谭学衡相助。张謇之授农工商大臣，颇有趣味。其人为一状元，前充教育总会议长，中国人皆以彼为振兴实业之先导。其任此职，当为各省所乐闻。然允受职与否，尚难预料。理藩部大臣达寿，系一满人，前曾任该部侍郎。署邮传大臣杨士琦，曾任上海南洋公学监督，招商局总办，近又为南洋劝业会审查长。邮传副大臣梁如浩，人多呼为爱姆梯梁，前在美国游学，曾任天津上海关道。其最可惊讶者，则授梁启超为司法部副大臣之事。梁为康有为党最著名之人，一千八百九十八年变政时，出奔他国，其后多居日本，著书甚多，尤以律学为最。此外又有粤人梁士诒，复授为署理邮传部副大臣之职。

陈国权译述《新译英国政府刊布中国革命蓝皮书》。中国史学会主编《中国近代史资料丛刊·辛亥革命》(8)，上海人民出版社1957年版，第376～377页

△ 吉林组织保安公会，推巡抚陈昭常为会长。

《宣统三年十月初八日巡抚陈昭常为选举保安会正副会长、正副议长的札文》：

照得吉省保安公会，仿照奉天章程，业已组织成立。公推本抚院为会长，其副会长，公推庆议长康、孟统制恩远、韩司使国钧。参议总长公推王赓，参议副长公推松毓、沈景佺。所有公会章程十二条，并经议决，应即公布施行。除分行外，合亟将章程札发，札到该□，即便遵照。此札。

吉林省档案馆、吉林省社会科学院历史所编《清代吉林档案史料选编·辛亥革命》，1981年版，第200～201页

《宣统三年十一月十七日巡抚陈昭常咨各总督、巡抚、将军等吉省召集各界开会宣布永不独立设立保安公会情形》：

本省自闻武汉失守以来，本抚院当即会同东三省督部堂，往复电商，密筹善策。一面力主镇静，一面严饬侦察，乃至八月下旬，果有少数人等，亦因热心政治，倡言独立。迨为日愈久，附和者为数愈多。又有奸宄之徒，从中煽惑，秘密结社，阴图暴动。外人之无意识者，复谋煽通军队，利我内乱，藉启衅端，攘攫主权。当时吉省情形，殆哉岌岌，不啻一发千钧。

本抚院既虑滋蔓难图，又恐激急生变，加以长春三镇军队陆续开拔，各属抗捐风潮将息未息，兵单饷绌，保卫难资。本抚院焦急万分，几至束手无策。既而思之，此项党人，其中亦有两派。其一，不过对于政治热度过高，急不暇择；其一，则并无政治思想，徒抱野心，情同匪类。而第一种人，多属中流社会人士，实为一省人民之望，尤宜首先安置妥贴，消患无形，庶几大局安全，不至破坏。因特翻然变计，欲以衣裳集会之事，济兵车武力之穷，遂率各司道，邀集本省各界人士，订期开会。首由本抚院演说本省情形，万不可独立、不能独立之理由，开诚布公，苦口譬喻。乃始而人杂言庞，犹复各存意见。主张激进者，仍不免持其前说；主张平和者，几不得伸其意见。至后，相持不下，争辩剧烈，复经本抚院百端晓喻，委婉言说，幸而后来感动，赞成和平者人数较多。军队复默遵事前命令，首先表示赞成。于是，以多数取决，议定永不宣布独立，仿照奉天另立一会，名曰保安，用以辅助行政，保卫治安。会中重要职员，兼用本地明达人士，使之与闻行政，籍以互资联络。此本抚院开会，宣布永不独立及设立保安会之大略情形也。

保安会既设立，当由各界多数举定本抚院为正会长，陆军二十三镇统制官孟恩远、民政

司使韩国钧、谘议局议长庆康为副会长,总掌会中一切事宜。下分八部:曰军政、曰内政、曰外交、曰财政、曰执法、曰教育、曰劝业、曰交通。每部置正部长一人,即以本省原有五司一道等行政官兼充。副部长一人,以本地绅士充任。别设参议部,为本会监督机关,置参议总、副长及参议若干人,则均由本省各团体绅士充当。会长、部长之下,并酌设书记长等各办事人员。各府厅州县,有必须设立分会者,亦概行设立,其权限与总会大同小异。总之,默鉴时局,补偏救弊,既以采择舆论,复不破坏政权,刚柔并用,消患未然,此本抚院守土之责,不容旁贷者也。

吉林省档案馆、吉林省社会科学院历史所编《清代吉林档案史料选编·辛亥革命》,1981 年版,第 198~200 页

11 月 17 日(九月二十七日)　张榕、柳大年等在奉天组织联合急进会,“以人道主义、政治革命积极进行为宗旨”。

《党人组织急进会》:

奉省各种党人,因鄂省起义后各省响应,大局岌岌,特在谘议局组织联合急进会,昨日成立。正会长举定张君榕,副会长举定柳君大年、张君根仁、李君德瑚,并举谘议局议长吴君景濂,副议长袁君金铠充参议云。

《盛京时报》,1911 年 11 月 18 日。国家清史编纂委员会文献丛刊

《辛亥革命史资料新编》第3卷,湖北人民出版社2006年版,第383页

《急进会之代表举定》:

奉天各界志士组织急进会,闻其宗旨系注重人道,却能与保安会相辅助,颇蒙各界赞成。现已举定上海代表张君涵初、蔡君玉廷赴吉、黑,代表赵君子静扩充会务,闻日内即束装就道矣。

东三省联合急进会

一、本会公推正会长一员,副会长三员,参议二员,即如下:

正会长张榕;副会长柳大年、张根仁、李德瑚;参议吴景濂、袁金铠。

二、本会以左开之各部及职员组织成之:总务部部长杨大实;军事部部长辜天保;交通部部长洪东毅;执法部部长赵中鹄;经理部部长;秘书部部长汪谦;侦察部部长赵元寿。

联合急进会简章

第一章　定名

本会即定名曰联合急进会。

第二章　宗旨

本会以人道主义、政治革命积极进行为宗旨。

第三章　职员权限

第一节　正会长

本会正会长代表全体,居于会中主持进行之主位。有纠正指使全体会员之责任,但议决事件须与副会长、参议签押,并须经多数认可。

第二节　副会长

副会长帮同正会长主持一切,凡所议事件,须与正会长、参议及本会人员多数意见相同。

第三节　参议部

参议帮同正副会长主持全会一切事务,对于本会有质问之权。

第四节　部长

部长承各会长之命，经理各部之事，须会商各部员分任进行，随时报告各会长。

第五节　部员

部员承各会长之命，帮同部长经理各部之事，须随时报告各会长。

第六节　各部职权

第一项　总务部

凡有关于机关秘密之事及有关各部之事。

第二项　秘书部

关于组织法令、文牍、函电之类及收存来往文牍函件。

第三项　军事部

本会军务之项皆归其掌握。

第四项　执法部

关于本会应行司法之事，有提议执行之责。

第五项　交通部

凡于本会宗旨相合者有引进之责，如于本会宗旨稍异者，本部亦有提倡解说之义务。

第六项　财政部

经理本会出入款项及度支，筹办本会所有一切用品。

第七项　侦察部

稽察本会人员贤否，有无妨碍本会及会外之人，有无关系本会之事。

《盛京时报》，1911年11月21日。国家清史编纂委员会文献丛刊《辛亥革命史资料新编》第3卷，湖北人民出版社2006年版，第386～388页

△ 黑龙江组织保安会。

《江省保安会章程》

第一条　本会以尊重人道，辅助国家行政，共保境内治安为宗旨，定名曰黑龙江省国民保安公会。

第二条　本会得各界之同意组织而成。凡在黑龙江境内人民，不分本籍、客籍或满汉蒙回诸族及外国侨寓人民，均在本会保护范围之内。

第三条　本会总机关设于省城，暂假谘议局为会场，公署前厅为办事公所。各属得于城治设立分会，以原有行政区域为范围，定名曰某处保安分会。

第四条　本会设会长一人，副会长三人。会长对外部为本会代表，对于本会综理一切事务；副会长襄理之。

第五条　本会执行事务应置各部如下

（一）外交部掌理关于保安范围之一切交涉事宜

（二）内政部掌理关于保安范围之不属于各部职任内之一切内政事宜

（三）军政部掌理关于保安范围之一切军政事宜

（四）教育部掌理关于保安范围之一切教育事宜

（五）财政部掌理关于保安范围之一切【财政】事宜

（六）司法部掌理关于保安范围之一切司法事宜

前六部　各设部长一人，副部长一人，部员无定额。

第六条　各部正副部长禀承正副会长处理各部主管事务，部员商承正副部长处理各该

员担任事务。

第七条　各部之外设参议部为本会纠察机关,置参议总长一人,参议次长二人,参议员无定额。

第八条　本会办事公所附设编辑处办理文牍,庶务处办理本会内部一切庶务,其员额临时酌定。

第九条　本会职员,除正副会长暨参议部人员均由会员公推外,余由会长委任之。

第十条　各分会会长以各该处现任地方官兼任之。其有不胜任者,请由本会会长以行政权撤换之。分会章程另定。

第十一条　本会会期以每星期日举行一次,开会时由会长主席,会长如有故不能出席时,得委托副会长一人代理之。

第十二条　遇有重要紧急事件,应开临时会议,由会长另集;如由会员请求者,须有十人以上之同意,其会期随时酌定。

第十三条　凡本会会议,无论通常临时开会,其出席会员非过全会会员半数时,不得开议。会场规则另行规定。

第十四条　凡本会应行提议事件,得由本会全体职员组织审查会,将所提议案由会长指定若干员先行审查然后付议。

第十五条　凡本会于保安范围之内提议举办事件,均以出席会员过半数决之。如可否同数,取决于会长。

第十六条　无论本会会员及会外人民对于本保安事件,确有利害关系,得具陈书,交由本会审查,如认为正当,即加具意见,提交本会决议。

第十七条　凡经本会议决事件,而参议部并无异议者,均由会长付交各部切实执行。

前项议决事件,如经参议部认为不可行者,得由该部附具理由,呈请会长交会再议。

第十八条　本会按所规定会名,刊用关防一颗,以资信守。

第十九条　本会各部及参议部、编辑处、庶务处办事细则,另行规定。各分会办事细则由各该分会按照总会所颁章程约定之。

第二十条　本会章程自议决之日公布施行。

第二十一条　本章程如有未尽事宜,及不适用之处,得随时提议更正。

渤海寿臣《辛亥革命始末记》,《实行立宪汇编·各省》,文海出版社 1969 年版,第 187 ~ 189 页

△ **广东军政府选举,分部办事。**

朱子勉、罗宗堂、韩锋《广州光复前后杂记》:

二十七日(一九一一年十一月十七日),军政府召集各团体、各军代表会议,公推陈炯明为副都督,黄士龙为参都督,军政府分部办事,推定人选如下:

军政:蒋尊簋、魏邦平;

财政:李煜堂、廖仲恺;

民政:黎国廉、伍籍盘;

司法:王宠惠、汪祖泽;

外交:伍廷芳、陈少白;

交通:梁洗如;

实业:王宠佑、利寅;

教育:丘仓海;

总顾问:何启、韦玉;

枢密处不设长,以朱执信、李君佩、李杞堂、廖仲恺、黄世仲、陈少白等十余人为处员。

名单宣布后,征求各团体代表意见。各代表表示同意。刻日任事,安定大局。

《广州文史资料选辑》第1辑。中国人民政治协商会议广东省广州市委员会文史资料研究委员会编《纪念辛亥革命七十周年史料专辑》上,1981年版,第70页

△ **革命军攻克安徽颍州**。

张之屏《淮军纪略》:

颍州据长淮之上游,为中州之右臂,得此不惟与武汉为声援,亦进取之好基础也。张汇滔本淮上举义之倡首者,寿州光复,乃以司令一职属之王庆云,已则出发经略颍州。九月二十一日,率潘玉珊、孙传轩、李景沅、唐鸿钦、孙家黄、孙治臣、骈锦芳步队各一营,黄汝波、周炳尧炮队二营,蔡颐辎重队一营西去,当日驻正阳。李子文已先期率百余人往颍上县,该县令孙谨仁顽梗凶残,阴险已甚,阳为欢迎,诓其入城,杀戮过半。李军不支,以师退,军气不无小挫,加以寒雨绵纤,秋风惨瘁,军人衣鹑衣,食半粟,是以未便前进,乃先就正阳抚商民。至二十五日发令,以潘玉珊、骈锦芳为前卫,唐鸿钦、蔡颐为后卫,孙传轩、李景沅同张汇滔为司令本队,向颍上进发,是夜宿营四十铺,去颍上四十里。周皓然、方珣良乃画进攻之策:令骈锦芳率步队、黄汝波率炮队攻南门,潘玉珊率步队、张树之率炮队攻东门,令蔡颐以大队护辎重,会同司令指挥观战。是时,颍上敌兵约一大队,城小而坚,民军仰攻,至下午四句钟,民军伤数人。忽袁家声、薛子厚率壮士一排来助战,至日暮未能下,乃收军,退六七里下寨。无何,萧良璞一大队亦至,乃合兵一处,夜十二句钟,汇滔下令,著唐、骈二人以炮攻南门,余数皆在东门鸣炮助威,汇滔同萧良璞由西门梯城而入,拔城门,麾军直扑县署。夜二句钟,旧县令孙谨仁由西北方缒城逃去,遂相率入城,部署已毕,出榜安民,惟田相坤营有数兵士违法侵掠,由[田]立予正法,三军萧然。居民外逃者,至此皆络绎归城,托保护焉。

张湘炳、蒋元卿、张子仪编《辛亥革命安徽资料汇编》,黄山书社1990年版,第300~301页

△ **四川合江光复**。

《辛亥四川革命纪事》:

二十七日,党人王颛书亦结徒众就合江起义,各县先后起事,皆以重庆机关部为革命枢纽。

《中国国民党四川党史材料》,1940年3月。隗瀛涛、赵清主编《四川辛亥革命史料》上,四川人民出版社1981年版,第456页

△ **清廷发布多项任命,褒奖前线诸大臣**。

《宣统三年九月二十七日上谕》:

电寄长庚,代递升允。电奏称"升允愿率新军第二、三标统周助学、陆洪涛等剿除土匪,收复西安"等语,足见忠勇性成,深堪嘉尚。已有旨著升允署理陕西巡抚,并督办陕西军务,先著长庚电知升允,遵旨迅赴事机。

《宣统三年九月二十七日上谕》:

电寄护湖广总督段芝贵。当此军事吃紧,务当激发公忠,力图报称。

《宣统三年九月二十七日上谕》:

电寄第一军总统冯国璋。前敌军士攻守经月,躬冒锋镝,且不时风雨交加,劳苦殊甚,仍复忠勇异常,深堪嘉尚。现在天气渐寒,朕怀弥深廑系,著冯国璋传旨嘉奖,加意拊循。

《宣统三年九月二十七日上谕》:

以第二军总统段祺瑞署理湖广总督,兼办剿抚事宜。以前陕甘总督升允署理陕西巡抚,督办陕西军务。

沈云龙主编《近代中国史料丛刊·宣统政纪》第64卷,文海出版社有限公司1989年版,第21~23页

△ 梁启超请辞内阁大臣之任,并建议召开国民会议,解决中国政体。清廷迭电催梁回国就任法部副大臣。

《宣统三年九月二十七日梁启超致内阁电》:

袁宫保鉴:阅东报,见新内阁员以超滥竽,且疑且骇,超庸愚何足赞鸿猷,备员伴食,于国于公,两无所裨,谨坚辞,深负雅意,无任惭悚。顾窃欲进一言者,祸变至此,今后戡乱图治,必须视全民多数意向,虽有非常之才,苟拂舆情,终无善果。传闻道路,谓新政府当主战议,同胞涂炭,岂有未极,何忍更加薙狝?况欲备战力,势且不得不有所仰于外,险象之乘,讵堪设想,公之忠诚明察,当不出此。今惟有于北京、武昌两地之外,别择要区,如上海之类,速开国民会议,合全国人民代表,以解决联邦国体、单一国体、立君政体、共和政体之各大问题,及其统一组织之方,条理会议法结果,绝对服从。庶几交让精神得发生,分裂之祸可免。超一月以来,殷忧深念,从各方面穷思国家前途安危,悲喜参半,颇有所怀,别容函布。辱承雅意,聊贡愚诚。梁启超叩。勘。

梁启超《梁启超全集》第20卷,北京出版社1999年版,第5992页

《宣统三年十月初三日上谕》:

据电奏恳恩开缺等语。该副大臣久羁海外,时以祖国存亡为念,乃朝廷所深知。现在政治更始,百端待理。著即遵旨迅速回国,国势艰危至此,想亦不能忘情也。

沈云龙主编《近代中国史料丛刊·宣统政纪》第65卷,文海出版社有限公司1989年版,第6页

《宣统三年十月初六日梁启超致罗瘿公书》:

昨上一书,计达。不审已谒项城否?今日由使馆转来初三日明谕,敦促就道,奉读恻然!鄙人既确信共和政体为万不可行于中国,始终抱定君主立宪宗旨。欲救此宗旨之实现,端赖项城。然则鄙人不助项城,更复助谁?至旁观或疑为因大势已去,引身退避,此则鄙人平生所决不屑为者。鄙人既抱一主义,必以身殉之,向不知有强御之可畏。昔者与不法之政府斗,率此精神;今日与不正之舆论斗,亦同此精神耳。项城若真知我,当不至以此等卑怯根性疑我也。至此次所以坚辞不就职者,凡办事贵期于有成,当不惟其名而惟其实,当用所长而不当用所短。吾自信项城若能与吾推心握手,天下事大有可为。虽然,今当举国中风狂走之时,急激派之所最忌者,惟吾二人,骤然相合,则是并为一的,以待万矢之集,是所谓以名妨实也。

吾自问对于图治方针,可以献替于项城者不少。然为今日计,则拨乱实第一义,而图治不过第二义。以拨乱论,项城坐镇于上,理财治兵,此其所长也。鄙人则以言论转移国民心理,使多数人由急激而趋于中立,由中立而趋于温和,此其所长也。分途赴功,交相为用。而鄙人既以此自任,则必与政府断绝关系,庶可冀国民之渐见听纳。若就此虚位,所能补于项城者几何?而鄙人则无复发言之余地矣,此所谓弃长用短也。熟思审处,必当先开去此缺,乃有办法。望公以此意代达项城!项城明眼人,必能相喻于无言也。

丁文江、赵丰田编《梁启超年谱长编》,上海人民出版社1983年版,第569~570页

《宣统三年十月十二日上谕》:

电寄出使大臣汪大燮。据电奏"梁启超称患病甚深,不克起程,请代恳开缺"等语。该副大臣素具热诚,曾受先朝特达之知,际此时局艰危,讵忍意存诿卸。著传谕该副大臣,赶速调治,病体稍痊,迅即回国任事,毋再固辞。

沈云龙主编《近代中国史料丛刊·宣统政纪》第65卷,文海出版社有限公司1989年版,第32页

△ **盛宣怀与日本秘密接洽转售汉冶萍公司,为《民立报》揭露。**

《1911年11月16日小田切万寿之助致盛宣怀密电》:

若松铁厂与正金甚愿速筹一办法。惟欲求此事有效,其办理务须格外小心,是以总理、协理及签原合同之各董事均须签字,并须设法使汉阳铁厂、萍乡煤矿承允加改条款。现厂矿之人散在各处,会议不甚便易,是以最好凡于此有关系之人均往大连会齐商议。小田切因此,并因他事,拟于十一月十九号(中九月廿九日),由神户起程,前往大连。(秘密)

陈旭麓等主编《辛亥革命前后·盛宣怀档案资料选辑之一》,上海人民出版社1979年版,第230页

《1911年12月18日钦其宝致盛宣怀函》:

宫保钧座:敬禀者,廿四日又托签押房寄上一禀,谅已赐鉴。顷阅《民立报》载要闻一则,言某某阴谋败露,将汉冶萍厂矿密与小田切商酌,售于日本,并载公旅寓甚详,观之骇然。想日本系革党出没之处,暗探颇多,非严密防范不足以昭慎重。如有会议,宜不带下人,现在用人之间多不可靠,东洋人尤甚。小田切虽系旧人,亦不可委以肺腑。如将厂矿托渠介绍,合同须斟酌尽善,方可签字。不然则将来甚于革党也。

陈旭麓等主编《辛亥革命前后·盛宣怀档案资料选辑之一》,上海人民出版社1979年版,第321页

11月18日(九月二十八日) 张謇请辞江苏宣慰使及农工商大臣。

《张謇致内阁电》:

本月二十六日报载二十三日谕旨,张謇派为江苏宣慰使。二十八日奉俭电,简謇为农工商大臣,无任惶悚。自庚子祸作,迄于事定,前后赔款,几及千兆,海内沸腾,怨叹雷动。謇时奔走江鄂,条陈利害,须亟改革政体,未获采陈,乃专意于实业教育二事,迭有陈说,十不行者五六。自先帝立宪之诏下三年以来,内而枢密,外而强吏,凡所为违拂舆情,摧抑士论,剥害实业,损失国防之事,专制且视前益剧,无一不与立宪之主旨相反。枢密强吏,皆政府而代表朝廷者也,人民求护矿权路权无效,求保国体无效,求速国会无效,甚至求救灾患亦无效。謇在江苏辄忝代表,瞠目挢舌,为社会诟责,无可解免。虽曰持国运非收拾人心,无可挽回,人心非实行宪法,无可收拾之说,达之强吏而陈之枢密者无济也,谏行言听之无期,而犹大声疾呼之不已,诚愚且妄。今年内阁成立,亲贵克任总理,铁道国有之政策发表,謇适由社会公推入都,晤阁部臣时,复进最后之忠告,谓实业须扶,国防须重,舆情非可迫压,愈压则反激愈烈,士论非可摧残,愈摧则愤变愈捷。一再披沥不留余蓄,并以假立宪者真革命之说儆之,而川省之事已起,赵尔丰之焰顿横,謇复电端方,告瑞澂,为进治本须疏通,治标须抚慰之策,而鄂难作矣。至江宁且为铁良、张人骏言,鄂难须从政治根本解释,铁犹唯唯而张不省,曾未弥月而响已十二三省,人心决去,大事可知。方謇流转江海哓医瘖口之时,我之立宪但求如日本耳,不敢望德,尤不敢望英。今则兵祸已开,郡县瓦解,环观世界,默察人心,舍共和无可为和平之结果者,趋势然也。假使滦州兵士陈请条件沛然明发之谕旨在要求国会之日,或内阁成立之时,容不致有今日之祸。今无及矣,且罪己之诏方下,而荫昌汉口兵队于交绥之外,奸

淫焚掠,屠戮居民数万于前,张勋江宁驻兵不在战期,闭城淫掠,屠戮五六百人于后,其最惨者,凡无辫白帽结白辫线呢布袴裤之学生及非学生,无不一律搜杀,外人观战之訾论,译登报纸,无不痛恨荫、张之野蛮残酷,惨无人道,中国报纸,更无论已,尚有何情可慰,尚有何词可宣?使犹可以宣慰释之,则圣贤亡国败家之诫,尽属欺人,史氏覆宗绝祀之纪,不足为鉴矣。无已,再进终后之忠告,与其殄生灵以锋镝交争之惨,毋宁纳民族于共和主义之中,必如是,乃稍为皇室留百世禋祀之爱根,乃不为人民遗二次革命之种子。如翻然降论,许认共和,使謇凭藉有词,庶可竭诚宣慰,所有今日宣慰使之职,无效可希,不敢承命,至于政体未改,大信已漓,人民托庇无方,实业何从兴起?农工商大臣之命,并不敢拜,谨请代奏辞职。謇。艳。

《时报》,1911年11月21日。上海社会科学院历史研究所编《辛亥革命在上海史料选辑》,上海人民出版社1981年版,第992～994页

《张謇致内阁电》:

歌电敬悉。自武汉事起,即持非从政治根本改革不能救乱之议,一月以来焦思殚虑,广邀时彦,博采舆评,征之国土民族,验之人心,核之中西政治家之学说,审之各国君主立宪民主共和之适宜,而知此次事变之来,适与理会。路索谓国土过大,则中央之支配力,有鞭长莫及之虞;老子谓治大国若烹小鲜,此中国国土过大,宜于共和分治之说也。大抵君主立宪,最宜于国小而血统纯一之民族,日本神武天皇之子孙,万世一系是也;民主共和最宜于国土寥廓,种族不一,风俗各殊之民族,瑞士之二十五州为联邦,美之四十八州为合众国是也。瑞士民族,论者比为欧洲之缩团,美之国土,广袤不亚于中国,而民主共和之治,最称瑞美,此之两国,皆为吾法。中国豫备立宪,讲求自治,累年而不振者,正以地方之财入之官,地方之权操之官,而官治腐败,又适为之梗碍,日本政治学者所谓君主政体之下,自治无由发达。今共和主义之号召,甫及一月,而全国风靡,征之人心,尤为沛然莫遏。激烈急进之人民,至流血以为要求,嗷嗷望治之情,可怜尤复可敬。今为满计,为汉计,为蒙藏回计,无不以归纳共和为福利。惧北方少数官吏,恋一身之私计,忘全国之大危,尚保持君主立宪主义耳,然此等谬论,举国非之,不能解纷而徒以延祸。窃谓宜以此时顺天人之归,谢帝王之位,俯从群愿,许认共和,昔尧禅舜,舜禅禹,个人相与揖让,千古以为美谈,今推逊大位,公之国民,为中国开亿万年进化之新基,为祖宗留二百载不刊之遗爱,关系之巨,荣誉之美,比诸尧舜抑又过之,列祖在天之灵,必当歆许。论者或以兹事体大,宜开国民会议,取决从违,窃以为不经会议而出以宸裁,则美有所归,誉乃愈大,至于皇室之优待,满人之保护,或阁臣提议,国会赞成,立为适宜之办法,揆之人道无不同情。以上所陈,讨论至悉,筹念至深,时机已迫,不及赴议,恳求代奏,速降明谕,以安大局而慰人心,敢不竭尽愚诚,宣昭德意。设有不幸,而兵连祸结,陷生民于涂炭,或民心愤激,联军北上,损万乘之尊严,此时虽敝舌焦唇,家置一邮,无从开释,故敢及时效虑,冒死以闻。

《张季子九录·政闻录》第3卷,1931中华书局排印本,第41～42页

△ **四川长寿光复**。

向楚《四川党人革命大事记》:

是月中,党人高亚衡自涪陵赴重庆机关部请示方略,张培爵等仍促亚衡返涪,各就邻县起义,以威胁重庆。亚衡以王之甫率民兵趋长寿,助涂海珊、廖子亚等反正,二十八日长寿独立。

《党义月刊》第3卷第1、2期合刊。隗瀛涛、赵清主编《四川辛亥革命史料》上,四川人民出版社1981年版,第436页

△ 清廷发布上谕,令理藩部大臣达寿、陆军大臣王士珍、直隶总督陈夔龙、陆军大臣田文烈毋庸固辞。

《宣统三年九月二十八日上谕》:

达寿奏请收回成命一摺。据袁世凯面奏,现在时事艰难,方资共济,达寿著即遵前旨任事,毋庸固辞。

《宣统三年九月二十八日上谕》:

电寄王士珍。据电奏"恳请收回成命"等语。现在大局危迫,陆军部为全国军政总汇,关系重要。王士珍治军有年,深资得力,朝廷倚任方殷。著即力疾来京任事,不得稍有诿卸。

《宣统三年九月二十八日上谕》:

电寄陈夔龙。据奏"旧病骤增,恳请开缺"等语。现在事机危迫,畿疆重地,尤关紧要。该督布置防维,甚属周妥,仍当力顾大局,勉为其难,所请开缺之处,著毋庸议。余著电商陆军部办理。

《宣统三年九月二十八日上谕》:

电寄田文烈。据电奏"恳请收回成命"等语。田文烈朴诚可恃,于军事素有经验。著迅速来京,任事毋得固辞。

沈云龙主编《近代中国史料丛刊・宣统政纪》第64卷,文海出版社有限公司1989年版,第24页

△ 清兼署海军大臣谭学衡等联名奏请将宪法重大信条早日宣誓太庙。

《宣统三年九月二十八日谭学衡等奏》:

窃臣等恭读本年九月十三日上谕:"资政院奏,采用君主立宪主义,并先拟具信条十九条,缮单呈览,恳请宣誓太庙,布告臣民,以固邦本而维皇室一折,朕详加披览,均属扼要。着即照准。一面择期宣誓太庙,将重要信条立即颁布,刊刻誊黄,宣示天下等因。钦此。"仰见我皇上一秉大公,实心与民更始之至意,钦服莫名。惟自奉论以来,各省仍纷纷告警,险象环生。似此群情傲扰,将治安先不能保,宪政何由实行。窃维宪法重大信条十九条,于政治政革已臻圆满,各省人士其宗旨与之不合者,虽属有人,然愿遵守者,实居大多数。拟请早日宣誓太庙,颁布天下,以示朝廷明定国是,断无反汗之理。则宗旨背驰之人无从煽惑,人心自可安靖,宪政庶易进行。臣等经与同乡京官资政院总裁李家驹,署理邮传部大臣梁士诒,宗人府府丞许秉琦,大清银行副监督陈锦涛,度支部左参议曾习经,海军正参领曹汝英、蔡廷干,陆军副参领冯耿光,京畿道监察御史麦秩严,翰林编修朱汝珍、李翘乐、陈启辉、刁作谦、松葆恒,外务部参议上行走廖恩焘,陆军部司长何守仁,海军部司长关景贤,邮传部佥事叶恭绰、关赓麟,陆军协参领吴为尊,法部参事潘元枚、郎中饶宝书、张丕基、元章、范家驹,大理院总检察官胡蓉第,推事吴尚廉、王克忠,员外郎梁志文、游敬森、陈芝昌、吴昌华、梁广照、颜绍泽、陈庆佑,资政议员刘曜垣、黄毓棠、刘述尧,京师地方审判厅推事萧日炎、彭光莹,高等审判厅推事朱珩,前帮办推事潘誉恩,高等检查官朱崇年,地方检察官区孝达,主事任文灿、谈道隆、黄庆元、姚梓芳、何若水、何晋梯、潘斯炽、林汝魁、郭宝兹、魏琦、郑懋修、吴之杰、郑增熙、郭经、杨毓焘、许秉璜、梁鸣治、谢荣熙、戴增诚、罗正阶、郑文杰、任士铿,初级检察官邓昀,海军部科长招瑞声、何嘉兰、梁宓、秉僖,科员刘国桢、莫嵩福、罗济恒,陆军协军校梁广谦,军谘府科员温应星,裁缺内阁中书罗昌、罗翙云,小京官陈伯弱、陆鋆、伍文祥、龙学兟、周明泉、冯懿同、陈培琛、何蔚、王国梁,大理院正七品推事区枢,所官区孝适,学部书记官胡树勋等会商,意见相同,谨合词吁恳,不胜惶悚之至。伏乞皇上圣鉴训

示。谨奏。

中国史学会主编《中国近代史资料丛刊·辛亥革命》(4),上海人民出版社1957年版,第102页

11月19日(九月二十九日)　湖北都督黎元洪通电各省,请派代表来鄂组织全国统一政府。浙、粤、贵、闽都督复电举政府各部人选。

《黎元洪为请独立各省组织临时中央政府致各省都督通电》:

现大局粗定,非组织临时政府,内政、外交均无主体,极为可危。前经迭次电请速派员会议组织,已达尊鉴,惟各省全权委员一时未能全到,拟变通办法,先由各省电举各部政务长,择其得多数票者,聘请来鄂,以政府成立,照会各国领事转各公使,请各国承认,庶国基可以粗定。敝省拟中央临时政府暂分七部:一、内务;二、外交;三、教育;四、财政;五、交通;六、军政;七、司法。其首长之条件,以声望素著、中外咸知、益能出任务者为必要,盖非此不足昭吾国之信用也。现除外交首长多数省分已举伍廷芳、温宗尧二君外,其余各首长,应请协举电知。敝省俟汇齐后,其得多数当选者,一面电聘,一面通告。时事急迫,希即会议举定。再财政首长,敝处拟举张謇,并闻。万祈速复为叩。鄂都督黎元洪。艳。

《民立报》,辛亥年十月十二日,第2页,紧要电报。辛亥革命武昌起义纪念馆等编《湖北军政府文献资料汇编》,武汉大学出版社1986年版,第185～186页

《浙江都督汤寿潜复电》:

迭荷电促,协举临时政府各部首长,除外交已推举伍、温二君外,内务程德全,教育章炳麟,财政张謇,交通詹天佑,军政黄兴,司法汪兆铭。

《民立报》,辛亥年十月十二日,第2页,紧要电报

《广东都督胡汉民致湖北军政府都督黎元洪电》:

提议临时政府各部长人选。计:汤寿潜任内务,黄克强任军政,张謇任财政,王宠惠任司法,詹天佑任交通,汪精卫任教育,伍廷芳任外交。

《民立报》辛亥年十月十二日,第2页,紧要电报

《贵州军政府致各省都督电》:

组织临时政府,预推各部部长,敝处所议推者:汤寿潜内务,黄克强军政,王宠惠司法,詹天佑交通,严修教育,伍廷芳外交,梁启超财政即为内阁总理。谨俟会决。

陈恒安《贵州军政府枢密院电稿摘述》。中国人民政治协商会议全国委员会文史资料委员会编《辛亥革命回忆录》第6集,文史资料出版社1982年版,第271页

《陈其美致黎元洪电》:

顷接闽都督孙江电称,各省公推武昌都督府,主行中央军政府所辖一切事件。伍廷芳、温宗尧二君为全国外交总、副长,驻沪办理全国外交事件。闽代表潘祖彝、林长民不日即可到鄂等因。合亟转呈,希即查照。

曹亚伯《武昌革命真史》中卷,中华书局1930年版,第322页

《蔡锷致陈其美电》:

桂都督感电鱼奉。公推鄂都督府为临时政府,专任外交代表,敝省极赞成。如何组织,人员如人[何]任用,即由【鄂】都督主持。敝省全权代表吕志伊等即日出发。滇都督蔡。鱼。

《民立报》,1911年12月6日。曾业英编《蔡松坡集》,上海人民出版社1984年版,第93页

△ 海容等舰,自九江驶抵武昌阳逻,炮击汉口清军。

《浔军司令部致黎都督电》:

敝处已派定第二舰队海容、江贞、胡鹗三战舰，并附步队二队，归汤芗铭指挥，决定于二十七日午前十时由浔来鄂助剿，二十八日可到，请将左列诸件于本夜十时以前，迅详电复。一、彼我两军情况，两军特别标帜，并各部队之位置尤为紧要；二、请给第二舰队司令官训令，便宜进行；三、请预派得力军官，俟第二舰队到鄂时，即乘小火轮或本身到海容军舰与汤司令接洽，商议进剿，但须给予该军官正式公文，并以“满军”二字为暗号，以防奸细；四、前决定派出之挺前队，因南昌内乱，未即实行，现已调复皖军回浔，如无来鄂助战之必要，敝处拟即派第一舰队海琛、湖鹰二舰，附以皖军，编为陆军，即日攻取金陵。如何办理之处，并希电复。浔军司令部。

张国淦《辛亥革命史料》，龙门联合书局1958年版，第192页

张联棻《记辛亥武汉之战》：

九月二十九日，……当两军酣战时，清军海容、海筹两艘兵舰混进了革命党人，驱逐大副、二副，两舰遂起义，舰尾悬九星旗，驶抵鸡鸭厂，突击清军三道桥阵地。清军炮兵还击，弹无虚发，两舰败窜二道桥，再经清军炮兵轰击，由梧桐口分别退往武昌、青山下游。另一鱼雷艇，亦被清军炮兵击败逃逸。

中国人民政治协商会议全国委员会文史资料委员会编《辛亥革命回忆录》第6集，文史资料出版社1982年版，第373页

〔日〕内田顾一《湖北革命战见闻日记》：

十九日　星期日　天晴　今日大家都当捣饼人，都是很久没有干这事了，感到非常高兴。

午后四点钟左右，听到高声大喊革命军的军舰开往上游的声音，便从网球坪跑到河岸观看，果然一艘巡洋舰挂上革命旗迅速上驶。我登上社里的屋顶再次眺望，只见这艘军舰平平稳稳地通过清军驻地的江岸火车站前的招商局，径向武昌入港去了。但是从青山水面冒出黑烟的鱼雷艇上驶时，岸上的清军对这艘毫无抵抗力的小艇却发动猛烈炮击，驻在江岸炮台的革命军为了掩护小艇，即向火车站的清军猛击。此时鱼雷艇被击中一二发炮弹，冒出的蒸气也少了，速度也慢了。姑无论幸与不幸，该艇终被击中一弹。这时那艘大巡洋舰掉回头来开往下游，大胆地来到江岸火车站前方约六七百米的地方，揭开正面的炮门，一齐向清军猛击。清军畏缩，只回击了几炮，但听说有所命中。军舰下驶到阳逻附近。日落后又回来轰击火车站。鱼雷艇逃至武昌的小河（炼锑厂附近）。

《辛亥革命史丛刊》编辑组编《辛亥革命史丛刊》第3辑，中华书局1981年版，第180页

〔英〕丁格尔《辛亥革命目击记——〈大陆报〉特派员的现场报道》：

11月19日，……船停在较远的江上游，这些全副武装的战舰的使命是什么，我还不太清楚。现在看到它又朝下游驶去，有人断言它会遭到更猛烈的炮击。我立刻登到一个大炭堆顶上，居高临下，在那里我可以看到汉水的全貌和整个刘家庙江岸车站。军舰又停在汉口的码头区，奇怪的是它竟能靠岸靠得如此之近。它又摆好架式，整装待命。每个人都屏着呼吸，外国军人对它的行为也极为佩服。舰上的炮手正准备开炮，一远离租界，它就开火了。开始的速度还能数清，它有六门大炮开火，四门6英寸口径炮，前两枚炮弹在刘家庙的营地里爆炸，接下来的三枚落到岸边的阵地上。接下来，它们的速度太快了，我数不清，只看到了一些房屋着火。北洋军的炮兵也不断虚张声势，频繁回击。从青山射来的猛烈的炮火越江而过。海容每前进一步，都好像一个大哥哥告诉清军——刚才它的小弟弟受到了攻击，现在该是它报复的时候了，当然，它也这样做了。它是否击中目标我不清楚，但我知道它的炮弹像雨点般落到了敌人的阵地中间。

天色渐暗，船甲板上发出十分耀眼的亮光。有一个十分奇怪的现象，当炮弹在水中爆炸

时,整个江水都呈黄色。船顶上疾驰而过的是从青山射来的炮弹,海容拼命地开炮,北洋军的3英寸口径炮也忙个不停。革命军的四门大炮发射出的炮弹越过江面落到敌人的阵地上。双方的攻击都富有激情,使人们把生死置之度外,以超常的行为去战斗,可以很容易地想像得出以前在长江上从来未看到三个方向的猛烈炮击。所有在码头上观望的中国人都欢呼起来,那一幕打破了"安息日"的平静,它将长久地、生动地留在那些有幸当场看到的人群的脑海中。对我而言,站在炭堆顶上一切尽收眼底。我迫切地希望去刘家庙看看究竟造成了什么损失,但又被通知说任何外国人绝对都不能离开警戒线。一个士兵告诉我晚上可能还会有战斗,因此我就走开了。那时海容已顺流而下,脱离了北洋军炮火的射程,但它仍然持续不断地开火,炮弹落入车站周围而爆炸。它之所以一直无防地调转航向,是因为北洋军炮手没有认出它的旗帜,误以为是外国军舰。

〔英〕丁格尔著,陈红民等译《辛亥革命目击记——〈大陆报〉特派员的现场报道》,中国青年出版社2002年版,第69~70页

△ **宁夏府城光复,11月21日,成立宁夏军政府**。

黄光贲、陈金铭《宁夏民军起义》:

九月二十七日灵州光复的消息传到宁夏府城,全城人心惶惶不安,纷纷逃往乡村,风声鹤唳,一夕数惊,市面秩序异常紊乱。是时宁夏镇总兵张绍先晋省述职未回,镇台的职务由中营游击贺明堂代理。文武官员惊惶失措,城内虽有标绿各营旗约一两千人驻防,但当局怀疑与帮会有勾连,不敢调用。因即召开秘密紧急会议,特请新城满营副都统常连甲带领驻防旗兵两千余人,全付[副]武装,于九月二十八日中午开到府城,在东西大街示威游行,借资弹压。二十九日晚七时刘华堂同夏梓、王俊等三十余人点放纸炮,沿街喊出杀声。时宁夏府巡警局巡官刘照藜、镇台衙门教官刘复太亦系哥老会党,分别率领警士和卫兵一百几十人向空放枪响应。城内贫民约四五百人相随而起,首先将剥削穷人最残酷的十九家当铺打开,并放火焚烧,一时火光冲天,喊声四起。这时刘华堂带领部分民军首先围攻中营游击衙门,要求代理镇台贺明堂反正,协助民军起义,贺拒不应承,被民军枪杀。继即围攻驻防城内的续备左旗部队营盘,该旗营官牟宪章见民军气势正盛,即派人与刘华堂谈判,愿以帮会义气,不阻挠民军活功,等大事成后,即参加革命。因此,双方商议妥协,互不侵犯。另一部分民军由刘复太率领围攻宁夏县衙门(即现在东花园),打开监狱,将前此逮捕的会友李麻花、沈疯子、罗大辫子等和监狱内所有人犯一齐放出,并放火点着县衙头门。是时县知事陈元骧率领衙役和他的跟随开枪迎击,刘复太腿部受伤。相持约半小时,陈元骧见民军声势强大,力不能支,遂同其堂弟陈铁生缒城逃命,星夜奔至城北四十里地通义堡贡生王赞兴家中隐藏,被李岗堡民军发觉,遂将陈元骧兄弟抓住,绑到李岗堡南门外乱刀砍死。民军围攻宁夏县衙门时,宁夏道台孙庭寿和宁夏府知府庆隆看到城已失陷,均各自逃匿民间隐藏,惟宁朔县(宁夏、宁朔两县设置均在府城内)知事高彝亦系陕人,素与帮会相近,见大势已去,随即和全城文武官员及汉、唐、惠、清四渠委员,投降民军……

二、政府成立后概况

宁夏府城光复后,刘华堂等首先于四鼓楼最高处竖立大白旗一面,上书"支那革命大元帅孙",以表示拥护孙中山的领导。翌日(农历十月初一日)即在道台衙门成立革命军政府,开军事会议。因会党素无主政轻验,以原宁夏道台孙庭寿平日为官较好,公推为宁夏军政府都督(孙始终未任事),刘华堂为总指挥,掌握宁夏府一切军政事务;刘复太为宁夏镇台,黄连

升、牟宪章为标统，统领宁夏各路民军部队；刘照藜为总参谋，原宁朔县典史张伯铣(即张少棠)为行军总稽查，掌握民军全军营务事务；又以本地秀才王俊、王之滨分任宁夏、平罗两县知县，以曾任练军某部文案之胡宝森办理全军总文案事，并召集各衙署职役及部分学生到军政府襄办文书事宜，即日刊发各机关印信，分掌职责。军政府刻有五寸见方大印一颗，文曰"宁夏革命军政府印"。当即出示安民，宣布民军起义是响应孙中山革命，推翻清室。并晓谕民军部队官兵不得搜劫讹诈，骚扰百姓。大小商店公买公卖，照常营业，不得扰乱秩序，违者军法从事。同时令城乡各户大门悬挂红色三角旗一面，上写"顺南"二字，表示响应武昌革命。自此市面秩序逐渐恢复。

中国人民政治协商会议全国委员会文史资料委员会编《辛亥革命回忆录》第5集，中华书局1963年版，第498～500页

《宣统三年十一月二十二日陕甘总督长庚致内阁请代奏电》：

查宁夏当变之初起，署宁夏镇张绍先因公来省，尚未回任之际，匪向左营游击贺明堂遍索军器，贺明堂不允，即被匪用枪击穿胸膛而亡。宁夏县知县陈元骧亦被匪任意残害。城守营都司多伦岱，经制外委孔明经，均于城陷时被匪轰毙。理事同知文升，宁夏县典史曾善，亦均被杀毙。其详细情形，容查明专折具奏。

宫中电报档。中国史学会主编《中国近代史资料丛刊·辛亥革命》(6)，上海人民出版社1957年版，第105～106页

△ 清廷电寄度支副大臣陈锦涛、外务大臣梁敦彦、度支大臣严修，命其迅速来京，毋得固辞。

《宣统三年九月二十九日上谕》：

度支部副大臣陈锦涛奏"请收回成命"折，据内阁奏，度支部为全国财政机关，陈锦涛于财政学素有研究，著即遵前旨任事，毋得固辞。

《宣统三年九月二十九日上谕》：

电寄严修。据电奏"恳请收回成命"等语。现在时局危迫，财政尤关紧要。该大臣向来办事具有条理，全国财政方资整顿。著即遵前旨，迅速来京任事，毋得稍有诿卸。

《宣统三年九月二十九日上谕》：

电寄梁敦彦。据电奏"因病难胜重任，恳请另简贤能"等语。现在时局危迫，外交尤关紧要。该大臣于交涉事宜，夙称谙练，朝廷倚任方殷。著即迅速力疾来京，毋得固辞。

沈云龙主编《近代中国史料丛刊·宣统政纪》第64卷，文海出版社有限公司1989年版，第25～26页

11月20日(九月三十日)　各省代表议决承认武昌军政府为民国中央政府，黎元洪为中央政府大都督，并请该政府委伍廷芳、温宗尧为外交代表，与清政府代表举行和谈。

刘星楠《辛亥各省代表会议日志》：

九月三十日雷奋、袁希洛、俞寰澄、朱葆康、林长民、潘祖彝到会。山东都督府代表谢鸿焘、雷光宇，湖南都督府代表宋教仁到会。

议决：先由到沪各代表所代表省分电黎都督、黄总司令，承认武昌为民国中央军政府，以鄂军都督执行中央政务，并请以中央军政府名义委任各代表所推定之伍廷芳、温宗尧二君为民国外交总、副长。

中国人民政治协商会议全国委员会文史资料委员会编《辛亥革命回忆录》第6集，文史资料出版社1982年版，第242页

《各省都督府代表致武昌电》:

武昌黎都督、黄总司令鉴:前电请派代表来沪会议各省联络办法,尚未得复,至盼。现在各都督府代表到沪者,浙、苏、镇、闽、鲁、湘、沪七处,奉、吉、直复电,即日派人。已到诸代表先行逐日开会,众议谓独立各省无统一机关,则事事无所汇归,民国前途,异常危险。中华民国军政府向来名义,久为各都督所认,目下不能不实现之于国中,以扬连师之望。今日公议决定:先由某等所代表各省,认鄂军为民国中央军政府,即以武昌都督府执行中央政务,统筹全局,画一军令,其中央军政府组织,请贵都督府制定,大局所系,众望所属,务乞主持。除分电各都督府外,谨此奉告。又全国外交总副长,前经推定伍廷芳、温宗尧二君,驻沪办理交涉,并已电达尊处,乞再以中央军政府名义委任之,举国幸甚。浙代表朱福铣,苏代表雷奋,鲁代表雷光宇、谢鸿焘,闽代表林长民、潘祖彝,湘代表宋教仁,沪代表朱葆康、俞寰澄、袁希洛叩。

罗家伦主编《革命文献》第1辑,台湾中央文物供应社1958年版,第4页

△ **湖北军政府都督黎元洪任命季雨霖为安、襄、郧、荆招讨使,是日出发。**

谢楚珩《回忆辛亥首义和招讨安襄郧荆经过》:

当阳夏战事展开时,鄂军都督府参议厅陈重民等向黎元洪提出收复旧安襄郧荆道的计划,所举理由约有三端:一、集中汉水下游的革命军队统一指挥,以增强革命势力。二、由汉水下游北岸侧击京汉路南犯的清军,截断敌军的联络线,可以压缩敌军的兵力。三、襄、郧在清吏喜源掌握下的军队,怵于革命军的声威,势将望风溃退,最低限度也可以消灭喜源东下赴援的野心,于是安、襄、郧、荆的收复计划获得都督府的通过和黎元洪的批准,并授予季雨霖以安襄郧荆招讨使的名义,饬速准备出发……

雨霖受命后,即着手筹备,但人员、军队、粮饷俱无把握,乃由都督府调派参议十余人,加襄、郧各属在省军、学人士,作为招讨使的干部。又由都督府派刘佐龙所属步兵一团及李文安的炮兵一营随行,另由耿世全集合军队老兵编组一个先锋队,此外还领得一部分军饷。人员尚未分配就绪,即于一九一一年十一月二十日(辛亥九月三十日)出发。时汉阳战事正急,襄河出口一段水路已被遮断,乃绕道沌口溯流而上。其时招讨使的部队仅有刘团李荣升的一营开往仙桃镇停止待命,嗣后因战事吃紧,刘团的第二、第三两营及炮队并未随同西上。招讨使的基本队伍仅此一营与先锋队数十人而已。

中国人民政治协商会议湖北省委员会编《辛亥首义回忆录》第1辑,湖北人民出版社1979年版,第207~208页

郭寄生《辛亥革命前后我的经历》:

闻季雨霖同志将招讨安、襄、郧、荆等处,旨在安定武汉上游,并集结沿途起义武力,绕道北伐。我认此举是巩固首义根据地的要图,乃商同高仲和、汪秉乾、邢子文、黎子尚诸同志随季工作。确能记忆的,尚有吴无为(存古学堂学生,共进会会员)、孙焕然(似是高尚志的副官、敢死队员)、谢超武、耿毓英、陈重民、阙龙、吕丹书、陈雨苍、毛凤池、张难先等同志共五十余人,十一月二十一日(十月初一日)出发,由文昌门过江,经沌口行三日达仙桃镇暂驻。

中国人民政治协商会议湖北省委员会编《辛亥首义回忆录》第1辑,湖北人民出版社1979年版,第98页

梁钟汉《我参加革命的经过》:

安襄郧荆招讨使行署,系于十月初四日(十一月二十四日)成立于仙桃镇,季招讨使委谢超武为军事参谋长,李仪吉副之,李廉方(按:即步青)、张英,耿毓英、李凤鸣、黄警亚为军事参谋;高仲和为民事参谋长,邢学文副之,施化龙、陈雨苍、吕丹书、江景飞等为民事参谋;秘

书长由高仲和兼，陈重民副之，李蕙田、谢捷、毛殿瀛、毛凤池等为秘书；童绍基为军需科长，施宪武副之；耿毓英兼庶务科长，黄警亚副之，黄调任运输事务，改杨炳文副之；谢经德为稽查科长，阙龙副之；耿纯烈为交通科长，李桐轩副之；朱海澄为侦探科长，章裕昆副之；李树为执法科长，周炳炎副之；陈雨苍兼卫生科长，张天骥副之。嗣又添设三处：刘英为军政处长，梁钟汉为民政处长，张难先为财政处长。张未就，另以江继舟继之。我于民政为外行，辞谢不能，勉任艰巨。

中国人民政治协商会议湖北省委员会编《辛亥首义回忆录》第2辑，湖北人民出版社1980年版，第29页

11月21日(十月初一日)　孙文抵达巴黎，会见政、商界人物，寻求对革命政权的支持。

孙中山《建国方略》：

时以予在英国个人所能尽之义务已尽于此矣，乃取道法国而东归。过巴黎，曾往见其朝野之士，皆极表同情于我，而尤以现任首相格利门梳为最恳挚。

中山大学历史系孙中山研究室等编《孙中山全集》第6卷，中华书局1985年版，第246页

《1911年11月23日西蒙致法国外交部报告》：

孙逸仙博士在回国途中经过巴黎期间曾来看我。在就一般形势进行了短时的交谈之后，他请求我允许他向我提几个问题，同时要求我坦率地给予回答，或者，如果我无法这样做，也干脆明确地告诉他。

Ⅰ.您能立刻或者在最短期间内借钱给临时政府吗？我回答说，不能，至少不能立即借。四国银行团——它们在这方面意见完全一致——和它们的政府已经决定从财政金融的观点最严格地遵守中立，在当前的情况下既不发行债票，也不实行预付款。它们不帮助临时政府，同样也不帮助现存政府。反过来，一旦革命者们建立起一个为全中国所接受并得到列强承认的合法政府时，它们将毫不反对在金钱上给这些革命者以帮助。

该我说了，我对他说，在我们继续谈下去之前，请允许我也向您提一个问题。——您向我断言，您肯定共和派会取得最后胜利。但是，您能不能肯定，一省接受了共和制，其它各省也同样会接受。各省之间是否会发生一些分歧，以致不可避免地要造成整个帝国的分崩离析。孙逸仙回答说，对这种可能性不必担心。运动在全国各地自发兴起并迅猛展开，清楚地表明这不是一些局部性的叛乱，而是一个事先经过长期准备、有完善的组织、以建立联邦共和国为目的的起义。照他看来，成功是毫无疑问的，袁世凯的机灵狡猾也许能推迟，但决不能阻挡这种成功。而且，袁世凯还是因为表现得过于机灵狡猾，反而害了自己；他在开始时推托搪塞，企图即使把满洲王朝的作用降低到有空名而无实权，也仍然要保持这个王朝，这一切已确定无疑地使他失去了中国有识之士的心。

Ⅱ.孙逸仙又问，您是否同意商谈一笔借款，使中国能够偿还庚子赔款。支付这项赔款，除使我们蒙受镑亏外，还使我们回想起那屈辱的往事，而这种往事我们是想擦掉的。

我回答他说，我不太明白你们从这种做法中能得到什么实际的好处；尽管如此，就我们来说，在这点上我们丝毫也不反对使您得到满足。当然，条件是借款的担保要充分令人满意。

Ⅲ.您是否反对、以及您是否认为贵国政府会反对，用其它等价的担保去代替关税作为现有借款的担保品？

我反问道，您要说的大概是用来作为最近各项借款担保的厘金吧。

孙逸仙对我说，不是，我们很想取消厘金，而且我们也会毫无困难地用足以使我们的债

主们满意的担保去代替厘金。但我要说的是海关。为了适应已经表现出来的民族感情,我们希望收回海关的征税及控制权,用其它担保品,例如矿税、一部分土地税等等,去取替由海关所设立的担保。

我提请他注意,正是在这点上,那是绝对不可能的。即使签订借款合同的各个银行及其政府自己同意遵照共和政府的这个办法,但千万不要忘记,公众认购这些债票是因为相信那些明确的、任何人都无权去加以改变的合同。这里存在的是一种双务合同。

一旦中国的信用足够牢固地建立起来,能够允许它去考虑对它的债务加以变换时,为了偿还有关的借款,也许可以发行一种新的债票,不用关税作担保,而用其它担保,甚至也许有朝一日可以向公众发出呼吁,以中国的预算为他们提供一般性的担保。但在这一天到来之前,对于目前现有借款的条件,不能作任何改变。这个声明好像使孙逸仙深感失望。

Ⅳ.假如我和贵国政府的某个成员取得了联系,我就会要求贵国政府,现在请您代我转告贵国政府,对它的盟友俄国施加一切影响,阻止俄国去同日本沆瀣一气。我们对于这两个国家紧密结盟感到十分担心。反之,我们深信日本单独一国丝毫也不会来反对我们。而且在这方面我们已得到美国政府给以保护的诺言。万一我们同日本发生纠葛,我们认为这种保护是靠得住的。但如果美国所面对的是同俄国结盟的日本,我们对这种保护就不那么放心了。因此,我们希望法国对俄国能发挥有利于我们的影响;而对俄国,我们是很想和它和好相处的。

我回答孙逸仙说,在这个问题上我无权给他以任何答复。这个问题完全超出了我的职权范围。但我又补充说,据我所知,俄国由于在满洲和蒙古在人和钱两方面都付出了巨大的牺牲,很想维持它在这两个地区所占有的政治地位。

孙逸仙对我说,这我们并不反对,只要它的野心不越出现在它已得到的地位。

我对孙逸仙说,在这种情况下,你们应尽力使俄国相信,你们丝毫无意改变已有的状况;而我不明白您有什么理由可以怀疑俄国的诚意。

Ⅴ.孙逸仙对我宣称,他的朋友们和他对于组成一个与各有关政府支持下的四国银行团一样强大的财团可能给将来中国的借款谈判造成的种种危险非常忧虑。他担心这样一个财团的目的是把一种可能违背中国真正利益的既定金融政策强加于中国,也许是控制中国的债务和财政。我极力使他在这个问题上放心。我向他指出,中国为安排和装备自己而需要的款项数量巨大,这就需要巨大的帮助。为了向天朝帝国提供它势将要求的资金,各主要金融列强的支持将不会是过多。所以,对这个财团不应感到害怕,人们本来是要使它的规模同预定要做出的努力能够相称的。因为,并不是为了前此已经实现的小额借款才组成这个财团,而是着眼于将来大规模的业务活动。经我这样说明,我觉得孙逸仙似乎放心了。谈话结束时,我们互相致意。这次谈话是以英语进行的,孙逸仙博士的英语讲得非常好。

孙逸仙博士在分手时向我表示,希望看到在他要去的那些法属殖民地撤销有关他停留的禁令。

张振鹍《孙中山对外关系中的几件史料》,《历史研究》,1981年第4期,第73~74页

△ **四川涪陵独立。**

《辛亥四川革命纪事》:

九月三十日,(亚衡)旋师回涪,宣布独立。初密议用武力,县议会人冉价藩等闻其谋,要请和平反正。十月朔开会成立革命政府,亚衡被举为地方司令官,立发兵下酆都、忠州,分赴

彭水,三县皆相继反正。

《中国国民党四川党史材料》,1940 年 3 月。隗瀛涛、赵清主编《四川辛亥革命史料》上,四川人民出版社1981年版,第445~446页

高亚衡《辛亥革命涪陵光复纪实》:

农历九月三十日涪陵军政府正式成立(从此涪州改名为涪陵县),以高亚衡为军政府首任司令。李鸿钧为副司令兼军事部长,潘江(后堕落为曹锟的贿选议员)为秘书长,冉介[价]藩为财务部长,刘湫南(曾在日本明治大学与高亚衡同学法律)为法制部长,以张倬斋(袍哥)为交际部长。

中国人民政治协商会议四川省涪陵市委员会文史资料研究委员会编《涪陵文史资料选辑》第1辑,1985年版,第88~89页

△ 四川党人曾省斋于垫江起义,举为蜀北都督。

向楚《四川党人革命大事记》:

九月六日,党人曾省斋率队取垫江,旋退大寨坪。

十一日,曾省斋誓师出发,连取大竹、渠县、邻水、广安、岳池,于是蓬溪、射洪、营山诸县,传檄而定。

十月朔,曾省斋被川北全民代表大会举为蜀北都督,张观风副之。顺庆佥壬拥清吏残杀党人,省斋出兵讨之,与防军战。省斋中流弹,退回广安。

隗瀛涛、赵清主编《四川辛亥革命史料》上,四川人民出版社 1981 年版,第 435、436 页

《辛亥四川革命纪事》:

省斋复书谓谢、杨、张诸贤之才已足办此,然民军以仓卒召募之众,不敌清廷训练之兵,惟有纷纷发难,使清军防不胜防,以分其势而杀其力,庶几可以救败。省斋遂于垫江小沙河集合徒众,通告四方,约期取垫江。共义者以人少为虑,复向大寨坪李绍伊借百人。绍伊遣王二冲、刘吉之率队至,又苦器械不利。省斋忿然曰:“同人顾虑太深,将何以成事?吾深知垫江县官,终日事佛,军事毫无备,语曰出其不意,攻其不备,今其时矣。”于是以九月六日,率队径取垫江,县吏遁。省斋所领众专收取枪械药弹,不犯人民秋毫,全城然爆竹欢呼相贺。适有官款八万余将起解,王二冲等悉卷劫之,一哄而去,仍返大寨坪。省斋惧生变,乃下令退却,所得毛瑟枪三百余挺,药弹十数担,戒夫役质明整队出城。行三十五里,至毋间桥,众主解散,省斋恐遗地方患,督赴大寨坪定行止。谓此次取而不守,罪在王、刘,过此集徒众,宜略加训练,从号令受指挥,乃有济耳。张观风曰,是不足忧,广安有团练传习所学生四百人,悉加入革命,教习什九皆同盟会员。乃派张超伯赴广安,学生从来者二百余人,教习五人。于是悬旗募兵,留少壮,汰老弱,选二千余人,用新军法编为一团二营,日夜训练。于是月二十一日誓师出发,连取大竹、渠县、邻水、广安、岳池,而蓬溪、射洪、营山诸县,皆传檄而定。十月朔,开全民代表大会,佥举省斋为蜀北都督,张观风副之。顺庆豪猾拥清吏残杀党人,省斋出兵讨之,与驻县防军千余人战,终日肉搏,登城,省斋中流弹,断右臂,乃退回广安。四川革命建号都督者,以省斋为最先。

《中国国民党四川党史材料》,1940 年 3 月,载《中华民国开国五十年文献》。隗瀛涛、赵清主编《四川辛亥革命史料》上,四川人民出版社1981年版,第454页

△ 岑春煊请辞四川总督。清廷再促其设法入川,助赵尔丰处理川务。

《岑春煊奏》:

窃臣奉命补授四川总督,感悚莫名。值臣病势危笃,迭电陈恳开缺,并荐贤自代,未邀俞允。如臣孱庸,何能有济,乃蒙优诏,一再敦趣,不敢不勉力图效。当经具折叩谢天恩,一面规画入川事宜,于兵饷械三端迭经筹度,电奏在案。三者之中,饷为尤要,奉旨饬部准拨一百万两,日久无着,于是多方调查,阅四川大清银行所存公款尚多,谋于沪行抵借,乃因赔款万紧,无可借拨。又因四川京官电称,路款可借,正商请开议,旋查上海存款多系股票,亦无现银,焦灼万分。复电请饬拨现帑间,讵上海变起,部饬上海道拨现款三十万元,亦无从提取矣。自更沪变,苏浙继之。据报,前调粤军黎天才一营,原驻吴淞,亦被诱胁。人心涣散,兵难再招。制造局失,军械一空,又不仅饷糈无着而已。病中痛愤,非独水陆道梗,西望蜀江,力穷飞渡,即目击沪事,亦无可挽救。伏枕痛哭,惟祈速死。迫不得已,仍电恳开缺,以避贤路,稍冀贷罪于万一。钦奉谕旨,饬仍一意坚忍,徐图补救。跪读之余,泪竭声嘶,苟利社稷,死何敢惜。惟困居沪上,赤手空拳,远阻难达。矧臣病愈深,一日之中,昏厥数回,自知残喘万难苟延,断难望有至川之日。似此坐拥虚名,延误大局,将百死无能瞑目。惟有吁恳圣恩,开去四川总督缺,另简贤员,以安边徼而图补救,无任战栗迫切待命之至。所有时艰病危万难就道仍恳开缺缘由,理合恭折具陈,伏乞皇上圣鉴训示。谨奏。

中国史学会主编《中国近代史资料丛刊·辛亥革命》(4),上海人民出版社1957年版,第512页

《宣统三年十月四日上谕》:

四川总督岑春煊奏时艰病危,万难就道,仍恳开缺,另简贤员,以图补救得旨。四川水陆梗阻,难于就道,自系实情。该省文电久已不通,朝廷深为廑系。仍著该督迅速调治,一俟病痊,即设法取道入川,力图挽救。所请开缺之处,著毋庸议。

沈云龙主编《近代中国史料丛刊·宣统政纪》第65卷,文海出版社有限公司1989年版,第36页

《宣统三年十月二十三日上谕》:

电寄岑春煊。据赵尔丰电奏,恳催岑春煊克日起程等语。赵尔丰此次电奏,月余始行转到,不知该省近来情形如何,朝廷愈深悬系。岑春煊病体当已调理就痊,著即迅速设法,取道入川。

沈云龙主编《近代中国史料丛刊·宣统政纪》第66卷,文海出版社有限公司1989年版,第17页

11月22日(十月初二日)　重庆独立,成立蜀军政府,党人张培爵、夏之时任正、副都督。

《辛亥四川革命纪事》:

重庆自闻武昌首难,九江、长沙、安庆、昆明、贵阳先后响应,人心固已动摇,今骤闻外军将临,官吏兢兢不自保,特戒严。时李鸿钧、张熙、李士荣、薛道扬、喻渊藻诸同盟会员纷纷集重庆,诸校学生中党人群效奔走,会党、防军皆已密约待命。十月朔,士绅集总商会密议,既推之洪往说之时,欲即以防军统领李湛阳为都督,免地方糜烂,公举向楚、温仁寿、杨朝杰往说之。湛阳流涕曰:吾有老亲,不能当非常任,秩序如可维持固善,不可,愿党贤好自为之。于是培爵、庶堪等益急备,石青阳与卢汉臣等密组敢死队。十月二日中营城防游击队先出,商勇三队、川东巡防营、水道巡警及炮队皆袖缠白号章以应。培爵躬率义师赴朝天观城会,与会者二三百人。川东道朱有基先期遁,重庆知府钮传善不至,赵资生等推之洪、楚先过李湛阳,同往要之。巴县知县段荣嘉及钮传善先后至。之洪出城答夏军,时鄂军党人田智亮等亦武装与会。李鸿钧、夏江秋、欧阳尔彬、陈崇功等手炸弹在传善左右,周国琛持拳铳向之。传善平日甚善口令,慑于民众,语吃气阻,愿书同盟誓约,与荣嘉皆剪发缴印降。义军挟以徇

于市，传善坚持庶堪手不敢释。居民遍悬白旗。设军政府于巡警总署，众推张培爵为都督，夏之时为副都督，电全国宣布独立。即日事定，兵不血刃。先是之洪出通远门，守兵未得传善命，不敢开城，乃就城阙卑处梯而下。未几，体育学堂学生军亦至，本与之时军约，如时开城，不者将进攻，朱蕴章叱守兵，乃剖锁辟门。之洪等至两路口遇之时军，告以城中反正，遂率全队入城安民。于是建蜀军政府，分设职司，以林绍泉为蜀军总司令兼参谋部长，唐仲寅副之，方潮珍为军政部长，江经沅为军需部长，肖参、杨家翰、张骏为都督府军法官，向楚为秘书院长，董鸿词副之，黄崇麟、刘远灿、赖肃燕、张颐、曾纪瑞、吴韵南、何炜、王亮为秘书；置总务处，以统庶政，谢持为之长，董鸿诗、朱蕴章副之，梅树南为行政部长，龚秉枢副之，李湛阳为财政部长，刘祖荫副之，邓絜为司法部长，张知竞副之，江潘为外交部长，杨霖为交通部长，陈崇功副之，李时俊为审计院长，熊兆飞为监察院长。开礼贤馆以待各方民党，陈道循主之。改官银行为大汉银行，朱之洪主之。当时官银行库金积数百万，独立之夕诸党人方推都督议大计，向楚立率队役二，趋取大清、浚川源两银行簿籍数十册归诸军府，告培爵曰："此革命饷源所关，稍不审即易生奸利也。"之洪、庶堪居顾问，军府有大事则咨焉。传檄各州县改置司令官，内组军谋、军政、军需、军书等处，外分行政、财政、司法、学务等科。照会各国驻渝领事保护外侨，布告江、巴两县，裁撤新厘杂捐，旧有厘金豁免。五日，先创设《皇汉大事记》，以宣军府法令，聘陶闿主办，后又改立《国民报》，燕翼为总编辑，周家桢副之。至军务则初编军队三标，近卫军以盘铭为标统，警卫军以周国琛为标统，改敢死队为义勇军，以石青阳为标统。复编制四标，标统为黄金镕、舒伯渊、周维新、邹杰及炮兵第一营管带肖步周等，隶蜀军总司令。以刘兆青为亲兵营营长，罗俊声为九门监察，蜀军第一纵队长则向寿荫，南路司令则王培菁，命率兵会攻合江。

隗瀛涛、赵清主编《四川辛亥革命史料》上，四川人民出版社 1981 年版，第 458～459 页

《重庆复汉纪略》：

九月三十日，满官有闻反正之鄂军，已由小河而下，均恐甚，当请赵君资生等秘商办法，朱君叔痴与潘君月亭随出调查。翌日朱君归以实告，且限初二日后四时回信，城中志士早有组织，但机尚未完备。原拟缓日举行，因城门已闭，人心浮动，各界乃定于初二日午前八时城会集议，届时到者约二、三百人，惟官界靡有至者，钮府使人来言，必须与李君觐枫偕行。朱君叔痴、向君仙乔往邀李君，是时我军正在迎宾馆体育学堂预备，而持炸弹者已到城会矣。及县府相继至，我军由木匠街、陕西街前往，商勇三队与东二区警数人亦持炮至，且有在后伺坡排列抬炮以制府署者。城中居民先后插白色汉旗，巡警炮队及城防练勇、川东行防营皆袖缠白条，以表同情我军，当请梅君也愚交府县，杨君沧伯[白]出，谓府县均允交印信兵符。众谓必须面言，府县不得已乃出，当由杨君宣布文明办法。钮府形颇觳觫，段县则色不惧且甚慷慨。众举炸弹势极威壮，钮知必就死地，乃命人归署取印信。县亦如之。众复迫府县剪发，并写愿书当场宣布，咸拍掌。朱道与巡警坐办先逃，立取关防以来，其九城门钥匙交城防处管理。一面派人守满政府之大清钱[银]行，并饬其交帐[账]。城会内数百人，一时皆剪发束白条，此午后三时事也。距起义数十日，天地闭塞，风雨如晦，此时晴光略放，景象一新，街面行人秩序井井，各国教士、商人，亦咸出而观览焉。

中国国民党中央党史史料编纂委员会库藏钞本，1934 年 9 月，载《中华民国开国五十年文献》。隗瀛涛、赵清主编《四川辛亥革命史料》上，四川人民出版社1981年版，第502页

《蜀军政府政纲》：

第一章　总则

第一条　蜀军军政府,以谋中华民国之统一与廓清全蜀为主旨。

第二条　蜀军军政府建都督府一,立正、副都督各一人,以总揽军务及凡百政务之大纲。

第三条　蜀军军政府设总司令处一,立正、副总司令长各一人,以保持军事之统一。

第四条　蜀军军政府设左之各部,以分理军务及凡百政务,由都督统制之。参谋部、司令部、军务部、行政部、财政部、司法部、外交部、交通部。

第二章　都督

第六条　都督府为蜀军军政府最高机关。都督即为其代表,军务政务皆归其主持。

第七条　总司令处总司令长,即以正、副都督任之。

第八条　军官自管带以上,由都督亲任。督队官以下,由军务部呈请都督札任。以外各部长,由都督亲任。职员:科长由部长遴选,呈请都督核定委任,其他部员,由部长委任。

第九条　属于行政、财政、交通各部之各局局长,由部长遴选,呈请都督核定委任。此外各局与之相当者,准此。

第十条　审判厅长、检查长、庭长,由都督亲任。以下至推事、检查官,由司法部长遴选,呈请都督札任。

第十一条　大汉银行正、副办,由都督亲任。以下重要职司,由正、副办遴选,呈请都督札任。

第十二条　各地方司令官由都督亲任。其地方司令官以下所设各科官长,由司令官遴选,咨该管部长核定,呈请都督委任。

第十三条　都督得审财政之优绌,酌定军官及各职员之俸给。

第十四条　都督有博采舆论,择善施行,以图谋公共幸福之责。

第十五条　都督得招聘学识优长,品行端粹者,为顾问官,以备咨询。

第十六条　都督得随时召集公民大会,议急要事件。

第十七条　都督于司法审判不当之案,有令其复审并减刑、特赦之权。

第十八条　各种关防及职员之徽章、服制,由都督制定颁布。

第三章　各部之通则

第十九条　各部依事之繁简分设科目,如事过繁时,得于各科之下分设各课。

第二十条　凡各部职员,除文牍、会计等外,无分科员、课员,总以部员称之。

第二十一条　各部长有监督其全部各务,稽核部员之勤惰优劣,报告都督之责。

第二十二条　各部之办事经费,当预先约计造册列表,呈都督核准,由财政部按时支发,不得于所收公项内,自行开支。

第二十四条　各部所收之公项,当照定额数按时移交财政部,以归划一。

第二十五条　凡关于蜀军政府用兵一切之计划、皆参谋部之任。

第二十六条　司令部受都督之命令,以统率都督部下军队。如动员计划与夫征兵及召集事务,皆司令部之任。但宪兵及近卫军等,直由都督节制。

第二十七条　凡军事上之行政,皆军务部任之。

第二十八条　农、工、商、学务未分部及警务厅未成立以前,农、工、商、矿及学务、警务皆行政部之任。盐、硝、矿等局属之。

第二十九条　凡财政全体之筹划、收支之统一及正赋税之收入,皆财政部之任。

第三十条　司法上之行政事务,皆司法部任之。

第三十一条　外交之事件由外交部主之。如有重大条约,须得都督及总务处之准可乃能成立。

第三十二条　邮政、电报及铁道、汽船之事务，皆交通部之任。船捐局属之。

第四章　总务处

第三十三条　总务处设总务长一人，总务副长二人，总务员无定额，由都督酌定亲任。

第三十四条　总务处有辅佐都督保持一切政务统一之责。

第三十五条　各部重大事件，各部部长得随时于总务处商决之。

第三十六条　凡各部有疑难事件，总务长得召集各部部长会议公决。

第六[五]章　秘书院

第三十七条　秘书院设、正副院长各一人，由都督亲任。其他各员，无定额，由院长呈请都督委任，司事等由院长酌用。

第三十八条　都督府往来文件，由秘书院缮制掌管。

第七[六]章　审计院

第三十九条　审计院设正、副院长各一人，由都督亲任。其他各员，由院长呈请都督委任。

第四十条　财政部之收支全数，每月当造册列表，交审计院核算。

第四十一条　审计院有随时检举财政部收支不当之责。

第四十二条　蜀军军政府以大汉银行为金库。审计院有随时监察金库存款之责。

第八[七]章　庶务所

第四十三条　庶务所设立正、副庶务长各一人，由都督亲任，以下司事，由庶务长酌用，须经总务处核准。

第四十四条　凡关于都督府之庶务及购备各物，皆庶务所管理之。

第九[八]章　公民大会

第四十五条　公民大会，由蜀军军政府所属各地公选代表组成之。

第四十六条　公民大会，对于地方行政及各部办事，有建议改良之权，

第四十七条　公民大会对于都督及各部长诹问，有详确当述之责。

第四十八条　公民大会每年开常会二次，每次以二十日为限，由会长召集。但有急要事件，都督得以命令召集开会

第十[九]章　附则

第四十九条　凡各部及各项办事细则，无论词语意旨，均不得与此政纲抵触。

第五十条　此政纲如须改易时，当由都督召集临时大会提议，得四分之三议决始能改易。

第五十一条　全蜀廓清，中华民国统一后，须有民国宪法及各种法律，则此宪纲自当废止。

蜀军政府主要人员：

正都督　张培爵列五

副都督　夏之时亮工

顾问　朱之洪叔痴　杨庶堪沧白　王人文　宋臣

总务处长　正　谢持慧生　张习佩严　黄金鳌肃方

　　　　　副　董鸿诗庆白　朱蕴举必谦

秘书院　向楚仙乔

审计院　李时俊晴洲

参谋部　刘声元笠青　方声涛

司令部　林绍泉　但懋辛怒刚

军务部　方潮珍琢章　胡忠亮寅安　余际唐蕴兰

行政部　王休孟兰　梅树南也愚

财政部　李湛阳觐封

司法部　张知竞

外交部　江潘岳生

交通部　杨霖席缙

梯团长　邹杰汗青　徐可亭　卢锡卿师谛　周国琛际平　石青阳　黄金镕

副官处　张午岚　盘铭

中国国民党党史史料编纂委员会库藏钞本,载《中华民国开国五十年文献》。隗瀛涛、赵清主编《四川辛亥革命史料》上,四川人民出版社1981年版,第569～573页

《蜀军政府对外宣言》:

中华国民军奉命驱除满清专制政府,建立民国,同时各国益敦睦谊,以期维持世界之和平,增进人类之幸福。所有国民军对外之行动,宣言如下:

一、中国前此与各国缔结之条约,曾经宣布者,继续有效。

一、偿款外债,照旧担认,仍由各省洋关如数分年摊还。

一、所有外人之既得权利一体保护。

一、外国人居留军政府所占领之域内,其生命财产,本军政府自当保护。

一、清政府与各国缔结条约允许权利及借国债等事,成立于鄂军第一次宣言之后者,军政府概不承认。

一、外国人如有加助满清政府,以妨害国民军政府者,概以敌视。

一、外人如有接济满清政府战时禁品者,一概搜获没收。

郭孝成《中国革命纪事本末》。隗瀛涛、赵清主编《四川辛亥革命史料》上,四川人民出版社 1981 年版,第 576 页

《张培爵夏之时致黎元洪电》:

蜀军于本日午后三时由重庆举义,道府县及印委各官,一体投诚,市面平靖,外人安堵。但兹事体大,以后尚望互相匡助,时通消息,同人公感。

辛亥革命武昌起义纪念馆等编《湖北军政府文献资料汇编》,武汉大学出版社 1986 年版,第 287 页

《1911 年 11 月 24 日代领事布朗致朱尔典爵士函阁下》:

我荣幸地报告,这座城市已于 11 月 22 日宣布革命。在以前的几封信中,我曾经提到上个月在本地商人和绅士方面增长着煽动性的情绪。这个期间,市民中的知名人士已暗中感觉到他们正走向公开起义的道路。他们为破坏部队对清政府的效忠作了坚持不懈的努力,并采取步骤夺取官吏们的权力,一旦有机可乘时便立即宣布该城的独立。它是名副其实的"内部革命";我认为,构成运动的一般思想基础是希望避免当外部力量把革命强加于该城时,本地居民将必然遭到的敲诈勒索。

11 月 19 日,人们得到消息说,一支哗变的军队已到达距重庆二十英里的某个地方。这些部队以前驻守在成都附近的龙泉驿,已经经过乐至、安岳等县地区,此时打算进入重庆城。

团练局立即召开会议讨论局势,并邀请道台、知府和知县参加,但他们不顾多次邀请,拒绝到会。在这个会议上,决定乘这些部队到达提供的机会,在城内宣布革命。由于对此项计划没有做好充分准备,他们派代表前往起义军那里,极力劝告他们接受粮饷,和平地撤离重

庆城。如果他们拒绝这样做,城内驻军将开出来攻击他们。星期一,重庆城的代表们回来,他们的建议遭到拒绝。当团练局正在讨论局势的时候,一批曾经在城内进行秘密工作的真正反清的人士带着炸弹赶来了。这批人具有比城内那些软弱无力的革命党人更为激烈的特点,他们威胁团练局宣布革命,并迫使团练局同意让起义部队入城。接着,他们通知官吏们,必须在十二点钟以前交出他们的关防。道台和知县都照着办了,但知府仅在受到炸弹的威胁时才交了出来。道台交出关防的消息象野火一般地蔓延到全城,城内立即挂满了白旗,旗帜上面写着"汉"字。许多伙城防队和绅士们急忙跑来跑去,接管所有的民政和军事机构。人人喜气洋洋;尽管情绪极为激昂和情况十分混乱,但丝毫没有发生暴力行动。下午五时,各城门开放,有一百四十名士兵的一支队伍入城,携带一挺关枪。跟在他们后面进城的有好几百名没有武器的人群。据说这些人是保路同志会的成员。

晚间,我收到四川军政府的一封信,通知我说:重庆城已被他们占领,所有外国臣民都将受到保护。由于我在没有得到您本人的指示之前,不能够承认清政府官员之外的任何官员,所以我对该信未作答复……

关于新政府,仅有几个有名望的人参加。权力掌握在有文化的人们手中,有几个会说英语的秘书帮助他们,这些秘书的经历大都是可疑的。

胡滨译《英国蓝皮书有关辛亥革命资料选译》(上),中华书局 1984 年版,第 310~312 页

△ 黎元洪照会驻汉各国领事,宣布鄂省为中央政府,鄂都督为民国外交代表,并限制债权。

《鄂军政府照会各国领事宣布鄂都督为民国全体外交代表并限制债权文》:

为照会事:顷准民国各省都督电称,或代表来鄂面述云,凡民国军所占领之各省,均推举本都督为民国中央政府代表,鄂省为暂时民国中央政府。凡与各国交涉有关民国全体大局者,均由本都督代表一切等因。准此。为照会贵领事:嗣后贵国交涉事件,如有关中华民国全局者,务请即与本都督会商一切,是为至要。此次并由本都督代表申明各国:凡我军义旗未举之先,所有满清政府与各国所缔结之商约及所有借款之债权,均有效力。至武汉义旗既举之后,无论满清政府向何国所借之债及所结之条约,均为我政府所不承认。理合照会贵总领事,请烦查照,并即电知贵国钦差,转达贵国政府承认施行见复,为祷为盼。须至照会者。

《时报》,1911 年 11 月 22 日。渤海寿臣《辛亥革命始末记》,
《实行立宪汇编·武昌》,文海出版社1969年版,第83页

编者按:此照会《民立报》同日有载,而据邹念之编译《黎元洪致松村驻汉口总领事照会》(《日本外交文书选译——关于辛亥革命》,中国社会科学出版社 1980 年版,第 185~186 页),内容大体相同,而其落款为"黄帝纪元四千六百零九年九月二十三日",即 1911 年 11 月 13 日。"推举本都督为民国中央政府代表,鄂省为暂时民国中央政府"当非自封,黎元洪亦不致如此自大,应经由推举手续,鄂都督方可宣布。查各省代表会议迟至 11 月 15 日才成立,11 月 20 日(九月三十日)各省代表议决承认武昌军政府为民国中央政府,黎元洪为中央政府大都督。据此 11 月 22 日黎元洪发布照会,宣布鄂都督为民国全体外交代表,并限制债权,实属顺理成章。邹书编译的照会时间可疑。

△ 程德全督师江浙沪联军,誓师镇江,进攻南京。

《民立报》:

苏都督程德全今日至镇,接见联军军士,宣读誓师文告,并声明非督师以分兵权。

又民立报鉴:本日下午三时,都督程亲率大兵攻宁。

《民立报》,1911 年 11 月 23 日,第 2 页,新闻

《程德全誓师辞》:

盖闻托体国民,以拯救国亡为天职。抗颜人类,以主持人道为良能。本都督始以国民天职而举义旗,继以人类良能而诛残贼。事非得已,心实无他。盖本都督服国民公役有年矣。甫阅政事之日,已丁板荡之年。每鉴列强,略知政要,其日夜所希望,惟求改专制为立宪,使吾中华大国得一位置于列国之间。万语千言,众阅共见,乃自缩短筹备清单,而好恶之拂民愈甚。组织责任内阁,而亲贵之私利尤多。凡诸立宪之要求,适增专制之罪恶。急而知悔,言岂由衷,观听徒淆,国家何赖。本都督,蜀人也。不敢衔蜀人一隅之愤,而不能不恤全国胥溺之忧。自武汉首倡大义,凡有血气,云合影从。盖无不知欲求政体之廓清,端赖国体之变革,无汉无满,一视同仁。惟国惟民,各求在我。将泯亲疏贵贱为一大平等,即合行省藩属为一大共和。但有切实改革之诚,并无力征经营之意。从国民多数之心理,奠华夏后此之邦基。其所以从武汉之后而黾勉以救国亡者,如此而已。夫人即昧于大同之公理,拘于草昧之陈言,谓君主为天与之淫威,谓臣民为一姓之奴隶,虽有愧国民之常识,亦何至为人道之深仇。乃近则张勋荼毒于江宁,远则铁忠、冯国璋焚杀于汉口,生命财产,蹂躏天赋之人权,子女玉帛,餍饫凶人之涎吻,此岂目所忍观,耳所愿闻?无论兄弟急难,父老颠危,凡属含生负气之伦,敢忘匍匐救丧之义?此则为人道所驱,不得已而诉之于武力者也。是用甘舍微躯,亲临前敌。我将士仗义而来,不惜赴汤蹈火。本都督拊膺而叹,何心饱食安居。共和为治理之最高,本无进退待商之余地。性命为有生所同具,止有安危与共之血诚。其可皦然号于有众者,舍死忘生之举,不过为胜残去杀之谋。非仇故君,非敌百姓。枕戈以待,鼓行而前。一举而歼张寇,肃清江南。再战而覆清都,长驱冀北。仗诸君热力,再造河山。是民国义师,咸遵纪律。肤功立奏,今为发轫之初,血气皆亲,是用掬心以示。布告将士,咸使闻知。

《灭亡迅速记》第8编,杨甦民编《满夷猾夏始末记》,新中华图书馆1912年版,华文书局有限股份公司印行,第93页

△ 英国政府撤销孙中山禁止进入香港的禁令,但不允许其在香港从事革命活动。

《1911年11月17日格雷爵士致朱尔典爵士电》:

孙中山请求撤销禁止其入港之命令。准其入港,你有何异议?局势已大为改变,目前排斥他似乎不仁,且可能亦属不智。禁令不必公开撤销,只要当他抵港时,莫将其逐出,即可。你当与路戛德君洽商此事。若无异议,我即告知孙中山,他将于一两日内动身回中国。

国家清史编纂委员会文献丛刊《辛亥革命史资料新编》第8卷,湖北人民出版社2006年版,第104页

《1911年11月22日英外交部致英殖民部函》:

格雷大臣指示本人,将有关孙中山申请返港之信函副本,谨呈殖民部大臣。格雷爵士有意准许孙中山过境香港,据其了解,孙氏既未能获准将香港作为他在中国从事政治或军事活动之根据地,自必不会久居香港。

附件:

孙中山于1896年被令离开香港五年,这段时期结束时,他曾重返香港。但1902年曾下一新放逐令,显然1907年又重下该令。

1908年初,中国当局曾要求将当时居住在新加坡的孙中山驱逐出境,并建议采取有效步骤,以防孙中山再进入南海及马来半岛之任何英国属地。而英国殖民部认为此不合理,不愿采取行动,但曾警告孙中山说:若发现他在新加坡阴谋反叛清政府,则必将他驱逐出该岛。

孙显然于1909年离开新加坡,并于同年向英政府殖民部申请准予返港,但殖民部拒绝

撤销禁令。

现将有关信函副本送至殖民部，并谓：格雷爵士愿批准孙中山过境香港，据其了解，孙中山不会久居此殖民地，因为我们不准他利用香港作为他在中国从事政治或军事活动之根据地。（我认为此函应止于“殖民地”，后句省略。无论孙氏是否利用香港作为根据地，我们皆不要他成为该地居留者——此语为署名 A. N. 者之眉批）

《朱尔典爵士致格雷爵士电》：

关于孙中山。阁下 11 月 17 日 170 号电敬悉。本人与香港总督皆认为，鉴于局势变化，我们无法阻止孙中山过境香港，但必须警告他不可停留香港从事革命活动，他若欲协助革命运动，只宜回到中国本土才是。本人有理由相信，革命党视孙中山为懦夫，而不急盼其回国。结尾一段话是秘闻。

国家清史编纂委员会文献丛刊《辛亥革命史资料新编》第 8 卷，湖北人民出版社 2006 年版，第 106 ~ 107 页

△ 桂督沈秉堃致电陆荣廷宣布离职，陆荣廷通电宣布就任广西都督。

雷在汉《辛亥广西革命纪事》：

明日十月朔，成立广西军民联席会议于提督署，陆遂介绍陈裕时、李开铣参加会议，只根据于“广西者广西人之广西也”之一语为唯一主张。是故议决：（一）推定陆荣廷为广西大都督；（二）军政府设于南宁；（三）军政府由党人组织；（四）征集省内民军以靖地方；（五）陆自率兵北伐；（六）由民党通电促王芝祥离桂（时沈秉坤［堃］已率桂林新军第一批出湘）；（七）征集之费由政府供给；（附）王芝祥之兼督未取消以前，南宁军政府先成立交通部，以利进行云云。当推雷在汉为交通部长，时因柳州反陆尚在积极进行，即推交通部雷在汉往柳调停，其部长一职转委雷沛鸿接充。

丘权政、杜春和编《辛亥革命史料选辑》下，湖南人民出版社 1981 年版，第 21 页

《沈秉堃致陆荣廷电》：

秉堃不日北归，对外方针既定，内部规图，刻不容迟。现在匪氛大炽，梧、柳、浔三府官绅，又未能和洽，绅日争权，官日求去，现象至为可虑。秉堃既去，惟望我公与铁老（即王芝祥）协同议院，从长商榷，早靖内地大乱。军事瞬息万变，会商之事，非止一端，电文往返，恐误事机，是以引领旌麾，以日为岁。王铁老又谓：我公不来，惟有舍桂而去；公如肯来，定留此赞助。我公性情真挚，全省安危，系公一身，望速莅临，不胜迫切待命之至。秉堃叩。

《民立报》，1911 年 12 月 16 日，第 4 页，新闻

《沈秉堃留别桂省父老书》：

善化沈秉堃敬告绅商学各界父老兄弟：秉堃自本年二月来抚是邦，自愧一官悠忽，未遑与我父老兄弟共谋休养。迨宣布独立后，勉从诸父老兄弟之请，权摄都督，才轻任重，略无新知识足以飨诸国民。久恐措置乖方，反致阻碍进行，贻羞当世。今幸规模初定，陆都督计日前来，王都督重念土地人民，慨然暂许担任。以堃孱躯，亟当回里养疴，敬避贤路。听骥驹之引唱，亦销魂之黯然，时留一言，以当临歧之赠，诸君子其不我遐弃也耶。自来人类之振，必赖合群，二人同心，断金有［其］利。广西山水奇丽，人物英瑰，为中国二十二行省之特出，然而民贫地瘠，工商不兴。凡夫行政之费，军饷之需，并赖邻邦接济。独立之旗既矗，进行之务尤多。非卧薪尝胆，万众一心，幸福虽基，隐忧未艾。倘人思自利，不相合谋，家家撞自由之钟，人人扬独立之帜，争攘不已，必致相攻，流血之祸其何能免？此则秉堃所为借箸以筹，而不胜杞人之虑者矣。今我父老兄弟于秉堃之去，同深依恋之情，但能裨益丝毫，讵忍恝舍去。

无如心有余而力实不逮,我父老兄弟其亦共鉴此苦衷,而无负秉堃之厚望也乎。离悰万缕,不能遍布,即此代辞,并为亮鉴。秉堃告。

荣朝申辑《缔造共和之英雄尺牍》第2卷。沈云龙主编《近代中国史料丛刊》,文海出版社1972年版,第37~38页

《陆荣廷致各省都督电》:

各省军政府鉴:现承桂省人民公举荣廷为全省都督,自惭德薄能鲜,惟顾念大局,保持治安,不得不勉肩其责。务望联络匡助,共兴我汉族,以光历史,以后彼此应商之事甚多,望随时以文电相告。荣廷叩。养。印。

曹亚伯《武昌革命真史》中卷,中华书局1930年版,第278页

△ 清廷准内阁总理大臣袁世凯奏,暂行停止入对奏事各事项,并不必每日召见。袁世凯始得揽大权。

《袁世凯面奏关于奏事入对暂行停止事项》:

谨按现在完全内阁,业经组织。各项制度,尚未规定。除各衙门办事,仍暂照旧外,所有与立宪制度抵触事项,拟请暂行一律停止。

一、除照内阁官制召见国务大臣外,其余召见官员,均暂停止。俟定有章制,再行照章办理。总理大臣不必每日入对,遇有事件奉召入对,并得随时自请入对。

一、除照内阁官制,得由内阁国务大臣具奏外,其余各衙门应奏事件,均暂停止。所有从前应行请旨事件,均咨行内阁核办。其必应具奏者,暂由内阁代递;凡无须必请上裁事件,均以阁令行之。其关于皇室事务,如宗人府、内务府、銮舆卫、钦天监等衙门,暂仍照向章具奏,统由内务府大臣承旨署名。具奏后,仍即时知照内阁。但所奏以不涉及国务为限。

一、各部例行及属于大臣专行事件,毋须上奏。其值日办法,应暂停止。

一、向由奏事处传旨事件,均暂停止。内外摺照题本旧例,均递至内阁,由内阁拟旨进呈,再请钤章。其谢恩请安摺件,及进呈贡物,仍暂由奏事处照旧呈递。

宣统三年十月初二日内阁奉上谕,内阁总理大臣面奏关于入对奏事,暂行停止事项,开单呈览,著依议。钦此。

渤海寿臣《辛亥革命始末记》,《实行立宪汇编·奏折》,文海出版社1969年版,第30页

《宣统三年十一月初一日上谕》:

立宪政体于奏事限制颇严,所以定政治之方针,保持行政之统一。前经内阁奏准停止入对奏事清单,即本此意。所有嗣后例应奏事人员,于奏事章程未定以前,关于国务有所陈述者,均暂呈由内阁核办,毋庸再递封奏,以明责任而符宪政。

沈云龙主编《近代中国史料丛刊·宣统政纪》第67卷,文海出版社有限公司1989年版,第1页

张国淦《辛亥革命史料》:

据法制局顾鳌言:庆内阁将瓦解,汪衮甫(荣宝)愤愤出京,向大清门三揖,声言决不再进大清门。袁就总理大臣职,名曰责任内阁,然格于旧例,苦于无从下手。本人认为是一机会,都中鲜可言者,遂去津约汪来京共想办法,筹思数日,草拟此项停止入对奏事说帖,以为灭消君权加重阁权之初步,大为袁所激赏,据以呈递邀准,自此一切政令集中内阁。我等第二步拟做到摄政辞退,袁以总理大臣监国,曾以此意微露于袁,而大势所趋,不意从共和途中解决也。

张国淦《辛亥革命史料》,龙门联合书局1958年版,第114页

△ **清道员刘承恩自萧家港致电内阁，报告与军政府代表和议经过。第一军总统冯国璋致电内阁，反对和议。**

《宣统三年十月初二日道员刘承恩自萧家港致内阁电》：

春昨晚到港，议和难成，余容面禀，已电达宪鉴。兹将提议大纲电陈钧鉴：党代表提议建立民主，将我政府另置一地，保全安富尊荣，与宪命之意不合，故难就议。复据俄领事敖康夫云，主张罢兵。承恩答云，战事我等不能擅专。渠云，致函冯军统。答云，宗旨不合，冯军统亦不能自主。回与冯军统面述提议情形，复函俄领事云，罢兵一节，军统亦不能自主，请不必致函。复据俄领事来信，据云，不必与冯军统阅看，可呈宫保。谨将原函择要录呈：使我军退往滠口，谈判不成仍回原地；黎军不得阻拦，亦不得过汉河。本总领事已祈贵两军免无益之流血，候复云云。已将俄领原函专差送呈，承恩是否回京，候电示遵。

军机处电报档。中国史学会主编《中国近代史资料丛刊·辛亥革命》(8)，上海人民出版社1957年版，第194页

《宣统三年十月初二日第一军总统冯国璋致内阁函》：

俄领由刘道介绍，请仍和平了结，匪仍执前议，作为无效。俄领欲先行罢兵，另开谈判。其意：一、在我兵退滠口，静候谈判，事如不成，仍回原地。一、黎元洪不得拦阻此举，队伍不得过汉河。已将此意函致国璋。璋不敢担任，函亦未收。闻渠即以此函，转达宫保。惟事已至此，万无和理，退兵之议，更有难行。并以奉闻。

中国史学会主编《中国近代史资料丛刊·辛亥革命》(8)，上海人民出版社1957年版，第193页

丁士源《梅楞章京笔记》：

九[十]月三日，袁复来电，命江海关监督黄开文偕英总领事，商定停战三日之条约。冯对丁曰：君意如何？丁曰：只须不经余手所办，余不能干预内阁政策。冯无言而退。至夜半，冯又持约文来商，言黎元洪已盖如此之大银印，余之第一军总统官关防，余欲勿盖，可否？丁曰：阁下权所自有，请自斟酌。冯曰：余宁辞第一军总统官，亦不能盖印。丁曰：阁下原有此权。惟余只能同情，而不能劝君如此行。冯曰：是何言哉？丁曰：权限问题，故不能劝。冯曰：是矣！余即拍一辞职电报。丁曰：阁下自决为妙。冯即退出。无何，冯之参谋长师景云来见丁曰：冯之辞职电已发，但停战条约业已用印。丁曰：余识冯已九载于兹，故余只能同情，而不能劝彼应如何办法，即系为此。

丁士源《梅楞章京笔记》。《近代史料笔记丛刊》，中华书局2007年版，第335页

11月23日(十月初三日)　各省都督府代表联合会在沪议决：来沪代表改赴武昌筹组临时政府。25日决定各省代表指派一人驻沪，组成通讯机关，以便联络。

刘星楠《辛亥各省代表会议日志》：

十月初三日沈恩孚、朱葆康、林长民、潘祖彝、谢鸿焘、宋教仁、雷光宇、徐钟令到会。浙江都督府代表汤尔和，湖北都督府代表居正、陶凤集到会。

居正报告：九月十九，湖北都督府通电各省，请派全权委员来鄂组织政府等情，并述此次来意，系与到沪各代表商议，同行赴鄂。

议决：各省代表均赴湖北……

十月初五日沈恩孚、袁希洛、林长民、潘祖彝、马良、谢鸿焘到会。

议决：各省代表赴鄂，宜各有一人留沪，赴鄂者议组织临时政府事，留沪者联络声气，以为鄂会后援。

中国人民政治协商会议全国委员会文史资料委员会编《辛亥革命回忆录》第6集，文史资料出版社1982年版，第242～243页

《赴武昌代表名单》:

江苏:雷奋、马君武、陈陶怡。浙江:汤尔和、陈时夏、黄群、陈毅。福建:潘祖彝。山东:谢鸿焘、雷光宇。安徽:王竹怀、许冠尧、赵斌。广西:张其锽。湖南:谭人凤、邹代藩。四川:周代本。直隶:谷钟秀。河南:黄可权。湖北:时象晋、胡瑛、王正廷、孙发绪。

张难先《湖北革命知之录》。严昌洪等编《张难先文集》,华中师范大学出版社2005年版,第438页

△ **孙中山由英国启程回国。**

《宣统三年十月初三日路透电》:

孙逸仙博士,著名革命家,在英京勾留一星期后,现已启程回华。曾与旧友甘特理博士言,渠志不急在作中国之总理大臣,惟作此官苟有益于中国,亦所不辞。中国此时分崩离析,渠甚以为荒谬。盖中国人民万不可无一良善中央政府也。

军机处电报档。中国史学会主编《中国近代史资料丛刊·辛亥革命》(5),上海人民出版社1957年版,第394页

△ **黎元洪致电各省都督,报告各外交团请湖北军政府负汉口交涉全权。**

《黎元洪致各省都督电》:

据驻汉俄领袖领事敖康夫君照会敝军政府,报告北京外交团来电,其文曰"汉口领袖领事敖康夫鉴:各国外交团代表对于清国政府感情颇恶,因其残杀无辜,致令各国愤怨。现各国代表拟请鄂军政府担负汉口交涉全权,并将与中国政府要求重大赔偿"云云。特此奉闻。

易国幹、宗彝、陈邦镇辑《黎副总统政书》第1卷,上海古今图书局1915年版,第11页

△ **山东都督孙宝琦致电独立各省,主张各省派员于北京或天津开临时议会,决定国体政体,以免战祸。黎元洪致电独立各省,同意孙宝琦优待清室办法,但不承认北京为中央政府。**

《孙宝琦致独立各省电》:

建设共和政体,原为国民要求幸福。同类相残,大非初志。今者南北意见两无归宿之途,深恐停滞日久,战祸方长,万一牵及外交,为患更深。前因沪地召集各省代表,曾经电达鄙意,请联名公电袁世凯,首先提议共和。顷顺直谘议局来电,欲另择速行开临时议会,解决危局,此法最良。而组织议会最简之法,尤莫如仿德意志联邦参事会之制,先立上院以为国权基础,其会员由各都督府派代表充任,若未经独立省分,则招令各议局派员与会,其会地即宜于京津就近一处,使北方易于加入。凡国体政体问题皆可于此议决,如此则议会兼有临时政府之作用,外交易于缔结。会员兼收未独立各省在内,异日以全国意见要求逊位,可无兵戈而收胜利,较之武力从事,保全实多,且亦非常荣誉。巽懦之谈,或不能尽快人意,惟义军之起为真理,非为血气,谨效忠告,倘蒙采择,会商实行,全国幸甚。孙宝琦。江。

郭孝成《山东独立状况》。中国史学会主编《中国近代史资料丛刊·辛亥革命》(7),上海人民出版社1957年版,第325~326页

《黎元洪致各省都督电》:

顷接济南孙宝琦来电云"宝琦前经电奏确定共和政体,现在全国军民意见相同,万无更变,拟请由程都督联名电致清廷,如承认不私君位,宣布共和,仍当承认北京为中央政府,各派员赴京会议,优礼皇室,制定国法等事,否则谈判无可开端。惟有另行组织临时政府,以维大局,乞即酌核电复"等语。当即电复其文曰"确定共和政体,优待清皇室,可谓识时之论,极佩。惟国体既变,形势亦迁,何以仍当承认为中央政府?雪楼既经江苏公举为民国都督,已

与清廷断绝关系，何独请其联名？均所未解，尚乞明白赐教。再山东于何时宣布独立，公在民国军政府被举何职，深切瞻念，并望电复”等语。特此奉闻。

易国幹、宗彝、陈邦镇辑《黎副总统政书》第1卷，上海古今图书局1915年版，第9页

△ **黎元洪分电各地都督求援。**

《黎元洪致上海陈都督转徐都督电》：

鄂战甚烈，援宁军队如已得手，速来鄂援助。并烦转大小各兵舰，酌留船只防守长江口岸外，其余一并饬令来鄂，盼切。

易国幹、宗彝、陈邦镇辑《黎副总统政书》第1卷，上海古今图书局1915年版，第10页

《黎元洪致镇江林都督电》：

通济运船，请令开赴汉，并请专员赴宁。速令浔军司令部部长海筹军舰黄钟瑛君，即率楚谦、楚观、江贞刻日到汉，顷预备鏖战，非全力不足制胜。即盼施行。

易国幹、宗彝、陈邦镇辑《黎副总统政书》第1卷，上海古今图书局1915年版，第11页

《黎元洪致苏州程都督电》：

闻上海制造厂有机关枪十二尊，敝处战事需此物甚急，全数连子弹借用，速派兵轮运鄂为盼。

易国幹、宗彝、陈邦镇辑《黎副总统政书》第1卷，上海古今图书局1915年版，第11页

△ **第三批援鄂湘军到汉。**

戴凤翔《我在辛亥革命前后的一段经历》：

湖南援鄂军，先有焦、陈派出的由王隆中、甘兴典率领的二批援鄂军抵汉，归黄兴指挥。甘兴典在汉阳作战失利后，擅自潜回湖南，被谭延闿派人将其拘拿正法。

第三批援鄂湘军是由刘玉堂统率，我为督战官，共约两千多人。当我们于11月23日到达时，汉阳战事极为激烈，于是立即投入了战斗。我们的攻击目标是美娘山，前面有一个大塅，宽约两里，塅这边一些矮沓沓的山，作炮兵阵地太矮，虽有两处陡峻高山，但炮兵不便出进，没有良好的炮兵阵地，我深以为虑。25日，刘玉堂指挥民军出磨子山，进击扁担山。刘玉堂极为英勇，我军冲至山腰，刘即呼上刺刀肉搏，立杀十余人，夺取了三尊大炮，扁担山被攻克。然后向美娘山进攻，双方先是互相炮击，顿时炮声隆隆，继而加上枪击，子弹声啸啸而过。刘蹲在矮山的一个石碑后，我隐在水港塄下，但不幸刘中弹阵亡了。刘是山东人，行伍出身，性勇猛，血洒疆场，令人起敬。

田伏隆主编《辛亥革命在湖南》，岳麓书社2001年版，第167页

△ **云南都督蔡锷通电各省，提所拟中央会议大纲二十三条。**

《云南都督蔡锷电致各省都督电》：

滇省军政府立后，条拟中央会议大纲二十三条，兹录全文如下，文曰：“军政府为布告事：照得破坏之后，建设为先，君主专制，久为时势所不容，今者发挥自由，改造民国，则凡国家构造之法，与夫人民权义所关，均应挈领提纲，折衷至当。现在各省定议，各选全权代表，齐集武昌，公同会议，本都督府拟即派专员，定期出发。惟兹事体大，为四万万同胞共同之利害，允宜商求舆论，广益集思，用特编定会议大纲，先行发表。凡在滇各界团体以及素有研究之士，均各按照大纲预筹办法，分条缮具说帖，送由本都督府汇交代表，俾集众长，以协国民公意。为此布告同胞须知，此次会议实关系国民民生，我万世子孙乐利之基，胥于是乎，在其

各发抒谠论，赞弼宏谟，则岂特滇省之幸，实我大中华国万世之幸，切切此布。

中央会议大纲：(1)国名。(2)国体与政体。(3)国权之集中及军政宪政之次序。(4)扩张国防区域。(5)缩小行政区域。(6)国旗。(7)纪元。(8)中央政府所在地。(9)立法、行政、司法机关之组织。(10)全国财政之统一。(11)全国军政之统一。(12)全国外交之统一。(13)全国教育之统一及教育宗旨。(14)全国交通之统一。(15)实业。(16)民政。(17)各种暂行法律。(18)官制。(19)各种文书之程式。(20)服制。(21)礼制。(22)大统领之任期及权限。(23)临时大统领之选举法云云。"以上各条，关系重大，特逐一布陈，文漏义误，知所不免。诸公卓识宏见，尤精研有素，祈指示勿吝。中央会议委员，滇已选齐，不日出发。望尊处亦速选派，员数不妨稍多，用收集思广益之效。愚昧之见，并陈鉴察。滇军都督锷。江。

《民立报》，1911年12月19日。曾业英编《蔡松坡集》，上海人民出版社1984年版，第85～86页

△ 各国银行经理会议，决议成立国际银行家委员会，监督中国海关岁入的保管和分配，以之偿还各项外债和赔款。

《银行家会议记录》：

11月23日星期四下午四时半，在麦加利银行举行各国银行经理会议，考虑各该国领事提交他们的问题，即北京外交团来电，建议在目前中国动乱期间成立一个国际委员会，以监督海关岁入的保管和分配，首先保证用来偿还1900年以前缔订的各项外债，其次用来支付辛丑条约中所规定的赔款。兹决议如下：

(一)通过各该国领事向外交团建议，该国际委员会应由那些与偿还1900年前签订的以海关岁入作担保而尚未还清的各次借款有关，以及(或者)与支付赔款有关的各银行经理组成。

(二)各主要有关银行，即汇丰银行、德华银行和俄华道胜银行，应当是海关专款的保管者。

(三)要求海关总税务司提出保证，他将向该指派的委员会说明净海关岁入情况，直到中国政府能够再继续偿付借款和赔款之日为止。

(四)海关总税务司应安排每周将所有征税地点的净税收汇至上海。

(五)海关总税务司应进行安排，每周将上海所积聚的净税收在汇丰银行、德华银行和俄华道胜银行中间尽可能接近平均地分配款额，记入各有关借款和支付赔款的账目上，并授权海关税务司开出账目，以支付按这些借款的先后顺序到期的借款。

(六)如果到1912年底还没有恢复正常情况，那么，届时将把可结余的款项记入赔款账内；此项账目将送交外交团，由它决定其处理办法。

胡滨译《英国蓝皮书有关辛亥革命资料选译》(上)，中华书局1984年版，第415～416页

11月24日(十月初四日)　谭延闿致电黎元洪，主张公推孙中山为全权大使赴各国交涉，敦促列强承认中华民国。

《谭延闿致黎元洪电》：

江电悉。各国外交团不承认清政府，急应赶派全权大使致聘各国，宣布宗旨，联络感情。伍、温任外交部长不能远出，道远尤稽时日，拟由贵处电商各省都督，公推孙文君为全权大使，就近赴各国交涉，俾其承认为独立国。孙文君在外有年，必胜此任，乞核夺通电各省为盼。

易国幹、宗彝、陈邦镇辑《黎副总统政书》第1卷，上海古今图书局1915年版，第12页

△ **伍廷芳等由驻华美使转致电清摄政王载沣，劝其赞成共和政体。**

《美国使馆转致载沣电》：

川鄂事起，罪己之诏甫颁，杀人之祸愈烈，以致旬日之内，望风离异者十有余省。大势所在，非共和无以免生灵之涂炭，保满汉之和平。国民心理既同，外人之有识者，持论亦无异致，是君主立宪政体，断难相容于此后之中国。为皇上殿下计，正宜以尧舜自待，为天下得人。傥能幡然改悟，共赞共和，以世界文明公恕之道待国民，国民必能以安富尊荣之礼报皇室。不特为安全满族而已，否则战祸蔓，积毒弥甚，北军既惨无人理，大位又岂能独存。廷芳等不忍坐观，敢为最后之忠告，声嘶泪竭，他无可言。伍廷芳、张謇、唐文治、温宗尧叩。

沈云龙主编《近代中国史料丛刊·宣统政纪》第65卷，文海出版社有限公司1989年版，第9页

△ **山东芝罘独立。**

《民立报》烟台电：

芝罘宣告独立后，清道已逃，民军举定总司令官王传炯，民政官万坤山、李星轩，财政官孙文山、张诚卿、澹台玉田。

《民立报》，1911年11月25日，第2页，专电

邓谢兰馨《我涉足山东义举的回忆》：

十月二十二日晚（阳历十一月十二日），群聚渤海报馆。由王耀东、李凤梧、宫仁山、宫锡恩、宫锡德、杨新亭、张彦臣、丁训初、李士元、李旭堂、田芝贵、萧什生、王锡之、孙嘏臣、余笃恭等公议决，由毓璜顶直扑海防营，该营董保泰事前预表欢迎，遂将所部清点集合，配合直攻入道署。道台徐世光闻声逃入某外人家，乘间登龙裕轮船赴青岛。福山县令易某即开门悬白旗投降。于是东西炮台警卫队等整队进街。二十三日，郑汝成逃走，黎明各商户同时易帜。大清银行存款现银八万元、纸币十万元，提出发军警饷一个月。时崛起一隅，环境极危，适有舞凤军舰舰长王传炯由天津来，派人往说之，遂公举王传炯为总司令，民政官万坤山、李文[星]轩，财政官孙文山、张诚卿、澹台玉田（兰畹），军务科长虞克昌、董保泰，交涉科长倪显庭（北平人，其女为姐小同学）、孙嘏臣，文案（中文）科长李钟英、唐用珍、（洋文）江文臣、王耀东。

栖霞市文史委员会编《栖霞文史资料》第8辑，2001年版，第233页

△ **山西省谘议局和阎锡山分别致函渠本翘，敦请来晋聚议。**

《山西谘议局致渠本翘函》：

楚南先生大人阁下：顷奉来函，祗聆一是。今当过渡时代，人事逢其变，天道处于穷，茫茫大局，未知定于何日？关怀桑梓，犹其次者。谘议局确守维持治安名义，地方一日不糜烂，即全晋前途之幸福。以后事变如何，尚难预定。阁下通达世故，无庸缕缕渎陈。惟来函谓另有要求，但在政治上着想，总可代达政府，意似有满汉之见。不知晋军举义，纯为改革政治，非关种族问题，此节可不必虑。叨在知交，先呈意见，余俟行旌莅止，再商办法。此覆。祗颂台祺。并希垂鉴，不尽欲言。谘议局公启。

《阎锡山致宣慰使渠本翘函》：

昨接赐函，谆谆以和平劝谕，甚感。特兹事体重大，非锡山等数人所敢主持，亦非山西一省所能解决。然而兵连祸结，实非中国之福，诚有如先生所虑者。此锡山等所日夜兢兢，不敢少有张皇之举动，以贻三晋军界前途辱者也。段军门近亦函商休兵事宜，颇合同人夙旨，

于是屯兵苇泽,静待和使。并门缙绅之士皆言,非先生归来,断难释种种之疑团。故亦未敢与段军门深相接纳。今同人望先生之遥来,如大旱之望长蛛。惟祈速赐回示,以便派员欢迎先生于井陉郊上,然后聚议太原,共决和平之策。肃此敬覆,不胜惶恐待命之至。后学阎锡山顿。十月初四日。

《山西宣慰使渠本翘致袁世凯函》。中国史学会主编《中国近代史资料丛刊·辛亥革命》(6),上海人民出版社1957年版,第184~185页

△ 山东都督孙宝琦致电内阁,宣布山东取消独立;清廷著其留任效力。

《孙宝琦致山东省城联合会书》:

启者,自川鄂事起,鄙人为保全土地人民起见,一面担任保护外人商业,一面添募兵队,预防内匪,力持镇静。有九月十五日之事,知不可遏,始议组织临时政府,以顺舆情,而维大局。迨联合会成,二十三日邀鄙人莅会,诸君昌言独立,鄙人力言山东之不能独立,与独立后之危难,并辞都督之席,当为大众所共见共闻。联合会以五镇为护符,鄙人亦疑五镇全军,果有变志,倘祸生肘腋,必至涂炭生灵,是以从权承认。不意五镇仅三五人主持,事后竟全军反对,遂有今日之现象。联合会与镇将士如何联合,想会中人当自知之。鄙人今日陷于危难,自惭无识,尚复何尤,然当时之委曲顺从,实迫于诸君之要求。乃诸君不自引咎,反以咎鄙人,揆之事理,宁可谓平!鄙人之权宜承认独立,原为保全一时和平。早知必不能持久,曾说明宣告独立之后,指日恐成战场,假使北京立遣问罪之师,省城必将糜烂,为患何堪设想。今独立虽无效,而不见干戈之扰,居民依然安堵,已属万幸。若果无意识之徒,必欲牺牲东省人民以为快,或甘心献媚于白种,则非吾所敢知矣。鄙人在政界二十年,阅尽沧桑,七月两疏乞退,世所共知,今此当可遂我初衷。居此三年,愧无以对山东之父老子弟。自维赋性宽柔,无严毅之果力,断不宜于今日。吾所愿规于山东父老子弟者,毋挟私见而害公益,毋骛虚名而受实祸,毋侮弄长官,毋煽诱后生,总以遵守法律保守治安为要义,是则鄙人所殷殷盼祷者也。专此奉布,不尽欲言,惟希亮察。孙宝琦顿首。

郭孝成《山东独立状况》。中国史学会主编《中国近代史资料丛刊·辛亥革命》(7),上海人民出版社1957年版,第325~326页

《孙宝琦取消独立电》:

东省联合会于上月二十三日宣告独立,业经电奏。宝琦初以为军队起意,诚恐另生变端,是以权宜承认,不数日,即据五镇标统吴鼎元、张树元,管带官方玉普、刘景沾、张培荣、郑士琦、张怀斌、王学彦,教练官孙家林等联名具禀,诘问独立之由,请即取销,并函诘联合会,往返辩论。现在省城官绅,均悟五镇军官并未赞成独立之事,前次自系误会,联合会亦渐行解散,理合据实奏明,自应即将独立取销。宝琦当日承认独立,原为保境安民起见,而未能先事访查底蕴,率行入奏,上无以对君父,下无以对诸将,罪无可逭,惟有吁恳将宝琦从严治罪,以示惩儆。无任悚惶待命之至。

山东省人民政府参事室编《山东参事文选》第7辑,1998年版,第80~81页

《一九一一年十二月五日相羽驻芝罘副领事致内田外务大臣电》:

山东巡抚孙宝琦于十二月一日照会三浦代办,告知山东省已取消独立。照会全文如下:

为照会事:自武昌动乱以来,人心不安,省城绅商及学界人士发起组织联合会,推本官为都督。此事业已奏报中国大皇帝并照会贵代办有案。然上述组织乃系以保境安民为宗旨之临时性组织,方今时局已渐趋平宁,联合会已宣告解散,是以临时政府及独立等一切名目均应取消。现已命令各地官衙对外国人妥加保护。此事业已上奏,并晓示全省官民一体知照,

须至照会者云云。

中国社会科学院近代史研究所、中华民国史研究室主编，邹念之编译《日本外交文书选译——关于辛亥革命》，中国社会科学出版社1980年版，第25～26页

《宣统三年十月初九日上谕》：

电寄孙宝琦。内阁代递孙宝琦三次电奏，请罢黜治罪，并取销独立，撤销临时政府各等语。现在朝廷颁布宪法信条，实行改革政治，与民更始。该抚未能仰体此意，熟权利害，徒事张皇，办理殊属非是，本应加以严谴。惟念该抚世受国恩，不应荒谬至此，自系被人迫胁，并非出自本心。近日以来，该省已取销独立名目，地方各事，亦渐就绪，是该抚尚知愧悔，亟图补救，姑予宽容，仍著留任效力。务须守定宗旨，毋再为浮言所惑。此次该省首先反对独立，统制吴鼎元等及该省绅商，均属深明大义，忠毅可嘉，均著先行传旨嘉奖。并迅即督饬地方官绅，悉心布置，保卫治安。该抚自当激发忠诚，力图报称，以维大局而赎前愆。

沈云龙主编《近代中国史料丛刊·宣统政纪》第65卷，文海出版社有限公司1989年版，第26页

△ 汉阳民军失守美娘山、仙女山，退守赫山。

《武汉战记初稿》：

初五拂晓，敌军意在速下汉阳，复分三路进兵。一由蔡甸经城头山，进攻三眼桥。一由制粉厂对岸登陆，进攻琴断口。一由玉带门渡河，进攻黑山及梅子山。张廷辅等率诸军血战，损伤虽多，士气犹振，惜子弹不继，援队不力，而甘兴典、尚安邦二军咸观望不前，适值炮队第四标又暗与敌通，反炮轰击，甘、尚之师，遂先溃走，前线各军继之。

至正午十二时，而三眼桥、汤家山、仙女山、美娘山、锅底山、扁担山、磨盘山，汉阳西偏诸要隘，皆不可守。

时黄司令官督同预备各队及陆军中学生，据守十里铺，并派各参谋赴襄河沿岸严密防御，而张廷辅诸军退却于江家岭、杨家湾，拒敌犹力。午后二时，参谋甘绩熙率壮士百八人冲入敌阵，乘其不意而反击之，夺还仙女、扁担两山，奈力尽援绝，得而复失，仍退至十里铺，连合各军为死守计。盖十里铺以西，通敌要道有大凹地，长约数里，我军扼要安设地雷，并作强大副防御尚可据守。至晚，南岸咀、梅子山两处对岸之敌，复分两队，用猛烈射击以图偷渡，而行夹攻。我防御线兵力颇弱。黄司令官一面命令各军死守不动，一面赴襄河沿岸严密布置，激励军心，往来一夜，士气稍振。

是日，我下游支队进攻谌家矶，敌兵千余人于滠口方面拒之，战颇剧烈，互有死伤，未奏大效。

《辛亥革命史丛刊》编辑组编《辛亥革命史丛刊》第3辑，中华书局1981年版，第150页

张联棻《记辛亥武汉之战》：

十月四日，甲支队仍列阵于三眼桥，牵制汤家山的民军，以掩护乙支队右侧进攻。张敬尧率右翼队伍奔驰炮火之中，肉搏登山，挺刃而斗，民军溃退，撤往锅底山，凭着堡垒扼守要隘，清军跟踪追击，攻坚不下。

紫霞观的民军和其他山头民军，用炮交互向清军射击，炮弹纷纷落地，其势甚猛，清军右翼队伍死伤很多，同时锅底山的民军乘势反攻，清军炮队移炮还击，战至午后四时左右，民军不支退走，清军趁机夺取堡垒，民军败撤扁担诸山。

中国人民政治协商会议全国委员会文史资料委员会编《辛亥革命回忆录》第6集，文史资料出版社1982年版，第374～375页

《一九一一年十一月二十七日奥田驻芜湖领事转松村驻汉口总领事致内田外务大臣电》：

官军认为不论和谈是否举行,拿下汉阳对于控制时局总是有利。基于此种考虑,竟然一面声言绝不强取攻势,一面又怂恿某外国人出面斡旋和谈,竟乘革命军麻痹之机加紧备战。恰值此时,李纯所部精兵二三千名已在汉江上游约二十五英里处渡江,沿右岸前进,到达蔡甸。于十一月二十二日在米良山北方与革命军交火;与此同时,官军之另一部队又在我东亚制粉公司上游处架起浮桥渡江,与李纯所部援军会合,自十一月二十二日夜半至翌日拂晓与革命军精锐部队展开激战。官军虽已付出重大牺牲,仍由米良山下派出大部队渡江,曾一度占领米良山和仙女山,但在同日下午遭到革命军敢死队之猛袭,米良、仙女两山又复落入革命军手中,至二十四日上午方始夺回。革命军已退至赫山,正在山前构筑防御工事,准备继续激战。

此次战斗极其激烈,官军曾企图一举攻下汉阳,两军都派出精锐部队展开决战,双方所投兵力及其伤亡情况,现尚未得确知。据闻革命军鉴于前次作战失利,此次所投兵力全系精锐部队,云云。

革命军方面自长沙调来之湖南兵约二千名,已于十一月二十四日开到,因而大为得势,官军如欲攻取汉阳,已非易事。

革命军之另一部增援部队,约一个联队,仿佛自九江开来,已在七里口上游登陆,正向江岸车站附近挺进,似拟从侧背给官军以猛烈冲击。

海容、海筹两舰正在七里口下游游弋,尚未进入战斗序列。革命军曾计划炸毁铁桥,未见成效,官军军车仍在运行。

十一月二十四日,该舰队射出之炮弹击中美孚洋行之油库,引起火灾。同日薄暮,革命军炮弹落到大智门车站附近及兵站部住宅一带发生大火。

中国社会科学院近代史研究所、中华民国史研究室主编,邹念之编译《日本外交文书选译——关于辛亥革命》,中国社会科学出版社1980年版,第22～24页

11月25日(十月初五日)　江浙沪联军急攻南京。

《黎天才致李燮和电》:

吴淞军政分府李鉴:吴淞光复军今日(初四)午已占取乌龙山,特报捷,请宣布。黎天才。支。

《林述庆致民立报并各报馆电》:

沪浙军队昨已占领乌龙山,即当进据幕府山,其外水路已有军舰多艘协同攻取。乌龙、幕府为金陵门户,我军占此,既获优势,金陵早晚可下。镇军都督林述庆。

《林述庆致民立报转各报电》:

乌龙、幕府两山均已由我军占领,刻正进攻麒麟门,林述庆。歌。

《民立报》,1911年11月26日,第2页,南京战事特电

《宣统三年十月初五日美使署接南京电》:

南京来电云,有革党一万贰千名,又新降兵船一队,均聚南京左近,预备攻城云。

《宣统三年十月初六日南京探电》:

初六早,革命军占领幕府山炮台,向狮子山炮台开攻,炮战甚慢。朝阳门外又闻枪炮之响。铁良将军今早初六避难日本领事馆。

《宣统三年十月初七日江南提督张勋致内阁电》:

本月初四日,镇江、苏、沪暨广东、浙等处革军,联合约二万五千人,来攻宁垣,势极猛烈,城内富贵山、狮子山,城外紫金山、天宝山,并南门外雨花台,系金陵险要,均为所困。我军四

面兼顾，力几难支。幸将士用命，血战两日夜，革军伤亡遍野，我军受伤暨阵毙共只二十余人，夺获大炮三尊。现在激战方般，尚未收队。尚乞迅赐电示，俾有遵循，为祷。受镞切迫。勋叩。阳。

军机处电报档。中国史学会主编《中国近代史资料丛刊·辛亥革命》(7)，上海人民出版社1957年版，第105～106页

△ 奉天辽阳党人商震、徐景清运动军警，于11月25日起事，旋于12月1日为清军镇压。12月23日，奉天当局照会日总领事，请协助抓捕逃匿租界的革命党人。

《宣统三年十月初六日商震致徐景清信》：

景清参领兄大人麾下：闻刘堡已安然占领，不胜遥贺。辽东发难第一功非吾兄而谁耶？但事既作成，安民保商为第一要义。先出告示，然后即请绅耆、富户、参议、会长及读书人等，开一会议，宣布我军宗旨，并请当地绅士有声望者，推为民政长；商人有智识者为商会长；巡警中有才干者，举为巡警长。并要求绅士等，代借枪枝若干、子母【炮】若干，若巡警不诚心归服，即将枪强行留下。所推各项职务，从亦须从，不从亦须从，一切计划，均祈努力，并盼珍重，防备勿忽是荷。有何紧信，可昼夜派人到高力门外生发店找我可也。弟此刻在立山草此，待晚六点时，即乘车赴辽，有信径寄辽阳可也。诸位首领兄弟同此问候，犒赏之物，明日必派人送上，余容再详。弟商震白，初六日晚四点在立山发。

《宣统三年十月初八日商震致徐景清信》：

景清我哥大鉴：(昨晚回辽，本拟和平了结，不愿多伤人命，乃陆军用奸险手段，于)今早四点钟，陆军突然袭击生发店。我军战死七人，掳去二十余人；伤彼军督队官一人，兵十余人。城内秩序甚形紊乱。弟受日人保护，现居车站辽阳馆，愿吾兄见字后，速速邀请刘义臣，率领刘二堡全部直取辽阳，(一、可望大事有成；二、可望保掳去二十余人之生命；三、可使辽阳大局不至糜乱，成败利钝，全在此举。)望兄速速来临为盼，再请速派要人至大小北河，邀请张东旭带兵同来为妙，速速为叩。即请武安。弟商震顿。

奉天交涉司档。国家清史编纂委员会文献丛刊《辛亥革命史资料新编》第3卷，湖北人民出版社2006年版，第69～70页

《宣统三年十一月初六日赵尔巽为史纪常禀报镇压辽阳起义详情并准予用款事给度支司的札文》：

查匪徒结党起事，实由左汝霖、商震等主持煽惑，搜阅匪党信函及详讯获犯各供，其初意原在摇动省城，再蔓延于各府、厅、州、县。嗣因省城军队防范严密，无隙可乘，遂改变狡谋，拟由辽阳、凤凰、安东、辽中、庄河、复州、昌图各处先后窃发，以分兵力，为牵制省城之计；而辽阳又为该匪党全力之所注。十月初五日晚，徐春新勾结教练所学生，携枪反所西窜，中路巡防七营中哨哨长张树华首先率全哨叛变。匪首祁兴臣率胡匪二百余人，亦由辽中并入该党，均皆麇集刘二堡，逼胁巡警，招聚匪徒，约集八九百人，占据警区税卡。声称即日围攻州城。防军七营右哨哨官高明俊，不奉营官命令，擅离防次，突然带队来城，为里应外合之预备。城厢巡警多被匪党鼓惑，群怀反侧之心。其著名巨匪，又各结聚党伙，蠢然思逞。州城罪犯习艺所及看守所、拘留所共计人犯百余名，仅恃二十余名之差遣警，以资防卫。此外，几无一警一兵之可用，匪党议先劫所纵囚，所内各犯，亦隐有形迹可疑之状。况城内住有日领事，日人藉口保护领事馆及居留商民为名，屡欲派兵进城。十一日，陆军剿匪，匪党拒捕，流弹误伤日兵官一名，情势所激，更有一发不可收拾之虑，祸机岌岌，间不容发。初七、初十两

日,匪党定期据城,危险尤为万状,知州计无所出。对于匪党纯用间谍,以行操纵;多设侦探,以筹应付。匪党两次定期,幸均未能起事。迨陆军到辽布置防守,均甚得宜。

十一日奉宪台电饬,围剿高丽门外生发店匪党,击毙生擒至三十余名之多。城内匪党一律解散,兵警反侧者亦均归正,始得转危为安,人心渐定。对于罪犯习艺等所,昼夜亲往嵇[稽]查,复奖勉差遣巡官,督率各警加意认真,并添雇巡警,分别巡逻防守。数日之间,尚称安静。对于外界,则感之以诚,争之以理,而力负保护安宁之责任。日领事铃木要太郎及师团长大谷深造,亦均顾重邦交,相安无事。至刘二堡盘踞匪党,屡派士绅前往招抚,未能就范。会商防陆各军,分路前进,匪徒畏惧逃窜。知州即赴该堡妥办一切善后事宜,并委该堡绅士周绍棠为区官,整顿巡警堡防,并设法收缴枪械。现在全境已安静如常,堪以仰慰宪廑。

国家清史编纂委员会文献丛刊《辛亥革命史资料新编》第3卷,湖北人民出版社2006年版,第73~74页

《宣统三年十一月初四日交涉司为请查拿徐景清等致日总领事照会》:

案照辽阳乱事,本系徐春新即徐景清,又商震、左玉泉(号雨农)、王福奇等四人煽动胡匪致起骚扰。前据探得该匪等信件,均称潜匿租界。历经本司函照贵总领事,请为从严查办在案。昨接贵馆二八〇号公文,以徐春新即徐景清一名,已蒙关东都督府驱往上海。当经禀明督宪同深感谢,并请转向贵关东都督府代达谢意。惟兹又探明商震尚在租界留住。其左雨农、王福奇二名前往烟台,现又回奉,拟再施其破坏之法,扰害治安,亟应设法翦除。特再照会贵总领事,希速转饬租界兵警严加取缔,务将商震及左雨农、王福奇三名一并拿送过司,以期早为消弭,而保治安。望速见复施行为盼。须至照会者。

奉天交涉司档。国家清史编纂委员会文献丛刊《辛亥革命史资料新编》第3卷,湖北人民出版社2006年版,第280页

编者按:《宣统三年十月初八日商震致徐景清信》括号内的文字均为作者自己删掉。

△ 顺直谘议局直隶保安会,致电载沣,望清廷早日自行退位。

《宣统三年十月初五日顺直谘议局直隶保安会致载沣电》:

自川鄂事起,不期月间全国响应,天时人事,不卜可知。今南中已大开国民会议,新政府不日成立。近畿人心亦皆感动愤励,有岌岌不可终日之势。为今之计,若朝廷能早行揖让,公天下于民,民必以优礼报皇室。即大位不以自居,而全国生灵之福,仍出自朝廷之赐。若失此不为,则新政府既成,各省已一律承认,不但直隶不能独异,且恐南军北上,京师蒙尘,虽欲为尧舜之事而不可得。福祸安危,在此一举。直省地处近畿,目睹此危急情形,不敢不为最后之忠告。气竭声嘶,不知所云。顺直谘议局直隶保安会叩。尾。

军机处电报档。中国史学会主编《中国近代史资料丛刊·辛亥革命》(8),上海人民出版社1957年版,第143页

△ 四川泸州独立,举刘朝望为正都督,温翰桢为副都督。

《十月十九日刘朝望来电》:

川南于十月初五日在泸州宣布独立,官绅商学民全体赞成,市面安靖。事关大局,尚祈各军政府随时赐教,协同进行。并恳将各情形电示为感。

《十月二十日泸州各界来电》:

川南全体官绅商学民,已于十月初五日在泸州宣布独立,协同共和政府之进行,公举刘朝望任军政府正都督,温翰桢为副都督。

易国斡、宗彝、陈邦镇辑《黎副总统政书》第2卷,上海古今图书局1915年版,第3~4页

《辛亥四川革命纪事》:

泸州亦于十月六日独立，建川南军政府，推永宁道刘朝望为都督，温翰桢副之。当争路事起，党人杨兆蓉与州人邓西林、徐琢成、李琴鹤、卢春蒲、蒋星韶、梅秉钧暨富顺胡少咸、荣县罗叔明诸党人，游说川南防军，永宁道卫队及炮队乘机起义。叔明往古蔺说防军独立遇害。龚祝三囊金走胡市接济会党，为侦缉队查获，械送入城，兆蓉等展转托道署文案某，得移泸州保释之。时端方死于资州，朝望扬言曰："吾以善意遇泸人士，亦应以善意遇我也。"党人知朝望意向，益急进。而泸州知州郭钟美以方死，极作威势，密侦席成元等，或深夜率队役环成元居宅。党人以事急，促防军胁朝望。适余大鸿领防军过泸，大鸿乃革命党人，复说大鸿劝朝望速决大计，朝望乃反正。兆蓉等以泸军府组织多官僚，恐中道生变，偕成元赴合江助民军首领韩利生、张子钊，意旦夕下合江，即提兵回泸坐镇，而伪言端方兵下泸，城闭，一日数惊，朝望迎兆蓉、成元归，决大计。温翰桢固请辞职，乃召集川南代表会议改组，公推但懋辛任副都督。懋辛在重庆蜀军政府，不克往。时黄方自成都出狱过泸，推任川南军司令，王秉章副之，温翰桢、杨兆蓉、邓西林为枢密院正副院长，席成元长财政，卢春蒲、梅秉钧副之，徐琢成长参谋，蒋星韶副之，金丽秋长民政，胡少咸副之，黄德润长交通，赵慎卿副之，李琴鹤为电政总办。泸城电机握全川内外交通枢要，故党人极重其事。改组既定，由试院迁都督府于盐局，委陈道循、胡易为泸州地方正副司令，下令裁厘，与民更始，城门洞开，人心大定。

《中国国民党四川党史材料》，1940年3月，载《中华民国开国五十年文献》。
隗瀛涛、赵清主编《四川辛亥革命史料》上，四川人民出版社1981年版，第461页

△ **四川忠州独立。**

陈德甫《忠县辛亥革命的回忆》：

十八日，谢铸今、周武伟、马子尊三人就州议事会议场召开一度州民大会，介绍重庆、成都响应武昌起义的经过详情，说明大家如不迅速革命，实不足以救亡图存。谢铸今谈到中国将被瓜分，不禁放声大哭，到会全体州民，亦莫不相向流泪。接着又谈到我们忠州要想避免兵祸，非马上响应革命不可；响应革命，非欢迎我州老党人吴恩洪同志出来领导不可。大家如果同意，请即举手为号。登时全场举手，欢声如雷。当即正队随同谢、周、马三同志到吴氏家里，面请吴出来主持一切，吴始不同意，继以谢等再三劝照，始得应允……

吴到会场，马上对川民演讲：我们汉族受了满清政府三百年的压迫，今天我们要翻身，就非推倒满清不可。我州州官金翅鹏，是满清的走狗，又是我们的敌人，今天我们的先决问题，就是要迫他交印。当即派刘、柳、杨三人前往威逼翅鹏。翅鹏早已丧失自卫，只好将铜质州印交出，丝毫不敢抗拒。吴将此印举以示诸州民，大声疾呼〈的说〉：如此物不消毁，万不能断绝群众不必有的一些念虑。当以斧头将印椎成粉碎，并将金翅鹏管押在典狱署办理交代……

当时忠州最高机构是临时军政府，住考棚，推吴为总理，又称司令，统辖全州军政事宜。下设秘书处，以秦肃三为秘书长，苏德俊、刘勃安为秘书，一切文告，多出于二人手笔；设参谋部，以谢铸今为参谋长；设陆军部，以周武伟为部长；设财政部，以秦汉三为部长；设司法处（住原州署内），以吴的业师江西人陶家瑶为审判长。又成立三个营部：第一营驻府内，以梁玉廷、柳礼堂为正副营长；第二营驻北门内禹王庙，以江晓南、刘永桢为正副营长；第三营驻东门外文昌宫，以柳仁炳、杨国琛为正副营长。此外，又恢复参议两会。一城十三乡，设城议事会和董事会，又乡议事会和董事会，以议长秦肃三总其成。

中国人民政治协商会议全国委员会文史资料委员会编《辛亥革命回忆录》第3集，中华书局1963年版，第192～194页

△ 清廷电催张謇入京,讨论立宪共和问题。

《宣统三年十月初五日上谕》:

电寄张謇。电奏悉。前经宣布宪法信条十九条,并定于本月初六日宣誓太庙,此后庶政实行,公诸舆论,决不至再有障碍。至共和政体,列邦有行之者,惟中国幅员寥廓,满蒙回藏及腹地各行省,民情风俗,各有不齐,是否能收统一之效,不至启纷争割裂之祸,仍著该大臣迅速来京,与廷臣详细讨论,并将朝廷实行改革政治意指,剀切宣示,以释群疑。

沈云龙主编《近代中国史料丛刊·宣统政纪》第65卷,文海出版社有限公司1989年版,第9~10页

△ 清廷慰留驻蒙大臣三多,裁撤蒙古兵备处。

《宣统三年十月初五日上谕》:

电寄三多等。据电奏"拟将兵备处裁撤"各节,均照所请。现在时事艰危,三多在库日久,情形熟悉,务当力任其难,毋得遽萌退志,所请另简贤能之处,著毋庸议。

沈云龙主编《近代中国史料丛刊·宣统政纪》第65卷,文海出版社有限公司1989年版,第10页

11月26日(十月初六日)　午夜,湖北入川新军在资州起义,杀署理川督、川汉铁路大臣端方,举陈镇藩为统领。

《鄂军教导团历史》:

曾广大以为时机可乘,遂召集全体将士于十月初六日,在资州中学堂宣布反正。惟端方系本[本系]满族,以为我军反正,势成孤立。要求我军谓:方本汉裔,先世投旗,原姓陶,籍隶浙江,别号陶斋。此以存留本原之意也。【对】反正之举,深表同情,并愿出旗归汉,改名陶方。又云:独立须有根据地方策进行,捏称袁世凯现出任湖广总督,与方谊联姻娅,袁乃一时人望,如有所举,则河南之众,必归袁氏。拟将军队绕道达西安会合袁氏,以图大业。沿途饷糈,由方一身担任。曾广大遂召集各营代表会议此事,群起反对,众谓:端方此举殊形叵测。现闻西北各省尚为满清所有,我军由此道行进,显系陷我军于巢穴,将来操纵主权,在彼不在我。向之则为民国公敌,背之则为俎上鱼肉。到此维谷境界,跬步不能自由。且各将士等祖宗庐墓,俱在湖北,闻满兵入境所过,无不蹂躏。游子征夫,桑梓念切,务取东大道长驱返鄂,俯顺众心,唯统带察之。曾广大曰:汝等主张直回湖北,予亦甚表同意。但我军此次反正,系以推倒满清专制为唯一之目的,乃系政治革命,并非种族竞争。办法文明,方可号召天下。况现在世界大通,人群进化,即我中华内地即有满、蒙、回、藏之不同,倘不认定宗旨,一经误会,则敌我者众,和我者寡,众叛亲离,大非我军之利。至革命固以流血为要素,仍宜首重人道,流血云者,系专指牺牲本己性命而言,并非以多杀为事。日本之灭朝鲜,对其国王匪特不加残害,而反从优待遇者,盖采取文明办法,与人道主义交相为用,而免他国之议其后也。端方虽系满人,然其历官各省,一切行政,纯以和平公正为主,并无丝毫畛域之见。其对于吾鄂军学各界,感情尤笃。此次入川,拊循军士,绥靖地方,均以兵不血刃为前提。我等当贷其一死,絷归湖北,听军政府发落如何。众将士曰:不然。夫人必明乎公私之分,方能详审乎利害之间。端方之待我优,私也;我之不能存留端方,公也。现闻川东各州县亦相继反正,若留此余孽,虽大汉旌旗飘扬道上,而川人心怀猜忌,与我为难,其险象不可思拟[议]。且八镇统制张彪闻已反对民军,我等向为旧属。依统带办法,恐误会者流传湖北,实足以启鄂军政府之疑。利害昭然,望勿犹豫,务须诛戮,以伸大义。于十月初六日夜,诛端方及其弟端锦于资州城之天上宫。俄顷,有本军裨将疾至标本署,报告曾广大曰:端氏业已被戮,闻兵士中有加害

于统带者。曾闻信谔然，初尚不为所动，继见情势瞬变，命令无灵，恐蹈自相残害之祸，归无以见江东父老，遂决计出走，以销其患。然沿途书信常通，仍殷殷以军队是念，并以其未了之志，嘱托于陈镇藩统领，继续进行，且述明出走理由，军士颇为感动。维时协统邓承拔，管带李锦标、陈荣钟、萧国斌、焦坤山及各队官排长等，有自愿退职者，有私行逃亡者。是晚公举陈镇藩为统领。

中国人民政治协商会议湖北省暨武汉市委员会等编《武昌起义档案资料选编》上卷，湖北人民出版社1981年版，第213～214页

陈镇藩《陆军少将陈镇藩革命事略》：

初六日，召全体代表于城北，决议翌日请广大至中学堂宣告反正。是夜，广大会诸将校于标部，谓："闻我军反正，端方亦表同情。今欲宣布独立可否赞成？"众询独立地点，则拟取道汉中，投河南袁氏，即有根据地点，军饷亦由端方担任。镇藩力持不可，顾谓众曰："西北均为满清所有。若至汉中，则操纵之权在彼，不在我。湖北首举义旗，各省响应，汉口为东南关键。北军直下，必有剧烈战争，胜则可以推倒满清，败则各省土崩，汉族将无噍类。成败存亡，在此一举。我等宜还桑梓，戮力戎行，倘能直捣幽燕，如天之福，即或势均力敌，则保全湖北，固结东南，无论将来种族革命，政治改良，尚可徐图，以达目的。若忘燕雀处堂之危，而谋鹪鹩一枝之寄，窃为统带不取也。"众皆鼓掌，广大默然。既而独召镇藩议。未移时，即据报告，端方兄弟被杀，并有来标部欲杀广大者。镇藩趋出谕止之，广大已越墙去。统领邓承拔、管带李锦标、陈荣钟、肖国斌、焦坤山等，或自请解职，或避匿无踪。众推镇藩为统领，辞不就。

有进而请者曰："此次武昌起义，公亦为原动力。前者主持回鄂，实获众心。今我军千余人，饷源既绝，哗溃堪虞，无主何能回鄂？纵不为众人计，独不为湖北计，为大局计乎？"旋大呼为统领代表，军中仍守秩序，有犯军纪风纪者，杀无赦。一时欢声雷动。镇藩乃更令公举长官，各就职务，严申禁令，军纪肃然，布告地方，表示宗旨，商民安堵如常。资州原有防军一营投效鄂军，愿归节制，编为步队五营。

中国人民政治协商会议湖北省暨武汉市委员会等编《武昌起义档案资料选编》中卷，湖北人民出版社1982年版，第358～359页

郭瑞庭《湖北新军在资州反正的回忆》：

十月初二（十一月二十二日）同志等开紧急大会。到会的士兵同志有王志祥、李绍白、陈文俊、王国威、刘国祥、浦天祥、杨毓麟、任永生、鲁伯超、刘定一、周世忠、丁洪本、姚洪圣等五十余人，我自己也是一个。官长参加的有标统曾广大及陈镇藩、王桂荣、浦民康、丁振华等数人，所有士兵同志一致要求响应武昌，立刻起义；惟曾广大提出应保全端方生命，同志等都主张非杀端方不足以表明态度，任永生同志大声对曾广大说道："统带呀，此时要把私情丢开，端方对我们本好，无奈他是旗籍，又是满清政府钦差大臣，我们若不杀他，何以取信武昌同志，四处的大汉友军，亦恐不我相谅。公仇能说不报吗？"曾广大无言退会，是夜即吊城逃走，中下级官长逃走者不少。同志等约定散会开饭后武装集合。当天下午六时，同志百余人荷枪实弹到钦差大臣行台，将端方及其弟端锦二人押至天上宫，端方要求进去见统领邓承拔一面，邓避嫌闭门不纳，同志等即在天上宫丹墀下宣布端方罪状，"武昌起义，天下响应，我们汉族健儿，均应返鄂，大兴义师；乃尔蒙蔽我等，陷吾人于附逆之境。今日之下，公仇为重，不诛丑虏，不是黄炎后裔"云云。事出仓卒，先未备刀，由任永声同志找得菜刀一把，端方适坐阶石上，即就而杀之，以未先脱衣，砍了数刀才死。其绝气前尚呼"福田救我"（曾广大，字福

田)。这时陈仪亭同志拿来排长汤日跻的开口指挥刀杀端锦,端锦是站着的,第二刀才倒下,然后割下两颗首级,用石灰腌装在子弹箱内,带回湖北。随公举陈镇藩为统领并推定各级官长,连夜剪辫子、制旗号,到第二天就面目一新了。

中国人民政治协商会议湖北省委员会编《辛亥首义回忆录》第2辑,湖北人民出版社1980年版,第113~114页

《宣统三年十一月十九日外务部参事继先呈》:

当武昌起行之时,有湖北兵队随同入川。洎闻武昌之变,该兵队等即屡有反侧,经职父叠次推诚剀切劝导,晓以大义。各兵队等始亦颇为感动。讵意十月初七日黎明,有队官兵丁等持械入室,情形悖叛,语多强逼。职父严词正色,痛加斥詈,复以朝廷大臣不得无礼相加,卒因不受挠屈,遂致殉难,忠骸复不能完全。职叔三品衔河南候补知府端锦……此次随同职父办理川鄂路政各事,当时患难相持,以身蔽刃,遂亦同时遇害。

中国史学会主编《中国近代史资料丛刊·辛亥革命》(4),上海人民出版社1957年版,第517页

△ **四川夔州、奉节、云阳、万县、内江独立。**

向楚《四川党人革命大事记》:

同时,卢师缔[谛]、江厚坤、易存贞、王亮、刘梓春、晏祥武等谋运下东独立,是日举义,戕奉节知县高矗义,徇巡防之请,推王某为司令,王亮为参谋长。云阳亦同日反正,推晏祥武为司令,卢师缔[谛]为参谋长。驻万县巡防管带刘汉卿,亦先一日反正,以兵下夔府,七日宣布,被推为下东蜀军副都督。

国立四川大学党义研究会主编《党义月刊》第3卷第1、2期合刊。隗瀛涛、赵清主编《四川辛亥革命史料》上,四川人民出版社1981年版,第436~437页

《辛亥四川革命纪事》:

是时下东、泸南皆有党人运谋其间,万县则熊辈、潘大道等,泸南则杨兆蓉,邓西林等,或联官绅,或结防军密图响应。于是万县巡防管带刘汉卿于十月五日反正,被推下东副都督。

时卢师谛、王亮等自武汉返蜀,规划夔、巫、云阳间,夔、巫旧驻水师颇戒严,巫山团防孙吉五为人好任侠,师谛等开晓之。翌日昧爽即开拔回夔,共图发难,而夔有水道警察二百余人,枪三百挺,船数十艘,统带官为第八区水警正娄汝翼,【亮与汝翼】姻旧,故相善,乃密语汝翼勿为清虏助,汝翼从其言,而吉五复联合巡防军数十人待发动。师谛复走云阳,与党人汪厚坤、易存贞、刘鸿材、宴[晏]祥武等计议,留亮主夔事。十月六日杀奉节知县,徇巡防之请,推陈某为司令,孙吉五为军务长,陈某延亮为参谋长,亮辞往云阳,而云阳亦已举义,推宴[晏]祥武为司令,卢师谛为参谋长,于是川东南五十七州县,皆先后反正。

《中国国民党四川党史材料》,1940年3月,载《中华民国开国五十年文献》。隗瀛涛、赵清主编《四川辛亥革命史料》上,四川人民出版社1981年版,第461页

《夔州光复详志》:

川省自路事风潮起后,省城虽甚扰乱,而川东一带尚属安谧。武昌事起,人心因之大为动摇。赵督以夔州为全川门户,委候补道余大鸿带兵三营,严为防堵,委知府成昌为监督,奉节县知县曹彬孙为提调。未设备间,川东土匪大起,余大鸿竟畏惧不敢到夔。时湖北利川、建始等县相继光复,夔州孤县,曹令督勇千余,会同警务长徐希贤勉力防守,筹兵筹饷,两月之久,危险万状,备极辛劳。嗣有本城办理团防绅士鲍立贵,鲍超之后裔也,劝该令投诚,该令以城亡与亡拒之,盖鲍欲独立也。至十月初六日,该令正在夜间巡城之际,民党猝发,众寡不敌,遂为所困,迫令投降。该令不从,身受数伤,遂以毙命。警务长徐希贤亦同时被杀。城内秩序大乱,幸附近民军连夜入城,维持秩序,人心始藉以无恐。惟鲍之为人,颇为舆论所不容,

闻民军到时,鲍竟遁逸者,家属有被民军罚款二万金之说,至曹令灵柩回武清县王庆坨原籍矣。

《时报》,十二月二十四日。渤海寿臣《辛亥革命始末记》,《实行立宪汇编·各省》,文海出版社1969年版,第251～252页

秦枬《蜀辛》:

奉节曹令彬孙函致友人转告急,略谓:夔属危急,前已电禀,督院未复。刻下邻境之施南、建始、利川、巴东、归州各府州县同时并变,夔、万若无重兵,势必不支。绅商均有异心,不独夔属为然。知县不寐已两月,死守无济也。函发于月之十七日……

初六日移居北城者仍未止。是夜奉节团防起变,首领孙吉武等杀县令曹彬孙及警长徐希贤,执夔州府知府成昌欲杀之,由绅保拘留候审判。初闻鄂警时,曹令以巡防单薄不足镇夔门,练团数百资防堵,沿江各要隘分设巨炮甚严密,又有牙兵二十名备快枪以为卫。团有武弁谋独立恐不遂,三更后绐令速到局议要事。令未集牙兵径往,被执砍数刀死。署中财物被掠。次日设军政府,商会出资厚殓之。

《中国野史集成续编》第30册,巴蜀书社2000年版,秦枬《蜀辛》下卷,第5～6页

吴玉章《武昌起义前后到二次革命》:

十一月二十六日(十月初六),内江的县知事听到了端方在资州被杀的消息,便立即逃走了。巡防军接着也逃跑一空。有人到喻云纪家来找革命党人。我们于是决定立刻行动,并且马上到团练局。这时有些革命同志正在那里同团练局长谢仲辉谈判。谢说什么土匪来了他可派兵去打,同志军来了他可派人交涉,如果鄂军来到,治安问题他就无法负责了。我当即回答说:"治安问题完全可以保证,但你必须首先将团练局交出。"谢不肯答应,聚集在外面的群众便大声怒吼:"非交不可,一定要交!"谢不得已才允许交出。我们于是立即将团练局接收。接着,喻云纪的父亲和当地同志便去召集群众,在天后宫的大戏台前开会。一时来参加的有好几千人,情绪空前热烈。当由我上台宣布革命宗旨,主张建立革命政权,群众听说,欢呼万岁,声震屋瓦。当场通过成立内江军政府,并一致举我为行政部长,吴庶咸为军政部长。当成千的群众把我们拥到县署去办公的时候,我深深地感到群众力量的伟大,真是顺之者昌,逆之者亡,丝毫不爽。

中国人民政治协商会议全国委员会文史资料研究委员会编《辛亥革命回忆录》第1集,中华书局1961年版,第105页

△ 清廷以宪法重大信条十九条,誓告太庙。

《告祭太庙宣誓宪法信条》:

监国摄政王代诣行礼。誓词曰:维宣统三年,岁次辛亥,十月乙未朔,越六日,孝孙嗣皇帝,臣年在冲龄,监国摄政王载沣摄行祀事,谨誓告于太祖承天广运圣德神功肇纪立极仁孝睿武端毅钦安弘文定业高皇帝、孝慈昭宪敬顺仁徽懿德庆显承天辅圣高皇后、太宗应天兴国弘德彰武宽温仁圣睿孝敬敏昭定隆道显功文皇帝、孝端正敬仁懿哲顺慈僖庄敏辅天协圣文皇后、孝庄仁宣诚宪恭懿至德纯徽翊天启圣文皇后、世祖体天隆运定统建极英睿钦文显武大德弘功至仁纯孝章皇帝、孝惠仁宪端懿慈淑恭安纯德顺天翼圣章皇后、孝康慈和庄懿恭惠温穆端靖宗崇天育圣章皇后、圣祖合天弘运文武睿哲恭俭宽裕孝敬诚信中和功德大成仁皇帝、孝诚恭肃正惠安和淑懿恪敏俪天襄圣仁皇后、孝昭静淑明惠正和安裕端穆钦天顺圣仁皇后、孝懿温诚端仁宪穆和恪慈惠奉天佐圣仁皇后、孝恭宣惠温肃定裕慈纯钦穆赞天承圣仁皇后、世宗敬天昌运建中表正文武英明宽仁信毅睿圣大孝至诚宪皇帝、孝敬恭和懿顺昭惠庄肃安康佐天翊圣宪皇后、孝圣慈宣康惠敦和诚徽仁穆敬天光圣宪皇后、高宗法天隆运至诚先觉体元立极敷文奋武钦明孝慈神圣纯皇帝、孝贤诚正敦穆仁惠徽恭康顺辅天昌圣纯皇后、孝仪恭顺康裕慈仁端恪敏哲翼天毓圣

纯皇后、仁宗受天兴运敷化绥猷崇文经武光裕孝恭勤俭端敏英哲睿皇帝、孝淑端和仁庄慈懿敦裕昭肃光天佑圣睿皇后、孝和恭慈康豫安成钦顺仁正应天熙圣睿皇后、宣宗效天符运立中体正至文圣武智勇仁慈俭勤孝敏宽定成皇帝、孝穆温厚庄肃端诚恪惠宽钦孚天裕圣成皇后、孝慎敏肃哲顺和懿诚惠敦恪熙天诒圣成皇后、孝全慈敬宽仁端悫安惠诚敏符天笃圣成皇后、孝静康慈懿昭端惠庄仁和慎弼天抚圣成皇后、文宗协天翊运执中垂谟懋德振武圣孝渊恭端仁宽敏庄俭显皇帝、孝德温惠诚顺慈庄恪慎徽懿恭天赞圣显皇后、孝贞慈安裕庆和敬诚靖仪天祚圣显皇后、孝钦慈禧端佑康颐昭豫庄诚寿恭钦献崇熙配天兴圣显皇后、穆宗继天开运受中居正保大定功圣智诚孝信敏恭宽明肃毅皇帝、孝哲嘉顺淑慎贤明恭端宪天彰圣毅皇后神位前曰:洪维我太祖高皇帝以来,列祖列宗,贻谋宏远,垂三百年于兹矣。孝孙寅绍丕基,兢兢业业,仰承先朝立宪之大恉,力图急进,朝夕筹谋,乃弗克负荷。用人行政,诸未得宜,以致上下睽隔,情意不孚,旬月之间,寰区俶扰,深惧我累圣相承之大业,颠覆于地。悯予小子,罪曷克当。兹由资政院诸臣,博采列邦君主最良之宪法,上体亲贵不与政事之成规,先撰重大信条十九条,其余未尽事宜,一并归入宪法,迅速编纂。并速开国会,以符立宪政体。审察情势,已允施行。用敢矢言于我列祖列宗之前,继自今藐藐之躬,振振之族,当与内外臣工军民人等,普同遵守,子孙万世,罔敢或渝,以纾九庙在天之忧,而慰率土苍天之望,惟我祖宗实式临之。所有重大信条开列于后。谨誓。

沈云龙主编《近代中国史料丛刊·宣统政纪》第65卷,文海出版社有限公司1989年版,第11～16页

编者按:十九信条全文前此已录,此处从略。

△ **蓝天蔚以中华民国军政府关东临时大都督名义发表满洲革军之檄文**。**12月2日,奉天交涉司照会日总领事,请其拿获蓝天蔚,交清政府究办。次日蓝天蔚致书赵尔巽,劝其“随大势所趋,俯顺舆情”**。

《满洲革军之檄文》:

满洲革军蓝天蔚此次以中华民国军政府关东临时大都督蓝为之檄文,缀以黄帝纪元四千六百九年十月初六之时日,散布于满洲各同志。其檄文照录如下:

中华民国军政府临时关东大都督蓝,为□照会事。本部都督日奉军政府之命,筹谋恢复关东一带,已经一月有余,一切布置均称完备,兵力制度足以保护本国人民暨外国人民之一切生命财故[产]。故武昌起师之后,全国响应,义师到处,行动文明,各友邦外交团体均先后宣告中立。本都督为顾念同胞,恢复关东三省,共图推倒清政府,辅助民政府,建立共和民国。同时,对于外交各友邦,重敦睦谊,以期保持世界之平和,增进人类之幸福。所有民国军对外行动,先时知照,免生误会。

一、清政府与各国所缔结契约,皆可继续而归有效;

一、外债宜调查各省之旧担,定期偿还;

一、军政府所占领地方内之外人财产及教堂等一律保护;

一、各国既得之权利,一体保护;

一、凡清政府与各国所订之条约及既得之权利,于本照会之先所订者,均可照常;至照会后所订者,决不承认;

一、各国如有援助清国政府以妨害军政府者,军政府即以敌视之;

一、各国如有以战事物品供给清政府者,既被查出,概行扣留。

《盛京时报》,1911年12月5日。国家清史编纂委员会文献丛刊《辛亥革命史资料新编》第3卷,湖北人民出版社2006年版,第425页

《宣统三年十月十二日交涉司给日总领事的照会稿》：

案蒙督宪饬发外务部电开准贵国公使照开，本国外部电复，蓝事正在饬查云云，严重取缔等因。具见贵国顾全睦谊，维持治安之至意，敝国实深感佩。

查蓝天蔚前充第二混成协统领，因与本协将弁兵丁不和，请假回南。讵出营之后，时以报复该协将弁兵丁为念，遂在大连刊刻关东大都督伪印，造作伪札，散给胡匪，冀图泄忿。并有贵国人为之帮助，前已照请查拿有案。蓝天蔚以个人私怨，故意扰乱治安，并无革党政治思想。查各国所谓国事犯，乃指有政治关系而言；若勾结盗贼为患地方，专为私忿起见，即无政治之可言。贵国交谊素敦，又有贵外部严重取缔之电，想无纵容庇护之理，且亦断不容日人为之帮助犯此嫌疑。其伪印称关东都督，大有冒称贵关东都督官衔之意，尤非所宜。为此照请贵总领事，迅即转达贵关东都督府即将蓝天蔚拿获，送交敝国究办，实纫公谊。伏候查照施行。须至照会者。

奉天交涉司档。国家清史编纂委员会文献丛刊《辛亥革命史资料新编》第3卷，湖北人民出版社2006年版，第278～279页

《蓝天蔚致东三省总督赵制军书》：

革命风潮千钧一发，不意满腔忠愤竟付东流，我公疑惧交加，而宵小之徒乘机煽惑，不驱使一般正人君子、义侠男儿尽为革党而不可得。天蔚秉性过愚，素非畏事之辈，亦非无起义之想，并非无辅佐之人，然犹甘辞兵柄，单骑入鄂，晓以利害者，诚以东省迭遭兵燹，去年大疫，本年大水，不忍视生民涂炭。我公危险，且恐与日前奏请立宪主旨相背谬，无以见信于天下耳。孰意我不负人，而人竟负我，旬日以来，南人尽逐，北人暗潮，鹤唳风声，变态万状，祸机潜伏，不可测度。三省逼迩强邻，犹且如是，而中原大局，益不忍言。中州不稳，直省告变，南京指日大战，北京势将互[瓦]解，他省皆已宣告独立。武汉天堑，既有襄河、长江之险，又有三湘接济之师，官军纵有精兵十万，不能克日奏功，且非腹背夹攻，难以奏效。试问今日朝廷能用兵有几？进攻之道有几？而且用人行政毫无主意，时而荫时而衰，时而战时而和，时而宣抚，时而烧杀，时而疑彼，时而惧此。稍有名望者，明则扬之，暗则毁之，吴禄贞之见杀，张绍曾之见弃，不但国人寒心，外人亦生訾议。细察近事，海外归来者纷纷道路，类多往投革军，甘效驰驱，即内地之妇人小子，闻革军捷，无不喜若狂；闻革军败，则无不怒而吁。至满人中，亦且有怨朝廷不德而祸及无辜者。是以皇上下诏罪己，不但不能收拾人心，益使人民有所藉口。古云："得天下者得其民也，得其民心也。"人心已去，虽有大力者亦不能挽回万一。我公聪明，天纵爱民若子，应随大势所趋，俯顺舆情而塞党人之口，此宁独东三省人民之幸福耶？更有进者，力奏朝廷暂避热河，皇上有禅让之美名，人心或有思清之一日，大局幸甚，人民幸甚，皇室幸甚。否则兵连祸结，无有已时。咄咄渔人，乘机而起，国亡家破，民散君囚，届时谋国诸公有何面目立于天地？即勉强以一死塞责，又有何面目对于祖宗？天蔚乘风于渤海波浪间，热血喷涌，振笔书此，语多不恭，然狂夫之言，圣人采择，幸愿我公勿滋河汉。蓝天蔚顿首。

《盛京时报》，1911年12月3日。国家清史编纂委员会文献丛刊《辛亥革命史资料新编》第3卷，湖北人民出版社2006年版，第420页

11月27日（十月初七日）　成都宣告独立，成立大汉四川军政府，举谘议局议长蒲殿俊为都督。

《辛亥四川革命纪事》：

成都军民交哄后,清廷命端方、岑春煊查办,并调鄂、黔军入川戡乱。逾月,武昌起义。资政院奏劾盛宣怀误国殃民,端方继劾赵尔丰,复为蒲、罗诸人昭雪。九月初五日,清廷命释放蒲、罗等九人,责成其分投开导。蒲、罗等哀告全川伯叔兄弟文,谓保路同志会之目的已贯彻无阻,劝罢兵息事。然各道民军扶义反正,与同志会画然两事,非蒲、罗等所能动矣。既而资政院劾罢赵尔丰,端方继任川督,拥兵驻资州。尔丰恶其逼己,调巡防军三十营入省自卫,寻遣吴钟镕、周善培与绅士邵从恩、陈崇基等谋扶持四川自治,往复讨论。初欲以民政交从恩,从恩不可,乃决以民政交谘议局议长蒲殿俊,军政交新军十七镇镇统朱庆澜,尔丰出关办理川、滇边务,释杨维、黎靖瀛、江永成、黄方、王炳章、张治祥等出狱。遂于十月初七日以尔丰名义,宣示四川地方自治。殿俊称大汉军政府四川都督,庆澜为副都督,设军政府于明蜀藩皇城官署。民家皆树白旗,中署汉字,周以圆规十八,盖取义于十八行省也。政府宣布优待赵尔丰,协约三十条,请尔丰仍主边务,扩充军备,协济藏款,供应常年费,兵饷岁四百万;又请尔丰留成都,暂缓赴边,以便遇事商求援助指导,识者以为隐忧。

隗瀛涛、赵清主编《四川辛亥革命史料》上,四川人民出版社 1981 年版,第 461 ~ 462 页

杨开基《成都光复》:

初六日午后罗纶、张澜、邵从恩等至督署,与赵尔丰商定独立条件,彼此公同认可,双方签字后,赵尔丰始出示晓谕人民,川中一切行政事宜,交由川人自办,民政暂交谘议局代表蒲殿俊管理,军事交四川第一[十七]镇总制朱庆澜管理。初七日午前十二钟,四川军政府在皇城书试院成立,蒲殿俊就正都督职,朱庆澜就副都督职。于是罗纶任安抚局长,邓孝可为盐务部长,曾培为学务部长,尹昌衡为陆军部长,颜楷接提法使司事,吴宝铨接办盐运使所管盐政事宜,蒋寿眉接收洋务局事,邹宪成、舒成祥分赴大清、濬川两银行接收账簿票据银钱等项,舒巨祥接收巡警道事,廖治接收劝业道事,余奉照会及委任各部干事人员,名士如鲫,不可胜纪。

《辛亥革命川变写实记》,载《中华民国开国五十年文献》。隗瀛涛、赵清主编《四川辛亥革命史料》上,四川人民出版社1981年版,第512 ~ 513页

《成都独立与赵尔丰所订条约》:

(一)现因时事迫切,请帅出示晓谕人民:川中一切行政事宜由川人自办,暂交谘议局代表蒲殿俊管理。

(二)督印交藩库封存,由川人择吉宣告独立。

(三)移交以前所有一切军队,请帅酌量并合,务求统一。

(四)西藏为四川屏蔽,望帅推保四川之心,仍遵朝令办理边务事宜,所有兵饷及行政经费概由川人担任。

(五)宣告之后,仍请帅暂缓赴边,以便遇事商求援助指导。

(六)军提都统各宪由绅商面达,事后如愿驻川,仍待以相当之敬礼;如愿回籍,需用川资由川人从厚致送。

(七)驻防旗饷照旧发给,事后再为妥筹生计。

(八)凡行政司令各官仍希照常办事,不愿留者听其自便。

(九)凡省中文武官吏力为保护,不得侵犯自由,不许人民挟忿寻仇。

(十)诸帅即饬巡警署,不必干涉报馆议论,以便先事开导,免致临时徨骇。

(十一)自宣告之后无论满、蒙、回与汉人一律待遇,不分畛域。

(以上十一条系蒲都督殿俊主定)

(一)不排满人。

(二)安置旗民生计。

(三)不论本省人与外省人视同一律。

(四)不准仇官及有他项侮辱言动。

(五)不准仇杀。

(六)不准劫狱。

(七)保护外国人。

(八)不准报复。

(九)保护商界。

(十)不准抢掳。

(十一)不准烧杀。

(十二)万众一心,同维大局。

(十三)谨守秩序,实行文明。

(十四)旗军现练三营,统归陆军统制管理。

(十五)所有一切军队除选带边军外,悉交第十七镇朱统制官接管。

(十六)边务常年经费及兵饷,共银一百二十万两,由川人担任。

(十七)边务如须扩充,军备饷弹由川协济。

(十八)军队除原有边军外,应再选带八营。

(十九)藏款仍照旧协济。

(以上十九条系赵尔丰主定)

《中国野史集成续编》第30册,巴蜀书社2000年版,秦枏《蜀辛》下卷,第4~5页

《1911年11月29日总领事务谨顺致朱尔典爵士函》:

11月27日那一天,新政府发布了三项告示。第一项告示简单地说明:该政府发布的所有官方文件都将盖印,刻有"大汉四川军政府之关防"字样。这里,我可以说:这个关防的大小和形状与旧制度下总督的关防相同,而且盖印时也同总督关防一样,用紫红色印油。第二项告示的开头列举了禁止违犯事项表,对其中三项犯法行为可处以死刑。官吏、外国人、旗人及公共建筑物均应同样受到保护;杀人、放火、抢劫及奸淫都将处以死罪。然后,接着宣布政府的更迭,其中重申对外国人、教堂、该省行政官吏及驻防旗兵答应给予保护。由于铁路同志会现已达到目的,该告示要求它解散,并且保证减少或废除"前不良政府之苛捐杂税",以及对骚乱的受害者予以赔偿。

第三项告示是给各部门和各地区的一项通知,告诉道台以下各级在职官员:他们目前可以继续任职,或是在预先提出通知并有人替换之后离职。各处的厘金关卡将予以撤除,官盐每斤加价四文将不继续征收。法律诉讼的费用将予减少一半。清朝的法律、条例和礼仪,未经现政府明确废除或修订者,仍应遵守;但所有的政治犯应被释放。在职官员应负责照料所有的政府财产,并对那些未经明白允许免征的田赋负责按期交付。为了查明这种免征要求是否确实,官员们应同每个镇区的"团体"(或者可以随便称之为教区委员会)进行商议。关于当地要求压制或鼓励的一切事情,也必须同他们磋商。

协议的各项条款和所作的让步(附件二及附件三)规定了满族人的安全,正如我所报告过的那样,他们在成都的人数大约为一万人。蒲殿俊作为新独立省份的都督,按照同样的精神对旗人(满族人、蒙古人和汉军旗人)发布一项通知,答应他们给予保护以及目前继续提供大米补助。28日的《商报》发表了该通知的译文。它肯定地说:旗人本身将由于政府的更迭

而得到好处,因为他们将不再限于内城居住,而且在选择职业方面不受约束……

《备忘录》:

英王陛下总领事收到一封来函,所注日期为黄帝即位第四千六百零九年十月八日,即公元1911年11月28日。该函通知他说:大汉四川军政府已经成立,并宣布四川独立,大清王朝的权力现已消灭;同各国缔订的有关整个中国的那些条约必须由联邦会议讨论,但四川现政府准备承认那些有关四川的条约,并继续慎重对待各国领事及在该省居住的各该国国民,将对他们的安全承担责任。

胡滨译《英国蓝皮书有关辛亥革命资料选译》(上),中华书局1984年版,第247～248,250页

△ **清军重兵攻克汉阳,革命军失利。**

《武汉战记初稿》:

是日(初六日)上午八时,敌军攻汉阳甚急。我军抵抗于江家岭一带,势渐不支,敌占据磨盘山、仙女诸山,复乘胜向十里铺疾趋前进。十里铺西端所设地雷复为汉奸(张朝禧,原稿已将名字划去。原编者)暗将引线割断,敌军猝至,更莫能御。尚安邦、甘兴典之军,见敌即溃,余军士气益馁。我军死伤狼藉,湘军尤甚,虽各级指挥官死力督战,而士不用命,亦莫可如何。

午后四时,敌军已逾十里铺,至梅子山、黑山等处,追击愈猛。隔岸桥口敌军亦同时以炮火集团射击,且以步队一支渡河助战,适我黑山炮队又有叛兵反炮相击,军心益乱,熊炳坤、杨载雄各军,亦先后败退,第三标管带王殿甲战死,参谋部副长杨玺章在阵后督战,亦忽为流弹所击毙……

是夜,第四协统领张廷辅犹力督所部占据大巷口不退,并派员沿途邀集溃众,拟分驻各隘,以图恢复。无奈各军兵士四窜奔逃,势如蜂拥,部伍混杂,不复成列。有热血将校,分立各段路口,拔刀阻止,立砍先奔数人,以儆来者。奈各兵至此,只图争先逃命,不复知有长官,见有阻止者,即举枪欲击。军心如是,亦徒唤奈何已耳!

是夜,湘军悉由汉阳上游向沌口退去。鄂军则沿汉阳西岸,寻觅船只,争先抢渡。敌不我追,自行惊扰,惨遭覆没,浮尸蔽江,多缘无教育之兵,故难绳以纪律也。

初七日午前六时,敌不知我虚实,犹分三路从黑山、锅底山、桥口等处,向我进攻。我四标一营管带黄经猷、辎重营管带黄巾率所部残卒,犹死力相持,奈身被弹伤,后路无援,且敌势甚张,节节进步,只得从容退却,以作残留诸军之收容而已。

《辛亥革命史丛刊》编辑组编《辛亥革命史丛刊》第3辑,中华书局1981年版,第151页

张联棻《记辛亥武汉之战》:

十月七日,清军分为三个纵队,向民军出击,一队攻大别山,两队攻汉阳。大别山高处阵地,可以控制武汉,民军建筑层层堡垒,地势险峻,清军不好仰攻,官兵冒着猛烈炮火,拼命进攻,伤亡惨重,还是前仆后继,猿登踏尸前进,竟破民军之防。

下面民军援兵,由于被阻于清军一二纵队,无法援助,清军乘势抢上山头,手执红旗,四起四落,才将民军旗帜拔去,树立清军之旗,民军溃退武昌、沌口、青山等处。

大别山占领后,清军一二两纵队,随即攻入汉阳,吴金标以标兵一部搜索隐匿的民军,另以一部标兵追击渡江的民军,民军落水溺死的为数不少。

清军进据汉阳,枪炮、火药诸库均无损毁,攻占汉阳仅激战四小时。

中国人民政治协商会议全国委员会文史资料委员会编《辛亥革命回忆录》第6集,文史资料出版社1982年版,第376～377页

王树枬《武汉战纪》：

七日，我军分三纵队，一队攻大别山，两队攻汉阳。大别山高控武汉，敌垒层层环峙，险峻不可仰攻，弹石下掷，当者糜碎。我军冒炮火，衔队猱升，踏尸以进，立破其防；汉阳革军阻于我两纵队，不能来援。我军抢上山头，手执红旗，四起四落，拔敌帜，树之大营；革军分窜武昌、沌口、青山诸处。巳初，我军入汉阳，惟一空城，市廛中间有伏枪潜击者。吴金彪以标一部，搜索城中匿党，以一部追击渡江之敌，多堕水而死。计我军克汉阳，不满四时，而枪炮钢药诸厂均完全收获，无一损失。

中国史学会主编《中国近代史资料丛刊·辛亥革命》(5)，上海人民出版社1957年版，第239页

《宣统三年十月初七日第一军总统冯国璋致内阁、军谘府、陆军部电》：

今日拂晓，攻击梅子山，十一点占领龟山，午后四点克复汉阳，因令严加防守。本日我军伤亡甚少，获匪枪炮无算。匪乘船向武昌逃窜，被我炮击及溺死约千余人。兵工钢药等厂未被匪毁，工人溃散，派员查看，尚未回报。国璋谨肃。初七日。

军机处电报档。中国史学会主编《中国近代史资料丛刊·辛亥革命》(5)，上海人民出版社1957年版，第351页

《1911年11月27日朱尔典爵士致格雷爵士电》：

关于湖北革命。请参阅我昨天的电报。今天，汉口代总领事来电如下："清军已夺回汉阳。革命军逃往武昌，士气低落。黎元洪都督准备接受立宪政府，并照该意发出信息。如果我能够获得黎元洪提出的停战条款，便将电告您。"

胡滨译《英国蓝皮书有关辛亥革命资料选译》(上)，中华书局1984年版，第94页

△ 黄兴主张放弃武昌，进取南京，遭否决。次日，黄兴离汉赴沪。

胡祖舜《武昌开国实录》：

军政府当召集紧急会议，黄兴主张放弃武昌，率所有精锐及饷糈械弹乘舰东下，进取南京，以为根据，再图恢复。众谓武昌为首义之区，动关全局，若不战自退，各省势受动摇，虽欲卷土重来，天下谁复再与共事？况有长江天堑，据险以守，敌焰虽张，当非旦夕可图。阳夏之役，以我未经训练之师，当彼精悍之众，尚能相持四十余日。今各省纷纷响应，分电乞援，必多劲旅，胜负正未可知。一致主张固守武昌，仍推黄兴为总司令，孙武、张振武尤为愤慨，范腾霄亦陈说以守武昌为得计。黄以所议不合，当夜乘轮东下。

胡祖舜《武昌开国实录》，武昌久华印书馆1948年版，第110页

《张振武之革命战史》：

黄兴突入都督府，开军事大会，主张放弃武昌，退走南京。君闻之，眦裂发指，拔剑抗声曰："汉口与汉阳仅隔襄河，大敌临前，尚能支持月余。武昌为兵事重地，据此一隅，足制全国。倘不死守，则东南动摇，望风而靡，此不可弃武昌者一。长江天堑，北军仅四千人，岂能飞渡。武昌粮饷枪炮充足，举军号称数万，尚能背城借一，此不可弃武昌者二。各省援兵陆续来集，若退攻南京，胜负尚未可必，而武昌已失，敌据荆襄上游，以制湘桂死命，且分兵克九江，下安庆，势如破竹，南京虽为我有，亦不过如洪秀全之苟延时日而已，此不可放弃武昌者三。有此三不可弃，敢言弃武昌者斩！"黄兴气沮，默然而避。

武汉大学历史系中国近代史教研室编《辛亥革命在湖北史料选辑》，湖北人民出版社1981年版，第573页

范腾霄《辛亥首义前后》：

十一月二十六日(十月初六日)夜，汉阳继龟山而告失陷，黄克强守汉阳月余，虽有李小垣氏(即李书城)以次为之参谋，计划一切，实以日人大原主之。汉阳失，兵工厂资敌；龟山失，武昌在其鸟瞰下，不易保守。准此原则，克强在军事会议出席时，首先阐明苦守之久，继

云,衡之战术原理,汉阳既失,武昌不易保守。不若弃武昌,以武昌之众顺流而下攻南京。南京克,虽失武昌,不为大害云云。黎亦起立赞同斯旨,征同意。时会众中颇有怒目嫉视不表赞同者,然未起立陈述。斯时余亦愤不可仰[抑],以座近黎,因掣黎衣语曰:“余有意见发表,请介之群众。”黎颔之,且甚喜,以余初留学返国,对于战术必有研究,苟获余一言而解决弃武昌、攻南京之议,岂非省却多少争论。乃引余临台介之众曰:“范腾霄旧佐余幕,毕业将弁学堂,复赴日本留学海军七年,陆海军事学超越侪辈,学识俱优。现有意见发表,请大家注意。”旋余即开始发抒说词,追记大略如下:

“大别山为武汉唯一高地,汉阳又值武昌上游,不幸均告失陷。加以清军重炮队之力量,我方炮弹之缺乏,精锐之丧失,敌顺流而下,悉力来攻武昌,凭守实属不易。黎黄两公主张弃武昌而悉众以攻南京,在战术上讲,避难趋易,未尝不是得策。但仔细研究战争原理,战略之顾虑重于战术远甚。鄙人虽初到此,但由吴淞以溯长江,沿途视察全局形势颇有所得,不得不本此一得之愚,贡之大众,以期在此危急存亡之秋,有万一之补救也。自武昌首义,东南半壁全体响应,北方各省亦多表赞同。武昌关系全国,不啻如人身之首脑,人心所系更不待言。当此我方基础未固,敌方尚拥重兵之时,首脑部如有动摇,或将影响全体,千钧一发,稍纵即逝。据本人所目睹,围攻南京之联军,十倍于守城之张勋军队,南京不日当可攻下,无须武昌军队再往参加。且武昌军队苦战已久,精锐丧失,半属老弱。淞,沪、皖、赣各军亦且出发在途,实行援鄂。人方援我,而我先自弃之,一失也。武昌距南京千四百余里,千里馈粮,士有饥色。恐不待我师之到,而南京已下;即未下以前,我师到达,指挥之权谁属,意见之争难免,影响功[攻]势,更非浅鲜,二失也。重视腹心之南京,轻弃首脑之武昌,首脑有失,影响国家全体,民国生命岌岌危矣,三失也。有此三失,我无数流血志士艰难缔造之新起民国,其血食将由此而斩,吾不忍更言其他矣。主张弃去武昌者之顾虑,以为此新兴之集团在北军炮火压迫下,势恐沦于齑粉。则余更有策以为之保障,北军虽强,其内部意见非一致,汉满界限未能尽泯;汉口、汉阳既下,主兵者或将留武昌以为借敌自重之计,决无必攻武昌之企图。其可资保障者一也。北军多数据汉口,逆流攻武昌必以船,我果沿江布置防御线,而以知兵者主其事,利用步队之火力,敌人即不易傍岸。其可资为保障者二也。以敌炮队射击之准确,我重要机关有被毁之虞,此虑诚是;然屋宇被毁,人员仍可趋避。假令定都督府为三个处所,甲被毁,迁之乙,乙被毁,迁之丙。有旬余之维系,各省援军云集,北军虽精,众寡不敌,主客异势,不须力战,而敌气已沮,武昌可臻万全。此可资为保障者三也。如弃城不守,风声所播,敌即不欲入武昌而不可得,是自绝也。武昌存亡,关系綦重,鄙人陈述之利害得失,尽于此矣。最后敢大胆请诸君一决,赞成死守武昌者,起立举手。”

言未毕,全体齐举手,欢声雷动。余此时以初到之微末一员,竟为多数同志拥护,并请至军务部商洽善后,甚为感动。当时最热烈欢迎者,为孙尧卿、张振武、蔡济民、吴崑三(即吴兆麟)、邓品三(即邓玉麟)、丁复等数十人。渠等或系旧识,或系初面,均一见如故,且恨相见之晚。余云:“诸兄劳苦已甚,如有可与弟分劳之处,不敢辞劳。”当由军务部会同军令部长杜锡钧,商洽部署防务各节。旋闻以蒋翊武氏任城外防御之责矣。

中国人民政治协商会议湖北省委员会编《辛亥首义回忆录》第3辑,湖北人民出版社1980年版,第72-74页

△ 汉阳失守,武昌危殆,黎元洪以及军务部急电各地都督求援。

《黎元洪关于退保武昌请兵援鄂致各军政府都督电》:

火急。各军政府都督鉴:连日汉阳剧战,因我军力单薄,半系新募之兵,不能支持,只有退保武昌。窃思武汉关系中国全局,武昌危即全局难保。元洪当督率将士誓以死守,以维大局。惟敌人以全力争武汉,同胞必以全力援助方能取胜。务恳诸大都督迅速调拨老练之兵,携带枪弹,并机关枪新式快炮,星夜来鄂援助。或另分兵他出,以牵敌势,统希裁夺施行,并祈示覆。鄂军都督黎元洪。虞。印。

《民立报》,1911年12月2日。辛亥革命武昌起义纪念馆等编《湖北军政府文献资料汇编》,武汉大学出版社1986年版,第407页

《黎元洪就汉阳不守拟坚守武昌城中待援致各都督电》:

至急。各都督鉴:敝处血战六昼夜,敌兵恃火器较利,悉进攻汉阳城,恐不能守,我军拟坚守武昌城中待援。事关大局,危急异常,恳即分别遣派海陆军队,星夜兼程来援。祷切盼切。元洪叩。阳。

《民立报》,1911年12月2日

《军务部孙武张振武致各省乞援电》:

各省军政府鉴:鄂事万分紧急,老兵已尽,新兵无用,汉阳危,有弹乏枪,有五生七炮乏弹,请贵都督火速调精兵援救,以免武昌有碍。鄂军务部叩。

曹亚伯《武昌革命真史》中卷,中华书局1930年版,第347页

△ **山西革命军攻占代州、宁武。三日后(11月30日),革命军进占大同。**

《宣统三年十月初九日大同镇总兵王得胜致内阁电》:

初八夜据守关张管带报称,代州城革军用炮轰击,于初七失守。雁门小口林立,防不胜防,万分危急,请饬张抚(锡銮)赶紧督队前来,万勿迟误。大同镇王得胜叩。青。

中国史学会主编《中国近代史资料丛刊·辛亥革命》(6),上海人民出版社1957年版,第199页

《宣统三年十月初十日大同总兵王得胜致内阁转晋抚张锡銮电》:

代州、宁武于初七相继失陷,初八敌又夺据阳方大水等口,雁门腹背受敌,万分危急。倘雁门有警,大同亦将难保。请速督军队前来堵剿,若能三日内赶到,尚可保此方地土,迟则全晋沦没,恐无下手处矣。总以迅速。迫切陈言,祈速电覆。大同镇王得胜叩。蒸。

中国史学会主编《中国近代史资料丛刊·辛亥革命》(6),上海人民出版社1957年版,第199~200页

《宣统三年十月十四日内阁奏片》:

查山西大同镇总兵王得胜,据报失守,请降旨革职,候查办。所遗大同镇总兵一缺,查有记名总兵陈希义久经战阵,忠勇素著,现已派令带队赴援大同,以之补授是缺,可期得力。是否有当?谨奏。

中国史学会主编《中国近代史资料丛刊·辛亥革命》(6),上海人民出版社1957年版,第200页

《忻代宁公团北伐纪略》:

十五日……正拟休息,续团长下令催军前进,不使少停,于六时入大同。

先是续团长在原平时,曾密遣心腹数人先往大同联络同志,于初十日已举义。总镇王、大府李于十一日逃走,余兵半降半散。所以我军斯日得长驱入大同城。

然入城时,与由京开来毅军一千五百前探相遇。毅军由南而东,我们甫入西门,即闻毅军在东关开枪。适浑源白子骧由京来,因知毅军之虚实,特来报告,毅军已到古城安营矣。续团长即令各队分班巡城,并把守各火药库,筑土塞四门。

…………

十一日,抵阳明堡,去代州二十余里,因代州负隅不降,由省调到炮队一队、步兵一队,预

备攻城,然章管带以一有战事,商民必遭涂炭,即使人说州牧谕以须早归降,以救生灵。使者返,该官绅俱表同情,且请入城赴宴。章管带即带护兵数名而往,入城至议事会,见一般绅士情形诡秘,虑有他变,即策马出城。后始知巡防马队王国士定计,欲于席间执章,章之得以出城者,盖事在仓猝,城中未及部署定也。

十月初七日,下代州,先是章管带入城一行,知其不能顺降,且恨其欲于席间陷害,即为攻城计。然相持半月未即进攻者,尚望其悔罪输诚,以免生灵涂炭……

十五日,取雁门关。先是大军驻阳明堡时,续团长即带公团分驻原平等处,以为后盾。及我军下代州,即图取关。续团长知关沟路险而狭,兵多亦徒拥挤,无能为力,遂令弓富魁带队由繁峙进兵,以围其后。至十四日敌知公团下应州,恐腹背受敌,故不战而退。是日我军兵不血刃而得以取关者,实公团之力居多也。

中国人民政治协商会议全国委员会文史资料委员会编《辛亥革命回忆录》第6集,文史资料出版社1982年版,第179～186页

△ **江西派兵一标即日起程,应援武昌。**

《九江马毓宝致黎元洪电》:

准南昌电,已续派步队一标赴鄂,阳日出发。复又电调萍乡袁赣二州军队自湘至鄂助战。特闻。

《南昌彭程万致黎元洪电》:

敝处现派刘懋政统领步队一标,准十一日乘轮赴鄂助战。惟该师或由水路运抵汉口,或绕道黄州,抄敌左侧。以何处为集合点,均须先期知会,以便接洽。汉口日内战况何如,乞随时电告。盼切。

易国幹、宗彝、陈邦镇辑《黎副总统政书》第1卷,上海古今图书局1915年版,第17页

△ **清外务部致电驻日公使汪大燮,希商日本外务部协同查拿革命党人。**

《外务部致驻日公使汪大燮电》:

东省情形日危,革命党潜往日本车站附属地,购械招兵,运藏炸弹。闻日本有发给铁路免票之事,蓝天蔚在大连自称关东临时都督,散布伪札招兵,已勾结起事者有复州、庄河、凤凰厅、辽中等处,又勾在山海关、外沟帮子等处伺截军火,轰击铁路。此外革党胡匪在省,麇集不下十数报起,事经镇压幸免,顷闻已发枪械甚多,势将暴动,早间密告日领,一、请其协同拿匪,搜查弹械。二、如有暴动,我任保护,请勿派兵干涉。三、闹事皆胡匪,系充革党,勿认国事犯等语,希本此意,密商日外部,迅饬日领照办,并将所商情形,电覆外务部。

沈云龙编《近代中国史料丛刊三编·清宣统朝外交史料》第24卷,文海出版社1985年版,第16页

△ **清廷差委部分大员,军权渐集于袁世凯。**

《宣统三年十月初七日上谕》:

贝勒载涛奏第三军内之第一镇营队,除步队四营,马队一营,驻扎外城,未便抽调外,其余各营请改由袁世凯任便调遣,并请将第三军名目撤销。从之。

以甘肃提督张怀芝充直隶帮办防务大臣。

开复已革黑龙江民政使倪嗣冲原官,交督师大臣袁世凯差遣委用。

沈云龙主编《近代中国史料丛刊·宣统政纪》第65卷,文海出版社有限公司1989年版,第21页

11月28日(十月初八日)　黎元洪以蒋翊武为护理战时总司令官,设司令部于洪山宝通寺。军政府召开军事会议,将武昌沿江一带划分三个防区,分兵把守。

《武汉战记初稿》:

十月初八日,以汉阳既陷,武昌不可轻弃,曾经议决仍以保守武昌,静待各省援兵为主旨,应急筹备防御事宜。午前八时,都督召集各协将校,齐集都督府,会议守备方法。当日议决施行各事如下:

一、由各协分划募兵区域,赶速派员招募新兵,补足编制。

一、调查现有枪炮弹药及防御应需军械器具暨服装粮秣等项,有不敷者,赶速筹办,以备不虞。

一、于沿江一带,增加极强大副防御,并于铁丝网上装置极烈之电流。

一、暂将沿江一带防御地段划分三区。由青山至大堤口为第一区,由大堤口至鲇鱼套为第二区;由鲇鱼套至金口为第三区。尽各协现有队伍,分区防守,以专责任。

一、各区防御地段,即筑急造掩体,以后逐渐加工,务达极坚固之程度。

一、派各兵舰于上下游往来游弋,以防敌乘夜偷渡。

一、分电反正各省,火速派兵赴援。

是日,各职员因都督总理大政,事务繁杂,仍请简派作战总司令一员,以资督率。当经都督组织战时总司令部,蒋翊武为副官长、杨开甲为战时总司令部参谋长……

初九日,设总司令部于洪山宝通寺内,以便指挥防御线全部。同时设兵站部三处:以卓刀泉为第一兵站部,派康济民主之;王家店为第二兵站部,派徐寿林主之,葛店为第三兵站部,派何巘主之。

《辛亥革命史丛刊》编辑组编《辛亥革命史丛刊》第3辑,中华书局1981年版,第151页

曹亚伯《武昌革命真史》:

黎都督复召集各机关人员开会讨论防御事宜。吴兆麟云:刻黄兴已去,总司令一职,必须派员代理。查蒋君翊武甚得人和,即请都督委蒋君护理。黎都督与大家均以为然……

是日,蒋翊武已在洪山成立司令部,并传知各部队即将所占领地点及队号兵数,统报于司令部,以资统一而便指挥。

曹亚伯《武昌革命真史》中卷,中华书局1930年版,第343、360页

△ 广东都督胡汉民致电福建都督孙道仁,约请合兵北伐。

《胡汉民都督致福州都督电》:

福州都督鉴:宥日接沪都督陈电开:拟组织联军共谋北伐。现蜀、湘、楚为第一联军,由京汉进行,宁、苏、皖、沪为第二联军由京浦路进行,并由宁、苏、皖、沪、浙五军公推闽、粤为第三联军,由海道进行,需用护卫舰队,允由第二联军担任,请转询贵都督府电复,如表同情,即与电复等语,敝处当不日北伐,尊处能否合兵,抑以各行为便,即希电复。粤都督胡汉民。

《民立报》,1911年11月29日,第1页,专电

△ 清廷以攻占汉阳,犒赏第一军,并赏第一军总统冯国璋二等男爵。

《宣统三年十月初七日上谕》:

电寄第一军总统冯国璋。据电报初六日军情,览悉。将士连日苦战,忠勇可嘉。现已夺回黑山等处,尤属异常奋勇。著赏给银二万两,由度支部发给。所有出力将弁,著冯国璋择

尤优奖,以示鼓励。将士伤亡甚多,朝廷殊深悯恻,并著妥为拊循,查明请恤。

沈云龙主编《近代中国史料丛刊·宣统政纪》第65卷,文海出版社有限公司1989年版,第20页

《宣统三年十月初八日上谕》:

武昌此次兵变,自称系为政治竞争,朝廷本不忍以兵力从事,经饬督师大臣袁世凯暂停进攻,叠委道员刘承恩、海军正参领蔡廷干,驰往汉口武昌,反复开导。该党首黎元洪迄不受抚,仍复左右进攻,袭击官军甚力,实属甘心扰乱治安,荼毒生灵。幸前敌将士,深明大义,忠勇奋发,得以克复重镇,深堪嘉尚。冯国璋著赏给二等男爵;其余出力将弁,著冯国璋查明拟奖,候旨施恩;其伤亡兵弁,著一并查明具奏,分别从优抚恤,以作士气而慰忠魂。

沈云龙主编《近代中国史料丛刊·宣统政纪》第65卷,文海出版社有限公司1989年版,第22页

△ 清廷以王占元充任第二镇统制官,并赏加陆军副都统衔,原统制官马龙标解职,北洋六镇统制尽为袁世凯私人。

《宣统三年十月初八日上谕》:

陆军第二镇统制官马龙标因病解职。以陆军协统领王占元充陆军第二镇统制官,并赏陆军副都统衔。

沈云龙主编《近代中国史料丛刊·宣统政纪》第65卷,文海出版社有限公司1989年版,第25页

△ 日本宣布增派军队前往北京,后数日各国使馆陆续增兵。

《民立报》:

日本陆军大臣石本氏昨日谒见日皇,奏言中国时局危急,日本当以派兵为必要,日皇许之。石本出宫后,即发出兵令,出兵师团系名古屋第三师团,派遣兵员总数约有七百五十名,现正编制准备一切。阳历十一月二十八日,初八日起由海路轮送此项兵员,开往中国北京。此次所遣部除到中国上岸后,即归日本北清驻屯军节制,充当护卫使馆、保护居留民、守备铁道三项任务。

外务大臣内田康哉本日照会东京驻在各国使臣,言:此次日本派兵,仅复北清驻屯军未减兵以前之原数,非有他意。

日本决定增添防兵七百名于北京使署。

《民立报》,1911年11月28日,第1页,日本各埠紧要电报

《民立报》:

美国政府拟从小吕宋派陆军二千五百人前往北京,保护交通及外人生命财产。德人从青岛派兵二百名前往北京,保护使署,并由德国调兵驶往青岛,于十一日在汉堡城出发。

《民立报》,1911年12月1日,第2页,专电

《民立报》:

京中各使署增添防兵,不日可抵。荷兰四十五名,十一日行抵。美国九十名,十二日到。俄国一百名,日本五十名约下星期可到,总共之数足与庚子年后各署防兵之数相合。

《民立报》,1911年12月3日,第2页,大革命之外电

11月29日(十月初九日) 汉口英领事斡旋南北议和,转达双方议和条件。

《鄂军都督黎元洪致电各省都督电》:

汉阳一变,武昌戒严,然已防守慎密,请勿念。刻有驻京英公使电汉领事,提议停战议和之举。南京之役未识如何?请告徐统制,如此开议决停战,则取宁之师本当同时停战,事机

如何，手腕须灵活，特先电闻，余俟议决再告。

易国幹、宗彝、陈邦镇辑《黎副总统政书》第1卷，上海古今图书局1915年版，第16～17页

《宣统三年十月初九日第一军总统冯国璋致内阁电》：

今日黄道开文面称，英领调停息战三天。当告以英领居中调停，系属好意，殊感友谊。惟息战须定条件：一、区域，二、起止时刻，三、息战期内，投匪军舰应交何人看守？四、谁负责任？去后，旋据黄道回来面称：英领谓看守匪船及谁担责任，难以办到，好在汉阳已克复，武昌在掌握中等语。据报称：武昌革党，湘匪已逃散，鄂匪所剩无多，战斗力已减少，现正整理队伍，部署一切。谨闻。国璋叩。初九。

军机处电报档。中国史学会主编《中国近代史资料丛刊·辛亥革命》(8)，上海人民出版社1957年版，第195页

《1911年11月28日朱尔典爵士致格雷爵士电》：

汉口停战问题。昨天，汉口代总领事来电如下："关于我11月27日的电报以及您11月26日的电报。黎元洪都督提出下列条款：

一、停战十五天，在此期内，目前各方所占领的领土应各自驻守。

二、已加入革命党的所有省份的代表在上海集会；他们将选出全权代表与袁世凯所指派的代表进行谈判。

三、如有必要，停战继续延长十五天。"

我没有同冯国璋将军接触，但如果他奉命接受这些条款，将可避免大量的流血牺牲。

胡滨译《英国蓝皮书有关辛亥革命资料选译》(上)，中华书局1984年版，第96～97页

《1911年12月1日朱尔典爵士致格雷爵士电》：

关于汉口停战谈判。请参阅我上月28日的电报。今天，我已给汉口代总领事发出下列电报：

"袁世凯提出的停战条款如下：

(一)双方各自驻守现已占领的土地。不得秘密地进行侦察活动。

(二)停战期限定为三天。

(三)在上述期间内，军舰不得利用停战的机会在武昌或汉口南北两岸停泊，从而获得一个更有利的地位，战期满以前，军舰必须退往武昌下游若干距离的地方。

(四)在停战期间内，任何一方不得增调援军，修建炮台，或在其它方面增加军事力量。

(五)为了防止对这些条件的违犯行为，英国总领事应作为证人，在停战协定上签字。"

我相信最后的那项条款可以获得您的批准。关于此事，我来不及同您商量。

胡滨译《英国蓝皮书有关辛亥革命资料选译》(上)，中华书局1984年版，第103页

△ 孙中山电告《民立报》归国行程，本日抵波特塞得港。

《孙文致〈民立报〉电》：

《民立报》鉴：文于今日(初九)到波特塞得(苏伊士河口之埠)，明日(初十)可离苏伊士入红海，三号(十三)可至亚丁，九号(十九)可至可伦坡(锡兰岛南端)，于抵曼给换船，十四号(二十四)可至槟榔屿，十六号(二十六)可至新加坡，二十二号(冬月初二)可至香港。孙文。

《民立报》，1911年11月30日，第2页，专电

△ 谭人凤等电告各省代表赴鄂开会，讨论组织政府。

《谭人凤等致民立报电》：

民立报社转山陕景耀月、于右任，两广汪精卫、马君武，四川李肇甫，浙江章炳麟、汪寄

生，福建宋渊溪，云南张大义，江苏章梓等诸同志公鉴：民国渐次成立，请诸君速来鄂组织一切，并乞与敝处赴沪代表居正、陶凤集等接洽。鄂同志公电。谭人凤、刘揆一、刘公、马伯援、孙武、胡瑛、田桐、蒋翊武、查光佛、杨玉如、杨时杰、蔡济民、覃振、丁复等叩。

《民立报》，1911年11月30日，第2页，紧要电报

△ **革命党人李汉杰等在北京起义，事败死难。**

胡鄂公《辛亥革命北方实录》：

予见兆铭而讶曰：汝来天津，九日北京之事，其谁主之？兆铭曰：九日之游攻清室大内，自有运筹指挥之人，吾辈勿用留京冒此危险也。予曰：汝所云运筹指挥者何人？兆铭曰：项城耳！予曰：袁世凯耶？兆铭曰：是也。九日之事实造意于世凯，世凯资助吾党发动费五千二百元，同志以为不济，闻君到津，故予使人索二千八百元以足之，约以九日晚十时由吾党鸣炮为号。炮响吾党同志即发难于正阳门、崇文门、宣武门诸处。世凯则命禁卫军第四标由西直门以进攻西华门，并命其长公子克定率兵三千攻东华门以应之。是则吾党仅负发难之责，留京奚为？

…………

是晚，北京同志践汪兆铭与袁世凯之约，发难于正阳门、崇文门、宣武门，各任一路以进攻天安门、东华门、西华门。而宣武门发难同志之至西华门者，又分三路前进。十时，炮响，而世凯子克定与禁卫军第四标均不应。会军警探谍分途至，捕去同志李汉杰等十余人。高新华、陈雄以此愤而自杀，汉杰亦以此不屈死。十月初十日，天未曙，白毓昆过老西开吉祥里十四号，扣予扉而呼曰：世凯、兆铭果相济为奸，以杀我北京革命同志矣。

胡鄂公《辛亥革命北方实录》。沈云龙主编《近代中国史料丛刊》，文海出版社有限公司，第79、81页

△ **朱芾煌抵武昌，为袁世凯奔走南北和议。**

李国镛《李国镛自述》：

初九日，项城袁公派来代表朱君其瑝[芾煌]来鄂，并赍汪君精卫函，约南北联合，要求清帝逊位，拟举袁公为临时大总统等语。都督命开会讨论，佥谓如袁公实行南北联合，推倒满清政府，我等愿举袁公为大总统。次日南北两军战争愈烈。朱君云，南北方谋联合，非往租界先订停战约不可。都督命镛与马君伯援同往，渡江至俄领事府，约北军派员来会，不至。领事敖君愿亲同夏维松至北军驻扎地，代朱君其瑝[芾煌]电袁公示期停战。越数时，北军尚无停战电。朱君即往见军统冯国璋，自称为袁公派来联合南北两军代表。冯军统惧为朱君所卖，当用专车押送北京。朱君上车后，致函俄领事府，转交镛云，其煌[芾煌]至北京，两日即有停战电至，三日即可返鄂。同时有外交部副长王君正廷，亦请英领事葛福君，要求南北两军停战。

中国科学院近代史研究所史料编译组编辑《近代史资料·辛亥革命资料》，1961年第1号，中华书局1961年版，第507页

张联棻《记辛亥武汉之战》：

当武汉战局紧张的时候，我正在司令部计划军事，忽由汉口租界过来一人，名叫朱芾煌，手持袁世凯任直隶总督时的一张通行护照，声称要见冯总统，有要事相商。当由我部警戒兵带到司令部。我随即报告冯总统，冯国璋说："你替我代见吧！就说你是我好了。"我马上吩咐卫队站道，传朱芾煌见面问话。朱芾煌上前就说："你不是总统冯国璋，你是参谋长张联

菜，如见不了冯总统，就无话可讲。"我一面派人把他监视起来，一面报告了冯总统。冯国璋和我商议对付之策，决定据情电报袁世凯请示。袁世凯接了电报，随即回电，电文大意是："此人不是好人，专门在外破坏你我兄弟名誉，请你就地正法，但克定刻不在京。"冯国璋看了袁的回电，便说："杀了吧。"我细读袁世凯的电报后面一句话，似有隐情，便说此人不可杀。冯国璋再拿电报一看，才看出电报尾子上，还有"但克定刻不在京"的一句话，他问我这事如何办，我建议向北京打电报询明袁克定现在何处。这个电报打出去后，得北京张士铨回电，说袁克定现在彰德。再打电报给彰德袁克定，袁克定回了电报，电文是："我与朱芾煌生死相共，如他死，我亦不能生。"冯国璋看了袁克定的电报，才知道朱芾煌此人是如此的重要，和我研究结果，派出宪兵一连，乘火车一辆，将朱芾煌押送到彰德，交与了袁克定。后来才明白，原来朱芾煌是通过袁克定替袁世凯与南方革命党人奔走联络的一个重要人物。以后有人说，朱芾煌在武汉战役的时候，他曾经和冯国璋见过面，谈过话，这是与事实不符。这件事情，由对传朱芾煌问话到派宪兵押送去彰德交与袁克定，都由我亲自办理，其间朱芾煌始终没有和冯国璋见过一次面。

中国人民政治协商会议全国委员会文史资料委员会编《辛亥革命回忆录》第6集，文史资料出版社1982年版，第382～383页

《袁克定致冯国璋函》：

华甫大哥爵帅大人：朱君芾煌系弟擅专派赴武昌。良以海军背叛我军，四面受敌，英人有意干涉，恐肇瓜分，是以不得不思权宜之计，以定大乱。今早有电，谅达记室。朱君生还，如弟之脱死也。弟克定。此上。敬请勋安。弟定顿首。

《中国现代史丛刊》第一册首页"袁克定致冯国璋手札"毅军函札。中国社会科学院近代史研究所近代资料编辑组编《近代史资料》，总45号，中国社会科学出版社1981年版，第89页

王树枬《武汉战纪》：

窃以袁世凯阴贼险诈，久蓄异谋，己酉之辱，衔恨至今；此出又非太后意。若得敢言之士，说而间之，则天下大局可不战定也。有蜀人朱芾皇者，毅然请往，遂赍函入彰德。袁世凯使其子克定见之。朱芾皇要以二事，一去摄政王，一撤冯国璋兵柄，事济以大总统奉之。克定索正式公文，朱芾皇再返武昌，取证书。出汉口，为我军所获执，送冯国璋。芾皇恐事泄，碎证书吞之曰：吾袁内阁所使也。冯国璋不敢诘，送至彰德。后知其谋，顿足曰：吾为竖子所绐，大事去矣！

中国史学会主编《中国近代史资料丛刊·辛亥革命》(5)，上海人民出版社1957年版，第234页

△ 四川顺庆、潼川及其所属各县宣告独立。

《民立报》：

四川顺庆府属于初九日宣布独立，人民照常贸易，条理井然。潼川府属三台、遂宁、安岳、乐至，内属新津、井研、仁寿已一律反正。

《民立报》，1911年12月11日，第2页，四川电报

△ 北京宪政实进会开会反对共和政体。

《民立报》：

本日宪政实进会会员特开会议，当场由许鼎霖提出三大条件：(一)反对共和政体，(二)反对不以兵力平内乱，(三)反对阻止借外债。此三大条件均得全体赞成，盖该会会员皆官党也。

《民立报》，1911年12月8日，第3页，新闻

△ **刘先俊等于新疆迪化起义,失败遇害。**

钟广生《辛亥新疆定变纪略》:

先是湘人刘先俊者,自称留东陆军学生,因其戚某观察荐书谒袁中丞于汴梁,已厚赆之而辞却之矣。至是先俊忽来新投效,然志望奢甚,委以督练处教练官不受,坚辞求去;复予之赆,又不受,而请给驿马驰传东归。时兵事方棘,秦陇道梗,且虑其假官符生事也,乃谢勿与。

当是时,东南革命军起,各省独立之檄,喧传道路,讹言繁兴,民间惴惴忧恐,以为变在旦夕,特不省变之所从起。有密告者,中丞一镇之以静,以为新疆边徼之地,密迩强邻,兵单财匮,无一足以自立;且人民知识程度,不逮内地什一,宜保土安人,以观其变,不宜张空名,召实祸,敢有暴动者,是乱民也,杀无赦。盖承数乱之后,惩于联抚之姑息贻害,又民间疮痍新复,设更扬薪导沸,以火济火,其伤实多。故所措置,一以保境宁人为旨。然自是以来,流言四布,居民数惊。督练公所门前得匿名揭帖,声言将以某日起事。城中商民,频更祸乱,创巨痛深,惧蹈往岁覆辙,乃首先告变,谓刘先俊实主其谋,时十一月朔间事已。于时官府戒严,上下绎骚。独中丞夷然不动,以为其乱未形,则其祸犹可弭。先俊万里投我,不能用,又抵以法,先俊不足惜,何以对荐先俊者。且事未果发,杀之无名,不如遣之使去,因而解散胁从,所全滋多。乃授意马队营官刘雨沛密侦先俊踪迹,迫令出境,并许给川资二百金。雨沛奔走三日,侦骑四出,竟不能得,而祸机日迫矣。初七、初八两日,哄传乱事将起,民间持钱帖向店肆易取现缗者,途为之塞。津商八大家门首,拥挤尤甚。盖乱党播惑,欲以乘机取衅,幸兵警分布弹压,暂遏其谋。初九日有党人某某来辕投首,呈名单一纸,大半皆哥弟会中人,而先俊实为之魁,潜通标营,散放票布,羽翼已成,无解散理。中丞不动声色,召集卫队,严装以待。部署既定,先捕获伪总统唐小云,伪帮统陈光模等,讯明正法。时已薄暮,先俊知谋泄,突率暴徒百余人左臂缠白布,各持枪械,若伪为巡夜状者,扑犯抚署东营。营兵之小部欲为内应,经帮带某竭力镇压,手刃数人,始惧伏不敢动。卫队队官王学斌督兵拒战于督练公所东墙外,奋勇袭击,歼贼数人,而学斌亦受伤。旋窜扑陆军炮营,已斩关直入矣。督队官邓玉山跃登短垣用手指挥,为流弹所中,立殒。适有炮兵三十名将荷枪出巡,遇诸门外,拦头迎击,屡进屡却。贼知有备,始返奔。复窜至警察第一区,值会办道员宋敬熙自内出,相遇于屏门间,被贼挥刀砍伤头部,几殆。幸区官柱瑞麟督警救护,开枪拒敌,贼终不得逞,气为之慑,乃纷纷溃退,入踞协营衙署为负固计。时已飞檄陆军马步队入城,环协署四隅,分扼要隘。先俊知事不可为,易服潜遁,顾不能出。黎明,与其死党数人窜匿刘猛将军祠后豕圈中,为营官韩起凤捕付鞫。

承审官问:尔来几日矣?

曰:两月。

问:尔宗旨在革命乎?

曰:然。

问:尔知新疆不适宜于革命乎?

曰:不知。

问:尔两月中所纠合者何人乎?

曰:哥老会。

问:会匪亦知革命乎?能保全秩序乎?设奸掳焚掠,尔能禁止乎?

皆曰:不暇审计。

因指诸囚俘而诘之曰:若辈皆市井无赖,能助成大事乎?

则曰:此大失著,固知其无能为役也。

又问:尔计划奈何?

曰:谋先攻炮营,夺炮登城,轰击各官署及军械局。

承审官作色曰:果如尔志,全城齑粉矣。

当讯供时,观者如堵,万目睽睽,咸切齿于先俊之暴动,破坏治安,且罪状昭著,万无保全理由,乃寘诸法。然中丞之意,极不愿多所诛戮,命以军令收东营军械,罪止首要,余皆释不问。传令至协署,不纳,枪弹数从门隙飞出。又颁示手谕,矢以大信,犹死抗不受,扰攘终宵,至于翌晨,迄未就范。副将徐积诚因校阅往吐鲁番,先时公出,其眷属悉在署中,四邻民居稠密,颇虑殃及。有请以大炮轰毁,聚而歼旃者,中丞恻然不忍。相持至中午,始命陆军协统王佩兰置炮位于东城楼,以王擅神炮名,瞄测极准,不致误落民屋,伤害无辜。且戒不得用开花炸药。连发三弹,皆命中,毙一人,余果震栗请缴械,缚首逆以献。是役也,先后捕诛党魁刘先俊、唐小云、陈光模、陈菊芳四人,阵毙十数人,讯系会匪弃市者数十人。惟著名匪目刘海江在逃未获。其附从省释者至二三百人。百姓欢呼,贾不迁市,民不易业,阅二日而事大定。

中国史学会主编《中国近代史资料丛刊·辛亥革命》(7),上海人民出版社 1957 年版,第 442 ~ 444 页

△ 梁启超致电内阁,请其建议清廷仿北魏孝文帝例,皇帝定姓,更改国号、纪年,定国体。

《宣统三年十月初九日梁启超致内阁电》:

有函托潘达,潘丁艰,别托人。人心久变,一胜勿骄,乞乘此时奏仿北魏孝文改拓为元氏例,皇室定姓。改号中国,清字只对前朝,不以对外。用孔子或黄帝纪年。立集国会,以顺舆情、定国体。超。佳。

中国史学会主编《中国近代史资料丛刊·辛亥革命》(8),上海人民出版社 1957 年版,第 144 页

11 月 30 日(十月初十日) 各省代表在汉口英租界举行第一次会议。

刘星楠《辛亥各省代表会议日志》:

十月初十日潘祖彝、谢鸿焘、雷光宇到会。湖南都督府代表谭人凤、邹代藩,湖北都督府代表胡瑛、时象晋、孙发绪、王正廷到。公推谭人凤为临时议长。

胡瑛报告:民军自汉阳失利,北方即有人来商和平解决,驻汉英领事亦出为介绍,向两方商议停战。停战问题,分为两层:一长期停战,以全国为范围,应与清内阁电商;一短期停战,只就武汉一隅而言,即与清军统冯国璋商议。现英领事已交到冯军统所开停战条款,请诸君讨议。至长期停战,据英领事云,黎都督须能代表各省,方可议及。

议决:由临时议长致函黎都督,追述代表会在沪时,曾经议决公认鄂军政府为中央军政府,请黎君以大都督名义,执行中央政务。

议决:答复清军统冯国璋停战条款。

中国人民政治协商会议全国委员会文史资料委员会编《辛亥革命回忆录》第6集,文史资料出版社1982年版,第243 ~ 244 页

△ 湖北襄阳独立。

毛拔《襄阳光复记》:

取襄阳之师才三百人,仁荄率水师,张国荃率陆师,日夕分驰百八十里,以初九夜半会于

襄阳上游之老龙堤。初十黎明,直薄城下。时喜源闻风先遁,刘温玉闻光化兵至,仓卒闭城,率兵士登埤守。义军前部许鸿钧、张承源、王开典缘附郭民屋跃而登,守兵急燃枪,开典直前叱之曰:"同胞竟相残耶?"守兵怵而止。于是城绅周宗泽、杨绍桢、杨承恩、李白谦、刘秉鉴等同诣温玉曰:"今日之来者非他,光化令黄君也,闻其人素谙大计,居官有贤声,既来此,方欢迎不暇,固可击耶?且战衅一开,如城中数万生命何?君幸毋以战祸我襄人。"温玉由是无斗志。宗泽等乃告知府曹允源、知县魏仲青,启门延义军入。是役也,主客异形,众寡殊势,可谓冒险矣。而卒以三百众,光复名城,兵不血刃,盖人心思附义军,即喜源不逃,温玉敢战,亦无用云。

义军入城后,与军民约法,即组织军政机关,集绅商军学界会议于昭明台投票选举,仁荚得七十余票,为襄阳军政分府管理民事,国荃得六十余票,为分府司令部管理军事。分府规设四部:曰司令、曰参谋、曰军政、曰政事。部有长,部又分科,科有长有员,用人由众推举,加委任焉。设会议厅,常会月六次,特别事则开临时会议,从多数取决。分府成立,以知府曹允源充顾问官,襄阳令魏仲青辞职,以张儁义代之,檄绅董改团防为保安社,编壮丁备守望,并筹办警务善其后。在襄旗员惟张家湾统捐局知府存厚及同知祥泰二人,城下之日,存厚不及逃,为李秀昂部兵所杀,祥泰得保护不死,地方一律安堵。

中国人民政治协商会议湖北省暨武汉市委员会等编《武昌起义档案资料选编》中卷,湖北人民出版社1982年版,第28~29页

郭孝成《鄂省各属之光复》:

襄阳府西北百八十里有老河口,为上游之大商埠,平时有巡防马队水师巡缉等营,驻扎于此。自九月二十一日复募集商团三百人,以资防守。九月杪,开襄阳陆军二十人,驻于光化县城外,于是河口水陆兵以及团勇巡警,几四百人。至十月初八日忽人声鼎沸,一人骑马持枪驰骤于街衢中,扬言大军已到,商民无恐,速插白旗,速迅即反正。时光化令黄仁荚、马队周飞鹏、水师营黄裕斌、官钱局陈玮适在会议,仓皇咸遁走。忽枪声一震,周飞鹏即受伤而死。黄仁荚知倡义者系襄阳开来之陆军中张国荃、李秀昂二员,当劝其不必暴动,遂集众开议。首由张国荃建议攻取襄阳,众均认可。即整饬各营团兵,夤夜添招新兵二百,共六百余人。初九日诘朝,由张国荃、李秀昂、黄仁荚、黄裕斌统率进发。初十晨抵襄阳,是时城内有刘温玉、孙长龄所带步马五营驻此。幸城中不知来兵多寡,不敢与抗。兵未进城,即已白旗飞扬,刘温玉等不知去向。事定,乃大会军商学绅各界于古昭明台,公推黄仁荚为军政分府,张国荃为总司令,李秀昂为协司令官,其他参谋各课长课员,均以次举定。遂一面出示安民,一面搜查满奴,及筹议防豫兵之进攻、土匪之煽惑、招兵筹饷等件。是役也,不费一兵,不折一矢,仅三日而谷城、而均州、而南漳、而枣阳、宜城等州县,均望风反正。襄阳道喜源,则已于河口起义之次日,即诡辞巡阅,遁至汉上矣。

中国史学会主编《中国近代史资料丛刊·辛亥革命》(5),上海人民出版社1957年版,第243页

△ **袁世凯内阁致电冯国璋,指示停战,并提出条款。**

《宣统三年十月初十日内阁致冯国璋电》:

我军既未渡江,英使领现出调停,按公理未可拒绝。兹代拟暂时停战条款:一、息战时各守现据界线,彼此不得稍有侵犯窥探等情。二、息战之期。订期由某日某时止,计三日。两军不得于此期内开战。三、军舰不得藉息战期内,泊近武汉南北岸,以占优胜,须远驶武汉下游,至息战期满为止。四、停战期内,两军不得添军修垒,及一切补助战力等事。五、息战之约,须有驻汉英总领事官画押,为中证人,庶免彼此违背条件,以重公法。请转饬黄道与英领商办

有定议，速电示。黎党如派人来商事，可饬黄道、丁士源作执事代表接洽。除奏明外，请查照。

沈云龙主编《近代中国史料丛刊·宣统政纪》第65卷，文海出版社有限公司1989年版，第30页

12月1日（十月十一日） 清军炮弹击中都督府，黎元洪出奔王家店，职员星散，人心惶惶。总监察刘公出示安民，节制各军，坚守武昌。

丁士源《梅楞章京笔记》：

炮兵协领蒋廷梓，自汉阳之龟山来电话言，查得武昌城里蛇山谘议局附近，安设六吋口径炮位，有威胁龟山炮兵阵地之企图。应如何？请段示办法。段曰：停战期内，竟有如此不法情况，可与丁司长商议对付办法。丁即接过电话机，告以明日六时，以英国皇太后诞辰，可于龟山旗杆上升中英两国国旗，奏中英两国国乐，并放礼炮二十一发。若因空炮弹不敷，可参加实弹三四枚，测准谘议局中心射入，并将炮位地点同时射击之。次晨六时，蒋立即实行。

八时，英总领事葛福来车向丁抗议，并谓谘议局已受弹两发毁去，蛇山之炮位两尊亦被毁。武昌避难之人，到汉口租界者已数千人。黎率部下向武昌城外五十里洪山庙内停驻。如此行为，实与停战约定有碍，余亦无面目。丁谓，昨以贵国皇太后诞辰，谨命龟山之炮兵协领放礼炮二十一响，并揭中、英国旗，奏中、英国乐，以示庆祝。今早六时施行，何以有此实弹射击之误会。当电询蒋协领，君可坐待回答。丁即将英领事所言向蒋诘问。旋接得蒋协领报告，本早遵命实行，但有一炮兵误以实弹四枚，羼入演放。已将此误事之兵丁，处以监禁十日。英领事在旁曰：余明白矣，君亦不必重言。但停泊本口江面各国兵舰，因得敝国舰长之通告，均停止放炮，何以贵军竟未照办？丁曰：未接贵国舰长预告，亦未得贵总领事电知。我国与贵国为缔约友好国，何以不通知本军，请君想想便明。英总领事遂反道歉辞去。

丁士源《梅楞章京笔记》，《近代史料笔记丛刊》，中华书局2007年版，第336～337页

甘绩熙《躬与辛亥武昌首义及阳夏鏖兵之经过实录》：

未几，敌人置重炮于大别山上，炮击都督府，都督避后面蛇山脚，予从之。旁有杜锡钧劝都督出城，走葛店或武昌县，予颇非诋之，并主张谓都督万不可出城，可避至昙华林，藉有凤凰山要塞炮台之掩护，当可无虞。都督颇以予言为妄，时有吴元泽在侧曰：此炮击良厉害，曷不将谘议局之地板撬开，其下地屋较为安全，可以避之。予再三劝都督不宜出城，都督斥予言不智，予忿然曰：如此怕炮，惟有住地屋耳。虽愤言，然实忠心所激，欲都督不出城，以安军民之心，恐一出城，则军民解体，大局势将震动也。顾予虽作是言，而视敌炮击来万分猛烈，寸心良亦忐忑，乃语张君振武曰：炮太厉害，都督欲出城，我辈宜许之，万一都督有故，我辈之罪大矣。张遂请都督乘小轿，由邝汉卿陪乘小轿随侍出大东门，次刘家祠堂。行时都督语予与张君振武曰：此城即交君二人保守，得发号施令，凡事小心谨慎为要。予对曰：都督保重，学生与张君当督率军民尽为保守，誓与此城共存亡也。都督曰：善。予复请都督至洪山时，下一纸命令，传知各军队，以便命令调遣，都督复颔之。予遂与张君约，张在军务部管理粮饷，招集散兵；予则率军队分巡各城门街道演说，劝勉军民尽力守城，并说明都督出城，系住洪山宝通寺战时总司令部督战云云。众士兵颇皆信从。惟百姓散乱，纷纷求出城逃生。予遂发命令，百姓皆出大东门，他门不准出入，散兵不准荷枪出城，须整队，有官长带领及奉有命令者，方准出入。又亲拟一电文，作都督名义，通电各行省求援，电文略谓：汉阳已失，武昌危在旦夕，望各省义军，星夜援鄂，迟则难保，元洪惟以死守武昌为目的云云，用各部总稽查处关防盖印，亲送至电报局照拍。

丘权政、杜春和编《辛亥革命史料选辑》上，湖南人民出版社1981年版，第417～418页

曹亚伯《武昌革命真史》:

十一日午前七时,参谋总长吴兆麟,同护理总司令蒋翊武赴青山至两望巡视防线。至正午,行抵大堤口时,遥见城内火起,旋有由武胜门出城百姓云:都督府起火。吴蒋二人即乘马赶至城内,见都督府正在焚烧,不知黎都督如何?旋往军务部探听。孙武云:黎都督出宾阳门往洪山矣!吴、蒋二人以为黎都督到洪山总司令部,复由军务部赶至洪山,路经宾阳门时,城内百姓在城门拥挤不堪,妇女小孩挤死甚多,哀哭之声,不忍见闻。问其故,群谓:黎都督已走,我辈在城内恐受危险耳!吴蒋二人一面令守城门军队好为维持,一面绕通湘门。到洪山时,又目城外有许多兵士纷纷窜走。吴、蒋二人当即阻止之。各兵士云:都督已走,我们何为不走?蒋翊武云:都督在洪山,你们速急各回防地,否则即以军法从事。遂派随从兵士传知各兵,仍回原防。

午后二时,吴、蒋二人抵洪山时,据顾问吴兆祺、参谋邹燮斌云,黎都督已往葛店去矣。蒋翊武问:何以不阻止之?二人答云:阻止不住。蒋又问:随从是何许人?答云:有杜锡钧、龚光明、萧慕何、唐仲寅等,并卫兵两队,但黎都督系乘肩舆云云。

少顷,吴兆麟、蒋翊武到司令部内,派参谋甘绩熙、吴兆鲤、谢鸿涛三员,乘马携带护理总司令蒋翊武手书,速往葛店,请黎都督转回洪山,以资镇摄而维军心。该三员赶至葛店以北二十里之王家店,天已黑,黎都督已在该店休息,该三员即陈明武昌军民出城情形,并蒋翊武手书,请黎都督回洪山。黎不可,再三请求,仍不可。甘绩熙问:都督究竟何往?都督云:到葛店。甘云:都督有守城之责,应与城俱亡,不可蹈瑞澂之故事,而为天下后世笑。黎云:尔小孩子不要糊说乱讲,城内有炮弹,且都督府已烧,何能办事?甘云:在洪山或刘氏祠均可办事,又何必到葛店耶?都督不要说我是小孩子,我是爱都督,怕都督误听人言而失计耳!黎卒不听。于是三人计议,以甘绩熙、谢洪涛二人在王家店监视,以吴兆鲤即回洪山报告。

曹亚伯《武昌革命真史》中卷,中华书局1930年版,第367~369页

《总监察饬查散兵》:

刘总监察以各协标营虽已集合编成队伍,然尤多散兵未曾归营,盘桓街衢,殊足为患居民,故业经宣示晓谕各散兵迅速赴方言学堂奋勇队报名,特于十三日密派稽查员多人沿街稽查,如有散兵即带交奋勇队入伍云。

《时报》,1911年12月11日。渤海寿臣《辛亥革命始末记》,
《实行立宪汇编·武昌》,文海出版社1969年版,第105页

《晓谕民人毋得搬迁》:

军务部以现在城内人民妄生猜疑,纷纷搬迁,特出示谕,以安民心。大致谓我军起义,原为救济同胞。两月以来,凡属商民莫不极力保卫。各省调来联合军队如湖南、江西、安徽、广东已有数万,其他江苏、浙江亦陆续将到。现已派员接待省垣防守极密。上自京[金]口下自青山,沿江一带,各有重兵扼守。下游兵轮二十余只,不日全到。敌人万不能越雷池一步。且敌军炮弹已罄,只有实心铅弹,不能开花伤人。凡属商民人等,务当各安生业,照常贸易,毋虑惊恐。若出城外,又遭抢劫,反有生命之虞。本部不忍坐视我民无故自相惊扰,至陷身家财产云云。

《时报》,1911年12月11日。渤海寿臣《辛亥革命始末记》,
《实行立宪汇编·武昌》,文海出版社1969年版,第106页

△ 午后三时许,英人盘恩渡江至洪山总司令部,与革命军接洽和议,达成停战三日协定。

李春萱《辛亥首义纪事本末》:

英领事馆派英人盘恩到武昌晤都督黎元洪商谈停战条件,时黎已离开武昌,只好由军务部长孙武和护理总司令蒋翊武分别与之接洽。据盘恩说"武昌城内每天遭受清军炮击,所受损失甚大。因此,英属领事联合各国领事,提议停战三日,磋商条件。现在清兵已表同意,我特来武昌面谒黎都督请都督认可,并将我带来的公文盖印,再送到清军盖印,即可停战"云云。这时因都督印由黎元洪带走,不能立即取回,就由军务部长孙武请工照样刊了一个,加盖在停战条件上面,表示同意停战。

中国人民政治协商会议湖北省委员会编《辛亥首义回忆录》第2辑,湖北人民出版社1980年版,第221~222页

曹亚伯《武昌革命真史》:

是日午后六时,正在惊慌之余,有英人盘恩偕顾问孙发绪到洪山总司令部与参谋总长吴兆麟接洽。该英人云,民军自起义以来,极为文明,秋毫无犯,我辈英国人颇表同情。虽汉口、汉阳之败,非战之过。我们晓得民军新兵太多,未经训练,所以战败。然而亦打胜仗,非常勇敢,如加以训练,一定是很好的军队。现在我们英国领事见武昌省城天天受炮击,城内百姓甚为凄惨,故此连合各国领事,与清兵商议,暂且停战三日。现在清兵已表同情,我特来武昌面谒黎都督,请都督认可,将我带来公文盖印,然后送至清军盖印,即可停战云云。吴兆麟云,此次武昌首义,承贵国领事与各国领事承认为交战团,我们民国甚为感激。今日阁下不辞劳苦,对于武昌百姓发博爱心,要两军停战,我们尤为感激。阁下谓要见黎都督,现在都督因城内火灾,已迁移刘氏祠办事,刘氏祠距此还有十里路(其实只有一里),今已天晚,亦无庸阁下再劳步,请阁下暂在此休息,我们派人取印来盖可也。我们在此地没有好饭好菜,即请阁下吃点粗饭,聊以充饥耳。阁下云盖印,但不知总司令官之印可盖否?盘恩云,我在汉口已言定用都督之印,仍以都督之印为是。于是吴兆麟一面嘱办饭款盘恩并请总司令蒋翊武奉陪,暗与孙发绪商议,谓都督已往葛店,印已带去。葛店距此九十里,一时亦来不及,不如照样刻一个印,盖了完事。孙发绪深以为然。于是吴兆麟即电话军务部孙武,请速令刻字工人照样刻之,愈速愈妙。一俟盘恩饭毕,即来军务部盖印。孙武闻停战三日,欣慰之至,当派高楚观督令城内刻字工人,照都督印样速刻。约一时许,电告已刻完好。盘恩在洪山饭毕,吴兆麟即备肩舆数乘,遂谓盘恩曰:都督之印在城内军务部,请乘轿齐至军务部盖印可也。盘恩见招待甚殷,颇受商量,即与吴兆麟、孙发绪同到军务部。

兹将是日停战三日公文条件抄录如下:

一、范围:武汉两军所占之地,不得变换。

一、日期:自十月十二日上午八时起,至十五日上午八时止,停战三日。

一、民军应守之条款

甲、民军于停战范围日期内,一律按兵不动。

乙、民军之兵船于停战范围日期内,不得行驶。并将机关卸交驻汉英水师官收存,须于十五日上午六时转交该船收回。

一、北军应守之条款

甲、北军于停战范围日期内,一律按兵不动。

乙、北军之火车,于停战范围日期内,不得往来作军事上之运动。由驻汉英水师官监视。

曹亚伯《武昌革命真史》中卷,中华书局1930年版,第369~371页

《黎都督关于南北两军停战三日的命令》:

南北两军,实行停战三日。自十二日早八时起,如敌人不开枪炮射击及确有渡江情形,

我兵士决不得无故射击,失信于外人。如违者,即以各管长官是问。

陶炬、周登瀛、黄兆奎《鄂军炮兵旅日记》。《武昌起义档案资料选编》上卷,湖北人民出版社 1981 年版,第 85 页

《宣统三年十月十二日第一军总统冯国璋致内阁、军谘府、陆军部电》:

内阁、军谘府、陆军部钧鉴:文电敬悉。本日无战斗。黄陂后路、汉川方面筹备已妥。英员过江定停战日期,晚八点尚无回信。闻黎酋已出武昌,俟有确信,再为电陈。国璋谨肃。

《宣统三年十月十二日第一军总统冯国璋致内阁、军谘府电》:

本晚十一钟黄道转英使语,已与黎酋议定,自十三日八点起,至十六日八点止,停战三日。兹已照办,并请英使速补公函为据。再前谕息战五条,因于我军后路不便,且武昌革党及兵舰已乏战力,其余黄州、应城各方面匪党,黎亦不能约束,只以停战三日定议。国璋谨禀。十二日。

《宣统三年十月十三日第一军总统冯国璋致内阁电》:

今日午后一钟接到英使停战公函,并签有字据,特开。国璋。十三日。

军机处电报档。中国史学会主编《中国近代史资料丛刊·辛亥革命》(8),上海人民出版社 1957 年版,第 197 页

《1911 年 12 月 17 日朱尔典呈葛雷文》:

11 月 26 日,在同袁世凯举行的会谈中,本人曾使其了解,汉口方面的战事如果持续下去,旅汉英国侨民将对他们面临的危险深感不安。袁世凯在回答时向我保证,如果根据双方认为满意的条件,而能达成一种停战的协议,他甚愿下令停战。经得袁世凯的同意,我于是训令英国驻汉口代理总领事,要其将上述这个意思非正式地转告黎元洪将军。

戈飞先生于 11 月 27 日复电,并转来黎元洪将军提出的条件。袁世凯认为这些条件是很可以接受的,只是他声明,在更多地了解黎元洪将军所拥有的权力范围以前,是不能最后接受这些条件的。袁世凯又说,自从汉阳失守以后,谣传黎元洪将军的地位已经大为动摇。我趁这个机会向总理大臣指出,清军如向武昌进兵,他将为更进一步的流血负起责任。这个警告不是没有影响的,因为袁世凯已于 12 月 1 日致电冯国璋,要清军停止渡江进攻武昌。黄道台同时奉到命令,要其同戈飞先生会商,设法达成停战三日的初步协议。

由戈飞先生作为一个居间人,双方于是进行谈判,并如本人在本月 3 日电报中所报告的,双方已同意以 12 月 6 日晨八时为止三天的停战。与此同时,袁世凯既然切盼各省代表能以在武昌开会,以便讨论〈为〉条件,我因此训令英国代理总领事,要其为达到这一目的从事斡旋。

《英国蓝皮书,关于中国事务的文书,1912 年,中国一号》第 132 号,第 117 页。上海社会科学院历史研究所编《辛亥革命在上海史料选辑》,上海人民出版社1981年版,第1188 ~ 1189页

△ **黄兴抵上海,表示“此行目的,在速定北伐计划,并谋政治之统一”。**

《民立报》:

民国战时总司令黄将军兴,昨日乘南阳丸到沪。记者往访,见将军神采奕奕,遂问以此行之目的。承答谓,武昌守备严固,北军攻击无效。此行目的在速定北伐计划,并谋政治上之统一云云。

《民立报》,1911 年 12 月 2 日,第 5 页,上海春秋

《一九一一年十二月一日有吉驻上海总领事致内田外务大臣电》:

南阳轮于今日(十二月一日)下午一时许航抵本港。乘客中有革命党员数十名由汉口登轮到达此地,黄兴亦在其中。下船后即与宫崎滔天等人进入日本人经营之旅馆胜田馆内。该轮靠岸后不久,即有一华人乘客下船跟踪,及至旅馆门前,为另外之华人所枪击,当即被送

往德国医院。据该轮船长谈称：该轮中亦有官军方面人员搭乘，频频与某德国人交谈，跟踪者当系其中之一名，等等。据闻被击者为汉口德商禅臣洋行买办云。

中国社会科学院近代史研究所、中华民国史研究室主编，邹念之编译《日本外交文书选译——关于辛亥革命》，中国社会科学出版社1980年版，第188页

△ 留沪代表致电各省谘议局，请各省代表折返上海，商讨组织临时政府。

《宣统三年十月十一日留沪代表宋教仁等致各省谘议局电》：

各省谘议局公鉴：汉阳昨失，饷械均先时移置武昌，民军现仍力守。各省代表早经多数赴鄂，鄂垣军务正紧，极难开议，现由留沪代表电请折回。组织临时政府之议，决不因汉阳之失而阻。目下大局安危，不在一时一地之胜负，实在统一机关之成否。同人在沪公行准备，各代表一到便当开会，一切进行，共矢不懈。南京垂下，大势并不动摇。仍望诸公力持。杰［查］汉阳失败之因，据内部人来沪报告，乃由于事权军令之不一。得此惩毖，足使我民自知病痛所在，恒受砭搽（?），尚乞诸公有所鉴戒。临时政府行将成立，过此以往，军事之部署，政权之作用，有待于我全国国民之用命，以求得其最可宝贵之真自由者无穷也。附布心腹，伏乞鉴察。留沪代表宋教仁、林长民、居正、陶凤集、吴景濂、赵学臣等公叩。印。

军机处电报档。中国史学会主编《中国近代史资料丛刊·辛亥革命》(5)，上海人民出版社 1957 年版，第 396 页

△ 上海各省都督府代表联合会致电袁世凯，不承认资政院代表民意。

《宣统三年十月十一日上海各省都督府代表联合会致内阁总理袁世凯电》：

内阁袁总理鉴：现各省到会代表已一律承认共和国体，无庸至北京取决。资政院已失代表人民之本意，院议各省概不承认。并请万勿再持君主立宪与共和立宪之歧说，以救［为］全国舆论之敌。各省都督府代表联合会。

军机处电报档。中国史学会主编《中国近代史资料丛刊·辛亥革命》(8)，上海人民出版社 1957 年版，第 144 页

△ 沙俄暗中支持下，外蒙古库伦活佛哲布尊丹巴宣布独立，驱逐清办事大臣三多。4日，清廷撤三多职，并致电库伦帮办大臣绷楚克车林，“剀切晓谕”哲布尊丹巴“毋得轻举妄动”。

《民立报》：

库伦于十一日宣布独立，举活佛为大都督，库伦办事大臣三多被拘，其所部兵弁各窜，科布多已罢市，并有蒙古杭达亲王在该处附近金矿一带，招集土人近万余，希图大举。昨日，在京蒙古王公特为此事，在蒙古实业公司大开会议，极端反对拒绝，兹将连日三多及库伦电报局之警报探录于后：

库伦办事大臣三多来电三件云：

密探，杭达隐佛处，歌乞退未允。蒙调兵，俄助械，拟效自立，恐口舌无功，即设法密陈，阁立罢斥，派蒙大臣兼署，或可挽救。至急，庚。多。

庚电谅转陈。事机急迫，非外交难挽回，已与俄领密商保治安，伊允向蒙古阻调兵，明日再邀各王公面谈，如何？续电，速代禀。多。

两电谅转陈，国是如此，谋益狡，革党到，俄蒙合，外交难恃，留益招忌，请速简绷大臣掌印，可纾眉急，迟恐官电不通，印房诸员已纷请假，以后文件寄印房，勿附函。蒸。多。

十二日，库伦电报局致清邮传部电：库伦活佛定十三日独立，掌印大臣等带印进口，金厂

间人数逾两万,市面大慌,电局界官商之间,蒙人尚未过问,且到处抢劫。脚力太昂,欲归已苦无路,只得暂时支持。恒禀。

《民立报》,1911 年 12 月 13 日,第 3 页

《宣统三年十月十四日上谕》:

电寄三多。据三次电奏"蒙佛宣布自立,率官兵出境"等语,览奏殊堪诧异。库伦为蒙边重地,关系紧要。该大臣先事既不能加意羁縻,临时又张皇失措,实属咎无可辞。库伦办事大臣三多著革职听候查办。

《宣统三年十月十四日上谕》:

电寄库伦帮办大臣绷楚克车林。现在朝廷实行君主立宪,原为保护内地人民各藩属起见。哲布尊丹巴呼图克图,暨商卓特巴等世受国恩,掌管黄教二百余年,为蒙众所敬仰,实由朝廷保护黄教之力。近因各省纷扰,要求独立,朝廷已分别镇抚,渐次平静。念该呼图克图等远居漠北,未悉情形,或为浮言鼓动,或为时势迫胁,不能自主于中,妄生摇动之举,殊负国家二百年尊敬黄教之德意。著派绷楚克车林,掌库伦办事大臣印信,即剀切晓谕哲布尊丹巴等,使知朝廷实行改良政治,凡从前弊政,有不利于内外人民者,一概革除,以苏民困,毋得轻举妄动,为人所愚,致生后悔。并由哲布尊丹巴将此旨,宣布各部落王公及喇嘛等,俾众周知。

沈云龙主编《近代中国史料丛刊·宣统政纪》第 65 卷,文海出版社有限公司 1989 年版,第 35~36 页

《1911 年 12 月 1 日驻库伦代理领事致代理外交大臣尼拉托夫电》:

今晨王公们发表了宣言,宣告喀尔喀独立,答应给予中国居民充分保护。三多作了让步,未提抗议,日内将经西伯利亚赴满洲,一切顺利。领署已采取措施维持秩序,详情函告。已通知公使。拉弗多夫斯基。

《1911 年 12 月 11 日驻库伦代理领事致远东司司长卡扎阔夫的报告》:

喀尔喀王公受到中国内地骚乱的鼓舞,决心采取更坚决的行动以达到梦寐以求的目的——喀尔喀脱离中国。我国政府同意向蒙人提供武器,以及四等文官廓索维慈经由使署私下劝告他们,不要放过中国发生革命这个非常有利的机会来保证喀尔喀的独立发展,这些都使他们的这一愿望更加坚定起来。

首先王公们关心建立蒙军,以便必要时以武力作为自己要求的后盾。虽然俄国政府已命令把武器提前发给蒙人,但王公们认为,此事比他们所期望的时间可能要拖后许久。活佛处有几十支枪,王公们决定用这些枪武装蒙兵,而蒙兵已决定在紧靠近库伦的各旗尽速招募。不打算在库伦所在的旗招兵,该旗贝子、库伦蒙古办事大臣彭楚克车林由于身居官职,被认为不堪信任。当把急使分别派往各旗时,兵备处总办唐某及正规军全体军官和教官离开了库伦。留在这位满洲办事大臣身边的只有四十名私人卫队和近三百名马步兵。但王公们并不觉得马步兵可怕,因为他们已随同全体军官投靠活佛,宣誓效忠于他。这样一来,听命于三多的只剩下驻在衙门里的四十名士兵。

王公们看到情势对他们有利,便于 11 月{28 日}15 日向三多宣布,他们已从各旗征调蒙军。办事大臣问征调军队原因何在?王公们答称,他们是按照 1900 年的成例。当年中国发生骚乱,各旗军队曾集结库伦。王公们的答复使三多十分震惊,他于 11 月{29 日}16 日派秘书前来见我,请求对此事进行干预,并建议蒙人提出自己的要求。由于我对此事未获任何训令,便答复说,我不能正式负起调停之责,但我私下可把办事大臣的建议转告王公们。王公们答复说,他们要求以三多为首的中国行政当局离开蒙古,他们将不侵犯其人身及个人财产。王公们拒绝同办事大臣谈判。{11 月 30 日}17 日我私下把王公们的答复转告了三多,

他已完全绝望。他本打算亲自找活佛和王公们谈判，但他们不予接见。

{12月1日}(11月)18日办事大臣的杨秘书前来告知说，王公们刚才向办事大臣宣布，喀尔喀已宣告自治，并命令三多和其主管官员一起离开蒙境，办事大臣正式请求允许他本人和家眷，连同僚属及其家眷在领署避难。当然我答应了他们的请求，在领署接待了办事大臣及其亲信和他们的眷属，总共有三十人。

三多来到领署后，便来见我，对殷勤招待称谢一番，接着表示他正式托付帝国领署保护留在库伦的全部中国人。他本人将以个人身分在领署逗留几天，然后前往恰克图。

原来，办事大臣接到王公们的上述要求后，早已投向活佛的中国军队便拒绝保卫他。三多的私人卫队得知这一情况后，各自离去了。三多及其亲信惊恐万状，不知所措。在这种情况下三多决定让步，未提无济于事的抗议，便离开了衙门。

当天活佛通过土谢图汗盟长察克都尔扎布公和达喇嘛车林齐密特把已经发生的大转变正式通知了我，和我以前一样，我根据帝国公使的电示向他们着重指出，不能容许蒙人对中国人使用暴力，尤其是进行屠杀。王公们答复说，活佛是慈爱众生的，中国和平居民不会遭到任何迫害，王公们已采取措施维持秩序。

我不相信蒙人采取的措施，为了保障离领署三俄里的同中国人杂居的俄商和受我们保护的中国和平居民的安全，我派卫队长前去组织保护我国和中国臣民以及中国的电报局和银行。我之所以保护这两个机构，是因为它们不受损害对领署、对我国臣民都有利。当时王公们想赶走电报员，抢劫银行。{12月3日}11月20日晚，我获悉投向蒙人的中国士兵企图抢劫库伦的华人店铺。王公们当时还来不及明确自己的职责，我对他们的指挥能力是不抱希望的，我还担心发生抢劫时我国臣民不可避免地要受到损害，便命令卫队长派一名军官去找中国士兵长官，以我的名义请求采取一切措施，勿使他的士兵行抢，如有可能，就缴他们的械。我的老相识，中国士兵长官答复说，他将采取一切措施维持部下的秩序，并亲自下令把士兵手中的武器收藏起来。我们不容许任何一点暴力行为，对中国人的行为也要进行监督。次日，活佛派人来说，他为自己的臣民担保，同样为中国士兵担保，请求不再对他们进行监督。几天以后，由于已完全恢复平静，撤回了我们在库伦和买卖城的巡逻队。

{12月4日}(11月)21日办事大臣三多离开库伦前往恰克图，行前再次请求领署给予中国人保护。王公们派了十二名蒙兵，我派了两名译员和十名哥萨克兵护送他，直到边境都平安无事，{12月10日}(11月)27日晚三多到达恰克图。

目前活佛已把临时管理机构交与达赖贝子、杭达亲王、那木萨赖公、车臣王、前蒙古办事大臣彭楚克贝子、察克都尔扎布公六位王公和达喇嘛车林齐密特组成的特别委员会。土谢图汗盟长察克都尔扎布公被任命为这个临时政府的首脑。

陈春华译《沙皇攫取蒙古——俄国外交文件选译》。中国社会科学院近代史研究所近代史资料编辑组编《近代史资料》，总37号，中华书局1978年版，第128～131页

《库伦独立告示》：

喀尔喀库伦地方暂行总理一切事宜盟长镇国公察、署盟长那王棍、郡王车、公爵那、参赞贝子棍、达喇嘛车，为出示晓谕事：查有库伦满汉大臣官员等，擅自谬法，扰害地方，甚之大为藐视佛教，是以将该大臣官员兵丁，逐令回籍。本喀尔喀蒙古拟定自行立国，其库伦及买卖城众商民，自与蒙众和平交易，甚属有益。现在该满汉大臣官员等，起程回籍时，仍恐众商民人等，心生疑惧，不能互相贸易，致失利益，所以未经商办政务编定法律之前，自应保护商家。令本王公等拣派熟悉公事通晓汉文之蒙员等，分往库伦及买卖城地方，专司保护商民事宜，合

亟出示晓谕。为此示仰众商民人等一体知悉,务当各安本分,守业照常,安静贸易。自示之后,倘有无知人民,不守本分,胆敢滋生事端,即严拿按本国例从重惩处,毋违,切切。特示。

郭孝成《蒙古独立记》。中国史学会主编《中国近代史资料丛刊·辛亥革命》(7),上海人民出版社1957年版,第288~289页

编者按:《驻库伦代理领事致代理外交大臣尼拉托夫电》、《驻库伦代理领事致远东司司长卡扎阔夫的报告》中,大括号内日期为公历,小括号内日期为俄历。

△ 江浙沪联军攻克天保城、雨花台等要地,两江总督张人骏、江宁将军铁良,遣使求和未果。

《民立报》:

昨早(十一)八时,夺获天保城后,张人骏、铁良派胡镇令宣由雨花台,出至苏军刘统领处议和,要求四事:一、不伤人。二、不杀旗人。三、准令张勋率所部下北上。四、准令张人骏、铁良北上。民军以一、二、四件均可许之,惟第三件万难应允。午间,美领事由火车至尧化门见林都督所言略同。当告美领事四事:(一)张勋暂拘,一俟临时政府成立再释。(二)张勋所部概将军械存储小营,徒手出城。(三)由联军派员监视,将张勋全部解散。(四)张勋曾搜括库款八十余万,须责令缴出充饷,如至明午十二时无满意之答复,仍立用重炮轰城,美领允即入城商酌。

《民立报》,1911 年 12 月 3 日,第 1 页,南京战捷要电

△ 广东都督胡汉民通电各省,倡议发行民国纸币,以资流通。各省均表赞成。

《民立报》:

现在各省出师饷项,输送皆赖□省,事繁费重,仍时虑不给。临时政府既经举定专人任财政事,似宜由各省合力公出预备金,发行民国纸币,布告各省一律流通采用,所有军饷及各项支出,统以纸币支给,则饷源不匮,百事易毕,事至切要,尤贵急行。粤当竭力筹出预备现金,各省亦希协同尽力,早早成立,大局实赖之,如蒙赞同,即乞各电鄂军政府公议决设立地点、发行额数、应备金若干,从速设立,并希与张季直君速商办法复示祗遵。

《民立报》,1911 年年 12 月 11 日,第 2 页,专电

《黎元洪致各军事机关电》:

闽都督孙艳电开,各省公出预备金,发行民国纸币一节,本为切要,敝省亦表同情,请尊处就近与各省代表团磋商,妥筹办法,并乞电复闽省都督。盼盼。

《福州孙都督致黎元洪电》:

恳我公与张季直君会商发行民国纸币办法,电布,以求一律。

《清江浦蒋都督致黎元洪电》:

接粤胡都督来电,拟办民国通行纸币,以资流通。其设立地点,应行额数,由各省电鄂赣政府公决等因,流通纸币,实为救时之策,敝处极赞成。仰祈大力维持,荩筹办法,期早成立。

《九江马都督致黎元洪电》:

粤省真电祗悉。所示民国纸币,敝处极表同情,并乞早日成立。惟预备金各省应如何摊派,务乞大力酌量维持,届时示知,除径覆粤省外,特电呈。

《长沙谭都督致黎元洪电》:

接九江马都督电,请各省在沪设一筹饷总机关,广为募集,以备接济缺饷省分。如不需此,即留作将来中央行政经费。又接广东胡都督电称,联军北伐需款甚巨,浙江首先承认百万,广东则量力筹助,未能预定的数。寻绎两电均属通筹全局重要问题,敝省均表赞成。鄙

见沪设总机关，当注重外交，侨商助饷内输，北伐军需，各省缺饷即拨，恐难应付，浙省首认百万，见义勇为，鼓舞士气，极为敬佩，敝省财力支绌，亦当极力设法筹集，然受敌最猛，与出援遣兵最多之省分，实难两面兼顾，惟有不分畛域，事定之日再由共和国会秉公核拨军饷，自有担任均妥之法，所冀各省各界热心救国，协力助饷，不先限认多寡，但求速达圆快之目的而已。区区之愚，乞赐鉴谅。

《安庆统一机关处致黎元洪电》：

漾电悉。纸币各省兑换，行军商务，均关紧要，敝省极表同情，仍请速电商宁、沪、浙、赣，筹定办法，指示遵行。

《南京程都督致黎元洪电》：

拟设纸币兑换处，以利通行，极表同情，应请尊处颁定简章，先与上海通过，其余各埠自易流通。

《福州孙都督致黎元洪电》：

连接各省来电，对于公出预备金，发行纸币一节，皆视为切要之图，敝省亦表同情，恳由尊处议决设立地点、发行数额、应筹预备金若干，先行电示。为祷。

《上海陈都督致黎元洪电》：

漾电提议救济纸币办法，拟就邻省各大埠设兑换处，彼此以票易票，既于银元价值无所偏枯，又使金融机关得以流畅，一举两得，敝处极为赞成，希尊处厘定章程通咨各省，敝处谨当遵办。专此电复。

《杭州汤都督致黎元洪来电》：

上海转到漾电，各大埠设兑换处，俟定章通行，浙自遵办。

《安庆孙都督致黎元洪电》：

漾电提议纸币办法，敝处赞成，俟见章程，即当遵办。

曹亚伯《武昌革命真史》下卷，中华书局 1930 年版，第 467 ~ 470 页

△ **袁世凯布置北方军事。**

《宣统三年十月十一日内阁奏》：

现在大同、洛阳暨皖豫交界之区，均有告急警报。臣谨与军谘大臣、陆军大臣会同计画。大同一路由姜桂题先遣步队两营、炮队一队，驰往援救。洛阳一路已饬第六镇第十二协周符麟先带一标，赴洛援剿，俟第三镇到齐，即将该协全数调往，并协攻潼关。皖豫一路查现在攻晋之军，陆、炮、马队均无大用，拟委倪司使嗣冲至石家庄，与晋抚张锡銮商酌，调拨陆、炮一队，马队数队，并就近抽调巡防步队两营，驰赴防堵北窜。报闻。

沈云龙主编《近代中国史料丛刊·宣统政纪》第 65 卷，文海出版社有限公司 1989 年版，第 30 ~ 31 页

12 月 2 日(十月十二日)　江浙联军经过十天苦战，于是日攻克南京城。

黄元秀《辛亥浙江光复回忆录》：

自参议会通过援宁之案，由都督府拟定大纲，任命朱瑞为支队长，由参谋处与朱瑞商酌计划一切，决定编配军队如下：

支队长朱瑞　司令部。参谋处：童保暄　徐乐尧　傅其永　裘绍；副官处：俞炜　洪大钧　周元善　□□□；军需处：张世祯　□□□；军法处：周李光

参谋长吕公望。第八十一标：标统朱瑞兼(约一千四百余名)；第八十二标第一营：徐则

恂(约五百名);巡防营三营:陆殿魁统带(约七八百人);炮兵一营:营长张国威兼山炮四尊;工程营:营长来伟良,队官徐康圣;辎重营:营长白钊;卫生队;骑兵无马未出发;女子先锋队:尹维俊、尹锐志、林宗雪、张复贞等约卅名。

当派员赴沪,先与沪军都督府商拨军械及补充等事。承沪军都督陈其美拨发山炮四尊,并子弹等件。浙省即专车输送军队前进。同时设立自浙沪沿线水陆码头兵站。浙军抵镇江,知江苏失败原因:(一)江苏新军分子复杂,革命不团结;(二)事前准备计划不完全;(三)将帅不和(都督程雪楼)与镇统(师长)徐绍桢不融洽、徐与林述庆司令不合作,因之一战而溃退镇江。浙军抵达江阴后,数次与徐、林商议无结果。浙军势成骑虎,既已到此,惟有先发克敌,先声夺人,迟则北军南下,更为难矣。浙军同人均以为先发制人,于是不顾友军(指江苏军,当时谣传广东军将到援助),遂下令前进作战,先行封锁南京城外通路,继则侦察地形。于十一月上旬,先侦得城外并无张勋部队,即夺取幕府山,设炮向城轰击。张勋派兵出城,遭遇于孝陵卫、马群之间作战,张勋兵退入城。第二日,张勋派大队出城,被我军步炮连合作战,张军败退入城。第三日我军攻占天保城,是南京近城最高之山。我军占领后,俯视南京全城虚实,将天保城作炮兵阵地,向城内总督府轰击,一面派兵袭取江边狮子山炮台,于是南京城受包围。张勋与满营将军铁良,惶恐无策,一因山东援兵不到,二因士兵气馁,于是弃城渡江北逃。第四日我军见南京城上有白旗招展,不知虚实,未敢前进,有我军队官叶仰高,带数人前往侦察,为敌人射殁。讵知此时林述庆有熟人出城告知内情,林先入城占据总督府,大有先入为王之概。浙军继入,分防布置。

浙江省辛亥革命史研究会、浙江省图书馆编《辛亥革命浙江史料选辑》,浙江人民出版社1981年版,第522~524页

许崇灏《镇江新军起义和镇军会攻南京纪实》:

天保城攻克后,守龙脖子的张勋部队退入南京城,据城顽抗。我乃急调由上海运来的攻城大炮两门,以尧化门西的藤子树西南方高地为炮兵阵地,与富贵山炮台炮战,连发数炮,都中炮台要害,太平门城楼及北极阁都中炮击毁。总督张人骏、将军铁良、江防营统领张勋都弃城逃走。残部张连升、赵荣华率部由美国传教士马宁带领,打开太平门投降。镇军首先入城,分兵占领各要隘,收抚残敌,安置旗民,招回逃亡,并派人请林述庆入城,又分赴朝阳门、南门、神策门外报告联军总司令,通报全军。

林述庆入城后,设镇军司令部于制台衙门,并任我为南京临时警备司令兼第一独立混成旅旅长,设司令部于两江师范学堂(即后来中央大学校址)。所有收编的江防营残部、南京旧城守营、巡防营、警察等都归我节制。张勋率残部由汉西门出城向浦口溃退,遭柏文蔚部截击,缴得枪械饷银甚多,柏就借此扩充了部众。

中国人民政治协商会议全国委员会文史资料委员会编《辛亥革命回忆录》第4集,中华书局1963年版,第252页

郭孝成《江苏光复纪事》:

二十五至三十等日,次第开来镇江,会合镇军,一致进行。并由沪军陈英士都督发起,公推徐君为联军总司令。一时猛将谋臣,齐集镇江,兹特附录江浙诸省联军总司令部简明章程及职任人员如下:

一、苏杭沪宁镇各民国联军,公议建设本部,以为司令统一机关。

一、本司令部暂设于镇江。

一、本司令部之组织如下。

总司令部　(总指挥长)徐绍桢　(顾问)　沈同午　史久光　陶逊　于右任　周应时　范鸿仙　龚维疆　游捷　沈靖　邓质彝　伍崇仁

参谋部　(参谋总长)陶骏保　(参谋副长)林之夏　(参谋)钟毓琦　余壮鸣　茅乃封　田芷田

经理部　(部长)陈懋修　(甲)军械郑为成　(乙)被服吴忠信　(丙)粮饷柯森

执法部　(部长)□□□　(副长)王吉檀

军医部　(部长)蒋怀仁　(副长)梁国栋

秘书部　(部长)孙少侯　(副长)茅乃登　(秘书员)汪承继　王毓仁　伏金门　(秘书生)六名

外交部　(部长)马良　(副长)马经武

交通部　(部长)郑赞臣　(副长)瞿钧

庶务部　(部长)徐涛　(副长)谭道南

警备队长　杨言昌

敢死队长　□□□

上海总兵站　(总监)李厚祜　(副监)陶逊　(甲)军械　(乙)被服陈味腴　(丙)粮饷　(丁)庶务叶兆崧

特别担任筹款　沈缦云　于祐仁　(按祐当作右)

特别担任交通及筹款　范鸿仙

一、本部附编警备队及敢死队,担任警备及特别任务。

一、本部各项人员,除司事司书及弁兵外,一律不支薪水,因公用费,及伙食零用等,由部开支。

一、本部设总兵站于上海,担任后方勤务。各路民军,除自设兵站外,均应派员在上海总兵站,接洽一切。

一、本司令部重要人员,如参谋长秘书长,由联军推举,总司令长认可委任,其余各员,均由总司令选择委任。

一、各项详细章程,及服务规则,另行编定。

江浙联军,于九月杪已齐至镇江,分扎龙潭高资各处,于十月初一、二日,向南京进攻。初三日进逼神策门。初四日,沪军黎天才合浙军乘机占领乌龙山炮台,即夜进规幕府山炮台,并由水路派军舰多艘,协同攻取。初六日,幕府山又为民军占领。我军既得乌龙、幕府两山,金陵门户,已归掌握,从此进取狮子山炮台,即有根据之地。初七日,联军总司令徐绍桢,亲率浙、沪两军,由麒麟门攻入太平门,张勋兵死二千余人,统领王有宏轰毙,民军死伤六百余人。镇军都督林述庆进攻朝阳门,大兵俱集城下,夺张勋兵快炮六尊。于是南京城外,悉归民军占据,张勋兵退入城内,为困守之计。初九日,民军轰太平、朝阳二门,张勋兵堵在城闉之内力战。苏军攻取南门,被伤颇众,而气不为馁。当攻破朝阳门时,浙军先以马队三十余骑冲入,步兵从之。忽闻土人言城内地雷甚多,不敢骤进,乃复退。夜九点钟,民军进攻神策门。其所以在此地进攻者,因张勋兵正集在朝阳门,欲以出其不意。而城上之清兵,与狮子山之清兵,开炮援助,因此民军于初十日清晨六句钟亦退。是日镇军猛攻天保城炮台,各军分攻各城门,隆隆之声,四面同起。张勋兵极力抵抗,我军愈逼愈近,城内兵丁,大有不支之势,血战一昼夜之久,十一日,民军遂夺得紫金山,占据天保城颠,开炮遥击狮子山,及将军署北极阁等处。张人骏铁良派胡令宣由雨花台至苏军刘统领处议和,要求四事。一不伤人民生命,二不杀旗人,三准令张勋率所部北上,四准令张人骏铁良北上。刘统领转知徐总司令,徐总司令以一、二、四件,均可许之,惟第三件万难应允。随由美领事答复。十一日晚,张人骏、铁良、张勋相率逃去。其夜十二时,余兵亦多窜出。十二日清晨八点钟,张勋屯营之处,凡新招之兵,均悬白旗,狮子山等处亦悬白旗。至十时,城内已全竖白旗。十二时,民军始入城。镇军林述庆由仪凤门直至督署,徐总司令后至,均居署内。拟于金陵休息十日,分路拔队援鄂及北伐。嗣以各省会议,拟举程德全都督移驻南京,林述庆遂暂拥都督之号。惟金陵光复以后,林述庆既系临时都督,程德全又不克即日驻宁,以后民政军政,头绪纷歧,人民颇受其害。抢掠之风,直至十二月,尚未全息。则亦当事者有破城之功,而无安民之略,为可惜也。

中国史学会主编《中国近代史资料丛刊·辛亥革命》(7),上海人民出版社1957年版,第12~16页

《十月十二日沪军都督陈其美致各省都督电》:

各省都督钧鉴:南京告捷,屡电通知。先是,我军于初十早占领紫金山、天保城两处,掳获机关炮两尊,击毙伪管带黄某一名,及变兵六七十人,并生擒二十余人。我军阵亡三人,重伤四人,轻伤十四人。当即乘势前进,直偪城下。张人骏、铁良派胡镇令宣出至苏军,到统领处议和。并要求四款:一、不伤人民,二、不杀旗人,三、准张勋率所部北上,四、准骏、铁北上。除第三款万难认许外,其一、二、四各款业已应允。午间,美领事车至场北门与都督开议,所言与前略同。当告以四事:一、张勋暂拘,俟临时政府成立再释;二、张勋所部概将军械储存小营,空手出城;三、由联军派员监视,将张勋全部遣散;四、张勋所收刮库款八十余万,须责令缴出充饷。前四款限二十四时内,尚无满意之策,复仍立用重炮轰城。美领事即入城商酌云云。顷得确报,我军于今晨六时攻入仪凤门,占领狮子山。九时太平门自开,降兵二营,枪亦收回。十时已将全城恢复。张变(? 闻)被掳。南京底定矣。沪军都督陈。印。

军机处电报档。中国史学会主编《中国近代史资料丛刊·辛亥革命》(7),上海人民出版社1957年版,第108~109页

〔英〕丁格尔《辛亥革命目击记——〈大陆报〉特派员的现场报道》:

然而大约在10点钟,张将军的侍从又来了,说张将军和他的一部分人已通过仪凤门离城了,准备渡江到浦口,再朝北去。大约在一个小时后,我们证实了这个传闻是真的。马林医生与一位未随张将军一块走的高级军官的私人关系很好,很理解那位军官当时的心境,知道他和他的士兵——大约有一千人愿意投降,因此我们决定不离城。大约5点钟,马林医生和这位军官去了太平门,在那里,美国代理领事也加入了这一行列。战斗在天亮之前就开始了,相当激烈。革命军司令一看到白旗还有美国旗,就发了一封电报询问何意。当他得知有那天的和谈代表,并且士兵也愿意投降时,希望清朝官员、代理领事、马科林医生和加莱特(Garret)先生出城商谈具体的细节,他们立即照办了。林将军——革命军首领,程将军——城中清军的总指挥,都宣布停止战斗,做出了令双方都能接受的安排,具体内容不再详述。程将军让他的人集中起来,放下武器,然后空手离开。从那天所有的表现来看,解除其他清军的反抗进行得还算顺利。狮子山要塞挂白旗后不久,鼓楼镇和其他一些地区也纷纷仿效。革命军进了城,按照原来的计划分别驻扎在各自的位置上。经过很长时间的等待和猜测,城里又重现生机。偶尔也还会听到枪响,但也许几乎所有的人都在从道德层面去影响那些想在夜里趁乱掠劫的人。

〔英〕丁格尔著,陈红民等译《辛亥革命目击记——〈大陆报〉特派员的现场报道》,中国青年出版社2002年版,第104页

《一九一一年十二月三日铃木驻南京领事致内田外务大臣电》:

十二月二日上午十时,镇江都督林述喜[庆]率兵数千,由太平门入城,另一队由仪凤门

入城,两队步伍堂堂,未遇任何抵抗即将南京占领,全城悬起白旗。官军之大部已于前夜逃往浦口,余者全部投降,死伤甚少,但亦有少数惨死者。林述喜[庆]立即被推为都督,在总督衙门内部署一切。傍晚,徐绍桢入城,程德全亦将于日内入城。市内一般平稳,但尚时闻警戒枪声。我国侨民俱各平安无恙。

中国社会科学院近代史研究所、中华民国史研究室主编,邹念之编译《日本外交文书选译——关于辛亥革命》,中国社会科学出版社1980年版,第39页

《一九一一年十二月五日铃木驻南京领事致内田外务大臣电》:

张总督及铁良将军于十二月三日下午乘我国军舰秋津洲号由本地出发前往上海。两人希望由上海秘密转乘我国轮船经大连前往北京。但也可能由上海直去日本。张勋于十二月一日出城后,立即渡往浦口。据其本人言语称:将由津浦路取道徐州北上。

中国社会科学院近代史研究所、中华民国史研究室主编,邹念之编译《日本外交文书选译——关于辛亥革命》,中国社会科学出版社1980年版,第69~70页

《1911年12月2日伟晋颂领事致朱尔典爵士函》:

南京已于今晨投降革命军。我得到关于投降的第一个暗示,是看见狮子山炮台上悬挂着白旗。这是我今天下午前往下关询问围困进展情况的消息时注意到的。我立即从我乘坐的汽艇上登岸,穿过城门前往领事馆,城门虽有重兵防守,却是开放着的。到处是许多白旗,人们笑容满面,使人很明显地了解南京的陷落已经是既成事实。原来防守南京的士兵们都在手臂上缠着白带,其中许多人四处活动;革命军结成两三批开入城内。从一片平静气氛以及原来守城士兵与革命军之间的明显友好关系看来,也很显然,投降一事是友好地完成的,而没有发生战斗,至少在南京城北区是如此。领事馆安然无恙,外国人或外国人的房屋在围城期间都未受损害。我从领事馆前往市中心传教士居住的地方,在该处见到了麦克林医生,他正忙于照料住院的伤员,他们大约有一百五十人。我从他那里获悉:投降实际上是前一天下午决定的,因为革命军占领紫金山顶并从该处轰城,使守军完全丧失信心,除了张勋提督的直属部队(他们不及守军总人数的三分之一)之外,他们都感到不满。

就我所能搜集到的情报来说,投降一事是由一个姓左的人安排的,他是革命军的使者,但又与张勋提督有私交。他已在城内住了一些时候,试图商谈一项解决办法。他在几名传教士的陪同下,于昨天早晨见到了城外的革命军指挥官林述庆都督,并从他那里获得了清军投降时的十分圆满的条件。左先生把这些条件交给了张勋提督,虽然张勋提督予以拒绝,但他的大部分官兵显然认为这些条件是可以接受的,所以人们猜测,该提督决定投降的时刻已经到了。总之,人们认为,他在总督和满族将军的陪同下,于昨夜或今晨离开南京城,渡江前往浦口,后来他的大批部队逃出西门,在下关上游约十二英里处渡过长江,跟着他前往该地。人们一旦知道他已逃走之后,便立即为革命军打开城门。

胡滨译《英国蓝皮书有关辛亥革命资料选译》(上),中华书局1984年版,第192~193页

△ 章太炎复谭人凤电,提出“革命军起,革命党消,天下为公,乃克有济”的政治主张。

《章太炎致武昌都督转谭人凤等电》:

武昌都督转谭人凤诸君鉴:电悉。革命军起,革命党消,天下为公,乃克有济。今读来电,以革命党人召集革命党人,是欲以一党组织政府,若守此见,人心解体矣。诸君能战即战,不能战,弗以党见破坏大局。章炳麟。文。

《大公报》,1911年12月12日。朱维铮、姜义华编注《章太炎选集》,上海人民出版社1981年版,第519页

12月3日(十月十三日)　汉口各省代表会议制定《临时政府组织大纲》二十一条。

刘星楠《辛亥各省代表会议日志》:

十月十三日谭人凤、潘祖彝、谢鸿焘、雷光宇、时象晋、王正廷、孙发绪、胡瑛、邹代藩、赵斌、王竹怀、许冠尧、张其鍠、谷钟秀、黄可权、陈毅、黄群、汤尔和、陈时夏、马君武、雷奋、陈陶遗到会。

议决:中华民国临时政府组织大纲。

中国人民政治协商会议全国委员会文史资料委员会编《辛亥革命回忆录》第6集,文史资料出版社1982年版,第243页

《中华民国临时政府组织大纲草案》:

第一章　临时大总统

第一条　临时大总统由各省都督府代表选举之,以得票满投票总数三分之二以上者为当选。代表投票权,每省以一票为限。

第二条　临时大总统有统治全国之权。

第三条　临时大总统有统率海陆军之权。

第四条　临时大总统得参议院之同意,有宣战、媾和及缔结条约之权。

第五条　临时大总统得参议院之同意,有任用各部部长及派遣外交专使之权。

第六条　临时大总统得参议院之同意,有设立临时中央审判所之权。

第二章　参议院

第七条　参议院以各省都督府所派之参议员组织之。

第八条　参议员每省以三人为限,其遣派方法,由各省都督府自定之。

第九条　参议院会议时,每参议员有一表决权。

第十条　参议院之职权如下:

(一)议决第四条及第六条事件。

(二)承诺第五条事件。

(三)议决临时政府之预算。

(四)调查临时政府之出纳。

(五)议决全国统一之税法、币制及发行公债事件。

(六)议决暂行法律。

(七)议决临时大总统交议事件。

(八)答复临时大总统咨询事件。

第十一条　参议院会议时,以到会参议员过半数之议决为准。但关于第四条事件,非有到会参议员三分之二之同意,不得决议。

第十二条　参议院议决事件,由议长具报,经临时大总统盖印,发交行政各部执行之。

第十三条　临时大总统对于参议院议决事件,如不以为然,得于具报后十日内,声明理由,交令复议。参议院对于复议事件,如有到会参议员三分之二以上之同意,仍执前议时,应仍照前条办理。

第十四条　参议院议长,由参议员用记名投票法互选之,以得票满投票总数之半者为当选。

第十五条　参议院办事规则,由参议院议订之。

第十六条　参议院未成立以前,暂由各省都督府代表会代行其职权,但表决权每省以一

票为限。

第三章 行政各部

第十七条 行政各部如下：

（一）外交部。

（二）内务部。

（三）财政部。

（四）军务部。

（五）交通部。

第十八条 各部设部长一人，总理本部事务。

第十九条 各部所属职员之编制及其权限，由部长规定，经临时大总统批准施行。

第四章 附则

第二十条 临时政府成立后，六个月以内，由临时大总统召集国民议会。其召集方法，由参议院议决之。

第二十一条 临时政府组织大纲施行期限，以中华民国宪法成立之日为止。

刘星楠《辛亥各省代表会议日志》。中国人民政治协商会议全国委员会文史资料委员会编《辛亥革命回忆录》第6集，文史资料出版社1982年版，第244～246页

△ 九江军政府参谋长李烈钧率队一标西援武汉。

李烈钧《李烈钧将军自传》：

登陆后与都督马毓宝、参谋长蒋作宾协商，略事补充，复启碇西上。行一日，余抵阳逻下碇，会武昌派人来迎，备述武昌紧急状，且曰与冯约停战三日，今二日矣，促速进城。余遂循堤而往，与参谋龚少甫，机关枪营长卓仁机及学生编成之宪兵一队同行。市民闻余至，鸣炮欢迎入城，径至都督府。黎都督已赴洪山，余商于副参谋长程守箴，请以电话约黎都督返城，并先开会议，集合各军司令长官及都督府各大员相商，众曰：形势紧张若此，计将安出？余答以水陆均已布置，皆大欢喜，即分配工作。

布置既竣，复令舰队泊阳逻附近，余则由青山登陆，并亲率陆军越仓子埠。翌日黎都督回，余往谒，黎曰：不至，余且危，今来武汉无虑矣。复叙布置两军方法。黎都督命余任五省联军总司令，兼中央军总司令，右翼军总司令杜锡钧，左翼军总司令王芝祥，盖其时王为广西都督，率步兵六大队并新式马克新机关枪两队来援，已抵岳州，故有派任左翼之命。

李烈钧《李烈钧将军自传》，章伯锋、顾亚主编《近代稗海》第9辑，四川人民出版社1988年版，第17～18页

△ 援鄂桂军抵武昌。

《1911年12月4日日本驻汉口总领事馆情报》：

昨日（三日）有广西兵二千名开到武昌，黎都督曾亲至郊外迎接。曾充革命军司令部一日被官军炮击起火之谘议局，屋顶殆已完全破坏，惟全部房屋原状存在。

中国科学院近代史研究所史料编译组编辑《近代史资料·辛亥革命资料》，1961年第1号，中华书局1961年版，第586页

△ 江苏各界推程德全为江苏都督。12月6日，程到南京接篆。12月15日镇江都督府改称镇江军政分府。

《民立报》：

江苏本为一省,宁苏本为一省,宁苏分治原属满廷弊政,今既改共和,一省之中应设一行政机关,俾民政有所统一,而宁苏相较,以驻宁为宜。程公雪楼平昔行政,注重民事,现在金陵光复,拟即请程移驻宁垣抚绥,以慰全省民望,有关人民公意,敬恳同为劝驾,除径电程公外,谨电开。

《民立报》,1911年12月4日,第2页,专电

《十月十六日程德全致各省电》:

民立报转黄大元帅、陈都督、伍秩翁、李平翁并转各法团鉴:在沪备承教益,至深纫谢。今秩序尚为整齐,皆林、徐诸公维持之力,全以菲材,谬领重任,深惧弗胜,尚希随时赐教,合力匡持,用裨大局,无任跂感之至。德全。铣。

又转各省军政府鉴:全才力薄弱,谬承公推,移驻南京,辞不获命,无任惭悚。今早到宁城内,秩序尚为整齐,惟冀随时赐教,以匡不逮,实为大局之幸,程德全。铣。

《民立报》,1911年12月8日,第2页,专电

《民立报》:

苏宁合一,镇江改为分府,程、林二都督命前留守镇江郑参议权为军政使,而参议决从军北伐,不肯就职,嗣因各界极力挽留,以为镇江关系重大,不可一日无人主持,爰于今日午前七时特开大会,宣布任职。

《民立报》,1911年12月15日,第1页,新闻

△ 顺直谘议局直隶保安会再电清内阁,主张共和。

《宣统三年十月十三日顺直谘议局直隶保安会致内阁电》:

汉阳克复,军事虽利,人心未回,杀戮愈多,益难收拾,若乘此战胜之后,罢兵息战,由朝廷自行谦逊,宣布共和,最足示大公于天下。保全中国,维持皇室,端在此时。否则,恐激而益烈,祸乱相寻,亡国之惨,终难幸免。乞奏明朝廷,立即实行,举国幸甚。

军机处电报档。中国史学会主编《中国近代史资料丛刊·辛亥革命》(8),上海人民出版社1957年版,第144~145页

△ 共和建设会假上海张园开成立大会。

《共和建设大会记》:

昨日共和建设会假座张园安垲第开成立大会,下午二时五十分开会,到会者一千余人,并有女宾二十余人,公推丁榕君主席,演说略言:今到会者如此踊跃,足见吾民趋向共和之心理,惟欲享共和国民之权利,必先尽共和国民之义务,故今日预备建设,为吾民人人应尽之责,今日此会将合全国人民组成一灵活强大之团体云云……北伐队代表朱芸君演说,略谓满清未倒,破坏建设固宜双方并进,但鄙人有血泪数语为办事诸君告。第一不争意见,第二不争省界,第三不尚空言。言时慷慨激昂,声泪俱下。次沪军都督代表黄英[膺]白君演说,略谓现在南京虽复,西援、北伐在在吃紧,上海一隅担接济全国军饷之责,今日尚望建设会诸君,注重军事饷源。言次当有唐六琴女士、张侠琴女士各脱金钏一副,捐助军饷,于是投资者踵接。当经主席宣言,今日本会尚有选举事宜,手续繁多,不及代收,请热心诸君径向各机关投缴。次投票选举会长、副会长各职员,公推徐维祺、李毓两君监视开票,以一票以上者为初选当选,下次开会复选,计得票及格者:王河屏六十一票,江亢虎二十一票,丁榕十五票,章佩乙十三票,袁恒之十二票,杨信之、胡宗梅各得九票,马良、陈止澜八票,陈润甫、舒祖勋、金鉴六票,王宠惠等六人各三票,杨千里等三人各得二票,熊希龄等十三人各得一票,兹定期十六

日下午开复选会。

《民立报》,1911年12月4日,第5页

△ **各国拒绝向清政府借款。**

《宣统三年十月十二日外务部发驻法代办戴霖电》:

勾堆第二次合同并武汉铁桥合同均已签字,已由本部照会驻京法代使。现在汉阳克复,大局已有转机;革党主张共和,决难成事。此次借款并非供前敌之用,早日交付,则筹备有资,可期迅复秩序,裨益中外匪浅。希告彼外部饬勾堆迅速实行合同。再据度支部言,所有债票均由勾置备。是否如此?并希查照向来办法,与勾即行商定,并电复。外务部。文。

《宣统三年十月十三日驻法代办戴霖致外务部电》:

顷晤勾堆,遵将佳电转告,并催如期交款。据称"此事与英资本家已议有端倪。惟昨回法见外部司长,据云英、法、德、俄、美、日本诸国会议,现时中国如向与议各国商借款顷,概行拒绝,业经公决定议。此项借款,政府势难赞成等因。故日内仍须赴英与资本家妥筹办法,起程前再来署晤商"等语。谨电达。霖。十三日。

军机处电报档。中国史学会主编《中国近代史资料丛刊·辛亥革命》(5),上海人民出版社1957年版,第312页

△ **革命党人王钟声称北军大都督,散发传单,是日在天津被捕杀害。**

《王钟声案》:

革党王钟声等日前暗发传单,称北军大都督字样,以惑人心。事经侦探局总办派密探访队杨清田、冯恩荣等二十余人,十三日早一钟时赴奥署,协同奥国武官及奥兵并暗查杨德明、陈德立在大佛寺刘子良家拿获王钟声、刘子良、朱堉、童峻、曹永祥、吴楚湘、陆金甫等七人,并起获手枪二把、炸药、子弹、大都督关防、各省都督来往信件及白旗多件。至早二钟,有奥武官二名、奥兵四名、华捕八名及侦探同队官暗查等,将王钟声等七人各押交镇署。当经张镇军怀芝开正门将奥武官等接入款待毕,各还各署。张镇军遂将王钟声等押往疙瘩□,只将为首之王钟声正法,其余六人均行监禁。至十四日早,侦探局□敬林观察乘坐马车赴奥署道谢,并将刘之房屋发封云。

渤海寿臣《辛亥革命始末记》,《实行立宪汇编·各省》,文海出版社1969年版,第137页

12月4日(十月十四日)　汉口各省代表会议议决以南京为中央临时政府所在地,同时确定会议移至南京举行。

刘星楠《辛亥各省代表会议日志》:

十月十四日　全体代表到会。……议决:临时政府设于南京,各省代表开临时大总统选举会于南京。有十省以上之代表到南京即开选举会,临时大总统未举定以前,仍认鄂军都督府为中央军政府,有代表各省军政府之权。

中国人民政治协商会议全国委员会文史资料委员会编《辛亥革命回忆录》第6集,文史资料出版社1982年版,第246页

《武昌各省代表会议案》:

一、决议临时政府组织大纲二十一条,由各省代表签名。

一、决议临时政府设于南京。

一、决议由各省代表开临时大总统选举会于南京。

一、决议各省代表于七日以内会齐于南京。

一、决议将会议情形通电各省，并请未派代表诸省速派代表，于七日内会于南京。

一、议决有十省以上之代表到南京，即开选举会。

一、议决临时大总统未经举定以前，仍认鄂军都督府为中央军政府，有代表各省军政府之权。

一、议决仍推伍君廷芳、温君宗尧为民国外交总副长。

《时报》，1911 年 12 月 11 日。辛亥革命武昌首义纪念馆等编《湖北军政府文献资料汇编》，武汉大学出版社1986年版，第189页

△ 上海各省都督府代表联合会留沪代表开会，议决南京为临时政府所在地，举黄兴为大元帅、黎元洪为副元帅。

《十月十六日九江马毓宝转留沪代表致黎元洪电》：

顷接留沪各省代表寒电，内闻"临时政府前经议定武昌，现在南京光复，鄂军务适紧，援鄂之师、北伐之师待发，急需统一之。今同人公议不如暂定南京为临时政府所在地，举黄君兴为暂定大元帅，黎君元洪为暂定副元帅，兼任鄂军都督，藉免动摇而牵大局。俟赴鄂代表返沪同到南京再行发表，所有编制日内并力准备，俾得进行无滞。事机紧急，不得不从权议决，务乞鉴原。并请转达到鄂各省代表，请即日来沪会议，盼切"等因。合亟转电，统希从速赴宁开会为祷。

易国幹、宗彝、陈邦镇辑《黎副总统政书》第 1 卷，上海古今图书局 1915 年版，第 22 页

刘星楠《辛亥各省代表会议日志》：

十月十四日沈恩孚、俞寰澄、朱葆康、林长民、马良、王照、欧阳振声、居正、陶凤集、吴景濂、刘兴甲、赵学臣、朱福诜到会。江苏都督程德全、浙江都督汤寿潜、沪军都督陈其美到会。章炳麟、章驾时、蔡元培、王一亭、黄中央、赵竹君、顾忠琛、彭锡范到会。

议决：暂定南京为临时政府所在地。

议决：票举大元帅、副元帅：大元帅黄兴，十六票当选；副元帅黎元洪，十五票当选。

按：此次选举，完全是宋教仁、陈其美二人恐怕武昌真成了中央政府，于同盟会不利，所以鼓煽留沪的一部分代表，扮演了这一幕滑稽戏。他们二人的本心确是忠于同盟会，然自此事发表后，同盟会的声誉却因之一落千丈。

各省代表赴鄂者与留沪者，原是一体，他们二人只利用留沪一部分，而瞒着赴鄂代表，瞒着鄂军政府，皆不令闻知，其谬一也。江苏都督，浙江都督，沪军都督，皆令其到场投票，淆乱职权，蔑视其他各省都督，其谬二也。开会时，加入不伦不类、毫无根据之章炳麟、章驾时、蔡元培、王一亭、黄中央、赵竹君、顾忠琛、彭锡范诸人，令其列席，令人怀疑这一伙人到底是干什么的，其谬三也。

又按：是日到会之湖南人欧阳振声，并不是湖南都督府或谘议局的代表，而是宋教仁个人委派的代表。教仁只是代表之一，而居然委派代表的代表，此等举动，既不合理，又不合法。

总之，宋教仁为人，眼高识阔，志大才疏，说话则夸张不伦，办事则杂乱无章，自身取祸则有余，担当天下大事则不足。

中国人民政治协商会议全国委员会文史资料委员会编《辛亥革命回忆录》第6集，文史资料出版社1982年版，第248～249页

《欢迎黄兴大会》：

昨日（十五日）上午十句钟，为欢迎临时政府大元帅，特开大会于江苏教育总会。苏州程都督、上海陈都督及各省都督府代表，均准时莅会。俟黄大元帅莅止，即开会行欢迎礼，一时

欢呼声如雷动。先由程都督雪楼起述：昨日自大元帅举定后，即邀同陈君英士，亲往黄大元帅行辕道欢迎意，恭请莅会，大元帅谦辞不肯承任，经德全等再三劝驾，仅允到会重行选举。既沪军都督起谓：昨日之选举，万不可作为无效；况大元帅责任重大，关系全国。方今北虏未灭，军事旁午，非有卧薪尝胆之坚忍力者，不足肩此巨任，故其美以为舍克强先生外，无足当此者。于是黄大元帅起辞，谓才力不胜，拟举首先起义之黎元洪为大元帅，再由各都督中举一副元帅。且谓兴并愿领兵北伐，誓捣黄龙，以还我大汉河山而后已。至于组织政府，则非兴所能担任者也。嗣由各代表相谓：现今事机危迫，战事未息，黄大元帅苟不俯从众请，其如全国人民何？黄大元帅复辞，谓孙中山将次回国，可当此任。后由某君起谓，开会已两时之久，西伯利亚铁道所装之军械，已通过二百余里，京汉铁路之兵亦已行近百余里矣。方今军务倥偬，时间异常宝贵。孙君诚为数十年来热心革命之大伟人，然对外非常紧急，若无临时政府，一切交涉事宜，俱形棘手。况大元帅为一时权宜之计，将来中华底定，自当由全国公选大总统，是故，某以为黄大元帅于此时实不必多为推让。于是黄大元帅乃允暂时勉任。众遂起立，三呼"大元帅万岁！中华民国万岁！"遂散会。

《民立报》，1911年12月6日，第3页。上海社会科学院历史研究所编《辛亥革命在上海史料选辑》，上海人民出版社1981年版，第937～938页

居正《江苏教育会选举》：

适黄兴抵沪数日，一切军事，无形集中于彼之一身，乃由某代表提议，今日即投票选举大元帅。到会者多数赞成，但以事前未及准备，仓猝间折用白纸，各自用铅笔草书。开票结果，黄兴当选为大元帅。复有代表提议，既有大元帅，应选举一副元帅，众议一致。照样投一票，结果黎元洪当选。座中有老名士挥泪曰：黎宋卿在武昌首义，劳苦功高。先头赴武昌一部分代表，已举黎为中华民国军政府大都督，事实上为大元帅。今反被选为副元帅，在黄兴之下，太不合理矣。程德全代表章某（湖南人）（驾时）为感情冲动，力然其说，欲将选举案推翻，以黎为大元帅，黄兴副之。众谓如是太儿戏，争执不决。又有人提议调停办法，黎为大元帅，事实上不能来指挥，仍请黄兴代理大元帅，是说亦未成立，相率散会。

居正《辛亥札记》。武汉大学历史系中国近代史教研室编《辛亥革命在湖北史料选辑》，湖北人民出版社1981年版，第169页

△ 青海西宁城任得惠等率部起义，为总兵张定邦所败。清廷谕令褒奖。

《宣统三年十一月初二日上谕》：

电寄长庚。据内阁代递电奏"十月十四日，西宁城南匪首任得惠等祭旗造反，经总兵张定邦驰往剿捕，贼众奔溃"等语。此次该土匪等纠约千人，势甚猖獗，经张定邦亲率马步队，奋力叠战，擒获多名，夺获马匹器械无算，实属奋勇异常。所有出力员弁及绅董等，准其择尤保奖，以示鼓励。

沈云龙主编《近代中国史料丛刊·宣统政纪》第67卷，文海出版社有限公司1989年版，第6页

△ 清廷以西北告急，令长庚调配军队，妥筹攻守。

《宣统三年十月十四日上谕》：

电寄长庚。据袁大化电奏"匪陷宁夏，围新城，距甘凉非遥，傥有疏虞，兰州坐困。肃州镇柴洪山现住兰州，请派该镇出兰北路，直攻宁夏，西捍甘凉。一面拨派援军，从归绥押解饷械，兼济甘军"等语。著长庚酌量情形，妥筹攻守。

沈云龙主编《近代中国史料丛刊·宣统政纪》第65卷，文海出版社有限公司1989年版，第34～35页

12 月 5 日(十月十五日)　北伐联合会在上海成立,举程德全为会长,共矢同仇,统一军机。

《北伐联军总部特别启事》:

昨日张园大会,诸同胞激昂慷慨,热血淋漓。各省代表及各军团代表均共矢同仇,极意联合,当已推定程都督德全为总理,章参谋驾时为协理,朱先生芸为总部长,并改中华全国军政统一总汇处名称为北伐联军总部。一切部署已定,克日举办军队。

《民立报》,1911 年 12 月 6 日

△ 汉口各省代表会议通过与北方议和条件。

刘星楠《辛亥各省代表会议日志》:

十月十五日全体代表到会。四川都督府代表周代本到会。

议决:密电请伍廷芳来鄂,与北使会商和平解决,并公举胡瑛、王正廷为之副。

议决:对北使开议条件:一、推翻满洲政府;二、主张共和政体;三、礼遇旧皇室;四、以人道主义待满人。

中国人民政治协商会议全国委员会文史资料委员会编《辛亥革命回忆录》第6集,文史资料出版社1982年版,第246页

△ 国事共济会宣布解散。

《解散国事共济会宣言书》:

自战事开始以来,两党之人皆知战事延长,于中国前途有无量之危险,故欲以国民会议解决君主民主问题,以息将来之战祸。两党之人持此目的发起斯会,一面由度陈诸资政院议决,呈请内阁代奏,舌敝唇焦(辛苦你!),以求(求字丑极)主张之通过;一面由兆铭电达上海军政分府转武昌军政府,请求承诺所主张。乃资政院不为议决,内阁不为代奏;而武昌军政府亦无回电,上海回电只承诺国民会议,于停战与否并未提及。今者武汉血战,兵事方殷,和平解决之难,已为天下所共见。在君主立宪党之意,始终不愿以杀人流血解决君位问题,北军进攻实所反对。在民主立宪党之意,则以为若别无平和解决之法,惟有流血以护其宗旨。是共济会之所主张,已归无效,用特宣告解散,惟天下伤心人共鉴。国事共济会发起人君主立宪党杨度等,民主立宪党汪兆铭等同启。

《民立报》,1911 年 12 月 11 日。渤海寿臣《辛亥革命始末记》,《实行立宪汇编 · 论说》,文海出版社1969年版,第16 ~ 17页

12 月 6 日(十月十六日)　隆裕皇太后懿旨,准载沣辞监国摄政王之位,以醇亲王退归藩邸。嗣后用人行政,均责成内阁总理大臣、各国务大臣担承责任。次日重申此谕。

《宣统三年十月十六日上谕》:

监国摄政王面奉隆裕皇太后懿旨:"据监国摄政王面奏:自摄政以来,于今三载,用人行政,多拂舆情,立宪徒托空言,弊蠹因而丛积,驯致人心瓦解,国势土崩。以一人措施失当,而令全国生灵横罹惨祸,痛心疾首,追悔已迟。傥再拥护大权,不思退避,既失国民之信用,则虽摄行国政,诏令已鲜效力,政治安望改良?泣请辞退监国摄政王之位,不再干豫政事。情词肫切,出于至诚。予深处宫闱,未闻大计。惟自武汉事起,各省响应,兵连祸结,满目疮痍,友邦商业,并受影响。每一念及,寝馈难安。亟宜察内外之情形,定安邦之至计。监国摄政王性情宽厚,谨慎小心,虽求治綦殷,而济变乏术,以至受人蒙蔽,贻害群生,自应俯如所请,

准退监国摄政王之位，所钤监国摄政王章，著即缴销，仍以醇亲王退归藩邸，不再预政。著赏给岁俸银五万两，由皇室经费项下支出。嗣后用人行政，均责成内阁总理大臣、各国务大臣，担承责任，所有颁布诏旨，应请盖用御宝。并觐见典礼，予率同皇帝将事。皇帝尚在冲龄，保卫圣躬，应有专责。世续、徐世昌著授为太保，尽心卫护。现在四方多难，国步阽危，诸王公等谊同休戚，各宜体念时艰，恪遵家法，束身自爱，罔越范围。诸大臣膺兹重任，尤宜共矢公忠，精白乃心，力除锢弊，以谋国利民福。凡我国民，当知朝廷不私君权，实行与民更始，务须谨守秩序，各安生业，庶免纷争割裂之祸，而登熙皞大同之治，予有厚望焉。"

沈云龙主编《近代中国史料丛刊·宣统政纪》第66卷，文海出版社有限公司1989年版，第1~2页

《宣统三年十月十七日上谕》：

前经降旨，所有朕躬亲任大清帝国统帅陆海军大元帅之一切权任事宜，于未亲政以前，暂由监国摄政王代理。现在监国摄政王业经退位，朕方在典学之时，所有陆海各军，暂责成现行专司诸大臣督率管理。其向归监国摄政王管辖调遣之禁卫军，著专司训练大臣督饬认真训练。

沈云龙主编《近代中国史料丛刊·宣统政纪》第66卷，文海出版社有限公司1989年版，第4~5页

△ **各省代表会议议决停战条件。**

刘星楠《辛亥各省代表会议日志》：

十月十六日　全体代表到会。

议决：答复停战条件，不承认清内阁所派北方居留之各省人有代表资格，并不得以区域方向混称为南军、北军。

附录：清内阁电开停战条件

一、停战三日，期满续停十五日；

二、北军不遣兵向南，南军亦不遣兵向北；

三、总理大臣派北方居留各省代表人，前往与南军各代表讨论大局；

四、唐绍仪充总理大臣之代表，与黎军门或其代表人讨论大局；

五、以上所言南军，秦晋及北方土匪，均不在内。

议决：答复条件：一、停战三日，期满续停战十五日；二、全国清军民军均按兵不动，各守其已领之土地；三、清总理大臣派唐绍仪为代表，与黎大都督或其代表人讨论大局。

中国人民政治协商会议全国委员会文史资料委员会编《辛亥革命回忆录》第6集，文史资料出版社1982年版，第246~247页

△ **湖北军政府任命谭人凤为武昌防御使，兼北面招讨使，节制武昌各军，调蒋翊武为都督府高等顾问。**

曹亚伯《武昌革命真史》：

是晚谭人凤在武昌城内大朝街下宅集合杨玉如、李作栋、孙武少数人开会。杨玉如云："今日上海来电，已举黄兴为大元帅，黎元洪为副元帅。想黄兴此时不能来鄂，总司令官一职蒋翊武不过暂时护理而已，应另行举人为总司令官，以便计划作战事宜。谭人凤先生系革命巨子，老成练达，素孚人望，当以谭先生继黄兴之职。"在座人员皆表赞成。旋谭人凤云："各位同志既举兄弟继黄兴之职，但是此时武昌情形，与在汉阳打仗不同。现在武昌系防御，将来必须北伐。人凤之意，将总司令官名义取消，应改为武昌防御使兼北面招讨使。盖防御

者,防内奸而御外敌也;招讨者,讨不廷而招之从我也。事切名实,各位同志以为何如?”于是在座者亦表赞同,遂备文请黎都督任命。黎元洪即委谭人凤为武昌防御使兼北伐[面]招讨使,节制武昌各军,并各省援军,调蒋翊武为都督府顾问。蒋翊武因军事甚忙,事前毫无闻知,迨发表渠为顾问时,极为愤恨不平。后经大家劝解,顾全大局,始办交代。

曹亚伯《武昌革命真史》中卷,中华书局1930年版,第395~396页

谭人凤《石叟牌词》:

及黎走,武昌总稽查处派苏成章、高尚志等过江,邀余为副都督,该处当时在武昌,盖颇有最大权限也。余谓事由我辈起,自应城存与存,城亡与亡,何须用副督名义。但军队须由我调遣,财政现状奚若,须使我知。苏等诺之,因相随入武昌,到城时,市街黑暗,商民转徙一空,军士弃械逃者尤不知凡几。比赴总稽查处会议后,即用武昌防御使兼北面招讨使关防晓谕,并召绅耆嘱劝居民无恐。人心惶惶,大有悲惨难堪之状,使当日北军侦悉,仅遣一队渡武昌垂手可得。……先是蒋翊武继克强为总司令,孙武觊觎之,两将决裂,并以总司令一职委余兼之。于是昼出洪山,夜归武昌,防御诸事,渐有头绪,人民亦安堵矣。

谭人凤《石叟牌词》,石芳勤编《谭人凤集》,湖南人民出版社2008年版,第369页

《谭人凤告诫各部文》:

中华民国军政府武昌防御使兼北面招讨使谭为知照事。照得胜负兵家之常,成败由人心而定,小胜固不可骄,小败更不可馁。前者,汉阳之失,闻各兵士各有畏心,致生退志,甚不可也。今日之事势有可以制敌不死命者数事:虏踞龟山,势成孤立,即炮弹射击亦不过损伤屋宇,至我能以工程掩护,不致中伤。加以长江天险,倘敢冒险飞渡,邀而聚击,定当沉没,此我之制胜则一也;敌军孤露而我军前后左右皆有援助,赣军由东而取黄孝,湘军、桂军由西而直逼汉阳,长江战舰不日会集,转瞬之间,敌临死地,此我之制胜者二也;今日会议河南直隶,亦来代表,议定安徽、山西、陕西攻河南,而河南反正,江浙福建广东等省攻天津,而直隶反正。武昌无恙,贼将瓦解,此我之制胜者三也;廷虏饷项奇绌万分,内帑已空,外债难借,敌人乏饷,时有所闻。我军饷项,鄂之存储尚盈数百万,又由各代表会议各省协济军需之充,敌人不及此,我制胜者四也;我军缺乏者机关枪耳,近日已购得多件,并军火多箱,一俟运到,敌即无所恃以胜我,此我之制胜者五也。

但全国之枢纽在武昌,武昌之安危在各兵士,各兵士之勇怯全在各将领之训率。若或稍存退志,蹈汉阳之覆辙,丧失城守,遗弃器械,抛撇人民,敌人由此猖獗上攻岳州,下攻九江,各省势将闻风瓦解,则吾等在天无以对祖宗,回乡无以对父老。虽偷生人世,亦复有何面目。即令再接再厉,以图恢复,其劳苦奚啻倍蓰。本防御使年已衰颓,其敢谬膺此任者,实逆知汉人必兴,满人必亡!望贵部告勉军士,共怀同仇敌忾之心,大功告成不特名[各]将领非常荣耀,即各军士亦同享无疆之幸福也。特此知照,希饬知贵部军士一体奋勉。须至照会者。

《时报》,1911年12月16日。渤海寿臣《辛亥革命始末记》,
《实行立宪汇编·各省》,文海出版社1969年版,第150~151页

《武汉战记初稿》:

是日,派蒋翊武驻汉办理招降事务,取消战时总司令部名目,另委谭人凤充武昌省城防御使,仍设司令部于洪山宝通寺内,三日后取消。

《辛亥革命史丛刊》编辑组编《辛亥革命史丛刊》第3辑,中华书局1981年版,第158页

△ 清署湖广总督段祺瑞致电内阁请辞,未准。

《宣统三年十月十六日上谕》:

电寄段祺瑞。电奏悉。土匪蜂起,已有旨饬令冯国璋抽拨一协,交该署督相机剿办,廓清地面,毋任窜扰为害。现在军事未靖,国步阽危,该署督文武兼资,韬略素裕,所请开去差缺之处,著毋庸议。

沈云龙主编《近代中国史料丛刊·宣统政纪》第66卷,文海出版社有限公司1989年版,第3页

12月7日(十月十七日)　清廷以袁世凯为全权大臣,委托代表驰赴南方,讨论大局。袁世凯奏准以唐绍仪为议和专使。

《宣统三年十月十七日上谕》:

现在南北停战,应派员讨论大局,著袁世凯为全权大臣,由该大臣委托代表人,驰赴南方,切实讨论,以定大局。

沈云龙主编《近代中国史料丛刊·宣统政纪》第66卷,文海出版社有限公司1989年版,第5页

《北京袁世凯咨唐绍仪文》:

钦命全权大臣内阁总理大臣袁为咨行事,本日奉旨"现在南北停战,应派员讨论大局,著袁世凯为全权大臣,由该大臣委托代表人,驰赴南方,切实讨论,以定大局。钦此"。遵旨委托贵前大臣为本大臣之全权代表,即希克日遵旨前往。除分咨外,相应咨行查照可也。须至咨者。右咨前邮传大臣唐。宣统三年十月十七日。

观渡庐《共和关键录》第1编,文海出版社有限公司1989年版,第10页

张国淦《辛亥革命史料》:

此次以唐绍仪、杨士琦为代表,一时论者,唐绍仪主张共和,杨士琦维持君主,究竟袁如何授意,非外间可得闻知。其实唐主共和,就其辞气间可以断定。杨士琦则以袁之意旨为意旨,曾未露出一字。汪、魏、杨度,分野显然,袁派此三人,当亦有深意。各省代表,直隶刘若曾、山东周自齐、山西渠本翘、陕西于邦华、江苏许鼎霖、浙江章宗祥、安徽孙多森、江西朱益藩、湖北张国淦、湖南郑沅、四川傅增湘、福建严复、广东陈锦涛等,均以全权大臣名义,用照会分致各代表。次日,袁约各代表谈话,到者十余人,袁就座,发表意见,谓:君主制度,万万不可变更,本人世受国恩,不幸局势如此,更当捐躯图报,只有维持君宪到底,不知其它。反复推论至数十分钟,语极沈痛,各代表退后,如刘若曾、许鼎霖,喜形于色,以为君主决无问题,殊为懵懵。

张国淦《辛亥革命史料》,龙门联合书局1958年版,第289页

△ 河南谘议局电内阁,请承认共和。

《宣统三年十月十七日河南谘议局致内阁电》:

闻钧阁派人至沪协议国事。务祈从多数意见,承认共和,庶解决可逮,免致再开战祸。汴谘议局叩。

中国史学会主编《中国近代史资料丛刊·辛亥革命》(8),上海人民出版社1957年版,第148页

△ 清廷从资政院请,准臣民自由剪发,并筹办改用阳历。

《宣统三年十月十七日上谕》:

资政院奏恳请降旨即行剪发,以昭大同一折。凡我臣民,均准其自由剪发。

《宣统三年十月十七日上谕》:

资政院奏议决改用阳历,请旨颁布一折。著内阁妥速筹办。

沈云龙主编《近代中国史料丛刊·宣统政纪》第66卷,文海出版社有限公司1989年版,第5页

《资政院李文熙等提出恳请降旨即行剪发具奏案》:

现在实行立宪,日进文明,发辫为东西各国所无。况今日剪发者已多,曷若明示剪发,既可弭满汉新旧之别,且可免外人之文野之讥。应诣我皇上暨我监国摄政王毅然剪发,为天下倡,益请明降谕旨,凡议员官吏军警学界一律剪发,商民听其自由,以示与民更始之意。

《经纬报》,1911 年 11 月 24 日。渤海寿臣《辛亥革命始末记》,《实行立宪汇编·奏折》,文海出版社1969年版,第22页

△ **海军公推程璧光为司令,黄钟瑛副之。**

《十月十七日上海陈都督电》:

海军全权亟应统一。现由海军各处代表公举程君璧光为总司令,又举黄君钟瑛为副司令,黄君裳治为参谋长,毛君仲方为参谋次长。现时程君尚未回国,业经发电邀请;黄君钟瑛在鄂未至,所有总副司令现由参谋部暂行代理。查所举诸人,均威望素著,敝处甚表同情。谨以电闻。

《十月十八日黎元洪复上海陈都督电》:

铣电悉。公举海军诸官长,诚如来电所云,威望素著,敝处极表同情。特复。

易国幹、宗彝、陈邦镇辑《黎副总统政书》第 1 卷,上海古今图书局 1915 年版,第 21 页

12 月 8 日(十月十八日)　成都兵变,抢劫街市,大汉四川军政府解体。是晚建立新的四川军政府,举尹昌衡、罗纶为正、副都督。

刘石甫《尹昌衡传》:

十月十八日,蒲、朱集防军于东较场,简较士卒。昌衡先至,防军至者十三营,遂哗求加三月饷。昌衡语以国帑空虚,军人以爱国为心,勿以金钱为计,策马历诸营遍谕之,声嘶气结,军始定,乃得简较。将毕,最后来一营大哗,蒲、朱令昌衡往谕。甫行十余步,兵遽发铳。蒲、朱逸,昌衡急随之,不得马,追兵急,昌衡趋几蹶,忽所乘坐马溃围绝缰奔至,遂力跃上马,马逸不能乃止。行数十步,欲以马让蒲而急不能得,将返觅,追兵亟发枪,乃策马赴凤凰山。

是时,凤凰山之军周骏统之。昌衡乃与周骏集诸军而告之曰:天不佑蜀,大祸迭起,阖城屠戮,满目疮痍,吾等父兄子弟妻孥戚族,均将颠沛流离,不得保有生命矣。因大哭,众亦哭。有顷,复谓众曰:此妇人态耳,曷顾尔手,尔手之枪无恙也。众又悲壮,乃拔剑曰:有此众可战矣。今日衡誓死,诸君不听命,则请死诸君前;如欲维持大局,衡请先趋以当敌,否则甘饮君之刃,以警为公不力者。全川存亡在此一举,惟诸君决之。众见其言词慷慨,声泪俱下,皆感泣曰:愿以死听命。遂率兵入城,至北门,一军独留,入庙耳语。昌衡恐军心变,下马促众行。时数人在庙中,王棪之戚邓蕤与焉,潜与军官商不欲行。昌衡谓之曰:衡能驭军,苟反衡意无济也。必不欲行,衡必督军去。卒得率兵入城下时已傍晚矣。

昌衡既入城,住陆军学堂,遣兵四出守资财军械,多乘乱纵劫,又知饷已尽,无固志,出者十不一返。前之精卒,悉化溃兵,所余仅四五百人。昌衡乃监诸卒,拔剑守堂门,令诸将卒毋得出,出则斩之。时,城中火起数十处,惟闻人马喧哗、枪炮震击、呼号哀惨之声。昌衡家距陆军学堂里许,有劝其发一队守家者。泣曰:兵不可再发矣,且家孰重于国哉!吾不复念矣。卒弗遣,乃破仓锁,出米食饷军。夜半,孙兆鸾、杨肇锡趋至,曰:破坏极矣,非公出,兵不能复集。昌衡乃命孙、杨速召诸军,但得不害民,唯命是听。

天甫曙,衡率诸军入皇城。至,仅余三百人耳,皆掩泣散乱,气不复振。昌衡遂入见罗

纶,泣不可仰[抑]。纶大呼曰:公至极佳,事不为也。此岂楚囚对泣时耶!与携手出,遍拜诸将,诸将感奋。入视军械局,局器丧失殆尽。守兵因管带逸,悉溃。取械者源源而来,与守卫兵杂,各任携去不相拒,乱军、整军殆无分矣。昌衡与纶大号哭,谕以义。诸军悉怪之,咸集而观。排闼破箧者,亦皆注目以察其异,倾耳以听其哭。久之,中有感者大呼曰:川事非二公之私,吾辈宁非人乎!昌衡与纶亟拜之,问其人则守局哨官也。他兵益和之。因谓曰:君等诚义士,请出死力,军编为十队,令此哨官统之,以卫全局。皆听命。乃与纶出至明远楼,见士卒则泣拜抚慰而收集之。然乱军抢劫不休,城中纷扰,民无瞬息安,呼号震城郭。昌衡怆恻誓师,期以必死,众皆泣呼曰:事不济矣,倘尹、罗二公肯出肩重任,吾辈誓死相守,否则保二公遁耳。昌衡泣曰:肯以死卫全川,虽粉骨碎身无不受命者,惟决死不可作逃遁耳。众皆曰:愿奉命。昌衡与纶饮泣任都督事。

中国人民政治协商会议湖北省暨武汉市委员会等编《武昌起义档案资料选编》下卷,湖北人民出版社1983年版,第470~472页

尹昌衡《告全蜀父老兄弟文》:

公仆尹昌衡,谨泣血告我七千万父老兄弟曰:自反正之日,衡待罪军政部,方欲实得兵力,严整军纪,以宁斯土。不图祸机遽发,使我阖城父老兄弟涂炭至此。衡心酸痛,衡罪深重,椎心洒涕,目为之肿。亲集部伍,以图收拾军心,而军心散乱,咸谓蒲都督已去,人人解体,甚至焚掠。十九日午,所有未散将卒,愍我同胞罹此惨苦,乃环泣于衡与罗君梓青之前,曰:二公不出,吾等不复卫大局矣。众皆号泣失声,莫能仰视。衡不得已,雪涕誓师,勉从众志。

受任之日,见财力如此其缺乏,军旅如此其零乱,外患如此其迫切,人心如此其涣散,明知大局不堪设想,然不得不冒万死,以勉为其难,诚以为全蜀父老兄弟故也。我父老兄弟其能谅之否耶?

至今日,我川人仅余一线生机矣。纵不念身家,独不念〈若〉祖若宗之邱垄乎?社会之秩序,断不可以再紊。再紊则全川糜烂,吾等祖宗将不得血食矣,吾等父母妻子将不得生聚矣。既居斯土,宜爱斯民。谁无心肝,而忍坐视不救,或更从而扰乱之耶。衡誓为我父老兄弟作牛马,牺牲此身以保护我父老兄弟。幸而匡救就绪,即决行引退,以明心迹。我父老兄弟其亦怜而和之欤,抑或视其蹈蹶穷困以死也?

所望凡有深谋远虑硕学者,宜亟出所长以相臂助,不宜谦退别谋以挠大计,衡不胜受恩感激。凡有精强勇猛义烈杰出者,宜竭其能力以镇暴乱,不宜恃强挟欲以破公安,衡不胜受恩感激。凡有富豪大族拥资集货者,宜分其赢余以充军实,不宜怀宝自肥以贻后悔,衡不胜受恩感激。凡有异议树党是彼非此者,宜化除私见,共济时艰,不宜互不相下以累无辜,衡不胜受恩感激。总之,同力合作,不分畛域,誓死竭诚相爱相护,庶几功成之日,同享太平。不然,衡惟有以死报吾父老兄弟而已矣。谨泣血哀告。

中国人民政治协商会议湖北省暨武汉市委员会等编《武昌起义档案资料选编》下卷,湖北人民出版社1983年版,第487~488页

秦枬《蜀辛》:

十六日,军政府陆军部拟分遣各军开往原驻地方,谓前欠两三月饷银应由前督补给。前督谓藩库实银三百余万,及各处解缴银行未入库之款均已移交,欠饷应由军政府清理。军官往返数次,都督仅允给一月,俟点兵后三日支发,军心愈变矣!

十八日,两都督点兵东较场。众噪且殴,有死者。都督退,令再议。巡防已分布各街口。

午后政府大燕同志会首领孙泽沛、吴庆熙等于江南会馆,迩屡设燕,以此次为盛筵,正大嚼间,兵变。首抢大清银行、浚川源银行,次及各银行票号,薄晚抢藩库、商业场、东大街各商铺,夜抢各街铺户及各公馆,陆军、巡警、同志会及小户游民咸与抢,每抢处先放枪吓之,火光且四起冲天,人皆谓巡防为之。都督惧,潜遁。各职员之百计营求以入府门者,尽踰墙走,军政府为之一空。余寓门未敢启,询门者及邻居或曰军政府火矣,或曰某某处亦火矣,未火处俱抢矣,邻人舁箧藏隐处,或率妇女潜走,或登墙四顾,有出探者回报,火系当铺〈不〉延烧也。余以枪声尚远,顷间火稍弱心稍定。二更后余仆惊颤进曰:逼近本街口矣,可奈何?同寓牟令家大哭,余窃念旅囊悬罄,聚书数千卷,不足当人意,敝衣不足惜,匪至则避,勿与争尔。三更许,忽闻寓庐前街大放排枪,子弹堕屋背,墙外足声渐急急,俄而抢稍息,惟墙外来来往往,时称:不照不照(谓彼此不相照,即不干涉之意),或云:快快,若天明便不好意思,或喊轿竟毁铺门进勒抬物件往某处,如是者彻夜不绝,心与耳习,稍稍不以为意,但未敢就枕尔。是夜城门洞开,有得赃辄遁者,或运置城外船埠再来者,或彼街运至此街同寓户复往者,有不愿寓而强寄存者,小户游民有随得随失者,繁盛街巷一扫皆空,僻陋处则择崇闳之门面,阖城质当无幸免,大馆第获免亦寡,小者间有波累,藩库火、当商火数家,计公私损失财产不下一千万,全省精华尽于此劫,惟造币分厂幸存耳。被抢之家除商号外,所谓某富户某财翁者,系各段巡警指报于各军,且警士伙抢,警官或为之指挥收纳。彼时男女老幼多露宿,甚者避出城,虽寠夫贫妪亦手包裹背铺盖仓皇出走,无人色。所幸者未戕一命也。

十九日前都督既遁,四城无一片国旗,人尽倚门未敢出,市上购寸薤不得,惟运赃者络绎于途,军官腰佩指挥刀,军士背荷枪分巡督促,至午刻抢及守且运者渐稀。……是日巡警尽散,巡防半散,陆军散较少,绅商惧祸不止,泣恳故督救命,军政府中人复谒请。赵泣曰:此辈不服我号令久矣,军政府当可以救之,无已,姑与诸君试抚之。乃手谕旧属,并牌示辕门,首叙四川总督部堂调任边务大臣,衔尾署宣统年月日,硃标一印字。略谓:昨日之事不再提,如果能缴械归队,即照旧给饷。若军官已去无队可归,即来署报名。同志会留省者万余人亦应妥为安置也。继又树招安红旗,各绅首议设所招待。民房门首及贴公口红片作护符。至颠仆之军政府,访都督无踪。原任陆军小学堂监督、现充陆军部参谋尹昌衡及罗纶等留府运动未与抢之零落陆军,议速任都督事以救危亡,遂以尹昌衡为正都督,罗纶副之,发通告取消蒲、朱职名,决策抚溃兵,速编同志会入军。

《中国野史集成续编》第30册,巴蜀书社2000年版,秦枬《蜀辛》下卷,第8~10页

孙震《参加辛亥革命见闻录》:

十八日兵变,尹氏见无可挽救,即驰马回校,令陆小两期同学武装占领北门,并布防北门至北较场附近。渠亲赴凤凰山营房,号召十七镇新军留营之兵数营,开入北门,先集合军官于陆小校内开会,谋平乱办法。此时军政府已类解体,成都各界及谘议局、同盟会在省垣人士,陆续来北较场参加集议,尹氏报告目击兵变情形,慷慨痛哭。新军方面,由彭光烈提议,谓蒲、朱正副都督均已离省,拟请推尹部长昌衡为正都督,谘议局副议长罗纶为副都督。各界参加者一致赞同。尹氏闻之挥泪致词云:川乱至此,昌衡爱乡爱国,不敢后人,既诸君以此相责,敢不惟命。与会者同时并推周骏任军政部长,宋学皋任十七镇统制官,杨维任军事巡警总监。议定后,即编组军警,四出弹压,分头救火。枪毙抢劫之人,缴收散兵枪支,招抚已散去回乡之巡防军、陆军回城,并令已入城之同志军,共维秩序。继续入城之同志军,即开赴凤凰山营房收编。

载《四川文献月刊》。隗瀛涛、赵清主编《四川辛亥革命史料》上,四川人民出版社1981年版,第507~508页

《1911年12月9日总领事务谨顺致朱尔典爵士函》:

昨天早晨,巡防队与陆军发生了公开的骚乱;他们和暴徒抢劫了藏有二十多万银两的藩库所有的钱和大多数当铺,此外还有许多商店和私人住宅。

继抢劫之后,又进行纵火。当我写信的时候,即12月9日凌晨二时,藩库仍在熊熊燃烧,而从四面八方听到断断续续的枪声。早晨,成都有被农村地区的保路同志会员闯入的危险。我几乎不相信此信将送到您手中。

……那时,政府已决定派遣六营巡防军保卫自成都至万县的大道,分别驻守在赵家图、蓬溪、顺庆、太和镇、大竹和万县。他们中间有一位姓荣的管带,于12月7日邀请军官们吃午饭,军官们在席间表示愿意劝说士兵们服从这些命令。巡防营和陆军都订于昨天上午在东校场举行阅兵、游行或点名。

昨天上午十一时半左右,突然发生连续的射击,随之而来的是观众和一些巡防军的东逃西窜,有些巡防军在附近的法国领事馆避难。至于什么事情引起这场骚乱,我不能够准确地说明。最可能的情况是:巡防营对于仅发给他们一个月的恩饷一事感到愤怒,因为陆军已发了三个月的恩饷。一些巡防军出于气愤,对巡防军和陆军的总统领、大汉四川都督朱庆澜发动攻击。

无论是什么原因引起的,巡防军立即前往攻击并抢劫大清银行及商场(外国人称之为拱廊街道)。陆军似乎同他们携手合作并且得到了暴徒们的协助,现正在劫掠和焚烧成都。蒲殿俊和朱庆澜已不知去向;军队推举了一位新的都督。

胡滨译《英国蓝皮书有关辛亥革命资料选译》(上),中华书局1984年版,第326~328页

△ 黎元洪通电反对上海方面举黄兴为大元帅,要求"声明取消"。

《黎元洪为请取销大元帅选举致各省都督电》:

各省代表均到鄂,议定临时政府组织大纲,并订期在南京公举临时大总统,组织临时政府。经敝处通电各省,谅已达览。现忽据来电称,沪上有十四省代表,推举黄兴为大元帅,元洪为副元帅之说,情节甚为支离。如确有其事,请设法声明取销,以免淆乱耳目。

易国幹、宗彝、陈邦镇辑《黎副总统政书》第1卷,上海古今图书局1915年版,第21~22页

刘星楠《辛亥革命各省代表会议日志》:

十月十七日全体代表到会。报告西报电称,上海有十四省代表推举黄兴为大元帅,黎元洪为副元帅。

议决:由黎大都督电沪都督,查实如另有人在沪联合推举大元帅、副元帅等名目,请其宣告取消。

中国人民政治协商会议全国委员会文史资料委员会编《辛亥革命回忆录》第6集,文史资料出版社1982年版,第247页

△ 黄兴连电胡汉民增兵北伐,并到南京商组临时政府。

《致胡汉民电》:

南京光复,济兵之力最多。请再调数营前来,会合北伐,必资得力。闻竞存兄兵亦北上,喜极,请速出发。郭兵何日能来?黄兴。删。

《致胡汉民电》:

此间组织临时政府,急盼兄来主持一切,赶于二十四日到宁,不胜切祷之至。黄兴。巧。

湖南省社科院编《黄兴集》,中华书局1981年版,第93页

△ **江西改举马毓宝代彭程万为江西都督**。

蒋君羊《辛亥江西光复记》:

大家商量以后,觉得这种局面决不能维持下去:第一、彭程万没有统一江西的力量;第二、难免野心家再有第二步的反动,江西局面一定要蹈安徽芜湖、大通的覆辙,决定仍由我和刘世均再度进省,谋西全省的统一。

我进省以后,就和各方面的人接洽。我最初的意思,由李烈钧同志来担任江西全省的都督最为适宜。可是省城一般军官内心的意思如何,不得而知,口头上都说马都督是江西光复首功的人,为江西统一计,以马为最宜,绅商各界也很同意。于是我就去访问彭都督。彭都督(广信府贵谿人)是留学日本测绘生,在南昌测绘学堂任教习。我们是同志,也是老同学,所以我们一见面,也不必说客气话。我告诉他:这种局面太使你为难,恐怕有人利用,还是不干为妥。彭也以为然。我说现在各方面都已接洽就绪,时机紧迫,赶快召集会议来解决。于是他就向各方面打电话,在那天下午五六点钟,就在军政府举行各界联席会议。我在会议上痛陈目前江西情势的危险,如果大家还是四方割据,各怀野心,势非地方糜烂、生灵涂炭、蹈安庆的覆辙不可。为江西计,须请马都督晋省,担任全省都督,统一江西。大家都没有异议。只是冯嗣鸿颇不甘心,表示反对,而且拿出指挥刀,向桌上一拍,声势汹汹的说:江西局面初定,如果那一个人来破坏,我就以武力解决。后来经军界方面和绅商各界代表陆续演说,都赞成我的主张,冯才不敢出声。我知道事情已经办妥,又想到蒋作宾同志请兵援鄂的事,就再进一步说:江西内部统一以后,就须计划援鄂。现在武汉朝夕不保,事不宜迟,我们就请冯统领率兵援鄂。这个提议,也得到全场赞成。我就主张由都督府速准备出发费,使冯统领能够即日开拔。最后会议中推定先烈夏之麟及吴哀灵、贺赞元、郁达观四人为欢迎代表,到九江去欢迎马都督进省。

散会以后,我和刘世均同志回到所住的新大方旅馆,冯嗣鸿竟暗地派了几次人来图谋不轨。凑巧旅馆中还住了许多九江派来招募新兵的军官,谋刺者以为都是我的随从,不敢动手。当时我们也得到四五次的报告,但冯既答应援鄂,我们也不愿多事,就听其自然。第二天,我和欢迎代表回到九江,十月十七日马都督进省任职,九江军政分府改为都督行辕特设司令部,各地军政府一律裁撤,江西才告统一。

蒋君羊《辛亥江西光复记》。丘权政、杜春和编《辛亥革命史料选辑》下,湖南人民出版社1981年版,第58～59页

《赣军彭都督之辞职书》:

赣军都督马毓宝已于十月十九日接印视事,前都督彭程万于十四日发出通告书一通,兹特补录如下:我赣民军起义伊始,公举吴君介璋为本军政府都督,嗣因军书旁午,积劳致疾,屡经辞职,由各公团再三挽留,奈吴都督去志已决,于九月二十二日通告谘议局、自治会、教育会、商会,宣布苦衷,不复视事。各公团以改革之初,基础未固,而都督遽尔告退,深恐道路讹传,致生他变,因开临时会议,召集在省军商学各界商决另举。程万不才,谬受其选,抵死相辞,未邀众允。不得已,勉承暂摄之全权,为安人心之计。数日以来,人心渐定,又因筹发赴鄂军队,不敢告劳。现在大军陆续出发,扫穴犁庭,功成指顾。程万材轻资浅,深虞颠越,若不趁此时机,躬自引退,不特初心无以自白,万一覆败贻讥,致全省同胞生命财产共受危险,则虽粉身碎骨,于事何裨。在程万一身不足惜,其如大局何?冀我全赣父老兄弟,爱人以德,鉴此苦衷,勿复相强。惟是程万既勉任于前,则为江西全省之保安计,非组织一名誉德望足以震慑全省之人以继都督之任,万不足以维持。兹查九江马都督毓宝为江西光复之首勋,

近更派遣军队上援武汉，下复皖宁，收降海军，满清丧胆，此其功不仅在江西一省，是大有造于东南半壁也。程万仓猝接事，本无功之可言，愿奉身相下于马都督，盖以南昌九江两方面联络，则赣饶袁各处都督之名义俱可期同风一致之归为江西计，则军事一方可期统一，而诸般政事始有所措手。为大局计，则都督之名义归于一，革命之内变可消，可免外人之干涉。且江西既如此和衷办理，或各省闻风亦将所有各外府之都督相率取消，然则此举不惟有裨于江西一省，实大有功于民国大局也。尤进者，或于马都督之外更求名望相当之人，然马都督实为江西光复之首功，又安可令其相下乎？故再四筹维，只有公请马公为江西省全省大都督，为维持江西治安之上策。程万让位之后，仍愿担任一事，执鞭随诸君子后，自尽民国一分子之义务，不敢以解职之后，遂置国事于不问。惟愿我伯叔兄弟谨遵新都督之命，各属一致，事无分歧。现在地方议会未成立，人民尚无选举民政长之权。倘有个人私见，率请更换，则是破坏秩序，非特为法律所不容，抑亦人民之公敌，一经获案，定当照法律严惩。为此，示谕各属地方各团体及诸色人等一体遵照。

荣朝申辑《缔造共和之英雄尺牍》第3卷。沈云龙主编《近代中国史料丛刊》，文海出版社有限公司，第1～3页

《彭程万致各方电》：

江西省前因吴都督辞职，一时人心徨[惶]恐，虑妨大局，程万权为安定人心，顾全大局之计，暂从绅商军学各界同胞之请，摄理数日，以俟另举贤良。嗣因出师计画，关系重要，未敢即行卸责，现在人心安定，北伐之师业经第二次出发，抵鄂有日，程万得因趁此余暇，会商于各界同胞，准告退，俾遂初衷，并以驻浔分府马都督毓宝，赣省光复，实著首功，因公举为全赣都督，主持一切，皆为镇人心，消隐患，蠲化各分府独立思想，以资统一起见，程万若不举贤自代，不特初衷无以自白，万一各分府自相雄长，江西糜烂不足惜，而各国目为民军内乱，因之牵动大局，是程万粉身碎骨亦不足谢天下。程万亦非畏难而退，危急之时，挺身担任，大局粗定，岂反畏缩，盖不如此不足以免江西裂，而消都督林立之隐患也。洪杨内乱，覆辙不远，用特邀集各界同胞，不厌更番推戴，除彼此互派代表商订于本月十八日举行礼节交代外，合先奉闻。

《民立报》，1911年12月9日，第2页，专电

△ 清廷以冯国璋为察哈尔都统，调离武汉前线。

《宣统三年十月十八日上谕》：

以第一军军统冯国璋为察哈尔都统。未赴任前，以署第一镇统制何宗莲署理。

沈云龙主编《近代中国史料丛刊·宣统政纪》第66卷，文海出版社有限公司1989年版，第7页

12月9日（十月十九日） 各省军政府举伍廷芳为民军代表与清方代表唐绍仪和谈，黎元洪电请伍来汉讨论大局，次日伍复电黎元洪，不克赴汉口，请黎派专轮送唐绍仪到上海议和。

《照会》：

中华民国中央军政府大都督黎为照会事：照得鄂省起义，各省先后响应，即宜筹画进行之方与对待之法。昨由英领事转袁世凯电，即日派唐绍仪来鄂开议。此时对待，非望实交孚之员，不足当斯重任。兹由代表团公举临时政府外务总长伍廷芳，学问纯深，阅历素优，洞悉外交机宜，堪充兹任，合亟照会贵总长迅速首途来鄂，以便对待一切。须至照会者。右照会临时政府外务总长伍。黄帝纪元四千六百零九年十月十七日。

观渡庐《共和关键录》，文海出版社有限公司1989年版，插图页

《十月十九日黎元洪致上海伍代表电》：

沪都督转伍先生廷芳鉴：清袁内阁派唐绍仪为代表，来鄂讨论大局。十一省公推先生为民军代表与之谈判，此举关系至重，元洪已专托苏代表雷君奋前往迎迓，务望辱临，至为盼祷。黎元洪叩。印。

易国幹、宗彝、陈邦镇辑《黎副总统政书》第2卷，上海古今图书局1915年版，第1页

《十月二十日上海伍廷芳致黎元洪电》：

十九电悉。辱承十一省公推廷芳为民国代表，谊不敢辞。惟此临时组织政府，各省留沪代表未许廷芳一日远离，又交涉甚繁，实难遵召，歉甚。恳即转致唐公，速来沪上，公同谈判，由尊处派专轮护送尤要，立盼电覆。

易国幹、宗彝、陈邦镇辑《黎副总统政书》第2卷，上海古今图书局1915年版，第1页

赵尊岳《惜阴堂辛亥革命记》：

方唐之南来也，南中尚未指派代表。黎元洪以为事发于武昌，应由鄂主和议。民党亦众论不一。尤以唐为清廷显宦、政学前辈，必当择地望相符者与之抗手。久久始物色粤人曾驻美钦差之伍廷芳任之。伍休官居沪，素不问革命事，亦不与党人通声气。而陈其美一日径投刺造访，请出任南方议和代表。伍不识陈，却之再三，陈竟长跪以求。伍感其诚，始允就任。伍居与惜阴堂不远，后辄来晤，为先公面述者如此。逮部署就绪，已定翌日假英租界市政厅开会矣。伍忽念及代表尚无证书，焦迫无计，立移先公函请速发给，备开会时审验之用。先公固不预琐事，得函大以为异，然不能不立为转达，且促缮发，次日始克持赴会场。

中国社会科学院近代史研究所近代史资料编辑组编《近代史资料》，总53号，中国社会科学出版社1983年版，第79页

△ **民清双方继续停战十五日。黎元洪致电各省，代表会议已决定各省停战条件。袁世凯致电北方各省督抚将军，说明已与革命军议定停战十五日。**

《十月十九日黎元洪致各省都督电》：

现经代表会议决各省停战条件如下：（一）停战十五日，由西历十二月初九日早八点钟起，至二十四日早八点钟止，期内除秦、晋、蜀三省另有专条外，两军于各省现在驻兵地方，一律按兵不动。（二）袁总理大臣派唐绍怡（避溥仪名讳而改，以下均同此。编者）尚书与黎大都督或其代表人讨论大局。（三）因秦、晋、蜀三省电报不通，恐难即日停战，是以所有以上停战条件与该三省无涉。惟停战期内，两军于该三省各不增加兵力或军火，如有一军在停战期内违犯按兵不动，或在秦、晋、蜀三省增加兵力之条款，则彼一军有立即开战之权等因。贵省于此电到时，实行停战，第军情瞬息万变，所有军事上一切筹备，仍须严密施行，恐一旦和议不成，难于措手。

易国幹、宗彝、陈邦镇辑《黎副总统政书》第2卷，上海古今图书局1915年版，第1页

《内阁致直隶等省总督、山东等省巡抚、热河都统、绥远城等将军电》：

两月来，因政治争竞，致天下骚动，生灵涂炭，朝廷极切悲悯。近由英使介绍武昌革军黎元洪，议定停战十五日，各遣代表，讨论大局。唐杨诸大臣，今日南下，甚望和平解决。本阁拟分南北军停战，南军不向北，北军亦不向南。黎要求全国停战，阁诘以能否节制全国民军，黎尚未覆。俟唐大臣到汉，再面订。现在军事办法，奸杀焚掠，是为土匪，无民军资格，仍须用兵扫除。正在交战之区，如民军不肯接洽停战，我军仍照旧进攻。傥民军先来扑攻，须竭力抵御，我军不必先进攻。其各路防军，仍严密整备，勿因停战，稍涉疏懈。候唐大臣定明停战地段，再行电开。望先传知管辖及就近各军营，一体遵照。

沈云龙主编《近代中国史料丛刊·宣统政纪》第66卷，文海出版社有限公司1989年版，第8～9页

《宣统三年十月十九日汉口第一军总统冯国璋致内阁电》:

续停战条件由黄道呈到,已两面盖印,英总领事签押。一、停战十五日,由西历十二月初九日即十月十九日早八点钟起,至二十四日即十一月初五日早八点钟止,期内除秦晋蜀三省另有专条外,两军于各省现在驻兵地方,一律按兵不动。二、袁总理大臣派唐绍仪尚书为代表,与黎大都督或其代表人讨论大局。三、因秦晋蜀三省电报不通,恐难即日停战,是以所有以上停战条件与该三省无涉;惟停战期内,两军于该三省各不加增兵力或军火。此条询明,已有之兵力开战及剿匪不在此例。除通传第一军外,谨开。

军机处电报档。中国史学会主编《中国近代史资料丛刊·辛亥革命》(8),上海人民出版社1957年版,第201~202页

《1911年12月17日朱尔典呈葛雷文》:

袁世凯毫不拖延地设法使停战期间得以延长,并在同唐绍仪及本人磋商后,于12月14日将所拟订的一些条件电告冯国璋。这些条件包括将目前的停战期间延长为十五日,和任命唐绍仪为总理大臣的代表,同黎元洪将军讨论当前局势等。

英国驻汉口总领事12月9日来电,谓关于延长停战日期一事已于是日早晨签字,兹敬将停战条件的抄本呈阅。武昌黎元洪将军似已在实际上采纳了袁世凯所提出的条件。

至于因选定举行议和地点这一问题而引起的困难,还不是一件小事。唐绍仪于本月9日乘专车离开北京,11日到达汉口,他于行抵汉口后,发现革命党正坚持以上海为开会地点。袁世凯一直希望在汉口开会,但经唐绍仪劝告后便即让步,唐于是乘英国轮船洞庭号离汉赴沪。他应于今日到达上海,和会可望于明日开始举行。

主持革命党外交事务的伍廷芳,受任为革命党的议和代表,他就是坚持和会要在上海举行的一个人。

《英国蓝皮书,关于中国事务的文书,1912年,中国一号》,第132号,第117页。上海社会科学院历史研究所编《辛亥革命在上海史料选辑》,上海人民出版社1981年版,第1189页

△ 黄兴致电汪兆铭,如袁世凯能赞同共和,决举其为中华民国大统领。

《黄兴致汪兆铭电》:

此时民军已肃清十余行省,所未下者才二三耳。惟北京不早日勘定,恐招外人干涉。项城雄才英略,素负全国重望,能顾全大局,与民军为一致之行动,迅速推倒满清政府,令全国大势早定,外人早日承认,此全国人人所仰望。中华民国大统领一位,断推举项城无疑。但现在事机迫切,中外皆注意民军举动,不早成立临时政府,恐难维持现状,规画进行。现已有各省代表拟举兴为大统领,组织临时政府。兴正力辞,尚未允许。万一辞不获已,兴只得从各省代表之请,暂充临时大元帅,专任北伐,以待项城举事后即行解职,便请项城充中华民国大统领,组织完全政府。此非兴一人之言,全国人心皆有此意。惟项城举事宜速,且须令中国为完全民国,不得令孤儿寡妇尚拥虚位。万一迁延不决,诚恐全国人皆有恨项城之心。彼时民国临时政府如已经巩固,便非他人所得摇动。总之,东南人民希望项城之心,无非欲早日恢复完全土地,免生外人意外之干涉。项城若肯从人民之请,英断独行,中华民国大统领,兴知全国人民决无有怀挟私意欲与之夺者。此事盼速成功,民国幸甚。请以弟尝与兄谈心之"难可自我发耳,功不必自我成"一说以为证。朔风冰肌,伏维珍重。兴叩。盼速覆。效。

荣朝申辑《缔造共和之英雄尺牍》第1卷。沈云龙主编《近代中国史料丛刊》,文海出版社有限公司,第8~9页

△ 清廷以湖广总督段祺瑞兼充第一军总统。冯国璋为第二军总统,筹备畿辅及海岸防务,兼充禁卫军总统官。原设之训练处,改为军司令处。以良弼为军谘府军谘使,兼镶白旗汉军副都统。

《宣统三年十月十九日上谕》:

内阁请更调军统。现在第三军业经撤销,第二军分驻各省,未能集合,应一并撤销,著军谘府陆军部另行编配。第二军筹备畿辅及海防一带,著冯国璋兼充第二军总统。署湖广总督段祺瑞著兼充第一军总统。

内阁请简员充禁卫军总统。禁卫军两协,业经成立,亟应编制成军,以为模范,著派冯国璋充禁卫军总统官。所有原设之训练处,著即改为军司令处。贝勒载涛等务须妥为交代,再行离任。嗣后即责成该总统官认真训练,随时妥拟扩充办法,候旨遵行。

以记名副都统良弼为军谘府军谘使,补授镶白旗汉军副都统。

沈云龙主编《近代中国史料丛刊·宣统政纪》第66卷,文海出版社有限公司1989年版,第8页

《1911年12月16日日本驻汉口总领事馆情报》:

原任第一军司令官冯国璋,十五日已将其职务移交署理湖广总督兼第一军司令官段祺瑞。

中国科学院近代史研究所史料编译组编辑《近代史资料·辛亥革命资料》,1961年第1号,中华书局1961年版,第452页

12月10日(十月二十日) 谭人凤辞武昌防御使职,军政府在教育总会开会,举吴兆麟为战时总司令。

谭人凤《石叟牌词》:

黎乃于二十一日(十二月十一日)返武昌,而以余备作使署之东路中学堂为都督府。越二日,遣人赍公文一角,银元百枚来洪山曰:"请先生为议和代表。"余返诘黎曰:"朝令夕更,是何用意?南北议和,都督有全权,胡不去?"时在座之人代答曰:"都督有守土之责,议和大事,先生与各省熟识,故请往。"余谓:"既有守土之责,日前出走何?如使我为都督,带二三兵船,装载数百兵士,沿江巡阅,不较走葛店为威武乎?"盖恶其有疑忌心也。是夜士绅来盐道署挽留,余以大局已定慰之。次早遂行,时十月二十四日(十二月十四日)也。

谭人凤《石叟牌词》。石芳勤编《谭人凤集》,湖南人民出版社2008年版,第370页

曹亚伯《武昌革命真史》:

黎都督请防御使谭人凤面商,云:现在民军与清军在上海议和,除全权代表外,两军须各派三员加入为议和代表员。阁下为革命巨子,老成持重,特请克日往沪,加入议和。谭人凤因武昌空气不佳,大家均反对渠之防御使,且各部队又不服从,而步队第四协统领张廷辅且不接受谭人凤之公文,大有下逐客令之势。于是谭人凤亦见风转舵,对于赴沪议和代表一席立即承认,并力辞防御招讨使一职。于是黎都督即备文派谭往沪矣……

(十月二十日)午后八时,各机关及各部队长官齐集武昌城内教育总会开全体军事会议。其时黎都督登台发言,谓现在黄兴已被举为临时政府副元帅,武昌防御使谭人凤已派往上海充代表议和。此间军事应另举一位声威素著、深明战略之人负责,以资统率而利进行。请诸公举之,以便节制指挥云云。旋大家会商,刘公、高尚志、孙武、赵鹏飞等面陈黎都督云:参谋总长吴兆麟精通军学,自首义以来,军事上一切规划,皆出其手,胸怀恬淡,办事谨慎,全军共仰,应举为总司令官,以一军权。黎都督深以为然,并云:现在统一军事,微吴兆麟亦无人担

任。于是黎都督命孙武登台发表，大家一致赞同。少顷，吴兆麟云：兄弟今日奉都督令，到此开会，承诸君不弃，公举为总司令官，但才轻任重，实不敢负责，仍请另举贤能为幸。大众谓：既由全体公举，不可推却，刻当军事旁午之际，应勉为其难，以安危局。吴兆麟遂就总司令官之职，旋散会。

曹亚伯《武昌革命真史》下卷，中华书局1930年版，第408页，第418～419页

12月11日（十月二十一日） 唐绍仪抵汉，与王正廷会晤于汉口英租界公政局。

《宣统三年十月二十一日清议和总代表唐绍仪等致内阁电》：

今日上午十二钟抵汉口，寓英界。特闻。仪、琦。个。印。

《宣统三年十月二十一日清军议和代表唐绍仪等致内阁电》：

顷由英领事介绍黎元洪代表王正廷。据称：现推总代表伍廷芳不能来汉，拟同往上海会议等语。仪已允许赴沪，仍候电示。并据面称，娘子关、大同府两处切勿进兵，以符全国停战条款。并闻。仪、琦。马第二电。

军机处电报档。中国史学会主编《中国近代史资料丛刊·辛亥革命》(8)，上海人民出版社1957年版，第203～204页

张国淦《辛亥革命史料》：

十九日，我等随同唐代表同行，汪兆铭、魏辰组、杨度等三人，日与代表在一起，我等仅餐时见面，汪、魏告余，唐主共和，但虑北方周折太多，杨士琦沈嘿唯唯而已。越日，车过孝感，少停。我到第一军司令部见段军长。段从容自若言：湖北人当服从湖北大众公意。反复征其意旨，彼但微笑不表示，其左右如徐树铮、丁士源、曾毓隽、黄开文等，在车往来忙碌，不能交谈。到大智门停车，又派蔡廷干、刘思源往武昌谒黎，仍不得要领。其时议和地点，本预定在汉口，而民军推伍廷芳为南方代表，主张在上海开议，于是改乘洞庭江轮往上海。

张国淦《辛亥革命史料》，龙门联合书局1958年版，第289～290页

丁士源《梅楞章京笔记》：

是时，唐绍仪率参赞及其他代表由京至汉。丁即将到汉以后第一军及与英领事来往情形，详细报告。唐闻知颇为踌躇。丁并告唐曰：君即［既］奉命而来，则余可立即报告任务已完。唐曰：此事请向总理请示。英总领事旋登车，请唐寓居英租界巡捕房楼上，借资保护安全。其他参赞并各代表，可分居租界客栈，由各租界巡捕保护。唐等驻汉两日即乘怡和轮船赴沪。究与黎元洪晤面与否？据英总领事言，唐曾过江见黎一次云。

丁士源《梅楞章京笔记》，《近代史料笔记丛刊》，中华书局2007年版，第335～336页

△ 革命军张钫部失潼关。

张钫《辛亥西安举义东征日记》：

廿日，既选得告奋勇之官兵，遂布置城垣附近炮位及兵士区分，战不利，丁营督队官戴凌云、侦探队长李芝恒死之，我军退……

余在潼关四东垣头指挥队伍，兵士甚猛，敌稍却。十二点两军酣战，至午后二点，伤亡甚剧，气稍挫。三点，兵士有退志，四点，遂下退却令，大路兵及潼关四队退守东城门及东南城角一带。余至司令部索食品，甫至桌上，又乘马同郭锦镛、张魁、王荣镇等由东门察视守城各段兵，经东南隅至小南门，维时敌已据李家庄垣头上向城内射击，遂急至小南门南调七标三营杨汝霖，遂由远望邀击。此时随余者仅二三人耳。五点时布置一切，将归司令部，一则饥惫，再则恐内部惊惶耳。行至凤山巷什字，遇巡捕白春霆及递马哨，行李已束，纷纷西趋，喝

责禁止,始让余路,得通过。至司令部,众欲散,制之不可。下午六点,兵士车辆拥塞西大街,欲出时,严纪鹏部下兵士守门,竭力阻止,城上兵又投砖石,盖恪遵命令,不敢私放一人也。及晚天黑甚,掌令官假余令,言敌已入城,众乃拼命破关而出。余时与甘陕入伍生十数人在军械处挑选残枪,作捍卫计。从者寻余告警曰:“敌临城下,兵众溃逃,请速行也。”余曰:“何以不闻守城兵士发炮声?”从者莫对。余怆惶登埤,惟闻人惊马嘶,知不可为矣,遂于七点下命令大军暂退华阴、县庙两处,余住县署。十二点至,而七标统王荣镇已过县。五点各营随至,西去者甚多。余知不易收,遂下退华州之令。

丘权政、杜春和编《辛亥革命史料选辑》下,湖南人民出版社1981年版,第219～220页

《宣统三年十月二十一日毅军统领赵倜电》:

二十日,我队进阌乡镇。匪复在潼关以东各险山节节分布,与我队开仗,血战四时之久,我队奋夺要卡二十余,并夺南山、东山险要坚固炮台两处,得钢炮六尊,开花子母弹三百颗,快枪数十杆,子弹无算,担枪二十杆,旗帜七十余,毙匪五百余名;我队阵亡哨长一员、正目六名,受伤十名。二十一日,我队据南、东山炮台,俯临潼关,匪即逃散,随克复潼关。倜一面饬令我队仍扎各要隘,一面传集各商绅,嘱令赶办民团,分区自守。惟我队除分布外,为数无多,与万余悍匪血战数日夜,连日克复两城,皆由士卒怀恩,无不用命,实在奋勇可嘉。恳乞速颁重赏,以鼓士气;并乞再派步队两营,随带陆路炮弹四百颗,快炮弹八百颗,曼利夏子二十万前来。倜当即取长安。再倜已赏阵亡弁勇每名二百两,受伤每名五十两,并闻。赵倜。马。

军机处电报档。中国史学会主编《中国近代史资料丛刊·辛亥革命》(6),上海人民出版社1957年版,第110页

△ 日本、英国、美国等政府同意向袁世凯暂时贷款三百万两;伍廷芳代表革命军致函汇丰银行抗议。

《1911年12月7日摩根先生和纽约来电副本》:

中国。关于您4日和北京今天暂时贷款三百万两的电报,美国银行团认为,未经政府同意不能贷款。国务院告诉我们,他们尚未得到任何消息可以使之改变巴黎会议时的立场,尽管他们未确定如果其他列强有消息改变看法,是否做适当改变。因为在华投资少于英、法、德等国,所以美国政府肯定无论如何不会主动促成列强支持中国现政权的联合行动。我们的印象是,美国政府愿意参加所有各有关列强同意的行动。

就美国银行团而论,如果列强能一致支持袁世凯,我们将感到高兴,因为我们认为,这意味着建立坚定的中国政府,保证过去的贷款的承诺和获得新权利的机会。但我们认为,没有政府支持,贷款过于冒险。除非得到这种支持,否则我们认为银行团会继续反对向中国贷款,并依照法律条文保护我们与中国的长期贷款合同。

《1911年12月11日格雷爵士致窦纳乐爵士电》:

日本政府同意在北京计划的合作援助谈判以求安定,令人无比喜悦,我推测据此决定已训示日本驻华公使。

您应向外相解释,向袁世凯贷款的意见不应由英国政府发起,而显然应由四国银行团的驻京代表们发起,他们认为,如果袁世凯得不到贷款援助,就会对局势失去控制,会谈也会因此而失败。得到建议的银行团认为问题主要是政治性的,像英国银行团对我们所说,此事应由各自的政府来决定。同时英王陛下驻华公使电告,鉴于形势,他已撤销反对进一步贷款的意见,但仍然认为应告诉袁世凯,默认革命党是得到贷款的必要条件;该条件的实施将排除

您12月10日第57号来电第三段中所提出的异议。因此责成我询问有关三国政府对此建议的看法。不过,我同时谨慎地通知了日本政府,请他们表达自己的意见。显然,未征得其他三国政府的同意,不能邀请他们参与任何贷款,但又没有时间来做此事。如果日本政府想参与,我将与英国银行团联系,建议他们通知其他银行团,日本政府参与此类贷款,我们将十分高兴。

国家清史编纂委员会文献丛刊《辛亥革命史资料新编》第8卷,湖北人民出版社2006年版,第127~128页

《1911年12月11日朱尔典爵士致格雷爵士电》:

以下引自12月10日上海领事第182号电:

"伍氏已发公函,包括一封以联省名义致汇丰银行函的副本,抗议援助满清政府以延长目前的斗争,通知说无论如何不承认这样的贷款,并将视之为蓄意打击人民为之而战而且几乎取胜的秩序。

我受托恳请英国政府注意,这样的贷款,将给我们的事业造成直接损害,延长灾难,并且肯定会由于向我们的敌人提供财政援助而引起贸易动乱。"

请指示我如何答复,因为如果当地报纸公开讨论此事,也许会引起地方混乱。

今天答复如下,第133号:关于您第182号电报。就我所知,没有援助满清政府以"延长目前斗争"的企图。我们衷心希望看到和谈尽可能快地结束这种斗争。如果伍坚持这一问题,您可以问他,若是谈判旷日持久或未能最终获得解决办法,革命政府是否准备维持北京秩序。这在目前是至急要务。

国家清史编纂委员会文献丛刊《辛亥革命史资料新编》第8卷,湖北人民出版社2006年版,第129页

12月12日(十月二十二日) 清议和代表唐绍仪,渡江至武昌晤黎元洪。

《民立报》:

唐君云:今日来,实无他意,不过欲维持两军和平,了结民生久遭糜乱。孙君代表都督答云:阁下不避风霜,抱病远来,为四万万同胞造幸福,同人感何如之。惟湖北此次起义,因满政府之专横,生民呼吁无门,不得不推倒恶劣政府,建立共和民国,阁下素抱热忱,谅亦表同情也。唐君首肯者再。唐君意欲邀都督至上海会议,都督以军事在身,婉言谢之。

《民立报》,1911年12月18日,第3页,新闻

《唐黎谈判追记》:

议和使唐绍仪于上月二十二日上午十一句钟由汉口渡至武昌,黎元洪原议在城内接待,嗣因其亟须回至汉口,往返不便,即在武胜门江岸氈尼厂内设立招待处。唐偕严几道登岸后,即与黎都督相见。寒暄毕,唐曰:今日来此,实无他意,不过欲维持大局,和平了结,以免民生糜烂。孙发绪君代表黎都督答曰:我公抱病远来,为四万万同胞造福,感何如之。惟此次起义为推倒恶劣专横之满政府,建立共和民国起见,我公谅表同情。是时唐君意似首肯,欲邀黎都督同至上海会议和局。黎都督以军事在身辞之。唐即告辞回汉。既又由严几道君与黎都督谈论,大意以中国人民程度不足,若行共和,必多流弊。黎都督因与严有师弟之谊,不便驳难,亦由孙君代答,大致谓人民程度不足,由于无良好政府以督率之,此次改革正欲增进人民程度而期渐进于完美。如谓人民程度不宜于共和,亦未必即宜于立宪。况立宪政体君主万世一系,彼有何功何德,而能永享尊荣如此。严君曰:我亦尝谓万世一系不合人群公理,但今日之事颇难为力。孙君曰:此事转移全在先生为当代大儒,若著书立说启发国民程度,自然高尚,鼓吹共和政体,则共和政体自必早庆成立。严曰:谨受教,但鄙人此次南来总

期保全人民之幸福。凡鄙人所能为者,无不尽力为之云云。言毕遂散,黎都督亲自送行后至城内教育总会(现设军事科)开会续选赴沪会议代表,计当选者谭人凤、蓝天蔚、郑江灏、时功玖、孙武、孙发绪等六人,于二十四日起程赴沪。惟谭人凤系武昌防御使,所担职任颇重要,已举总参谋吴兆麟(湖南湘潭[湖北鄂城]人)代理并以吴元泽代任总参谋之职。又闻唐绍仪于二十四日乘轮启行时,汉口商界同至码头送行,皆欢呼民国万岁,盖以激发唐等之心也。

渤海寿臣《辛亥革命始末记》,《实行立宪汇编·议和》,文海出版社 1969 年版,第 2 ~ 3 页

《宣统三年十月二十二日清议和代表唐绍仪、杨士琦自汉口致内阁电》:

养两电敬悉。今日仪过江晤黎元洪,商定在沪会议,由黎电告上海,俟得复,即启行。同来诸公尚未全到,候会齐,询明愿往否,再偕同东下。仪、琦。养。

军机处电报档。中国史学会主编《中国近代史资料丛刊·辛亥革命》(8),上海人民出版社 1957 年版,第 205 页

△ **福建都督府代表林长民在南京被人枪击未中。**

《民立报》:

昨晚沪军抵宁时,福建都督府代表林长民甫下车,即被刺客连放三枪,林未死,一时人声沸乱,后林及刺客均经警军送往执法科。刺林长民人,有人识之,确为上海之侦探队员,供称林长民为汉奸,后遂并送陈列所之军法科。

江浙联军司令徐绍桢特电上海《民立报》,报告其事称:顷由上海侦探林福康跟车到宁,拿嫌疑者林长民,据称系黎副元帅所派之黎玉山,由鄂到沪,侦得林长民以金钱运动充当福建代表,侦得民军实情报告满政府等语,经敝军执法部检查讯问,并无证据,业将暂羁,俟电询武昌黎都督、福建孙都督其人是否代表,平日宗旨如何?请即示覆。

《民立报》,1911 年 12 月 13 日,第 2 页,电报

吴景濂《组织南京临时政府的亲身经历》:

启行之日,代表团电告江苏都督派兵到车站保护,程督复电照办。是日夜八九点钟,车至南京下关,予同于右任、李盘三人先行,令仆人穆忠和押取行李。下车后,未见程督派有卫队,行出十数步外,忽闻枪声数响。枪声停后,予即闻穆仆喊予缓行,伊仓皇至前,告予云:"林书记长下车时,有刺客对他放枪;我将林按伏于地避枪,浙军代表屈映光仆人将刺客抱住。同时车站上弹压军队上前将刺客及林君一同逮捕,押赴车站。"予嘱穆仆妥为保护,乃约于、李二君到车站寻车站护兵头目,问其何以不分皂白,将双方一同逮捕?彼云:"系奉长官命令!"予等入视林君,头目禀明长官,仅许一人入视,并禁止发言。突有兵将林及刺客押送南京城,交都督审讯。予等无法,只可在万花楼暂住。

此时有缪某戎装来见,云系奉都督命令来接待诸君,因误时间,致遭意外,以使诸君惊恐。同时各省代表及秘书职员均住万花楼,正互相谈论时,另来陆军数人,云奉都督命令,来检查林某行李。在林行李内检出金鸡纳霜粉一包,指为毒药。当经共同检阅,认为金鸡纳霜粉,并非毒药。并由予等签字证明,为来检查军人携去……

次晨程都督派马车来接予,晤谈下,始悉刺客系福建都督孙道仁派遣,谓林为保皇党,在上海数日,未在秘书处办公,系与北方秘密勾结。而林某在沪,因办理秘书处事,住于代表团会所。因公推林起草临时政府章程,林以会所嚣杂,故在旅馆开房间两日,专为起草之事,为诸代表所共知。予与程商,将此情形,通知孙都督。是日将刺客及林某同时开释。而林某经此番打击,对代表团秘书职务决意辞去,在南京暂时闲居。

吴景濂《吴景濂自述年谱》(上)。中国社会科学院近代史研究所近代史资料编辑部编《近代史资料》,总106号,中国社会科学出版社2003年版,第42 ~ 43页

刘星楠《辛亥各省代表会议日志》：

江西代表林森，系福建侯官人，与长民同乡同姓同宗，然素有嫌隙。某日在同盟会本部开会，林森曾讦发长民系福州著名的宪政党员，现在他长期溷迹代表会内，显然是宪政党一种作用。此语为陈其美所闻，遂派青帮打手，向长民打了一枪，并不是要他的死命，而是催他赶快离开南京代表会。长民遂辞职回闽。

中国人民政治协商会议全国委员会文史资料委员会编《辛亥革命回忆录》第6集，文史资料出版社1982年版，第250页

△ 奉天革命党人柳大年在宁远州谋举事不成，被捕解往省城。

《急进会副会长被获》：

日前省城风潮汹涌之时，各派党人发起联合急进会，一举张君榕为正会长，柳君大年、张君涵初为副会长。嗣后风潮稍稍平定，正会长张榕闻已与官场联络妥协，副会长柳、张两君则以赴沪为辞相率他去。乃张、柳二人并未往沪，不知何时又已潜入宁远州境。昨竟被宁远州警务长索景清君拿获径解来省，当在公署略加讯问，即已押入模范监狱。风闻柳、张两君此次被拿，系在宁远州境联络胡匪，希图起事，警长索君查觉，当即商之新任该州知州谘议局议员王玉泉大令可否擒拿。王大令即力促其从速掩捕，如有差错归彼担负，索君乃即前往拿住。比电公署报告一切，督帅旋饬从速押解来省。噫，柳、张两君前被举为副会长时，即有一般人士谓其有欠党人资格，此次果否联络胡匪希图起事，殊未可知。当此时代，似不容再有前此妄拿党人，希图邀功之举，想我贤明督帅必能鉴及此也。

《盛京时报》，1911年12月16日。国家清史编纂委员会文献丛刊《辛亥革命史资料新编》第3卷，湖北人民出版社2006年版，第449页

《追记柳君被逮时情形》：

日前柳君大年在宁远州图谋举事，为知州史某探悉，即于十八日电东督谓，柳大年等在州西煽惑聚集民众千余人，持有军器，盘踞安乐山，声称革命，请示办法云云。旋十九日得赵尔巽复电谓：柳大年等不过空言迫胁，著严拿不必游疑，由王牧（新任知州）自行惩办可也。王得电即于二十日密电调锦州驻扎之陆军马队一队，并派该州驻扎之步队一队带同巡警及邸姓队官往捕（邸姓队官与柳君本素识，因赌负八元之私愤，遂竭力报怨）。由州步行八十余里抵团山子，念二日晨访得柳君住所乃团围该栈，柳君等尚未起身，陆军蜂拥而进，即就炕上捕获。柳君一跃而下，身穿卫生衣一套，并未穿袜，用腿将巡警跌倒，一名陆军兵士即举手枪，被柳君一手擒住，即以口咬该兵士之手，指断，枪落柳君之手。邸姓队官即在柳君身后将柳右手腕向上一曲以防开击。然柳君当时竟未能开放者，以此枪系十响之来得而司忒式，有保险钮横置于枪尾之右角，形如笔筒，圆径五米里长一生的，向上推即开，往下扣即关。柳君不知保险钮之所在，故未能开放，束手被一班狼虎贼兵即将柳君之卫生衣及小衣剥下，仅给还皮袄裤一双，捆绑而去，所有一切物件皆被贼兵抢掠无存。同时尚有张涵初、刘成二人亦被逮。行至街市，行人甚多，柳君即云：尔等莫惊，每月着人送饷来，速即传知同人为要。又在途中与众兵云：你们不可如此野蛮，稍放文明。众兵答以昔充营务处总办时则当恭敬，现在既系罪犯，不可同年而语云云。到宁远州即收押盗贼监狱内，并加镣铐。州牧王玉泉本柳君旧吏，柳君既入狱，即着办事人向之道歉。然柳君欲请见，则终不得。王又将赵尔巽之来电示柳，以表明此次举动均来电之意。王在柳君大皮包内搜出东三省民军大都督之印一颗，白玉图章数方，均柳君自刻，又新军规则、行军方略暨饷章、军官委札等数百张。其委札上书

东三省民军总司令官柳字样。外有黄杨木烟咀二个,上刻山水人物篆书甚精细,亦柳君自镌。另有小皮包一个,系陈姓者检其信札,有东三省大都督札陈再生字样。陈本楚人,充政治侦探,初寓宁远州衙署隔壁客栈中;尚有余姓,楚人,无发辫,年四十左右有须者,与之同居,余于二十二日闻风先走,据云往沪;陈再生亦于是日下午逃避,故未被陷。二十二夜,柳君在狱发书一缄,与右堂王汉洵云有要事面谈,即请屈驾来狱,并云速备夜膳送来该狱。差役即将此信送与某师爷,该师爷即命厨司备大米饭并小菜四碗送往狱中,书则匿而不发。至二十三上午九句钟,遂由京奉车将柳君解往省城。

《盛京时报》,1911年12月30日。国家清史编纂委员会文献丛刊《辛亥革命史资料新编》第3卷,湖北人民出版社2006年版,第461～462页

△ **曹锟、卢永祥部攻陷娘子关。**

《娘子关血战记》:

曹卢之违约背法　段芝贵奉袁世凯命令到军前宣布停战,二十一日住石庄,二十二日乘专车至井陉,与曹崑[锟]、卢永祥晤面,令其速行停战,以待南方和议。据该二人云:今两军正在酣战之际,清军如绝缰野马,非胜负决定,万难制止,段芝贵亦无可如何!直待至二十三日清兵夺娘子关后方止。

民军失守娘子关　二十三日敌兵既将乏驴岭占据,然后架大炮直向娘子关连击七炮,民军见众寡不敌,遂弃关退走,至阳泉驻扎。敌兵见民军败去,即将娘子关占据,民军大炮四尊,子弹数百箱,稻米八百袋,均被夺去。其余民间财物被官兵劫掠一空,复欲下关进攻平定州,以为发财计,经段芝贵阻止,始据守娘子关,暂行停战。十月二十五日笔述观战日记。

《民立报》,1911年12月22日,第3页;23日,第4页

《宣统三年十月二十二日第三镇统制曹锟自井陉来电》:

十九日早八钟,我军于原来驻扎东窑岭至贾庄之线上受革匪攻击,迄午后一钟,匪炮由雪花山向我军射击。当日我军在原地固守,并未射击。念日八钟,革匪向我攻击尤烈,伤我兵士,将士愤极,竭力抵抗,至晚五钟,该匪退回。二十一日,革匪黎明向我军进攻,我军始袭击,至午后两钟占领井陉县,午后四钟占领蔡店、雪花山、水菜凸山一带。念二日早六钟,彼此开始射击,七钟占领乏驴岭,十钟占领娘子关。午后,遵示停进,各就地点防御。锟。马。

军机处电报档。中国史学会主编《中国近代史资料丛刊·辛亥革命》(8),上海人民出版社1957年版,第206页

王坦《我参加北洋第三镇攻打山西的经过》:

十一月中旬,打娘子关的头一天早晨,由石家庄进到井陉县东关外,住在北张村。第二天又西进,爬到一个山上,名曰岳岭。这岭面对着娘子关外的雪花山,这个雪花山是娘子关对东方最好的一个防御阵地。但山西因为学术、兵器着着落后,终处于劣势的地位。山西用的是五生的七口径汉阳厂造笨炮,三镇用的则是七生的五口径法[德]国克虏伯厂造管退山炮。山西队伍也不精射法,只知道把着一尊炮射击,不会使数炮一齐射击。开仗的头一天,我们在东岳岭上刚一露头,雪花山上的炮弹就来了,但是半点钟才来一发炮弹,他原有十九尊炮,倘能集合使用,也够我们张皇一阵的。敌炮弹来过了五六发,不是落在我们脚前钻入土里不炸,就是落在我们的背后山涧里沟底下去了。如此情形,山西只有死挨打。我只用到第三发炮弹,就算出射击距离三千六百和三千五百五十米。他的炮位每尊以二十米为准,十九尊炮的间隔是三百八十米宽。我的炮队是六尊编成,我取六六三百六十米宽的射面,足以盖满他的炮兵阵地。所以在我的第一排炮放完,他的炮兵阵地人影都不见了。第二排炮等

于替他清除阵地一样。第三排炮装上未放,我就变换了目标,冲着雪花山两胁沟里用百米梯级距离纵深打了两排炮。这回杀伤的人数足有二百以上,把昨日向东岳岭山脚下来攻的那些步兵打得跑到包头去了。这一战,时间不过两点钟,炮弹不过三十发,偌大的一场战争轻轻就完了。我们第六协的官兵只是在老西们屁股后头追击了一下,表示一点形式而已(只到娘子关口外)。跟随第六协的追击部队遂派宪兵队官郑才佐到雪花山上清点山西军队的战利品,第二天点清数目,共小笨炮十九尊,就报请作废了。

中国人民政治协商会议全国委员会文史资料委员会编《辛亥革命回忆录》第8集,文史资料出版社1982年版,第505~506页

12月13日(十月二十三日)　黎元洪致电各省,要求趁停战时机,请各省即日派兵援鄂,以备攻守。

《黎元洪致各省都督电》:

现停战议和,然不可不极力筹划,一旦决裂,自当立即开战,敌既厚集兵力于汉上,我亦不能不厚集兵力以为对待。敝处筹议至再,仍当以援鄂为急,方略既定,自应趁此停战机会,各省援兵一律于开战期前到鄂,始可决定进攻计划。敢乞诸公派遣援兵即日出发,总之能战始能守,能守始能和,我军计划当从战字着想,和则视为意外结果。尊处如何筹划,即盼电复。

易国幹、宗彝、陈邦镇辑《黎副总统政书》第2卷,上海古今图书局1915年版,第7页

△ 云南都督蔡锷提出国家组织纲要五条。

《十月二十三日云南蔡锷致各省电》:

对外非列入国际团体不能活动,欲列入国际团体,则中央政府之组织不宜稍迟。赣电谓承认鄂军政府为外交代表,本极赞同,惟内部无完全之组织,为此临时代表机关,恐各国未必承认,即使承认,其实力既受拘束,各省对外交涉无从划一,设外人执以诘难,代表之责何能担负?似不如照鄂、湘电,由各省迅派代表莅鄂会商,从速组织中央政府。代表资格须对于该省军都督府能确负军事责任,或富于政治学识经验,其人数不妨稍多,庶可就两种资格中各选所长。代表到鄂,先设一委员会,筹议国家之组织、中央地方之权责,大纲既定,即共同组织临时政府,一面整理国内庶政,一面分遣驻使,谋外交之活动。至国家组织纲要,鄙意略有数端:(一)定国名为中华民国,合汉回蒙满藏为旗式,构造统一之国家。(二)定国体政体为民主立宪。(三)建设有力之中央政府,总持兵政、外交、财政各权。由君政时代递进为民主共和时代。(四)划定地方区域,设军都督专治兵事。(五)缩小行政区域,以期行政敏活,消融省界。诸公于世界趋势、民俗国情,考求有素,必有宏谋伟画,巩固国基。管见当否?敬祈赐教。

易国幹、宗彝、陈邦镇辑《黎副总统政书》第2卷,上海古今图书局1915年版,第7页

《十月二十三日黎元洪复云南蔡都督电》:

通电悉。宏议五条,皆精当不易之言,无任钦佩!现在各省代表已赴南京组织临时政府,必能仰体伟见,切实磋商。惟是外交不能一日无主体,当临时政府未成以前,群议仍以敝军政府为对外代表。自惭寡学,日惧弗胜,惟冀早卸仔肩,以告无过。

易国幹、宗彝、陈邦镇辑《黎副总统政书》第2卷,上海古今图书局1915年版,第6页

12月14日(十月二十四日)　各省代表会议选出代表会议长、副议长,并决定于16日选举临时大总统。

刘星楠《辛亥各省代表会议日志》:

十月二十四日　全体代表到会。选出议长汤尔和，副议长王宠惠。临时政府组织大纲，经奉、晋、赣、粤四省代表签名追认。议决：本月二十六日开会选举临时大总统。

中国人民政治协商会议全国委员会文史资料委员会编《辛亥革命回忆录》第6集，文史资料出版社1963年版，第250页

《湖北代表致鄂军都督黎元洪电》：

本日十四省代表议决，二十六日午后一时，在宁开临时大总统选举会，谨此奉闻。

易国幹、宗彝、陈邦镇辑《黎副总统政书》第2卷，上海古今图书局1915年版，第10页

△ 同盟会员胡鄂公联合华北各革命团体，在天津成立北方革命协会，以协助革命军北伐、崇奉三民主义为宗旨。

胡鄂公《辛亥革命北方实录》：

予返天津，因念迩来新兴革命团体多，以汪兆铭任中国同盟会京津保支部长故，咸不欲参加同盟会，然又不可不使之以尽其用也。予于是与白逾桓、白毓昆、赵铁桥、孙谏声、易宣、吴若龙、熊得山等会商，拟联络各革命团体以组织北方革命协会，十月二十四日遂成立北方革命协会于天津英租界小白楼。届时到会者，同盟会代表为予与白逾桓、白毓昆、赵铁桥、吴若龙、熊得山，铁血会代表孙谏声、易宣，振武社代表丁削嶂未到，孙谏声代。急进会代表张榕，克复堂代表段亚夫，北方革命总团代表张幼臣，革命共和党代表赵步扬、邓超如，北方共和团代表胡伯寅、凌钺，女子北伐队代表章以保，女子革命同盟汪固、张鸿翰等十八人。于议决简章九条，并推举予为北方革命协会会长。

《北方革命协会简章》

第一条　本协会由北方各革命团体联合组织而成，以协助革命军北伐，崇奉孙先生之三民主义，定名曰北方革命协会。

第二条　本协会由各团体中公举会长一人，总理本协会对内对外一切事宜，以期行动统一。

第三条　本协会每一团体得推举评议一人，协助会长处理一切事宜。

第四条　本协会暂不设部，但得分设秘书、军务、外交、调查、会计各科。其科长、科员概由本协会会长任用之。

第五条　本协会对于参加协会之各团体，得协助其存在，以期增进革命力量。

第六条　本协会一切经费，概由鄂军政府或其它军政府接济。各团体所需之款，本协会有接济之义务，但各团体应通其有无。

第七条　关于举义时，各团体所需军械，概由本协会发给。但无故不得携带。

第八条　本协会会址，以本协会会长所住之地址为地址。

第九条　本简章有未完善处，有三团体以上提议，得随时修改。

胡鄂公《辛亥革命北方实录》。沈云龙主编《近代中国史料丛刊》，文海出版社，第94页

△ 黎元洪致电各处，告以唐绍仪乘舰赴沪，希各处援兵火速来鄂。

《十月二十四日黎元洪致各都督电》：

清使唐绍怡[仪]已于二十一日到汉。因外长伍公无暇来汉，遂商于唐赴沪，唐慨允，遂于今晨乘洞庭轮往沪矣。此次和议之优劣，端视进兵之迟速，及兵力之强弱为转移。总乞各处援兵火速来鄂，以为最后之猛击。

易国幹、宗彝、陈邦镇辑《黎副总统政书》第2卷，上海古今图书局1915年版，第8页

△ **贵州都督杨荩诚率军援鄂。**

《贵州都督杨荩诚致各省通电》：

武昌首难，竭一省之力与北虏相支拄，今虏负恃徒众，凭陵江汉，义师寡弱，天下寒心。黔虽不武，万不见兴义区域，横见蹂躏，用简精锐三千，即由荩诚躬自统率，兼程赴急，肃清鄂渚，汛扫燕云，请从诸公之后。

周培艺《贵州陆军史》。丘权政、杜春和编《辛亥革命史料选辑》下，湖南人民出版社1981年版，第157页

△ **清军倪嗣冲部进犯安徽颍州、寿州一带，并陷太和县。黎元洪即致电各督，商讨应对办法。**

管鹏《安徽革命纪实》：

亳州太和县均派代表迎降孟介，乃令宁浚元守太和，又分降兵之半，易之以乡团，由稚周率之，取道涡阳县，趋亳州。未至亳几十里，亳兵统领李钟明忽接姜桂题自北京来电，谓袁世凯已遣倪嗣冲南犯，李乃变降为拒，与稚周战于溜子集，众寡悬殊，我军败退，时十月十九日也。

嗣冲，颍州人，清光、宣间仕于鲁省为县吏，以贪案被控去官。至是，袁世凯任之为左翼长，由河南分兵入皖，初得我太和，探知颍州守兵无多，外援未至，急于抵城下，昼夜薄城。倪氏旧戚多踰城入倪营，告以我军布置，故敌弹入城多中要害。又，城内降兵数百暗与敌通，夜半开北门纵敌入。孟介据偏城巷战，弹火起于阵后左右，张孟介坠[缒]城出，且战且走，其不及相随出城者尽遭倪害，令读一二两字，而以读"二"口音之不同，分别颍人、寿人，颍则生之，寿则死之，焚尸肢解，无一幸免者。是役也，殉难五百八十四人，而以李寿堂、李屏仙、李伯容之死为尤惨，其中与孟介同族者五十七人，孟介之堂叔张子和、胞叔张世杰暨子维屏、维敬尽死焉，呜呼！烈矣。

丘权政、杜春和编《辛亥革命史料选辑》下，湖南人民出版社1981年版，第107～108页

《宣统三年十月二十九日新授河南布政使倪嗣冲致内阁请代奏电》：

二十日冲行至太和，据马队侦探报称：本日下午四点钟，有骑马贼匪侦探已至距太八里之陈渡口，与我军前卫马队相遇，匪即开枪猛击，我军还击，计击毙骑马贼七名，余受伤而退。并探距太三十五里之刘家集聚匪五六百名，骑马贼数十名，并带大炮二尊。当即飞饬马前卫驰往侦探搜索。派巡防右路前左两营步队为左右两翼，炮队居中，由颍河南岸进攻。冲自领左翼小队为后应。另拨六镇马队二棚、步兵一哨由颍河北岸搜索进攻。二十一日五更启行。该匪闻我军进攻甚猛，遂于二十日半夜遁回颍州。午前十一钟队至刘集，该匪已遁颍郡。城乡绅耆团练来迎，佥称踞颍匪首张是输，即张梦磔(即张孟介，编者)，系积年会匪，乘势作乱，冒称革军，实行抢劫主义。踞颍后，官绅士庶横被鞭辱，以搜索军械为名，仓库公款及民间牛马财物粮米抢劫一空，并掳妇女，生杀自由，惨无人理。环泣恳救，无可慰遣，因即督队前进。

是晚至距城十二里之白庙，据密探报称，该匪已挖取城内街心石条，将西北两门屯闭，誓死固守，以待寿州援贼。冲查颍州地势东北两门均邻颍河，西南地势稍高，利于攻战，且居民鲜少，尤宜用炮攻击。因于二十一日早两点钟，分饬巡防右路前左两营并三镇六镇两炮队，仍分左右两翼，由城北七里沟绕赴城西南、东南两面，预备攻击。另派左翼小队前左两哨，顺颍河堤下藉为隐蔽，潜往东门外设伏，以防该匪逃遁。冲自带三镇六镇马队往来接应，以为游击之师。讵左翼小队甫经行抵城东三里湾，即有守卡贼匪及河下匪党炮划内兵突出七八十名，猛来堵击，该小队奋力抵御，击毙贼匪二十余名，生擒二名。贼甫逃入东门，而城内之贼复突出敢死队百十余名，飞来救援。经小队伏于城外紧要路口，尽力攻击，复击毙三十余

名,生擒十五名。余悉遁入城内,闭门死守。小队受伤四名。我军各营行抵城南,甫入阵地,该匪即由城上用炮轰击,异常猛烈,我军即用炮还击,步队亦奋力进攻,奈贼炮势若飞蝗,仰攻殊难得力。适募兵总办倪守毓棻集团练二万余人,会同后路左营周管带茂冬由沈项来会,攻击西城。讵该匪二十一、二十二两日死力抗拒,无懈可乘。又据探张逆胞弟梦韭率贼一千余人由寿来援,已抵颍东之三十里埠。当饬六镇马队队官带马兵一队,抽拨步队四哨,驰往截剿。幸被我军奋击,枪毙生擒数十名,该匪半多溃散,其余凶悍之贼约有三百余名,退还颍上,外援乃绝。

旋奉二十二日电,窃查该匪行径,与钧谕奸杀焚掠是为土匪,无民军资格,仍须用兵扫除之意相合,因鼓励将士奋力猛攻。惟以城垣太固,连日兵勇冒雨昼夜还攻,该匪死力抗拒,实难得手。冲恐兵力太单,抑且疲劳,遂拟改用云梯爬城。并密饬颍绅吴奉恩、赵安澜劝告已叛驻颍巡防营朱管带兆勋、已降团防练勇徐管带金城,许以重赏,速即反正,内外夹攻。又探明该匪全力均注意东南两城,西北两面空虚,遂于二十四日密令预备云梯数十架,挑拔奋勇,定于是夜爬城而入。派定高营务处世读、邱管带昌铭带右路左营一营,马帮带联甲带左翼小队一营,周管带茂冬带后路左营一营,倪守毓棻率领周家寨练总周家凯押奋勇短刀手二百余名,分头由西北、东北各城登城。已叛朱管带兆勋带驻颍巡防兵三百余人,已降徐管带金城带练勇二百余人,由内接应。三镇六镇炮队在外轰击,使贼不能兼顾。三镇六镇马队三队往来巡缉。高帮统振善、马先锋官联芬在东门而伏,冲亲自驰赴城边指挥。是夜四点钟遂由马帮带联甲率该营哨官李传业、宁纶元、哨长韩睿玉在北门附近首先率队奋勇登城,各营队亦蚁附缘登。朱管带兆勋、徐管带金城见我军业经上城,亦率众反正,开枪攻贼。当我军缘梯初登之时,不意该匪已有预备,一齐开枪,抵死防御,内应各兵接应不及,至我军死伤极多,几至功败垂成。幸我军毫无惧却,奋勇肉搏,缘梯而上,无不以一当百,与匪死战,贼遂披靡,势不能支。我军趁势下城,一面与匪巷战,一面即分赴四门,将屯门石条尽力移去,开放城门,步队一拥而入,城郡遂于二十五日晚七点钟克复。我军计共歼毙城内悍匪约五六百名,生擒三百余名。其由坠[缒]城逃遁及夺各门突出之匪约千六百余名,复经我军马炮各队及四乡团练围击,计毙匪四五百名,生擒二百五六十名。同时并有悍贼一股约五百余名由北门街出,猛扑王家寨我军后路,幸经后路各员督带留守之兵预为设备,当将该匪奋力击退,计阵毙三十余名,生擒四十六名,匪始抛弃衣械,星逃四散。冲入城后,居民欢呼踊跃,当即派员分头安抚。

宫中电报档。中国史学会主编《中国近代史资料丛刊·辛亥革命》(7),上海人民出版社1957年版,第203~205页

《柏文蔚致上海都督陈其美电》:

急。陈都督转各都督鉴:顷据滁州转寿州管带电称:北军倪嗣冲率兵进攻颍、寿一带,请敝处派兵驰援等语。查敝处前接湖北黎都督通电各处,袁总理派员赴武昌议和,约期停战,何以现在停战期限之内,竟遣兵潜入皖北,似以议和为缓兵之计。惟敝处确遵黎都督电饬,未敢冒昧派兵接战。唐少川如已到沪,务祈询明究竟,停战是否属实,务饬倪嗣冲速退出皖,以符原约,盼切急覆遵行。第一镇统制柏文蔚叩。

《民立报》,1911年12月15日,第2页,电报

《十月二十四日黎元洪关于清军违约进攻颍州致各省都督电》:

各省都督鉴:接清江浦及上海转来各电。惊悉满军分三路进攻颍州,太和已失,大局可危。当以彼之破约诘问英领事,据英领事答称唐绍怡在汉,曾电嘱遵约,勿再前进,俾免会议

窒碍,望全国一律停战。袁内阁亦回电云:现已电饬切勿前进云云。拟一面再请英领事电询,一面请各都督确查。仍盼复。

易国幹、宗彝、陈邦镇辑《黎副总统政书》第2卷,上海古今图书局1915年版,第8页

12月15日(十月二十五日) 各省代表通电延期选举大总统。

《十月二十五日各省代表会通电》:

各省代表会本议十月二十六日在南京选举临时大总统,现因特别事故,暂延时日,专此布闻。

《十月二十五日黎元洪复驻宁代表电》:

各省代表在宁议举临时大总统,此事关系全局。窃以为和议未决,不宜先举总统,致后日兵连祸结,涂炭生灵,追悔莫及。公等系鄂全权代表,责任綦重,兹事体重大,亟宜注意。

易国幹、宗彝、陈邦镇辑《黎副总统政书》第2卷,上海古今图书局1915年版,第10页

△ 湖北都督黎元洪拟定北伐计划,通电各省。

《十月二十五日黎元洪关于北伐计画致各省都督电》:

敝处军事计画,颇以北伐道远,时久天寒,我军诸多缺点为虑。不如但以水师北行,聚于烟台,相机进止。陆师则分三路:一、聚粤、浙、苏各军于武昌附近,力攻黄、孝;二、编江北、皖北,粤东西兵,利用洪泽湖河道,逾太和占领周家口,趋郾城截断敌人联络线;三、湘、桂军由金口威胁敌人右侧。如此,则敌人三面受敌,两汉不击自破,且此计画旬日即可集事。战期迫切,望各都督速筹见教。

易国幹、宗彝、陈邦镇辑《黎副总统政书》第2卷,上海古今图书局1915年版,第9页

△ 广东北伐军誓师出征。

姚雨平《武昌起义后粤军北伐始末》:

公推我为广东北伐军总司令,随由军政府正式任命。我以事机急迫,就职后即星夜筹备。当时组织兵力,计有步兵二团(新军编制,每营五百人),防营二团,炮兵、机枪、辎重、工程、卫队各一营,学生地雷队、华侨炸弹队(后改营)、宪兵队、卫生队各一队,约共八千人。其重要官佐,有林震、张文、罗炽扬、李济深、陈铭枢、杨刚、莫庆思、张桓杰、李民雨等。军械有管退炮十八尊(当时广东全省只有五十四尊,皆系最新式德国造),步枪弹三百万发,机枪弹五十万发,炮弹一万余发,实力颇雄厚……

兹将广东北伐军总司令部编制与重要官佐姓名列后:

总司令:姚雨平　副总司令:马锦春

参谋长:陈雄洲(至南京后,陈以丁忧去职,派张文继任,并派杨刚为副)

高级参谋:林　震(固宿战后,调任师长)

副官长:李民雨　机要课长:丘徽五

秘书长:叶楚伧　秘书:谢星侪

经理部长:邹鲁　副部长:曾能(伯锷)　吴倚伧

军需部长:姚海珊　军需:王锡民　姚雨香

管理部长:汪××　姚右军

军法部长:陈耿夫

军医部长:陈任樑　军医:李实充(李至宿州时调充卫生队长)

交通部长:郭健霄

此外,尚有间谍、马医、稽核三部(负责人姓名已忘),并在上海设经理局,邹鲁为局长,经理部事由副部长曾能负责。当时规模草创,司令部的组织与人事,均未臻健全,且时有更动。部署略定,我即派高级参谋林震先率领一团赴上海、南京筹备。大队旋于十月十八日由广州乘船出发。抵沪时,沪军都督陈其美派张群招待,全市民众热烈欢迎。到南京后,驻碑亭巷协统衙门。大军由粤出发,先后三批,声势甚壮,曾颁发誓师文,为秘书长叶楚伧手笔。

中国人民政治协商会议全国委员会文史资料委员会编《辛亥革命回忆录》第1集,中华书局1961年版,第421~422页

《广东北伐军誓师文》:

惟黄帝四千六百零九年十月二十五日,雨平、锦春奉大义北征虏巢,谨集师旅,以誓于尔有众曰:呜呼武哉,粤军人!洪军搴帜,蔚郁风云,赤符北指,涤荡胡氛。衣冠文物,开十三年汉家陵阙之金陵。越五十年,广惠钦廉,海波茫淼,皇聿返天。洎夫新军倡义,春茁奇葩,血埋碧草,魂祀黄花,此俦非吾粤英雄之陈绩,为吾诸将士烈所必继、仇所必报者哉。今江汉炳灵,义师四举,一战而戮荫昌之尸,再战而尽张、铁之众,金陵舳舻,重建降幡,万里长江,还于故土,三矢告庙之日,去今非遥。然北未捣幽燕之巢,南未歼汉襄之贼,吾将士岂能戢矢镭剑,不与中原豪杰共竟斯功耶?雨平、锦春猥荷司令,传曰:师克在和而不在众。庄子曰:两军相遇,哀者胜矣。吾将士上庇黄帝之灵,下集风云之佐,愿共敦勉之。

《新广东风丝雨片》,《民立报》,1911年12月25日,第4页

12月16日(十月二十六日)　清陕甘总督升允进犯西安,败西路革命军于长武。张云山率部坚守乾州,稳定西路。

朱叙五、党自新《陕西辛亥革命回忆》:

长武失守的经过是这样的:十月初一日,升允派驻泾川游击马国仁率所部三营袭取长武,我军五标石得胜营分守三个据点,突遭敌军偷袭,猝不及防,受敌包围,终因众寡不敌,全营覆没。同时,敌派马队两哨前进搜索,到达邠州,守城巡防队百余人,未作抵抗即开城降敌,邠州遂即陷落。迨至十月十四日,邓占云派苟营任前锋,杨营殿后策应,攻取邠州,激战半日,敌军马队哨官阵亡一人,降敌之巡防队亦参加抵抗,伤亡六十余人,乃相率弃城西去,苟占彪营入城安民,休整队伍。十六日苟、杨二营继续西进,攻取长武。这时敌军已有准备,升允亦进驻长武,并调陆洪涛部增援。十七日晨我军进至冉店桥附近,遭遇敌人,立即展开战斗,敌从三面包抄,苟营陷入重围,管带苟占彪,帮带杨九如各率队奋力突围,同时被俘,旋遭杀害……

自张凤翙回省后,乾州方面由张云山力守危城,敌军利用北原高地,以炮火轰城,但敌军所用山炮,口径小威力不大,有时炮弹着地多不爆炸,敌知凭炮火攻城不下,强拉民夫挖掘地道数处,均被我军识破,未能得逞,又派先锋队冲至城下,驾云梯爬城;也被我守城官兵用手掷弹击退。升允于无计可施时,又令管带罗开福诈降,罗率队抵北门外,举枪跪地,拟趁我军开城受降时冲入城内,此计复被张云山识破,予以重创。张云山坚守乾州,牵制敌方大量军力,在西路战事上起了巨大的作用。

中国人民政治协商会议全国委员会文史资料委员会编《辛亥革命回忆录》第5集,中华书局1963年版,第36~37,39~40页

《辛亥甘肃清军镇压革命》:

经过同年十一月三日,北路军陆洪涛部进迫长武。长武由秦陇复汉军第五标第二营管

带石得胜把守,石以兵力不足,运用帮会鼓动群众数百人,左臂缠以红布,持刀矛御敌。陆部前锋马国仁于二十一日猛力攻城,长武失陷,石部全营覆没,石得胜被俘,被陆洪涛斩于北城城楼。张凤翙以长武失守,敦促张云山并力抵御。张即率所属第四标第一营,及巡防营张南辉部、向字营向紫山部,共约一千七八百人,镇守于乾州、永寿一带。

中国人民政治协商会议全国委员会文史资料委员会编《辛亥革命回忆录》第8集,文史资料出版社1982年版,第526页

《民立报》:

甘肃北军从兰州进攻西安,在西安府西北二百里之长武与民军二千人相遇,击退民军,并捕获武员二人。

《民立报》,1911年12月19日,第3页,电报

△ **湘督谭延闿杀援鄂湘军协统甘兴典,以饬军纪。**

《十月二十六日谭都督致黎元洪电》:

湘军第四协统甘兴典,率师援鄂,临时退缩,贻误军机,溃逃后纪律不严,沿途骚扰,现已调回,立正军法。请宣布罪状,以谢鄂省军民。

易国干、宗彝、陈邦镇辑《黎副总统政书》第2卷,上海古今图书局1915年版,第12页

12月17日(十月二十七日)　各省代表改选黎元洪为大元帅,黄兴为副元帅。同时议决由黄兴代行大元帅职权,组织临时政府。

刘星楠《辛亥各省代表会议日志》:

十月二十七日　全体代表到会。陕西代表赵世钰、马步云、张蔚生续到。报告黄克强君来电,力辞大元帅之职,并推举黎大都督为大元帅。当经改举黎元洪为大元帅,黄兴为副元帅。议决:黎大元帅暂驻武昌,由副元帅代行大元帅职权,组织临时政府。

中国人民政治协商会议全国委员会文史资料委员会编《辛亥革命回忆录》第6集,文史资料出版社1963年版,第251页

《十月二十九日各省代表会致黎元洪电》:

昨接黄克强来电,坚辞大元帅之任,并以武昌起义为天下倡,黎都督之功为全国人民所敬爱,应推黎大都督为大元帅等因。代表等以组织临时政府刻不容缓,若往复推辞,徒延时日,深恐有碍大局。当由公众议决推举大都督为大元帅,黄克强为副元帅,但武昌军事关系重大,恐大都督万难离鄂,因于组织临时政府大纲内追加一条"临时大总统未举定以前,以大元帅暂行其职务,若大元帅不在临时政府时,即以副元帅代行其职务"。除专员迎迓黄副元帅莅宁外,特推时君象晋、陶君凤集、陈君毅、仇君亮,于今日赴鄂趋谒,面陈一切,请大元帅承诺,以慰天下之望。

易国干、宗彝、陈邦镇辑《黎副总统政书》第3卷,上海古今图书局1915年版,第1~2页

《伟晋颂领事致朱尔典爵士函》:

十三个革命省份的代表会议已经结束它的会期,它最后通过的决议是任命黎元洪为革命军元帅,并任命黄兴为副元帅,从而把上海那伙代表关于首脑人物的决议颠倒了过来,因为他们不久前把更高的职位给予了黄兴。关于对黎元洪的任命一事所提出的正式理由,是因为目前袁世凯已经同他进行和平谈判,而且伍廷芳是他的谈判代表,所以此时绝不可以把其他任何人置于他的地位之上。就我所知,这些任命是该会议顺利通过的唯一事项。

胡滨译《英国蓝皮书有关辛亥革命资料选译》(上),中华书局1984年版,第446页

△ 清议和代表唐绍仪等抵上海。

《乞和使者来沪记》:

昨午后两句钟,议和清使唐绍怡,率随员等约百余人,乘洞庭轮船抵太古码头,法捕房派有通班包探及法华安南巡捕各一队在码头弹压,清使旋登机器车赴公共租界戈登路行辕,其同行人员清单录下:

内阁委托各省参预讨论员

刘若曾仲鲁(直隶)、许鼎霖久香(江苏)、章宗祥仲和(浙江)、关免钧伯珩(广西)、严复又陵(福建)、张国淦潜谷(湖北)、冯耿光纫伟(广东)、侯延爽雪舫(山东)、齐照甲迪生(吉林)、郑沅叔晋(湖南)、蔡金台燕生(江西)、蹇企益季常(贵州)、渠本翘楚南(山西)、张锴钱卿(云南)、孙多森荫廷(安徽)、傅增湘润源(四川)、刘笃庆吉甫(甘肃)、雷多寿祝三(陕西)、熙钰宝臣(蒙古)、庆山仁庆(黑龙江)。

同船各员

王敬芳抟沙(河南)、范源廉静生(湖南)、陈国祥敬民(贵州)、薛大可子奇(湖南)、章福荣绶卿(浙江驻防)、邓孝然少云(四川)、胡大勋莲丹(湖北)、陈嘉会凤光(湖南)、沈诵清养深(广东)

内阁委员

刘承恩浩春(湖北)

同行各员

赵椿年剑秋(江苏)、唐宝锷秀峰(广东)、杨毓莹润川(安徽)、王孝绳司直(福建)、容尚谦辉山(广东)、吴毓麟秋舫(直隶)、欧赓祥凤池(广东)、唐汝流韵涛(广东)、俞文鼎琴贻(浙江)、汪彬稼生(安徽)、冯懿同邵峻(广东)。

《民立报》,1911年12月18日,第3页

△ 伍廷芳致电袁世凯,责各地清军违约袭攻革命军。袁即复电伍廷芳,表示已通饬各地清军,严令停战。

《宣统三年十月二十七日上海民军议和总代表伍廷芳致袁世凯电》:

嘱筹实行息争之策,谨当竭力自效。民军之起,在改政体以救国民,苟可息争,决不嗜战。此次停战以后,民军确行遵守,惟清军屡屡违约,将士蒙蔽钧听,妄以土匪污损名誉,群情颇愤。如来电所谓北方土匪蜂起者,未必非谬听之过也。现时东西南北皆民军,足迹所至,与土匪决不相混。土匪二字,清廷以诬民军久矣。武昌起义,清谕即以土匪相斥,今尊电概称北方土匪,一如前次清谕指斥武昌义师之词,此民军之所不肯受也。即如山西民军,尊处屡派员调和,此次袭攻娘子关,于停战期内而不停战,意若置诸土匪之列,其为诬罔,岂复待言?幸阁下详察,天下目不能尽掩也。尊电有匪徒冒充革命奸杀焚掠等语,果有此辈,亦民军所当应惩。惟尊电用北方概括之,词实难征信,请确指何处系此项土匪,以候分别办理。至称汉口民军于停战多日后,二十一日有皖省及江东民军由沌口前进,向老关驻扎之官军攻击一节,尤征北军之捏报。各省军除固多在鄂,近日实未开战,且沌口在汉阳之西,皖省江东民军决无飞渡汉口、汉阳再从沌口进兵之理,按图即知,无待详辩。惟沌口原系鄂军堵住,清军曾由汉阳冲出该地,该军曾放枪自卫,委系清军违约攻击,曲并不在民军。至询北方民军共有几处?系何姓名?能否确守命令一节。现在北方宣告独立,民军首领姓名各报皆经宣布,尊处可以查知,凡电报可通地方,皆能受民国政府之命令,除一面通电已起义各军遵办

外，仍请阁下行饬各清军，凡与民军相持地方，一律实行停战，以重大信为祷。廷芳叩，俭。

中国史学会主编《中国近代史资料丛刊·辛亥革命》(8)，上海人民出版社1957年版，第212~213页

《袁世凯复电》：

停战命令早经通饬湖北、山西、陕西、山东、安徽、江苏、奉天等省，均归一律，自无疑义。倘于开议期内，擅有行动之军队，定行处以严罚。至山西、陕西两处，彼因电报不通，属为转电，顷为照转，望即告前途为要。

《民立报》，1911年12月21日，第5页，新闻

△ 宜昌革命军唐牺支部，联合湘军王正雅部，围攻湖北荆州月余，经马修德主教调停，是日克复荆州。驻防荆州都统恒龄自杀，清荆州将军连魁降。

田廷俊《马司铎调和荆州战争始末记》：

荆州居武、宜之中，首尾既下，势益危岌。驻防荆州之满兵，计四千人，合男女老幼计之，约达二万人，闻风震栗，莫知为计，良以义军初起，心志未齐，政治革命之思想，尚未普及于人心，往往借排满之名，以资号召；无知之徒，复变本而加厉之。风声所播，大江南北，倒戈响应者，云起飙发。举事之初，无不迁怒于满人。荆州满人，鉴于武昌发难之酷，尤汹惧不可终日。荆旗之饷，悉仰省垣之库帑与宜昌之榷税。武、宜既失，乃大穷蹙。清将军连魁，人谨愿而暗于军事，都统恒龄，以父丧归自西安，道出宜昌，为民军侦知，索急而逃。回荆后，清廷诏署左翼副都统。恒龄性勇毅，富于军事知识。受事后，盛张军备，激厉士卒，誓与一战。宜昌民军，方计划攻荆，而以阳夏鏖战，蜀乱未平，未敢遽发。满兵日夕戒备，防范綦严，相持月余，已疲苶而不能复振矣。

十月初六日，宜军出发攻荆，水陆并进。陆路二支：一由远安、当阳取荆门，以绝襄阳之远[援]；一由江口进逼万城，诱满兵倾注于西北。而水路一支，乃沿江直下而据沙市。沙市为荆州之咽喉，亦长江上游之重镇。沙市既失，而荆州入釜底矣。满兵之出西北迎敌者，而与民军相遇于秘师桥，战斗一昼夜，满兵败退入城。时长沙已告独立，湘西王正雅组织武字军，取荆北上，于十月十一日，军抵沙市，会师合围，声势益盛。满兵深闭固守，日盼救援，乃截留汉民于西城，与之并命，而缓外兵之攻。汉民被痼[锢]城内，日惧满兵之仇杀，尤惴惴无宁日。斯时民军气张，愈集愈众；满兵粮尽援绝，誓以死守。双方再[对]立，一发千钧，事机之危，诚无愈[逾]于此者矣。

当斯时也，非得至诚感人、众望攸归者，出而任调停之责，必至杀机突起，全城糜烂，横流四决；沙市亦成灰烬瓦砾之场矣。上天眷顾，福佑斯民，畀我马司铎释难解纷，汹涛顿息，而令城市依然，市民无恙。谁非当日仁人之所赐哉！居安思危，何敢忘德！俊，荆人之一分子也，和约期间，曾蒙司铎之器使，随伯父敬五公奔走其间，自始至终见闻较确，敢将司铎调和是役之始末笔记之，以告我国人，我国人其永志而勿谖。

司铎，华名马修德，西名Marcel，比利时Belgium国人……

深惧战祸延长，生民涂炭，即以调和为己任矣。乃躬赴沙市，晤民军驻沙首领喻洪启。会商未就，复请日本领事及税务司(英国人)同调停之，亦未允。时民军初据沙市，炮械缺乏，兼以汉阳之挫，根本动摇，亦思迁就速和，但罢战之意，隐而未露。

十月初十日，司铎迭次赴沙晤喻，陈说利害，苦口劝之。喻乃答以满兵缴械归诚，我军决不妄戮一人，且给以六月之饷养赡之。司铎复入城面将军。将军犹疑，不克即决。因满城官佐与士兵，各执己见，议论庞杂：有欲袭攻沙市，以扰民军之根据者；有欲深闭固守，以待援兵

之至者;有欲划界中立,不相侵犯,以取决于大局者。众议纷纭,莫衷一是。时已举国骚然,交通阻滞。警报迭传,莫辨真伪。和则恐干清廷失地之诛;守则又畏城亡杀戮之惨。忧患交煎,莫能自择。司铎再四游说,舌敝唇焦,终未能即答,将军乃以己之乘马,送司铎出。不料次日会商甫就,而事中变矣。

盖以十月十三日,民军捕获满兵密使三人,身畔搜得将军求援之信。民军大骇,知其伪和待援,非真降也,乃斩其使,而返函司铎,怒其调停之非诚。司铎得函,惊愕失色曰:"余素知华人多诈,不意其反覆如此也。"愤极而悲,乃致函将军,责其无信,并以搜获之原信与借乘之马,齐交南门守城兵士转致将军,与之决绝。然尚每日入城,向主祈祷。汉民之被锢城内者,几将绝食,无不泣求司铎拯拔之出。守城满兵,凡见司铎指挥将护者,即启钥放之,日二三百人,全活甚众。斯时危城坐困,道路隔绝,四面楚歌,悲笳达旦。满人男女老弱,思及覆巢之惨,日闭门相与号泣,偶见司铎闲行,则群起呼救,哀涕不已。司铎憨焉伤之,乃日日求主救此生民。晨钟甫动,经声琅琅,一水重城,与垣内震泣之声相徊应也,亦可悲矣。

十月十五日,湘军续到千余;鄂北招讨之兵,由汉而进襄阳者,亦绕道会攻。斯时,南北相继独立,川、陕既复,南京亦下,民军之取道荆州北上者,络绎于途。新募之卒,尤多枭悍,诞[涎]慕满人之富藏,必欲破城而后快;愚民之无知识者,亦拊掌而和排满之声,街谈巷议,意至得也;暴乱之徒,与满人有睚眦之愤者,亦复控函[讦]构煽,以梗其和议。

十月十六日,满兵以盐米告罄,乃潜出城外,至草市索之,民军侦知邀击,战斗逾时,满兵不支,败退入城。时满荆宜道吴筠孙,由宜逃归,不敢驻城,借保商为名,出防沙市。满兵恶其心怀叵测,蜂拥入署,洗掠一空。吴诉求司铎,司铎为之白于将军,悉追还之。清知府程道存、知县高振峦,皆汉人,将军恐其为内应也,羁留东城。一日厉声诘以有异志否,程惶极,乃以佩刀截其手指,以明无他;致血书于民军,力白满兵归诚之真实。

越日,程出城至红十字会,婉求司铎力出主持。司铎允之。

十月十九日,民军以和议迁延,出兵三路攻城,枪炮齐施,流弹蔽空而下,满兵匿堞内还击,不能命中,民军猛扑通宵,以天明收队。满兵哭声振天,竟有投环自溺者。都统恒龄,素负能军,至此亦知事无可为矣,号令不行,怨怒交集。恒自宜昌奔归,整军誓守,侦察严密,凡汉民稍涉嫌疑者,辄捕杀之,因之民军仇视益深,悬重金以购其头。恒知大事已去,乃持铳自杀,其效忠于清廷,可谓至矣。是日黎明,民军攻城之炮声甫息,将军饬弁出城,至红十字会求见司铎,谢罪输诚,吁求转圜。司铎慨然应之,立即致函民军,要求罢战。时民军司令长唐牺支已驻沙市。

二十一日夜,【唐】遣其参谋张飞鹏至御路口,邀司铎会议。司铎即往就之,磋商达旦,略得端倪。司铎告以满兵绝粮日久,势在必和。惟缴械一节,可稍展缓。军械捎于兵士之手,将军之号令不行,若迫之过急,恐生内变。最良之办法,莫如缴枪一支,给洋十元,自踊跃而易就绪,参谋应之。

次日午时,司铎于红十字会,约众司铎共商进行之策,宣布昨宵会议之结果,互谈良久。司铎声言曰:"此番战事,经余苦心之护持与诸君之赞助,已可冀和平解决矣。惟是时民军之要求,在速缴械;而满兵所犹疑未敢遽缴者,惟恐给降被诛。两方责任,余一身肩之。今余向民军力保满兵之无反侧,向满兵力保民军之不杀戮,事关重巨,未可轻忽,其中危疑,以身证之。余连日奔走战阵之间,有无数之流弹掠面摩肩而过,而未一触余身者,乃天主庇余以救荆人之厄难也。所患满兵智愚不齐,负隅自固,官无主权,兵无节制,死志既坚,性益狞恶。余入城之后,险夷未可测也。余月余悲愤填咽寝馈未遑者,实不忍见十余万生灵,于硝烟弹雨之中，罹血溅肉飞之惨，圣母鉴临，次[此]行愿舍身也。请以今日五时为约，若逾时不归，必罹于祸也。"众司铎凄然泪下，祷天主佑助之。司铎毅然即行至南关，满兵启城迎入。见男女老幼匐伏号啕，哀呼救命，环绕追随，途几为塞，司铎酸楚不已。入面将军，将军谢罪，力辨[辩]前失（密使求援之函件）。司铎弗与深诘，乃以民军允降之意告，促其速行缴械，备陈其中之利害得失，凡南北独立之消息，与共和政体之真谛，司铎知无不言，言无不尽，上白官佐，下及兵士，一一劝谕之，力任保全之责。

时已五下钟矣，付主教见司铎未返，恐及于难，遣使赍函问之，司铎答以无恙，事冗，未能即答。旋几经聚讼，几经问难，扰攘良久，始得议决。将军致书于民军司令长，定于二十二日实行缴械。书为司铎携出转致之。日影将设[没]，众司铎方于会所之后方，向城遥望，倏见司铎持函远至，乃悉拍掌赞贺曰：大功告竣矣。司铎出入两军，计议已定。

次日，复入满城，促其实行。众兵疑惧未释，互相观望，深恐给降之后，祸不旋踵，群欲缴械于天主堂，倚司铎庇护之，协领长龄衔将军之命请于司铎曰："和议虽定，缴械在即，万一不幸彼军反颜，二万生灵成齑粉矣。必也申之信誓，载之盟书，请双方各遣代表莅红十字会，公开谈判，立正式之条约，凭公取决而签字焉。"司铎诺之，为告于民军。

十月二十三日，民军唐司令检派代表李桂林、彭春膏，将军派代表长龄、果仁阿、松寿、肇祺，复请日本领事及税务司，共二十八人宴于红十字会所，议立和约七条，司铎主席保证之。

和议既成，遂于二十四日，投堂缴械。计先后缴出开花炮、快炮十八尊，枪四千余杆，子弹一千余箱，凡一切军装、马匹，尽数缴之。械既缴毕，乃责令于城楼遍竖白旗。将军允之，未即办。司铎恐延久别生异议，急以己之白布卧褥，假作白旗，径登南楼插之。满兵感甚，无敢违忤者。

旋有无赖汉民，匿名函报"满兵缴械未净，重新造刀，给民军入城，设伏坑陷"之语。民军大为所惑，嚣然莫靖，唐司令急面司铎，穷诘之。司铎答以"余体上天好生之德，行其不忍之心，济世利人是其本志。初不忍满兵死于非命，岂忍民军罹坑陷之惨乎。芸芸众庶，同是蒸民。奸人之言，君其勿听。无已，请偕行入城。设果入伏，可并命也"。乃与唐君牺支、喻君洪启携手步行。甫至城堙，见满人夹道争迎，欢颂交作，爆竹之声，不绝于耳。唐大喜，向司铎申谢曰："公真仁人。化此浩劫，非至德入人之深，乌得如是乎！"遂遍游街市，而至军署，取州籍、文卷焉。

此后，民军陆续入城，分途安扎：唐牺支驻巡道署，而设荆宜施鹤总司令部（旋编为第七师）；王正雅率湘军驻满城，设本部于旧将军署。清将军连魁、右都统松鹤，退让衙署后，匪特栖身无地，且不堪其扰。司铎乃延彼暂住堂内，为之代请司令部发给护照，俾得安全北归。摄荆州府知事者，为李亚东，系汉阳战败沿汉入川者。

湖北省博物馆编《武昌起义档案资料续编》，中国文史出版社 1991 年版，第 130～136 页

《十月二十三日两军各派代表在红十字会所订立正式之条约》：

一、缴军械、军火及一切关于军事之军用品。二、荆州城内，汉、满人民均须遵守军政府法律，同享自由权利。三、全城生命财产，不分汉、满，本部一律保护。四、驻防原有公田、公产，一律没收。五、凡缴完全快枪一支，给银洋十元。六、凡旗民最贫苦者，本部发给恩饷六个月，以资谋生。七、凡开各种学堂，无论汉、满子弟，均一律投考。

右列七条，彼此均须确守；如异日大总统认可，继续履行。中华民国军政府鄂军分司令部司令长唐牺之[支]、将军代表长龄、果仁阿、松寿、肇祺，黄帝纪元四千六百有八[九]年十月二十三日签。

《驻防清军与民军议和条件》。湖北省博物馆编《武昌起义档案资料续编》，中国文史出版社 1991 年版，第 145 页

《唐牺支呈报副总统攻荆州降荆情形文》:

窃牺支遣兵攻荆,由管带官欧阳超占据江口万城,邓金标占据八里山,喻统带占领沙市各情形,前已禀报在案。欧阳超占据万城后,旋即迅占离城三十里之梅花桥,与邓管带金标互为声援。初六日午前六钟,满兵五路突至,约三千余人。欧率一营兵士死力攻击,邓复合力并攻,大获全胜。随即进占离城七里之贝子桥,而满兵仍占据正东离城二里之草市。十六日夜,遣喻统带率领各营队向南门开炮轰击,并命沈参谋督率邓金标、欧阳超二营合攻西门,张参谋会同王正雅统带之湘军径至北门,使用云梯及布袋实土为登城之计。奈满军防守甚严,城郭坚固,终属无效。但彼粮道断绝,不能久持,因于二十日早晨,伪将军连魁、都统松鹤即函请法国马司铎、日本领事致意乞降。牺支仰体宪台招纳真诚之至意,未便固执不允。只以先缴军械一事与马司铎往返磋商,至二十三日始在马司铎教堂受降,限定四日将枪械一律缴齐,迎军献城。降约电呈。惟人心叵测,不能保无他变,连日仍令军士加意戒严。此攻荆降荆之大概情况也。其指挥出力员弁,待后详细汇呈,以凭核奖。惟降约内有保护财产及发给恩饷两款,揆之荆宜财政,实难筹发。拟于满人特别殷实之家,提出经费,设立工厂,俾贫寒满人进厂工作,以资谋生。并由司令部出具股票,以作发给恩饷之资。庶几款有由出,经济不致为难;言行相符,信用不致有失。可否准照之处,理合缕情申报都督,伏乞察核施行。

李一《荆宜施鹤光复记》。中国史学会主编《中国近代史资料丛刊·辛亥革命》(5),上海人民出版社1957年版,第270~271页

《宣统三年十二月初十日荆州将军连魁等致内阁袁世凯函》:

连魁等忝镇荆州,奉职无状。自鄂省变起,长江各省响应,荆州孤悬,饷竭兵单,子弹缺乏,万分危急,迭经飞电专折请援。乃于十月初二日民军分四路来攻,当饬各路防兵,分途竭力抵御。一面以九月初九日至十八日迭次恩旨,向该军宣布,劝其息兵,俾免生灵涂炭,未能遵从。旋即于万城、秘师桥、草市等处血战三次。无如敌势太猛,兵力不支,初六、初七日万城、沙市、草市相继被踞,嗣经退入城中,坚守待援。从此交通断绝,米盐粮食均无接济,饷项又经告竭,敌军尤不时攻袭。至十九日,敌军复大队来攻,当集合各营,背城大战,经一昼夜未分胜败。奈子弹用罄,兵心恐慌,全城震动,仍以土枪土炮守御。司令长署副都统恒龄见势不支,于二十日自戕殉难。虽经极力镇抚,而人心涣散,已属无济,勉力支持至二十七日,城池业已失守,连魁等即退居天主堂医院暂避。其时邮电均不能通,沿途搜查尤严。于二十八日专差设法北上奏报,能否抵京,尚难逆料。当攻城危急之时,有比国教士田国庆、马修德,沙市税务司英人葛云森,仰体朝廷不忍生灵涂炭之至意,与该民军首领交涉,约定全城满汉生命财产一律保护。故该军入城以后,满汉数万生灵均未遭蹂躏,商民财产亦无损失,地方幸未致糜烂。

军机处函件档。中国史学会主编《中国近代史资料丛刊·辛亥革命》(5),上海人民出版社1957年版,第327~328页

△ **李根源入驻大理,节制滇西军政,调解腾榆之争。**

周钟岳《惺庵日记》:

滇军反正之前,腾越张文光、刀安仁等,亦先于九月初六日在腾越起兵,宣布独立。然兵匪混淆,军无纪律,而文光、安仁皆称都督,角立争权。张部下陈云龙称都指挥,率兵自永昌东窜,进窥大理,时大理得省电,已赞成反正,并挽留赵介庵先生在榆维持秩序,保卫地方,乃陈云龙兵分略永平、顺宁、漾濞,榆绅屡电阻止,而陈肆意要求,辞益不逊。蔡公得榆电,遂命迎头痛击,大败之,陈遁回。而腾永之在省者,益嗛赵介庵先生,腾永亦举代表电省,请联合。

军府乃派军政部总长李根源，率兵前往，相机办理。根源至榆，腾永代表亦到，根源乃与会定息兵，并偕赵介庵先生赴腾，办理善后，解散冗兵，蠲除苛派，整顿吏治，歼除叛兵，腾永之事遂平。根源乃请解兵柄，赵介庵先生亦辞迤西巡按使职，请回籍养亲。

谢本书等编《云南辛亥革命资料》，云南人民出版社1981年版，第225页

曹之骐《腾越光复纪略》：

永昌为腾榆间一重镇，城中虽定，四境盗贼蜂起，不可无人震[镇]摄，始以彭蓂为永昌军统领，兼管民政。出大理之军，以陈云龙为都指挥。云龙庸妄骄张，治军无纪，又信任钱泰丰、刘竹云、张文焕、杜文里等，增兵至二十余营。钱起兵卒，刘张杜则出哥老会，一时杂沓并进，各自号一军，无所统纪，后之糜饷扰民，阻兵肇乱，几几不可收拾，实基于此。

九月初九日，陆军第三十七协统领蔡锷，讲武堂总办李根源等举兵省会，总督李经羲逃，镇统钟麟同伏诛。蔡锷为正司令，李根源为副司令。十二日电至永昌，戍永陆军教练官郭龄昌匿不发表，且与罗长庚积不相能，径率所部返榆，渡澜沧江，毁桥梁，断电线。故彭蓂军入永，第知省垣光复，而榆永之间，交通中断，反正与否，未得其实。陈云龙率兵东下，至澜沧江修桥既成，兵始得渡，时已九月二十六日。二十九日抵曲洞，永平县知县蒋树本乞降，云龙任之为总参谋，兵事愈坏。是时迤西巡按使赵藩，大理陆军协统曲同丰，闻报乃电来告以大理反正，无启兵端。而省中亦连电来，谓大理已定，省中兵力甚厚，腾军勿庸东出，宜速率队返永昌，以守腾永诸郡，一切饷需，省中愿为担任。文光得电，亦命云龙驻师永平，听候与省协议，不可冒昧前进。而云龙专信蒋树本之言，必欲入榆，遂不受命。方云龙所部，亦不听云龙令，纷纷东下。树本复请自效，率永平无赖千人，径取蒙化。云龙至漾濞，先锋队刘竹云已抵平坡，所至骚扰，十室九空。大理始举代表周霞、马骥，至合江会云龙军，谓必欲入榆，请单骑以进，复邀腾军以代表数人入榆协商。而腾代表至榆之日，蒙化已为蒋树本夺取，大肆烧杀。榆军闻警，遂以兵出合江迎战，至四十里桥，与陈云龙军遇，战于合江、平坡、漾濞间者三日，陈军死三百余人，大败而奔，始收军于太平铺。蒋树本亦为蒙化乡兵所败，战衅既启，腾永皇皇。榆军是时又会有军官相杀，协统曲同丰出走事，兵心骄恣，城中亦骚然不靖矣。

先是省中得报，乃推军政部总长李根源为陆军第二师师长，兼迤西国民军总司令，节制文武官吏，专任西事。根源首电文光，激以大义，亟弭兵争。文光及诸路军队、各地方绅民，复电极表欢迎。根源，腾越人，素负乡邦之望，文光亦敬慕之。彭蓂、李学诗、刘得胜等，又皆其门人，故闻其来，群知西事易于和解也。途次，电文光亟将陈云龙撤回。文光乃命马登瀛、和朝选星夜至陈军，说云龙退师永昌，于是永平以东无腾军矣。根源既任西事，民心渐安，惟抵腾犹未有期。陈云龙、刘竹云等旋军腾永，骄蹇自恣，兵众至二三万人，民间一日数惊，文光心忧之而不能制裁。幸得永昌彭蓂、方涵，腾越杜云山、郎保泰及士林队各营，阴为维持，得不哗变。然转饷已不济，不得不本革命方略，按户籍捐派。自举兵至终事，民间输助，盖数十万，财用不足，又发纸票，名军用票者是也。

十月二十七日根源至榆，文光派代表张文运（文光胞兄）、张鑅安、林春华、李治、杨毓铣、和朝选、曹之骐、杨发锐、刘品三等九人，赴榆欢迎，并讲善后事宜。根源提出九事：

（一）裁汰兵勇，除顺宁李学诗，云龙州刘得胜两军另行办理外，腾永只留七营，其被裁之军纳及恩饷，均由省城担任。

（二）停止捐派。

（三）设官置吏，军队不准干预地方政治。

（四）所有腾军收入用出之款，须逐款胪列，通告全省父老周知。

(五)军用票即日停发;其已发出者限期收回,收回之款,由省城担任。

(六)禁运海盐入境。

(七)将刘竹云、张文焕、杜文里、王元等交案审讯酌办。

(八)除留七营外,所有裁撤各员弁,饬其到省听候委用,或随师司令部差遣。

(九)腾永人士公推多人,到省城都督府各部各司等处,共同办理一切庶政。

(附件)除会议专条外,该裁留七营之饷糈,并奖赏费,与懋赏在事出力人员,均由省城担任云云。代表电腾,文光覆电,一一承诺;并电榆坚请根源到腾,一切受约束惟谨。根源电省请授文光协都督,腾永顺各军,归其统辖。并委彭蓂、李学诗等为诸路统领。又任张鏊安、李治、林春华、张文运、张映宝等以府县知事。事粗定,乃以十一月二十八日自榆出发。时南京政府已成立,临时大总统孙文已就职,宣布改用阳历,腾军行庆祝式,四境欢呼,有除旧布新之象焉。中华民国元年二月一日根源至腾越,首下令停捐派,裁兵三十余营,改腾越厅为腾越府,简任官吏,整饬自治,收军用票,清财政,置张文焕等于法,升奖军官之光复出力,及能保宁地方者。

李根源辑《永昌府文征》卷二十七。中国史学会主编《中国近代史资料丛刊·辛亥革命》(6),上海人民出版社1957年版,第234~237页

《蔡锷致赵藩、孙绍骞、彭蓂、张文光等电》:

彭君蓂支电悉。腾越举义,永、顺先后收复,地方安谧,省中早有所闻。拟联络一气,商办善后之策,曾屡电陈云龙,告以省事大定,榆军暨迤西各境悉属同志。腾、永为西防重地,急宜慰抚百姓,辑睦外交,请速返,勿来东等语。乃陈云龙不惟不听,反恃众挑衅,致电本都督府,声言率队入关,分三路进发。并以悖谬之条件,要约榆军,谓不认省派官吏,令榆军封缴军械,另候陈云龙编制,令陆、防官兵不带军械出关迎接,全省各州、县,陈云龙均要亲巡一周。此等要约,实属居心叵测,狂妄已极,且连日分队窜扰蒙化、缅宁、云龙一带,直欲残破已复之完城,扰乱守法之军队。并与永平县蒋树本狼狈为虐。日昨腾、永绅民来省诉称:陈兵抢掠肆扰,情同草寇。又迤西机关部电称:派委代表前经[往]理喻,并被拘。留此而不诛,何以安民心而杜隐患。已饬榆军迎头痛剿,【以】绝根株。初五日合江之战,擒斩匪党三百余人,夺获枪弹多件。该陈云龙经此败窜,诚恐四窜滋扰,为地方之害。且据腾、永人均谓陈本系积年巨匪,尤易勾结为患。特悬赏格,有能拿获陈云龙、蒋树本者,每名给银三千两,由大理赵巡按使查实发给。其余人输诚,概予赦免,希各出示晓谕。彭君来电,西防编为二十余营,有兵无械,耗饷无益,请计算枪械之数,酌定留数营,余悉妥为遣散。彭、张二君素明大义,必能使迤西一带安堵不惊,事定论功,当可预决。李总长印泉不日赴西,到时更易接洽。都督府。鱼。印。

《民立报》,1911年12月23日。曾业英编《蔡松坡集》,上海人民出版社1984年版,第91~92页

《1911年12月4日代领事史密斯致朱尔典爵士函》:

张文光的野心是谋求掌握前清护西道台拥有的全部权力,外加军事统帅权,而不满足于跟在大理府后面追随共和派,他提出要在大理及腾越建立他的政权。然而,大理军队的将领似乎对此事持不同的看法,并拒绝腾越来的军队入境。如果来自内地的报告可信的话,那么其结果是在一场散兵战中,腾越一方有许多人被打死,并已要求增派援军,但据我所调查,没有派去援军。李根源已去大理,试图用和平方法解决。

张文光追随共和事业的诚意是大可怀疑的,不仅像李将军这样的人,还有其他人都以不友好的眼光看待他。毫无疑问,刁[刀]安仁和李汉兴准备去湖北的目的之一,就是告发张

氏。我最近也从八莫获得情报，在事件发生不久，革命党就派一些密使访问腾越，目前已经离去，他们的意图也不保密，只是劝革命司令部不要把武器和钱交给他。但其劝告已为时稍晚，这两样都已交给了他，钱进了腰包和张文光在城外的乡村别墅的开工很奇妙地吻合了。

国家清史编纂委员会文献丛刊《辛亥革命史资料新编》第8卷，湖北人民出版社2006年版，第172～173页

12月18日（十月二十八日） 南北议和代表伍廷芳、唐绍仪在上海英租界市政厅首次开议，提交议和大纲，讨论停战问题。

《上海陈都督电》：

清使唐绍仪与民军代表伍廷芳，于本日下午三时开正式谈判于上海南京路之市政厅。彼此验看文凭，交换意见。伍廷芳之参赞与会者，为温宗尧、王宠惠、汪兆铭；唐绍仪之参赞与会者，为杨士琦。于是伍廷芳全权代表，提出民军议和条件四项：一、废除满洲政府；二、建立共和政府；三、优给清帝岁俸；四、优恤年老贫苦之满人。又议决，陕西、山西、湖北、安徽、山东、奉天、江苏七省，一律停战。

张国淦《辛亥革命史料》，龙门联合书局1958年版，第290页

《十月二十九日黎元洪致南京各省代表电》：

今晨得沪都督密电：沁日伍唐开正式谈判，议决秦、晋、鄂、皖、鲁、奉天、江苏七省一律停战。余未提议等语。特闻。

易国幹、宗彝、陈邦镇辑《黎副总统政书》第2卷，上海古今图书局1915年版，第18页

《第一次会议录》：

十月二十八日午后二时半，民国总代表伍廷芳，中央军政府代表王正廷，民国总代表参赞温宗尧、王宠惠、汪兆铭、钮永建与袁内阁全权代表唐绍仪及其随员欧赓祥、许鼎霖、冯懿同、赵椿年在议事厅相会，先由两代表换验文凭毕。

伍总代表言：今日未开议以前，有一事先提出解决，两方定约于十九日起一律停战，而日来迭接山西、陕西、安徽、山东等处报告，知清兵已入境攻战，似此违约，何能议和。故今所当先解决者，须请贵代表电致袁内阁饬令各处一律停战。山西方面不得由娘子关及大同进兵，陕西方面不得由河南及甘肃进兵，安徽方面不得由河南及他处进兵。其余各省亦须一律停战。且清军于停战期内所攻取之地，均须悉行退出，请贵代表以此意电致袁内阁，得确实承诺回电后，始可开议。

唐使言：致袁内阁电，今日即发，惟贵代表亦须电致各处实行停战，我到汉后晤武昌外交长胡瑛君，曾诘问山西清兵何以于停战期内擅行开仗攻取娘子关，我曾即电询袁内阁，据其回电，声明是山西革命军先行开仗。

伍代表言：据此处消息是山西清军先行开仗。

唐使言：我等均非军人，且战地甚远，若调查两方谁先开仗恐耽误时日，不如今日即发电致袁内阁，请其饬各军一律实行停战。贵处亦即发电致山西陕西等处知会停战。

伍代表言：谁先开仗虽费调查，惟有一办法，凡停战期内违约进占之地点，应饬清军先行退还，如娘子关、潼关等处是最著者，此外地点尚多，应悉退出，以符初意。

唐使言：如是则贵处所违约进占之地亦应一律退出，据我所闻民军于停战期内占地不少，如江西之兵占取黄陂等处皆是。如清军退出所占各地点，民军亦应照办，方为公道。

伍代表言：民军于停战期内违约进占之地，共有几处，请即开示。

唐使言：尚须调查，清军于停战期内违约进占之地点若干，亦请开示。

伍代表言:亦须调查,但战地远近参差不一,调查甚费时日,今应先请贵代表电致袁内阁须实行停战,方可议和。

唐使言:照办。惟陕西民军,贵处亦应知会停战。

伍代表言:因电报不通,只得托贵代表转电袁内阁,嘱其代传发往山、陕之电报。

唐使言:照办。皖北等处,敝处电报不通,亦请贵代表代传。

伍代表言:可以照办。

两方即拟电报。伍代表电报两份,一致黎副元帅,二致山陕两军政府都督。唐使电报一份,致袁内阁。彼此将电稿互换阅看毕。

唐使言:山东何必加入,彼处并无战事也。

伍代表言:山东已经宣告独立矣。

唐使言:独立之后,又已取消矣。

伍代表言:所谓取消,不过孙宝琦一人之私言,并非山东全体人民之意,现山东人民不认取消,贵处不得派兵相压,且烟台独立,天下共知,尤不得派兵攻取。

唐使言:东三省何以亦加入?

伍代表言:东三省已有关东都督蓝天蔚,奉军政府命起义。

唐使言:并无所闻,以我所知,只辽阳等处,有日本人放炸弹而已。

伍代表言:此与日本人放炸弹事无涉,乃蓝都督起义之师也。

唐使言:此事并无所闻,且东三省范围太广,只专指辽阳何如?

伍代表言:不止辽阳。

唐使言:此事难以照办。

伍代表言:将东三省改为奉天何如?

唐使言:奉天现并无事。

伍代表言:我等亦无他意,不过确知奉天等处有党人起事,今各处一律停战,而独遗奉天,无以对奉天诸同志,故须加入此语,于清廷无碍,何必固争,若并此不允,是无希望和平解决之意也。

唐使言:可以照办。

伍代表言:所谓实行停战者,两方军队均不得进攻,故电文中不得进攻一语,最要留意。

唐使言:今日即电致袁内阁。

伍代表言:山、陕等处电报托贵处代传,我等候贵处得袁内阁确实承诺回电后,即电致黎大都督,再行开议。

唐使言:贵处各军队果能一律遵守停战条约否?

伍代表言:已起义之省分,可以为一致之行动,若未起义之省分,有自行发起者,则非所能知。

唐使言:须由军政府电知各省谘议局,不得暴动。

伍代表言:未起义之省分,无从知会,因未起义之省分,若有抱革命思想者自由发起,固非此处所能约束也。

唐使言:其实停战不如罢战。

伍代表言:安能必和议之成?

唐使言:敢决其必成,因尔我皆人民也。

伍代表言:尔若照汉人思想,可以必成,若存清官思想,则不敢必。

观渡庐《共和关键录》第1编,文海出版社有限公司1989年版,第5~9页

△ **党人耿世昌举义于直隶任邱。**

胡鄂公《辛亥革命北方实录》：

是日，直隶义师五百余人，独立于任邱，耿世昌任指挥，分其部为六大队，而以冯杰、戴国栋、李启明、郑玉成、罗子云、刘长雄等六人为队长。拂晓，以三路进攻，该地驻军响应，遂将任邱城占领。……是日，我任邱革命军出城进攻淮军于城郊，指挥耿世昌、队长冯杰、戴国栋、李启明、郑玉成、罗子云、刘长雄等，身先士卒，斩首数十，敌军后退，我军截获军需粮秣无算。会总督陈夔龙赶调重兵至，与淮军前后夹击我军，我军不支，遂退守雄县。……（十一月初一日）是日清军围攻我雄县革命军，我革命军守御严，清军屡攻不得入。迨下午，清军复以大炮猛轰，城陷，我军遂失败。耿世昌、冯杰、戴国栋、李启明、郑玉成、罗子云、刘长雄及士兵诸同志，死难者百余人。

胡鄂公《辛亥革命北方实录》。沈云龙主编《近代中国史料丛刊》，文海出版社，第97～98页

△ **清军攻克宁夏府城。**

《宣统三年十一月十七日陕甘总督长庚致内阁请代奏电》：

前宁夏失守，派总兵马安良以拔陕之军改援宁夏，业经电奏在案。嗣因陕西匪党西进，东路吃紧，仅该军帮统循化营参将马麒，暨分统马政监游击马占奎等，带领马步七营旂赴宁剿办，该镇则带七营旂开赴东路援陕。兹据该帮统马麒等禀称：队于十月二十四日攻破叶升堡，毙匪二十余人。二十六日进驻阳和堡，探悉匪众数千围攻满城正紧。当即定议分两路进剿，先援满城，并留大队在后策应。二十七日行抵满城西南丰盈堡，该贼大股由满城折向我军迎拒，经管带前营步队都司马麟率所部奋力迎击，该逆拚命抵御，炮弹如雨，又经管带右旂马队参将马永祥带领马队夹战，约两时之久，炮毙逆匪多名，匪势不支，窜回省城。是日满城立解城围。二十八日，乘胜进攻府城。适署宁夏镇张绍先亦于是日由宁灵带队来援，遂即面商机宜。该帮统等当率马步各队进抵府城，并力督攻。一面用炮轰击，一面察看地势，该城西北附有积沙，当选得力弁兵由西北角攀缘登堞，逾城而入，遂开西门，大队拥进，立将城克复。毙统领唐纪芳及匪徒三四百名，夺获军械甚多，搜出伪关防十颗。伪总兵刘华堂于兵击之时闻已潜逃平罗。其兄伪统领刘福太暨伪营官黄连升、宋得霖等，均于二十九日会同张绍先一律搜获正法。

宫中电报档。中国史学会主编《中国近代史资料丛刊·辛亥革命》(6)，上海人民出版社1957年版，第118～119页

△ **日本照会美国，提议实行君主立宪，并由列强担任保障。**

《日本驻美代办照会美国国务卿文》：

中国情形益坏，清廷权力已等于零；而革党亦派别分歧，并无真正领袖，如任其继续发展，不但影响商务，恐其爆发类拳乱之排外举动。加以本年洪水为灾，饥民溃兵交相为乱，在此情况之下，革党绝对无力维持占领区域，中国今日正当选择帝制或共和之歧路。依日政府意见，采用共和制度，实极困难；即使实行，亦难信中国人能运用之。另一方面则清廷无能，已无可讳言，则其恢复威权，统治国家一如旧制，实际已不可能。因此适应中国现状之最善方法，应建立一名义上清廷政权之中国统治，一方尊重中国人民权利，一方限制清廷独裁权利，并消除共和空想，制定宪法，由皇帝矢誓遵守。如此日政府以为应劝告双方，定立条件：一方使清廷接受上提原则，并认以此为维持政权之善策；一面使革党了解建设共和，不合实

际,且得危及中国生存及人民自身福利,必须维持现在朝廷,并尊重人民地位,交由主要列强保障。

杨玉如编《辛亥革命先著记》,科学出版社1958年版,第241页

12月19日(十月二十九日) 张謇正式就任江苏两淮盐政总理,在南京设总务部。

《张謇日记》:

二十五日夜半,程都督与汤、陈同至宁,为调和诸军,组织政府。二十七日至江宁,知客军纷扰,居民大恐,程都督复欲去沪。唐专使以是日至沪。二十八日程去沪,闻程悲愤之言,马相伯、徐固卿亦述种种危象。二十九日,欲江宁之回复秩序须设置民事,欲设置民事须客军出发,欲出发客军须财政先得数十万。财政之大者在盐,为乡里计,不得不任盐事。是日正式担任治盐,分标本二法:标则军政府卖盐而给还商本及息,本则实行设场聚制,就场征税。

张謇研究中心、南通市图书馆编《张謇全集·张謇日记》,江苏古籍出版社1994年版,第661~662页

《十月二十七日黎元洪致南京程都督电》:

两淮盐政举张君季直为总理,并所筹设局运销剔提各节,仰见荩筹,敝处极表同情。望所派委员早到,以便实行而纾军费。

易国幹、宗彝、陈邦镇辑《黎副总统政书》第2卷,上海古今图书局1915年版,第14页

《十月三十日张謇致黎元洪电》:

謇承公推为江苏两淮盐政,于南京地方设立总务部,本日任事,所用关防,文曰:江苏两淮盐政总理关防。特闻。

易国幹、宗彝、陈邦镇辑《黎副总统政书》第2卷,上海古今图书局1915年版,第14页

△ 张勋违约进兵南宿州。

《民立报》:

张勋违约由徐州强行开车,载兵南下,已抵南宿州,柏统制以张贼首约先破,派一支队出发赴临淮,预备迎敌,仍电伍外交长向唐诘责。

顷得最确实报告:北敌今日强开火车,行抵南宿州。查停战期内,两军均不进兵。兹北虏破约,大违公理,请转达伍外交长向唐诘责。

《民立报》,1911年12月21日,第2页,专电

12月20日(十一月初一日) 唐绍仪、伍廷芳等第二次开会,决定续行停战7日。

《十一月初一日伍廷芳致黎元洪电》:

今日午后三时,与唐使开议,因停战期限将满,各事均未开议,且武昌原订停战规则,秦、晋、蜀另有专章,今则皆包括在内,故议定续停战规则云:停战原定至十一月初五日止,续议停战七日,自十一月初五日早八时起,至十一月十三日早八时止,期内两军于各省现在用兵地方,一律停止进攻。再廷芳今日提议,谓今日人心倾向共和,若非承认共和,别无议和之法。唐使谓欲和平解决,非共和不可,但须电报袁内阁,再行通知会议。特此电闻。

易国幹、宗彝、陈邦镇辑《黎副总统政书》第3卷,上海古今图书局1915年版,第7~8页

《第二次会议记录》(十一月初一日):

伍代表与唐使彼此互换所得之报告,知停战期内,彼此均有违约进攻之事。

唐云:已发电至袁内阁,禁止此等违约进攻之事。

伍云:甚好,此处亦电致中央军政府,饬各处一律停战矣。

唐云:今为时无几,宜续停战。

伍云:君意约须若干日?

唐云:续停战十五日。

伍云:未免太长,宜续停七日。

唐云:原定停战条约内,按兵不动四字,语意含糊,易启争端。盖停战乃停止进攻之意,若于内地,为军事上之调遣,固无不可。例如广东运兵至上海,山海关运兵至北京,均为军事上之调遣,于停战条约并无违犯也。故按兵不动四字,范围太泛。

伍言:所谓停战者,彼此均驻于现在之地,不得进攻。

唐言:今日六国领事来访,交阅公使来函,我已致谢,可否共同回覆。

伍言:今日六国领事亦来,我已面达,不必回复。

唐言:若君处不覆,则我亦可不覆;我言,此为一家之事,尽可和平了结,无烦忧虑,盛意深感,至于覆函与否,须与君商,君既不覆,则我亦不覆矣。今到上海,凡外人新闻纸访事,来采消息,悉皆谢绝不见,免致因误会之故,而伤彼此之感情。

伍言:今应续拟停战规条。

唐言:请拟条文。

于是伍总代表暨各参赞拟定规条,唐使签字承诺,两方各拟电稿。

伍言:山东清兵,又欲进攻烟台,且山东又有拘捕党人之事,应如何处置?

唐言:已得袁电示,革命党人被拘捕者,已饬山东巡抚查明释放。至进攻山东之清兵,应电知袁内阁,命其停止进攻。

唐言:续停战条约,已经议定,请提出议案。

伍言:请先提出议案。

唐言:现时民军主张共和立宪,应如何办法?

伍言:民军主张共和立宪,君如有意,愿为同一之行动。

唐言:愿听。

伍言:我初亦以为中国应君主立宪,共和立宪尚未及时。惟今中国情形,与前大异,今日中国人之程度,可以为共和民主矣,人心如此,不独留学生为然,即如老师宿儒,素以顽固称者,亦众口一词,问其原因,则言可以立宪,即可以共和,所差者,只选举大总统耳。今各省谘议局、北京资政院,皆已由民选,则选举大总统何难之有,我甚以此说为然。今时局变迁,清廷君主专制二百余年,今日何以必须保存君位,且清帝本非中国之人,攘君位已二百余年,使中国败坏至于如此。譬如:银行总办任事十余年,败坏信用,尚须辞职,况于国家乎。中国之可收拾,人所同知,立宪云云,皆涂饰耳目之事。如何整顿?为今之计,中国必须民主,由百姓公举大总统,重新缔造,我意以此说为确不可易。今日尔我所争者,一国之事,非一民族、一省、一县之事,且改为民主,于满洲人甚有利益,不过须令君主逊位,其它满人,皆可优待,皇位尤然。现时规制,满人株守京师,无贸易之自由,改革之后,满人与汉人必无歧视,将来满人亦可被举为大总统,是满人何损而必保存君位。故此次改革,必须完全成为民主,不可如庚子拳匪之役,为有名无实之改革也。今日代表各位,皆系汉人,应赞成此议,不独望各位赞成此议,且望袁氏亦赞成也。不然流血愈多,于人道何忍。今日各国领事,已奉其国家之命,欲和平了结,然则中国之人有人心者,当求从速解决之法也。

唐言:共和立宪,我等由北京来者,无反对之意向。

伍言:甚善。

唐言:但此为同胞之事,今日若无清廷,即可实行,既有清廷,则我等欲为共和立宪,必须完全无缺之共和立宪,方为妥善。黄兴有电致袁内阁云,若能赞成共和,必可举为总统。此电由汪君转杨度代达袁氏。袁氏谓:此事我不能为,应让黄兴为之。是袁氏亦赞成,不过不能出口耳。共和立宪,万众一心,我等汉人,无不赞成,不过宜筹一善法,使和平解决,免致清廷横生阻力。且我共和思想,尚早于君,因我在美国留学,素受共和思想故也。今所议者,非反对共和宗旨,但求和平达到之办法而已,请示办法。

伍言:今日已言及此,则我等最注意者,宜使中国完全无缺,不为外人瓜分。皇室之待遇,旗兵之安置,自有善法,前此汤、程、张各都督与我,已有电致摄政王,只请逊位,其余一切优待。总之,君既赞成共和,则我等所求者息事后之和平办法而已。盖承认共和,则一切办法,皆可商量。

唐言:对于满洲如此矣,对于蒙回藏何如?

伍言:等于各行省,若程度不足,则暂如美国初立国时,对于十三省以外之新地,设总督治之,决不授之外人,若外国人干涉时,必以全力抵之。

唐言:我闻人言十八省将尽逐满人。

伍言:决无其事,我等非恨满人,不欲其为政治上之阻力耳。

唐言:今日君之所言我甚愿听,但君须予我以时间,俾我得劝解彼等。劝解若成,可用和平办法,我等之幸也。

伍言:予君以多少时间?

唐言:既予我以七日停战之期,则可以用劝解之法,使和平解决。

伍言:君为袁氏全权代表,则可全权办理。

唐言:我不能不将此意达诸政府,全权大臣之责,务当如是也。

伍言:袁氏宗旨如何?

唐言:欲和平解决。

伍言:对于民主共和之宗旨如何?

唐言:和平解决四字,可以包括之,我为全权大臣,当有权也。

伍言:君先问我,我已答矣,君之意如何,能以告我否?

唐言:我必将君意代达,我以为国人皆希望共和,必须徇众。

伍言:君以为我等主义可行否?

唐言:我心以为然。

伍言:有希望否?

唐言:有希望。

伍言:为时无多,宜早解决矣,我不欲多拖延时日也。

唐言:自然。

伍言:君意如何,能以告我否?

唐言:昨夜见黄兴,当以告君:自武昌起事之后,我曾拟一折,请国民大会决定君主民主问题,服从多数之取决,清廷不允。现时我尚持此宗旨。盖此办法,对于袁氏非此法不行也。其军队必如此,乃可解散,开国会之后,必为民主,而又和平解决,使清廷易于下台,袁氏易于转移,军队易于收束。窃以为和平解决之法,无逮于此也。

伍言:清廷不允矣。

唐言:我宗旨尚如是。

伍言:今各省既皆言共和矣,可谓众矣。

唐言:尚有数省,服从于清政府权力之下也。

伍言:君言从多数取决,今已可谓多数矣,尚不能决乎?

唐言:君若不以为然,请别示办法。

伍言:若有一二人不以为然,则如何?

唐言:此必不能。由各省谘议局派代表【到】此。

伍言:各代表已至南京会议,决共和矣。

唐言:此一定办法,我意以为未独立之省分,亦须到矣。

伍言:直隶、河北、东三省、甘肃等处,已派代表矣。

唐言:彼等有发言之权,无决断实行主权,今若开国民大会,则不宜对于此等代表而为交涉,当对于管辖此数省之人而为交涉也。

伍言:今各省人心,皆倾向共和,只甘肃未派人来耳,宜以多数为准。

唐言:尚有东三省。

伍言:奉天已有人来矣。

唐言:彼无决断之权。

伍言:设耽搁时日如何?

唐言:二十二省之人,皆已在上海矣,不致耽搁时日也,我等不能不顾虑东三省。

伍言:东三省已有人来矣。

唐言:彼等无决断之权,只以个人资格来耳。

伍言:彼等皆本省谘议局之人也。

唐言:我见严修,闻直隶派谷钟秀来此,非全省公举,乃天津谘议局所公举耳。彼无决断之权,以理想言而已,该省既未独立,则所谓代表者,无决断之权,彼省人民,未尝受民国之命令,而受清廷之命令也。

伍言:彼此皆同胞,彼不过为势力所压耳,非不欲共和也。今万众齐心,古所未有,可以观国民多数之心理矣。今日主事,以从速解决为主,各省代表,望此决断,宜以速定为佳,若迟恐另起风波。

唐言:此语吾意大以为然,我之意欲和平解决,非共和政体不可,我将以此语告知袁氏,我今将以电致袁氏,如何再电告。

伍言:人心甚盼,望速解决,故宜先示。

唐言:诚然。

观渡庐《共和关键录》第 1 编,文海出版社有限公司 1989 年版,第 9~16 页

△ 黄兴委派顾忠琛与北方秘密代表廖宇春秘商,达成五条和约。

《黄兴手谕》:

兹委任顾忠琛君与廖宇春君商订一切。十一月初一。黄兴。

据廖少游《新中国武装和平解决记》及《黄克强先生书翰墨迹》,湖南省社科院编《黄兴集》,中华书局1981年版,第96页

廖宇春《新中国武装和平解决记》:

十一月初一日。顾君暨诸同志,复来会晤。顾君曰,黄元帅与程都督均极赞成廖君之手

续,可以保全中国,并可以消释两军已往之嫌,善莫大焉。元帅且云:前次各省推举某为临时总统,某所以坚辞不受者,正虚此席以待项城耳。前黄公致汪精卫书,颇主推袁。余曰,见之。言次当以黄元帅之委任状付余,余受而藏之,乃与夏君提出四款,请众讨论,今述其条文如下:

(一)优待皇室。(二)组织共和政体,公举袁项城为大总统。(三)优待满汉两方面之将士,并不负战时害敌之责任。(四)开临时国会,恢复各省秩序。

顾君与众人讨论再四,决议袁项城一层,无须明言,改为五条如下:

(一)确定共和政体。(二)优待清帝。(三)先推覆清政府者为大总统。(四)南北满汉出力将士,各享其应得之优待,并不负战时害敌之责任。(五)同时组织临时议会,恢复各省秩序。

以上条件各书一纸。与顾君彼此签名画押、互换,欣然而别。一切未竟事宜,则托夏君留沪办理。是日致汉口军司令部靳参议一电。其文曰:"春、贻到申提议各条,黄、程二公均极赞成,请即如约实行。春即北旋,贻留申,春、贻同叩。"发电后,余即乘沪宁火车启行。午后一时开驶,七时半抵宁,寓万华楼,民军监察甚严。一夕无眠。

原书由陆军编译局1912年刊印。中国社科院近代史研究所、近代史资料编辑组编《近代史资料专刊·辛亥革命资料类编》,中国社会科学出版社1981年版,第306页

夏清贻《运动北军反正记》:

条件即定,少游返汉,留仆驻沪为两方之机关。自少游既行,随将此策达知诸同志之在南中政界者,俾当事诸君得为备一,一面通知翼青、文池促其从速进行。嗣后少游讯知段极满意,少游已偕文池入京,进行方法又进一步矣。

十一月十五日,以北中尚无举动,焦盼之下,殊不自安,不得已绕鄂北上。二十日抵汉,则北军已退,念一赴孝感访翼青,知已于十八入京,知此举又进一步矣。二十四晚抵京,二十五晤翼青、少游。始悉着着进行,十已通过八九,其大略情形如下:

一、北军各镇标统以上悉已赞成,我侪计划所未通者仅三数人耳;

二、冯初不赞成,经少游、文池、翼青三人尽力解说之后,已允不反对;

三、袁总理幕府中要人及其关系最密切者,均已赞成此计划。

嗣后,翼青即将此意直接陈诸袁总理,袁始骇,继而疑且怒,经翼青激烈之舌战,乃慨然曰:汝曹握兵权者,亦复如此,我尚何言,但使我得有面目与世人相见足矣。翼青谓:果爱君者,谁不愿君早卸重任。惟北军之知识见解与君之感情,固君所知,诚敉君此时归田,各将士必多疑惧,反惹起意外之变端,一俟大局数定,君乃遂初高蹈,不可白此心于天下后世耶?袁乃首肯。

中国社会科学院近代史研究所、近代史资料编辑组编《近代史资料专刊·辛亥革命资料类编》,中国社会科学出版社1981年版,第404页

△ 英日德美法俄六国驻沪领事,联名向议和代表递交意见书,重申严守中立,并劝双方早日停战。

《中国大事记》:

本日午前驻沪英、日、德、美、俄、法六国领事,约同访伍廷芳、唐绍仪,以德领事为领袖,交其意见书,略谓:驻京某国使馆,奉本国政府训令,向议和使陈述私见。某国政府以为中国如果继续战争,不特有危本国,并有危于外人之利益及安宁。现某国政府依旧严守中立,但不得不

为私交上之忠告，愿两议和使设法，将战事早日消灭，从两造之所自愿，办理一切事宜云云。

《中国大事记》，《东方杂志》第8卷第10期，商务印书馆1911年版，第6～7页

《宣统三年十月二十九日驻北京英使等致唐绍仪伍廷芳两议和总代表电》：

驻京英日德美法俄大臣昨晚电致唐伍两大臣电云：顷奉各该国政府命令，拟不用正式公文，敬陈议和大臣之前：现在所办之事，系拟议各款，以复回中国太平。中国现在仍然争战，各该国视为中国地位危险，有碍治安，即于各国实在利益亦属有碍，并致极危险之地位。各国以向确守中立，现虽不用正式公文，仍应请两方议和大臣注意，须早日解决和局，以息现争。谅两方亦具同此意。

军机处电报档。中国史学会主编《中国近代史资料丛刊·辛亥革命》(8)，上海人民出版社1957年版，第213页

《1911年12月20日总领事法磊斯致朱尔典爵士函》：

昨天收到您的电报后，本领事馆职员立即着手为向议和代表唐绍仪阁下和伍廷芳阁下递交同文照会的六国总领事各准备三份副本。

中文译本是宝士德先生草译的，并承我的日本同事盛情前来提供帮助。在有吉明先生的要求下，我校订了他们那篇很困难的译作，并试图使译文除绝对必要外不背离原义。

四时，六国领事们在首席领事卜利先生的办公室会面，都得到了英文本的副本；中文译本是晚些时候送给他们的。大家商定：我们应于本日上午在距议和代表们住处最近的俄国领事馆集合，共同前往递交各自的照会，首先递交给唐绍仪先生，然后递交给伍廷芳先生。

我们按时执行了这项安排。唐绍仪先生简单地答复说：他将把这项友好关心的行动通知他的政府，肯定该行动将得到很高的评价。他将同伍廷芳博士商量关于提出一项同文的书面复照。

伍廷芳博士询问，正在等候的那些记者是否可以出席。我们表示了反对意见。后来，他表示感谢六国的良好愿望，他本人主张和平，是好几个和平团体的成员。对于他希望避免战争一事，我们不需要任何保证。但是，不管他怎样倾向于和平，他也必须不忽视他本国人民的意志，因为他们正在为争取获得自由和一个较好的政府而奋斗，这些目的是任何匆忙拼凑起来的解决办法永远不能实现的。因此，如果双方商定和约，它必须建立在可靠的和坚实的基础之上，以便保证今后不再引起革命。

胡滨译《英国蓝皮书有关辛亥革命资料选译》(上)，中华书局1984年版，第269～270页

△ **黎元洪致电南京各省代表，不接受大元帅之任。**

《十一月初一日黎元洪致南京各省代表电》：

勘电敬悉，元洪才识凡庸，平时办事已形竭蹶，此次起义皆赖鄂中诸君子忠勇之力，元洪何功可言。但愿国是早定，民生乂安，元洪乞骸骨归里，作一公民，此心已非常满足，大元帅之职恳公等另选贤能，元洪决不敢受。

易国幹、宗彝、陈邦镇辑《黎副总统政书》第3卷，上海古今图书局1915年版，第1页

△ **江浙联军在南京会议，举徐绍桢为北伐总司令。**

《联军议北伐》：

日昨，江浙联军在谘议局开军事大会，提议北伐并推举北伐总司令，当用投票互选法。到会各军将校一百余人，当举定徐绍桢为北伐总司令官，随即电各省都督。

《民立报》，1911年12月21日

△ **各省公推沈秉堃为湘桂联军总司令。**

《十一月初一日黎元洪致各省都督电》:

敝处与湘都督电商,拟公推沈都督为湘桂联军总司令,俾各军有所统属。如蒙赞成,请电复湘督及敝处为盼。

《十一月初二日南京程都督复电》:

东电公推桂林沈都督为湘桂联军总司令官,敝处极表同情。专此电复。

易国幹、宗彝、陈邦镇辑《黎副总统政书》第3卷,上海古今图书局1915年版,第4页

△ **清御史欧家廉反对宪法十九信条,主张载沣仍行摄政,或隆裕太后临朝训政。疏入留中。**

《宣统三年十一月初一日御史欧家廉奏折》:

窃自监国摄政王恳请辞位,经蒙隆裕皇太后俯准所请。嗣因抚臣陈昭常等电奏以政权不一宫廷不和等词漫相窥测,又蒙隆裕皇太后懿旨,明白宣示。凡属臣民,当无异议。然臣窃就今日事势观之,则以为天下之惑未止,而朝廷所以解天下之惑者,尚未有以处之也。今之惑者,非独陈昭常诸人,亦非独政权不一、宫廷不和诸事而已。自资政院以十九信条,削尽君权,天下哗然,以为不可。乃未几以实行宪政,尽罢亲贵,易大臣,人心益疑。未几又以组织内阁,停止奏事入对,撤销直日,人心愈疑,以为实权既去,空文亦亡,朝廷自此替矣。今又并监国摄政王去之,徒使我皇上以一孺子,茕然独处于内,诸臣累然屏迹于外,内外隔绝,上下不通,宁知复取我君父置于何地?杞人忧天而悲,嫠妇恤周而泣,此不能不惑者也。方今海宇分崩,叛逆四起,存亡危急,即在目前。乱臣贼子,布满肘腋,而适有此举动,嫌疑之中,又嫌疑焉。愚者固忧司马昭之心,贤者亦疑伊尹之志,此又不能不惑者也。臣愚以为欲解今日之惑,必有以处前日之事,欲处前日之事,必有以尊君父之位,而慰臣子之心。如必不得已,则请去监国之号,仍以醇亲王暂行摄政,以示贬损,如诸臣带罪图功之例。衮衣东归,风禾尽起,此上策也。如又不得已,则请吁恳隆裕皇太后临朝训政,凡遇有大事,然后上请,如光绪年间慈禧皇太后归政之后,仍留训政之例,有宣仁之慈爱,庶成元祐之中兴,此中策也。如又不得已,而二者皆不可行,则只有请遵奉懿旨,将颁布诏旨盖用御宝及觐见典礼率同皇帝将事各节发交各衙门恭议,并妄拟数事:一请增入各项大礼;一请添派近支亲王为太保;一请议定太保应行事宜,著为令典,颁示天下,使知明堂不毁,王制犹存,告朔虽停,饩羊尚在,则天下之人,知有一线之延,犹未绝望,如此犹不失为下策。不然者,愚民无识,杯弓蛇影,何疑不生,一犬吠形,百犬吠声,何说蔑有?况先皇帝以宗庙社稷付托皇上,以皇上付托监国摄政王,今陵土未干,顾命之辞言犹在耳,而一旦变易若此,苟有人心,能不流涕。宁知四海之内吉凶祸福何若,万世之后是非何如。兹事体大,未可草率。疏入留中。

沈云龙主编《近代中国史料丛刊·宣统政纪》第67卷,文海出版社有限公司1989年版,第2~5页

△ **清军陷太原。**

《宣统三年十月二十五日第三镇统制曹锟电》:

军密。顷探闻阎锡山已率敢死队千余人向西方逃去。并据太原官绅派员前来迎迓金帅,早日莅任安民。第因已饬另书投诚,并派人详细侦探外,合即电禀。锟叩。有。

军机处电报档。中国史学会主编《中国近代史资料丛刊·辛亥革命》(6),上海人民出版社1957年版,第188页

《宣统三年十月二十九日山西宣慰使随员刘诚泩等来电》:

淦等蒙奏派随同宣慰山西革党，以时势迫急，当即前往。该党中主持和平愿受宣慰者本居多数，而因激烈者游移迟决，致二十日官军猜疑，进行攻击。二十二日革军溃散，省城惶恐。幸全体官绅维持，收抚溃兵，免成巨变，并分电南北各军劝其就序。惟巡抚未到，人民盼极。财窘粮乏，急待补救。谨先电禀。刘诚淦、常运衡、邢殿元同叩。艳。

军机处电报档。中国史学会主编《中国近代史资料丛刊·辛亥革命》(6)，上海人民出版社1957年版，第189页

阎锡山《阎锡山早年回忆录》：

清军击破娘子关后，我前敌总司令姚以价率众退返太原，此时有主张烧毁太原城者，有主张与清军议和者，我为保存革命力量，决定分向南北退守，以图再举。当商定由副都督温寿泉率南路军退晋南，我率北路军入绥远……

乘马出北门后，我与偕行之总参议赵戴文、总司令孔庚、兵站司令张树帜三同志说：今日在马上身轻欲飞，终感到世所谓如释重负之语是怎样的情景。盖我自起义至退出太原，历时四十五日，未脱衣，未就床，故至此特有是感。

阎锡山《阎锡山早年回忆录》，传记文学出版社1968年版。中国社会科学院近代史研究所近代资料编辑组编《近代史资料》，总55号，中国社会科学出版社1984年版，第136页

12月21日(十一月初二日)　黎元洪致电南京各省代表会，允任大元帅，并请黄兴以副元帅代行其职务。

《十一月初二日黎元洪致南京各省代表电》：

大元帅之职，曾于东电力辞，谅已电达。顷准山西代表仇君亮，浙江代表陈君毅，及敝省代表时君象晋、陶君凤集等面称：黄克强君力推元洪为大元帅，元洪又复固辞，长此推让，稽延时日，致临时政府不能即行成立，深恐有碍大局。现代表团公同议决，特推亮等来鄂要求承诺大元帅，并恳黄克强君以副元帅职务代行大元帅职务，以定大计云云。元洪伏思大元帅原为组织临时政府刻不容缓之举，黄君克强宏才硕画，自足胜大元帅之任，乃谦让不居，屡推元洪承乏。元洪才识平庸，何敢当此重任，然勘电所载，若大元帅不在临时政府时，即以副元帅代行其职务，既有此明文，元洪姑顺代表诸公之请，承受大元帅名义，即委任副元帅执行大元帅一切任务。盖大局未定，势机危迫，临时政府急宜成立，故元洪不辞僭越之罪，望黄君与代表诸君子，力任巨艰，急求进行办法，时赐教言，以匡不逮。

易国幹、宋彝、陈邦镇辑《黎副总统政书》第3卷，上海古今图书局1915年版，第5～6页

△ 黎元洪通电各省军事机关，在南京设全国参谋本部。

《黎元洪致各省军事机关电》：

长沙谭都督发起组织全国参谋本部，暂设于南京，实为联络各省统筹全局切要之图。旋经多省赞成，湘、桂、秦、江各省所派各参谋已先后到鄂，与敝省参谋部会议，决定组织全国本部，由各省选派军事知识完全人员一二员，速赴南京设立完全机关，敝省当派妥员即日赴宁。凡未经派员各省，请即由尊处电达，催其派定，克日起程赴宁。至各省援军参谋，仍请集合于武昌，并希电复。

《杭州汤都督致黎元洪电》：

各省各派军事知识完全之人赴宁组织参谋部，正与参议员之制相同，浙极赞成。容日内派往。

《上海陈都督致黎元洪电》：

电悉。各省派员至南京组织全国参谋本部,甚属紧要。嘱代电催未经派员各省,已遵办矣。此复。

《安庆孙都督致黎元洪电》:

军事参谋员,日内敝处选派赴宁。谨闻。

《扬州徐司令致黎元洪电》:

冬电悉。组织全国参谋本部,敝处甚为赞成。不日即派员赴宁会议,先此电闻。

《南昌马都督致黎元洪电》:

冬电敬悉,极佩伟略。敝处派蒋作宾、张文二员赴宁,协同组织。并派许端赴武昌,充援鄂军参谋。理合奉闻。

《云南蔡都督致黎元洪电》:

寝电组织中央参谋部之议,极佩。敝省现以道远不及派员代表,拟请沿江海各省,速行就近组织。敝省无不赞同。

易国幹、宗彝、陈邦镇辑《黎副总统政书》第3卷,上海古今图书局1915年版,第4~5页

△ 孙中山抵达香港,密会胡汉民、廖仲恺等,决定偕胡汉民北上上海,以陈炯明代理广东都督。

《孙逸仙在香港》:

从伦敦来的英国火轮"德凡哈号"昨日抵达香港,船上有将前往上海的孙逸仙博士。孙逸仙博士在旅途中用日本化名中山,陪同他的有前美军军官荷马里将军。人们认为荷马里将军曾担任革命党人的军事顾问,而此番前往华北是为了更有效地配合军事行动。著名改革者抵港的消息在殖民地的中国民众中引起某种好奇的举动,为避开这些,孙逸仙登上了一艘从广州来的中国巡洋舰,在舰上,他将与香港的新总督和几位官员长谈。孙逸仙博士自离欧洲以来所采取的态度一直未变,在记者的任何一次谈及革命的访问中,他都是以反叛者的面貌出现的。他同《华南早报》一位编辑的谈话情况,其叙述还是相当有趣的,在此我给阁下寄上一份,并附上发表在《香港电讯》上的荷马里将军访问记。

《法国外交部档案》。国家清史编纂委员会文献丛刊《辛亥革命史资料新编》第7卷,湖北人民出版社2006年版,第244页

胡汉民《胡汉民自传》:

闻先生归国,已将抵香港,余大喜,亟与执信、竞存、仲恺等商议,决定要留先生于粤。余则亲偕仲恺乘兵舰至港请先生。既见先生,屏人熟议,由晨至晚,争论始决。余主先生到粤,先生则主与余偕往沪宁,其争辩之点甚多,今追述其要略。余谓:"满洲政府人心已尽去,惟尚有北洋数镇兵力未打破,故得延其残喘。袁世凯实叵测,持两端,但所恃亦只此数万兵力。此种势力未扫除,即革命无由彻底。革命无一种威力以巩固政权,则破坏建设,两无可言。先生一至沪宁,众情所属,必被推戴,幕府当在南京,而兵无可用,何以直捣黄龙?且以选举克强之事观之,则命令正未易行,元首且同虚器,何如留粤,就粤中各军整理,可立得精兵数万,鼓行而前,始有胜算,尽北洋数镇之力,两三月内,未能摧破东南,而吾事已济,以实力廓清强敌,乃真成南北统一之局,沪宁相较,事正相反,若骛虚声,且贻后悔。最近福建、广西、贵州诸省,正以宁、鄂当冲,有暂推粤为首都之议,吾辈方谦让未遑,先生则可控抟此局。"先生则谓:"以形势论,沪宁在前方,不以身当其冲,而退就粤中,以修战备,此为避难就易,四方同志正引领属望,至此其谓我何?我恃人心,敌恃兵力,既如所云,何故不善用所长,而用我所短?鄂既稍萌歧

趋，宁复有内部之纷纠，以之委敌，所谓赵举而秦强，形势益失，我然后举兵以图恢复，岂云得计？朱明末局，正坐东南不守，而粤桂遂不能支，何能蹈此覆辙？革命军骤起，有不可响[向]迩之势，列强仓猝，无以为计，故只得守其向来局外中立之惯例，不事干涉。然若我方形势顿挫，则此事正未可深恃；戈登、白齐文之于太平天国，此等手段正多，胡可不虑？谓袁世凯不可信，诚然；但我因而利用之，使推翻二百六十余年贵族专制之满洲，则贤于用兵十万。纵其欲继满洲以为恶，而其基础已远不如，覆之自易，故今日可先成一国[圆]满之段落。我若不至沪宁，则此一切对内对外大计主持，决非他人所能任，子宜从我即行。”先生持之甚坚，余亦觉所见不如先生之远大，乃服从先生主张，立为书分致竞存、执信、毅生诸人，使竞存代理都督事，并以命令饬各军服从竞存，皆以授仲恺，使返省，与诸人布署一切。余则与先生同舟而行。（仲恺至省，执信、毅生等群起责仲恺，谓何忽翻前议？仲恺谓：当争辩时，不能赞一词，及既决定如此，惟有奉命而返。执信、毅生曰：然则我辈当俱往矣。君佩谓：如此是置竞存于孤立，而抛弃粤局，非先生等之本意。竞存方治新军，须民军服从不抗，然后防营与济军不生问题。毅生、执信实握过半数之民军，此时擘画轻重，尤不可轻言引去。一众议始定，竞存始勉强受事。）

《革命文献》第3辑。中国社会科学院近代史研究所近代史资料编辑组编《近代史资料》，总45号，中国社会科学出版社1981年版，第52～54页

△ **陕西都督张凤翙会同东路征讨大都督张钫，率部再复潼关。**

张钫《辛亥西安举义东征日记》：

廿八日，未开仗。余与翔初都督计划布置出师方略，分五路进攻如下：（本拟二十九日出发初一日接仗）

（一）大都督卫队，刘世杰卫队，六标一、二营，八标一营炮队，李文龙队伍，均由大道进攻。翔初督师。

（二）伯英卫队，谢彩臣队伍，陈殿卿队伍，周福星队伍，李长兰队伍，一标一营，王印升队伍，均绕道东南塬包抄后路，伯英督师。

（三）王荣镇卫队，七标一、二、三营，城防队，均绕道南塬由十二连城攻击敌侧。

（四）陈树发队伍，杨先敌队伍，马耀群队伍，均由东南塬攻击。

（五）宋兴汉队伍，杨永升队伍，均防守河岸。

廿九日（即卅日）早九点，五路同时出发，大道兵由翔初都督督师，至全店得民人报告：敌人在坡头庙及两塬一带设有停止侦探。翔初因赴南塬侦察地形，派刘世杰、郭锦镛督师。将至吊桥筹划夜间攻击，敌人侦知我军情况，变守为攻，突来猛击，乘我不备，我军勉力支持数钟，至晚时我军退还岳庙。是日我南塬一带各军队因出发迟，兼因道路崎岖，并未接仗，晚宿营塬上各民村，余宿杨密。

十一月初一日早，余发命令饬塬上各军依前日出师计划，各向预定地点攻击。余率各营绕出万家岭，即遇敌接仗，我军人人奋往。午三点进攻至李家庄，辛建忠率十余名勇士首先犯敌，被敌炮伤，死之。我军勇气倍加，个个争先。五钟时我军围城下，城将克时，敌军退却雪[无]路，用死力抵抗。我军因天晚雨雪停战，宿营战线内，是夜敌军潜遁。

十二钟由寻底开进，马辉群为前卫，陈殿卿、王荣镇（七标一、二营）向万家岭阵地，张建魁占领顺井，防守砚王沟一带。大雪，夜晚退寻底宿营。

初二日，潼关克复，吴世昌带队于午一钟时入城，余于是日由关赴华阴。

丘权政、杜春和编《辛亥革命史料选辑》下，湖南人民出版社1981年版，第222～223页

朱叙五、党自新《陕西辛亥革命回忆》:

张凤翙得到东路败退消息,率亲卫马队两队,以一夜二百多里的急行军,于二十二日黎明赴到华州,当与来会的张钫收容溃下来的残部重行整顿。二十四日进至华阴。这时,刘世杰、陈殿卿、陈树发、谢彩臣、王荣镇等各率队赶到,添了这部分生力军,人心始稍安定。二十五日张凤翙召集各带兵官合议,大家都认为这次失败张钫指挥失当,罪有应得。张钫说:"大统领亲来督师,诸位又带队前来助战,我已整军以待,听闻大统领策划,誓必收复潼关。"当经决定分两路进攻,二十六日晨,在华阴东门外集合,张凤翙当众训话,激励将士,务各同心戮力,听从指挥,如有畏缩退却者,决以军法从事。令张钫督东南路,因他所收的河南健儿都在东南原一带。张凤翙亲自督率刘世杰等所带来的队伍,由大路向潼关进展。队伍出发后,毅军统领赵倜忽委托灵宝红十字会会员姚景铎(耶教徒,是教堂洋人介绍给赵的)前来送信,内容是:"本军奉袁内阁电,现正同南方民军代表议和,令约两军暂行停战,以待后命。"张凤翙恐中敌军缓兵之计,为表示决绝,就把姚某杀了。二十七日仍令进攻,但西城敌军炮火猛烈,攻不上去,并从西门突出一支队伍向我军冲来,时已天晚,遂即收队退回华阴。当时东南路尚未正式进攻。二十九日我军仍由大路东进,先头部队已到泉店,敌即派队迎击,遇于吊桥,双方展开激战,未几我军不支,仍退华阴。三十日敌军开出一营,在吊桥列阵以待,同我军又展开激战,本日东南路已攻到南关城下,吊桥敌军退回城去,我军未加追击,在当日夜间,敌军全部潜退。我军于十月初一日进城,潼关复归我军占领。

中国人民政治协商会议全国委员会文史资料委员会编《辛亥革命回忆录》第5集,中华书局1963年版,第29~30页

《宣统三年十一月初三日统领赵倜致内阁总理袁世凯电》:

捷密。冬电敬悉。初一日敌又四面围攻,复经卑部竭力击退,毙敌四百余名,又夺钢炮一尊。惟卑部十余日间与敌六次恶战,虽皆获胜,然精力已疲,子弹已空,伤亡甚多,众心颇寒。是晚虽到子弹九万,每兵仅摊数十粒,难供一战。如敌再来围攻,必遭倾覆。正在为难,接到姜军门电饬,如不能支,当暂退以图后举。倜于初二日整队退守灵宝,休息兵力。所有迭次获敌钢炮七尊,快枪数十支,均带至灵。并将伤亡弁目一同带来,分别掩埋、调治,以慰众心。倜兵单力竭,至令雄关得而难守,咎有难辞。伏恳再派军队厚集应援,使倜无后顾忧,倜当率队进图全陕,以赎前愆。再倜自上月念五日迭奉停战之谕,因于念六日派灵宝红十字会员姚景铎持函通告革军,当被革魁毁函惨杀,旋复迭来围攻,殊违公理。恳乞酌夺、转诘。倜。江。印。

军机处电报档。中国史学会主编《中国近代史资料丛刊·辛亥革命》(6),上海人民出版社1957年版,第114~115页

朱新宇《陕军辛亥起义记事》:

翔初率刘俊生督中路,伯英督中南路。我军既出,而赵倜周人命姚景锋[铎]送信至,云奉内阁电,北京与湖北正在议和,约两军暂住所扎地点停战,以待和议之宣布。

翔初在华阴庙楼书,急送县署,请郭希仁答复。书方拟成,而翔初亲来县署,与希仁商云,伯英因前次与豫军议和,屡受其诈,以致将士怀疑,不服调遣;今大军既发,而彼来求和,非杀之不足以释疑也。希仁曰稍缓,乃作书急告省城,请军府各同志,商定迅复,以待解决。是日黎明,军府接到火急信一件,大家未及折[拆]函,知悉军情紧急,危险极矣,多惊惶色;及阅信后,始知为此。当由聚亭约青山、瑞堂、仲翔前来,余约卓亭、子逸、雪亭、伯龙、筱溪、和暄等到秘室计议。始云斩来使自古所禁,然欲释众疑,以激将士之义愤,偶一为之亦不为过。

议斩者最居多数,乃立即作复。信到即将来使姚景铎斩讫,众忿始息。

翔初随督队进攻,酣战数钟,将士异常奋勇,毅军不支渐退。斯时临潼、渭南、华阴三县民团聚集万余,手持刀矛前来助战。翔初见民心如此奋勇,仍督兵前进,布置战线。自晨至暮,军民齐心奋战,乡人妇孺箪食壶浆,供给于后,直追至潼关北原,毅军纷纷逃遁,乃发收队号音。此一役也,兵士固属奋勇,而百姓又如此齐心努力,所以克复甚捷,而毅军之伤亡甚多。

中国社会科学院近代史研究所近代史资料编辑组编《近代史资料》,总51号,中国社会科学出版社1983年版,第74~75页

△ 孙毓筠被举为安徽都督,本日孙自芜湖抵安庆视事。

孙传瑗《辛亥革命之役》:

又以谘议局名义已废,乃召集临时省参事会,选举正式皖军都督。十月二十二日,全场一致,票选孙毓筠为皖军都督。同时上海中国革命同盟会本部,亦选任孙毓筠为皖军都督。淮上军总司令王庆云,副司令张孟介、张纶,庐州军政分府孙万乘,芜湖军政分府吴振黄等,均一致推戴孙毓筠。于是一月来争持未决之一大问题,至此遂告解决。由省参事会派员赍印信赴沪迎孙毓筠,即日莅皖就任。

孙毓筠之来皖也,道出大通,为黎宗岳所阻。时宗岳设军政府于大通,自称皖军都督,截留盐款,购制枪械,声言袭取安庆。孙毓筠既被阻于黎宗岳,遂遄回芜湖,由芜湖军政分府,派兵护送,搭江轮径开安庆。适[迨]至十一月初二日,孙毓筠到皖,始正式就皖军都督职。同时成立皖省军政府。军政府下设军、民、财、教四司,任命桂丹墀为军政司长,洪思亮为民政司长,史推恩为财政司长,邓艺孙为教育司长。即著手裁撤各地之军政分府及类似此种机关,以期军、民两政之统一。经过三阅月时间,芜湖军政分府、庐州军政分府、淮上军总司令部以及各地成立之类似机关,先后均一律遵令撤销。所有各地民军,分别编制成师、旅、团、营,全省计编五师,委由各革命将领,分任师、旅、团长,加紧训练,预备北伐。而大通一隅,黎宗岳所设立之军政府依然存在。于是南京临时中央政府,遂明令陆军第一军军长柏文蔚,统率水陆各军,迫使黎宗岳即日撤销大通军政府,黎宗岳遂他去,大通军政府即日撤销,时民国元年三月也。

《学风》第4卷第6期。张湘炳、蒋元卿、张子仪编《辛亥革命安徽资料汇编》,黄山书社1990年版,第326页

《十一月初四日安庆统一机关处通电》:

本日军政府组织成立,万众一心,公举孙公少侯为皖军政府都督。以后一切文电,请径达都督府。凡皖省对于全国及外部发生之事件,悉由孙都督名义执行。计本处维持时期,自十月初八日起,至十一月初四日止,与我四万万同胞留一特别纪念于人间。知我罪我,其惟历史。

易国幹、宗彝、陈邦镇辑《黎副总统政书》第3卷,上海古今图书局1915年版,第10~11页

《安徽都督孙毓筠就职电》:

安徽各府、州、县转各局员悉:本都督辱各省都督公举,并由本省各代表公推,义不容辞,已于本月十三日由沪莅芜,巡视军民各政,即日到省任事。所有各府、州、县官吏局所,均暂照旧办事。如有更换,由皖南、北民政部长选员,详请本都督委任,不得私举,致涉纷歧。本年丁漕,除秋成业经勘定停征不计外,余均照常征收报解,不得浮收。此后兵队过境剿匪,如无本都督正式公文,即系假冒民军,概置不理,倘稍有骚扰抵抗情事,准由就近兵队捕拿,一

面电禀本都督派兵剿办,以安地方。除行知军政分府及皖南、北民政部长外,特通电遵照。十月十七日。

《民立报》,1911年12月22日。张湘炳、蒋元卿、张子仪编《辛亥革命安徽资料汇编》,黄山书社1990年版,第358~359页

△ **清廷派员调查蒙古独立事件**。

《宣统三年十一月初二日上谕》:

内阁请派大员前往库伦查办事件。前因蒙佛宣布独立,三多率官兵出境,当将三多革职,听候查办,派绷楚克车林掌库伦办事大臣印信。究未得该处实在情形,朝廷殊深廑系。著派车臣汗部落盟长札萨克多罗郡王多尔济帕拉穆、科布多办事大臣桂芳,作为查办大臣,迅速前往库伦,将该处详细情形,查明电奏。并将蒙众商民,妥筹抚辑,设法维持,以保大局。

沈云龙主编《近代中国史料丛刊·宣统政纪》第67卷,文海出版社有限公司1989年版,第5页

12月22日(十一月初三日) 河南党人张钟端等联络各方,谋于23日在开封起义,事泄,是日张等十数人被捕,24日就义。

张荩臣《辛亥河南革命失败之经过》:

当时同盟会在开封城内秘密办事机关,一在私立法政,一在省立师范。柴得贵、刘鸿顺思欲破获革命为进身之阶,遂千方百计到同盟会声言愿助革命,宣布独立。同盟会同志王杰信以为真,准其加盟,并予多金,以资奖勉。柴得贵、刘鸿顺遂将同盟会内容探悉无遗,乃乘壮士刺杀齐耀琳之前一小时,将其所部军队全体出动,先向省立师范搜捕。其时同盟会同志张仲[钟]端等正在开会,商议齐耀琳被刺之后各同志如何按照新官制分担工作,各种部署尚未实施已被逮捕。张荩臣本亦拟前往省立师范开会,乃误到私立法政,见无一人,急欲改到省立师范。甫经出门,见门两旁兵列如林,旋即破门而入,搜捕之后,遂在两学堂附近各处挨户搜捕。张荩臣所住,正在搜捕核心,只以门首有公馆字样,搜者以公馆系仕官所居,不致革命,稍一迟疑,张荩臣遂化装他去。迨搜者进内,翻箱倒箧,掘地凿墙,乃在煤内搜出子弹两箱,守者绐以内系铜元,搜者以触推觉其沈重,遂信为真,未予启视而去,在各处共搜捕四十余人……

张仲端(即张钟端)等被捕之后,谘议局议长杜友梅等巨绅多人晋谒齐耀琳,请求释放。齐耀琳虽不赞成革命,然尚爱护青年,不拟杀戮。营务处商作霖绰号伤天理,力主杀戮,张仲[钟]端等十一烈士遂在开封城外就义,枪击无数,体无完肤。

丘权政、杜春和编《辛亥革命史料选辑》下,湖南人民出版社1981年版,第258页

《宣统三年十一月初六日上谕》:

电寄齐耀琳。据电奏"初三日夜分,有匪徒在省城内外,分头放火,纠约起事。经先期探闻,分派兵警,严密防范,当于起火地方,拏获匪首张钟端等多名,讯据供称纠党一二千人,约期放火抢劫衙署局库,供词确凿,已将匪首张钟端等按军法惩治"等语,办理尚属迅速。齐耀琳著传旨嘉奖,仍应加意严防,以靖地方。

沈云龙主编《近代中国史料丛刊·宣统政纪》第67卷,文海出版社有限公司1989年版,第9页

△ **由张謇担保,黄兴向日借款三十万元,用于组织临时政府之费用**。

《保证书》:

兹因黄君克强为中华民国组织临时政府之费用,向贵行借用上海通行银元三十万元。

约定自交款日起一个月归还,并无抵押物。如还期不如约,惟保证人是问。除息率及汇水由黄君另订条件外,特具此书。三井洋行鉴存。张謇。黄帝纪元四千六百有九年十一月。

张孝若《南通张季直先生传记》。中国史学会主编《中国近代史资料丛刊·辛亥革命》(8),上海人民出版社1957年版,第51页

《一九一一年十二月二十一日铃木驻南京领事致内田外务大臣电》:

据三井公司职员谈称:该公司已同意向黄兴提供贷款三十万两,以为组织临时政府之经费,限期一个月内还清,不取抵押。昨日,张謇在本地表示愿出面担保,日内将在上海签订合同。此项消息,上海方面想必已有报告提出。特此电禀,以供参考。

中国社会科学院近代史研究所、中华民国史研究室主编,邹念之编译《日本外交文书选译——关于辛亥革命》,中国社会科学出版社1980年版,第190~191页

逸民(黄中垲)《辛壬闻见录》:

南京初下,诸事草创,一切设施非款莫办。时张謇以兴办江南实业颇负时誉,因告黄兴曰:临时政府一旦不成立,无以坚国内外之信仰,则民军根基不固,革命事业终末[未]由进行。今联军攻下南京,众意属公,于义不容辞。若需财用,余当惟力是助。设公能自募得债款,余誓以个人财产信用为之担保。黄亟谢而允,乃命人以张季直担保四出募集债款。时日本之政客、军人、民党、新闻家、实业家以及其国浪人等闻中国革命,咸集上海,纷纷投谒黄兴,各挟策干说,甘言利诱,无所不至。黄素悉其国人素乏信义,诸人之来也,难保其不受其政府指使,助长吾国内乱,借图渔人之利。因对彼邦人士言动极为慎重,朝夕接见,虚与委蛇而已。会借款之议出,日本三井银行闻有张謇担保,使人来愿以上海通用纹银三十万两,无条件无利息贷与中国南京临时政府之代表人黄兴,其期限为一个月。黄察其意仅为将来之利益,尚无其他流弊,遂作函畀予,命偕日人某同赴南京谒张謇,请其署名。当与日人乘沪宁快车行,比抵下关已昏夜矣。予等入城,直赴高等学堂见张,出黄函相示。谓夜已深,请以明晨来。予等不得已,辞出,下榻于日本旅舍宝来馆。次晨再往,张出见,絮絮语他事,枝梧蔓衍不得要领。日人亦略解华语,见张神气嗫嚅,私谓予曰:张公担保之说岂中变耶,抑自始未得其同意耶?然则我辈曷去休。予迫不得已乃请张别室叩以真意,并谓之曰:公若不信黄公,请授我函,俾复命,勿令外人笑我公之不信任政府之代表也。张语塞,迟回久之,始得其署名持以归。

湖北省图书馆《辛亥革命武昌首义史料辑录》,书目文献出版社1981年版,第31~32页

△ **成都军政府都督尹昌衡处决前川督赵尔丰。**

《尹昌衡传》:

二十九日谍报,赵逆潜召其党傅华封将至,昌衡令华封仍守边。华封不受命,进兵逼邛雅。又得旅滇缄云:滇军将大举入川,以诛赵逆为名,而心巨[叵]测。昌衡知赵不去,华封兵至,必克成都,继以滇军外来,川军必内溃。乃昼夜训兵,编列行伍而申警之,军渐可用。

十一月初二日,昌衡新婚期也。昌衡阳设备而阴改其期,夜与罗纶谋,二鼓,召诸将之有实兵而所部多旧卒者,周骏、宋学皋、唐廷牧、黄泽溥、赵南森、龙绍伯、王棆昌数人,令朱壁彩守府门,非有命不得出。与诸将谋曰:"死生存亡,决于今日矣。"乃出袖图十张,绘兵于图,环督署而阵,各于衢头设兵四层,左右户皆有伏,尽绝赵去路,令此兵固守,勿纵赵亦勿动。惟通下莲池一线路,兵只伏左右户,衢头不设兵,而置锐卒一队于半边街,令陶泽焜统之,以为攻入队。乃与罗纶分住东西,罗纶、周骏率炮兵阵于东门城楼,约黎明举炮。昌衡、宋学皋、王棆昌率步兵阵于西,为夹攻势。令毕,各就守地,众约二千人,监衢人不使通行。昌衡乃令

诸军曰:“今夜只坚守屯兵地,不得越一步,违者按军法。”恐多兵混战,起城中之惨祸也。他军不知所为,悉严守。夜静,四围寂无声,昌衡抚陶泽焜背曰:“不得尔丰,无相见也。”泽焜在病中,跃起受命。乃命泽焜等分兵趋西辕门,令闻炮声十发,即冲锋入署。五鼓,与赵署中军函曰:“余以精兵数万围督署,虽金铁之躯不能得间隙而出。所仇惟赵逆一人,无与诸君事。诸君已归汉,衡必保诸君,用敢泄机相告。若能生擒赵逆,将以二万金为诸君寿;不然则率所部从下莲池出,不相害也。”诸将士得函,不知所之,而东城炮声震如雷。方踟蹰间,陶泽焜率所部数十人,蹿墙入署中。兵无斗志,悉如昌衡命引去。尔丰拔剑出阻军,军不听命,太息返室,遂获尔丰。至府门,尔丰谓昌衡曰:“余何罪于公?”昌衡曰:“公得罪于四万万人,我非四万万人之一乎!”乃立赵于明远楼下,谓观者数千人曰:“衡代诸君擒贼,所以不先告者,恐泄机,事不济耳!今以生杀付诸君,惟诸君决之。”众皆呼杀,声震屋瓦。乃令陶泽焜取赵所佩刀戮赵,持其首以徇。至中衢,尔丰死士张得奎狙击昌衡,毙一骖一卒,伤一卒,昌衡乘小马善惊,逸奔得免。明日复巡城,有阻之者,昌衡曰:“狙击之死,不犹逾于被仇受戮哉。今日不出,兵不可令矣!”巡阅如初。

中国人民政治协商会议湖北省暨武汉市委员会等编《武昌起义档案资料选编》下卷,湖北人民出版社1983年版,第476～477页

王右瑜《大汉四川军政府成立前后见闻》:

尹昌衡就任都督后,本已踌躇满志,趾高气扬,本无杀赵之意。但赵尔丰野心不死,拥重兵在督署,巡、新两军兵变后,仍以总督部堂名义出布告安民,这已使四川人民感觉不能再予容忍。加上傅华封拒绝接受都督府给他雅州府知事的委任,积极向成都进兵,已危及尹的地位。同时重庆蜀军政府又已派副都督夏之时率兵西上讨伐,这就迫使尹昌衡不能不及时采取措施了。当时四川对赵已是群情愤激,尹即利用袍哥关系,先分化了赵的卫队,在十二月二十二日(阴历冬月初三日)晨,命陶泽锟率队去擒赵尔丰。当逮捕赵尔丰时,为预防少城旗籍人员的妄动,曾派有军队密切监视。赵尔丰被处决后,旗籍人员不免惶恐,由满族的日本士官同学文蔚卿来都督府向我表示,少城旗籍人员,决无袒赵之意。我当即报告尹昌衡,请其严令监视少城的军队,除收缴旗籍人员的武器外,不准随便开枪,旗兵问题,随亦得到和平解决。当各事有了头绪后,随即出兵讨傅华封。傅知大势已去,没有怎样抵抗就投降了。

中国人民政治协商会议全国委员会文史资料委员会编《辛亥革命回忆录》第3集,中华书局1963年版,第72～73页

《一九一二年一月五日松村驻汉口总领事致内田外务大臣电》:

桥口通过鸟羽舰打来无线电报如下:据河西报称:成都军政府因前总督于十一月八日挑唆当地暴乱,并勾引西藏军队企图夺取成都,乃于十二月二十二日攻破前总督衙门,在军政府内将总督斩首处决。又闻原巡防军提督亦于同月三十一日在当地被斩决。此外,本地别无异状。

中国社会科学院近代史研究所、中华民国史研究室主编,邹念之编译《日本外交文书选译——关于辛亥革命》,中国社会科学出版社1980年版,第30～31页

《1911年12月23日总领事务谨顺致格雷爵士函》:

我荣幸地报告:前任总督赵尔丰已于昨日被成都革命军政府处死。务谨顺谨上。

胡滨译《英国蓝皮书有关辛亥革命资料选译》(上),中华书局1984年版,第359页

《1911年12月29日总领事务谨顺致朱尔典爵士函》:

我荣幸地报告成都军政府对捕杀赵尔丰一事所提出的理由。本月23日,四川(或者更确切地说,成都军政府)外务部司长兼代部长杨少荃面告德国代领事菲舍尔先生说:成都军

政府已发现赵尔丰不仅对12月8日的乱事负有责任,而且和傅嵩炑(代理川滇边务大臣)一起策划阴谋,傅嵩炑现率领一支边防军驻在雅州。

这次谈话后不久(谈话是在外务部进行的),杨少荃打电话给我。他用英语询问说:您是否已听说我们处决了总督?我回答:为什么原因?他接着说:已经查明,赵尔丰于12月5日发给每名士兵一元钱、每名军官十元钱,进行收买。此外,军政府截获了总督写给驻在雅州的傅嵩炑的一封信。他又说:军政府正写信命令傅嵩炑返回打箭炉,代表他们担任边务大臣;但他承认,这项举动的真实目的是不让他闹事。

胡滨译《英国蓝皮书有关辛亥革命资料选译》(上),中华书局1984年版,第370~371页

12月23日(十一月初四日)　黄兴以孙中山即将归国,不顾各方函电敦促,推迟赴宁。

刘星楠《辛亥各省代表会议日志》:

十一月初一日议决:备公函请黄克强君即速来宁,组织临时政府……

十一月初七日王正廷报告,前数日黄克强君已允来宁组织政府,迨孙中山先生抵沪后,黄君又变更主张,请速由代表会选举临时大总统。

中国人民政治协商会议全国委员会文史资料委员会编《辛亥革命回忆录》第6集,文史资料出版社1982年版,第251页

《各省代表团致黄兴电》:

程都督转黄克强先生鉴:先生以黎公起义,天下归心,坚辞大元帅之任,而推戴黎公,谦德众所共佩。惟黎公既不能离鄂来宁,临时政府亟待组织,应仍请先生速即莅宁视事,无任盼祷。各省代表团公叩。东。印。

国家清史编纂委员会文献丛刊《辛亥革命史资料新编》第2卷,湖北人民出版社2006年版,第61页

李书城《辛亥前后黄克强先生的革命活动》:

但在预定启程赶南京的先一天晚上,黄先生忽向我说,他明天不去南京了。我问何故不去。黄先生说:"顷接孙中山先生来电,他已启程回国,不久可到上海。孙先生是同盟会的总理,他未回国时我可代表同盟会,现在他已在回国途中,我若不等他到沪,抢先一步到南京就职,将使他感到不快,并使党内同志发生猜疑。太平天国起初节节胜利,发展很快,但因几个领袖互争权利,终至失败。我们要引为鉴戒,肯自我牺牲的人才能从事革命。革命同志最要紧的是团结一致,才有力量打击敌人。要团结一致,就必须不计较个人的权利,互相推让。"

中国人民政治协商会议全国委员会文史资料委员会编《辛亥革命回忆录》第1集,中华书局1961年版,第196、197页

12月24日(十一月初五日)　各省代表会议指派代表欢迎孙中山。

刘星楠《辛亥各省代表会议日志》:

十一月初五日全体代表到会。报告接到沪电,称孙中山先生将到沪,请派代表欢迎,由代理议长指定马伯援、王有兰、许冠尧三君赴沪欢迎。

中国人民政治协商会议全国委员会文史资料委员会编《辛亥革命回忆录》第6集,文史资料出版社1982年版,第251页

△ 南京派援军一镇,由黎天才统率赴鄂。

《十一月初三日黎元洪致徐绍桢电》:

顷据浙江吴参谋长元钧禀称,联军已派定黎天才率师援鄂,现在不知出发否?如未出

发,请速饬其前来。为盼。

《十一月初五日徐绍桢致黎元洪电》:

江电敬悉。黎天才之军已由沪借招商船,定于初四日到宁,初五日即出发。该军本系前月望日派定,乃因筹饷增兵,迁延日久,其十一月饷俟抵鄂后,请由钧处核发,以归简便,仍祈电复。

易国幹、宗彝、陈邦镇辑《黎副总统政书》第3卷,上海古今图书局1915年版,第8页

12月25日(十一月初六日) 孙中山一行抵达上海,接见各界人士。

《孙中山归国记》:

孙先生乘香港船入港,沪军都督府派建威兵轮由沈参谋虬斋往吴淞口迎迓,时值细雨如织,海口雾集,致建威升旗时,该舰不及瞭见停轮。

孙先生偕美将郝门李夫妇同行,又有日本同志随孙先生来华者六人,又有中国人随孙先生来者十人,其姓名如下:胡汉民、谢良牧、李晓生、黄子荫、陈琴舫、朱本富、余森郎、朱卓文、陆文辉、黄菊生。孙先生登岸,即由宗仰先生招待至哈同花园。午膳后,由伍外交长邀至宅第,互商要政,黄元帅、陈都督及胡都督汉民、汪精卫诸君同往。

昨日,法工部局因孙先生来沪,极意欢迎。适当耶苏诞日,西例休沐,仍派通班巡捕远迎。

沪都督府先期在宝昌路四百零八号,预备住宅一所,并由法界灯公司,尽星期日内将电灯线接齐。昨日孙先生自伍宅出,即至该处,颇有宾至如归之乐云。法工部局又于孙先生住宅内,特派西捕一人,安南捕四名常驻守;又派暗探一班,昼夜梭巡门外,岗巡加班逻守;复照请沪都督府,派卫兵四名、弁一员荷枪在门口守望。法人对于中国民党首领极致尊敬之态度,殊可感也。

哈同园主及庞青城君皆预备款留孙先生,孙先生因宝昌路住宅为都督府所备,又承法界工部局布置周至,故向哈同君庞君表明感谢之意。

孙先生此次来沪,极愿与沪上诸同胞握手相见,惟枉顾者不能一一接见,故拟定期择地开会,与诸同胞晤谈一室也。

《民立报》,1911年12月26日,第5页

《一九一一年十二月二十五至二十六日间与上海〈大陆报〉主笔的谈话》:

主笔:与君同来之日本人,果系何人?

孙:我不能举其名。吾有书记池君者,彼尽知之。

主笔:此辈皆陆军中人乎?

孙:不尽军人。

主笔:君带如许日本人。外间得毋有私议质问,待君之说明者乎?

孙:否。吾亦有英美人作伴,俱[惟]书记池君为日人耳。

主笔:君所带日人,与革命运动有关系乎?

孙:何意?

主笔:吾言此类日人,与组织民主政府有关系否?

孙:我不能言。要之,日人与我辈交谊,固自不薄。

主笔:君与日本政府有关系否?

孙:吾辈将与各国政府皆有关系。吾辈特建设新政府,岂不愿修好于各国政府?

主笔:君是否中国民主国大总统之候补者?

孙:我不能言。

主笔:郝门李君告我,君由十四省代表请至中国作大总统,其说然否?

孙:既李君如是相告,我不赞一辞。

主笔:君带有巨款来沪供革命军乎?

孙大笑:何故问此?

主笔:世人皆谓革命军之成败,须观军饷之充足与否,故问此。

孙:革命不在金钱,而全在热心。吾此次回国,未带金钱,所带者精神而已。

主笔:革命军中有内讧否?

孙:吾辈从无内讧之事。《大陆报》中或有言内讧者,吾党中无此事也。黎都督曾派代表十人来此致欢迎之意,各省亦然,更安得有内讧之事?

又报道:访事坚欲知日本人之姓名,孙言不尽记忆其姓名。并不愿嘱书记开列名单。……此次会谈,孙逸仙赞美黎元洪不绝,只言黎之为人乃西人所谓短小精悍者也。

《孙中山归国始末记》。中山大学历史系孙中山研究室等编《孙中山全集》第1卷,中华书局1981年版,第572～573页

△ 黎元洪通电各省,英美驻华公使担保武汉三镇不再作为战场。

《十一月初六日黎元洪致各省军事机关电》:

顷有英领事遣代表来言数次,谓已与北京美使出名担保,欲令武汉三镇不再作为战场。鄙意拟先提出四:一、敌兵须令全部退出武胜关以北。二、该军队退时,我兵不得追击。三、敌军各种辎重准其携回。四、两方面如有背约时,担保国须负责任。敝处本知此事奇诡,不宜置议。惟该领事言明日有人来探讯,须措辞回复,尊意对于此事何如?乞详加指示,迅即赐复,以便应付。

易国幹、宗彝、陈邦镇辑《黎副总统政书》第3卷,上海古今图书局1915年版,第12页

△ 奉天革命党人何宗齐等密谋在凤凰城起义失败。

尚秉和《辛壬春秋》:

十一月己巳,凤凰城铁路巡警局文牍何宗齐,诣县议事会,宣言受湖北军政府命来此,赞助独立,并言一切举动文明,不残杀也,如赞同者,明日悬白旗,会员允翌晨开会议决行之。未几营巡查栈,拘形迹可疑者二人,其一即宗齐也。统领马明德,询以革命何为?曰:欲流血。诘以治事宗旨,曰:文明。搜袴下得关东大都督蓝天蔚委任状一纸,明德以二人罪不至死,而县议绅谓彼辈徒党多,明日悬白旗,欲正其罪不能矣,即斩之。城东鸡冠山有小屯,旧为马贼屯聚处,闻党人颇招之,既斩宗齐,遣兵探视,讵已有数十人荷枪立,俟久之不鸣枪,近询其何为?曰:革命军。何人所使?曰:听局员何公之命耳。何不鸣枪?曰:我辈以文明自誓,忌残害同胞。乃迫令交械,驱入城中复斩之,都二十七人,此与河南之惨戮学生等矣。

尚秉和《辛壬春秋》第23卷,辛壬历史编辑社1924年版,第3页

△ 清出使俄国大臣陆徵祥、驻荷兰国大臣刘镜人等奏请清帝退位。疏入留中。

《宣统三年十一月初六日出使俄国大臣陆徵祥、出使和国大臣刘镜人致外务部请代奏电》:

国乱弥漫,愤慨无极。惟相持则渔将图利,患更不测。自古圣帝贤王类皆善应非常之

变,文王去邠,历史歌颂其不以养人者害人之义,至诚恻怛,卒以感应天人,并造岐阳数百年帝祚。后世帝学不昌,不忍小忿,卒无善策,徒启杀机。汉唐宋明,殷鉴可痛。方今运遭阳九,海内分崩,既时势之所趋,宜大计之速定。我朝龙兴东土,入主中原,本以明季寇乱,伐罪吊民,初非乘间图利。今既政变纷乘,人怀民主,似不如追踪太王,明诏父老,则先圣后圣德一道揆,既不以一人位号,涂炭海内生灵,仁人之报,利亦必溥。若强与时争,不幸蹈汉唐宋明覆辙,臣实私心窃痛。况或以内乱而召外侮,竟使两族同沦,恐不但圣明左右仍俯仰乾坤而无以自处,尤非所以广史册而对祖宗。谨披沥电陈,伏乞代奏。

宫中电报档。中国史学会主编《中国近代史资料丛刊·辛亥革命》(8),上海人民出版社1957年版,第154页

《宣统三年十一月初七日内阁奏片》:

查出使俄国大臣陆徵祥等电奏,语意趋重共和。以出使大员立论亦复如此,臣窃痛之。拟请留中,毋庸降旨。谨奏。

军机处折包档。中国史学会主编《中国近代史资料丛刊·辛亥革命》(8),上海人民出版社1957年版,第154页

△ 蔡锷致电贵阳都督、滇军入川梯团长谢汝翼,告以出兵援蜀,以戡蜀乱。

《蔡锷致贵阳都督电》:

贵阳军政府鉴:东,冬两电悉。荩筹甚佩。承推锷为北征都督,愧何敢当。北虏一日不摧灭,中原一日不肃清,北征之军,实不容缓。惟连接援蜀滇军电,成都于十月十九日宣布独立。端诛赵遁,蒲翁[朱]都督又因秋饷被戕,仇杀相寻,势益糜烂,可为悯念。近闻北虏又有窥秦、晋之势,恐潜师东出,与赵贼余党相联,以扼我军之吭,而拊鄂军之背,为患滋大。现仍拟以全力先戡蜀乱,巩固我军势力,恢复蜀土安宁,再图悉师北伐,庶北虏无窜扰之地,而我军无后顾之忧。尊意如何,尚希赐复。锷。鱼。印。

周钟岳辑,谢本书整理《天南电光集》。中国社会科学院近代史研究所、近代史资料编辑组编《近代史资料专刊·辛亥革命资料类编》,中国社会科学出版社1981年版,第161页

《蔡锷致谢汝翼电》:

幼密。俭电悉。川事糜烂,仇杀相寻。救民水火,实吾滇军天职。假令赵屠逃遁,川人能为统一机关,内保治安,外平土匪,则我军即可东下援鄂。今川人能力既不及此,不唯内部生民遭其涂炭,且恐北虏乘间袭取秦、陇,潜师东出,赵贼又招集余党与之相联,以扼我军之吭,而拊鄂军之背,后患何堪设想。故我军今日不能因蜀人宣告独立,遽尔歇手。凡其割据扰攘之地,我军必为之扫荡廓清,并择贤有司整理民政,以巩固我军势,恢复蜀土安宁。凡我兵力所及区域,一切官民均须隶我统治之下。其有顽强抵抗者,即以土匪看待,决不任其□□争雄,致碍大局。我军第二梯团早已出发,可抵昭通,李旅长亦将到威宁,俟师会齐,即可先收叙、泸一带为根据地,再图进取。此间计划,约略如此。至应如何布置,如何进行,希妥筹详告为盼。彭丞如着实可靠,即可委署叙守,兼摄宜宾,清我后路。余均照所拟办理。锷。鱼。印。

《援蜀滇军来复电稿》。曾业英编《蔡松坡集》,上海人民出版社1984年版,第110页

12月26日(十一月初七日)　孙中山在上海与黄兴、宋教仁、胡汉民、陈其美等会商组织临时政府方案。

《胡汉民自传》:

国内同志以先生既归,乃共谋建立政府,举先生为总统。时章炳麟、宋教仁已先在沪。章尝倡言若举总统,以功则黄兴,以才则宋教仁,以德则汪精卫,同志多病其妄。章又造为

"革命军兴,革命党消"之口号。盖章以革命名宿自居,耻不获闻大计。其在东京破坏军器密输之举,党未深罪之,章仍不自安,阴怀异志。江、浙之立宪派人,如张謇、赵凤昌、汤寿潜之属,阳逢迎之。章喜,辄为他人操戈,实已叛党。钝初居日本,颇习政党纵横之术,内挟克强为重,外亦与赵、张、汤化龙、熊希龄相结纳,立宪派人因乐之以进,宋之声誉乃骤起,故章炳麟才之。然终以党人故,克强不敢夺首领之地位,钝初始欲戴为总统,己为总理,至是亦不得不服从党议,然仍主张内阁制。以克强光复诸省,由革命军首领派代表者,悉同盟会党员,只直隶、奉天为非党员。选举及组织政府问题,当然由党而决,遂开最高干部会议于先生寓邸,讨论总统制与内阁制之取舍。先生谓:内阁制乃平时不使元首当政治之冲,故以总理对国会负责,断非此非常时代所宜。吾人不能对于惟一置信推举之人,而复设防制之法度。余亦不肯徇诸人之意见,自居于神圣赘疣,以误革命之大计。时列席者,为余与精卫、克强、英士、钝初、静江(张人杰)、君武、觉生(居正)等。静江率先对曰:善! 先生而外,无第二人能为此言者,吾等惟有遵先生之意而行耳。众皆翕然。

《胡汉民自传》,《革命文献》第3辑。中国社会科学院近代史研究所近代史资料编辑组编《近代史资料》,总45号,中国社会科学出版社1981年版,第54～55页

《公宴总理》:

总理回沪以后,各方咸来候教,有日不暇给之势。黄克强、陈英士两先生,尤昕夕不离。十一月二十四日[《日记》为十一月初七日],假哈同花园公宴总理。宋钝初自宁赴会。席次,克强与英士、钝初密商,举总理为大总统,分途向各代表示意,计已成。晚间复集总理寓所,会商政府组织方案。宋钝初主张内阁制,总理力持不可。克强劝钝初取消提议,未决。克强定期赴宁,向代表会商定。

居正《辛亥札记》。武汉大学历史系中国近代史教研室编《辛亥革命在湖北史料选辑》,湖北人民出版社1981年版,第171页

△ 各省代表会决议本月十日上午开选举临时大总统会,当选者电告袁世凯,如和议成立即当让位。

《十一月初七日南京代表团致黎元洪电》:

代表团决议于本月十日上午开选举临时大总统会,再由被选者电告袁内阁,如和议成立,即当避席。尊意如何,乞示。

易国幹、宗彝、陈邦镇辑《黎副总统政书》第3卷,上海古今图书局1915年版,第20页

12月27日(十一月初八日)　黄兴、宋教仁赴南京向各省代表会提议改历,政府取总统制,十日选举临时大总统。

居正《辛亥札记》:

黄兴、宋教仁乘转抵南京,驻丁家花园。晚间赴江苏谘议局代表会,提出三案:一、改用阳历。二、起义时以黄帝纪元,今应改为中华民国纪元。三、政府组织取总统制。经众讨论,第一、第二并为一案,全体赞成。惟民间习惯已久,当于阳历下注明阴历节候,通过成立。第三总统制与内阁制案,钝初犹持前议,讨论颇久,克强说明提案理由,多数赞成总统制,照提案通过矣。次由钝初提议,临时政府组织大纲既已决定,应即按照大纲选举临时大总统,隔日举行。翌日须令代表会秘书处准备一切,众无异议。

武汉大学历史系中国近代史教研室编《辛亥革命在湖北史料选辑》,湖北人民出版社1981年版,第171页

△ **唐绍仪致电袁世凯，吁请早开临时国会，公决国体。**

《宣统三年十一月初八日清议和总代表唐绍仪致内阁总理袁世凯电》：

急。北京袁宫保内阁总理大臣钧鉴：鄂。窃绍仪前准总理大臣咨开委充议和总代表等因，当即驰赴汉口。嗣因议和地方改在上海，复由汉乘轮赴沪，与各省民军总代表伍廷芳于十月二十八、十一月初一等日两次会议。迭将情形电达总理大臣在案。查民军宗旨以改建共和政体为目的，若我不认共和，即不允再行开议。默察东南各省民情，主张共和已成一往莫遏之势。近因新制飞船二艘，又值孙文来沪挈带巨赀，并偕同泰西水陆兵官数十员，声势愈大，正议组织临时政府，为巩固根本之计。且闻中国商借外款，皆为孙文说止外国，以致阻抑不成。此次和议一辍，战端再起，度支之竭蹶可虞，生民之涂炭愈甚，列强之分裂必乘，宗社之存亡莫卜。倘知而不言，上何以对皇太后、皇上，下何以对国民乎。绍仪出都时，总理大臣以和平解决为嘱。故会议时曾议召集国会，举君主民主问题付之公决，以为转圜之法。伍廷芳谓外省代表在沪本不乏人，赞成共和已居多数，何必再行召集。当时以东三省、直鲁豫及蒙回藏等处尚未派员，似非大公，折之，伍廷芳仍未允认。现在停战期限已促，再四思维，惟有吁请即日明降谕旨，命总理大臣颁布阁令，召集临时国会，以君主民主付之公议，征集意见，以定指归。其汉阳汉口等处所有兵队，并请饬下总理大臣传令各军统等一律撤退，以示朝廷与民相见以诚之意。绍仪自当懔遵阁令，与伍廷芳开议国会公决日期，及民军不得进攻条约，以期平和议结，早息兵争。使皇上公天下之心昭然共喻，则皇室必能优遇，宗祀得以永存。所有绍仪到沪议和情形暨请早召集国会缘由，谨披沥电陈。乞代奏。绍仪叩。齐。

军机处电报档。中国史学会主编《中国近代史资料丛刊·辛亥革命》（8），上海人民出版社1957年版，第222～223页

张国淦《辛亥革命史料》：

初五日深夜，唐嘱汪、魏来，约余往戈登路，唐言：若不承认共和，不能开议，已电袁内阁，袁主张亦困难，但在会议席上，又不能公然表示，奈何！余言：在武汉起义时，我曾有一说帖，召开国民大会，此时如以国民大会，讨论国体问题，代表人民公意，似尚不难解决。唐言：召集大会，须相当时日，又不敢言确有把握，奈何！余言：不必过虑，在今日共和已不成问题，此不过一种过程，在此过程中，一再酝酿，当有多方面凑合，得以达到目的，何妨与伍代表一商。唐沈思半晌言：确是好办法。唐告伍，伍亦欣然接受，当密电袁，袁覆电同意，故有初八日召集临时国会之电。

张国淦《辛亥革命史料》，龙门联合书局 1958 年版，第 292 页

12 月 28 日（十一月初九日）　**袁世凯奏请召集王公会议，请旨以决大计。同日裕隆太后发表懿旨，命召开临时国会，公决国体。**

《宣统三年十一月初九日内阁总理袁世凯等奏折》：

内阁总理大臣臣袁世凯等跪奏，为革军力主共和，代表请开国会，拟恳召集宗支王公会议，请旨以决大计，恭折仰祈圣鉴事：

窃自武昌事起，全国震动，祸机爆发，势成燎原。朝廷之德意屡宣，革党之气焰仍炽。汉口既下，海军继变。汉阳虽得，金陵复失。东南财赋之区，归其掌握。西北响应，各省骤难廓清。彼之根据愈坚，我则应接不暇。重以库帑告罄，贷款无从。购械增兵，均为束手。万不得已，勉从英使朱尔典之介绍，奉旨以唐绍仪为总理大臣代表，驰赴沪上，与革军代表伍廷芳会同讨论大局。一面互约停战，冀可和平解决，以纾生灵荼毒之惨，而免国家倾覆之忧。其

时，英使倡议，而日本、美、法、俄、德诸国亦先后赞成此举，谓有合乎人道主义。

乃近日以来，连接唐绍仪电称，迭与伍廷芳会议，伍廷芳极言共和不可不成，君位不可不去，并言东南各省众志佥同，断无更易，语甚激决。经臣世凯迭饬唐绍仪与之驳辩。而彼党深闭固拒，毫不通融，必我先允认共和，彼方肯开议条件。唐绍仪又电称，各国政府投书劝和，双方并题。彼党认为已以政府见待，其气愈增。即就劝和书观之，亦只期和平了结，并无不认共和之意。唐绍仪计无所出，苦心焦思，以为只有速开国民大会，征集各省代表，将君主共和问题付之公决之一法。其最近两次来电，略谓：彼党坚持共和，不认则罢议，罢议则决裂，决裂则大局必糜烂。试思战祸再起，度支何如？军械何如？岂能必操胜算。万一挫衄，敌临城下，君位贵族岂能保全，外人生命财产岂能保护，不幸分崩离析，全国沦胥，上何以对君父，下何以对国民。如召集国会，采取舆论，果能议决仍用君主国体，岂非至幸之事。就令议决共和，而皇室之待遇必极优隆，中国前途之幸福尚可希望。孰得孰失，情事较然。若再延缓，祸害立至等语。又称：现计停战之期仅余三日，若不得切实允开国会之谕旨，再无展限停战之望，势必决裂，惟有即日辞去代表名目，以自引罪等语。

臣等接阅之下，忧心如焚。内察民情，外观大势，实偪处此，无可转圜。言和则词说已穷，言战则饷械两绌。即俯如唐绍仪国会公决之请，而用正当选举之法，选合格代表之人，其手续与时期均非旦夕所能蒇事。革党迫不及待，尚不知能否听从，而决定如何政体亦难预料。事关存亡解决，非阁臣所敢擅专。惟有吁恳召集宗支王公，速行会议，请旨裁夺，以定大计。

臣等奉职无状，政策不能取信于民，抚衷惭惧，罔知所措，不胜忧惶待命之至。理合恭折会陈，伏乞皇上圣鉴训示。谨奏。

宣统三年十一月初九日内阁总理大臣臣袁世凯、署外务大臣臣胡惟德、民政大臣臣赵秉钧、署度支大臣臣绍英、学务大臣臣唐景崇、陆军大臣臣王士珍、署海军大臣臣谭学衡、司法大臣臣沈家本、(感冒)署农工商大臣臣熙彦、署邮传大臣臣杨士琦、差理藩大臣臣达寿。

军机处折包档。中国史学会主编《中国近代史资料丛刊·辛亥革命》(8)，上海人民出版社1957年版，第224～226页

《宣统三年十一月初九日懿旨》：

内阁代递，唐绍仪电奏"民军代表伍廷芳坚称人民志愿，以改建共和政体为目的"等语。此次武昌变起，朝廷俯从资政院之请，颁布宪法信条十九条，告庙宣誓，原冀早息干戈，与国民同享和平之福。徒以大信未孚，政争叠起。予惟我国今日，于君主立宪、共和立宪二者以何为宜，此为对内对外实际利害问题，固非一部分人民所得而私，亦非朝廷一方面所能专决，自应召集临时国会，付之公决。兹据国务大臣等奏请召集近支王公会议，面加询问皆无异词，著内阁即以此意电令唐绍怡转告民军代表，豫为宣示，一面由内阁迅将选举法妥拟，协定施行，克期召集国会。并妥商伍廷芳彼此先行罢兵，以奠群生而弭大难。予惟天生民而立之君，使司牧之，原以一人养天下，非以天下奉一人。皇帝缵承大统，甫在冲龄，予更何忍涂炭生灵，贻害全国，但期会议所决，以国利民福为归。天视民视，天听民听。愿我爱国军民，各秉至公，共谋大计，予实有厚望焉。

沈云龙主编《近代中国史料丛刊·宣统政纪》第67卷，文海出版社有限公司1989年版，第11～12页

张国淦《辛亥革命史料》：

据徐世昌言：唐电到后，袁约余(徐自谓)计议，认为国体共和，已是大势所趋，但对于宫廷及顽强亲贵，不能开口，若照唐电召开国民大会，可由大会提出，便可公开讨论，亦缓脉急

受之一法。乃由余先密陈庆邸,得其许可,袁即往庆处计议,当约集诸亲贵在庆处讨论(载泽未到),决定赶由内阁奏皇太后召集王公大臣会议。次早,皇太后据内阁奏召集近支王公会议,庆邸首先发言,毓朗、载泽表示不赞成,然亦说不出理由,其余俱附庆议。于是允唐所请,当即下召集临时国会之谕。

张国淦《辛亥革命史料》,龙门联合书局1958年版,第294页

△ 外蒙古活佛哲布尊丹巴呼图克图在库伦称帝。

《宣统三年十一月初五日程大业自买卖城致邮传部电》:

邮传部堂宪钧鉴:蒙官传谕商华,本月初九活佛登宝,凡属蒙界均着悬彩,备礼庆贺等语。靓此情形,蒙佛目下正在潜心独立,若以儒人劝导,实非易易。察其内容,政权暗操俄人掌握。欲挽回大局,若俄人不干预外,非用兵事,势难开导也。特此奉闻。程大业叩。微。

军机处电报档。中国史学会主编《中国近代史资料丛刊·辛亥革命》(7),上海人民出版社1957年版,第299页

《驻库伦代理领事致远东司司长卡扎阔夫的报告》:

新政府的能力在初期当然是难于判断的。但迄今库伦的居民一直保持着秩序和平静,看来蒙人在竭力消除引起争端的一切口实。因此直至目前库伦地区未放一枪,未流一滴血。

事变后王公们立即派了一名官员前往买卖城接替扎尔固齐,他在此以前已得到三多的有关电示,毕恭毕敬地办了移交,然后到恰克图去了。当时还派遣了急使带着喀尔喀自治公告和蒙人接管中国行政机关的提案前往乌里雅苏台、科布多等地。

目前库伦除了投诚的中国军队外,尚有五百名左右蒙兵。在蒙古金矿公司的金厂和恰克图执行任务的中国士兵,一回到库伦就被自己的同伙缴了械,加入了他们的行列。蒙兵用刚在库伦找到的各式武器(有旧式的别旦式枪、火石枪、毛瑟枪,有从中国兵手里缴获的盒子枪)武装了起来。拟于12月16日{29日}宣布活佛为喀尔喀皇帝。喀尔喀各汗和王公应前来参加庆祝。宣布仪式大约将按照成吉思汗王朝最初几个汗时期的蒙古古风来进行。谨报告如上,同时将此报告副本送呈帝国驻北京代办。

陈春华译《沙皇攫取蒙古——俄国外交文件选译》。中国社会科学院近代史研究所近代史资料编辑组编《近代史资料》,总37号,中华书局1978年版,第131~132页

编者按:《驻库伦代理领事致远东司司长卡扎阔夫的报告》中日期为俄历,大括号内日期为公历。

12月29日(十一月初十日)　十七省代表在南京召开选举临时大总统会议,孙中山当选中华民国临时大总统。

居正《选举总统》:

午后一时,各代表齐集会场。是日由浙江代表汤尔和主席,湖南代表谭人凤自湖北赶入会场,精神百倍,登台报告武昌防守经过,众鼓掌欢迎。下台时向余耳语曰:"尔为湖北代表,总统宜举黎元洪,副总统宜举黄兴。"余颌之。少焉,主席报告开会,命秘书长宣读上次通过临时政府组织大纲,今日按照大纲选举临时大总统。计到会有十七省代表,每一省代表无论若干人,推一代表书一票,选举人不记名,众无异议。命秘书散票。谭老先生大声曰:"湖南代表票给我。"秘书与之。以次投票毕,由主席指定监票人开票,结果孙文得十六票,黄兴得一票,合十七票,而不及黎元洪。可见当日会场多数代表之心理,虽多不属同盟会会员,而尊重同盟会之系统,并承认辛亥革命完全为同盟会主动,则昭然若揭矣。

居正《辛亥札记》。武汉大学历史系中国近代史教研室编《辛亥革命在湖北史料选辑》,湖北人民出版社1981年版,第172页

刘星楠《辛亥各省代表会议日志》:

十一月初十日　山西代表景耀月、李素、刘懋赏,陕西代表张蔚森、马步云、赵世钰,江苏代表袁希洛、陈陶遗、雷奋、马良,安徽代表许冠尧、王竹怀、赵斌,江西代表林森、赵士北、俞应麓、王有兰、汤漪,浙江代表汤尔和、黄群、陈时夏、陈毅、屈映光,福建代表潘祖彝,广东代表王宠惠、邓宪甫,广西代表马君武、章勤士,湖南代表谭人凤、廖名搢、邹代藩、刘揆一、欧阳振声,湖北代表马伯援、杨时杰、王正廷、胡瑛、居正,四川代表萧湘、周代本,云南代表吕志伊、段宇清、张一鹏,山东代表谢鸿焘、雷光宇,河南代表李槃、黄可权,直隶代表谷钟秀,奉天代表吴景濂到会,由议长汤尔和主席。监选员刘之洁(是日监选员,原定程德全、徐绍桢二人,因风闻是日有人在会场投掷炸弹,故均于初九日逃避赴沪),监视先开推举票,揭示被推为临时大总统候补者三人如下:孙文、黎元洪、黄兴。各省代表投票选举临时大总统,每省一票,到会代表十七省,共计十七票。投票结果如下:孙文得十六票,满投票总数三分之二以上,当选为临时大总统。

中国人民政治协商会议全国委员会文史资料委员会编《辛亥革命回忆录》第6集,文史资料出版社1982年版,第252页

《孙文为刻日赴宁就职事致各省都督等电》:

各省都督、军司令长鉴:以诸公力战经营,光复神壤,文得受赐归国,且感且惭。今日代表选举,乃认文为公仆,自顾材力,诚无以当。惟念北方未靖,民国初基,同济艰难,国民有责,文敢不黾勉从诸公之后?当刻日赴宁就职,先此奉闻。孙文叩。

南京各省代表诸公鉴:电悉。光复中华,皆我军民之力,文孑身归国,毫发无功,竟承选举,何以克当?惟念北方未靖,民国初基,宏济艰难,凡我国民,具有责任。诸公不计功能,加文重大之服务,文敢不黾勉从国民之后?当刻日赴宁就职,先此敬复。孙文。

《民立报》,1912年1月1日,第2页。上海社会科学院历史研究所编《辛亥革命在上海史料选辑》,上海人民出版社1981年版,第932页

△ **孙中山致电袁世凯,表示对总统职务仅“暂时承乏”。**

《孙中山致袁世凯电》:

北京袁总理鉴:文前日抵沪,诸同志皆以组织临时政府之责相属。问其理由,盖以东南诸省,久缺统一之机关,行动非常困难,故以组织临时政府为生存之必要条件。文既审艰虞,义不容辞,只得暂时担任。公方以旋乾转坤自任,即知亿兆属望,而目前之地位,尚不能引嫌自避,故文虽暂时承乏,而虚位以待之心,终可大白于将来。望早定大计,以慰四万万人之渴望。孙文。蒸。

《民立报》,1911年12月31日。中山大学历史系孙中山研究室等编《孙中山全集》第1卷,中华书局1981年版,第576页

△ **孙中山以当选总统事电告黎元洪,并致殷勤之意。**

《孙中山致黎元洪电》:

武昌举义,四海云从,列国舆论歌颂民军无微不至,而尤钦佩公之艰苦卓绝。文于中国革命虽奔走有年,而此次实行并无寸力,谬蒙各省代表举为总统,且感且愧。惟有勉为其难,以副公之盛意。武汉为全国之枢纽,公之责任维艰,伏维珍重。

易国幹、宗彝、陈邦镇辑《黎副总统政书》第3卷,上海古今图书局1915年版,第24页

△ **各省代表会决议各省来宁组织参议院**。

刘星楠《辛亥各省代表会议日志》:

十一月初十日。议决:通电各省都督府,请每省选派参议员三人来宁组织参议院;参议员未到院以前,由本省代表暂留一人乃至三人,代行参议员职务。

议决:照临时政府组织大纲,参议员系由各省都督府所派,至各省谘议局所派代表,仍称某省代表,得列席于参议院。

中国人民政治协商会议全国委员会文史资料委员会编《辛亥革命回忆录》第6集,文史资料出版社1982年版,第252~253页

《各省代表会致电各省都督府》:

现临时政府依次成立,代表责任已毕,立须组织参议院。据临时政府组织大纲,参议院由每省都督府派遣参议员三人组织之,即请从速派遣参议员三人付与正式委任状,克日来宁,参议员未至以前,每省暂留代表一人以至三人驻宁,代理其职权。再参议员须择精通法政及富经验者,特此奉闻。

《民立报》,1911年12月31日,第2页,紧要电报

△ **唐绍仪、伍廷芳举行第三次会议,议定开国民会议解决国体等条款,并提案优待皇室条件**。

《宣统三年十一月初十日清议和总代表唐绍仪致内阁总理袁世凯电》:

北京袁宫保:鄂。谨将今午议定条款四条列呈于下:一、现在两全权代表会议,图解释猜疑,以安大局,特订定条款如下。二、开国民会议解决国体问题,从多数取决,决定之后,两方均须依从。三、国民会议未解决国体以前,清政府不得提取已经借定之洋款,亦不得再借新洋款。四、自十一月十二日早八时起,所有山西、陕西、湖北、安徽、江苏等处之清兵,五日之内一律退出原驻地方百里以外,只留巡警保卫地方。民军亦不得进占,以免冲突。俟于五日之内商妥退兵条款,按照所订条款办理,其山东、河南等处民军已经占领之地方,清军不得来攻,民军亦不得进取他处。以上四条已议定签押,乞查照,并电饬各军队遵照。仪。蒸第五电。

军机处电报档。中国史学会主编《中国近代史资料丛刊·辛亥革命》(8),上海人民出版社1957年版,第227页

《第三次会议录》(辛亥十一月初十日):

唐:昨夜得袁内阁之令,嘱我洽商阁下,招集国民会议,决定君主、民主问题。

伍:如何招集?

唐:停战期限将满,请自今以后,彼此罢兵,今日须商量罢兵之方法。

伍:宜先定条款,以安人之心,今提出条款如下。

唐:条款太多,宜分数日,第一条允,第二条请阅山西电报。

伍:太原之事如何,宜确保无其事否,彼此各执一词。

唐:山西都督已逃,太原无人管理。

伍:所闻不确。

唐:所开七条,未免太多,不能于一日内办完。

伍:君意如何?

唐:国民会议,将来必为共和,今所商者,办法第一条已允,第二条再商。

伍:何如?

唐:第二条改为民军、清兵于十一日起七日之内,一律罢兵,不可再生冲突。

伍：不如此不能安各人之心。

唐：宜改为商量退兵之事，此七日内，一律罢兵，不可冲突，以后不必再有战事。

伍：彼此驻兵太近，易生冲突，故宜退出境外，民军不进袭，方可免战。

唐：一律退出境外，则地方无人节制，如山西都督已逃，谁为管理乎？

伍：停战不如退兵。

唐：退兵须商之军队，问其作何退法，故宜于七日之内，商量退兵之法。盖退出境外之后，无兵驻守，则乱事必起也。那王为二十四旗总代表，谓须随皇帝为去留，故各位宜留心此意。

伍：自然。

于是议提案各件改定如下：

一关于皇帝之待遇

一、以待外国君主之礼待之。

二、退居颐和园。

三、优给岁俸，数目由国会定之。

四、陵寝及宗庙听其奉祀。

五、保护其原有私产。

二关于满蒙回藏之待遇

一、一律与汉人平等。

二、保护其原有之私产。

三、先筹八旗生计，于未筹定八旗生计以前，原有口粮暂仍其旧。

四、从前营业之限制，居住之限制，一律蠲除。

五、所有王公等爵，概仍其旧。

观渡庐《共和关键录》第1编，文海出版社有限公司1989年版，第16～19页

△ 成都军政府与重庆军政府接洽，谋全川统一。

《十一月初十日成都军政府致重庆军政府电》：

张、夏两都督鉴：此间宣告独立之后，叠奉钧电，正似[拟]复陈种切，遽遭十月十八日之变，蒲、朱两君去职，昌衡、纶以军民敦迫，勉出承乏，幸军心渐固，闾阎稍就安堵。月之初三日，赵逆授首，旗兵旋即缴出枪械。独立大业，从兹益固。治祥适自渝返，具述贵都督及渝人士协商统一盛意，足见大公无私，纯为大局起见，无任钦佩。迩者州郡纷纷独立，全蜀分裂，昌衡、纶等正日夜筹思，以为保全和平之道，非将军事、财政诸大端，悉归划一，实不足捍御外侮，与尊处意旨，适相符合，何幸如之。兹将统一两军政府办理事件，略陈其要：（一）以成都为四川军政府中枢。（二）重庆应置重镇，设镇抚使一人，领兵一镇。（三）据纶意见，拟以成都正都督为四川正都督，重庆正都督为四川副都督。（四）两处副都督，拟任以重庆镇抚使，或枢密院长，及军事参议院院长。（五）各部长次官，合两地人才组织之。（六）两军政府所派安抚宣慰使，应彼此速将合并之事知会，使互相连合，各以接触地为职务终了地。以上各件，如贵军政府以为可行，即希先赐电复，并一面组织镇抚府，一面请都督及各职员各同志迅速来省组织新政府，俾诸要得以次第施行，地方早就安谧，全蜀幸甚！中华幸甚！尹昌衡、罗纶、张治祥、董修武、王绮昌、龙灵、邓孝可、童宪章、龙绍伯、杨维、李植、刘永阎等叩。

《革命文牍类编》第7册，电报类。隗瀛涛、赵清主编《四川辛亥革命史料》上，四川人民出版社1981年版，第622页

《1912年1月5日总领事务谨顺致朱尔典爵士函》:

我荣幸地附上成都军政府于去年12月29日拍发给重庆军政府的一份电报的译文,其中包含关于合并该两个军政府的建议。

该电建议说:成都应当是四川共和政府的所在地,但应派一名高级官员以镇抚使的名义驻在重庆,担任该地一镇或一万名驻军的首领。目前此地的都督尹昌衡应被承认为四川全省的都督。现今重庆方面的都督张培爵应成为四川统一后的副都督,而罗纶和他的同辈重庆副都督将被任命为镇抚使,或枢密院长,或军事参议院长。各部部长及副部长应由两地的人材中秉公选拔。

看来似乎是重庆方面首先发动合并的。如果情况是这样,那么,两地军政府的合并既然是人们为了这个混乱省份的和平而极为向往的,也许会获得良好的结果。

胡滨译《英国蓝皮书有关辛亥革命资料选译》(上),中华书局1984年版,第425页

12月30日(十一月十一日) **唐绍仪、伍廷芳举行第四次会议,议决国民会议召开办法。**

《民立报》:

本次会议,议定国民会议产生方法四条,规定每省代表三人,直、鲁、豫、甘、新及东三省,由清廷发电召集;其余各省由民国政府发电召集。

其办法如下:一、国民会议由各处代表组织,每一省为一处,内外蒙古为一处,前后藏为一处。二、每处各选派代表三人,每人一票,若有某处到会代表不及三人者,仍有投三票之权。三、开会日期,如各处到会之数有四分之三,即可开议。四、各处代表除直、鲁、豫、甘、新及东三省代表由清政府召集,蒙古、西藏由民、清二政府分电召集外,均由中华民国政府召集。

《民立报》,1911年12月31日,第五页,新闻

《第四次会议录》(辛亥年十一月十一日):

唐:昨日之电,袁内阁回电云:汉阳一带辎重太多,五日之内恐不能尽退出,已发退兵之命令,未知能如期退尽否?皖北电报不通,须托民军代递。停战期内借洋款,不为军用何如?

伍:外人亦不能允许。

唐:有京汉铁路可为抵押。

伍:险。

唐:有军队五万,无饷如何发付?

伍:可以解散,因今已不战矣。

唐:今可不必解散,此皆将来共和国之兵也。

伍:有巡警可以保卫地方,且所谓兵者,果何等兵乎?

唐:汉兵为多,惟第一镇与禁卫军皆旗兵耳。

伍:禁卫军可解散。

唐:八旗军饷,一个月内须三十万元,即此一端,可知无债不能济急,君意何如?只借少数,不借多数,且两方均须借债也。例如借贷五百万,两方分用,一方二百五十万,则彼此皆可作为保全地方之用矣。

伍:军队何时尽退,宜有限期。

唐:须问军人。

伍:续提议。

唐:会场在上海,蒙、回、藏全体反对,宜在北京。

伍:万万不能。如此,则无庸议。

唐:汉口如何?

伍:不如在上海,交通便利,会场易择,行旅皆安,万国消息灵通,且两全权与各代表接洽亦易,故以上海为最宜。

唐:今者中国已变为共和政体,但无明文耳,故关于皇室之待遇,宜先宣布,以安其心。

伍:此办法我早已研究,仿日本待朝鲜之例,何如?

唐:以外国君主之礼待之。

伍:可。

唐:如新中国定都北京,则宜以颐和园居之,有云热河者,甚不便,因偏僻故也。

伍:请开条款。总之,清帝让位,则诸事易商。若定都北京,有宜有不宜者,宜者,不使满人得以窥伺,不宜者,则使馆等难迁移。

唐:若迁都南方,则有弃北方之嫌,今蒙、回、藏地广且博,不宜使之自疑,且恐外国得窥伺也。

伍:此问题与今日会议无涉。

唐:若不迁都,则颐和园可令废帝居住。

伍:北京可为行都。

唐:俄领事言,民军欲定都南京,我答以不知,然此可见外人注意之意也。日本副领事こリッ氏来访,言停战之事,我言彼此商量罢兵,曾有书致君否?

伍:我前曾有书责成内田外务大臣云,前令领事六国领事宣言,不愿继续战争,今又言阻止我国改建民主,有此事否,如其有之,请明白宣布,否则将来战事,皆贵国酿成之。

伍:续议国民会议之事。

唐:汉阳事,宜通知黎元帅。

伍:可。

唐:借款事如何?

伍:欲借几何?

唐:两方可用。

伍:我不须钱。

唐:君宜为中国计。

伍:为战备乎? 为治安乎?

唐:为治安。

伍:允我等派人往查否?

唐:可请派人往查,即知不为战备也。

伍:如是则可通融。

唐:会场如何?

伍:决不能在北京。

唐:袁内阁电,不愿在上海,故我意欲往汉口。

伍:汉口不便。

唐:威海卫如何?

伍:无谓之至:(一)无会场;(二)无旅馆,非善地也,不如香港。

唐:宜择适中之地。

伍:香港甚妙,使北方人大开眼界也。

唐:烟台何如?

伍:亦不可。因烟台曾于全权时有人伤毙人命,如昨电云云也。

唐:威海卫何如?

伍:偏僻之地,无人注意,为人所笑,不择四通八达之地,而愿在偏僻之区,如之何其可,故莫如上海。上海会议,和议数次,甚为平静,故上海实可安心之地也,袁何必过虑。

唐:袁意宜择适中之地,且不近兵之地。

伍:香港更妙。

唐:香港更远。

伍:与兵远,不尤善耶?

唐:汉口为最宜。

伍:汉口焚杀之后,人人皆有恶感。

唐:如是,则共和政体成立更速。

伍:汉口不近兵乎?

唐:无之,我料投票必为共和,但形式上事耳。

伍:一家之事,何必如此执争,今日之事,将近成功,不如以上海为便也。

唐:第三条云……宜先定地方……可以讨论。

伍:第三条云何。

汪答:唐无词。

唐:到会省分有三分之二以上,即可开议。

伍:此会议通例也。

唐:今为特别之事,宜全数同意。

伍:不能以一二省之故,而不开议也。

唐:然则可以随时开会矣。

伍:有会期也。

唐:三分之二未免太少,举总统亦不如是草草。

伍:加"开会之日如"五字何如?

唐:蒙古不能谓之省。

伍:加藩字。

唐:山东、河南、蒙古、西藏,何以须两面分电召集。

伍:因该处无服从清政府之意思,且已有革命军占领之区域也。

第一条通过。第二条通过。

唐:山东、河南有两巡抚,不如由清政府发电召集。

伍:通知诸议何如?

唐:可。

观渡庐《共和关键录》第1编,文海出版社有限公司1989年版,第19~25页

△ 临时大总统孙中山接受上海《大陆报》记者采访,谈组织新政府诸事。

《与上海〈大陆报〉记者的谈话》:

先生曰:初十日南京选举大总统,鄙人几得全票。今已接受大总统职,日间将赴南京举行接任式,并组织新政府。

记者问:中国此后尚须几时能恢复旧观?

先生答:只须数月而已。国会必将赞成民主,固不容疑。现在伍、唐两君之会议,已非议和,盖满清必须完全服从民军也。全国商务即日可望恢复,尤以外国商务较为神速。

记者问:新政府成立后,外国商务可望加增否?

先生答:至少可望加增百倍。

先生曰:鄙人苦心经营革命事业,盖已二十余年于兹矣。其始无甚效果,至三四年后,始渐有眉目。三年前已商定广州、武昌、南京等处同志起事,旋以北京兵士尚未通声气,遂展期起义。迄至甲午中日战后,北京政府自知兵力衰落,决计整顿陆军,派遣学生出洋,学习陆军,吾党自问若不与此项学生联络,必不能达到吾党之目的。遂即设法联合,以便日后回国通连一气。吾党固已定期起事,然本不欲如武昌之急促。广州今、前两年,曾两次起事。故吾党不得不乘机起义,不然恐无机会,是以有今日之现象,倘若待吾党布置完备,依时崛起,即一呼可得广州、武昌、南京三巨镇,并可联合大军,直捣黄龙,不费战争,可定大局。

记者问:新政府拟须行何种新政?

先生答:请待内阁组成后,自有明文。南京新政府毋庸建设华丽宫殿,昔日有在旷野树下组织新政府者,今吾中华民国如无合宜房宇组织新政府,则盖设棚厂以代之,亦无不可也。

上海《天铎报》,1912年1月1日。中山大学历史系孙中山研究室等编《孙中山全集》第1卷,中华书局1981年版,第581页

△ **中国同盟会在上海开临时会议,发表《中国同盟会意见书》。**

《中国同盟会意见书》:

本会以异族僭乱,天地黪黩,民不聊生,负澄清天下之任,使朱明之绪不绝,太平之师不熸,则犹是汉家天下,政由己出,张弛自易。又群治之进,常视其民品之隆污以为之衡,故本会主义,于民族之后,次之以民权民生。三者之中,驱于时势,差有缓急,而所以缮美群治之道,则初无轻重大小之别,遗其一则俱敝,举其偏则两乖。吾党之责任,盖不卒于民族主义,而实卒于民权、民生主义。前者为之始端,后者其究极也。八年以来,义声所感,智能辐辏,分会成者数十,吾党足迹遍于天下。武汉事兴,全国响应,匝月之间而恢复两都。东至于海,南及闽粤,风云泱动,天下昭苏。当此千载一遇之会,得驰骤其间,为主义效其忠,为社会尽其瘁,亦吾党穷欢极乐之时哉!

惟吾党之众散处各地,或僻在边徼,或远居海隅,山川修阻,声气未达,意见不相统属,议论歧为万途。贪夫败类,乘其间隙,遂作莠言,以为簧鼓。汉奸满奴,则复冒托虚声,混迹枢要。上者于临时政府组织之际,其祸乃大著,此皆吾党气息隔阂,不能自为联系,致良恶无从而辨,薰莸同于一器。星星之火,可以燎原,其为害于本会者犹小,害于民国者乃大。则本会之造成灵敏机关,剔弃败类,图与吾军政府切实联络者,此今日之急务也。而汉阳复失,虏巢尚在,胜败之数,未能逆料。设一旦军心瓦解,民气销沉,当此千钧一发之时,则冒锋镝、捐肝脑,为前驱以争其最后者,舍吾党其谁属?非好为此不祥之言以相惊恐,书不云乎:"两军对峙,心哀者胜。"亦黔弱之民见理不真,情感未固,无足恃耳。是吾党当亟为一致之行,操必死之决心,秣马厉兵于铁血中,而养其潜势力以为之后盾,巩固基础之道,舍是宁有愈哉!若夫虎啸而谷应,风起而波涌,物类之善于感召,人则亦然。军兴以来,智勇之士,雄骏[俊]之伦,

与时俱起。廊庙之上,战阵之中,所需正急。吾党宜广益其结纳,罗致硕人,以宏其力。惟必先自结合,以成坚固不破之群,势已厚集,则来附者自多,密阴之树,众鸟归之,大风之会,群音奏之,必然之势也。上说数事,其端至浅,不必深思远识之士而能知之。

是则本会之改造,与吾党之联合,固逼于利害,忍而不能舍者。而吾党偏怯者流,乃倡为"革命军起,革命党消"之言,公然登诸报纸,至可怪也。此不特不明乎利害之势,于本会所持之主义而亦懵之,是儒生阘茸之言,无一粲之值。言夫其事之起,则此晚近之世,吾党之起于各省者屡矣,又何待于今日?言夫其成功,则元凶未灭,如虎负嵎,成败未可预睹。曰成矣,而吾党之责任岂遂终此乎?中心未遂,盟誓已寒,义士所不忍为。吾党固非仅操民族主义者也。

夫聚人以为群,群之盛衰,则常视乎其群之人以为进退,国之群大于部落,亦犹是群也,故国之兴衰治乱,视其民而知焉。国之藉以胶固之者,其力常在于民,主治者其末矣。脆弱之群,得贤明之元首,非不足以维持其态度于一时,然其敝也,则终至失其扶衰集散之力。西方之人其心幻中有天国,庄严华妙,而居之者皆天人。盖欲造神圣庄严之国,必有优美高尚之民,以无良民质则无良政治,无良政治则无良国家。吾见夫人权颓敝者,其民多恭[萎]弱,祸害倚伏,无由而绝。国之与民因果相环,往往为常智之所忽,其端至微,乌可以语卤莽躁急者哉?则吾党所标三大主义,由民族而民权民生者,进行之时有先后,而欲造成圆满纯固之国家,以副其始志者,则必完全贯彻此三大主义而无遗。即吾党之责任不卒之于民族主义,而卒之于民权民生主义者,则固无庸疑也。外间谣诼,有谓吾党将以天下为己私者,盭夫嫉媢之言,已宣言以匡其谬,并以使邦人诸友知吾党之真意,而袪其疑惑,引舆论为一途,亦吾党进行上不能已之事。

今者总理归来,本会因地之便,集沪居各省职员开临时会议,举如上所说,请之总理相为讨论。谨因缘旧制,略事变更,定为暂行章程,以求顺乎时势。俟民国成立,全局大定之后,再订期开全体大会,改为最宏大之政党,仍其主义,别草新制,公布天下。于戏!昆仑之山,为黄河之源,浑浑万里,东入于海,中有伟大民族,代产英杰,以维其邦国。吾党义烈之士,对兹山河,雄心勃郁,其亦力任艰巨,以光吾国而发挥其种性乎!铜像巍巍,高出云际,令德声闻,流于无穷。吾党其勉之哉!

上海《天铎报》,1912年1月2日。中山大学历史系孙中山研究室等编《孙中山全集》第1卷,中华书局1981年版,第577~579页

△ 袁世凯连电唐绍仪,称国民会议须在北京召开,不同意代表选举办法;并不承认唐使所签协议。

《内阁致唐绍仪电》:

定选举法、在北京开会均属必要。无论君主共和,皆以图国利民福、永远治安为目的,兹当解决国体之时,必须普征全国人民意思,以为公断,自应用各国普通选举之法,选出国会议员,代表全国人民意思而议决之,始能收效。倘以数少之代表人,草率议决,实与专制无异,各省及各藩属军民,决不公认,必至再起争端,殊乖和平解决之本旨,此必须定选举法之理由也。如民军虑本政府藉此为迟期备战之计,则退兵条款,现已订明,于五日内妥订实行,断无违约之理。至必在北京开会之理由有三:(一)北京久为中央政府地点,而民军完全统一之政府,尚未成立。(二)按全国道里,以北京为相距适中之点,而蒙回各属人民,远赴上海未必肯去。(三)各国公使驻北京,万国具瞻,可昭大信,非上海一隅之地,所能并论。以上各节,务

望坚持。真。

又电称：真五电悉。本日已迭次声明，必须将选举法妥拟协定，并由阁电声明，讨论权限，承示签定代表人数四条，断无效力，本大臣不能承认，请取销，另向伍代表照迭次阁电妥议，以昭信用。内阁。真。

郭孝成《中国革命纪事本末》第3编，商务印书馆1912年版，第13页

△ 清廷命变卖旧存瓷器，以筹军饷。

《宣统三年十一月十一日上谕》：

总理大臣署度支大臣片奏"库空如洗，军饷无着，请将盛京大内、热河行宫旧存瓷器发出，变价充饷，以救目前之急"等语。著照所请。

沈云龙主编《近代中国史料丛刊·宣统政纪》第67卷，文海出版社有限公司1989年版，第14页

12月31日(十一月十二日)　唐绍仪、伍廷芳举行第五次会议，提议国民会议十一月二十日在上海召开。

《会议录》(十一月十二日)：

一、山西、陕西，由两政府派员会同前往申明和约。

二、张勋屡次违约，且纵兵烧杀奸掳，大悖人道，唐代表允电达袁内阁查办。

三、皖、鄂、山、陕等处，清军五日之内退出原驻地方百里以外，只留巡警保卫地方，民军亦不得追袭，须由两方军队签字遵守。

四、伍代表提议国民会议在上海开会，日期定十一月二十日，唐代表允电达袁内阁，请其从速电复。

五、上海通商银行日前收存南京解来银约一百万元，现在两代表拟定将此项拨出银二十万元，交与华洋义赈会，为各处灾区义赈之需。

《第五次会议录》(辛亥年十一月十二日)：

伍使：提议山陕两处，宜由两方派人会同前往，申明和约。

唐使：赞成。

伍：山西一人，陕西一人，此处派定后再行通告，会同前往。

唐：昨日所论借债事如何?

伍：君意如何借法?

唐：先请言之。

伍：现时通商银行，由南京造币局运来此款，两方皆不能提，可由两方同签名往提，民军三分之二，清政府三分之一。

唐：各取其半何如?

伍：欲取三分之二。

唐：君处钱多。

伍：省份多，所用钱亦多。

唐：北方非外国地，民国宜视同一律。

伍：只今尚相敌视，故不放心。

唐：今已为一家矣。

伍：诚然。然清廷分界限甚严，张勋宜视为匪徒，以其形同强盗也。昨得浦口来信，北段

路既时时运兵,南段路亦时时使用,张勋以强力夺去车头及车数十辆,绝无情理可说,二百余里之路,我军用者只九十余里,奸淫掳掠,形同强盗,故不能不惩治之。即清军亦不能承认为军人也。长庚亦然。清军所需之款,可否开一清单见示。

唐:袁言最重旗饷,每月须三十万以上。

唐:清政府不信我,我只可辞职。凡我所答应之事,必清政府能为之,我乃能诺,不然,我只可辞职也。清政府诘我何为北军退南军不退,我答言南军多本地人,向何处退去。每处三人,彼亦不以为正式,嘱与伍代表商量办法。开会在上海,彼极不赞成。

伍:我等以用平和办法矣。

唐:袁氏之意,以为北方未肯承认,以此等为非正式的办法也。

伍:何云不正式?

唐:君须知我之为难。

佐:彼此全权代表签字之后,如再欲反对,是为违理,为天下所笑。

唐:我办不到,只可辞职。即如退兵,彼言尚未知会军人,陈小石参我。

伍:我等派兵北伐,看他敢参否。陈小石糊涂人,前在澳[奥]国租界捕拿七人,杀一人,我与领事交涉。

伍:南京代表团来电,不认国民会议,故我亦为难,至于极地。然我有全权代表,即可以全权行事也。我等所商量者,并非不正式,君既为全权代表,彼不能不承认也。

唐:通商银行所存百万,彼此签字,四六均分,今晚发电往问。

唐:大清银行亦有存款。

伍:不可即提。

唐:四十万元一日即尽,旗兵饷多未发。

伍:内帑甚足。

唐:八万黄金,已尽提出矣。

伍:各王公存帑甚多。

唐:残局支持,尚须糊口,不然致毙。

伍:故望早日议结。

唐:大清银行存款几何?

伍:明日再查。

唐:上海彼不赞成,袁欲君等去北京,君不肯。

伍:上海城改为租界何如?

唐:为难之极。

伍:有何理由?

唐:彼以为粗率。

伍:只求开会正式,不[未]必上海粗率,北京即不粗率也。

唐:袁来电,请彼此军队派人接收地方,因现时两军相距有在百里以外也。

伍:有何为难?

唐:须彼此军队司令官签字为据,此为正当办法。军队所驻扎之地,有电报所不能通者,故以签字为证也。

唐:日期太促。

伍:不从速了结,恐人心不安。

唐:冯梦华赈款不敢交出,因闻民军要取去也。

唐:两军相距百里以外,所以免冲突也。故百里以内两军不能以军队侵入。

伍:未决定国体以前,彼此猜疑甚多。故速决为佳。

唐:所以问优待皇室之事。

伍:先决定国体问题为宜。

唐:蒙古反动非所愿也。上海会议,蒙古必不肯来,宜以何法招之使来?

伍:汉蒙平等,有何不可。

唐:一个月内开国民会议如何?

伍:太迟。

观渡庐《共和关键录》第1编,文海出版社有限公司1989年版,第26~31页

△ 唐绍仪以袁世凯不承认和谈所定条款,电请辞职。袁奏请同意。

《宣统三年十月十二日唐绍仪致内阁电》:

各电谨悉。此次奉派代表来沪,讨论大局,原为希冀和平解决,免致地方糜烂起见,到沪后,民军坚持共和,竟致无从讨论,初经提出国会议决一策,当亦全体反对,多方设法,方能有此结果。今北方议论既成反对,而连日会议所定条款,宫保又不承认,仪等才识庸懦,奉职无状,自明日始,不敢再莅会场。除知照伍廷芳外,请速另派代表来沪,不胜迫切待命之至。唐绍仪、杨士琦、章宗祥、渠本翘、傅增湘、孙多森、张国淦、冯耿光、张锴、蹇念益、侯延爽、关冕钧、章福荣等同叩。文。

《宣统三年十月十四日内阁致唐绍仪电》:

迭接来电请辞代表之任。现经请旨,准其辞任。除电伍代表外,谨此电达内阁。盐。

渤海寿臣《辛亥革命始末记》,《实行立宪汇编·议和》,文海出版社1969年版,第6页

△ 各省代表会决议改用阳历,并修改临时政府组织大纲。

刘星楠《辛亥各省代表会议日志》:

十一月十二日全体代表到会。大总统特派黄克强君到会,议改用阳历,并以中华民国纪元。经议决自阴历十一月十三日起,即阳历元旦,改用阳历,以中华民国纪元,称中华民国元年一月一日。

滇、湘、鄂代表吕志伊、宋教仁、居正提出临时政府组织大纲修正案,经议决如下:

原文第一章临时大总统下,加临时副总统五字。

原文第一条,修正为:临时大总统、副总统,皆由各省代表选举之,代表投票权,每省以一票为限。

原文第五条修正为:临时大总统制定官制、官规,并任免文武职员,但任命国务各员,须得参议院之同意。

中国人民政治协商会议全国委员会文史资料委员会编《辛亥革命回忆录》第6集,文史资料出版社1982年版,第253页

△ 俄国照会清外务部,愿意在五条协定基础上,斡旋库伦独立事件。

林唯刚《俄蒙交涉始末》:

清宣统三年十一月十二日,俄使照会称,中国政府对于外蒙之举动,俄政府已屡次劝告。

现当南部有事之际,库伦活佛竟脱离中国,宣告独立。俄政府甚愿帮助中国,所有外蒙问题,中政府如允与俄政府协订下列各款,则俄国甚愿劝告库伦活佛,仍复从前关系云云。其提出协定条款如下:

甲、中国可在外蒙古与库伦订约,声明第一不驻兵外蒙界内,第二不移民外蒙界内,第三不干涉外蒙古内政,惟中国有治理外蒙古之权,仍设办事大臣,管辖蒙人。

乙、俄国承认中国在外蒙古之主权,俄人均归办事大臣管辖,惟中俄两国关于蒙古之交涉,则仍由北京政府与彼得堡政府协商。

丙、中国如将来在外蒙古建设铁路,应先通知俄国,并承认俄国有建设由俄边至库伦铁路之权。

丁、中国将来在蒙古有何项改革,均应预先得俄政府同意。

戊、俄国应饬驻蒙领事等官,协助担保蒙人对于中国应尽之义务。

沈云龙主编《近代中国史料丛刊》。《民国经世文编》1914 年版,第 22 卷,外交,第 7 ~ 8 页

《德国驻俄大使 Pourtales 伯爵致德国国务总理 BethamnnHollweg 之文件》(一九一二年正月四日自圣彼得堡寄):

当其谈到中国前途,以及揣测该国许多省份行将各自独立分据之际,亦曾语及蒙古方面。该总长(俄外交总长 Sasonow)自谓,蒙古北部希望并入俄国之意,久已有之。蒙古王公曾屡次请求,所有蒙古地方,或者至少蒙古北部,归入俄国版图。俄国方面对于此项请求,尝采拒绝之态度。近来蒙古方面又复屡次派委员来俄,表示拟向俄皇呈递请愿书之意。大约该项请愿书内容,仍系重新请求归入俄国版图,或者愿受俄国保护之意。但俄国方面曾暗示蒙古不必如此。盖现值中国乱事之际,殊非接受此项请愿书之适当时机故也云云。其后 Sasonow 先生复向余解说,谓俄国对于合并蒙古全部或一部之事,甚非所愿。因其结果,只替俄国新添负担而已。为俄国利益计,甚望蒙古自行宣布独立,以作俄华两国间之一种缓冲国家(德皇威廉第二朱注:废话! 彼必须将蒙古自行取去,否则日本人要跑来了!),俄国对于此种国家当然甚易得到商业上之利益,此实为俄国对于该地之主要目的云云。就大体而论,余觉得此间对于中国事变,现刻尚欲暂抱观察态度。

《辛亥革命与列强态度》。中国史学会主编《中国近代史资料丛刊·辛亥革命》(8),上海人民出版社1957年版,第435 ~ 436页